Das große Buch der Familiennamen

Horst Naumann

Das große Buch der Familiennamen

Alter ❖ Herkunft ❖ Bedeutung

Mit Unterstützung der Gesellschaft für deutsche Sprache

Weltbild

Anfragen zur Erklärung von Familiennamen, die in diesem Buch nicht erfaßt sind, können gerichtet werden an die

Gesellschaft für deutsche Sprache
Spiegelgasse 11
65185 Wiesbaden

Genehmigte Lizenzausgabe
für Verlagsgruppe Weltbild GmbH, Steinerne Furt, 86167 Augsburg

Umschlaggestaltung: Studio Höpfner-Thoma, München
Umschlagmotiv: Beate Brömse, München
Gesamtherstellung: GGP Media GmbH, Karl-Marx-Straße 24, 07381 Pößneck

Printed in Germany

Bildnachweis

dpa, Frankfurt/Main, 22, 30, 63 ur; Historia-Photo, Hamburg, 7, 11, 44, 68 ul, 208 ol, 290 ol, 290 ul; Keystone Pressedienst, Hamburg, 9, 14, 16, 18, 24, 28, 33, 37, 42, 45, 48, 53, 57, 63 ol, 63 or, 63 ul, 68 ol, 68 or, 68 ur, 87 (4), 99 (4), 105 (4), 113 (4), 124 (4), 146 (4), 152 (4), 177 (4), 188 (4), 201 (4), 208 or, 208 ul, 208 ur, 219 (4), 235 (4), 265 (4), 276 (4), 290 or, 290 ur, 295 (4); Langnese-Iglo, Hamburg, 26.

ISBN 3-8289-1955-3

2005 2004 2003
Die letzte Jahreszahl gibt die aktuelle Lizenzausgabe an.

Wichtiger Hinweis

Die Informationen in diesem Buch sind vom Autor und vom Verlag sorgfältig erwogen und geprüft, dennoch kann eine Garantie nicht übernommen werden. Eine Haftung der Autoren bzw. des Verlages und seiner Beauftragten für Sach- und Vermögensschäden ist ausgeschlossen.

Inhaltsverzeichnis

Vorwort 6

Entstehung der Familiennamen 7

Namenbildung und Namenbedeutung 13
Deutsche Familiennamen 13
Familiennamen aus Rufnamen 14
Heimische Namen 14
Fremde Namen 18
Familiennamen nach der Herkunft 20
Namen nach der Stammeszugehörigkeit, einem Land oder einer Landschaft 20
Herkunftsnamen nach Ortsnamen 20
Wohnstättennamen 21
Häusernamen 22
Familiennamen aus Berufsbezeichnungen 23
Familiennamen aus Übernamen 25
Slawische Familiennamen 29

Historische und landschaftliche Besonderheiten der Familiennamen 39

Familiennamen und soziale Differenzierung 51

Neues Namenrecht 58

Benutzungshinweise 61

Familiennamen von A bis Z 63

Den Herkunftsnamen zugrunde liegende Ortsnamen 296

Abkürzungsverzeichnis 315

Literatur 317
Namenbücher 317
Wörterbücher 319

Vorwort

Herkunft, Bedeutung und sprachliche Entwicklung der Familiennamen des deutschen Sprachraumes interessieren aus den unterschiedlichsten Gründen viele Menschen. Die Zahl der Stammformen, der lautlichen, Bildungs- und Schreibvarianten und der selten vorkommenden Namen ist so groß, daß sie nur schwer in angemessener Form dargelegt werden können.

Bei der Auswahl der aufzunehmenden und zu behandelnden Familiennamen wurden vor allem häufig vertretene Namen aus allen Teilen des deutschen Sprachraumes einschließlich Österreichs und der deutschsprachigen Kantone der Schweiz berücksichtigt. Außer bereits veröffentlichten lokalen, regionalen und übergreifenden Abhandlungen wurden die Belegkarteien der Autoren ausgewertet und einbezogen.

An der Bearbeitung des Buches hatten die einzelnen Autoren folgenden Anteil: Dr. Dr. Volkmar Hellfritzsch bearbeitete die Buchstaben A, E, I, J, N, P, Q, S, St, Z und verfaßte das Kapitel „Namenbildung und Namenbedeutung" der Einführung, Prof. Dr. Horst Naumann bearbeitete die Buchstaben B, D, G, H, K, M, R, Sch, W, überarbeitete die Belegsammlung, schrieb die Kapitel „Entstehung der Familiennamen", „Besonderheiten der historisch und landschaftlich gebundenen Familiennamen", überarbeitete das Kapitel „Familiennamen als Zeugnisse sozialer Verhältnisse" der Einführung und leitete das Gesamtprojekt, Margarethe Naumann war für die Redaktion des Gesamtmanuskripts und das Verweissystem verantwortlich, Dr. Johannes Schultheis bearbeitete die Buchstaben C, F, L, O, T, U, V, Prof. Dr. Walter Wenzel stellte die aus dem Slawischen stammenden Familiennamen dar und verfaßte das Kapitel „Slawische Familiennamen" der Einführung. Beteiligt an der Erstfassung des Vorläufers „Familiennamenbuch" war der leider früh verstorbene Prof. Dr. Gerhard Schlimpert, der damals die Buchstaben D, P, Sch und das nun von Prof. Dr. Naumann überarbeitete Kapitel der Einführung ausarbeitete.

Das vorliegende Namenbuch ermöglicht durch 9 500 Familiennamen mit rund 5 000 zugehörigen Laut- und Schreibvarianten, dazu als Anhang 2 310 Ortsnamen Deutschlands als Grundlage für Familiennamen einen guten Einblick in den Gesamtbestand des heutigen deutschen Familiennamenschatzes.

Entstehung der Familiennamen

Schon älteste Aufzeichnungen enthalten Namen für Personen. Vom Beginn des menschlichen Daseins an verständigten sich die Menschen mit Hilfe der Sprache über ihre gesellschaftliche Wirklichkeit und mußten sich dabei selbst mit einbeziehen, indem sie sich einen Namen gaben, der sie als Einzelwesen kennzeichnete, sie individualisierte. Dieser eine, alleinige Name, der zugleich Rufname war, reichte lange Zeit aus, um seinen Träger in den einstmals kleinen, weniger differenzierten Sozialverbänden zu kennzeichnen. Es gibt auch heute noch außerhalb Europas eine ganze Reihe von Ländern, in denen die Vergabe eines aus Ruf- und Familiennamen bestehenden Gesamtnamens nicht gesetzlich geregelt bzw. vorgeschrieben ist.

In Deutschland setzt die Verwendung des heute als Familienname bezeichneten Eigennamens erst im 12. Jahrhundert ein, und zwar zunächst im Westen. Sie steht mit der historischen Entwicklung der Gesellschaft in engem Zusammenhang.

Bereits aus vordeutscher, aus germanischer Zeit ist uns bekannt, daß besonders bei der sozialen Oberschicht oftmals ein Beiname dem Rufnamen hinzugefügt wurde. Dies bewirkte nicht nur eine zusätzliche Kennzeichnung des Namenträgers, sondern darüber hinaus auch ein deutliches Abheben vom sonstigen Namengebrauch, wohl auch im Sinne des Ausdrucks der besonderen sozialen Stellung. Diese zusätzliche Kennzeichnung wurde nur selten in die nächste Generation vererbt, und sie galt auch nur selten für alle Sippen- oder Familienangehörigen.

Im „Hildebrandslied", dem ältesten Zeugnis heroischer deutscher Dichtung, ist uns ein Beispiel für die Kennzeichnung der genealogischen Zusammengehörigkeit mit Hilfe solcher Beinamen überliefert: *Hiltibrant, Heribrantes suno* 'Hiltibrant, Sohn des Heribrant' und *Hadubrant ... Hiltibrantes sunu* 'Hadubrant ... Sohn des Hildebrant'. Durch den Stabreim des anlautenden *H-* und durch das gemeinsame Zweitglied *-brant* *(Heribrant, Hiltibrant, Hadubrant)* und darüber hinaus

Aus einer Handschrift des Hildebrandsliedes

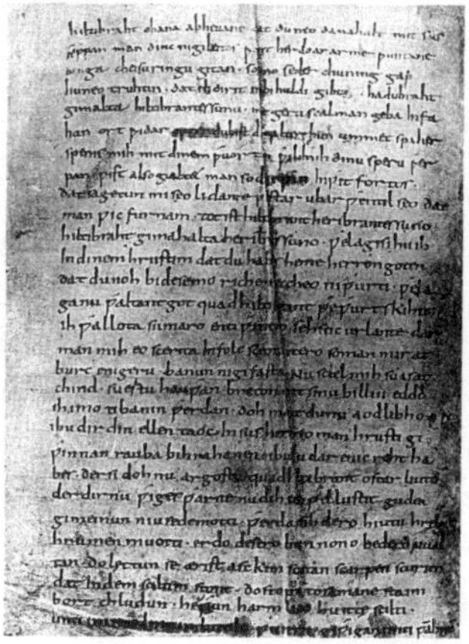

auch noch durch die Zweisilbigkeit des Erstgliedes ist die Zusammengehörigkeit von Großvater, Vater und Sohn sehr anschaulich ausgedrückt. Bei Vater und Sohn wird sie noch weiter unterstützt durch die Übereinstimmung der Bedeutung des Erstgliedes (*hilt-ja* 'Kampf' – *hadu* 'Kampf'). Mit der Kennzeichnung des jeweiligen Vater-Sohn-Verhältnisses erhält sie einen zusätzlichen Informationsgehalt, der aber in dieser Dichtung nur jeweils ein einziges Mal auftritt, während sonst der „reine" Rufname verwendet wird. Allerdings ist hier noch eine andere Erscheinung bezeugt, indem – im Sinne einer Apposition – zu *Hiltibrant ... Heribrantes sunu* noch hinzugefügt wird: *her uuas heroro man, ferahes frotoro* 'er war der ältere Mann, des Lebens erfahrener'; an anderer Stelle heißt es aus dem Munde des Sohnes für den Vater: *degano dechisto* 'der Kämpfer angenehmster'.

Kennzeichnende Benennungen im Nibelungenlied

Eine Ausweitung kennzeichnender Benennungen läßt sich im „Nibelungenlied" ermitteln. Dabei treten – überwiegend wohl durch die Einbettung in ein bestimmtes Versmaß und durch das Bemühen um die Wahrung des Versrhythmus bedingt – vielfältige, verhältnismäßig frei abgewandelte Namenvarianten besonders bei denjenigen Personen auf, die die Handlung entscheidend bestimmen und demnach auch sehr oft genannt werden.

So wird als Beiname die Herkunft bzw. die Wohnstätte angegeben: *von Tronege Hagen* neben vereinzeltem *Hagene von Tronege, von Metzen Ortwīn, von Berne der herre Dietrich* neben *Dietrich von Berne* und *Dietrich der Berner, Volkēr von Alzeije, Irnvrit von Düringen, Irinc von Tenemarken* neben *Irinc von Tenelant.* Hier überwiegt die Voranstellung des Rufnamens. Bei der Herausbildung der Familiennamen fiel dann das *von* (bzw. das lateinische *de*) weg; nur beim Adel als der sozialen Oberschicht blieb es bis in die Gegenwart erhalten.

Daneben finden wir in der gleichen literarischen Quelle auch solche kennzeichnenden Benennungen, die die berufliche Tätigkeit angeben: *Rumolt der kuchenmeister* 'der Küchenmeister', *Volkēr der videlære* neben *Volkēr der spilman* 'der Fiedler' neben 'der Spielmann', *Dancwart der marscalch* 'der Verantwortliche für die Pferde'. Auch die Mischung von Herkunfts- und Tätigkeitsangabe ist vereinzelt bezeugt: *(Rüedeger) der vogt von Bechelāren, von Amelungen der degen Wolfwīn.*

Sehr oft werden mit Hilfe solcher kennzeichnender Benennungen auch hier bestimmte Merkmale der Personen erfaßt. *Gīselhēr der junge* neben *Gīselhēr daȥ kint* und *Gīselhēr der edele.* Dabei handelt es sich um recht frei verwendbare Angaben eines bestimmten Kennzeichnungsbereichs. Dies verdeutlichen auch

Beispiele wie *Dancwart der vil snelle = Dancwart der was marscalch = Dancwart der marscalch, Volkēr der snelle = Volkēr der videlære = Volkēr der spilman.*

Gelegentlich werden auch hier verwandtschaftliche Beziehungen zur Kennzeichnung verwendet: *Dancwart Hagenen bruoder* 'Hagens Bruder'.

Und schließlich findet sich mit den Bezeichnungen *Amelungen* und *Nibelungen* eine weitere Erscheinung, die für die Entstehung der Familiennamen bedeutsam ist: die Kennzeichnung der Zusammengehörigkeit mit Hilfe von sprachlichen Mitteln, die eigens zu diesem Zweck entwickelt wurden. In den beiden Beispielen ist es das patronymische Suffix *-ing* mit der Variante *-ung*; weitere Beispiele für die Verwendung dieses Suffixes in einer die Zusammengehörigkeit kennzeichnenden, determinierenden Funktion: *Merowingi,* später *Merowinger* zum Namen des Stammvaters *Merowech, Karolingi* zum Namen des Stammvaters *Karl* (= *Karl der Große*), latinisiert *Karol(us)*.

Karl der Große (742–814) König der Franken und römischer Kaiser (seit 800)

Diese grundlegenden Erscheinungen der Verwendung von kennzeichnenden Benennungen in der sozialen Oberschicht hatten entscheidenden Einfluß auf die Herausbildung und die Entwicklung der Familiennamen. Damit waren alle wesentlichen Möglichkeiten der über den Rufnamen hinausreichenden Personenkennzeichnung in den Grundtendenzen bereits genutzt worden. Viele der zunächst nur gelegentlich für die einzelnen Namenträger verwendeten Beinamen wurden auf Grund gesellschaftlicher Erfordernisse und Bedürfnisse schließlich zu der sprachlichen Erscheinung, die wir heute als Familiennamen bezeichnen. Damit soll nicht gesagt werden, daß die Beinamen unmittelbar in den Status der Familiennamen überwechselten. So ist gelegentlich ein Nebeneinander verschiedener Benennungen für ein und dieselbe Person nachweisbar, ehe sich dann aus der schriftlichen Beurkundung erkennen läßt, daß ein bestimmter Name als Familienname alleinige Geltung erlangte.

So ist aus urkundlichen Aufzeichnungen wie 1322 *Heinricus dictus Baurus scultetus* 'Heinrich genannt Bayer Schulze' oder 1323 *Heinrich Viczdum iunior gen. Wyndech* 'Heinrich Vitztum der Jüngere genannt Windich' noch nicht zu erkennen, ob daraus nun ein *Heinrich Bayer* oder ein *Heinrich Schulze* bzw. ein *Heinrich Vitztum* oder ein *Heinrich Jünger* oder ein *Heinrich Windich* werden sollte. Und Beispiele wie 1329 *Albertus de Remede alias dictus der lange Lower* 'Albert von Remda, anders genannt der lange Gerber' verdeutlichen uns, daß in die schriftliche Aufzeichnung vielfach all das aufgenommen wurde, was zur Identifizierung der Person irgendwie dienlich war. Dabei spielte es keine Rolle, ob eine Angabe für die Identifizierung bereits ausreichte; man vergleiche 1298 *Th. Murer* 'Maurer' *dictus Riche* 'Reiche', 1313 *Hartungus Faber* 'Schmied' *dictus de Arnstete* 'von Arnstadt' usw.

Seltene zusätzliche Kennzeichnungen

Vereinzelt war eine zusätzliche Kennzeichnung erforderlich, so etwa wenn bei 1316 *Ludwicus dictus Konig senior* 'Ludwig genannt König der Ältere' und 1343 *Gocze Schindekoph der Eldere* durch den Zusatz vom gleichnamigen Sohn unterschieden werden soll. Keine eindeutige Angabe zum Status der Namen ergibt sich dagegen bei 1273 *Giselerus antiquus dictus Obezer* 'Giseler der Alte genannt der Obstbauer, -händler'. Welche Art der Zugehörigkeit durch 1342 *Ticzel hern Jans Kuppherslegers* ausgedrückt wird, ob dieser *Ticzel* der Sohn oder ein Beschäftigter des *Jan Kupferschläger* ist, darüber sagt die Art der Aufzeichnung nichts aus. Lediglich die Zugehörigkeit zu einer Frau *Gutila,* die metronymische Kennzeichnung, ist im Namen 1328 *Guntherus de Utstete dictus Vorn Gutiln* 'Gunther von Udestedt genannt der Frau Gutila' ausgedrückt, während 1301 *Henricus Vernpetersen* gleich eine doppelte Kennzeichnung aufweist, die metronymische zur Frau durch *Vern* und die ursprünglich nur patronymische durch *-sen* 'Sohn'.

Auswirkungen der städtischen Sozialstruktur

Daß die Herausbildung der Familiennamen ein langer und komplizierter Prozeß war, verdeutlichen uns die urkundlichen Aufzeichnungen. Die Stadt als neue wirtschaftliche Erscheinung mit ihrer neuen Sozialstruktur gewinnt vom 12./13. Jahrhundert an Bedeutung, und dies spiegelt sich unter anderem auch in der immer stärker werdenden Tendenz zur Vergabe eines aus Ruf- und aus Familiennamen bestehenden Gesamtnamens unter der Stadtbevölkerung wider.

Die Frage nach den Ursachen für diese Tendenz ist aus heutiger Sicht nur schwer zu beantworten. Daß Maßnahmen oder Verordnungen der Obrigkeit bzw. der Behörden einen Einfluß ausübten, ist nicht nachzuweisen. Sicher wirkten mehrere Ursachen zusammen. So war die Zahl der ererbten, aus dem Germanischen stammenden, heimischen Rufnamen immer stärker zurückgegangen; es blieb nur noch ein zahlenmäßig begrenzter Bestand übrig, der im wesentlichen in den aus Rufnamen entstandenen Familiennamen wiederbegegnet wie etwa *Arnold, Burkhardt, Conrad, Dietrich, Eckhardt, Friedrich.* Die neu hinzukommenden christlichen Rufnamen, die heute gleichfalls vor allem mit ihren männlichen Belegen zum Bestand der Familiennamen gehören, wie etwa *Abraham, Bartholomä(us), Clemens, Donath, Enders, Franz,* waren nicht so zahlreich, als daß sie innerhalb der immer größer werdenden Sozialverbände eine grundlegende, für die Beseitigung der sich häufenden Namengleichheit entscheidende Veränderung hätten bewirken können. Die Verhinderung der Namengleichheit beim alleinigen Gebrauch des Rufnamens war aber durch die Konzentration von immer mehr Menschen in den mittelalterlichen Städten objektiv notwendig geworden. In großen Städten wie Frankfurt am Main lebten um 1300 schätzungsweise 10 000, um 1400 etwa 20 000 Menschen.

Eine weitere Ursache für die Verwendung differenzierender Namen dürfte darin zu sehen sein, daß oftmals innerhalb einer Familie der Rufname von Generation zu Generation weitergegeben wurde, so daß hier präzisierende Kennzeichnungen auch im sozialen Kleinverband notwendig wurden.

Nach einem längeren Zeitraum des noch freien Gebrauchs der einen oder der anderen Art der Kennzeichnung mit einem Zweitnamen setzte sich vom 14./15. Jahrhundert an in stärkerem Maße der kontinuierliche Gebrauch des gleichen Bei- bzw. Familiennamens durch. Vom 17. Jahrhundert an traten auch namengesetzliche Maßnahmen der Obrigkeit zuerst in Sachsen, dann in Bayern in Kraft; 1794 wurde mit dem Allgemeinen Preußischen Landrecht eine wichtige gesetzliche Grundlage für

Kaiserwahl in Frankfurt: der Platz vor dem Römer mit den Kutschen der Kurfürsten (Kupferstich)

das Recht und die Pflicht zum Tragen des Familiennamens geschaffen. Von jetzt an mußte der aus Rufname und Familienname bestehende feste Gesamtname auch unter der ländlichen Bevölkerung überall und endgültig verwendet werden. In Friesland, Schleswig und Holstein und dem heute nicht mehr zum deutschen Sprachgebiet gehörigen Pommern wurde erst in dieser Zeit die Verwendung eines Ruf- und Familiennamens im amtlichen Gebrauch zur Pflicht.

Insgesamt hat der Rufname lange Zeit einen sehr hohen Wert im Bewußtsein des Menschen besessen, der ihn über den Familiennamen stellte. Das läßt sich auch daran erkennen, daß es noch im 17./18. Jahrhundert Verzeichnisse gab, die nach den Anfangsbuchstaben der Vornamen und nicht nach den Familiennamen angelegt waren.

Zunehmende schriftliche Dokumentation

Eine weitere wesentliche Voraussetzung für die Einführung der Familiennamen ist zweifellos auch in der zunehmenden Exaktheit des Schriftverkehrs in den städtischen Kanzleien zu suchen. Zwar war nach dem römischen Recht der Name Privatangelegenheit, so daß ihn jeder beliebig wechseln und verändern konnte. Aber durch die immer vielfältiger werdenden Formen der Erfassung der Bevölkerung in den Städten mit Hilfe von Bürgerlisten und Steuerverzeichnissen, durch die Aufzeichnung aller Rechtsvorgänge in den Reihenakten, wie etwa den Stadt- und Schultheißbüchern, Steuerlisten usw., mußten Stadtschreiber und Stadtkämmerer ein durchschaubares System in die Aufzeichnung der Namen bringen, ohne daß sie sich auf eine gesetzliche Vorgabe stützen konnten. Daraus erklärt sich auch, daß hier die Vergabe eines Familiennamens seit dieser Zeit in den urkundlichen Aufzeichnungen in immer stärkerem Maße hervortritt. Wie durch eingehende Untersuchungen nachgewiesen werden konnte, ist die Einnamigkeit im Besitzbürgertum um 1500 völlig verschwunden.

Beginnende Vererbbarkeit des Beinamens

Hier tritt nun ein weiterer Gesichtspunkt hinzu. Die Vererbbarkeit des Besitzes wird durch die Vererbbarkeit des Beinamens ergänzt, der damit zum Familiennamen wird. In diesem Zusammenhang erhielt der Familienname – ähnlich wie in vorangegangenen Zeiten der Beiname in der sozialen Oberschicht – beim Bürgertum auch eine soziale Wertigkeit, indem damit die Zugehörigkeit zu den Besitzenden gekennzeichnet und eine soziale Abgrenzung gegenüber den Knechten, Mägden, Dienstboten und anderen Abhängigen, die in den Quellen nur den Rufnamen tragen, erreicht wurde. Auf diese Weise kam den Familiennamen eine bewußtseinsbildende Rolle zu.

Namenbildung und Namenbedeutung

Deutsche Familiennamen

Wie im Falle der anderen Klasse von 'Nennzeichen', den Gattungsbezeichnungen (Nomina appellativa), handelt es sich bei den Eigennamen (Nomina propria) um *sprachliche Zeichen* in dem Sinne, daß eine bestimmte Folge von Lauten/Buchstaben in dialektischer Einheit mit bestimmten ideellen Abbildern der objektiven Realität verbunden ist.

Bezüglich ihrer Funktion unterscheiden sich die Gegenstandszeichen 'Eigennamen' wesentlich von den Gattungsbezeichnungen. Während diese vorwiegend die Funktion haben, zu klassifizieren und eine Vielzahl von gleichartigen Objekten im Sinne einer Kategorie allgemein, begrifflich zu bezeichnen (Mensch, Ort, Berg, Fluß; Lampe, Baum usw.), zielen die Eigennamen auf die unverwechselbare Benennung von Einzelwesen bzw. Einzeldingen, fixieren sie Individuen innerhalb einer Menge gleichartiger Objekte (Personen: *Hans [Müller];* Orte: *Berlin, Leipzig, Neundorf;* Berge: *Brocken, Fichtelgebirge, Katzenstein;* Flüsse: *Elbe, Saale, Schwarzbach* usw.) und tragen somit dazu bei, diese Objekte voneinander zu unterscheiden. Mit den Eigennamen hat sich der Mensch demzufolge sprachliche Zeichen geschaffen, mit deren Hilfe er auf äußerst ökonomische Weise die individuelle Einmaligkeit einer Person, eines Ortes usw. erfassen und fixieren kann.

Unverwechselbare Benennung von Individuen

Die den Eigennamen als sprachlichen Zeichen ursprünglich innewohnende, oft nur noch dem Sprachwissenschaftler erkennbare 'Bedeutung' tritt stark in den Hintergrund und spielt in der Sprachkommunikation, bei der die Namen nur noch im Sinne einer „Wortmarke" fungieren, kaum eine Rolle. Es ist also grundsätzlich zwischen der Entstehung der Eigennamen in historischer Sicht, der Namen*gebung*, dem Gebrauch der Namen, der Namen*benutzung*, zu unterscheiden. Die Tatsache, daß Eigennamen zumindest zum Zeitpunkt ihrer Entstehung mehr oder weniger motiviert sind, daß sie die Benennungsumstände in gewisser Weise widerspiegeln und auch ein Streben nach Charakterisierung wirksam wird, gestattet uns, ihnen wertvolle Aufschlüsse über das Wesen und die Geschichte des Bezeichneten sowie über gesellschafts- und sprachgeschichtliche Zusammenhänge zu entnehmen.

Wenn im Folgenden von 'Namenbedeutung' die Rede ist, dann beschränken wir uns auf das rein sprachlich Ausgedrückte, indem wir die Eigennamen auf ihre Ursprungsformen und Grundbedeutungen (Etyma) zurückführen und uns dabei bewußt sind, daß die Namenbedeutung im weiteren Sinne, die Namen*deutung*, die Berücksichtigung der im Rahmen dieses Buches kaum zu erfassenden mannigfachen nichtsprachlichen Faktoren sowie der Geschichte der jeweiligen Namen erfordert. Das knapp darzustellende logisch-bedeutungsmäßig gegliederte System von Namengruppen ist das Ergebnis der Erkenntnis- und Sprachtätigkeit des Menschen im Prozeß der Benennung eines bestimmten Wirklichkeitsausschnittes mittels Eigennamen. Dabei wird aus verschiedenartigen Merkmalen der mit einem Bei- bzw. Familiennamen zu kennzeichnenden Person ausgewählt und – im Zusammenhang mit dafür geeigneten Wortbildungsmitteln – ein bestimmter Wortschatz genutzt.

Familiennamen aus Rufnamen

Heimische Namen

Marlene Dietrich
(1901–1992)
Filmschauspielerin
und Sängerin

Heimische Namen konnten dadurch entstehen, daß dem Rufnamen einer Person der Rufname einer anderen (verwandten) Person – im allgemeinen derjenige des Vaters – hinzugefügt wurde: *Gerhard Friedrichs Sohn,* mit lautlicher Abschwächung *Friedrichsen,* genetivisch *Friedrichs,* latinisiert *Friederici,* ohne Flexionsendung *Friedrich.* Mit der Herausbildung des Typs *Gerhard Friedrich* kam es massenweise zu analogen Bildungen, ohne daß jedesmal (mehr oder weniger stark reduzierte) Formen mit *Sohn* vorausgehen mußten. Beispiele: *-sen: Detlefsen; -s: Ahren(d)s, Alberts, Behren(d)s, Borchers, Cordes, Died(e)richs, Evers, Eggers, Engels, Heinrichs, Lambertz, Reinhard(t)s, Reinholz, Sievers;* schwache Genetivendung *-en: Abben, Otten; -en + -s: Lüttgens;* lat. Genetiv *-i/-y: Adolphi, Conradi, Heinrici, Leonhardi, Leopoldi, Rudolphi, Wilhelmi.* – Nominativische Formen: *Adolf, Bernhard, Dietrich, Gerhard, Hartwig, Lambrecht, Meinhardt, Reinhold, Ulrich, Werner* usw.

Der Grundbestand an heimischen Rufnamen, die zur Bildung von Familiennamen benutzt wurden, wird auf einen alten germanischen, bereits aus dem Indoeuropäischen ererbten zweigliedrigen Typ zurückgeführt, vgl. dt. *Walde-mar,* russ. *Wladimir,* dt. *Fried-bert,* tschech. *Miro-slav.* Hierher gehören Familiennamen wie *Berthold, Burkhardt, Degenhardt, Eberhardt, Engelhardt, Gottschalk, Gottwald, Günther, Heinrich, Hellwig, Herfort, Hildebrand, Leipoldt, Leonhardt, Leuthold, Liebold/Lippold, Ludwig, Marquardt, Oswald, Rabold, Reichard(t), Reinhard(t), Rudolf, Ruprecht, Siegmund, Ulbricht, Volkmar, Walther, Weickardt, Weinhold, Wilhelm, Wohlfahrt* (< *Wolfhart*), *Wolfram* u. a.

Althochdeutsche Bestandteile in zweigliedrigen Rufnamen

Zur Bildung dieser altdeutschen zweistämmigen Rufnamen wurde ein ganz bestimmter Wortschatz benutzt, dessen einzelne Elemente teilweise auf Männer-, teilweise auf Frauennamen oder teilweise auch auf die erste bzw. die zweite Position beschränkt blieben. Rufnamen für Frauen führten allerdings nur in geringer Zahl zu entsprechenden Familiennamen (Mutternamen: z. B. *Elsner*). Die Komponenten der in unserem Namenverzeichnis aufgeführten Familiennamen aus heimischen Rufnamen lassen sich im wesentlichen auf folgende althochdeutsche Bestandteile zurückführen: *adal* 'edel, adlig; Geschlecht, Abstammung', **agil* 'Schrecken', *alt* 'alt', *asck* 'Speer', *bald* 'kühn, mutig, stark', *beraht* 'hell, strahlend, glänzend', *boto/bodo* 'Bote, Gesandter, Abgesandter', *degan* 'Krieger, Gefolgsmann', *eber/ebur* 'Eber', *ekka* 'Schneide, Spitze, Ecke', *ēra* 'Ehre, Ansehen', *folk* 'Volk', *frī* 'frei', *fridu* 'Friede, Schutz', *frōt/fruot* 'klug, weise, erfahren', *frūma* 'Nutzen, Vorteil, Segen', *gang* 'Gang, Gehen, Bewegung, Lauf, Schritt', *garda* 'Rute, Stab, Zepter', *gēr* 'Speer', *gīsal* 'Geisel', *got* 'Gott', *hadu* 'Kampf', *hagen* 'umfriedeter Ort', *hart* 'hart, streng', *heidan* 'der Heide', *heil* 'heil, gesund; ganz, vollkommen, unversehrt', *heim-* 'Heim-', *helfa* 'Hilfe, Beistand, Schutz', *helm* 'Helm', *hēr* 'alt, ehrwürdig, von hohem Rang', *heri* 'Heer', *hiltja* 'Kampf', **hruod* 'Ruhm', *hugu* 'Geist, Sinn, Gesinnung, Mut', *hūn* 'Hunne', *hunto/hunno* 'Hauptmann', *chnuat* 'Wesenheit, Natur', *kuoni* 'kühn, tapfer, stark', [*lāh*/got. *laikan* 'springen', ahd. *leih* 'Melodie, Gesang, Spiel'], *lan(t)* 'Land, Gegend; Gebiet; Erde; Feld, Ufer', *leiba* 'Rest', *le(wo)* 'Löwe', *liob* 'lieb, geliebt, teuer, angenehm', *liut* 'Volk, Leute, Menschen', *(h)lūt* 'laut, bekannt', *magan* 'Kraft, Stärke', *man* 'Mensch, Mann', *managi* 'Menge, Schar', *marca* 'Grenze, Land', *māri* 'bekannt, berühmt, angesehen; herrlich, hervorragend, vortrefflich', *menden* 'sich freuen', *mund* 'Mund, Maul, Rede, Beredsamkeit', *munt*

'Schutz', *muot* 'Sinn, Verstand, Geist, Gesinnung, Mut', *nand* 'wagend, kühn', *nīd* 'Feindschaft, Haß, Bosheit, Neid', *nīt* 'Verlangen, Begierde, Sehnsucht', *raben* 'Rabe', **ragin*/asä. *regin* 'Schicksal', *rāt* 'Rat, Ratschlag', *rāʒi* 'Wut', *rīhhi* 'Herrschaft, Herrscher, Macht, Gewalt; Reich; reich, mächtig; hoch', *ruom* 'Ruhm, Ehre', *scalk* 'Knecht, Sklave, Diener', *sēo* 'See', *sigu* 'Sieg', *stark* 'stark, mächtig; streng', *stein* 'Stein', *thank* 'Dank, Gnade, Lohn', *thiot/diot* 'Volk, Menschen', *trūt* 'vertraut, lieb; Vertrauter, Geliebter, Freund', *walt* 'Gewalt, Macht', *waltan* 'walten, herrschen', *wart* 'Wächter', *was* 'scharf, streng', *werin* Volksname der Warnen, *wīg* 'Kampf, Streit, Krieg', *willo* 'Wille, Wunsch', *wini* 'Freund, Geliebter', *witu* 'Holz', *wolf* 'Wolf'. Obwohl Rufnamen dieser Art in ältester Zeit (etwa bis zum 4. Jahrhundert) durchaus etwas besagten – sei es, daß sie einen Wunsch der Eltern für die Zukunft des Kindes oder mythische Vorstellungen zum Ausdruck brachten –, so kam doch bald die Tendenz auf, die beiden Namenelemente rein mechanisch miteinander zu kombinieren. Trifft dies im wesentlichen schon für die althochdeutsche Zeit zu, so erst recht für jene Jahrhunderte, als unsere Familiennamen entstanden. Die Angabe der jeweiligen Bedeutungen ist also auch dort, wo dies theoretisch möglich wäre (z. B. *Volk-mar*), nicht so zu verstehen, als handle es sich um eine sinnhafte Beziehung der beiden Elemente. Trotzdem läßt sich der zur Namenbildung verwendete Wortschatz gruppieren, so daß gewisse kulturhistorische Einsichten in die germanische Stammesgesellschaft und ihre geistige Welt möglich sind.

Hermann Hesse
(1877–1962)
Schriftsteller,
ausgezeichnet mit
dem Nobelpreis für
Literatur 1946

Auch die geringe Zahl einstämmiger Namen weist ein hohes Alter auf: *Ernst, Karl,* dazu von Völkernamen (siehe hierzu auch weiter unten) abgeleitete Formen: *Frank(e), Heß/Hesse, Sachs(e)/Sass(e)* und Partizipialbildungen wie *Wiegand, Wieland.* Ein Name wie *Popp* kann u. a. als im Kindermund entstandene Lallform erklärt werden.

Insbesondere im alltäglichen Sprachgebrauch entstanden schon in alter Zeit verkürzte sprachliche Gebilde, die wir in den Familiennamen wiederfinden. Wir unterscheiden

1) aus Vollnamen zusammengezogene (kontrahierte) Formen: *Arlt, Arndt, Berndt, Dirk(e), Ebert/Evert, Gerth, Göpfert, Kurth, Henk(e), Roloff/Ro(h)lf/Rulf(f)/Ruoff, Seifert* usw.;
2) von Vollnamen gebildete Kurzformen:
   a) einstämmig, d. h. vom ersten oder zweiten Glied gebil-

det. Dabei kann das jeweils fehlende Namenelement zumeist nur vermutet werden: *Boldt, Brand(t), Brecht, De(e)gen, Eck(e), Fried(e), Kuhn* u. a.;
b) zweistämmig, wobei zum ersten Glied (anlautende) Bestandteile des zweiten Gliedes hinzutreten, ohne daß auch dieses stets mit Gewißheit angegeben werden kann.

Verbindungen von Kurzformen mit Suffixen

Diese Kurzformen verbinden sich im allgemeinen mit bestimmten Suffixen, von denen wir hervorheben: *-o* bzw. *-a* (abgeschwächt zu *-e*): *Braun(e), Hau(c)k(e), Hein(e), Hille/Hilla, Thied(e), Thiel(e), Thiem(e), Traut(e), Witt(e)* u. a.; *-i: Göthe/Goethe; -z: Apitz/Opitz, Bol(t)z, Dietz(e)/Tietz(e), Fritz(e), Götz(e), Hein(t)z(e), Kun(t)z(e), Lutz(e)/Lotz(e);* um eine „verzischte" Variante des *-z*-Suffixes handelt es sich bei *-tsch,* in ostmd. Schreibung *-tzsch: Apit(z)sch, Diet(z)sch, Frit(z)sch(e), Heint(z)sch, Hult(z)sch, Rutsch, Uhlitzsch/Ulzsch, Wiltzsch* u. a.; *-l: Apel(t), Bertl, Brendel, Dienel/Thienel(t), Diet(e)l, Ertel/Örtel, Friedel, Göbel, Härtel/Hertel, Heidel, Hempel, Kühnel, Oettel, Reichel(t), Rommel, Rühl(e), Völkel, Weigel(t)* usw.; *-k: Brennecke, Gehrke, Gödecke, Guthke, Heinicke/Heinecke, Könnicke/Könnecke, Lüdecke/Lüd(t)ke/Liedke, Meinecke/Mein(c)ke, Reinicke/Reineck(e), Tied(t)ke, Wernicke/Wernecke, Wil(c)ke* u. a.; *-er: Seidler; -ing/-ung* (patronymisch; mundartlich mit *n*-Ausfall): *Adlung, Ameling/Am(e)lung, Ehrich/Ehrig, Gerbi(n)g, Gering/Göring, Harti(n)g/Hartung, Heini(n)g, Helbi(n)g, Helmi(n)g, Neb(e)lung, Uhlich/Uhlig, Wittig/Wittich* usw.; *-man: Dittmann, Gehrmann, Hartmann, Hellmann, Ortmann, Reimann, Trautmann, Ullmann; -lein (-l + -īn): Hertlein; -isch* (slaw.): *Alisch, Gerisch, Heinisch; -at* (slaw.): *Kunath.*

Suffixkombinationen: *-z + -l: Bunzel, Die(t)zel, Götzel, Gün(t)zel/Günzl, Heinz(e)l, Men(t)zel, Nötzel, We(t)zel/Wötzel; Heintzschel, Rietzschel; -z + -k: Fritzke, Götzke, Rutschke; -z + -man: Heinzmann, Kunzmann; -l + -man: Rühl(e)mann; -l + -ing: Rohli(n)g/Röhlich/Röllig; -l + -er: Brendler; -k + -l: Hinkel; -l + -k: Rül(c)ke; -k + -l + -man: Hinkelmann; -k + -er: Heinker; -isch/-usch* (slaw.) + *-er: Gerischer, Hilscher; -o + -man: Heil(e)mann, Hein(e)mann, Thiel(e)mann* usw.

An eine Kurzform (mit *-z*-Suffix) kann gelegentlich erneut ein Namenwort angefügt werden: *E(t)zold, (-old < -wald), Pensold.* Sekundäres *-t* zeigen Formen wie *Apelt, Reichelt.* – In einzelnen Fällen kommen mit einem Adjektiv als Bestimmungsort gebildete Zusammensetzungen vor: *Kleinhempel, Langheinrich/Langhinrichs.*

Fremde Namen

Insbesondere seit dem 11. und 12. Jahrhundert beginnt der Bestand ererbter Rufnamen zu schrumpfen. Bestimmte Formen sterben aus, andere werden unter dem Einfluß der Namenmode stark bevorzugt. Mit dem Einströmen fremder Namen kirchlicher Herkunft, besonders seit der zweiten Hälfte des 12. Jahrhunderts, erfährt der stark reduzierte Schatz heimischer Rufnamen eine wesentliche Bereicherung, obwohl auch hier bald einige wenige Namen besonders häufig verliehen werden (*Johannes, Nikolaus, Petrus, Matthias, Jacobus* u. a.). Diese christlichen, vor allem dem Neuen Testament entstammenden Fremdnamen breiten sich, aus dem romanischen Sprach- und Kulturbereich kommend, im großen und ganzen in west-östlicher Richtung aus. Sie sind in engem Zusammenhang mit der von der katholischen Kirche geförderten Heiligenverehrung (Schutzpatrone, Namen der Kalender- und Festtage usw.) zu sehen, zeugen aber ebenfalls von der Wirkung literarischer Werke u. ä. Auch bestimmte heimische Rufnamen (*Wolfgang, Leonhart, Konrat* u. a.) gelangen so zu (erneuter) Popularität. Die Fremdnamen fanden den Anschluß an die Herausbildung der Familiennamen und wurden dem deutschen Sprachsystem in starkem Maße eingegliedert.

Johannes der Täufer in einer Darstellung des Florentiner Malers Andrea del Sarto (1486–1530)

So unterliegen die in Familiennamen überlieferten Rufnamen fremder Herkunft den verschiedensten sprachlichen Veränderungen (Kürzungen bzw. Reduktionen, Abschleifungen und Kontraktionen). Neben einer Anzahl mit ihrer vollständigen Endung erhaltener Formen (*Ambrosius, Bartholomäus, Georgius, Gregorius, Matthäus, Matthias, Paulus, Renatus* u. a.) stehen Fremdnamen, die ihre Endung verloren haben: *Adrian, Andrä, Augustin, Donat(h), Georg, Gregor, Jacob, Jordan, Just, Paul, Peter, Philipp, Stephan/Stefan, Vieth.* Vor allem infolge der germanisch-deutschen Anfangsbetonung konnten größere Bestandteile des Wortkörpers schwinden: *Alex, Bal(t)zer, Bart(h)el, Christoph, Nickel, Franz, Zacher.* In einer Vielzahl von Fällen kam es sowohl zur Kontraktion als auch zur Kürzung des jeweiligen Namens: *Anders/Andres/Enders, Augsten/Aust(en), Barthel(mes), Bendix, Claus/Klaus, Jahn, Jost, Kirst(en), Lorenz, Marx/Marks, Matthes/Moth(e)s, Michel, Nic(k)las, Thom(son)* usw. Verschiedene Namenvarianten zeugen davon, daß Anfangs- und bewahrte Eigenbetonung nebeneinander vorkamen: *Anders/Andres/Enders – Drew(e)s, Bart(h)el – Möbes/Mewes, Nikkel – Claus/Klaus, Georg – George, Johann/Ja(h)n – Hans.*

Integration von Rufnamen fremder Herkunft

Im übrigen fügen sich die Fremdnamen bei ihrer Integration ins Deutsche weitestgehend in die aus heimischen Rufnamen entstandenen Familiennamen ein: Formen auf *-so(h)n/-sen: Andersohn/Anderson/Andersen, Christiansen, Jakobson/Jakobsen, Jansson/Jans(s)en, Martensen, Matthies(s)en, Michelsen, Paulsen, Peterso(h)n/Petersen, Philippson/Philippsen;* starke genetivische Bildungen auf *-s: Bartels, Jacobs/Jakobs, Jahns, Martins/Martens/Mertens, Michels, Peters, Steffens* u. a.; lat. *-i/-y/-ae: Adamy, Antoni, Caspari/Caspary, Georgi, Jacobi, Martini, Matthäi, Nicolai, Pauli/Pauly, Thomae/Thomä;* schwache genetivische Bildungen auf *-en: Clasen, Franzen, Hansen, Jensen, Jürgen, Köppen, Lorenzen,* wobei nicht immer exakt von den Formen auf *-sen* abzugrenzen ist; *-en + -s: Jürgens.*

Bei den kontrahierten bzw. verkürzten Formen erscheinen ebenfalls die von den heimischen Familiennamen aus Rufnamen bekannten Suffixe und Suffixkombinationen: *-e: Johne, Klause; -z* bzw. *-t(z)sch: Nitz(e)/Nit(z)sch(e)/Niet(z)sch(e), Petz/Patzsch/Petzsch/Piet(z)sch/Pötzsch; -l: Christel, Franzl/Frenzel, Hänsel/Hensel, Jäckel, Jahnel, Nickel; -k: Franke, Hank(e), Hannecke/Hennicke/Hennecke/Henk(e), Jähniche/Ja(h)nke, -(n)er: Elsner, Ilgner, Jahnert, Lorenzer; -i(n)g: Brosig, Hannig/Henni(n)g, Jahni(n)g/Jähnig,* wobei in Einzelfällen auch *-k*-Suffix zugrunde liegen kann; *-man: Christmann, Ha(h)nemann, Michelmann, Petermann; -lein: Enderlein, Peterlein; -chen: Hänsgen, Jähn(i)chen, Michelchen; -z + -l: Hent(z)schel; -z + -k: Nitzke/Nit(z)schke, Patzschke, Petzke/Pet(z)schke/Pit(z)schke/Poetzschke; -z + -man: Han(t)schmann, Ni(e)tzschmann, Pietschmann; -z +* Namenwort *-old: Petzold; -l + -er: Hens(e)ler; -l + -ing: Hensling; -l + -man: Henselmann; -ing + -er: Henni(n)ger.* Um litauische Formen handelt es sich bei den Suffixen *-eit, -uhn, -utat: Ademeit/Adomeit, Jacobeit, Petereit, Steppuhn, Stepputat* u. ä.

Einflüsse deutscher Lautentwicklung

Die Fremdnamen zeigen auch Einflüsse deutscher Lautentwicklung wie Umlaut *(Frenzel, Jähnig, Köppel, Mertin)* vor *i* in der Folgesilbe oder analog zu anderen Formen *(Jäck, Jähn, Köpp),* Diphthongierung *(Veit[h]), g > j* infolge spirantischer Aussprache des *g- (Georg – Jürgen),* Umstellung von *l* und *r* (Liquidametathese: *Dethloff, Kirsten),* sekundäres *-t (Jahnert)* usw. Etwas häufiger als bei den heimischen Namen sind (besonders beliebte) Familiennamen aus christlichen Rufnamen mit einem Adjektiv zusammengesetzt: *Großpietsch, Junghan(n)s, Jungnick(el), Langnickel.* Auch Zusammensetzungen mit einem weiteren (heimischen) Rufnamen kommen vor: *Hinzpeter.*

Familiennamen nach der Herkunft

Ursachen für die Benennung nach der Herkunft

Die Entfaltung des Wirtschaftslebens, die starke Binnenwanderung im Mittelalter, der Zustrom bäuerlicher Schichten in die Stadt, insbesondere aber die im 11. und 12. Jahrhundert einsetzende Ostsiedlung führten dazu, daß ein beträchtlicher Teil der zu benennenden Personen Bei- bzw. Familiennamen nach der Herkunft erhielt. Solche Namen konnten aber auch auf Grund eines nur zeitweiligen Aufenthaltes in einem bestimmten Land bzw. Ort, nach Handelsbeziehungen in die Fremde, nach sprachlichen Eigentümlichkeiten u. ä. vergeben werden. Bei historischen Untersuchungen kann man aus Namen dieser Art Erkenntnisse über die Zuwanderung in eine Stadt oder deren ökonomisches Kräftefeld gewinnen.

Namen nach der Stammeszugehörigkeit, einem Land oder einer Landschaft

Allgäuer, Bayer/Baier/Beyer/Beier, Dö(h)ring/Dü(h)ring, Effler, Flä(h)mig/Flemmi(n)g, Frank(e), Fries(e)/Freese, Hess(e), Holland(t)/Holländer, Meißner/Meichsner/Meixner, Oberländer, Oest(er)reich, Pohl(e)/Po(h)land/Pöhland, Pommer, Preuss(e)/Preuß(n)er, Saalfrank/Zollfrank, Sachs(e), Schlesi(n)ger, Schott, Schwab(e), Schwei(t)zer, Undeutsch, Unger, Voigtland/Voigtländer, Wend(e)/Wendt/Wendland(t)/Windisch/Wünsch(e), Westphal. – Unterschiedliche Wortbildungsmöglichkeiten auch bei dieser Namengruppe verdeutlichen *Deutsch(er)/Deutschländer/Deutschmann.* Verkleinerungsformen: *Fränkel/Frenkel, Beyerl/Beyerlein, Schöttgen.*

Herkunftsnamen nach Ortsnamen

Drei Typen von Herkunftsnamen nach Orten

Herkunftsnamen nach Ortsnamen sind im allgemeinen zu den Namen derjenigen Orte (heute bisweilen Wüstungen!) gebildet, aus denen die betreffenden Personen zugezogen sind. Nach der Bildung unterscheidet man vor allem drei Typen:

1) den ältesten, heute hauptsächlich nur noch bei Adelsfamilien vorkommenden Typ mit Präposition: *Hans von Nürnberg.*
2) Bildungen auf *-er: Hans Nürnberger.* Hierher gehören Familiennamen wie *Bamberger, Bayreuther, Clausnitzer, Mauersberger, Tanne(n)berger, Thierfelder* u. a.
3) Bildungen mit dem reinen Ortsnamen: *Hans Nürnberg.* Vergleiche z. B. *Amberg, Auerbach, Benndorf, Bennewitz, Bielfeld/Bielefeldt, Erfurt(h), Fischbach/Fischbeck, Gleisberg,*

Gökkeritz, Hartenstein, Lichtenfeld, Oldenburg, Polenz, Römhild, Rosenow, Spangenberg, Steinbach/Steinbeck, Steinhagen, Tennstedt, Thalheim, Thierbach, Wildenhain, Zep(p)elin und viele andere.

Zeitliche und landschaftliche Unterschiede

Formen auf *-mann* sowie Bildungen zu Flußnamen *(Neckermann; Sauermann, Maaß)* sind relativ selten. Die drei Haupttypen entfalten sich im Verhältnis zueinander mit bestimmten zeitlichen und landschaftlichen Unterschieden, wobei die Formen auf *-er* vor allem dem oberdeutschen Süden eigen sind und von dort nach Norden ausstrahlen. Bei einer Vielzahl von Familiennamen nach der Herkunft stehen jedoch Formen mit und ohne *-er* nebeneinander, wobei in bezug auf die Grundwörter gewisse Unterschiede festzustellen sind. *-er* findet sich häufig z. B. bei Namen auf *-berg* und *-feld,* seltener bzw. gar nicht bei *-bach, -born, -dorf, -hagen, -hain* u. a.: *Kaden/Kadner; Brandenburg(er), Freiberg(er), Freudenberg(er), Gerstenberg(er), Lichtenberg(er), Rosenberg(er), Schellenberg(er); Reichenbach(er)/ Reichenbächer; Schön(e)feld/Schönfelder; Neukirch(ner).*

Bei ihrer Umfunktionierung zu Herkunftsnamen können die zugrunde liegenden Ortsnamen mit *-er*-Suffix bestimmte lautliche Veränderungen erfahren, insbesondere

- Reduktion mit Umdeutung von *-heim: Langhammer;*
- Verlust von auslautendem *-a* bzw. *-au,* besonders wenn diese gegenüber mundartlichem *-e* jüngere kanzleisprachliche Formen darstellen: *Görner (< Görne, Görna, Gornau), Schletter (< Schlettau), Theumer (< Theuma), Wildner (< Wildenau), Zwicker (< Zwickau);*
- Verlust des auslautenden *-en,* besonders bei *-ingen, -hausen, -hofen,* bzw. des *-e-* (Synkope): *Brämer/Bre(h)mer, Kaden/Kadner, Plöt(t)ner (< Plothen); Flemminger, Holzhäuser.*

Wohnstättennamen

Wohnstättennamen bezeichnen eine Person nach der Lage ihres Wohnsitzes in der vom Menschen mehr oder weniger gestalteten Landschaft oder der Stadt mit ihren die Orientierung erleichternden baulichen Gegebenheiten. Familiennamen dieser Art treten im deutschen Sprachgebiet unterschiedlich stark in Erscheinung. Im Verhältnis zu den übrigen Hauptgruppen der Familiennamen spielen sie zahlenmäßig eine geringere Rolle. Sie enthalten zumeist Örtlichkeitsnamen (z. T. Flurnamen) im weitesten Sinne des Wortes und sind nicht immer exakt von den Herkunftsnamen nach Ortsnamen abzugrenzen, vgl. Familiennamen wie

Otto Julius Bierbaum
(1865–1910)
Lyriker, Erzähler und Herausgeber literarischer Zeitschriften

Althaus, Bierbaum/Birnbaum, Boden, Born, Brückner, Brunner, E(h)rler, Fichtner, Horn, Scheibe/Scheibner, Schlott, Stein u. a.

Hinweise auf Bodenerhebungen und -vertiefungen enthalten *Berg, Grundmann, Kirchhübel, Kuhle, Staufenbiel, T(h)almann.* Auf Wasser(läufe), Quellen, Feuchtigkeit des Bodens u. ä. verweisen *Amborn, Bachmann/Bochmann/Beckmann, Börner(t), Brühl/Pröhl, Pfütze/Pfützner/Pfitzner, Puls/Pul(t)z, Spranger, Sprung, Waterstra(d)t* u. a. Aufschlüsse über Pflanzenwuchs erhält man aus Namen wie *Baum, Baumgart(en), Buchmann, Buschmann, Dorn/Dörner, Hagemann, Eichler/Eichmann, Holz(er), Lindemann, Röhricht, Strauch/Struck, Weidemann* u. ä. Bodenbearbeitung, Bodenbenutzung (auch im rechtlichen Sinne), Markierungen in der Flur u. ä. bezeichnen *Anger(mann), Brink(mann), Hauf(f)e, Jauch, Kehrer, Krei(g)enbrinck, Kreuzmann, Lachmann, Ueberschär, Zück-/Zickmantel.* Gassen und Wege sowie Bauwerke und Anlagen haben zu Namen geführt wie *Gassner/Geßner, Querengässer, Steinweg, Viehweg(er)/Fiebig; Amthor, Backhaus, Bruckmann/Brückmann, Kirchhof, Mühl(e), Pfort(e), Schaal(e), Scheuner(t), Umlauf.* Adverbiale Angaben zur Lage des Wohnsitzes enthalten Achterderkerken, *Am-Ende/Amende/Ament, Amthor, Auf(f)enbroich, Forner* u. ä.

Aus diesen Beispielen wird bereits ersichtlich, daß die Wohnstättennamen im wesentlichen auf dieselbe Weise gebildet werden wie die Herkunftsnamen nach Ortsnamen, nur daß die Formen auf *-mann* hier entschieden stärker in Erscheinung treten und (ältere) präpositionale Bildungen ohne soziale Beschränkung auf Adelsfamilien überliefert sind: *Anger/Angerer/Angermann, Berg/Berg(n)er/Bergmann, Busch/Buschner/Buschmann, Am-Ende/Ende/End(t)er/End(t)mann, Teich/Teicher(t)/Teichmann* u. a. – Nicht selten dient die Angabe der Wohnstätte zur zusätzlichen Differenzierung von Berufsnamen (siehe weiter unten): *Angermüller, Brockmüller, Buchmüller, Riethmüller, Teichmüller, Weidenmüller,* evtl. auch *Holzmüller; Steinmüller.*

Häusernamen

Als Häusernamen werden solche Familiennamen bezeichnet, die in größeren Städten aus schon vorhandenen Namen von Häusern entstanden sind. Oft beziehen sich Familiennamen dieser Art ursprünglich auf eine an dem betreffenden Haus angebrachte bildlich-symbolhafte Darstellung. Häuser mit Namen sind heute

z. B. noch in größerer Zahl in Basel oder Erfurt vorhanden *(Zur Hohen Lilie, Zum Breiten Herd, Zum Roten Ochsen, Zum Paradies und Esel, Zum Stockfisch)*. Vor allem die Namen von Apotheken und Gasthäusern erinnern noch an diese Gepflogenheit. Insgesamt aber ist die Namengebung für Häuser stärker auf den Süden, Südwesten und Westen des deutschen Sprachraums beschränkt. Auf Häusernamen können u. a. zurückgehen: *Adler, Horn, Knabe, Kranich, Krebs, Löwe, Morgenstern, Rose, Schild* usw.

Familiennamen aus Berufsbezeichnungen

Familiennamen aus Berufsbezeichnungen stellen eine der zahlenmäßig stärksten Gruppen unserer Familiennamen dar. Die Namen *Müller, Schmidt, Meyer, Schneider, Hofmann* und *Fischer* einschließlich ihrer Schreibvarianten sind überhaupt die häufigsten deutschen Familiennamen der Gegenwart. Auch wenn man die statistische Auflistung fortsetzt, finden sich noch zahlreiche Familiennamen nach Berufsbezeichnungen in Spitzenposition: *Becker, Wagner, Schulz, Bauer, Koch, Zimmermann, Richter* u. a.

Die häufigsten deutschen Familiennamen

Diese kulturhistorisch äußerst aufschlußreiche Namengruppe verweist auf eine große Differenziertheit der Ämter, Dienste, des Handels und Gewerbes sowie der ständischen Gliederung zur Zeit der Entstehung unserer Familiennamen. So sind uns zum Teil Namen überliefert, die sich auf heute nicht mehr vorhandene Berufe oder Tätigkeiten beziehen. Insgesamt lassen sich die aus Berufsbezeichnungen entstandenen Familiennamen in folgende Sachgruppen zusammenfassen:

1. Land- und Forstwirtschaft; Jagd und Fischerei

Bauer – Baumann – Feldmann – Höfer/Höfler – Gebauer – Neubauer/Neuber(t)/Niebuhr – Hallbauer – Gärtner, Pflüger – Drescher – Gerstner – Gräser – Höpfner/Höppner – Rößler/Rösler – Hacker/Häcker/Hecker(t), Herder – Hey – Hirt(e) – Lämmerhirt – Schäfer, Nonnenmacher; Köhler, Jäger, Vogler, Wildner, Zeidler; Weinzierl usw.

2. Nahrungsgewerbe

Bäck(er)/Beck(er) – Pfister – Semmler – Kuchenbecker – Küchler, Fleischer – Fleischhacker – Fleischhauer – Fleischmann – Knochenhauer – Metzger/Metzler/Metzner – Wurster, Koch, Mälzer/Mel(t)zer, Müller/Möller, Öhler(t)/Oehler – Oelschlägel – Oelschläger, Salzbrenner, Zieger(t) usw.

3. Bergbau, Hüttenwesen; Metallverarbeitung

Bergmann, Hammermeister, Sindermann; Schmied/Schmi(d)t/Schmitt, dazu *Blech-, Eisen-, Gold-, Hammer-, Kalt-, Klein-, Klin-*

gen-, Messer-, Pfann(en)-, Scha(a)r-, Stahlschmidt u. a., *Göldner, Haubenreißer, Kändler – Kanne(n)gießer, Keßler, Kettner, Schlosser – Schlot(t)hauer, Schwer(d)tfeger, Silbermann* usw.

4. Holzverarbeitung

Richard Wagner
(1813–1883)
Komponist und Gründer der Bayreuther Festspiele

Böttger/Böttcher/Bödecker – Büttner – Küfner – Legler, Stellmach(er) – Wagner/Weg(e)ner/Weiner(t) – Rademacher – Räder – Felgenhauer – Felgenträger, Tisch(l)er, Schreiner(t), Scheffler, Moldenhauer, Drechsel/Dressel/Drechsler/Dressler, Bret(t)schneider, Sperschneider, Spindler, Zeuner(t), Schindler usw.

5. Lederherstellung und -verarbeitung

Gerber – Lederer, Sattler, Beutler – Täschner – Fickenscher – Fickenwirth, Riemenschneider – Riemer, Schuhmacher/Schoma(c)ker – Schuhknecht – Schu(h)mann – Schuster – Schubert – Schuchar(d)t – Schurich(t)/Schurig usw.

6. Textil- und Bekleidungsgewerbe

Woll(en)schläger – Wollmann – Wollner/Wöllner, Weber, Tuchscher(er), Zwirner, Schneider – Schröter/Schröder – Sauter, Kürschner – Näther, Nestler usw.

7. Baugewerbe

Maurer, Steinmetz, Pfotenhauer – Zimmermann/Timmermann, Schieferdecker, Glasbrenner – Glaser, Borngräber – Teichgräber usw.

8. Gesundheitswesen, Schönheitspflege

Bader – Badstübner, Scherer – Barfknecht usw.

9. Handel und Verkehr

Kaufmann – Krämer – Fratzsch(n)er/Pfretzschner – Tauscher, Körner, Salzer – Salzmann, Brodführer, Roßteuscher/Roßdeutscher, Biermann, Wirth – Kret(z)schmar/Kret(z)schmer/Kret(z)schmann – Krüger (nd.), *Fuhrmann – Wagenführ(er), Wagenknecht, Kutscher, Gleitsmann, Fehrmann, Zöllner* usw.

10. Städtische, fürstliche und kirchliche Ämter und Dienste; Kriegswesen

Kanzler, Vo(i)gt/Vogts, Schultheiß/Schul(t)z(e)/Schol(t)z(e)/Schult(e), Richter, Schreiber, Mayer/Maier/Meyer/Meier – Niemeyer, Sammler, Zentgraf, Hagemeister, Flor-/Flurschütz, Hofmann, Hofmeister, Schaffner, Stad(e)ler, Kellermann, Kellermeister, Keller(t) – Kellner, Küchenmeister, Kästner/Kestner; Bur(ge)meister, Baumeister, Bieräugel, Graber, Kieser – Prüfer, Thorwart – Wacht(l)er/Wächter; Glöckner, Kirchner, Küster(mann), Oppermann; Fähn(d)rich, Krieger, Reißmann, Wappler usw.

11. Rechts- und Besitzverhältnisse
Altermann, Bürger, Gildemeister, Meister – Neumeister, Häusler/Häußler, Mägdefrau, Lehmann, Löser, Seltmann, Wiedemann usw.
12. Musikanten, Gaukler, Spielleute
Lautenschläger, Peu(c)ker(t), Pfeif(f)er/Pi(e)per, Trummer/Drummer/Trommer; Springer – T(h)ümmler usw.
13. Sonstige Berufe
Baßler/Päßler, Töpfer, Körber, Metzenmacher – Metzner, Seiler – Re(e)pschläger – Stricker, Schüler, Splettstößer usw.

Verschiedene Wortbildungstypen nebeneinander

In ihrer Bildungsweise entsprechen diese Familiennamen weitestgehend den nicht als Eigennamen gebrauchten Berufsbezeichnungen (Haupttypen: Ableitungen und Zusammensetzungen). In bestimmten Fällen stehen verschiedene Wortbildungstypen nebeneinander, z. B. *Wollenschläger – Wollmann – Wollner/Wöllner, Drechsel – Drechsler, Oelschlägel – Oelschläger, Küster – Küstermann, Kutscher – Kutschmann, Salzer – Salzmann,* wobei es oft schwierig ist, teilweise vorhandene Bedeutungsunterschiede exakt zu erfassen. Vgl. auch *Stellmach(er), Tuchscher(er), Wagenführ(er); Müll(n)er, Zieg(n)er* u. a.

Verkleinerungsformen spielen eine relativ geringe Rolle: *Schmiedel, Vögtel/Voitel; Schmiede(c)ke/Schmidtke; Meierlein; Schmiedchen.* – Genetivisch: *Beckers, Schmitz, Schröders.* Häufig ist sekundäres *-t: Beckert, Kellert, Köhlert, Öhlert, Zeunert* u. a. – Auch Zusammensetzungen von zwei Berufsbezeichnungen kommen vor: z. B. *Schmidtbauer.* Um Übersetzungen, Latinisierungen bzw. Gräzisierungen (zumeist aus der Zeit des Humanismus) handelt es sich bei Formen wie *Agricola, Fabrizius* (Schmied), *Mylius* (Müller), *Pistorius* (Bäcker), *Prätorius* (Schultheiß). Litauische Suffixe: *Schmittat, Schneidereit.*

Familiennamen aus Übernamen

Familiennamen aus Übernamen bilden eine der umfangreichsten Namengruppen. Sie kennzeichnen ihre Träger im wesentlichen nach körperlichen und geistigen Eigenschaften, nach Gewohnheiten im weitesten Sinne sowie nach bestimmten charakteristischen Beziehungen, die sich in Verbindung mit der produktiven Tätigkeit im gesellschaftlichen Zusammenleben der Menschen herausbilden. Bei einer Vielzahl dieser Namen handelt es sich um sogenannte Berufsübernamen. Im Gegensatz zu den Familiennamen aus Berufsbezeichnungen benennen diese eine Person nur indirekt im Hinblick auf ihren Beruf, d. h. mittels entsprechender Werkzeuge, Geräte, Arbeitsmaterialien oder Erzeugnisse. Das konkrete Benennungsmotiv der Übernamen kann im allgemeinen nicht (mehr) angegeben werden. Es ist aber ohne weiteres zu erkennen, daß zahlreiche Namen in übertragener Bedeutung, als Sprachbild, als sinnbildlich gemeinte Veranschaulichung zu verstehen sind, etwa *König* für einen würdevollen, *Fuchs* für einen listigen Menschen, *Knoblauch* für den Liebhaber dieses Gewürzes, *Mehlhose* für einen Müller usw.

Wenn im Folgenden eine inhaltliche Gliederung der recht vielgestaltigen Familiennamen aus Übernamen vorgenommen wird, so ist zu beachten, daß in bestimmten Fällen auch eine andere Zuordnung möglich wäre.

1. Körperliche Kennzeichen, Körperteile

Haupt – Breithaupt – Breitkopf – Großkopf/Grot(h)kopp – Schädel, Kraus(e)/Krauß(e)/Kruse – Kraushaar – Krauskopf – Krull – Straub(e)/Strube/Struwe – Strobel(t), Schopf – Groschopf/Groschupp – Grau/Groh(e), Flechsig – Geelhaar/Gehlhaar, Schwarzkopf, Kahl(e)/Kahler(t) – Beschorner, Langnäse/Langnese, Lät(z)sch/Letsch(e), Zahn, Barth – Häs(s)el-/Hessel-/Hößelbarth, Brust/Brüstel, Bauch – Kutzschbauch, Schenkel/Schink(e)l, Schiefelbein – Krum(m)bein – Langbein, Schmalfuß – Schönfuß – Holtfoth – Hinkefuß/Hinkfoth; Dick(e) – Dürr(e), Groß(e)/ Grosse/Groth(e)/Großmann – Klein(e)/ Kleiner(t), Kurz(e[r])/ Kurtz(e)/Kort(h)/Korte – Lang(e)/ Lang(n)er/Lang(er)mann; Scheel – Schill(e)/Schiller – Schie(c)k/Schick(e), Lenk(e)/ Link(e) – Luchterhand, Stark, Ungelenk; Knaa(c)k/Knack – Knauer – Knauf/Knaup – Knaut(h)/Knot(h)/Knott – Knebel usw.

2. Geistige und charakterliche Eigenschaften, Gewohnheiten; Sprechweise

Baldauf – Frühauf, Guth(mann), Biedermann – Böse – Quade – Übel – Nimmergut – Schade – Schädlich – Schenderlein, Demuth – Hochmuth/Homut(h), Ohn(e)sorge/Ansorge – Kummer, Lo(h)se/Loos(e), Streit – Hebenstreit – Krieg, Leisegang, Liebeskind, Mönch/Münch, Schlecht(e)/Schlicht(e), Bierfreund – Stürze(n)becher, Se(e)lig/Seeling, Süß(e), Trost, Unbehau(n), Unbereit/Umbreit, Sparmann – Schimmelpfennig – Wucherpfennig, Wohllebe(n), Zänker – Zorn/Zörner/Zürner; Schmutz(l)er, Schleicher, Schreiter, Zwint(z)scher; Breitsprecher, Schnerr(er), Stemmler usw.

3. Verwandtschaft, Alter, Geschlecht

Alt(mann)/Alter – Jung(e)/Jungmann/Jungbluth, Knabe, Vater, Kind, Vetter(s), Neef(e), Oheim/Oehm(e) usw.

4. Weltliche und geistliche Würdenträger
Kaiser/Kayser/Keyser, König, Graf/Gräf(e) – Landgraf – Markgraf, Edelmann, Ritter, Junker, Marschall, Probst usw.
5. Tiere, Körperteile von Tieren
Adler, Bä(h)r, Birkhahn, Bock, Falk(e), Fink(e)/Finck(e), Fuchs/Voß, Voss, Goldhahn, Hase/Haas(e) – Kohlhase – Schellhaase, Hecht, Hummel/Hommel, Krebs, Kucku(c)k, Lux, Meis(e)geier/Meißgeier, Sperling, Storch, Vogel, Wurm/Worm, Zobel(t); Lämmerzahl, Rehbein usw.
6. Pflanzen, Pflanzenteile, Früchte

Pflanzen, Kleidung, Materialien ...

Blum(e)/Bluhm(e)/Blo(h)m, Bohn(e), Eichelkraut/Egelkraut, Faulhaber, Hopf(e)/Hopp(e), Kienapfel, Kienast, Kirsch, Knoblauch/Knobloch, Kürbis, Lorbe(e)r, Pfeffer(korn), Pil(t)z, Sommerlatte, Stengel, Weihrauch usw.
7. Speisen und Getränke
Flade, Krautwurst, Obst, Rindfleisch, Dünnebier – Sauerbier/Suhrbier, Sauerbrey, Sauermilch – Schlegelmilch, Sauerteig, Senf, Weißbrod(t) usw.
8. Kleidung
Blaurock – Schönrock – Langrock, Kittel(mann)/Kittler, Leinhos – Mehlhose, Hornschuh usw.
9. Rohstoffe, Arbeitsmaterialien
Blei, Deman(d)t, Glas/Glaß, Kupfer, Leder, Stahl usw.
10. Arbeitsgeräte, Werkzeuge, Gefäße; Arbeitsprodukte
Bechstein/Pechstein, Beutel, Bohnsack, Eckstein, Hammer, Kam(p)rath, Keil(hack), Kessel, Knieriem, Kober/Köber, Krug, Krumbholz – Leichsenring – Runge, Nagel – Kupfernagel – Not(h)nagel, Pflug(beil), Rocktäschel, Sens(e), Weiß(p)flog, Zapf(e)/Zapp(e), Zaumseil/Zaumsegel usw.
11. Waffen und Rüstung
Harnisch, Kolb(e), Pan(t)zer, Pfeil usw.
12. Münzen, Maße und Gewichte; Zahlen, Reihenfolge; Geschäft; Recht, Pflicht und Besitz
Pfenni(n)g, Scherf, Schilling, Hundertmark, Scheffel; Dreißig; Leihkauf – Teuerkauf/Dürko(o)p, Hüttenrauch; Reich(e) – Habenicht – An(n)acker usw.
13. Religion und Mythologie; Aberglaube
Düwel/Deibel – Hellriegel, Ries(e)/Re(e)se, Ungethüm, Rosenkranz usw.
14. Zeitbestimmungen, Wettererscheinungen
Abend, Sonntag – Montag – Freitag/Freytag, Mai/May/Mey(e), Lenz – Sommer – Herbst – Winter, Gut(h)jahr; Luft, Sturm/Storm, Bös(e)wetter, Frost usw.

Theodor Storm (1817–1888) Lyriker und Verfasser zahlreicher Novellen

Auch die Wortbildung der aus Übernamen entstandenen Familiennamen lehnt sich weitestgehend an die der Appellative an. Soweit Adjektive zugrunde liegen, erscheinen diese unflektiert *(Dick, Dürr, Stark, Seelig)* bzw. mit schwacher *(Dicke, Dürre, Starke)*, seltener mit starker Flexionsendung *(Seeliger)*. Oft finden sich alle diese Formen bei ein und demselben Namen nebeneinander, wozu gelegentlich noch Weiterbildungen mittels verschiedener Suffixe treten. Als Beispiele sollen an dieser Stelle nur genannt werden: *Schnell – Schnelle – Schneller(t), Schön – Schöne – Schöner(t), Groß – Große/Grosse – Großer(t) – Großmann, Rau(h) – Raue – Rauer – Raumann, Kurz/Kort – Kurze – Kurzer – Kortmann – Körting.*

Verkleinerungsformen: *-l: Blümel, Böckel, Brüstel, Füchsel, Gläsel, Hähnel, Kindel, Knöchel, Knöfel, Krügel, Mück(e)l, Zierold (< Zierel[t]); -k: Kleinke, Oehmke; -lein: Schenderlein, Vetterlein; -chen: Blümchen, Däumichen, Oehmichen/Oehmigen.* Genetivische Bildungen auf *-s* sind selten *(Kohls, Vetters)*, ebenso (durch *l* oder *n* erweiterte) *-er*-Ableitungen: *Kind(l)er, Gräfner; Pfleiderer.* Dagegen zeigen zahlreiche Formen unorganisches *-t: Kleinert, Rauschert, Strobelt, Zobelt* usw.

Auch bei den Übernamen erscheinen (in humanistischer Zeit entstandene) Übersetzungen ins Lateinische, so beispielsweise *Albus, Avenarius.*

Besonderheit: Satznamen

Wegen ihrer Bildungsweise verdienen die Satznamen besondere Beachtung. Inhaltlich sind diese Namen zumeist entweder Berufsübernamen, die sich auf eine charakteristische (Teil)Tätigkeit beziehen *[Haueis(en), Klopf(f)leisch, Quellmalz, Sch(e)rbarth, Hegewald(t) – Sengewald]*, oder sie versuchen den Namenträger im Sinne der oben angeführten Gruppe nach geistigen und charakterlichen Eigenschaften oder Gewohnheiten zu kennzeichnen: *Blievernicht, Fretwurst, Hebe(n)streit, Kiesewetter, Raumschüssel, Scheinpflug, Schneidewind, Trinkaus – Stürze(n)becher, Zuckschwerdt* usw. Bei zahlreichen dieser volkstümlichen, oft expressiven Formen ist die konkrete Entstehung kaum noch zu ermitteln, zumal offensichtlich auch in Anlehnung an eine vorhandene Form mechanisch gebildete Satznamen vorliegen *Bringezu, Hockauf, Schnappauf* u. a. Diese oft als Imperative (Befehlsformen) interpretierten Namen können teilweise auch anders erklärt werden, in bestimmten Fällen z. B. als verkürzte Sätze in der 1. Person Singular: **(Ich) haue den Stein.* In ihrer überwiegenden Mehrheit handelt es sich jedoch um spezifische Verb-Substantiv- bzw. Prädikat-Objekt-Beziehungen, die den jeweiligen Namenträger unter anderem Blickwinkel und zum Teil auf komplexere Weise kennzeichnen als vergleichbare Bildungen: *Haueis(en) – Schmid/Schmidt – Hammer; Quellmalz – Mälzer/Melzer – Malz; Hebe(n)streit – Streit – Zänker; Trinkaus, Stürze(n)becher, Raumschüssel – Bierfreund, Schlick(e), Schlund, Fraß* usw. Die Satznamen breiteten sich von Westen her (mittlerer Rhein – Mosel) rasch auf das übrige deutsche Sprachgebiet aus. Verschiedentlich zeigen sich noch Reste eines ehemals (teilweise) vorhanden gewesenen bestimmten Artikels: *Hau(en)schild, Hau(en)stein, Hebe(n)-streit, Rief(en)stahl, Siedentopf, Schittelnhelm* – aber: *Schindhelm*. Auf Redensarten können zurückgehen *Habedank, Waltsgott* u. a.

Slawische Familiennamen

Die slawischen Familiennamen gehen in ihrem Grundbestand auf ein älteres Rufnamensystem zurück, das bereits für das Urslawische, aus dem sich alle slawischen Einzelsprachen entwickelt haben, vorauszusetzen ist. Es diente zur Benennung einer Einzelperson mit einem Namen und wurde in dieser Funktion aus der indogermanischen Grundsprache ererbt. So wie in den meisten anderen indogermanischen Sprachen sind auch im Slawischen seit den ältesten Zeiten entsprechend der Struktur der Namen drei Bildungstypen zu unterscheiden: zweigliedrige Vollnamen, von ihnen abgeleitete Kurz- und Koseformen sowie von Appellativen gebildete Personennamen.

Vollnamen aus zwei Namengliedern

1. Vollnamen setzen sich aus zwei Namengliedern zusammen, die meist auf ein Substantiv, ein Adjektiv oder eine Verbform zurückgehen, so z. B. *Bogdan,* zu urslaw. **bogъ* 'Gott' und **danъ,* zu urslaw. **dati* 'geben'; *Borislav,* zu urslaw. **borti* 'kämpfen' und urslaw. **slava* 'Ruhm, Ehre'. Nur selten kam es vor, daß an einen solchen Vollnamen ein Suffix trat, z. B. bei poln. *Kazimierek,* zu urslaw. **kaziti* 'verderben, vernichten' und **mirъ* 'Frieden' sowie zum Suffix **-ъkъ,* das im Polnischen zu *-ek* wurde. In den ältesten Quellen zur Geschichte Mittel- und Osteuropas sind slawische Vollnamen sehr häufig anzutreffen. Sie dienten vornehmlich zur Benennung von Vertretern der feudalen Oberschicht, finden sich aber auch bei Personen aus anderen Schichten. Der Anteil der auf Vollnamen zurückgehenden Familiennamen am Gesamtbe-

stand an Familiennamen ist in den einzelnen slawischen Sprachen unterschiedlich, insgesamt gesehen aber sehr gering, da die Vollnamen zur Zeit der Familiennamengebung schon weitgehend ihre Produktivität eingebüßt hatten. Nur diejenigen von ihnen wurden zu häufigen Vor- und Familiennamen, die den Status eines Heiligennamens und damit eines viel gebrauchten christlichen Taufnamens erlangten, z. B. tschech. *Václav,* ursprünglich **Vęceslavъ,* eingedeutscht *Wenzel;* poln. *Stanisław,* eingedeutscht *Stan(c)zel, Sten(t)zel.*

Wenzel I., Landespatron von Böhmen (Denkmal auf dem Wenzelsplatz in Prag)

2. Durch Weglassen eines Namengliedes und gegebenenfalls durch Anfügen eines Suffixes wurden aus Vollnamen Kurz- und Koseformen gewonnen, so z. B. *Bor, Borak, Borek, Borik, Boriš* u. a. aus *Borislav.* Ein einzelnes Namenglied konnte durch Weglassen des auslautenden Konsonanten noch weiter gekürzt werden, z. B. *Bor* zu *Bo-.* Mit Hilfe eines Suffixes *-ch* oder *-š* entstand aus solchen gekürzten Namengliedern ein weiterer Typ von Koseformen, also *Boch, Boš.* Derselbe Kürzungsvorgang konnte auch bei solchen Vollnamen wie *Boguslav* oder *Boleslav* stattfinden, so daß die Zuordnung von *Boch* bzw. *Boš* zu nur einem dieser Ausgangsnamen nicht mehr möglich ist. An Namen des Typs *Boch, Boš* schloß sich manchmal ein weiteres Suffix an, z. B. *-an, -k,* so daß Formen wie *Bošan, Bošk* aufkamen. Überhaupt sind Suffixkombinationen keine Seltenheit. So konnten zum Vollnamen *Domaslav,* dessen Erstglied zu urslaw. **domъ* 'Haus', **doma* 'zu Hause' gehört, nicht nur *Doman, Domel, Domula, Domaš* usw. gebildet werden, sondern auch *Domašk, Domaška, Domišk, Domušk, Domuška* u. a. Diese sorbischen Formen ließen sich durch die polnischen Familiennamen *Domachel, Domanek, Domaszewicz* und viele weitere ergänzen. Unter den sorbischen Familiennamen begegnet öfters die Suffixverbindung *-eńc,* zu urslaw. **-enьcь,* z. B. in *Mielenz.* Die slawischen Sprachen bedienen sich zur Bildung von Kurz- und Koseformen und später von Familiennamen einer Vielzahl verschiedener Suffixe, wobei es aber von Sprache zu Sprache beträchtliche Unterschiede geben kann. So stehen dem Tschechischen zur Bildung von Familiennamen – ihre Gesamtzahl wird auf 40 000 geschätzt – rund 150 verschiedene Formantien zur Verfügung. Das Serbokroatische besitzt knapp 300 verschiedene Suffixe. Im Russischen dagegen ist die Zahl der typischen Familiennamensuffixe weit geringer, da dort ungefähr die Hälfte aller Familiennamen auf *-ov* oder *-ev* sowie auf *-in* enden. Ähnliches gilt für das Bulgarische.

Kurz- und Koseformen

Personennamen aus Gattungsbezeichnungen

3. Eine Anzahl von Namen geht unmittelbar auf Appellative zurück. so z. B. *Baran,* zu nso., poln. *baran* 'Widder, Schafbock'; *Bober,* zu nso., oso., tschech. *bobr* 'Biber'; *Drosd,* zu poln., tschech. *drozd* 'Drossel'; *Kowal,* zu nso., poln. *kowal* 'Schmied'; *Krautz,* zu nso., oso. *krawc* 'Schneider'. Manchmal erfolgte die Bildung mit Hilfe eines Suffixes, z. B. *Kowalak, Kowalek, Kowalik, Kowalk.* Außer von Substantiven konnten Zunamen auch von Adjektiven und Verben abgeleitet werden, so z. B. *Behlke, Belaschk, Bellach, Bielig* von nso., oso. *běły, Bialas, Bialek* von poln. *biały* 'weiß'; *Nowak* bzw. *Novak* (der häufigste aller westslawischen Familiennamen), *Nowek, Nowka, Nowotny, Nowy* u. ä. beruhen auf nso., oso., poln. *nowy* bzw. tschech. *nový* 'neu'. Ableitungen von Verben sind zwar im allgemeinen nicht sehr häufig, andererseits aber besonders charakteristisch für das Tschechische mit seinen vielen Bildungen auf *-l,* die auf ein aktives Vergangenheitspartizipium zurückgehen, z. B. *Doležal,* eingedeutscht *Doleschal,* zu tschech. *doležat, doležet* 'abliegen, (zu lange) liegen', als Spitzname für den Faulenzer. Diese Bei- und Necknamen lassen sich vielfach als ursprüngliche Satznamen erklären, so z. B. der mehrmals in Wien belegte Familienname *Drahokoupil* 'einer, der teuer gekauft hat', vergleichbar mit dem deutschen Familiennamen *Teuerkauf,* Übername für den Kaufmann, der seine Kunden überfordert. Relativ selten sind sie im Polnischen, z. B. *Domagala,* zu poln. *domagać się* 'fordern, verlangen'; *Bigalke,* zu poln. *biegać* '(herum)laufen'. Das Alter der einzelnen deappellativischen Personennamen mag recht unterschiedlich sein. Manche dieser ursprünglichen Appellativa dürften bereits sehr früh zur Personenbenennung gedient haben, so z. B. *rak* 'Krebs', das schon zeitig und in fast allen slawischen Sprachen als Personenname *Rak* belegt ist, im Gegensatz zu obigen *Domagala* und *Bigalke,* die sicherlich viel jünger sind.

Die weiter unten vorgenommene Aufgliederung dieser Personennamen nach der Bedeutung der ihnen zugrundeliegenden Appellativa zeigt die ganze Vielfalt dieser historisch nur schwer zu differenzierenden Namenschicht, die unter den slawischen Familiennamen alle anderen Gruppen zahlenmäßig weit überragt (vgl. unten den Abschnitt zur Namenstatistik).

Dieses ursprüngliche slawische Namensystem, wie es in der Zeit der Einnamigkeit bestand, erfuhr durch die Christianisierung und den Übergang zur Zweinamigkeit wesentliche Veränderungen. Ein gleichzeitig wirkender Faktor, der die Entwicklung des althergebrachten Namenbestandes nachhaltig beeinflußte, war die mittelalterliche deutsche Ostkolonisation, in deren Verlauf beträchtliche Teile des ehemals westslawischen Sprachgebietes eingedeutscht wurden. Hierbei gingen viele slawische Personennamen unter, besonders dort, wo die slawische Sprache noch vor dem Aufkommen der Familiennamen vom Deutschen verdrängt wurde. Der Übergang von der Einnamigkeit zur Zweinamigkeit und die Herausbildung von Familiennamen führte zu einer Umschichtung und Umfunktionierung der alten slawischen Rufnamen, die nun die Rolle von Bei-, meist aber von Haus- und Hofnamen und erst später von Familiennamen zu übernehmen hatten. Sie wurden in dieser neuen Funktion von der spätfeudalen Administration in Abgabe- und Steuerlisten erstmals in größerem Umfange schriftlich fixiert und sind uns so für große Teile der Stadt- und Landbevölkerung der Lausitz sowie anderer westslawischer Regionen erhalten geblieben, wobei die ältesten Verzeichnisse, so z. B. das Zinsregister des Klosters Marienstern und das Landregister der Herrschaft Sorau, bis in das 14. Jahrhundert zurückreichen. Die Herausbildung des Prinzips der Zweinamigkeit zog sich über mehrere Jahrhunderte hin und erfaßte zu unterschiedlichen Zeiten unterschiedliche Landschaften und soziale Schichten. Die Familiennamengebung kam in manchen slawischen Ländern erst im 19. Jahrhundert, in Bulgarien und Makedonien sogar erst im 20. Jahrhundert zum Abschluß. Die neu zu besetzende Stelle der Vornamen füllten nicht nur alte slawische Rufnamen aus (in deutschsprachigen Gebieten deutsche Rufnamen), sondern vor allem kirchliche Taufnamen. Hierunter sind alttestamentliche Namen (*Adam, Jacob* u. a.) sowie neutestamentliche Namen (*Johannes, Petrus, Paulus, Andreas, Elisabeth* u. a.) zu verstehen, von denen eine Anzahl zu Heiligennamen wurde. Diese kirchlichen Namen sind, etymologisch gesehen, meist hebräischer *(Jacob)*, griechischer *(Andreas)* oder lateinischer *(Paulus)* Herkunft. Aus diesen während und nach der Christianisierung eingeführten Taufnamen entstand gleichzeitig entsprechend den Ableitungsmodellen des ursprünglichen slawischen Personennamensystems ein neues Teilsystem von Familiennamen. Als Ausgangsbasis bei der Bildung eines neuen Namens diente gewöhnlich der Anfangs- oder Mittelteil eines kirchlichen Taufnamens, an den ein slawisches Suffix trat. So entstand aus *Benedictus Beniš*, aus *Johannes Hanek, Hanik, Hank, Haniš, Hanuš* u. a. Die Bildung neuer Namen nahm manchmal ihren Ausgang von ungekürzten Formen, wobei ein *Adam Adamek,* ein *Urban Urbanik* ergab. Zur Verwendung kamen im wesentlichen dieselben

Umfunktionierung alter slawischer Rufnamen

Kirchliche Taufnamen als Vornamen

Suffixe, die schon bei der Bildung alter slawischer Rufnamen in Gebrauch standen, also *-ak, -ik, -(e)k, -iš, -uš, -aš, -oš* und viele andere, darunter auch Suffixkombinationen wie z. B. *-uš(e)k, -uška, -iš(e)k,* von denen sich manche erst neu herausbildeten. Dieses Teilsystem übertraf bald in bezug auf seine Vielfalt und seinen Umfang die aus alten slawischen Rufnamen gewonnenen Familiennamen, die immer mehr zurückgedrängt wurden.

Jaroslav Hašek
(1883–1923)
tschechischer Schriftsteller und Satiriker

Unter dem Einfluß des deutschen Sprach- und Namensystems entstand in Teilen des alten westslawischen Sprachgebietes, so besonders in den Lausitzen, ferner in Schlesien und Pommern sowie angrenzenden Landschaften, des weiteren im tschechischen und slowakischen Sprachraum, ein Teilsystem slawischer Familiennamen, dem deutsche Rufnamen zugrunde liegen. So erklären sich *Gierach* und *Gerasch* aus *Gerhard, Haynk* und *Heinisch* aus *Heinrich, Kunack* und *Kunisch* aus *Kuonrād* bzw. *Konrad* usw. Die Ableitung erfolgte wiederum mit den uns schon bekannten Suffixen *-ak, -aš, -k* usw.

Eine weitere, wenn auch kleine Gruppe bilden jene slawischen Familiennamen, die auf ein Lehnwort aus dem Deutschen zurückgehen. Hierher gehören *Woit, Woyta, Woitzik,* zu poln. *wójt,* aus mhd. *vog(e)t,* mnd. *voget, voit* 'Vogt'; *Schultka, Schultke,* zu nso., oso. *šołta,* Deminutiv *šołtka,* aus nd. *schulte,* mhd. *schultheiȝe* 'Schulze, Dorfrichter'; tschech. *Šindelář,* eingedeutscht *Sindelar, Schindelarsch* und ähnlich, aus dt. *Schindel, Schindler* 'Schindelmacher', u. a. Als interessante Beispiele slawisch-deutschen Sprachkontaktes wären des weiteren die Familiennamen *Peisker* und *Kretzschmar* zu nennen.

Peisker kann ein ursprünglich slawischer Personenname sein, der unmittelbar auf die niedersorbische oder obersorbische Fischbezeichnung *piskoŕ* 'Peitzker, Schlammbeißer' zurückführt, es kann aber auch das aus dem Slawischen ins Deutsche entlehnte gleichlautende Appellativ *Peisker* zugrundeliegen.

In ähnlicher Weise beruht *Kretzschmar* auf einem wohl aus dem Alttschechischen ins Deutsche eingedrungenen Appellativ, das einem urslaw. **kъrčьmarь* bzw. einem neutschech. *krčmář* 'Schenkwirt' entspricht und das durch die engen Kontakte mit Böhmen über die deutschen Kanzleien und Verwaltungsbehörden große Verbreitung erfuhr. Es wurde gleichzeitig zu einem der häufigsten Familiennamen in der ostmitteldeutschen Namenlandschaft.

Unter den von Völker- und Stammesbezeichnungen abgeleiteten Familiennamen finden sich sowohl rein slawische Namen – *Masur,* zu poln. *mazur* 'Einwohner von Masowien'; *Niemz, Nimts,* zu nso. *nimc,* oso. *němc* 'Deutscher', in Wien sehr häufig *Nemec, Nemes, Niemetz,* zu tschech. *němec* 'Deutscher' – als auch Bildungen, denen eine nichtslawische Basis zugrundeliegt, z. B. *Dutschke,* das auf eine sorabisierte Form des Wortes *deutsch* zurückzuführen ist.

Familiennamen auf -ski

Eine gesonderte Betrachtung verlangen die Familiennamen auf *-ski.* Während sie im Sorbischen fast ganz fehlen, sind sie im Tschechischen – hier in der Form auf *-ský* – schon öfters vertreten. Besonders häufig aber kommen sie im Polnischen vor, wo das Suffix *-ski,* das als allgemeine Bedeutung die Zugehörigkeit (zu einem Ort oder zu einer Person, darunter auch Besitz) ausdrückte, in der Personenbenennung folgende Funktionen ausübte: 1. Es diente zur Kennzeichnung der Herkunft einer Person aus einem bestimmten Ort. *Baranowski* bedeutete 'einer aus *Baranów* oder *Baranowo*', *Borowski* 'einer aus *Borów, Borowa* oder *Borowica*', *Brzeziński* 'einer aus *Brzezina, Brzeziny* oder *Brzeźno*', *Dubsky* (wohl tschech. *Dubský*) 'einer aus *Dub, Dubá, Dubí* oder *Duby*'. Gleichzeitig konnte aber auch ein Besitzverhältnis zum Ausdruck kommen, also *Baranowski* 'Besitzer, Herr von *Baranów*'. Auf diesem Wege entstanden viele Adelsnamen. 2. In sogenannter patronymischer Funktion zeigte *-ski* die Abstammung vom Familienvater, die Zugehörigkeit zu einer Familie an. *Boguslawski* bedeutete 'Sohn des *Boguslaw*', *Michalski* 'Sohn des *Michal*'. Vergleichbar sind solche deutschen Familiennamen wie *Petersen* 'Peters Sohn', *Johannsen* u. a. In einer Anzahl von Fällen ist nicht mehr zu entscheiden, ob wir es mit einem Herkunftsnamen oder mit einer patronymischen Bildung zu tun haben. So kann *Kowalski* von einem Ortsnamen *Kowale* oder von einem Personennamen *Kowal* abgeleitet sein. 3. Das Suffix *-ski* erlangte im Polnischen im Laufe der Zeit eine derartige Produktivität, daß es gleichsam zu einem Modesuffix wurde, bei dessen Verwendung man sich der ursprünglichen Bedeutung nicht mehr bewußt war. Es begann eine rein strukturelle bzw. namenbildende Funktion auszuüben. In vielen Namen erscheint heute das Suffix *-ski* in Verbindung mit noch anderen Suffixen als *-owski, -ewski, -iński* usw., zum Beispiel in *Jakubowski, Tomaschewski, Kobylinski.*

Eine Randgruppe bilden die mehrdeutigen slawischen Familiennamen. Aufgrund äußerer Gleichheit von Namen verschiedener Herkunft ist in einer Anzahl von Fällen eine eindeutige

Erklärung nicht mehr möglich. So kann der Familienname *Maasch* bzw. *Masch* sowohl eine Kurzform zu einem Vollnamen *Malomir* als auch zu einem kirchlichen Taufnamen *Matthaeus, Matthias, Marcus* oder *Martin* darstellen; *Borack* kann nicht nur Kurzform zu *Borislav,* sondern wegen des Ortsnamens *Boragk,* Kr. Liebenwerda, auch Herkunftsname sein. Für den Familiennamen *Reschke* (vgl. Namenverzeichnis) bieten sich sogar vier slawische Deutungsmöglichkeiten an. Aufgrund wiederum äußerer Gleichheit ist ein reichliches Dutzend von Familiennamen sowohl aus dem Slawischen als auch aus dem Deutschen erklärbar. Man vergleiche im Namenverzeichnis hierzu die Stichwörter *Bieling, Mannig, Meusel* u. a.

Die statistische Aufbereitung der im Namenverzeichnis behandelten slawischen Familiennamen ergibt folgendes Bild: Familiennamen aus slawischen Vollnamen: 10 = ca. 1 %; Familiennamen aus slawischen Kurz- und Koseformen: 126 = 13,1 %; Familiennamen aus slawischen (einschließlich entlehnten) Appellativen: 417 = 43,4 %; Familiennamen aus kirchlichen Taufnamen: 261 = 27,2 %; Familiennamen aus deutschen Rufnamen: 26 = 2,7 %; Familiennamen aus Völker- und Stammesnamen: 11 = 1,1 %; Familiennamen auf -ski: 85 = 8,8 %; mehrdeutige Familiennamen: 24 = 2,5 %. Der Anteil der slawischen Familiennamen am Gesamtbestand der im Namenverzeichnis enthaltenen Familiennamen beträgt etwa 15,4 %.

Wie aus der Statistik ersichtlich, leitet sich fast die Hälfte aller slawischen Familiennamen von Appellativen ab. Durch ihre Aufgliederung nach Bedeutungsgruppen ergeben sich einige recht interessante Einblicke in die hier wirksam gewordenen Benennungsmotive.

Hauptgruppen: Berufsnamen und Übernamen

Denn deutlich treten zwei Hauptgruppen hervor: Berufsnamen und Übernamen. Innerhalb der Übernamen lassen sich bis zu 20 verschiedene Untergruppen erkennen. Wir beschränken uns auf die Unterscheidung von 10 solcher Gruppen, wobei jeweils in Klammern ihr prozentualer Anteil am Gesamtbestand der 417 appellativischen Familiennamen ausgewiesen wird. Die Erklärung der Beispiele erfolgt im Namenverzeichnis.

1. Familiennamen nach Stand und Beruf, nach sozialer Stellung und Funktion in der Gesellschaft, nach der Beschäftigung usw. (18,3 %): *Bednarz, Kalz, Kowal, Lehnick, Pekar, Starosta, Schuppan, Witschas.*

2. Übernamen: 2.1. Familiennamen nach körperlichen Eigenschaften des Menschen, nach seinem Äußeren, nach Körperteilen, Haarwuchs, Haut usw. (9,4 %): *Goly, Maly, Broda, Bruch,*

Hlawa, Hubatsch, Nossek. 2.2. Familiennamen nach der Farbe der Haare, der Haut (5,3 %): *Bellach, Bialowons, Czornak, Tschernick.* 2.3. Familiennamen nach charakteristischen Verhaltensweisen des Menschen, nach auffallenden oder gewohnheitsmäßigen Handlungen usw. (8,4 %): *Bigalke, Czaja, Kopatz, Pospischil, Switala.* 2.4. Familiennamen nach charakterlichen oder geistigen Eigenschaften des Menschen (2,8 %): *Hytrek, Mudra, Pokorny, Tichy, Wessely.* 2.5. Familiennamen nach weltlichen und geistlichen Würdenträgern (1,6 %): *Biskup, Krahl.* 2.6. Familiennamen nach Tieren, d. h. Säugetieren, Vögeln, Fischen usw. (16,6 %): *Baran, Karas, Kohout, Komarek, Linn, Mucha, Raak, Robel, Sroka, Ziesch.* 2.7. Familiennamen nach Pflanzen, Früchten usw. (7,8 %): *Groch, Hruschka, Fiala, Jagode, Kalina, Lobeda, Sock.* 2.8. Familiennamen nach verschiedenen Gegenständen, auch Kleidungsstücken usw., weshalb manche dieser Familiennamen als mittelbare Berufsnamen anzusehen sind (10,3 %): *Buth, Duda, Kapitza, Kosch, Kosuch.* 2.9. Familiennamen nach Lebensmitteln, Getränken u. ä. (2,6 %): *Buchta, Mukke, Piefke, Smetana, Twaroch.* 2.10. Sonstige, hier nicht weiter differenzierte Familiennamen (16,8 %): *Gey, Hajek, Konzack, Mros, Popel.* In diese Untergruppe sind auch die wenigen Familiennamen nach Örtlichkeiten, nach der Lage des Besitzes usw. mit eingereiht worden.

Überwiegende Herkunft aus dem Westslawischen

Die bisher allgemein als „slawisch“ bezeichneten Familiennamen erfordern nach Möglichkeit die Zuordnung zu einer slawischen Einzelsprache. Nur die Form zweier Namen mit dem patronymischen Suffix *-ov* deutet auf ost- bzw. südslawischen (wohl russischen oder bulgarischen) Ursprung hin: *Pavlov* bzw. *Pawloff* sowie *Petrow.* Alle übrigen Familiennamen dürften fast ausschließlich aus dem Westslawischen, d. h. dem Niedersorbischen, Obersorbischen, Polnischen, Tschechischen oder – wohl selten – Slowakischen kommen. Auch die seit dem Spätmittelalter ausgestorbenen elb- und ostseeslawischen Dialekte von der Elbe bis nach Pommern mögen uns eine Anzahl von Personennamen hinterlassen haben. Auf Grund der engen Verwandtschaft der westslawischen Einzelsprachen ist zwar die Zuweisung einer Namensform zu einer oder mehreren bestimmten Sprachen erschwert, in vielen Fällen aber doch anhand folgender Kriterien möglich: 1. Phonetische Merkmale: Ursprünglich slawische Namen haben im Niedersorbischen und Polnischen sowie in den elb- und ostseeslawischen Dialekten urslaw. *g* bewahrt, während das Obersorbische, Tschechische und Slowakische diesen Laut zu *h* wandelten. Man vergleiche nso., poln. *Groch* mit tschech.

und slowak. *Hrách* bzw. *Hrach.* Dasselbe Beispiel enthält als weiteren Anhaltspunkt die Umstellung der urslawischen Lautverbindung *-or-* zwischen Konsonanten zu *-ro-* im Sorbischen und Polnischen, dagegen zu *-ra-* im Tschechischen und Slowakischen. Nur das Polnische zusammen mit dem Elb- und Ostseeslawischen besitzt die Nasalvokale ǫ (in polnischer Schreibung ą) und ę, die meist als *-on-* und *-en-* eingedeutscht wurden, z. B. in *Gondek,* zu poln. *gądek, Genschorek,* zu poln. mundartlich *gęsior.*

2. Die Wortbildung, speziell die Suffixe betreffende Merkmale: Das Suffix *-ek* zeugt für polnische, tschechische oder slowakische, *-k* dagegen für sorbische Herkunft (vgl. *Michalek – Michalk).* Es ist jedoch zu beachten, daß bei sorbischen Namen ein sekundäres Suffix *-ek* begegnet, das unter dem Einfluß des Deutschen durch Vokalabschwächung in unbetonten Silben aus *-ik* oder *-ak* entstand. Für polnische Familiennamen ist das außerordentlich häufige Suffix *-ski* charakteristisch, für tschechische Familiennamen das etwas seltenere *-ský,* eingedeutscht *-sky,* für sorbische Namen das Suffix *-eńc,* in deutscher Schreibung *-en(t)z.* Auf einen tschechischen Ursprung deuten die Familiennamen vom Typ *Doležal, Navrátil* usw. hin, die auf einer Verbform auf *-l* beruhen (siehe oben).

3. Lexikalische Eigenheiten: Manche der den Familiennamen zugrundeliegenden Appellative kommen nur in einer oder mehreren, jedoch nicht in allen westslawischen Sprachen vor, so zum Beispiel *gazda* in dem Familiennamen *Gasde,* das dem Sorbischen unbekannt bleibt. *Kowal* ist u. a. typisch für das Niedersorbische und Polnische, *Kowar* für das Obersorbi- sche, *Čermák,* eingedeutscht *Cermak, Czermak,* für das Tschechische.

4. Graphische Besonderheiten: Polnische Namen sind u. a. an den Buchstabenverbindungen *-cz-, -sz-, -rz-* zu erkennen, obgleich auch ältere tschechische Schreibungen *-cz-* usw. haben können, z. B. obiges *Czermak.* Bei tschechischen Namen sind im Deutschen die diakritischen Zeichen (Häkchen und Längezeichen) stets weggelassen worden, weshalb *Cappek* für *Čapek* steht, *Dusiska* für *Dušička, Dubsky* für *Dubský.* Der nur im Tschechischen vorkommende Laut *ř* wurde vereinzelt mit *-rsch-* umschrieben, z. B. *Dworschak* für *Dvořák,* sonst mit *r.* Für *č* erscheint manchmal *tsch,* aber auch *tz, ž* spiegelt sich als *sch* wider, daneben aber auch als *z.* Man vergleiche z. B. *Ruschitzka* und *Ruzicka* für *Růžička.*

Antonin Dvořák
(1841–1904)
tschechischer
Komponist

Auf der Grundlage der oben angeführten und noch weiterer Kriterien sowie unter Verwendung der einschlägigen Fachliteratur lassen sich die im Namenverzeichnis erfaßten 960 slawischen Familiennamen (die beiden oben genannten Namen auf *-ov* ausgenommen) mit gewisser Sicherheit sieben Gruppen zuordnen, deren Umfang jeweils aus den angegebenen Prozentzahlen ersichtlich ist. Die nieder- und obersorbischen Namen erscheinen hierbei undifferenziert unter der zusammenfassenden Bezeichnung „sorbisch". 1. polnische Familiennamen (24,4 %). 2. sorbische Familiennamen (15,1 %). 3. tschechische Familiennamen (5,9 %). 4. polnische oder tschechische Familiennamen (6,8 %).5. polnische oder sorbische Familiennamen (6,2 %). 6. tschechische oder sorbische Familiennamen (2,4 %). 7. nicht weiter differenzierbare, also gemeinwestslawische Familiennamen (39,2 %).

Historische und landschaftliche Besonderheiten der Familiennamen

In den Ausführungen über die Bildung der Familiennamen wurde unter anderem auch darauf hingewiesen, daß es eine Reihe von unterschiedlichen Entwicklungen und Ausprägungen der Laute, verschiedenartige Verschriftungen sowie Beispiele für eine unterschiedliche Nutzung von Wörtern in den einzelnen Sprachräumen gibt, die nicht nur für die Sprachwissenschaft bedeutsam sind.

Lautliche Veränderungen parallel zur Sprachentwicklung

Historisch gebunden sind letztlich alle Familiennamen, denn sie sind – nach kürzerer oder längerer Zeit des freien Gebrauchs als Beinamen – zu einem bestimmten Zeitpunkt in bezug auf eine bestimmte Person festgeschrieben worden. Danach nahmen sie auf unterschiedliche Weise an der Weiterentwicklung der Sprache teil, wie hier dargelegt werden soll. So sind bei der Mehrzahl der Familiennamen alle grundlegenden lautlichen Veränderungen nachzuweisen, die sich beim Übergang vom Mittelhochdeutschen zum Neuhochdeutschen vollzogen:

- die Diphthongierung *ī > ei:* mittelhochdeutsch *bīl:* 1382 *Bil,* heute *Beil, ū > au:* mittelhochdeutsch *vūlhaber:* 1221 *Vulhaber,* heute *Faulhaber, iu* (= ü) > *eu:* mittelhochdeutsch *viustel:* 1329 *Vustli,* heute *Feustel,*
- die Monophthongierung *uo > ū:* mittelhochdeutsch *phluoc:* 1208 *Pluoch,* heute *Pflug, üe > ǖ:* mittelhochdeutsch *wüeste:* 1280 *Wüeste,* heute *Wüst(e).*

Im niederdeutschen Sprachraum ist dieser Übergang generell nicht erfolgt. Hier lauten die Familiennamen *Bruhn* statt *Braun, Struve* statt *Straube, Diekmann* statt *Teichmann.* Auch im Südwesten, in den alemannischen Mundarten des Elsaß und der Schweiz, ist die Diphthongierung nicht eingetreten. Andererseits ist in den hochdeutschen Mundarten bei der Monophthongierung ein buntes Bild entstanden. Im Alemannischen und im Bayrischen sowie in einem Teil des Ostfränkischen von Würzburg bis Meiningen sind die alten Diphthonge erhalten geblieben: *Bri-ef, Briaf* statt *Brief, Bru-eder, Bruader* statt *Bruder.* Aber im Schriftgebrauch – und in den heutigen Familiennamen – sind diese alten Diphthonge kaum nachweisbar.

Historisches Gebundensein verdeutlichen – auch für den Laien deutlich sichtbar – die Namenwörter, die für die Bildung der Familiennamen verwendet wurden. Da gibt es Namen, deren Bedeutung uns fremd ist, so etwa *Fechner,* gebildet zu mittelhochdeutsch *vech* 'buntes Pelzwerk' für den Händler mit bzw. den Verarbeiter von Pelzwerk, oder *Spengler,* gebildet zu mittelhochdeutsch *speng(e)ler* 'Blechschmied, Klempner', oder *Meyer, Schulze.* Dann gibt es Familiennamen, deren Bedeutung wir uns zumindest annähernd erschließen können, selbst wenn wir nicht exakt in ihren Kern vordringen, wie etwa bei *Hofmann, Lehmann, Münzer.* Dies gilt auch für Namen, deren soziale Geltung uns heute meist nur noch annähernd bewußt oder verständlich ist, wie beispielsweise *Richter, Spieler, Spielmann, Weißgerber, Tuchscherer, Trommer, Münch.* Und dann gibt es Familiennamen, bei denen wir unmittelbar an die im heutigen Sprachgebrauch üblichen Bedeutungen anknüpfen, man denke an Namen wie *Bauer, Müller, Schmidt – Adler, Sperling, Vogel – Fuchs, Wolf, Haase – Groß(e), Klein(e), Kurz(e) – Weiß(e), Schwarz(e), Braun(e) – Haupt, Nacke, Bauch* usw. Bei eingehender Betrachtung des Namenverzeichnisses entdeckt jeder ohne große Mühe weitere Beispiele, die als Zeugnisse für die historische Bindung der Familiennamen anzusehen sind.

Ursachen für Schreib- und Lautvarianten

Während wir heute die Normen der Rechtschreibung der Wörter nach den Vorgaben des Dudens anwenden, es also normalerweise für jedes Wort nur eine festgelegte Schreibung gibt, finden wir bei einer Vielzahl von Familiennamen mehrere Schreibvarianten (und oft auch mehrere Lautvarianten) nebeneinander. Das hängt damit zusammen,

- daß es früher – weitgehend bis ins 19. Jahrhundert hinein – zwar eine traditionell gefestigte, aber nur in begrenztem Umfang eine generelle, überregionale, zum Teil aber noch nicht einmal lokale Regelung der Schreibung gab, also die vom jeweiligen Schreiber gewählte Form der schriftlichen Fixierung nicht völlig willkürlich war, jedoch bei der Wiedergabe bestimmter Laute und Lautverbindungen Toleranzen nachzuweisen sind,
- daß überwiegend die in den einzelnen Sprachräumen gebräuchlichen, im gesamten deutschen Sprachgebiet auf Grund der mundartlichen und umgangssprachlichen Verhältnisse sehr vielfältigen Lautvarianten bei der schriftlichen Fixierung der Familiennamen aufgezeichnet wurden,

- daß für die aus fremden Sprachen zu uns gekommenen Familiennamen eine mehr oder weniger sachgerechte Anpassung an das deutsche Phonem- und Graphemsystem vorgenommen werden mußte und
- daß die Aufzeichnung der Familiennamen und die Herausbildung einer endgültigen, dann nicht mehr veränderbaren Schriftform zu unterschiedlichen Zeiten erfolgte, so daß mehrere Stufen der lautlichen Entwicklung und auch der schriftlichen Wiedergabe dieser Entwicklung einwirkten.

Ein Beispiel: Rückführung von ‚Gottschling' auf ‚Gottschalk'

So käme kaum jemand auf den Gedanken, den Familiennamen *Gottschling* mit der Ausgangsform *Gottschalk* in Verbindung zu bringen. Aber die mitbezeugten Namenformen *Gottschalg, Gottschalch, Gottschlich* verdeutlichen, daß über mehrere mundartliche Abwandlungen tatsächlich ein Weg von *Gottschalk* zu *Gottschling* führt, indem zuerst – ähnlich wie beim Familiennamen *Marschall* – das auslautende *-k* in *-g* bzw. *-ch* umgewandelt wurde und dann im Sinne der Erleichterung der Aussprache die Umwandlung von *schalch* über *schalich* in *schlich* erfolgte, wie dies ähnlich bei *Forbrich* erfolgte. Und dann wird – analog zu *Hennig/Henning, Flämig/Flemming, Gierich/Giering, Härich/Hering, Helbig/Helbing* – das *-ich* als *-ing* wiedergegeben. Die gleichfalls vertretene Form *Gottschall* entspricht in der Lautentwicklung dem gleichen Vorgang bei *Marschall.* Und *Gottschald(t)* hat neben sich eine Vielzahl von Familiennamen, an die ein *-t* vor allem nach *l* und *r* angefügt wurde, man vergleiche *Bernert, Bienert* und andere. Die gleichfalls bezeugte Namensform *Gottschild* ist eine Eindeutung des Wortes *Schild,* weil auf Grund von lautlichen Unsicherheiten in der Nebensilbe *-schald(t)* nicht recht verstanden worden war und der Name als *Gott-Schild* nun wieder eine durchschaubare Bedeutung erhielt.

Varianten des Familiennamens ‚Böttcher'

Auf eine Reihe anderer Erscheinungen weisen uns die Schreibformen des Familiennamens *Böttcher,* der zur Berufsbezeichnung mittelhochdeutsch *botecher* 'Hersteller von Bottichen' zu stellen ist. Das Nebeneinander von *Böttcher* und *Bötticher* beruht darauf, daß bei *Böttcher* der ursprünglich in der Mitte stehende Vokal verschwand, ursprünglich ein *e,* das in Anlehnung an *Bottich* dann zu *i* gewandelt wurde, wie dies auch im Familiennamen *Bötticher* bezeugt ist. Der Übergang von mittelhochdeutsch *t* zu neuhochdeutsch *tt* nach kurzem Vokal ist auch in anderen Familiennamen bezeugt, vgl. oben *Gottschalk.* Die Schreibvarianten *Böttger, Böttiger* sind daraus zu erklären, daß der *ich*-Laut oftmals mundartlich für *-g* steht, man vergleiche das

Einer der ältesten Handwerksberufe nördlich der Alpen: der Böttcher oder Faßbinder

Nebeneinander bei Namen wie *Hellwig/Hellwich, Eschrig/Eschrich, Helbig/Helbich* und oben *Gottschalk.* Möglicherweise spielte dabei auch das Bemühen um einen angenehmeren Klang des Namens eine Rolle. Und schließlich wird der Umlaut *ö* nicht nur mit der heute gebräuchlichen Schreibung, sondern auch noch mit der ursprünglich weithin gebräuchlichen Zweiheit (Digraph) von *o* und *e* wiedergegeben: *Boett(i)cher.* Nach der räumlichen Verbreitung ist der Familienname *Böttcher* – wie die Berufsbezeichnung auch – vor allem im Mitteldeutschen heimisch. Die gleichfalls bei uns nachweisbaren Familiennamen *Bödecker, Boedecker* und *Böd(d)iker,* die mit mittelniederdeutsch *d* für *t* und *k* für *ch* zur Berufsbezeichnung *bodeker* 'Böttcher' gehören, weisen typisch niederdeutsche Lautungen auf, haben aber alle den Umlaut *ö,* gleichfalls als *ö* und *oe* aufgezeichnet.

Das Nebeneinander von Schreibungen auf *ck: Bödecker* und *k: Bödiker* hängt wiederum mit den jeweiligen lokalen und regionalen Schreibgewohnheiten zusammen, wie dies auch für die Namen *Blan(c)k, Ben(c)ke, Bal(c)ke, Hanna(c)k, Hen(c)kel, Hie(c)k(e)* u. a. gilt.

Den gleichen Beruf, das Herstellen von Bottichen, d. h. von hölzernen Gefäßen mit nur einem Boden, führten auch die *Büttner* und der *Faßbinder* aus. *Büttner* mit den Varianten *Bittner* und *Böttner* ist vor allem ein ostdeutscher Familienname, während *Faßbinder* mit der Variante *Faßbender* überwiegend im west- und süddeutschen Raum heimisch ist. Daneben gibt es mit der gleichen Bedeutung auch noch die Berufsbezeichnung *Faßhauer*, die gleichfalls als Familienname bezeugt ist. Hier liegen also jeweils landschaftlich gebundene Wörter zugrunde, in diesem Falle Berufsbezeichnungen.

Weitere Beispiele für Schreibvarianten

Weit verbreitet war ursprünglich die Schreibung von anlautendem *C-* für *K-*, überwiegend bei solchen Familiennamen, die auf Wörter oder Namen fremden, vor allem lateinischen Ursprungs zurückgehen: *Canzler* neben *Kanzler, Carstens(en), Caspar* neben *Kaspar, Cla(a)sen, Clemens* und *Clement* neben *Klemens* und *Klement* dazu *Carl* neben *Karl, Conrad(t)* neben *Konrad(t), Cramer* neben *Kramer, Crull* neben *Krull, Curt(h)* neben *Kurth*.

Ohne besondere lautliche Unterschiede finden wir ein buntes Nebeneinander bei der Fixierung des *ei*-Lautes. Dem oben bereits erwähnten *Meier/Meyer/Maier/Mayer* und dem allgemein bekannten *Baier/Bayer/Beier/Beyer* seien in Auswahl noch hinzugefügt: *Frei/Frey, Freier/Freyer, Freiberg/Freyberg, Freitag/Freytag, Dreier/Dreyer, Geier/Geyer, Heide/Heyde.*

Die Kennzeichnung der Länge von Vokalen erfolgte bei den Familiennamen – ähnlich wie bei den Gattungsbezeichnungen – auf unterschiedliche Weise: *Baade/Bade, Baar/Bahr, Bähr/Bär/Beer, Haas(e), Haan/Hahn* deuten für *a* die Möglichkeiten vor allem bei einsilbigen Namen an. Bei mehrsilbigen Namen ist in offener Stammsilbe meist Länge, in geschlossener Silbe – außer vor *r* – meist Kürze gebräuchlich, analog zu den Verhältnissen bei den Gattungsbezeichnungen.

Daß es in den einzelnen Sprachräumen bei bestimmten Familiennamen vielfältige Varianten gibt, beweisen Beispiele wie *Ahrend(t)/Arend(t)/Arnd(t), Behrend(t)/Berend(t)/Bernd(t)* und weitere Belege im Namenverzeichnis.

Die Kennzeichnung des Umlauts, oben am Beispiel des Namens *Böttcher* bereits angedeutet, gilt für *ö/oe (Börner/Boerner, Döhler/Doehler, Dörfel/Doerfel, Förster/Foerster, Göthe/Goethe, Höpfner/Hoepfner)* und für *ä/ae (Bär/Baer, Brämer/Braemer, Dähn/Daehn, Gäde/Gaede)*. Beim Umlaut *ä* finden wir noch mehrfach die ältere phonetische Schreibung *e: Fränkel/Frenkel, Fränzel/Frenzel, Fährmann/Fehrmann, Bäck/Beck, Bäcker/Becker* (hier überwiegen die *e*-Formen).

Mehrfach stehen auch Familiennamen mit Umlaut neben solchen ohne Umlaut: *Häder/Hader, Häckel/Hackel, Häcker/Hakker, Häger/Hager – Häuer/Heuer/Hauer, Häuser/Hauser, Bräuer/Breuer/Brauer, dazu noch entrundet Breyer.*

Eine Rundung verdeutlicht das Nebeneinander der Familiennamen *Behm(e)/Böhm(e), Behnke/Böhnke, Delling/Dölling,* wo das ursprüngliche *e* schriftsprachlich in *ö* umgewandelt wurde.

Eine Fülle von Lautungen zeigen die zum Familiennamen *Friedrich* bezeugten Varianten *Fredrich, Frädrich, Frödrich.*

Die Namenvarianten *Behm(e)/Böhm(e)* weisen uns auf ein weiteres Moment hin, auf das Nebeneinander von Namenformen mit und ohne *e*-Auslaut, das mehrere Ursachen hat. Zum Teil handelt es sich um die Nachwirkung älterer Varianten im Kasusgebrauch, zum Teil um Varianten von Formen mit altem *-e* und mundartlich bedingtem *-e*-Abfall, zum Teil auch um Analogiebildungen auf *-e.* Aus der Fülle der ohne große Mühe zu ergänzenden Beispiele seien genannt: *Berg(e), Buhl(e), Busch(e), Dähn(e), Damm(e), Enk(e), Esch(e), Falk(e), Ferg(e), Frank(e), Gasch(e), Götz(e), Grosch(e), Haas(e), Hansch(e), Heintz(e).*

Mundartliche Lautungen sind nachweisbar in Familiennamen wie *Aust(en),* wo das in den zugehörigen Namenformen *Augustin, Augst(en)* enthaltene *g* geschwunden ist, ähnlich wie bei *Dennhard(t),* dem *Degenhardt* zur Seite steht. Bei Familiennamen wie *Hain, Heinrich, Heinicke* wurde das *g* in der Lautgruppe *age (hagen, haganrīhhi)* schon früh vokalisiert. Beim Nebeneinander der Familiennamen *Burghard(t)/Burkhardt/Burkert/Burchart/Burchert* wurde das *g* im Silbenauslaut einerseits zu *k* verschärft und andererseits zum Reibelaut *ch* erweicht.

Ergebnis umfangreicher lautlicher Veränderungen ist der Familienname *Forbrig* mit der Variante *Forbrich.* Stellt man die gleichfalls zugehörigen Namenvarianten *Forberig* und *Forwerg/Forwerk* hinzu, so tritt die Entwicklung bereits deutlicher erkennbar hervor. Aus dem zu mittelhochdeutsch *vorwerc* gehörenden Familiennamen *Vorwerk,* der aus der urkundlichen Überlieferung eindeutig zu erschließen ist, mit der Variante *Vorberg,* die analog zu den Verhältnissen bei *Färwer/Färber, Gerwer/Gerber, Herwig/Herbig* entstanden ist, wurde infolge des schwachen Akzents auf der Nebensilbe durch *i*-Einschub *Vorberig.* Damit war eine Erleichterung der Aussprache erreicht worden. Hier besteht auch eine Parallele zu dem oben bereits erwähnten Familiennamen *Gottschalk/Gottschlich.* Durch *e*-Ausfall entstand dann *Vorbrig,* so daß schließlich – parallel zum Familiennamen *Fiebig, Fiebich,* der aus *Viehweg* entstanden ist und auf mittelhochdeutsch *vihewec* zurückgeht – nur noch *F-* für das gleichlautende

Jacob Burckhardt
(1818–1897)
Schweizer Kultur- und Kunsthistoriker

V- geschrieben werden brauchte, wie wir dies auch bei *Voland/Faland,* zu mittelhochdeutsch *vālant,* feststellen können. Eine gleiche lautliche Entwicklung von *-werk* zu *-brich* gibt es auch noch im Falle des Familiennamens *Herbrich,* der aus älterem *Herberg* entstanden ist. Während sich beim Familiennamen *Forbrich* die Entwicklung aus *Vorwerk* in der urkundlichen Überlieferung deutlich ablesen läßt, muß bei *Herbrich/Herberg* auf eine analoge Entwicklung geschlossen werden.

Überschneidungen in der Schreibung finden wir nicht nur in der oben bei *Böttcher* bereits erwähnten Wiedergabe des *k*-Lautes durch *k* und *ck.* Auch der *s*-Laut weist beispielsweise beim Familiennamen *Asmus* Varianten auf: *Assmus/Aßmus/Asmuß/Asmuss/Aßmuß. s, ss* und *ß* stehen offensichtlich völlig gleichwertig nebeneinander, wie auch bei *Eis-/Eiss-/Eißmann, Häsel-/Hässel-/Häßelbarth, Gläser/Glässer/Gläßer, Glas/Glass/Glaß, Geisler/Geissler/Geißler* u. a. Öfter als *s/ß (Gleis-/Gleißberg, Gräser/Gräßer)* stehen *ss/ß* nebeneinander: *Gessner/Geßner, Floss/Floß, Hass/Haß, Hess(e)/Heß(e).*

Auch die Wiedergabe des *z*-Lautes ergab eine Grundvariante: *z/tz: Gen(t)z, Gen(t)zel, Gün(t)zel, Gu(t)zmann, Hol(t)z.* Im Ostmitteldeutschen tritt bei einer Reihe von Familiennamen besonders im Auslaut eine Lautvariante auf, deren schriftliche Wiedergabe gleichfalls zu einer Grundvariante führte: *tsch/tzsch: Gentsch/Gentzsch* neben *Gensch, Genzsch, Apitsch/Apitzsch* neben *Apitz, Fritsche/Fritzsche* neben *Fritz(e),* dazu *Hel(l)fritsch/Hel(l)fritzsch, Hantsch(e)/Hantzsch(e)* neben *Han(n)s* und *Hansch(e), Hanitsch/Hanitzsch* neben *Hanisch, Hantschmann/Hantzschmann* neben *Hanschmann, Nitsche/Nitzsche* neben *Nietzsch(e), Nitzschke, Nitze, Goltsch/Goltzsch* neben *Gol(t)z.*

Carlo Schmid
(1896–1979)
Jurist und Politiker, langjähriger Vizepräsident des Bundestages

Auch beim auslautenden *t* finden wir Schreibvarianten, von denen vor allem die Variante *d/dt* stark vorherrscht, wenn vorher ein *l, n* oder *r* steht: *Ahrend(t), Arnold(t), Borchard(t), Behrend(t), Bold(t), Held(t), Bernhard(t).* Oft wurde durch die *dt*-Variante eine Unterscheidung vom gleichlautenden Vornamen erreicht, der nur auf *d* auslautet: *Bernhard, Burkhard, Erhard, Gerhard – Berthold, Arnold – Hildebrand, Conrad.* Beim häufigen Familiennamen *Schmidt* herrscht die (ost)mitteldeutsche *dt*-Schreibung gegenüber der niederdeutschen *d*-Schreibung und der (oberdeutschen) *tt*-Schreibung weithin vor. Andere Varianten verdeutlichen *Geppert(t), Curt(h), Ebert(h) – Donath/Donadt.*

Bei auslautenden Reibelauten, besonders bei *l* und *r*, wurde, wie oben bei *Gottschalk* bereits angedeutet wurde, oft ein epenthetisches *t* angefügt, so daß auch hier eine Variante von Formen ohne und mit *t* zustande kommt: *Apel(t)*, *Becker(t)*, *Becher(t)*, *Grüner(t)*, *Gruner(t)*, *Hacker(t)*, *Hecker(t)*, *Helmer(t)*, *Hertel(t)*, *Hilber(t)*, *Hiller(t)*, *Gerber(t)* – *Helfrich(t)*, *Eschrich(t)*.

Von den sonst noch besonders im Auslaut auffälligen Erscheinungen ist das häufige Nebeneinander von einfachem und doppeltem Buchstaben zu nennen, das keine lautlich-sprachlichen Ursachen hat: *Bischof(f)*, *Greif(f)*, *Hanf(f)* – *Her(r)mann* (Silbenauslaut).

Auf eine ältere Schreibtradition weisen Familiennamen, die *th* statt des heute gebräuchlichen *t* aufweisen: *Gut(h)knecht*, *Gut(h)mann* – *Thorwirt*, *Thorwart*, *Thurm*, *Thierbach*, *Thal*, *Theil*, *Theuerkorn*.

Nieder-, mittel- und oberdeutsche Varianten

Die in den Ortsnamen *Nienburg/Naumburg/Neuenburg* auftretende räumliche Abfolge niederdeutsch/mitteldeutsch/oberdeutsch läßt sich auch unter den Familiennamen nachweisen. In unmittelbarer Nachbarschaft zu den Ortsnamen zeigen dies die Herkunftsnamen *Niendorf/Naundorf/Neundorf*. Dazu gesellen sich dann die Familiennamen *Niehus/Nauhaus/Neuhaus*, *Niebuhr/Naupert/Neubauer*, *Neubert*, *Niemann/Naumann/Neumann*.

Die Familiennamen *Niehus* und *Niebuhr* weisen gegenüber *Neuhaus* und *Neubauer* auf eine weitere Erscheinung hin: auf das Nebeneinander von nichtdiphthongiertem niederdeutschem *u* und diphthongiertem hochdeutschem *au*, ähnlich wie bei *Bruhn/Braun*, *Burme(i)ster/Bauermeister*, *Bumann/Baumann*, *Duwe/Taube* (s. o.).

In ähnlicher Weise verdeutlichen die Familiennamen *Brüggemann/Brückemann/Bruckmann* das Nebeneinander von niederdeutschen, mitteldeutschen und oberdeutschen Lautungen.

Ein Nebeneinander mehrerer Lautformen zeigen auch die Familiennamen *Möller*, zu mittelniederdeutsch *moller*, und *Müller*, zu mittelhochdeutsch *müller*, oberdeutsch auch *Miller*. Der außerdem noch bezeugte Familienname *Müllner*, *Mühlner* geht auf eine veraltete, heute ungebräuchliche Bildungsweise zurück, die im Mittelhochdeutschen als *mülnære*, *mülner* bezeugt ist.

Das Nebeneinander von Familiennamen auf *D-* und *T-* beruht zum Teil auf dem lautlichen Gegensatz zwischen dem Niederdeutschen und dem Hochdeutschen, so etwa bei *Dahl/Thal*, *Dahlmann/Thalmann*, die – meist – zu mittelniederdeutsch *dal* bzw. zu mittelhochdeutsch *tal* zu stellen sind. Ähnliches gilt für das Nebeneinander von *Drommer, Drummer/Trommer, Trummer, Dieckmann/Teichmann, Dan(t)z/Tan(t)z, Düwel, Deubel/Teubel, Teufel, Doß/Thoß* usw.

Ähnlich wie im Auslaut gibt es auch im Anlaut – neben *D-/T-* –, vor allem bei *B-/P-* beträchtliche Schwankungen: von *Bach/Pach, Bechstein/Pechstein, Bart(z)sch/Partzsch* über *Berner/Perner* und *Bieler/Pie(h)ler, Binder/Pinder* bis zu *Busch/Pusch, Buschmann/Puschmann, Buschner/Puschner.*

Weitere Beispiele für Unterschiede zwischen Nieder- und Hochdeutsch

Das Nebeneinander von niederdeutschen und hochdeutschen Lautungen, Schreibungen und Namenwörtern verdeutlichen auch Familiennamen wie *Eickmann/Eichmann, Bockhold(t)/Buchhol(t)z* – *Bol(d)t/Bolze, Timmermann/Zimmermann, Witt/Weiß, Holtmann/Holzmann, Grüttner/Grützner, Groth(e), Groot/Groß(e), Grothmann/Großmann, Grot(h)kopp/Großkopf,* dazu auch *Holtfoth, Holtfreter* und *Fretwurst* – *Beckmann/Bachmann, Brockmüller/Bruchmüller, Fischbeck/Fischbach* – *Biskop/Bischof(f), Fro(h)-, Fru(h)riep* 'reif', *Appelbo(h)m* – *Brüdigam/Bräutigam, Fründ(t)/Freund(t), Dürko(o)p/Theuerkauf, Düwert/Täubert, Taubert, Düwel/Teufel* – *Bomgarden/Baumgart(en)* – *Blo(h)m/Blu(h)m, Cordes/Curt(h), Borchard(t)/Burkhardt* – *Gronert, Grönert/Grünert, Kröger/Krüger* – *Deter(s)/Dieter, Dettmann/Dittmann, Bever/Bieber* – *Drögemöller/Truckenbrodt, Dörr(e)/Dürr* – *Borner/Brunner* – *Evert(h), Ewert(h)/Ebert(h), Blievernicht* – *Bredsnider/Bret(t)schneider* – *Voß/Fuchs* – dazu auch oberdeutsch *Schmid*/oberdeutsch-mitteldeutsch *Schmitt, Schmidt*/rheinisch *Schmitz*/niederdeutsch *Smed, Smid,* oberdeutsch (bairisch) *Miller*/mitteldeutsch *Müller*/niederdeutsch *Möller.*

Durch das voranstehend erörterte Nebeneinander von oberdeutschen, mitteldeutschen (zusammen: hochdeutschen) und niederdeutschen Lautungen, Schreibungen und Namenwörtern sollte darauf hingewiesen werden, daß es – in vielerlei Hinsicht noch heute erkennbare – Besonderheiten in den einzelnen deutschen Landschaften gibt.

In groben Zügen ergibt sich folgendes Bild: In Nordfriesland und in Schleswig-Holstein sind die patronymischen Namen auf *-sen* weit verbreitet: *Claussen* (zu *Nicolaus*), *Jenssen* und *Jansen* (zu *Johannes*), *Diedrichsen, Heinrichsen.* In Schleswig-Holstein stehen ihnen die gleichbedeutenden Genitivformen auf *-s* zur Seite: *Behrens* und *Behrends* (zu *Bernhard*), *Albers* (zu *Albrecht*), *Karstens* (zu *Christian*), *Lüders* (zu *Liudher*), *Peters, Sievers* (zu *Siegfried*). In Friesland sind zusammengezogene Formen im Genitiv weit verbreitet: *Harms* (zu *Hermann*), *Siebs*

Segelschulschiff **„Gorch Fock"**, benannt mit dem Schriftstellernamen von Hans Kinau (1880–1916)

(zu *Siegbald*), *Wilms* (zu *Wilhelm*), dazu auch *Lübben* (zu *Liudbert*), *Onken* und *Onkens* (zum Personennamen *Onno*), *Focken* und *Fockens* (zu *Focko* < *Folk-*) sowie alte patronymische Genitive im Plural auf *-a* wie *Ottema* (zu *Otto*), *Reemtsma* (zu *Rembert* < älterem *Ragin-*, *Reginbert*), dazu patronymische Namen wie *Beninga* (zu *Bernhard*) und *Eblinga* (zu *Eberhard*) und Herkunftsnamen auf *-a*, *-stra* wie *Salwerda* zum Ortsnamen *Salwerd*, *Riedstra* zum Ortsnamen *Ried*.

Im niederdeutschen Sprachgebiet westlich der Elbe sind auch zahlreiche Familiennamen auf *-ing/-ink* gebräuchlich. Zum Teil wurden sie aus Personennamen gebildet (*Everding* zu *Eberhard*, *Humperding* und *Humperdink* zu alten *Hunbert*, *Körting* zu *Konrad*), zum Teil zu Wohnstättennamen (*Büsching* zu *Busch*), zum Teil zu Berufsnamen (*Wevering* zu *Wever*), zum Teil zu Übernamen (*Stölting* zu *Stolt*). Hier waren auch Herkunftsnamen auf *-mann* beliebt (*Allermann* zum Flußnamen *Aller*, *Rentelmann* zum Ortsnamen *Rinteln*, dazu genitivische Namen wie 1438 *Dammannes* zum Ortsnamen *Damme*) und zum Teil auf *von* bei Ortsnamen: *von der Lippe*, *von der Ohe*.

In Dithmarschen finden wir neben patronymischen Namen auf *-sen* (*Frenssen* aus *Lafrenz* < *Laurentius*) und metronymischen Namen (*Verannemann* = Mann der Frau *Anna*) auch Kurzformen zu weiblichen Vornamen (*Hebbel* zu *Helburg*).

Ähnlich wie im niederdeutschen Gebiet westlich der Elbe gibt es auch in Westfalen und im rheinisch-niederdeutschen Übergangsgebiet zahlreiche genitivische Familiennamen, so westfälisch *Küppers* (zu *Küpper* = *Küfer*), *Wienands* (zum Personennamen *Wignand*), dazu auch *Schippers* (= *Schiffer*), *Schmitz* und patronymische Namen auf *-sen* wie *Janssen* (zu *Jan* < *Johannes*) und *Mewissen* (zu *Bartholomäus*) sowie auf *-ies* bei Heiligennamen (*Börries* zu *Liborius*, *Plönnies* zu *Apollonius*, *Tönnies* zu *Antonius*) und patronymische Namen auf *-ing* wie *Alberding*, *Sieveking* (zur niederdeutschen Koseform von *Siegfried*), im Übergangsgebiet genitivische Namen zu Personennamen (*Heinrichs* und *Heinen*), zu Berufs- und Übernamen (*Schmitz*, *Junkers*, *Langen*) sowie Wohnstätten- und Herkunftsnamen mit den regionalen Mundartwörtern *-beck*, *-brink*, *-brok*, *-diek*, *-kamp* (*Möllenbeck*, *Möllenbrink*, *Uhlenbrock*, *Lohkamp*).

Auch im Hannöverschen sind die patronymischen Namen auf *-sen* häufig anzutreffen (zu ehemaligen Heiligennamen: *Andersen* und die Kurzform *Dreesen*, *Petersen*; zu altdeutschen Namen: *Diercksen;* zu Koseformen von ehemaligen Heiligennamen: *Claasen* zu *Nicolaus, Thiessen* zu *Matthias, Janssen* zu *Johannes, Nellesen* zu *Cornelius)*.

Im gesamten niederdeutschen Gebiet finden sich zahlreiche Koseformen auf *-ke,* teilweise auch *-ge* geschrieben, im Osten teilweise in Konkurrenz zu Bildungen slawischer Herkunft: *Gödeke* (zu einer Kurzform von *Gottfried), Benecke* und *Benicke* (zu einer Kurzform von *Bernhard), Lüde(c)ke* und *Lüdke* neben *Lüdge* (zu einer Kurzform von *Ludolf)*.

Slawisch-deutsche Gemeinsamkeiten

Im obersächsischen und schlesischen Familiennamenbestand sind zahlreiche Familiennamen slawischen Ursprungs, vor allem solche sorbischer Herkunft, enthalten: *Hannak, Hanika, Horak, Nowak* und *Noack* und *Nowottny, Krahl* und *Kroll* und *Kralik* (s. das Kapitel Slawische Namen). Hier finden wir auch viele slawisch-deutsche Gemeinsamkeiten: *Fritzsch(e)* zu *Friedrich, Nitzsche* und *Nitzschke* zu *Nicolaus, Peschel* und *Pietzsch* und *Peschke* zu *Peter;* dabei ist es kompliziert, zu unterscheiden, was in deutschem und was in slawischem Munde vollzogen worden ist. Im Schlesischen wurden metronymische Familiennamen gebildet: *Hielscher* zu *Elisabeth, Irmscher* zu *Irmtrud,* gebildet mit dem slawischen Suffix *-isch/-usch* und dem deutschen Suffix *-er.* (Der ähnlich lautende Name *Hiltscher* ist meist eine Variante zu *Hölscher* = Holzschuhmacher).

Süd- und südwestdeutsche Eigenheiten

Für den Südwesten, für den alemannischen Sprachraum, sind die Namen auf *-le* und *-lin* typisch *(Bürkle, Bürklin),* in der Schweiz solche auf *-li (Bürkli, Zinsli)*. In Bayern und Österreich enden solche Namen meist nur auf *-l (Birkl, Märkl)*. Diese *-l-, -le-, -li-, -lin*-Namen sind – wie die niederdeutschen *-ke*-Namen – Koseformen. In Bayern wird oft *ai* statt *ei* geschrieben *(Aichmann* statt *Eichmann, Aigner* statt *Eigner)* und *P-* statt *B-: Prandl* und *Prendl* statt *Brandel* und *Brendel, Brendle.* Hier lauten die von Ortsnamen auf *-heim* abgeleiteten Familiennamen *-hammer: Hundhammer* aus *Hundheim.* Typisch bairisch-österreichische Namenwörter sind *-bichler* und *-bühler, -eder, -huber, -moser,* dazu die nicht umgelauteten *-brucker, -gartner, -hofer.*

Weit verbreitet sind in den oberdeutschen Gebieten der Hofsiedlung vom Schwarzwald zu den Alpen bis Tirol die als Hofnamen bezeichneten Familiennamen auf *-bauer, -hofer, -may(e)r* wie *Angerbauer, Angerhofen, Angermayr.* Hier sind auch vielfältige Ableitungen auf *-er* sehr oft vertreten: *Lexer* zu *Alexius, Felsecker* zum Örtlichkeitsnamen *Felseck, Rosegger* zum Ortsnamen *Rosegg,* dazu auch Namen auf *-gruber, -huber, -leitner, -moser, -wieser, s. o.*

Oftmals gibt es aber auch typische Namen für kleinere Gebiete, so etwa im sächsischen Vogtland die Familiennamen *Frotzscher, Gerbeth, Pippig* und *Geipel, Günnel, Künzel, Meinel, Penzel* – oder im Altenburgischen die Familiennamen *Heitzsch, Kertzscher, Kipping, Misselwitz, Portzig, Zetzsche.*

Die in Auswahl vorgeführten Beispiele für die vielfältigen Erscheinungen in Lautung, Schreibung, Auswahl an Namenwörtern und andere sprachliche Gegebenheiten sollten verdeutlichen, daß sich in den Familiennamen die Entwicklung unserer heutigen Sprache auf mannigfache Weise erkennen läßt. Beim näheren Betrachten des Namenverzeichnisses wird der daran interessierte Leser viele Beispiele finden, die sich in die eine oder die andere hier bereits erwähnte Erscheinung einordnen lassen. Er wird aber auch noch vieles entdecken, wovon hier noch nichts zu lesen war. Ihm ist aber klargeworden, daß zu einer sachgerechten Betrachtung der Familiennamen sowohl eine möglichst umfassende Aufbereitung des urkundlichen Materials als auch ein gutes Vertrautsein mit sprachwissenschaftlichen Arbeitsverfahren und die Kenntnis von sprachgeschichtlichen Prozessen gehören.

Familiennamen und soziale Differenzierung

Die Herausbildung unserer Familiennamen war ein jahrhundertelanger Prozeß, der deutlich soziale Züge aufweist. Die Gliederung der Bevölkerung in einzelne soziale Gruppen und Schichten spiegelt sich nicht nur in der Rufnamengebung vergangener Jahrhunderte wider, sondern auch – und das besonders deutlich – im Prozeß der Herausbildung unserer Familiennamen und in diesen selbst. Es ist gewiß kein Zufall, wenn Angehörige des Adels als der führenden Klasse als erste Familiennamen annahmen, und das schon in früher Zeit, am Ende des 10. Jahrhunderts. Erst später kamen auch bei den anderen sozialen Schichten Familiennamen auf, vor allem bei den Bürgern in den Städten, wo die Notwendigkeit eines zusätzlichen Namens neben dem Rufnamen schon dadurch gegeben war, daß hier auf verhältnismäßig engem Raum viele Menschen wohnten, die ohne einen Zweitnamen nur umständlich zu unterscheiden waren. Aber auch hier in den Städten gingen die vermögenden Schichten wieder voran, insbesondere die Patrizier, denen dann andere wie die Handwerker folgten. So gab es unter 185 Namen von 269 Ratsmitgliedern Dresdens bis zum Jahre 1500 nur vier Einzelnamen, wobei der letzte im Jahre 1318 überliefert ist. Als letzte nahm die Bevölkerung auf dem Lande Familiennamen an, wobei auch hier räumliche und zeitliche Unterschiede zu berücksichtigen sind.

Adel und städtische Patrizier

Wenn oben ausgeführt wurde, daß sich unsere Familiennamen von Süden nach Norden und von Westen nach Osten ausbreiteten, dann bedeutet dies auch, daß die Bevölkerung in abgelegenen Gebieten des Nordens und Ostens zuletzt Familiennamen erhielt. Aber auch hier ist wieder zu differenzieren. Besitzer von Bauernhöfen und Land trugen auch in diesen Gebieten in weitaus stärkerem Maße eher Familiennamen als Abhängige wie Leibeigene, Knechte oder Mägde, die teilweise bis ins 18. Jahrhundert, in manchen Gegenden sogar bis in das 19. Jahrhundert hinein, ohne Familiennamen waren. In diesem Zusammenhang ist erwähnenswert, daß in Teilen Frieslands erst durch ein Dekret Napoleons im Jahre 1811 Familiennamen amtlich eingeführt wurden.

Ausbreitungsrichtung

Abhängige und die Familiennamen ihrer Dienstherren

In den vergangenen Jahrhunderten war es die Regel, daß Abhängige nicht mit ihrem Familiennamen, sondern mit ihrem Rufnamen angesprochen wurden, genauso wie dies für Dienstboten und Dienstmädchen in bürgerlichen Haushalten oder für Knechte und Mägde auf Gütern und Höfen von Gutsbesitzern und Großbauern noch in unserem Jahrhundert üblich war. Dabei kam es nicht selten vor, daß Abhängige den Familiennamen oder auch den Rufnamen ihres Dienstherrn erhielten, selbst dann, wenn sie einen eigenen Zunamen besaßen. So heißt es 1599 in Quedlinburg, daß „Hans Detmer von Hornburg, welcher etlich iahr bey Thimotheus Heidfeldt gewesen undt darumb Hans Thimotheus ... genennet worden (ist)", und in Dresden wird im Jahre 1500 *der alde Monheubt* erwähnt, dessen Winzer *Peschen des Monheubtigen* genannt wurde. Häufig geschah es auch, daß Abhängige wie Dienstboten oder Gesellen in den Quellen überhaupt ohne Namen genannt werden, wie z. B. in Plauen im Jahre 1430 *Frießners Gesell.*

Selten: Familiennamen aus Frauennamen

Mit der Stellung der Frau im Mittelalter hängt es zusammen, daß aus Frauennamen entstandene Familiennamen selten sind. Frauen erhielten den Familiennamen ihres Vaters und nach der Heirat den ihres Mannes, wobei es häufig vorkam, daß die verheiratete Frau den Familiennamen des Vaters beibehielt, vgl. z. B. *Hannos Goldinstein und Dorothye Trenkerinne, seine Frau,* oder *Tunnenmacherin, Luiti Grawen wip,* wie auch um 1500 genannte Namen von leibeigenen Bauersfrauen in Hessen, so *Lise Lynn, Henn Graulichs Frau.* Die Ursachen für die Entstehung von Familiennamen aus Frauennamen sind unterschiedlich, jedoch spielen immer auch soziale Momente eine Rolle. In vielen Fällen handelt es sich dabei um Namen für unehelich Geborene. Auf diese Weise können Namen wie 1277 *Heinrich filius Grede = Hans Grede* oder 1412 *Hans Elsin* entstanden sein. Auf unehelich Geborene weisen auch Familiennamen wie *Rauschart* (zu mhd. *rûschart* 'uneheliches Kind') oder *Liebeskind* hin. Die soziale Lage unehelich Geborener kommt auch in Namen wie *Halfpape, Halbritter* und *Halbherr* zum Ausdruck. Häufig gehen Familiennamen aus Frauennamen auch darauf zurück, daß die Frau ihren Mann an Vermögen, Ansehen und Geltung übertraf. In einer Quelle aus dem Jahre 1581 heißt es, daß manche „ihres fatters zunamen stain (lassen), wan er geringer herkomst ist, und nennen sich mit irer motter oder frauwen geslechtznamen." Hierher gehören frühe Belege wie *Ulricus maritus der Schoenkremerin* oder 1272 *Chundradus maritus Sigule.* Genauso wie Abhängige den Namen ihres Dienstherrn erhielten, so konnten sie auch mit dem ihrer Herrin gerufen werden, diesen behalten und dann auf ihre Kinder vererben. Hierher gehören Familiennamen, die aus einem weiblichen Rufnamen und *-man(n)* bestehen wie etwa 1404 *Hinrik Taleman* oder 1508 *Jakob Ideman*, die Abhängige oder Leibeigene einer Frau *Tale* (KF von *Adelheid*) bzw. *Ide* bezeichnen können.

Eine der Ursachen, daß Familiennamen teilweise spät fest wurden, besteht auch darin, daß Familiennamen gewechselt wurden. Dieser Namenwechsel hat in erster Linie eine soziale Seite, die sich z. B. darin äußert, daß Angehörige des Adels bei Veränderungen ihres Besitzes, insbesondere natürlich bei Vergrößerungen, ihren Namen änderten. So nannten sich die *Herren von Anhalt* vorher *von Ballenstedt.* Ähnliches gilt auch für das Bürgertum. Der Erfinder des Buchdrukkes, *Johann Gutenberg,* der eigentlich *Johannes Gensfleisch* hieß, nannte sich nach dem mit dem Namen seiner Mutter benannten Haus in Mainz. In diesen Zusammenhang gehören auch die im Humanismus veränderten Familiennamen von Gelehrten und Künstlern, oft lateinische Übersetzungen. Auf diese Weise entstand der Familienname des Arztes und Naturforschers *Georgius Agricola,* der eigentlich *Georg Bauer* hieß. Die soziologische Motiviertheit solcher Namenänderungen bzw. Namenübersetzungen wird besonders deutlich, wenn Goethe in seinem „Götz von Berlichingen" den *Olearius* sagen läßt: „Mein Vater hieß Oelmann. Nur, den Mißstand auf dem Titel meiner lateinischen Schriften zu vermeiden, nannt ich mich nach dem Beispiel und auf Anraten würdiger Rechtsgelehrter Olearius."

Johannes Gutenberg
(1397/1400–1468)
Erfinder des Buchdrucks mit beweglichen Metalllettern

Die generelle Feststellung, daß Angehörige des Adels als erste Familiennamen trugen, trifft grundsätzlich auch für die einzelnen Arten von Familiennamen zu. Hier sind insbesondere die adligen Herkunftsnamen anzuführen, in denen sich vor allem auch der Stolz auf Besitz, Reichtum und Macht ihrer Namenträger manifestiert. Diese mit *von* (lat. *de*) gebildeten Namen, wie z. B. *comes* (Graf) *Burchardus de Nellenburk* = 1092 *comes Burchardus de castelle* (lat. *castellum* 'Burg') *Nellenburk* oder 1239 *Heinricus nobilis dictus de Lowinberc,* gehören zu den ältesten Namen dieser Art im deutschsprachigen Raum. Bei anderen sozialen Schichten werden Herkunfts- und Wohnstättennamen in der Regel mit dem Suffix *-er* gebildet, obwohl dieser Namentyp seit alters auch beim Adel üblich war, z. B. *Hartmann von Aue (von Ouwe),* der auch *Hartmann der Ouwære* hieß.

Berufsnamen als Ausdruck sozialer Differenzierung

Die soziale Schichtung der Bevölkerung äußert sich besonders deutlich in den unmittelbaren und mittelbaren Berufsnamen. Je stärker die Arbeitsteilung im Zusammenhang mit der Entwicklung der Produktion voranschritt, desto mehr Berufe entstanden und desto vielschichtiger wurden auch die Berufsnamen. Auch hier gibt es natürlich wieder Unterschiede zwischen Stadt und Land wie auch zwischen einzelnen deutschen Landschaften. Als erste tragen wieder Angehörige des Adels Berufsnamen, wobei es sich natürlich um Berufe und Ämter handelt, die in der Regel nur von Angehörigen des Adels, z. B. an einem Hof, ausgeübt wurden. Hierher gehören Namen wie *Schenk* oder *Vo(i)gt,* vgl. 1237 *Hermannus Marschalcus serviens* oder 1254 *Berchtold unser dienstman, ritter dem man spricht der Schenke* und 1290 *her Chůnrat den man spricht der Vogt von Blazheim.*

Landschaftliche Varianten

Die große Fülle mittelalterlicher Berufsnamen kann hier nur angedeutet werden. Für zahlreiche Berufe gab es landschaftlich und z. T. auch zeitlich bedingte Varianten, z. B. für den *Fleischer: Metzger, Fleischhacker, Fleischhauer, Fleischmann, Schlachter, Knochenhauer, Wurster, Sulzer, Selzer, Selcher, Silcher* (zu mhd. *selhen* 'trocknen, räuchern') oder für den *Bäcker: Beck, Becke, Becker, Pfister, Küchler, Semmler, Rögner.* Die soziale Differenzierung spiegelt sich auch bei einzelnen Berufen und in den entsprechenden Berufsnamen wider. So war nicht jeder, der Handel trieb, ein Kaufmann. Viele Händler befaßten sich mit Kleinhandel, auf den Namen wie *Krämer, Fratzscher, Menger, Winkler* oder *Winkelmann* hinweisen oder hinweisen können. Von großem Interesse sind in diesem Zusammenhang auch die mittelbaren Berufsnamen und die sogenannten Schleifnamen, die die Gesellen bei der Gesellentaufe erhielten und die häufig auch eine soziale Komponente haben, man vgl. etwa Namen wie 1468 *Cuonrat Schindisen* für den *Schmied,* 14. Jahrhundert *Fritzlin Vadenpeis* (= *-beiss*) oder 1238 *Gollo Vingerhut* für den *Schneider* oder 1382 *Lawelinus dictus Bösefleisch* und 14. Jahrhundert *Chuonrad Seltenstich* für den *Fleischer.* In vielen Familiennamen, darunter in weitverbreiteten, kommt ein direktes Abhängigkeitsverhältnis zum Ausdruck. Zu diesem zählen Familiennamen wie *Lehmann, Hofmann* bzw. nd. *Havemann, Eigenmann* oder *Eigen. Eigenmann* oder *Eigen* bezeichnete den Leibeigenen (mhd. *eigenman* 'Leibeigener', mnd. *ēgen* 'eigen, eigenhörig, leibeigen, unfrei').

„Schleifnamen"

Es gibt aber nicht nur unter den deutschen Familiennamen im engeren Sinne Zeugnisse sozialer Gegebenheiten. Auch ein Großteil der Familiennamen fremdsprachigen Ursprungs spiegelt solche Gegebenheiten wider. Zu den slawischen Personennamen wurde in einem besonderen Kapitel Wesentliches gesagt. Neben den Familiennamen sorbischer Herkunft, die sich zeitlich teilweise parallel zu den deutschen Familiennamen in Gebieten enger deutsch-sorbischer Nachbarschaft entwickelten, gab es in stärker von Deutschen geprägten Gegenden bis nach Thüringen, in das Hannöversche Wendland und bis nach Franken, Bayern oftmals entweder eine Kennzeichnung der Herkunft mit dem Familiennamen *Wend(e), Wendisch* und *Windisch* und *Wünsche(r)* oder die Benennung mit einem bodenständigen Familiennamen deutscher Herkunft, je nach Art und Grad der Integration. Das enge soziale Miteinander zeigen aber auch die oben bereits erwähnten, lautlich nur schwer oder gar nicht voneinander zu unterscheidenden Namen *Fritzsch(e)* (zu *Fritz < Friedrich*) und *Nitzsche/Nitzschke* (zu *Nicolaus), Renz* und *Rentzsch* (als deutsche oder sorbische Kurzform zu Namen auf *Ragin-* oder zu *Lorenz), Jenz* und *Jentzsch* (als sorbische oder auch deutsche Kurzform zu *Johannes), Han(t)sch* und *Hanschke* (vor allem wohl als sorbische Kurzform zu *Johannes*).

Deutsch-sorbische Nachbarschaft

Eine andersartige soziale Beziehung verdeutlichen die polnischen Familiennamen vor allem im östlichen Deutschland und im Ruhrgebiet, die besonders vom Ende des 19. Jahrhundert an in größerem Umfang auftreten: *Andrejewski, Baginski, Baranowski, Broschek.* Sie sind Zeugnisse für Zuwanderer, die in Deutschland Arbeit fanden. Ähnliches gilt für Berlin und andere Großstädte und für die tschechischen und böhmisch-mährischen Familiennamen in Österreich, besonders in Wien *(Bednar, Bilek, Blaschek).* Viele slawische Familiennamen kamen nach 1945 durch die Aussiedlung und Vertreibung von Deutschen aus dem Osten nach Deutschland.

Polnische Familiennamen

Namen französischen Ursprungs kamen vor allem durch die Hugenotten in einer großen Welle am Ende des 17. Jahrhunderts zu uns: *Dupont, Fontane, de Maizière, Toussaint.* Sie breiteten sich weit über Deutschland aus und bewahrten ihre traditionellen Schreibformen. Die gleichfalls im 17. Jahrhundert in den deutschen Südwesten geflüchteten Waldenser und die im Gefolge der Französischen Revolution von 1789 emigrierten französischen Bürger haben dagegen kaum Spuren im deutschen Namenschatz hinterlassen.

Französische Hugenotten

Namen italienischer Herkunft sind selten zu uns gelangt. Abgesehen von wenigen Künstlern und Konditoren gab es kaum Zuwanderer. Der Familienname des bekannten Pädagogen *Pestalozzi* geht auf eine volkssprachliche italienische Bezeichnung für den Knochenhauer zurück; seine Vorfahren waren aus Chiavenna in die Schweiz gezogen

Namen aus Litauen

Im Gefolge des zweiten Weltkrieges kamen in verstärktem Maße litauische (altpreußische) Familiennamen (patronymische Namen) auf *-atis, -aitis* zu uns wie *Baltratis* (zu *Baltras < Balthasar), Obramaitis* (zu *Obramas < Abraham),* die gekürzte Formen auf *-at, -eit* neben sich haben: *Steppat* zu *Stephan, Grigoleit* und *Grigolat* zu *Gregor, Kaspareit* zu *Kaspar,* dazu auch *Schmittat* zu *Schmied, Schneidereit* zu *Schneider.* Daneben stehen Namen auf *-u(h)n* wie *Steppu(h)n,* auf *-us* wie *Karalus* zu *Karl* und auf *-ies* wie *Stachulies* (zu *Eustachius).*

Die Namen jüdischer Menschen in Deutschland

Eine spezifische soziale Erscheinung sind die Namen jüdischer Menschen in Deutschland. Sie treten in urkundlichen Aufzeichnungen des 14./15. Jahrhunderts stärker hervor, und hier wird oft durch den Zusatz *Jude* vor oder hinter dem Personennamen die meist bereits durch den Personennamen selbst schon eindeutig gekennzeichnete Identität unterstrichen. In lateinischer Fassung heißt es 1257 *Otto Judeus.* Im 14. Jahrhundert setzt sich dann diese Tendenz fort mit 1349 *Arnolt Judeman,* 1350 *Hermannus Jude,* 1365 *Andreas Jude,* wobei es sich wohl eher um ethnische Kennzeichnungen als um tatsächliche Beinamen handelt. 1363 gibt es einen *Hanns Jode,* und 1347 stehen die jüdischen Brüder *Smol, Effraym* und *Marquard* sowie 1386 die jüdischen Brüder *David* und *Gumprecht* zu Buche. Insgesamt überwiegen im 14. Jahrhundert die „echten" jüdischen Personennamen, meist ohne, gelegentlich auch mit Zusätzen: 1336 *Baruch, Kophel dem Juden, Rechel Jude von Saltzburg,* 1347 *Smol* = 1365 *mit Smole deme joden,* 1347 *Zabale Crudener,* 1349 *Abraham, Jesar, David,* 1365 *Samuel der jude,* 1367 *Freydelino judeo,* 1371 *Elyas von Brunowe, Schalam von Brunowe, Rytke, Lesir von der Legenitz,* 1372 *Scholem Hasen von Brunow = Lamen Scholem Hasen,* 1377 *Golda, Eberusch, Widyn, Schalam, Mordachyn,* 1381 *Loser von der Legenitz, Merkil von Pilsen, Yersso von Nornberg, Freůdilin, Zacharias,* 1384 *Ysaac von Angermunde,* 1385 *Froidel,* 1386 *Zacharias, Lokusson,* 1392 *Hanneke Jodinne, Aaron Jodin.* Beinamen oder Familiennamen analog zum Gebrauch der Deutschen hat es offensichtlich nicht gegeben. Abgesehen von gelegentlichen lokalen Verpflichtungen für die Juden, auf amtliche Weisung hin einen Familiennamen – meist vorübergehend – anzunehmen, blieb es der Mehrzahl von ihnen bis zum Beginn des 19. Jahrhunderts weitgehend selbst überlassen, ob sie einen Familiennamen führen wollten. Durch gesetzliche Regelungen wurden sie dann

1787 in Österreich, 1808 in Westfalen, 1812 in Preußen und in Mecklenburg, 1813 in Bayern, 1816 in Hessen, 1828 in Württemberg und 1834 in Sachsen zur Annahme eines Familiennamens gesetzlich genötigt. Daraufhin wählten viele von ihnen hebräisch-alttestamentliche Namen; die bis dahin bereits weitgehend üblichen Personennamen wurden zu Familiennamen, zum Teil mit patronymischen Ergänzungen: *Abrahamson, Jacobson, Mendelsson,* dazu auch *Moscheles* = hebräisch 'Sohn des Moses' und andere Bildungen auf *-les,* dazu auch ihre eigenen und deutsche Personennamen: *Löb, Löser, Meier, Mendel – Marx – Wolf(f)* als Familiennamen, dazu Übersetzungen aus dem Hebräischen wie *Friedemann, Seligmann* und Angleichungen wie *Mann, Hertz.* Viele wählten auch Namen aus bestimmten anderen Bereichen, so Tierbenennungen wie *Löw* und *Löv* und *Hirsch* als Eindeutungen aus *Levy* und *Herschel,* Ortsbezeichnungen wie *Feuchtwanger, Oppenheimer, Mannheimer* (vor allem im Südwesten) und *Falkenstein, Urbach,* dazu auch schönklingende und bedeutsame Namen wie *Löwenstamm* und *Löwenberg* (aus *Levy), Goldstein* und *Goldmann* (sicher auch in Anlehnung an den schon 1377 bezeugten Namen *Golda*) oder nach Häusernamen wie *Rosenbaum* und *Rotschild.* In einzelnen Gebieten des deutschen Sprachraumes wurden bevorzugt Berufsnamen *(Goldschmidt, Menger,* dazu auch der ursprünglich böhmische Name *Klemperer* = der als Gemeindediener tätige Klopfer), Übernamen *(Gutherz, Gutkind)* gewählt. In den damals zu Deutschland und zu Österreich gehörenden Gebieten im Osten waren auf Ortsnamen beruhende Familiennamen sehr beliebt: *Breslauer, Lasker (Lask* b. Łodz), *Lemberger.*

Lion Feuchtwanger (1884–1958) Verfasser zahlreicher historischer Romane, emigrierte 1933 nach Amerika

Nachdem die Juden in Deutschland und in Österreich um die Wende zum 19. Jahrhundert ihre Familiennamen in vielen Fällen weitgehend frei hatten wählen können, viele aber die Forderungen zur Annahme eines Familiennamens nicht akzeptierten, wurden staatliche Ausschüsse gebildet, die den Unwilligen Namen zu verpassen hatten. Die dabei oftmals festzustellende Willkür ergab auch Beleidigendes wie *Galgenstrick, Wohlgeruch.* Im Zusammenhang mit der Judenverfolgung im nationalsozialistischen Deutschland trugen die jüdischen Bürger nicht nur einen Stern als äußeres Kennzeichen, ihnen wurde auch amtlich ein entsprechender Name verordnet, den sie ihrem Gesamtnamen hinzufügen mußten: *Israel* oder *Sara.*

Neues Namenrecht

Das neue Namenrecht für Eheleute, das am 1. April 1994 in Kraft trat, erlaubt hinsichtlich des Ehenamens fast alle Kombinationen. Lediglich eine wesentliche Einschränkung ist zu beachten: Es wird keine Neubildung von gemeinsamen Doppelnamen mehr geben.

Die bisherige Übergangsregelung ließ nämlich als Ehenamen eine Zusammensetzung aus den bisherigen Namen der beiden Partner zu: Wenn Herr Hofmann also Frau Wohlfahrt heiratete, so konnten sie den Ehenamen Hofmann-Wohlfahrt führen.

Beibehaltung des bisherigen Namens bei Eheschließung

Im Gegensatz zum Namenrecht, das noch vor der Übergangsbestimmung galt, die das Bundesverfassungsgericht im März 1991 erließ, können Eheleute nach dem neuen Namenrecht künftig ihre bisherigen Namen beibehalten: Herr Hofmann heißt also weiterhin Hofmann und seine Ehefrau kann ihren Namen Wohlfahrt behalten. Diese Möglichkeit des Beibehaltens gilt unabhängig davon, ob es sich bei dem Namen, den die Ehepartner bei der Eheschließung gerade führen, um einen Geburtsnamen oder einen erheirateten Namen handelt.

Die Entscheidung für einen gemeinsamen Ehenamen gibt es im Gesetz zwar immer noch als Soll-Bestimmung, aber wenn sich die Ehepartner nicht auf den Namen des Mannes oder den der Frau als gemeinsamen Familiennamen einigen können, bleibt für die beiden alles beim alten (Namen).

Wenn sich die Ehepartner aber für einen gemeinsamen Namen entscheiden, ist – außer dem bereits erwähnten Ausschluß eines gemeinsamen Doppelnamens – eine wichtige Beschränkung zu beachten. Denn als gemeinsamer Ehename kann nur der Geburtsname eines der beiden Ehepartner gewählt werden und nicht etwa ein erheirateter Name. Ein durch vorausgegangene Ehe erworbener Adelstitel beispielsweise kann den neuen Partner also nicht gleichfalls nobilitieren.

Allerdings besteht weiterhin die Möglichkeit, den bisherigen Namen, ganz gleich ob von Geburt an geführt oder durch Heirat erworben, dem neuen gemeinsamen Ehenamen voranzustellen. Die Ehefrau von Herrn Hofmann darf sich demnach auch in Zukunft Wohlfahrt-Hofmann nennen. Allerdings darf nach dem neuen Gesetz der Doppelname, den sich der eine Ehepartner aus neuem Familiennamen und altem Namen zusammenstellt, nicht mehr als zwei Teile haben: Eine – beispielsweise – geschiedene Frau Müller-Wohlfahrt wird sich nach ihrer Wiederverheiratung mit einem Herrn Hofmann nun nicht mehr Müller-Wohlfahrt-Hofmann nennen können.

Mit der Aufhebung des Zwangs zum Führen eines gemeinsamen Ehenamens kann die Frage, welchen Familiennamen die Kinder tragen sollen, zu besonderen Problemen führen.

Haben sich die Ehepartner – ganz traditionell – gegen die neuen Möglichkeiten und für einen gemeinsamen Ehenamen entschieden, ist die Sache einfach: Nur dieser kommt als Geburtsname für die Kinder in Frage.

„Führen die Eltern keinen Ehenamen, so bestimmen sie durch Erklärung gegenüber dem Standesbeamten den Namen, den der Vater oder die Mutter zur Zeit der Erklärung führt, zum Geburtsnamen des Kindes" – so heißt es im Gesetz. Das kann zum Beispiel bedeuten, daß die Kinder einer Bürgerlichen, die durch Heirat zur Gräfin, aber wieder geschieden wurde und mit einem neuen (bürgerlichen) Partner verheiratet ist, ebenfalls den Grafentitel führen, wenn ihre Mutter den erheirateten adligen Familiennamen nach der Wiederheirat beibehalten hat und eine entsprechende Erklärung der beiden Eheleute gegenüber dem Standesbeamten abgegeben wurde. Der Vater allerdings bleibt – wie bereits oben erwähnt – bürgerlich.

Regelung von Streitfällen bei der Festlegung von Geburtsnamen

Bis hierhin wurde vorausgesetzt, daß sich die Ehepartner, wenn sie schon keinen gemeinsamen Ehenamen führen, doch darüber einig sind, welchen Familiennamen die Kinder führen sollen. Welche Regelung sieht aber das Gesetz vor, wenn es über diese Frage zum Streit kommt? Nach der bisherigen Übergangsregelung wurde in einem solchen Fall auf dem Standesamt eine Entscheidung durch das Los gefällt. Dieser Losentscheid ist zwar nicht mehr vorgesehen, die jetzt gültige Bestimmung nimmt die Entscheidung aber genauso aus der Hand der Eltern. Denn das Vormundschaftsgericht überträgt entweder der Mutter oder dem Vater das Recht, den Geburtsnamen des Kindes festzulegen, wenn sich die Eltern in der Frist von einem Monat nach der Geburt nicht einigen konnten. Kann sich der vom Vormundschaftsgericht benannte Elternteil nicht entscheiden, wird sein Name als Familienname des Kindes kurzerhand übernommen.

Nach 200 Jahren der allgemeinen Pflicht zum Führen eines Familiennamens und eines gemeinsamen Ehenamens wird nun größere Freizügigkeit bei der Wahl dieses Namens für Eheleute gesetzlich eingeräumt. Dadurch werden einige historisch gewachsene Gegebenheiten grundlegend geändert.

Die neuen gesetzlichen Regelungen zum Familiennamenrecht gewährleisten eine sozial angemessenere Auswahl aus mehreren Möglichkeiten der Namenführung im Falle der Eheschließung. Wie sich das weiterentwickelt und was daraus gemacht wird, hängt weitgehend von denen ab, die sich für die eine oder die andere Möglichkeit entscheiden. Daß der Familienname des Mannes, aber auch der der Frau als Ehename gewählt werden kann, ist kein absolutes Novum, und daß eine Frau ihren Geburtsnamen auch nach der Eheschließung weiter führt, haben beispielsweise Künstlerinnen und Politikerinnen aus den unterschiedlichsten Gründen schon lange praktiziert. Hier zieht die Allgemeinheit formaljuristisch nur nach. Was aber dann in zwei oder drei Jahrzehnten als Familiennamenbestand herauskommen wird, das ist nicht abzusehen und in seiner sozialen Dimension auch nicht vorauszuberechnen. Ob und wie die Administration mit den sich daraus ergebenden Problemen fertig wird, bleibt abzuwarten.

Benutzungshinweise

Am Anfang eines jeden Namenartikels steht bei mehreren Schreibvarianten die am häufigsten bezeugte Schreibform des Familiennamens. Ihr folgen alle zugehörigen Laut- und Schreibvarianten des gleichen Namens. Bei den anschließend aufgeführten urkundlichen Belegen wurden nach Möglichkeit das früheste Auftreten im gesamten deutschen Sprachgebiet und oft ein mit der gegenwärtigen Schreibform weitgehend übereinstimmender urkundlicher Beleg aufgenommen. Im Anschluß daran wird der Name erklärt. Da es oft mehrere Möglichkeiten der Erklärung gibt, wurde die nach Auffassung der Autoren am ehesten zutreffende Variante an die Spitze gerückt.

Bei den aus alten heimischen Rufnamen oder deren Varianten entstandenen Familiennamen wird deren Bedeutung mit Hilfe der Namenbestandteile angegeben, die ihnen in althochdeutscher Zeit zugrunde lagen. Bei den auf christlichen Personennamen beruhenden Familiennamen wird die dem Namen in der Herkunftssprache zugrunde liegende Bedeutung angegeben. Alle zu beiden Bereichen aufgeführten Belege bis 1200 sind allerdings als Einzelnamen (Rufnamen) anzusehen, da aus den Belegen des 8.–13. Jahrhunderts nicht gefolgert werden darf, daß es sich um die älteste Schicht der Familiennamen handelt. Es sind aber eindeutig Personennamen; und die ältesten Belege sind meist wichtig für die Erklärung der Namen und ihrer Bestandteile, weil gerade diese im 13./14. Jahrhundert große lautliche Veränderungen aufweisen.

Bei den auf Gattungsbezeichnungen beruhenden Übernamen und Berufsnamen werden die im Mittelhochdeutschen oder im Mittelniederdeutschen bzw. im Frühneuhochdeutschen belegten Bedeutungen angegeben, weil die betreffenden Namen auf dieser Grundlage entstanden sind.

Bei den (deutschen) Herkunftsnamen kann anhand eines Ortsverzeichnisses oftmals ohne große Mühe ermittelt werden, woher der erste Namensträger stammt. Daher wurden nur wenige solcher Namen hier aufgenommen. Eine Auswahl der Familiennamen, die eindeutig von Namen noch heute existierender Orte herzuleiten sind, wurde in einer Übersicht am Ende des Namenbuches zusammengestellt. Dabei ist zu beachten, daß oftmals die Ortsnamen nicht in ihrer heutigen „reinen" Schreibform im

Familiennamenschatz vorhanden sind, sondern typischen Veränderungen unterworfen wurden, so daß beispielsweise

- vielfach ein *-er* antrat, das die Herkunft eindeutiger kennzeichnete *(Nürnberger* neben *Nürnberg)*,
- auch endungslose Formen vorhanden sind (zum Ortsnamen *Ringleben* gibt es die Familiennamen *Ringleb* und *Ringleber*),
- vielfach Abweichungen zwischen der Lautung der Ortsnamen und der der Familiennamen festzustellen sind (so gehört der Familienname *Wittenbecher* zum Ortsnamen *Wittenbach, Sachsenröder* zum Ortsnamen *Sachsenroda, Milleecker* und *Millöcker* zu *Mühleck, Simmert* zu *Simmerath, Zarnke* zu *Zarnekow, Trepte* zu *Treptow, Stroisch* und *Stroische* zu *Stroischen, Schletter* zu *Schlettau* oder zu *Schletta, Sprewitz* und *Sprebitz* und *Spröwitz* zu *Spreewitz, Sondershaus* zu *Sonderhausen, Sernau* zu *Serno(w))*,
- auch die Schreibungen voneinander abweichen können (so gehören die Familiennamen *Ruhnow* und *Ruhnau* zum Ortsnamen *Runow, Syhre* gehört zu *Syrau, Selitz* gehört zu *Sehlitz* oder *Seelitz, Sahlbach* gehört zu *Saalbach, Beyreuther* gehört zu *Bayreuth)*.

Wenn sowohl ein Wohnstättenname als auch ein Herkunftsname vorliegt, ist die Erklärung im Namenbuch nachzulesen, so etwa bei *Eichenberg, Kirchberg*.

Bei den Wohnstättennamen wurde entweder der zugrunde liegende Örtlichkeitsname oder eine dessen Bedeutung enthaltene Gattungsbezeichnung aufgeführt.

Hinweis zur Aussprache: In der Kursivschrift sind *æ* (gesprochen *ä*) oder *œ* (gesprochen *ö*) zu unterscheiden.

A

Alfred Andersch
(1914–1980) Schriftsteller
und Hörspielautor

Ernst Abbe
(1848–1905)
Physiker und
Mitbegründer der
JENAer Glaswerke

Hans Albers
(1891–1960) Theater-
und Filmschauspieler

Hans Arp
(1887–1966) Maler, Dichter,
Bildhauer und Graphiker

Abbe, Abben, Abbes nd.-fries.: 832 Abbo, 1252 filius Abbonis. RN (Lallform) zu → *Albrecht.*

Abderhalden 1475 Dietrich ab der Halden. WN zu mhd. *halde* '(Berg-) Abhang': einer 'von der Halde'. Vgl. 1341 ab der Lauben.

Abek(e), Abel, Abels → Albrecht

Abendroth 1250 de Abenrode, 1487 Abendrott. HN zum ON *Appenrod(e), Abbe(n)rode* oder WN 'Ort des Sonnenuntergangs'.

Aberl(e) → Albrecht

Abesser, Abeßer 1367 Abesser, 1575 Abeßer. BN (md.) zu mhd. *obeʒære* 'Obsthändler'.

Abraham 779 Abraham [Mönch], 1425 Abraham [Jude]. RN hebr. 'Vater der Menge' / poln. **Abramek, Abramczyk:** 1376 Abramek, 1743 Abramtzig.

Abs 1546 Abs. Entweder < Abts, gen. zu → *Abt,* oder gen. zu *Ab(b)o.* Lallform von → *Albrecht.*

Abt 1331 Abbet. BN oder ÜN zu mhd. *ab(b)et, abt* 'Abt'.

Achterderkerken 1486 Evert achter der kerken. WN zu mnd. *achter* 'hinter' u. *kerke, karke* 'Kirche': einer 'hinter der Kirche'.

Ackermann, alem. **Achermann** 1260 Ackirman, 1329 Ackerman; 1297 Acherman. BN zu mhd. *ackerman* 'Akkerbauer', bebaut im Gegensatz zum Vollbauern nicht seinen eigenen Boden.

Adam 778 Adam, 1385 Adam. RN hebr. 'Mensch' / gen. **Adams, Adamy:** 1655 Adami / slaw. KF: poln. oder tschech. **Adamek:** 1386 Adamek / **Adam(i)etz:** poln. 1671 Adamiec, tschech. u. in Österr.: **Adamec, Adametz** / poln. **Adamczyk:** 1655 Adamczyk / lit. **Adameit, Adomeit:** 1700 Adameit, Adomat(is).

Ad(e)lung, Ed(d)eling, Edelung 9. Jh. Adelung, 1398 Adelůngk; 1254 Edelunc, 1509 Edeling. RN ahd. *adal-ung* 'edel, adlig' + Suffix -ung.

Adler 1290 der Adeler, 1316 ze dem Adeler, 1428 Adeler. HausN oder ÜN zu mhd. *adel-ar, adler* 'Adler'.

Adlung → Adelung

Adolf, Adolph um 825 Odulf. RN zu asä. *ōd/ād* 'Grundbesitz' + *wulf, wolf* 'Wolf' als Zweitglied *-ulf, -olf* – 822/75 Adululf, vor 1257 Adolfus, Adolphus, 1391 Adolf. RN ahd. *adal-wolf* 'edel, adlig' + 'Wolf' / gen. **Adolphi:** 1265 Adolfi.

Adrian 1276 Adrianus (advocatus ducis), 1584 Adriansen. RN lat. 'der aus der Hafenstadt *Adria* Stammende'.

Ägerter → Egerter

Agricola 1257 Agricola. BN zu lat. *agricola* 'Bauer', Übersetzung von *Ackermann, Bauer* u. ä., vor allem aus der Humanistenzeit.

Agsten → Augustin

Ahlers 822/26 Adalhardus, 1252 Alardus = Alwardus. RN (bes. nd.) ahd. *adal-hart* 'edel, adlig' + 'hart, streng', gen.

Ahner(t), Aner 1442 von der Ane, 1552 Anert. HN zum GewN *Ahne* oder RN ahd. + *agin-hart* 'Ecke, Schneide, Schwert' + 'hart, streng'.

Ahrend(s), Ahren(d)s, Ahren(d)t, Ahrend(t)s → Arnoldt

Ahrenhold, Ahrndt → Arnoldt

Ahsmus → Asmuss

Albers, Albert(i), Alberts → Albrecht

Albrecht 8. Jh. Adalberaht, 1402 Albrecht. RN ahd. *adal-beraht* 'Geschlecht, Abstammung' bzw. 'edel, adlig' + 'hell, strahlend, glänzend' / **Albert(us):** 1210 Albertus / gen. **Alber(t)s, Olbertz, Alberti(ni):** 1478 Alberdes, 1277/84 Alberti, 1593 Albertini (schweiz.) / KF **App(e):** 1291 dictus Appe (obd.) / nd. **Abek(e):**

1448 Abeke / **Abel, Appel(l), Ap(p)el(t), Op(p)el(t):** 1172 Appel, 1436 Apil, 1227 Opolt, 1439 Opel, 1467 Oppel / gen. **Abels, Appels:** 1689 Abels, 1429 Appels / alem.-schwäb. **Aubrecht, Auber,** KF **Auberle(n), Auberli(n):** 1504 Aubrecht, 1448 Auber, 1391 Auberlin / **Aberl(e)** bes. obd.: 1438 Aberlin / **Äpple:** 1340 dictus Äppli (schweiz.) / **Aubert:** 1704 Aubert (hugen.) / **Apitz(sch):** 1297/1310 Apecz, 1455 Abiczsch / **Opetz, Op(p)itz:** 1345 Opecz (= Apecz), 1467 Oppitzs, vgl. auch 1298/1315 Albertus = 1310 Apecz und 1381 Apecz = Opecz; z. T. auch HN zum ON *Opitz* / tschech. KF **Alesch:** 1543 Albrecht = Aleš / **Brecht,** obd. **Precht:** 1481 Brecht / **Ulbrich(t), Ulbrecht, Ulbrig, Ulber(t), Ullwer:** 1326 Ulvert, 1379/86 Ulbrecht, 1384 Olbrecht, 1548 Ulbricht. Ostmd. Mundartform = → Albrecht, vgl. auch 1379/86 Ulbrecht = Albrecht Gryfstete.

Albus 1157 Albus. ÜN zu lat. *albus* 'weiß', Übersetzung von *Weiß(e)* vor allem aus der Humanistenzeit.

Alesch → Albrecht

Alexander 1140 Alexander. RN griech. 'der Männer Abwehrende; Schützer' / KF **Alex:** 1447 Alex.

Alferding, Alberding bes. westfäl.: 1595 Alferding, 1597 Elferding. Patron. RN einer KF asä. *alf-* bzw. ahd. *adalrīhhi* 'Elfe' bzw. 'Geschlecht, Abstammung', auch 'edel, adlig' + 'Herrschaft, Herrscher; Macht, Gewalt, Reich'.

Alisch 1430 Alische, 1505 Alisch. KF zum RN *Adelheid* mit slaw. *-isch*-Suffix oder sorb. bzw. poln. KF zu → *Alexander.*

Allgäuer, -geyer 1363 der Albgö, 1478 Allgäuer. HN zum Gebietsnamen *Allgäu.*

Allmann 1113 Alamannus. StammesN *Alemanne* als Bezeichnung des Deutschen im deutsch-romanischen Grenzraum des Elsaß oder RN ahd. *adalman* 'edel, adlig' + 'Mensch, Mann'.

Almer, gen. **Allmers:** 1359 Almar, 1410 Almer. RN ahd. *adal-māri* 'Geschlecht, Abstammung' bzw. 'edel, adlig' + 'bekannt, berühmt'.

Altbüßer, Altbütz, nd. **Olböter:** 1290 dictus Alpüßer, 1464 Altbütz. BN zu mhd. *altbüezer* 'Schuhflicker'.

Alt(er) 1250 des Alten. ÜN zu mhd. *alt* 'alt, bildlich: stark, gewaltig; traurig', bezeichnet oft den Älteren.

Altermann 1348 Alterman. BN zu mhd. *alder-, older-man* 'Vorsteher einer Korporation', später auch 'Werkmeister'.

Altmann um 825 Aldman, 1291 Altman. RN ahd. *alt-man* 'alt' + 'Mensch, Mann' oder ÜN zu mhd. altman 'erfahrener Mann'.

Altmeier 1451 Altmair. BN für den alten, vorherigen Hofbesitzer → *Meyer.*

Amberg(er) 1270 amme berge, 1498 Amperger. WN 'an dem Berge' oder HN zum ON *Amberg.*

Ambros(ius) 1261 Ambrosius, 1466 Er Ambrosius. RN griech.-lat. 'unsterblich, göttlich'; Ambrosius war Kirchenlehrer, Hauptbegründer des abendländischen Kirchenliedes / KF **Brose:** 1321 Brose / **Brösicke, Bröse(c)ke, Braske:** 1270 Broseco, 1538 Braske, nd./slaw. **Broschek:** 1528 Brożek, 19. Jh. Broschek. Poln. oder tschech. KF / **Brosig:** 1572 Brosius, 1576 Brosig. Sorb. KF, auch nd. patron.: 1477 Brosig / **Brozek:** 1335 Brozek. KF poln. Brożek oder tschech. Brožek.

Amelang, Am(e)ling, Am(e)lung 811 Amelungus, 1529 Ambling. RN zu *Amala,* Stammvater der ostgot. *Amali, Amaler.*

Am-Ende, Amende, Ament 1323 de Ende, 1363 an dem ende, 1428 Amende. WN 'am Ende' zu mhd. *ende* 'Ende', → *Mende.*

Amling, Amlung → Amelang

Ammann → Amtmann

Amrain 1275 Konrad am Rain. WN zu mhd. *rein* 'begrenzende Bodenerhöhung, Rain': einer 'am Rain'.

Amthor 1396 am tor. WN 'am Tor' zu mhd. *tor* 'Tor, Tür'.

Amtmann, Ammann 1291 dictus Ammetman, 1251 Ammannus. BN zu mhd. *am(be)tman* 'Dienst-, Amtmann', mnd. auch 'Handwerker'.

Anacker → Annacker

Anders(ch), Andersen, Anders(s)on → Andreas

Andreas 553 Andreas, 1330 Andreas. RN griech. 'mannhaft, tapfer', / **Andraß:** 1421 Andraß / **Andrä, Andrae, Andre(e), André, Andrea, Andreä, Andreae:** 1295 Andree, 1361 Andrey, 1402 Andree, 1606 André (hugen.) / KF **Anders(ch):** 1372 Anders / **Andres(s), Andreß, Andrees:** 1293 Andres, 1473 Andreß / patron. **Anderssohn, Anderson, Andersen, Andresen** / umlautend **End(t)er, Ender(s), Endres, Endreß, Endriß, Endraß:** 1455 Aentersch, 1445 Endreß / **Enderle(in):** 1411 Enderlen / **Endermann:** 1448 der Endermann / **Dre(h)sel, Dreis(el), Dreiß, Dreus(e), Dreuß:** 1554 Drese = Dreiß(e), jüngere Formen von *Dre(h)sel* → *Drechsel* / slaw. **Andrich, Andrik:** 1545 Andrigk (sorb.) / **Andriske, Antrag:** 1627 Andrak (sorb., poln.) / poln. **Androsch(ek):** 1493 Androsz / **Andratschke, Androwsky:** 1418 Androwski (poln.) / **Andr(z)ejewski:** 19. Jh. Andrzejewski (poln.) / **Jendr(z)ek:** 1608 Jędrek, 1743 Jendrek (poln.) / **Jendryschik:** 1748 Jendrischik / **Handrack, Hantrack:** 1550/62 Handrack, Handreck (sorb.) / eingedeutscht **Handreck, Handreg:** mit sekundärem Suffix *-ek* / **Handri(c)k:** 1529 Handrick (sorb.) / tschech. **Ondra** / **Wondra:** 19. Jh. Vondra (tschech.) / **Wondra(c)k, Wundra(c)k:** 19. Jh. Vondrák, Vůndrák, wie Vor. / **Wondraczek:** 19. Jh. Vondráček / dt. **Drew(e)s, Drev(e)s, Drebes:** 1330/49 Dreves, 1380 Andrebis, 1392 Dreus, 1403 Drewes = 1404 Drews, 1424 Drewes, [1433 Drewes Stein = 1488 Andreas Stein]. KF zum RN *Andreas* / lit. **Anderweit, Endruweit, Endruscheit, Endrikat, Endrul(l)at.**

Aner → Ahnert

Anger(er) 1330 von dem Anger. WN zu mhd. *anger* 'Gras-, Ackerland' / **Angermann:** 1395 Angermann, WN / **Angermüller, Angelmüller:** 1294 Angermüller, 1537 Angelmüller. BN für den → Müller am Anger, zu mhd. *anger* 'Gras-, Ackerland', auch WN.

Anke 1301 (filius) Anken. RN *Anko* (fries.) von *Anno* als KF zu VollN auf asä. *arn* 'Adler'.

An(n)acker 1384 Aneacker. ÜN aus mhd. *āne acker* 'ohne Ackerfeld'.

Anschütz 1602 Anschütz. Vielleicht WN zu mnd. *an-schot* 'angrenzendes Landstück'; evtl. Umdeutung eines slaw. ON auf *-itz.*

Ansorg(e) → Ohnesorge

Anton 1275 Ant(h)onius, 1588 Antonius. RN lat. 'aus dem Geschlecht des *Antius* stammend' / KF **Don, Dön, Thon, Thön:** 1423 Tön, 1456 Doen / gen. **Antoni** / **Tönni(e)s, Tönjes, Dinies, Tonießen:** 1368 Donniges, 1523 Tonnies, 1549 Thonigs / **Tonsing:** 1649 Tonsing (nd.) / slaw. **Antonik:** 20. Jh. Antonik (poln.) / poln., tschech. **Antosch, Antusch:**

1424 Anthosch, 1404 Antonius alias Antusz / **Hantke:** 1665 Hantke (sorb.) / **Hantusch:** 1568 Hantusch (sorb.)

Antrag → Andreas

Anwander 1250 der Anewanderius (obd.). WN zu mhd. *anwande, -wende, -want* 'Grenzstreifen, Acker(beet)' bzw. *anwander, -wender* 'angrenzender Acker', auch nach dem Besitz.

Apel(t), Apitz(sch), App(e), Appel(l), Appels, Ap(p)el(t), Äpple → Albrecht

Aren(d)s, Arend(t), Aren(d)t, Arl(l)t → Arnoldt

Armbrust(er), Armborst 1326 Armbruster, 1420 Armbroster. BN zu mhd. *armbrust* 'Armbrust', 'Armbrustmacher, -schütz' oder ÜN.

Arnd(t), Arnds, Arnemann, Arnes, Arneth, Arnetz, Arnodt, Arnoth → Arnoldt

Arnold(t), Arnhold(t), Ahrenhold um 830/40 Arnold, 1350 Arnoldin. RN ahd. *arn-walt* 'Adler' + 'Gewalt, Macht' / KF **A(h)rend(t), A(h)ren(d)t, Arend(t):** 1500 Arent / **Arnoth, Arnodt,** obd. **Arneth; A(h)rndt, Arnd:** VorN 1253 Arnodus, 1461 Arnd / gen. **Arnes, Arnetz, A(h)ren(d)s, Ahrend(t)s, Arnds:** 1339 Arnes, 1383 Arendes, 1443 Arndes / **Arl(l)t:** 1573 Arllt / **Arnemann:** 1505 Arnemann.

Arp(e) HN zum ON *Arpe* oder KF zu VollN auf *Arb-* wie *Arbogast* zu ahd. *erbo* 'der Erbe', *arbi* 'das Erbe', nd. *Arbe, Arwe;* Arp noch im 18. Jh. nd. RN; vereinzelt ÜN zu asä. *erp* 'braun', vgl. 809/27 Erp, Erpo.

Arzt 1284 Arzat, 1335 den artzzt. BN zu mhd. *arzāt, arzet* 'Arzt'.

Asmus(s), Asmuß, Aßmus, Aßmuß, Ahsmus 1427 Erasmus = 1435 Asmus. KF zum RN *Erasmus,* griech. 'liebenswert'. Der heilige *Erasmus* zählte zu den 14 Nothelfern / patron. **Asmussen / Assmann, Aßmann:** 1445 Aßmann = Eraßman Jünger, 1565 Aßman = Aßmus = Eraßmus Wincke, 1463 Aßman; um 805 Osmannus, 10. Jh. Asmon. RN zu asä. *ās, ōs* 'Gott'; nd. 1414 Asseman, BN 'Achsenmacher' zu mnd. *asse* 'Achse'.

Ass(en)macher, Assemaker, bes. nrhein.: BN zu mnd. *asse* 'Achse', also 'Stell-, Radmacher, Wagner'.

Astor z. T. hugen.: 1698 d'Asto(r), 1763 Astor. ÜN afranz. *ostor,* ital. *astore* 'Habicht'.

Auber, Auberle(n), Auberli(n), Aubert, Aubrecht → Albrecht

Auf(f)enbroich, bes. nrhein.: 1570 opn Bruick. WN zu mnd. *brōk* 'Moorboden, Sumpf'; einer, der 'auf dem Brook' wohnt → *Bruch(mann), Brockmann.*

August(in) 1436 Augustin. Nebenform des lat. RN *Augustus* 'erhaben, ehrwürdig' / **Augste(i)n:** 1530 Augestein Ehm / KF **Austen, Agsten:** 1453 Austin Knebel / **Au(g)st:** 1362 Augst / nrhein. **Stinnes, Stings** / lit. **Augustat**.

Aul(n)er, Aulmann, Eul(n)er moselfränk., hess.-nass.: 1326 der Ulener, 1460 Eulener, BN zu fnhd. *ul(n)er* 'Töpfer, Topf, -händler', zu mhd. *ūle* 'Topf' (< lat. *olla*).

Aumeier, -mayer, oft obd.: 1594 Aumeier. BN bzw. WN zu mhd. *o(u)we* 'Wasser, von Wasser umflossenes Land', 'der in der Aue wohnende Meier' → *Meyer.*

Aurich, Aurig HN zum ON *Aurich* oder RN zu ahd. *ūr(ohso)* 'Auerochs'.

Avenarius 1564 Avenarius. ÜN zu lat. *avena* 'Hafer', Übersetzung von → *Habermann* aus der Humanistenzeit.

Axt 1506 Axt. ÜN zu mhd. *ackes, aks, ax(t)* 'Axt', für einen Handwerker, → *Axtmann.*

Ax(t)mann 1349 Axmann. → *Axt.* Evtl. auch mnd. *achtesman* 'Schöffe'.

B

Bertolt Brecht
(1898–1956) Schriftsteller und Theaterregisseur

Wilhelm Busch
(1832–1908) Dichter und Zeichner satirischer Bildfolgen

Ernst Barlach
(1870–1938) Bildhauer, Graphiker und Dichter

Ludwig van Beethoven
(1770–1827) Komponist, vor allem von Instrumentalwerken

Baack, Baake, Bake 1285 Bake. Nd. KF mit *-k*-Suffix zu RN auf *Bald-* zu ahd. *bald* 'kühn, mutig, stark' → *Baldauf.*

Baade → Bade

Baader → Bader

Baake → Baack

Baar → Bahr

Babendererde 1300 Bovenerde, 1573 Babendererde. Nd. WN zu mnd. *boven, baven,* nd. *baben* 'oben' für einen, der nicht zu ebener Erde wohnt, ähnlich nd. *Darboven.*

Babi(c)k, Babcke 1374/82 Babik; 1254 Babka. ÜN zu nso., oso., poln. *baba,* tschech. *bāba* 'alte Frau' / **Babing** mit Ersatz des *-ik* durch dt. *-ing.*

Bach, Pach(e) 1280 ze dem Bache, 1362 Pach. WN 'der am Bach wohnt' zu mhd. *bach* 'Bach' / **Bach-, Bochmann, Pachmann,** vogtl. **Bah-, Bohmann:** 1286 der Bachman, 1467 Pochman, 1583 Pahman, WN wie Vor., → *Beck, Beckmann.*

Bache 1307 Bache [ein Metzger in Worms], 1316 (Haus) zum Bachen. ÜN zu mhd. *bache* 'Schinken'.

Bacher obd. HN zum ON *Bach* oder WN 'der am Bach wohnt'.

Bachmann → Bach

Bachnik 1529 Bachnigk, sorb. oder poln. KF zu → *Bartholomäus* oder *Balthasar* → *Baltzer.*

Bachofen → Backofen

Bäcker → Becke

Backhaus 1387 Bakhus. WN 'der am Backhaus der Gemeinde wohnt', auch HN zum ON *Backhaus.*

Back-, Bachofen 1430 Backofen. WN 'der beim Gemeindebackofen wohnt', mhd. *bachofen;* auch ÜN für den Bäcker.

Bade, Baade, Bahde, patron. **Baden:** 1250 Bodensone (= H. filius domini Boden), um 1300 Bode, 1492 Bade. KF zu RN auf *-bot* 'Gebot', möglich auch ÜN zu mhd. *bate, pate* 'Pate' und HN: 1548/49 Bahde zum ON *Bauda* (1495 Baadaw).

Bädecker, Baedeker → Bötticher

Bader, Baader, Bäder 1246 Bader. BN zu mhd. *badære* 'der die im Badehaus Badenden versorgt, Bader, Arzt'.

Badstüb(n)er, Badstuber 1278 Batstovere, 1294 Battstuber. BN 'Inhaber der öffentlichen Badstube', zu mhd. *badestube* 'Badestube, Badehaus'.

Bäg(e), Bäger 1347 Bäge, 1310 der Bäger. ÜN zu mhd. *bāgen,* mnd. *bagen* 'laut schreien, streiten, sich rühmen'.

Baginski, Baginsky, Bagensky 1592 Simon Bagynsky (Polonus). HN zum poln. ON *Bagno* oder *Bagna.*

Bahde → Bade

Bahlke → Balke

Bahr, Baar 1288 de Bare (Bere). ÜN zu mnd. *bare, bār,* mhd. *ber* 'Bär' bzw. zu oso., nso. *bar* 'Bär' (aus dem Deutschen entlehnt) oder zu mhd. *bar* 'Sohn; (freier) Mann'.

Bähr, Bär, Baer, Beer, Behr, (Bahr) 1194 Bero, 1221 Ursus = de Bere, 1158 Behr, 1365 Beer. ÜN zu mhd. *ber* 'Bär' als 'der Starke, Tapfere', vgl. Markgraf *Albrecht der Bär,* oder RN *Bero,* einst. KF, vgl. 1178 Bero Rußwurm, oder HausN: 1435 to dem beren, 1460 zum Bären; möglich auch ÜN zu mhd. bēr 'Eber'.

Bähring → Behring

Baier → Bayer

Bail, Bailer, Bayler 1225 Baigeli 1484 Bayel; 1363 Baigler. BN zu mhd. *beigle, beigler* 'Visierer' zu mhd. *beigel, beil(e)* 'das Untersuchen, Visieren der Fässer' (aus afranz. *paielle* < mlat. *pagella* 'Blatt, Seite, Meßstab'), s. aber auch → *Beil.*

Bake → Baack

Balck(e) → Balke

Baldas → Baltzer

Baldauf 1329 Baldolf, 1438/9 Balduffe. RN Baldulf: ahd. *bald- -wolf* 'kühn, mutig, stark' + 'Wolf'; frühzeitig auch ÜN: *Baldauf, Frühauf* (mhd. + *baldeūf, -ouf* 'mutig, kühn; schnell' + 'auf'), SatzN.

Baldus → Baltzer

Balinski 1388 Balinski. HN zu poln. ON *Balin(a), Balino.*

Balk(e), Balck(e), Balko, Bahl(c)ke 1230 Balke. ÜN oder BN zu mhd. *balke* 'Balken, Waagebalken', wohl ÜN des Zimmermanns; möglich auch KF *Bal(d)eke, Boleke:* um 870 Baldako, 1396 Baldeke, 1631 Baleke, zu RN auf *Bald-*; möglich auch sorb. KF zu *Balthasar:* 1546 Balck, 1571 Balcke.

Balser, Baltrus, Baltrusch(at), Baltruweit, Baltruza(i)tis, Baltus → Baltzer

Bal(t)zer, Balser 1430 Balthasar, 1455 Baltzer Hartusch, 1477 Palczar / obd. **Baldas, Baldus, Baltus:** 1502 Baltusor, 1582 Baldis / **Balz, Bälz, Balzel:** 1462 Bälz = 1465 Balz. KF zum RN *Balthasar,* hebr. 'Bel (Gott) erhalte sein Leben' / lit. **Baltrus, Baltruza(i)tis, Balzereit, Baltruweit, Baltrusch(at):** 1714 Baltruschat.

Balz, Bälz, Balzel, Balzereit → Baltzer

Bänisch → Behnisch

Bannack 1506 Panagk, 1510 Banack. ÜN zu nso., oso., poln. *pan,* tschech. *pán* 'Herr'.

Bänsch → Behnisch

Banse 1384 Banse. ÜN zu mhd. *banse* 'weiter Scheunenraum zur Seite der Tenne' für einen Bauern.

Bär, Baer → Bähr

Baran 1249 Baran. ÜN zu nso., poln. *baran,* oso. *boran* 'Widder, Schafbock' / **Baron:** 1501 Baronn / **Baronick:** 20. Jh. Baranick / poln. **Baranek:** 1288 Baranek.

Baranowski 1391 Baranowski. HN zum poln. ON *Baranów* oder *Baranowo.*

Bar(d)tenschlag(er) 1425 Bartunslag, 1489 Bartenschlaher. ÜN zu mhd. *bartenslac* 'Beilschlag' für den Hersteller von oder den Arbeiter mit Barten = (Streit)Äxten.

Barent(s), Barentzen → Bernhardt

Barfknecht 1716 Barfknecht. BN zu mnd. *barbērknecht* 'Barbiergeselle'.

Bärisch, Behrisch 1368 Berisch. KF zum RN *Berisław* zu urslaw. **bьrati, berǫ* 'sammeln, lesen, nehmen'. 1542 Barisch, sorb. KF von → *Bartholomäus.*

Barkholt, Barkholz nd. WN = *Berkholt, -holz* 'Birkengehölz'.

Barlach, Barlo 1609 Barloe. HN zum ON *Barlage, Barlohe, Barlo.*

Barnick um 1342 Barneke, 1593 Barnick. Wohl polab. KF zu RN wie *Barnimir zu urslaw. **borniti* 'verteidigen, wehren'. Vielleicht auch sorb. oder poln. KF von dt. → *Bernhardt.*

Baron(ick) → Baran

Barsch 1263 Bars. ÜN zu mhd. *bars* 'der Barsch', wohl als Fischer, Fischhändler; möglich auch sorb. KF von → *Bartholomäus.*

Bartczak, Bartek, Bartel(s) → Bartholomäus

Bartenschlag(er) → Bardtenschlager

Bartesch → Bartholomäus

Barth 840/70 Bardo, 1370 Bart, 1382 mit dem barte = bart. ÜN 'der Bärtige' zu mhd. *bart* 'Bart, Schamhaar', daneben: 1283 de bart, 1324 de bard, HN zum ON *Barth.*

Bart(h)el → Bartholomäus

Barthold, Bartholdes, Bartholdi → Berthold

Bartholomäus, Bartholomeus, Bartholomae, Bartholomä, Bartholome(i), Barthelmä, Bartholomeß, Bartolomäs 1270 Bartholomeus, 1274 (filius) Bartholomei. RN griech.-aramäisch 'Sohn des Tolmai'; Apostel als Patron der Fleischer, Gerber und Winzer / KF **Bart(h)el:** 1360 Pertel, 1418 Bartel / gen. **Bartels,** dies z. T. auch patron. zu nd. *Bartelt* vom PN *Berthold:* 1459 Barteldes / KF **Bar(t)z:** 1350 Bartz, auch HN zum ON *Barz* / obd., md. **Möb(i)us, Meb(i)us, Mebes, Mebus, Möbes, Möbis, Möw(e)s,** nd. **Mew(e)s, Mewis, Mewius:** 1363 Mo̊vus, 1458 Mebus, 1402 Mewes, 1422 Mewis, dt. KF / slaw. **Bartczak:** 15. Jh. Bartczak, poln. KF / **Bartek:** 1362 Bartek, poln. oder tschech. KF / **Bartesch:** 1453 Bartisch, KF mit Suffix -esch / **Bartko:** 1265 Bartko, sorb. oder poln. KF, eingedeutscht **Bartke:** 1666 Bartke / **Bartlik:** 1658 Barthligk, sorb. oder poln. KF / **Bartos(ch):** 1216 Barthos, 1529 Bartosch, sorb., poln. oder tschech. KF / **Bartoschek, Bartoszek:** 1485 Barthoszek, poln. oder tschech. KF / **Bart(z)sch, Partzsch:** 1402 Bart(z)ß, 1504 Barczsch, sorb. KF oder dt. KF mit *z*-Suffix. *Bartsch* auch aus slaw. **Bartisch, -osch, -usch:** 1303 Bartusch, 1370 Bartusch = Bartilmeus Wolf, 1495 Bartsch Lemberg / **Bartuschke:** 1568 Bartuschka, sorb. oder tschech. KF.

Bartholz, Bartoldek, Bartoldi → Berthold

Bartram → Bertram

Bartsch, Bartusch(ke), Bar(t)z, Bartzsch → Bartholomäus

Bäsler, Bäßler, Bes(s)eler, Beßler, Peßler 1330 Beseler, 1427 Peseler. BN zu mhd. *besten* 'binden; Flickarbeit machen' als Bezeichnung für den Klein- und Gelegenheitsarbeiter oder zu mhd. *bezeler* 'kurzes Schwert', mnd. *beseler* 'Dolch'.

Bastian, Bastl, Bästle → Sebastian

Baetge, Bäthge, Bäthke → Bethge

Bath(k)e 835/63 Batuko, 1280 Bateke, 1585 Batke, 1646 Bathe. KF zu RN auf asä. *badu* 'Streit'.

Bätz → Betz

Bauch 1297 Buch. ÜN zu mhd. *būch* 'Bauch', für einen dicken Menschen oder ÜN zu mhd. *būch* 'Schlegel, Keule', nach einer Abgabe. Nd. auch → *Buck.*

Baudach, Baudisch → Buda

Baudissin 1509 von Budissin. HN zum ON *Bautzen* / sorb. *Budyšin:* 11. Jh. Budusin, Budisin.

Bau(e)r, bair. **Pau(e)r,** nd. **Buhr:** 1311 Pauwer, 1486 Bawer. BN zu mhd. *būr(e)* 'Bauer, Nachbar' (*būwære* 'Bauer, Erbauer'), der im Gegensatz zum Meier nicht bevorrechtete, in bescheidenen Verhältnissen lebende Bauer / KF **Bäuerle, Beuerle, Beyerle:** 1359 Peurlin, obd.

Bauerfeind 1360 Pawernfeint, 15. Jh. Heintz von Redwitz, Bauernfeind gen. ÜN 'Feind des/der Bauern'.

Bäuerle → Bauer

Bauermeister, nd. **Bu(h)rmeister, Buhrmeester:** 1237 Burmester, 1531 Bawermeister. BN zu mhd. *būrmeister,* mnd. *būrmester* 'Vorsteher einer Dorfgemeinde' meist mit richterlicher Funktion; vor allem nd. und md.

Baum 1320/45 Bom, 1476 Pawm. WN zu mhd. *boum* 'Baum', der bei einem (mächtigen) Baum wohnt / nrhein. gen. **Baums:** 1617 Jorgen am Baums Sohn / patron. **Bauminger, Bäumlinger:** 1631 Bäumlinger / **Bäumle, Bäum(e)l, Baumel,** obd. KF / **Bäum(l)er:** 1435 Bäumler. BN zu mhd. *boumen* 'mit Bäumen bepflanzen', der Baumwart.

Baumann, rhein. **Baumanns:** 1237 Buman, 1388 Pawman. BN zu mhd. *būman* 'Bauer, Pächter eines Bauerngutes'.

Baumeister 1425 Bumaister, 1426 Buwemeister. BN zu mhd. *būmeister*

'Baumeister; Leiter der städtischen Bauten; Oberknecht; Beisitzer des Baudings, d. h. des Gerichts über das Feldbauwesen und die Pacht für Hofgüter'.

Bäumel, Baumel → Baum

Baumer → Böhmer

Bäumer → Baum → Böhmer

Baumers, Bäumers, Baumert, Bäumert → Böhmer

Baumgart(en), Baumgardt, Baumgarth, nd. **Boomgaarden:** 1157 de Bomgarden, 1455 Baumgarte / demin. **Baumgärtel, Baumgertl:** um 1350 Pavmgertl. WN zu mhd. *boumgarte* 'Baumgarten', der am Obstbaumgarten wohnt oder einen besitzt / **Baumgärtner, Baumgartner:** 1383 Pawmgartner, 1434 Baumgertner. Z. T. auch HN zum ON *Baumgarten.*

Baumhackel, Baumhäckel, Baumhekkel 1398 Paumhäkkel, 1545 Baumheckel. ÜN zu mhd. *boumheckel* 'Specht'.

Bauminger, Bäumle, Bäumler, Bäumlinger, Baums → Baum

Bausch, Beusch 1447 der Bausch. ÜN zu mhd. *būsch* 'Bausch, Wulst; Knüttel'; KF obd. **Beuschel:** 1461 Peuschlin.

Bayer, Baier, Beier, Beyer 822/75 Beiur, 1212 Bawar, 1355 Beyer, 1408 Beier. HN 'der aus Bayern' zum StammesN.

Bayerlein, Beyerlein, Beierlein, Beuerl(e) 1359 der Peurlin, 1576 Beuerlein. BN zu mhd. *būr(e)* 'Bauer, Nachbar' + *-l-īn,* Verkleinerung oder Spott.

Bayl → Bail → Beil

Bayler → Bail

Bebel 1307 Bebele, um 1500 Bebel. KF *Babilo* zur KF *Babo* von RN auf germ. (asä.) *badu* 'Streit'.

Bech → Pech

Becher(er), Bechert, gen. **Bechers:** 1239 Becharius, 1266/1325 Bekerere, 1350 Bechrer, 1481 Becher. BN zu mhd. *becher(er)* 'Pechsammler, -brenner' (meist obd.) oder mnd. *bekerer* 'Bechermacher'.

Bechmann → Pechmann

Bechstein → Pechstein

Becht(e), Bechtelmann, Bechtle(in), Bechtold → Berthold

Beck, Beeck 1294 de Bek. WN zu mnd. *bek(e)* 'Bach' / **Beckmann:** 1404 Bekeman. WN 'der am Bach wohnt' / nrhein. **Beeks,** → *Bach, Bachmann.*

Beck(e), obd. **Böck(h):** 1245 Bec, 1506 Böck. BN zu mhd. *becke* 'Bäcker' / **Becker(t), Bäcker:** 1257 Bekere, 1309 Becker. BN zu mhd., mnd. *bekker* 'Bäcker'.

Bednare(c)k 19. Jh. Bednareck. BN poln. *bednarz,* tschech. *bednář* 'Böttcher' / **Bednarz:** 1437 Bednarz.

Beeck → Beck

Beer → Bähr

Beerbohm → Birnbaum

Beese 1280 Bese, Beyse. ÜN zu mnd. *bēse* 'Binse'.

Beethoven 1255 de Bēthoven. WN zu mnd. *bēte* = eine Rübenart (aus lat. *bēta* 'Bete, Mangold') und mnd. *hof* 'Hof' oder mnd. *hove* 'Hufe (Maß)' für einen Besitzer oder Bewohner eines Rübenhofes oder -gartens.

Behag(h)el ÜN zu mnd. *behagel* 'anmutig, gefällig', urspr. vor allem nordwestd. und nl.

Behlke, Belka, Belke 1551 Belka, 1568 Belgk. ÜN zu nso., oso. *běły* 'weiß' / KF **Belaschk:** 1652 Belaschke / **Belitz:** 1542 Belitz; auch HN zu ON *Beelitz, Be(h)litz, Bö(h)litz* / **Bellach:** 1381 Belach, 1444 Belagk / **Bielagk:** 1448 Bilag / **Biela, Biele:** 1553 Behla, 1658 Biela / **Bielig(k):** 1400 Belyg, 1542 Bilick / **Bieling** mit Ersatz des *-ik* durch dt. *-ing* / **Bielke:** 1658 Bilka.

Behm(e) → Böhme

Behn(e) 1282/1412 Bene. Nd. KF zu → *Bernhardt*, vgl. aber auch *Benno:* 927 Benno qui et Benedictus dicitur, 1470 Mertin Benno / **Behn(c)ke, Bencke, Be(h)necke, Be(h)nicke, Böhn(c)ke:** um 900 Bennico, 1300/1340 Beneko = Beneke. KF zu RN auf *Bern-*, vgl. 1301 Beneke (Bernart) Sachtelevent, nd. KF zu *Bernhard;* 1657 Benck, evtl. sorb. KF zu *Benedictus.*

Behnisch, Bän(i)sch 1359 Benis, 1433 Benisch, 1438 Benisch Falkenhayn = 1435 Benedictus F. Sorb., poln. oder tschech. KF von *Benedictus* / **Bena(c)k:** 1388 Benak / **Benda:** 1690 Benda / tschech. **Benesch:** 1146/48 Beness, 1378 Beneschowis = 1383 Benedycht / **Benick(e):** 1465 Benig, 1658 Böhnigk / **Bennig, Benning** [Benning: 805 Benninc, 1298 Benninghe. Als KF patron. zu RN auf *Bern-*] / **Bensch:** 1740 Bentzsch / **Böhnisch, Bönisch, Pönisch, Pönitzsch:** 1572 Benisch, Bönisch.

Behnke → Behne

Behr → Bähr

Behrend(s), Behrens, Behrend(t) → Bernhardt

Behring, Bähring 1237/51 Bere, Bering. ÜN patron. zum RN *Bero* → *Bähr.*

Behrisch → Bärisch

Behrmann 1346 Beerman. RN *Bero* → *Bähr* + *man* oder nd. BN der Bierhändler, vgl. 1327 Sluckeber 'schlukke das Bier', um 1300 Drinkeber, s. a. *Bier.*

Beier → Bayer

Beierlein → Bayerlein

Beil, Beyl(e), Bail, Bayl 826/56 Bilo, 1382 Bil, 1577 Beiel. Wohl ÜN zu asä. *bil,* ahd. *billi* 'Streitaxt, Schwert' bzw. mhd. *bī(h)el, bīl* 'Beil' als Bezeichnung für den Beilschmied oder Zimmermann, vgl. aber 1413 bruder Peter von dem Heiligen Beyle.

Beit(e)l, Beit(t)ler → Beutel

Belaschk, Belitz, Belka, Belke, Bellach → Behlke

Bellmann 1369 Baldewin, um 1500 Bellmann. RN ahd. *bald-wini* 'kühn, mutig, stark' + 'Freund, Geliebter'.

Belz 1321 Baltze. Obd. KF *Balzo* zu RN auf *Bald-* zu ahd. *bald* 'kühn, mutig, stark', seltener WN zum ÖN *Belz* 'Gebüsch, Zaun, Damm'; s. a. *Pelz* oder HN zum ON *Beltz, Belitz:* 1385 Beltz, 1457 von Beltz.

Bemmann HN bzw. StammesN *Böhme* + *-mann:* 1501 Behmann, im Norden auch WN zu nd. *benne* 'Torf-, Moorwiese' + *-mann.*

Bena(c)k, Benesch → Behnisch

Bencke → Behne

Benda → Behnisch

Bendel 1251 Bendel. ÜN zu mhd. *bendel* 'Band, Binde' für den Hersteller oder Träger von Bändern / **Bendler:** 1688 Bendeler. BN zu Vor.

Bender → Binder

Bendix → Benedikt

Bendler → Bendel

Benedikt, Ben(e)dix 1268 Benedictus, 1330 Benedicte, 1484 Benedix. RN *Benedictus* lat. 'der Gesegnete' / patron. **Bendixen** / **Dix:** 1453 Dictus Smed = 1456 Benedictus Smed, 1559 Dix. KF zu *Benedictus.*

Benecke → Behne

Benick(e) → Behne → Behnisch

Benni(n)g, Bensch → Behnisch

Ben(t)z → Pentz → Berthold

Bentzmann, Benz, Benzler → Berthold

Beranek 1400 Beranek. ÜN zu tschech. *beran* 'Widder, Schafbock'.

Berch, Bercht, Berchtelmann, Berchtle → Berthold

Berend(t) → Bernhardt

Berg, Bergk, Berge 1330 byme berge,

1390 uf dem Berge, 1393 von dem Berge. WN zu mhd. *berc* 'Berg' / **Berger(t), Bergt:** 1286 der Berger, 1369 Berger, 1385 Berger = der uf dem berge. WN wie Vor., z. T. auch HN zum ON *Berg(a)*.

Bergemann → Bergmann

Berger(t), Bergk → Berg

Bergmann 1340 Bergmann, 1367 Berger = 1381 Berkman = 1385 ob dem Berge. WN zu mhd. *berc* 'Berg' + *man* 'der am Berg wohnt' oder HN zum ON *Berg(a)*, dazu auch **Bergemann,** oder BN 'Bergarbeiter' als Singular zu mhd. *bercliute* 'Bergbewohner; Arbeiter in einem Bergwerke, in einem Steinbruche'.

Bergt → Berg

Berkhahn → Birkhahn

Bernard(t) → Bernhardt

Bernatzky 1404 Bernaczski. Poln. KF zum dt. RN → *Bernhardt.*

Bernd(t), Berndts, Bernd(t)sen, Bernecke → Bernhardt

Berner(t) 797 Bernheri, 1284 Berner. RN ahd. *bero-, bern-hēr* 'Bär' + 'alt, ehrwürdig, von hohem Rang' oder durch *-t*-Abfall aus *Bernert* = → *Bernhardt* im Norden bzw. aus mhd. *Bernære* 'Dietrich von Bern' oder HN zum ON *Bern(a)* wie 1295 Cuonrad der Berner oder BN zu mnd. *berner* 'Brenner, Brandstifter', vgl. *silber-, tegelberner* 'Silberschmelzer, Ziegelbrenner'.

Berneth → Bernhardt

Bernhard(t), Bernard(t) 797 Bernhardus, 1386 Bernhard. RN ahd. *bero-, bern-hart* 'Bär' + 'hart, streng' / KF **Bernd(t), Bernt:** 1385 Bernd, 1495 Bernt / **Be(h)rend(t):** 1676 Behrend. Nd. RN, neben *Behnke* → *Behne* / nordwestd., nl. **Barent:** 1755 Barendt / patron. **Bernd(t)sen:** 1426 Berensen / nordwestd. **Barents, Barentzen** / gen. oder patron. **Behren(d)s:** 1365 Berndes, 1479 Berendes / nd. KF **Bernicke, Bernecke:** 1405 Bernhard Bernkin / nd. KF **Berndts:** 1450 Berndes / schweiz. **Berneth:** 1698 Berneth.

Bernicke → Bernhardt

Bernstein 1294 de Bernstein, 1389 Bernstein, 1478 von Berenstein. HN zum ON *Bärenstein, Bernstein* oder ÜN zu mnd. *bern(e)stein:* auch jüdisch: 1320 in Bernestenes huse.

Bernt → Bernhardt

Berthel(s) → Berthold

Berthold 1017 Bertoldus, 1092 Berchtoldus, 1402 Bertold. RN ahd. *beraht-walt* 'hell, strahlend, glänzend' + 'Gewalt, Macht' bzw. 'walten, herrschen' / nd. **Barthold:** 1261 Bartoldo, 1343 Bartold / nd. **Bart(h)oldi:** 1343 Bartoldi / nd. KF **Bartoldek:** 1452 Bartoldek / nd. gen. **Bartholdes, Bartholz:** 1455 Bertoldes / KF **Berthel, Bertl, Perthel:** 1347 Bertole, 1545 Bertell / gen. **Berthels:** 1455 Berteldes / **Berthelmann:** 1483 Bertelmann, KF + man / KF **Berch:** 1555 Berche / KF **Bercht:** 1585 Bercht / KF **Berchtelmann:** 1303 Berchtelmann / KF **Berchtle:** 1350 Berchtlin / alem. **Birchtel:** 1363 Birchtel / alem. patron. **Birchteler:** 1406 Birchteler / KF **Becht(e):** 1296 Bechte / KF **Bechtelmann:** 1355 die Bechtelmennin / schwäb. **Bechtle(in):** 1504 Bechtli / **Bechtold:** 1388 Bechtult / alem. KF **Bertsch(e), Bertschi, Birtsch(i):** 1251 Bertholdus, qui dicitur Bertschi, 1378 Bertschi / alem. KF **Bertschmann:** 1387 Bertschmann / schwäb. KF **Bertschle(in):** 1525 Bertschlein / alem. patron. **Bertschler:** 1414 Bertscheler / obd. alem. **Benz,** bayr.-österr. **Pen(t)z:** 1334 Benze, 1344/47 Bentz = Berchtold / alem. **Bentzmann:** 1383 Bentzmann / schwäb. patron. **Benzler:**

1350 Bentzler / alem. KF **Beß, Besse:** 1360 Besse.

Bertram, nd. **Bartram:** 1176 Bertramus, 1645 Bartram. RN ahd. *beraht-raban* 'hell, strahlend, glänzend' + 'Rabe', → *Bethge.*

Bertsch(e), Bertschi, Bertschle(in), Bertschler, Bertschmann → Berthold

Beschorner 1294 Beschorne. ÜN zu mhd. *beschorn* 'kahl geschoren, mit Tonsur; geistlich'.

Beseke 1714 Beseke. Nd. KF zum RN *Basilius,* griech.-lat. 'königlich'.

Beseler → Bäsler

Besold(t) → Peter

Beß, Besse → Berthold

Besseler → Bäsler

Besserdich 1402 Bessirdich. Tadelnder ÜN, SatzN.

Besser(er) 1212 Besserer. BN zu mhd. *beȝȝerære* 'Besserer', obd. Bezeichnung für den Beamten, der Strafen, Bußen einzieht.

Beßler → Bäsler

Best, Bestel → Sebastian

Bethge, Baetge, Bäthge, Bäthke, Bethke 1223 Beteke (Bertram) Schele, 1300 Betemann (Beteke, Bertold) Bertoldi; 1263 Beteco, 1306 Bertoldo = 1311 Beteke; 1290 Bertram(mi) = 1312 Beteke(n), 1481 Bethke Bethkens. Nd. KF zum RN → *Bertram,* oder zu *Berchtold* → *Berthold,* oder zu *Elisabeth.*

Betz, Bätz 1388 Betz = Bernhard Rükker. Thür.-fränk. KF zum RN → *Bernhard,* bzw. 970/1018 Bezo, KF zu RN auf ahd. *beraht-* → *Berthold* → **Be(t)zold:** 1489 Beczolt, z. T. = Petzold → *Peter.*

Beuerl(e) → Bauer → Bayerlein

Beumers → Böhmer

Beusch(el) → Bausch

Beut(e)l, Beit(e)l, nd. **Budel** 1257 Biuteli, 1260 Budel. ÜN zu mhd. *biutel* 'Beutel' für den Beutelmacher, Täschner / **Beut(t)ler, Beit(t)ler,** nd. **Budeler:** 1250/75 Büdelsnider, 1355/83 Budeler, 1410 Buteler. BN wie mhd. *biutelsnîder* 'Beutelschneider' oder ÜN 'Taschendieb, Gauner'.

Beut(h)ner 1395 v. Bewthim, 1458 Pewtner. HN zum ON *Beuthen, Beutha* oder BN zu mhd. *biute* 'Backtrog, Bienenkorb' Bezeichnung für den Waldbienenzüchter, Zeidler.

Beut(t)ler → Beutel

Bever, Bewer → Bieber

Beyer → Bayer

Beyerle → Bauer

Beyerlein → Bayerlein

Beyl(e) → Beil

Bezold → Betz

Bial(l)as 1567 Bialas. ÜN zu poln. *biały* 'weiß' / **Bialek:** 1426 Byalek. s. a. *Behlke.*

Bialowons 1136 Balouanz. ÜN zu poln. *biały* 'weiß' und *was* 'Bart'.

Biberle → Bieber

Bichel(e) 1294 Bichel. WN zu mhd. *bühel* 'Hügel, Anhöhe' → *Biehl(e),* obd. *Bichel,* z. T. auch HN zu bayr. ON *Bich(e)l* / **Bich(e)ler:** 1380 Bichler, alem. WN.

Bickel, alem. **Biggel** 1266 Bickel. Alem. KF zum RN → *Burkhardt* mit *-l*-Suffix, → *Buck,* z. T. auch ÜN zu mhd. *bickel* 'Spitzhacke, Picke; Knöchel, Würfel'.

Biebach 1501 Bybagk. Vielleicht ÜN zu nso. *bibus, bibuš* 'Wurstsuppe'.

Bieber, nd. **Bever, Bewer** 1278 Biber, 1509 Bever. ÜN zu mhd. *biber* 'Biber' oder WN; auch HN zum ON bzw. GewN / **Bi(e)berle:** 1272 Biberlin. Alem. KF.

Biedermann 1262 Biderbeman [sacerdos], 1293 Biderman. ÜN zu mhd. *biderman* 'unbescholtener Mann'.

Biehl(e), Bühl(e) 1274 uf dem buhele,

1430 Biel. WN zu mhd. *bühel* 'Hügel, Anhöhe' der auf dem, am Hügel wohnt, z. T. auch HN zum ON *Biehl, Bühl,* im Norden z. T. ÜN zu nd. *bīl* 'Beil', vgl. dazu 1386 Byleman = 1387 in dem Bile nach dem Hauszeichen / **Bühler, Biehler:** 1200 dictus Büheler, 15. Jh. von Bühel auch: der Büheler. WN zu mhd. *bühel,* s. o., oder HN zum ON *Bühl.*

Biela(gk), Biele → Behlke

Bieler(t) 1364/71 Beler = von der Bele, 1404 Beler = Belaw. HN zum ON *Bie(h)la(u), Behla* oder WN → *Biehle* oder RN *Bilhard:* ahd. *billi-hart* 'Streitaxt, Schwert' + 'hart, streng', vgl. 1530 Bylerd.

Bielig(k) → Behlke

Bieling → Behlke. Oder dt. → Billig

Bielke → Behlke

Bienek 1431 Byenek, 1654 Bienek. Poln. KF zum RN *Benedictus* oder *Benjamin* / **Bienick:** 1548 Bieniek / poln. **Bieniasch(ek):** 1485 Benedicto alias Bieniasz, 1669 Bieniassek (häufig in Schlesien).

Biener(t) 1431 Biener. BN zu mhd. *bin, bīn* 'Biene', obd. *Biener* 'Bienenzüchter, Zeidler'.

Bienick → Bienek

Bier 1488 Bir. ÜN zu mhd. *bier* 'Bier' oder BN für den *Bierbrauer, -händler,* vereinzelt auch HN zum ON *Biere,* vgl. 1266 van Biere / **Bieräugel, Biereige(l), Bierey(g)e, Bierei, Biereiche(l):** 1406 die Biereygen, 1429 Byreyge, 1461 Biereug, Bierauge. BN zu mhd.-md. *bierouge* 'Bürger, der das Recht hat, Bier zu brauen und zu schenken' / **Bierbrauer:** 1492 Bierbrauer. BN zu mhd. *bierbriuwer* 'Bierbrauer' / **Bierdümpel, Biertümpfel, Bierdempfel, Bierdämpfel:** 1433 Birtümpfel. ÜN zu mhd. *bier* 'Bier' + *tümpfel* 'tiefe Stelle im Wasser' bzw. *timpel, timel* 'Dunkelheit, Tiefe' entweder für den Schankwirt oder für einen durch Biertrinken dick gewordenen Menschen / **Bierfreund:** 1617 Bierfreind. ÜN zu mhd. *bier* + *vriunt* 'Freund' / **Biermann,** nd. **Beermann:** 1349 der Bierman, 1439 Beerman. BN zu mhd. *bier* + *man* für den Bierhändler, -schenk, nd. auch **Behrmann,** s. dort / **Bierwirth:** 1448 Birwirt, -wert. BN zu mhd. *bier* + *wirt,* md. *wert* 'Gastwirt'.

Bierbaum → Birnbaum

Bierbrauer, Bierdämpfel, Bierdempfel, Bierdümpel, Bierei, Biereiche(l), Biereige(l), Bierey(g)e, Bierfreund → Bier

Biering 1422 der Pyrich, 1531 Byringk. KF zu RN auf ahd. *bero-, bern-* (→ *Bernhardt*) + *-ing.*

Biermann → Bier

Biertümpfel, Bierwirth → Bier

Bigalke 19. Jh. Bigalke, poln. Biegałka. ÜN zu *biegać* '(herum)laufen'.

Biggel → Bickel

Billig 1412 Billich. ÜN zu mhd. *billich* 'gemäß, geziemend' oder HN zum ON *Billig* oder ÜN zu mhd. *billunc* 'Neider, Neid': 1274 Billung oder KF zu RN auf ahd. *billi,* asä. *bil* 'Schwert' + *ung:* um 840 Billung, 944 Billingus = 968 Billig, um 950 Sachsenherzog Hermann *Billung* oder slaw. → *Behlke.*

Binder, Pinder 1267 der Binder, 1388 Pynter. BN zu mhd. *binder* 'Faßbinder' / rhein. **Bender:** 1350 Bender.

Birchtel, Birchteler → Berthold

Birk(e) 1160 de Birke, 1434 von der Bircke. HN zum ON *Birk, Pirk* oder WN zu mhd. *birke* 'Birke', der bei einer Birke wohnt / **Birkner, Pirkner:** 1305 Pirkner, 1410 Birkner. HN zum ON *Birken* / **Birke(n)meier:** 1415 Birkenmaier. WN nach der Lage des Hofes, → *Meyer.*

Birkhahn, Berkhahn 1298 Berchane, 1388 Pirckhan. ÜN zu mhd. *birke* 'Birke' + *han* 'Hahn', mnd. *berchane* 'Birkhahn, -huhn'.

Birkner → Birke

Birnbaum, Bierbaum, nd. **Beerbohm:** 1306 de Berebom, 1317 zu dem Birnbaume, 1344 zum Birboume, um 1350 Berbom, 1542 Birnbaum. WN zu mhd. *birnboum,* mnd. *bērbom* 'Birnbaum', der an einem (auffälligen) Birnbaum wohnt. Auch HausN.

Birtsch(i) → Berthold

Bischof(f) 1250 die Bischofin, 1339 Biscop, 1363 Bischoff. ÜN zu mhd. *bischof,* mnd. *bischop* 'Bischof', entweder einer – wie Abt, Herzog –, der im Dienst eines Bischofs steht, z. B. als kirchlicher Zinsbauer, vgl. 1270 [der Bauer Rudolphus dictus] episcopus, 1368 Johannes episcopus [molendinarius], oder einer, der eine gehobene Stellung hat bzw. sich anmaßt / gen. **Bischofs** / **Biskop, Biskup:** 1371 Biskup, 1658 Bischkop. Zu oso. *biskop,* nso., oso., tschech., poln. *biskup* 'Bischof' / poln. **Biskupek:** 1427 Biskupek (häufig in Schlesien) → **Biskupski:** 1397 Biskupski. Poln. Ableitung von *Biskup.*

Bitter 1293 der Bitter. BN zu mhd. *bit(t)er* 'der bittet, Bettler; Bewerber, Freier', der Spenden einhebt oder Aufträge erfüllt oder ÜN zu mhd. *bitter* 'bitter' von herbem Gemüt / **Bitterlich:** ÜN zu mhd. *bitter* 'bitter'.

Bittner → Büttner

Bitz(er), Bützer, Bytzer 1290 Bitze. WN zu mhd. *biziune* 'eingezäuntes Grundstück', nhd. mda. *Bitze* 'Grasgarten' oder HN zum ON *Bitz.*

Blaas → Blas

Blan(c)k, Plank, Planckh 1266/1325 Blancke, 1345 Plank (Plenkel), 1426 van den Planken. ÜN zu mhd. *blanc* 'blinkend, weiß, glänzend, schön', vgl. 1278 Blankehals, für einen schönen Menschen, oft bezogen auf Haar, Haut oder einen bestimmten Körperteil; z. T. auch WN zu mhd. *planke* 'Plankenzaun'.

Blas, Blaas, Blaß, Plaß 1455 Blasius. KF zum PN *Blasius* (Märtyrer, Heiliger) / KF **Bläsel, Blesel,** alem. **Bläß(le):** 1520 Blesel, mit *-l*-Suffix / KF **Bläsig, Ble(s)sing:** 1293 Blässing, 1506 Blesingk, 1544 Blesigk, mit *-ing* / schweiz. KF **Bläsi, Bläsy,** alem. **Blesi:** 1427 Blesy / slaw. **Blaschek:** 1399 Blassek, Blaszek. KF poln. *Błażek* oder tschech. *Blažek* zum lat. RN *Blasius* / **Blaschke, Blaschka:** 1522 Blaschke. Aus poln. *Błażko, Błażek,* tschech. *Blažka* u. a. / **Blasek:** 1465 Blasek / **Blasczyk:** 1687 Blasczik. Poln. KF.

Bläsi, Bläsig, Blaß, Bläßle, Bläsy → Blas

Blaurock 1279 Blaweroc, 1530 Blaurog. ÜN zu mhd. *blā* 'blau' + *roc* 'Rock'.

Blazejewski 1478 Blazeyewsky. HN zum poln. ON *Błażejewo.*

Blechschmidt 1385 Plechsmid, 1498 Blechsmit. BN zu mhd. *blech* 'Blättchen, Metallblättchen' + *smit* 'Schmied'.

Blei, Bley 1454 Bleys. Wohl ÜN zu mhd. *blī* 'Blei' für den Bleigießer oder ÜN zur Fischbezeichnung *Blei,* mhd. *bleie,* mnd. *bley:* 1306 Bley.

Bleil → Bleu(e)l

Blesel, Blesi, Ble(s)sing → Blas

Bleu(e)l, Bleil, Bleyl(e), Pleul 1363 Blüwel, 1387 Bleuwel, ÜN zu mhd. *bliuwel* 'Bläuel, Stampfmühle' entweder Pächter, Besitzer einer Stampfmühle oder Bezeichnung für einen groben Menschen / **Bleuler:** 1395 Blüweler.

Bley → Blei

Bleyl(e) → Bleuel

Blievernicht, Bliefernich(t) 1378/79 Blyfhyrnicht, 1380 Blifhirnicht. ÜN nd. 'bleib hier nicht', wohl für einen Fahrenden, Unsteten, vgl. auch 1329 Joh. Blifalhir.

Bloch, Ploch 1255 Bloch. ÜN obd. für → *Block* oder aus poln. *włoch* 'Italiener, Fremdstämmiger', z. T. jüdisch, bzw. poln. *Błoch,* KF zum RN *Błogosław* zu poln. *błogi* 'glücklich, behaglich'.

Block, Plock 1289 (cognomine) Blok, 1354 am Block (obd.), 1371 Bloc (Blockes söne, nd.). ÜN zu mhd. *bloc(h)* 'Holzklotz, Block, Bohle; eine Art Falle', mnd. *block,* für einen körperlich, geistig oder seelisch grob beschaffenen Menschen oder WN zu obd. *Block* 'Ort, an dem Fallen aufgestellt werden' bzw. nd. *blok* 'mit Graben umgrenztes Ackerstück, kurzer Queracker'.

Blo(h)m → Bluhme

Bloß, Bloos, bair. **Ploß,** nd. **Bloth(e):** 1170 Bloß, 1424 Ploß; 1170 Arnolt Bloß = Arnolt Blothe. ÜN zu mhd. *blōȥ* 'nackt, unverhüllt, entblößt', wohl für einen unbemittelten Menschen / KF **Blößel:** 1540 Blossel, mit *-l*-Suffix / patron. nd. **Blothing:** 1375 Blotink.

Bloth(e), Blothing → Bloß

Blu(h)m(e), Blühm, Blümchen, nd. **Blo(h)m:** 1200 Blume, 1258 Blome, 1289 zcur Blumen. HausN zu mhd. *bluome,* mnd. *blōme* 'Blume, Blüte' oder ÜN für den Blumengärtner, -liebhaber / KF **Blümel:** 1280 Blümeli. ÜN zu mhd. *bluome* + *-l-* / **Blumentritt:** 1342 Blumentrit. Wohl ÜN zu mhd. *bluome* + *trit* 'Tritt, Schritt, Tanz, Fußsohle, -spur, Weg' für Blumenzertreter oder -gärtner oder WN 'der am Blumenweg wohnt', vgl. auch um 1340 Rosentreder, 1372 Rosentritt.

Blüthner 1356 Plütel, 1456 Blidener, 1457 Blydener. Wohl ÜN zu mhd. *blüete* 'Blüte' für den Blumenhändler oder BN zu mhd. *blīdenære* 'Steinschleuderer', vgl. 1441 Blidemeister.

Bobach, Bobak 1657 Boback, 1708 Bobach. ÜN zu nso., oso., tschech. *bob,* poln. *bób* 'Bohne' oder zu nso. (mda.), oso. bobak, bubak 'Popanz, Gespenst', poln. bobak 'Murmeltier' / **Bobka:** 1441 Bobka. ÜN zu *bob.*

Bober 1411 Bobr. ÜN zu nso., oso., tschech. *bobr,* poln. *bóbr* 'Biber'.

Boch(e) 1362 Boch. KF zu slaw. RN auf *Bo-* wie *Boguslav, Bohuslav, Boleslav, Borislav* u. ä. → *Bog,* → Boli(c)k, → *Bohr.*

Bochmann → Bach

Bock, Pock 1209 Boc, 1308 Bock. HausN zu mhd. *boc,* mnd. *bok* 'Bock': 1338 hus mit dem bokke, oder ÜN für einen störrischen, dummen Menschen: 1306 Boc, 1387 der Bock, 1557 Pock / **Böckel:** 1249 Bokeli, 1454 Bockil. ÜN zu mhd. *boc* 'Bock + *-l-,* z. T. HN zum ON *Böckel* / **Böcklin:** 1226 Bochlinus. ÜN, KF + *-l-* + *-īn.*

Böck(h), Boeck 1506 Böck (Beck). Obd. BN → *Becke* oder WN zu mnd. *bek(e)* 'Bach' oder zu nd. *Böck(e)* 'Ort, wo Buchen wachsen'.

Böckel → Bock

Bockhol(d)t → Buch

Böcklin → Bock

Böckmann 1406 Bokmanne, 1576 Boeckman. WN → *Beck* oder zu mnd. *bōke* 'Buche' + *man* 'der an der Buche bzw. am Buchenwald wohnt'.

Böddiker → Bötticher

Bode 879/90 Bodo, vor 1257 Bodo, Bode. Md., nd. RN *Bodo* zu ahd. *boto, bodo* 'Bote, Gesandter, Abgesandter', asä. *bōdo* 'Gebieter' / KF **Böttke:** 1281 Boteke.

Boedecker, Bödecker → Bötticher

Boden 1296 de Bode, 1509 Boden. HN zum ON *Boden,* WN zum ÖN *Boden* oder GewN *Bode.*

Bödiker → Bötticher

Bodmer, Bodner 1214 Bodmer, 1249 Bodemer, 1385 Bodener. WN zu mhd. *bodem, boden* 'Boden, Grund', hess.-fränk. auch HN zum ON *Boden,* nd. auch WN zu mnd. *bode* 'kleines Haus', vgl. mnd. *bodeman, bodener* 'Bewohner einer *bode* oder BN zu mnd. *bodemen* 'mit einem Boden versehen', vgl. *bodenmekere* 'Bottichmacher'.

Bog 1370 Bog. Sorb., poln. oder polab. KF zu *Boguslav* u. ä. zu urslaw. **bogъ* 'Gott'.

Bogasch, Boggasch 1510 Bogatzsch, 19. Jh. Bogasch. ÜN wohl zu aso. *bogač,* poln. *bogacz* 'Reicher' oder KF zum RN *Boguslav* → *Bog.*

Bogda(h)n, Bugdahn 1136 Bogdan. Slaw. → *Bog* + *-dan,* zu urslaw. **dati* 'geben'.

Boger, Böger, Bogler, Bögler, Bogner, Bögner, bair. **Pogner,** österr. **Pögner:** 1288 Boger, 1341 Bogeler, 1237 Boginär, 1269 Boghener, 1346 Pogner. BN zu mhd. *bogære* 'Bogenschütze', *bogenære* 'Bogenschütze, -macher', *Bogner* vereinzelt auch WN zum FlN *Bogen* 'Biegung (eines Flusses, Weges)', bair. auch HN zum ON *Bogen.*

Bogucki 1679 Bogucki. Poln. Abltg. vom PN *Boguta* → *Bog.*

Boguslawski 1396 Boguslawski. Poln. Abltg. von *Boguslav* → *Bog* + urslaw. **slava* 'Ruhm'.

Böhland → Pöhland

Böhlke → Bölke

Böhm(e), Boehm, Behm(e) 1251 Beheim, 1402 Behem, 1410 Boeme. StammesN 'der Böhme' bzw. HN 'der aus Böhmen', mhd. *Bēheim, Böheim* / **Böhmig, Böhmisch:** 1378 Bemischman.

Böhmer 1356 Bomere, 1393 Bömer. BN zu mnd. *bōmer, boemer* 'Baumwärter; der den Schlagbaum bedient' / rhein. **Baumers, Bäumers, Beumers, Böhmers** / obd. **Baumer, Bäumer,** md. **Baumert, Bäumert:** 1318 Boumer.

Böhmig, Böhmisch → Böhme

Böhncke → Behne, → Bohne

Bohn(e) 1258 Bone, 1304 Bone. ÜN zu mhd. *bōne* 'Bohne; etwas Wertloses, Geringes', z. T. für den Bohnenbauer, z. T. Schimpf- oder Spottname; in und um Zerbst HN zum ON *Bone* / KF **Böhn(c)ke** ca. 1244 Boncke, 1529 Boenke / **Bo(h)nsack** 1319 Bonsack. ÜN zu mhd. *bōne* 'Bohne' + *sac* 'Sack' für den Bohnenzüchter, -händler / **Bohnenstengel:** 1550 Bonenstengel. ÜN zu mhd. *bōne* + *stengel* 'Stengel' für den Langwüchsigen.

Böhnisch → Behnisch

Böhnke → Behne, → Bohne

Bohnsack → Bohne

Bohr 1071 Bor, 1658 Bohr. KF zum RN *Borislav* u. ä., zu urslaw. **borti* 'kämpfen' / **Bo(h)risch:** 1006 Borisen, 1203 Borisch / **Bo(r)rack:** 1422 Borack / **Borck, Bork:** 1205 Bork, 1442 Borgk (sorb.) / **Bore(c)k:** 1339 Borek (poln. oder tschech.) / **Borsch:** 1359 Borasch, Borsch (sorb.), vgl. auch Bor(e)sch = Boreslaus v. Riesenburg.

Bohrmann → Bormann

Boie, Boje → Boye

Bolai, Boley, Poley 1325 Bolay, 1439 Polay. KF zum griech.-lat. RN *Pelagius, Pelagia* (von griech. *pelagos* 'Meer'). Oder poln. *Bolej* → *Bolick.*

Bold(t), Bolt(e), bair.-österr. **Polt(e):** vor 1257 Bolto, 1275 Polt, 1313 Bolte (1344 Bolte = Boldeke Pistor). KF zum nd.-fries. RN *Boldewin* → *Bellmann* oder KF zu RN auf ahd. *-bald* 'kühn, mutig, stark', *-bold* wie *Reginbald, -bold,* nd. auch ÜN zu mnd. *bolt* 'rasch, kühn, trotzig' oder zu mnd. *bolte* 'Bolz, Pfeil', → *Bolze* / nd. **Boldeke, Böldike:** 1536 Böldigk. KF zu RN auf *Bald-, Bold-*.

Bölke, Böhlke 1280 Bolco, 1551 Belka, 1568 Belgk, 1699 Bolcke. → *Behlke,* → *Bolick* oder nd. KF *Boleke* zu *Bolewin* aus nd. *Boldewin,* ahd. *baldwini* → *Bellmann:* 1322 Boleke stenwerter, bzw. KF [zum RN um 900 Bolo], 1305 Bolike = 1309 Boliken zu mnd. *bōle,* mhd. *buole* 'Freund, Geliebter'.

Boll(e), Boller 1261 Bolle, 1314 der Boller, 1395 Bolle. WN zu *Boll* 'runder Hügel', der am runden Hügel wohnt, oder HN zum obd. ON *Boll* oder ÜN zu mhd. *bolle* 'Knospe; kugelförmiges Gefäß' für einen kleinen, plumpen Menschen, z. T. auch KF zum RN *Bolewin* → *Bölke* / **Bollmann:** 1301 Bolman.

Bolt(e) → Boldt

Bolz(e), Boltz(e) 1357 Boltz, 1405 Boltze, 1479 Polcz. ÜN zu mhd. *bolz(e)* 'Bolzen' für den Bolzendreher oder für einen langen, steifen Menschen, z. T. md. KF zu *Baldwin,* vgl. 1412 Bolte = 1421 Bolcze, → *Bellmann.*

Bomba 1551 Bomba. ÜN zu nso. *bombaś* 'schaukeln, schwingen, baumeln', *bombaś se* 'sich herumtreiben, bummeln', oso. *bombać so* 'schlendern, müßig gehen'. Poln. und tschech. *Bomba,* so schon 1566, wird als *bomba* 'Bombe' erklärt, dies ist fraglich (*Bombe* im Dt. erst seit 1616 belegt!).

Bönick(e), Bönig, Boenigk [ca. 1240 Boneke → *Böhnke*], [1208 de Boninge, 1304 Bonig, patron. zu → *Bohne*], 1658 Böhnigk → *Behnisch* oder slaw. KF **Bonik* zum RN lat. *Bonifatius:* 1210 Bonik.

Bönisch → Behnisch

Bonsack → Bohne

Bopp(e), Boppel, Böppel, Bopper(le), Böpple, Böppli → Poppe

Boomgaarden → Baumgarten

Borack → Bohr, z. T. HN zum ON *Boragk.*

Borchardt, Borchers, Borchert → Burkhardt

Borchmann, Borgmann 1427 Borchmans, 1443 Borgmann der moller, 1506 Borgmann. BN zu mhd. *burcman* 'dem die Obhut einer Burg übertragen ist; Beisitzer des Stadtgerichts', mnd. *borchman* auch 'Inhaber eines Burglehns'.

Borck → Bohr, z. T. HN zum ON *Bork:* 1311 dictus Borke.

Bore(c)k → Bohr

Borghardt → Burkhardt

Borgmann → Borchmann

Borgwardt um 900 Burgward. Nd. RN *borg* 'Burg' + *wart* 'Hüter, Wart', s. a. *Burkhardt.*

Borisch, Bork → Bohr

Borkowski 1402 Borkowski. Poln. HN zum ON *Borków.*

Bormann, Bohrmann, Borrmann, Born(e)mann 1293 Borneman, 1438 bi dem borne = Bornemann, 1466 Borman. WN zu mhd., mnd. *born* 'Brunnen' + *man,* für einen, der am Brunnen wohnt.

Born 1203 de Burnin, 1211 de Borne. HN zum ON Born(a); 1286 zem Brunnen, 1391 bie dem borne. WN zu mhd., mnd. *born* 'Brunnen', → *Bormann.*

Börnchen 1408 Bůrnichin, 1471 Bornnchen der snider. HN zum ON *Börn(i)chen* oder auch WN für einen, der am kleinen Brunnen wohnt.

Bornemann → Bormann

Börner(t), Borner 1292 Borner, 1410 Bo̊rner. BN zu mhd. *bornen, burnen, brennen* 'anzünden, mit Feuer verwüsten; destillieren, durch Schmelzen läutern, durch Brennen härten' und mhd. *brinnen* 'brennen, leuchten, glänzen, glühen' für den Kohlen-, Kalk-, Ziegel-, Aschen-, Branntweinbrenner, → *Berner, Brenner,* oder HN zum ON *Born(a)* bzw. WN im Md. und Nd. → *Born.*

Borngräber BN zu mhd. *born* 'Brunnen' + *grabære, greber* 'Gräber'.

Bornmann → Bormann

Bornschein 1453 Bornschin, 1774 Bornschein. Möglicherweise WN zu mhd. *born* 'Brunnen' + *schīn* 'Strahl, Glanz, Helligkeit; Anblick' für einen, der im Anblick des Brunnens wohnt; gelegentlich auch für → *Börnchen.*

Borowski 1386 Borowski. Poln. HN zum ON *Borów, Borowa* oder *Borowice.*

Borrack → Bohr

Borrmann → Bormann

Borsch → Bohr

Boschan 1431 Boczschan, 1677 Boschan. KF zu slaw. RN auf *Bo-* wie *Boguslav, Boleslav, Borislav* u. ä., → *Bog,* → *Bohr,* → *Bolick,* oder ÜN zu nso. *bośan* 'Storch'.

Bös(e), Böß, Boese, Bose um 500 Boso, 1318 Bo̊se, 1398 Bose. ÜN zu asä. *bōso* 'Edler' oder zu ahd. *bōse* 'wertlos, schwach, haltlos'.

Bose(c)ke → Burkhardt

Bös(e)wetter 1438 Bosewetter. ÜN zu mhd. *boese, bōse* 'böse' + *wet(t)er* 'Wetter' für einen Mürrischen, Übellaunigen.

Bosse(ke), Bossmann → Burkhardt

Boetcher → Bötticher

Both(e), Bott 1150 Bothe. BN zu mhd. *bote* 'Bote', auch RN *Botho, Boto, Bodo* → *Bode.*

Bött(i)cher, Bött(i)ger, Boett(i)cher, Boetcher 1395 Bothecher, 1445 Bo̊ticher. BN zu mhd. *botecher* 'Büttner' der Bottiche = hölzerne Gefäße mit nur einem Boden macht / **Boedekker, Bödecker, Bödiker, Böddiker, Bädecker, Baedeker:** 1244/58 Bodeker, 1368/81 Bo̊ddeker, 1427 Petteker, 1449 Badeker. BN zu mnd. *bodeker* 'Böttcher', west- und südd. → *Faßbinder,* ostd. → *Büttner,* lit. → *Buttgereit.*

Böttke → Bode

Boy(e), Boie, Boje 1280 Boye. RN asä. *Boio* (um 825) zu afries. *bōgia* 'wohnen, bewohnen', z. T. auch zu mnd. *boie,* nd. *boye* 'Fessel' und 'Boje' / patron. **Boysen, Boyens:** 1422 Boysen.

Braasch(e) → Brasch

Brachmann, nd. **Bra(c)kmann:** 1508 Brachman, 1585 Brackman. WN zu mhd. *brāche,* mnd. *brake* 'umgebrochen liegendes, unbesätes Land', für den hier angesiedelten Bauer, gelegentlich auch HN zum ON *Bra(a)ch.*

Brachvogel 1266/1325 Bracvogel. ÜN zum Vogelnamen, der im Nd. und Md. für mehrere Vögel verwendet wird (*Regenpfeifer, Strandpfeifer, Misteldrossel, Zwergtrappe* u. a.)

Brackmann → Brachmann

Brähmisch 19. Jh. Brahmisch, Brähmisch. Wohl sorb. KF zum RN *Abraham.*

Brakmann → Brachmann

Brämer, Braemer → Bremer

Brand, Brandt 1240 de Brande, 1280 de Brant. HN zum ON oder WN zum ÖN Brand. 1277 Brand de Brema = Hildebrand de Brema, 1332 Brant. KF zum RN → *Hildebrand* / **Brand(e)l, Braendl, Bränd(e)l, Brend(e)l, Brändle, Brendle:** 1238 Brandilin, 1353 Brändli = Hildebrand, 1391 Brendel. KF zum RN **Brand** + *-l-*, s. Vor.

Brandes, Brandis 1254 de Brandeitz, 1389 Brandis. HN zum ON *Brandis,* im Nd. auch gen. zum RN → *Brand* = *Hildebrand.*

Brandl, Brändl, Braendl, Brändle, Brandt → Brand

Branig 1400 Bronick. KF zu RN sorb., poln. *Bronislav,* tschech. *Branislav* u. ä., zu urslaw. **borniti* '(be)kämpfen, wehren'.

Bras, Braß, Bras(s)e, Bräß, Bräse ÜN zu mnd. *bras* 'Lärm, Gepolter', vereinzelt auch HN zum ON *Brase* / **Bräsick, Bräsi(c)ke, Bräse(c)ke, Bräske:** ÜN zu nd. *bräsig* 'frisch, rotaussehend, behäbig, dick' / **Braus(e), Brauser:** 1306 Bruser, 1458 Prawß. ÜN zu mhd. *brūs* 'Brausen, Lärm', → *Prause.*

Brasch, Braasch(e), Bräsch 1301 Brasche, 1542 Brasch. ÜN zu mnd. *brāsch, brēsch* 'Lärm' für einen Lärmer, Polterer, im Nordwesten auch HN zum ON *Braasche,* vgl. 1330 Brasche; besonders im Osten auch slaw. KF *Brasch* zum RN *Bratomil:* 1346 Brasche, 19. Jh. Brasch.

Braske → Albrecht

Bratke 1310 Bratke. KF zu RN *Bratomil* u. ä., zu urslaw. **bratъ* 'Bruder', auch unmittelbar zu *brat* 'Bruder'.

Brauer, Bräuer, Breuer, Breier, Breyer 1271 Bruere = 1273 Bruwere, 1428 Breyger, 1455 Brawir, 1465 Breuer. BN zu mhd. *briuwer,* md., mnd. *brūwer* 'Brauer' / rhein. **Brauers, Breuers** gen. / **Braumann:** 1132/41 Brumannus. BN zu mhd. *briuwen, brūwen* + *man.*

Braun(e) 1108 Brun, 1232 Brune, 1352 Bruyn, 1371 Brůn. ÜN zu mhd. *brūn* 'braun, dunkelfarbig; glänzend, funkelnd' von Haar-, Bart-, Augenfarbe, dazu patron. **Brauner(t):** 1417 Bruner, 1536 Braunard = Brunert, 1560 Braun (Brauner), dies oft HN zum ON *Brauna(u):* 1448 Brunower, z. T. auch RN *Brūnhard:* um 805 Brunard, asä. *brūn-hard* 'glänzend braun' + 'tapfer, kühn' oder *Brūnheri:* um 805 Brunherus, asä. *brūn-heri* 'glänzend, braun' + 'Heer' bzw. ahd. *hēr* 'alt, ehrwürdig, von hohem Rang'. – Oder RN *Bruno:* 775 Bruno, 10. Jh. Brun zu mhd. *brūn* / nd. **Bruhn** / patron. **Brauns,** nd. **Bru(h)ns:** 1249 Brunonis, 1296 Brunes, 1407 Brun = 1413 Brunß / nd. KF **Bruneke** / **Bräuni(n)g, Breuni(n)g,** nd. **Brüni(n)g, Brünning:** um 825 Bruninck, 1373 Brůning, 1458 Breunigk. RN *Brūning* zu *Brūno,* seltener ÜN zu mhd. *brūn* 'braun, dunkelfarbig; glänzend, funkelnd' + *-ing* / patron. **Brünings:** 1415 Brüninghes / **Bräunlich, Bräunling:** 1531 Braunlingk. ÜN zu mhd. *brūn* 'braun mit *-l*-Ableitung.

Braus(e) → Prause → Bras

Bräutigam, nd. **Brüd(i)gam, Brudegam** 1384 Brutegum, 1440 Brutegam, 1585 Breutigams. ÜN zu mhd. *briutegome,* mnd. *brudegam* 'Bräutigam'.

Brechenmacher (1550 Hans Seibold, Wagner und Brechenmacher), 1716 Brechenmacher. BN zu mhd. *breche* 'Flachsbreche' + *macher* 'Macher, Bewirker, Schöpfer' für einen, der Flachsbrechen herstellt.

Brecht → Albrecht

Bredschneider → Brettschneider

Brehm(e) 1204 Breme, 1322 Brem, 1337 von der Brehme. ÜN zu mhd. *brem(e)* 'Bremse, Stechfliege' für einen unruhigen, brummigen, auch lästigen, zudringlichen Menschen oder WN zum ÖN *Bre(h)m* zu mhd. *breme* 'Dornstrauch'.

Brehmer → Bremer

Breidt → Breit

Breier → Brauer

Breit, Breidt 1350 Brayt. ÜN zu mhd. *breit* 'breit'.

Breitfeld(er) 1359 Braitvelt. WN zu mhd. *breit* 'breit, weit ausgedehnt' + *velt* 'Feld, Boden, Fläche, Ebene' für einen, der am breiten Feld wohnt.

Breithaupt 1350 Breythoubt. ÜN zu mhd. *breit* 'breit' + *houbet* 'Haupt, Kopf'; auch: Tabuname des Bären.

Breitkopf 1396 Bredecop. ÜN wie → *Breithaupt.*

Breitner 1506 Breitner. WN zu mhd. *breite* 'Breite, breiter Teil; Acker' für einen, der an der Breite wohnt, eine Breite besitzt, seltener HN zum ON *Breiten(au).*

Breitsprache 1430 Bretsprak = 1436 Breitsprache. ÜN zu mhd. *breit* 'breit' + *sprâche* 'Sprache' bzw. *sprechære, -er* für den umständlich oder unverständlich Sprechenden / **Breitsprecher:** 1665 Breitsprecher. Vor allem im Norden.

Bremer, Brehmer, Brämer, Braemer 1254 de Bremis, 1267 Bremer = 1269 de Bremis = 1295 de Brema. HN zum ON *Bremen,* seltener WN zu ahd. *brem* 'Rand, sumpfiges Ufer'.

Brend(e)l, Brendle → Brand

Brennecke 1245 Brendico, 1530 Brendeko filius Hildebrandi. Nd. KF zum RN → *Hildebrandt.*

Brenner, Prenner 1219 Brennre, 1338 der brenner, 1424 Brenner. BN zu mhd. *brennære, -er* ursprünglich 'der durch Brennen den Wald rodet' auch Kohlen-, Kalk-, Ziegel-, Aschen-, Branntweinbrenner, → *Berner, Börner,* selten ÜN – später – 'der ein Gebäude anzündet, ein Land mit Feuer verwüstet' für den Brandstifter.

Brentano 17. Jh. Brendano, Brentano. WN zum GewN *Brenta* (Oberitalien).

Bresan 1374/82 Presan, 1448 Bresan; zu oso. *brěza* 'Birke'.

Bret(t)schneider, Bredschneider 1370 Bretsnider, 1387 hat Peter bretsnyder die bretmöle gemyet eyn jar. BN zu mhd. *bret* 'Brett' + *snīdære, -er* 'Schneider', nd. *bretsnīder,* für den Sägemüller, Pächter der Brettmühle.

Breuel → Brühl

Breuer → Brauer

Breul(l) → Brühl

Breuni(n)g → Braune

Breyer → Brauer

Briegel → Brühl

Brietzke 1568 Britzka / **Brischa:** 1658 Brischa / **Britza, Britze:** 1568 Britza. Sorb. KF von dt. *Fritz. Brietzke* auch HN zum ON *Brietzke.*

Bringezu 1272 Brenghetu, 1505 Bringezu. ÜN, SatzN 'bringe zu!' zu mhd. *zuobringen* 'verschwenden; zutrinken'.

Brink 1341 uppedembrinke, 1406 uppe dem Brinke. WN zu mnd. *brink* 'Grasanger, Rand eines Baches, Gehöftes, Hügels; Hügel', auch Besitzername / **Brinkmann:** 1334 Brinkeman. WN, vgl. 1421 Bringk = 1421 van dem Bringke = 1425 up dem Brinke, uppem Brinke = 1428 Brinkman / **Brinkmeier:** 1560 Brinckmeier. BN zu mnd. *meier* 'Meier, dem die Bewirtschaftung eines Gutes übertragen ist', das auf dem Brink liegt.

Brischa, Britza, Britze → Brietzke

Brockmann, Brockmöller, Brockmüller → Bruch

Broda, Brode 1136 Broda. ÜN zu nso., oso., poln. *broda* 'Bart'; auch HN zum ON *Broda(u).*

Broder, gen. **Broders,** patron. **Brodersen** 1289 Brodersone. ÜN zu mnd. *broder* 'Bruder.

Brodkorb → Brotkorb

Brodführer → Brotführer

Brod(t)mann → Brothmann

Broel, Brogel, Brögel, Broil → Brühl

Brokmann, Brookmann → Bruch

Brosch 1546 Brosze, 19. Jh. Brosch. Sorb. oder poln. **Broš*, KF zu RN *Bronisław* u. ä., → *Branig* / **Broschinski, Brosinsky:** 19. Jh. Broschinski. Poln. Abltg. von *Brosch*.

Broschek → Ambrosius

Broschinski → Brosch

Brose, Bröse(c)ke, Brösicke, Brosig → Ambrosius

Brosinsky → Brosch

Brotführ(er), Brodführer ÜN zu mhd. *brōt* 'Brot' + *vüeren* 'in Bewegung setzen, fortschaffen' für einen, der Brot transportiert, vgl. *Brotmann*.

Brotmann, Brothmann, Brod(t)mann 1353 Brotmann. BN zu mhd. *brōt* 'Brot' + *man* für den Brotverkäufer, → *Brotführer*.

Broyhahn → Brühahn

Brozek → Ambrosius

Bruch 1318 de Bruch, 1387 von dem Bruche. WN zu mhd. *bruoch* 'Moorboden, Sumpf', z. T. auch HN zum ON *Bruch;* kaum zu mhd. *bruch* 'Bruch, Riß', gelegentlich ÜN zu nso. *bŕuch*, oso. *brjuch* 'Brauch': 1543 Bruch / nd. **Broek, Brock, Broo(c)k:** 1493 van den Broeck. WN zu mnd. *brōk, brūk* 'Moorboden, Sumpf' / **Bruchmann, Brüchmann,** nd. **Bro(c)kmann, Brookmann:** 1284 Brocman, 1485 Brucheman. WN zu mhd. *bruoch* + *man*, mnd. *brōkman* für einen, der am, im Bruch, Brock wohnt / **Brockmüller, Brockmöller:** 1450 Brokmolre. BN zu mnd. *brōk, brūk* + nd. *möller* 'Müller', der eine Mühle im Bruch betreibt bzw. besitzt.

Bruck → Brücke

Brück(e), Bruck(e), Brugge 1270 uf der brugge, 1387 an der bröcken, 1568 Brucke. WN zu mhd. *brucke, brücke* 'Brücke' für einen, der an der Brücke wohnt, z. T. auch HN zum ON *Bruck(e); Bruck(e)* z. T. sorb.: 1658 Brugk. ÜN zu nso., oso. *bruk* 'Käfer' / **Brückmann, Bruckmann, Brug(ge)mann:** 1277/84 Brugman, 1297 Brukkeman, 1304 Bruggeman. WN zu mhd. *brucke, brücke* 'Brücke' + *man*, der an der Brücke wohnt, z. T. auch HN zum ON *Bruck, Brück*, evtl. auch BN 'der das Brückengeld einnimmt' oder mnd. *bruggeman* 'Pflasterer, Steinsetzer' / **Brückner, Bruckner:** 1283 Bruggener, 1377 Bruckener. WN, s. o., selten BN zu mhd. *brucker* 'Einnehmer des Brückenzolls' bzw. Verantwortlicher für Instandhaltung; s. o. mnd. *bruggeman*, oder HN zum ON *Brucken*.

Brüdegam, Brüdigam → Bräutigam

Brüel, Brügel → Brühl

Brugge, Brug(ge)mann → Brücke

Brüha(h)n, Broyhahn 1232 Broiehane, 1458 Bruhan. BN zu nd. Bruwhan = Braujohann 'Brauknecht' oder ÜN zu mnd. brogen, broien 'brühen, kochen'.

Brühl, Bruel, Pröhl, Prehl 1310 an dem Brüle, 1373 Pryl, 1379 Bryel. WN zu mhd. *brüel* 'bewässerte, buschige Wiese, Aue, Brühl' für einen, der am Brühl wohnt / nd. **Broel, Broil, Breul(l), Breuel:** 1524 von den Broele, 1535 Broiell. WN zu mnd. *brūl, broil* 'feuchte Niederung' / obd. **Brogel, Brögel, Prögel, Briegel, Brügel:** 1243 Bruogil, 1489 Brogel. WN zu ahd. *bruil*, mhd. *brüel* aus älterem *brogil-*.

Bruhn(s), Brüni(n)g, Brünings → Braune

Brunke 1351 Bruncke. ÜN zu mhd. *brunke* 'Prunk, Schaustellung'; nd. auch KF mit *-k*-Suffix zum RN *Bruno*.

Brunner, Brünner 1260 bi dem Brunnen, 1290 Brunner. WN zu mhd. *brunne* 'Quell, Quellwasser, Brunnen' der am Brunnen wohnt oder HN zum ON *Brunn, Brünn* oder BN zu mhd. *brünner* 'der Brustharnische macht'.

Brünning, Bruns → Braune
Brust 1300 Brust. ÜN zu mhd. *brust* 'Brust; Bekleidung der Brust' nach der auffallenden Brust / KF **Brüstel, Prüstel:** 1287 Brüstelin, 1499 Pröstl.
Brzezinski 1388 Brzezinski. Poln. HN zum ON *Brzezina* o. ä.
Brzoska 1430 Brzozka. WN oder ÜN zu poln. *brzoza* 'Birke'.
Bubenik 1658 Bubnigk. BN zu tschech. *bubeník,* oso. *bubnik* 'Trommler' / **Bubner:** 1571 Bubner. BN zu nso., oso. *bubnaŕ* 'Trommler'.
Buch 1180 de Buoche. HN zum ON *Buch(a).* – 1375 ze der buochen. WN zu mhd. *buoch* 'Buchenwald' / **Buchmann:** 1290 die Buochmanne, 1343 Buchmann. WN zu mhd. *buoche* 'Buche' bzw. *buoch* 'Buchenwald' für einen, der an der Buche, am Buchenwald wohnt / **Buchmüller:** 1435 Buochmüller. BN *der Müller am Buchenwald* / **Büchner, Buchner:** 1368 Puchnerinna, 1372 Büchener. WN zu mhd. *buoch(e)* oder HN zum ON *Buchen(au)* / **Buchwald:** 1356 Puchwald. HN zum ON *Buchwald,* auch WN.
Buchwald → Buch
Buck 1274 Bucke, 1283 Buk. KF zum RN → *Burkhardt,* z. T. ÜN zu mnd. *buk* 'Bock' bzw. nd. *būk* 'Bauch', vgl. um 1300 Buk, Buc, oder WN bzw. ÜN zu nso., oso. *buk* 'Buche'.
Buda 1443 Buda. KF zum RN *Budislav* u. ä., zu urslaw. **buditi* 'wecken' / **Budak, Budach:** 1452 Budak, 1658 Budach / **Baudach:** 1465 Baudach / **Budich:** 1509 Budich / **Budig:** 1378 Budik / **Baudisch:** 1737 Baudisch / **Buscha, Busche:** 1568 Buscha. KF wie Vor., aber: 1286 de Buschowe, HN zum ON *Buscha* / **Buschan:** 1546 Buschan / **Buschek:** 1404 Buszek. Poln. oder tschech. KF.
Budel, Budeler → Beutel
Buder, Büder 1657 Buder. BN zu nso., oso. *budaŕ* 'Büdner, Besitzer einer Bude bzw. Häuslerwohnung'.
Budich, Budig → Buda
Bugdahn → Bogdahn
Buhl(e) 1178 Buole, 1296 [Judaeus dictus] Bule. ÜN zu mhd. *buole* 'naher Verwandter, Geliebt(r), Liebhaber'.
Buhlan, Bullan 1523 Bulan. ÜN zu nso. *bulaś* 'rollen', *bulało, bulawa* '(Holz)-Kugel', poln. *buła* 'Klumpen' / **Bulang** (sorb.) / **Bulei, Buley:** 1449 Buley.
Bühl(e), Bühler → Biehle
Buhr → Bauer
Bühring 1344 Burinch. Möglicherweise zu mnd. *būr* 'Bauer' oder patron. zu ahd. *būr* 'Haus' oder gerundete KF → *Biering.*
Buja(c)k 1475 Buyak. ÜN zu poln. *bujak* 'Stier', apoln. *bujać* 'übermütig, frech sein'.
Bulang, Bulei, Buley, Bullan → Buhlan
Bunge 1191 Bunge. ÜN zu mhd., mnd. *bunge* 'Trommel, Pauke' / **Bünger:** 1330 Bunger(es), 1445 Bunger, 1560 Bünger. BN zu mnd. *bunger(e)* 'Trommler, Pauker'.
Bunzel, Bünzel 1338 Buntzel, 1408 Bunczel (Bunczlaw) canczler, 1577 vom Bunczel. HN zum ON *Bunzlau* – 1361 Puntzil, 1420 Půnczel = 1422 Punczel. ÜN zu mhd. *punze, ponze* 'Stichel; größeres Faß' für einen dicken Menschen.
Burchard(t), Burchert, Burchhardt → Burkhardt
Burczyk, Bur(t)zik 1743 Burtzig, 20. Jh. Burczyk, Burzik. ÜN zu poln. *burczeć* 'brummen, knurren, schelten'.
Bürgel 1440 Burgel. HN zum ON *Bürgel,* z. T. ÜN zu mhd. *bürgel* neben *bürge, borge* 'Bürge'.
Burgemeister 1306 Burgermeister. BN zu mhd. *burgermeister* 'Vorsteher einer Stadt, Dorfgemeinde'.

Bürger 1288 der Burger, 1398 Burger. Meist BN zu mhd. *burgære, -er* 'Bewohner einer Burg; Bürge', auch: *Bürger* im Sinne von 'vollberechtigter Stadtbewohner' / **Burger:** dies auch HN zum ON *Burg,* selten KF zum RN → *Burkhardt.*

Burghard, Burgkhardt → Burkhardt

Burkhard(t), Burk(h)art, Burghard(t), Burgkhardt, Burkardt, Burch(h)ardt, Burchard, Burkert, Burchert 858 Burchardus, 1381 Burghart. RN ahd. *burg-hart* 'Burg, Stadt' + 'hart, streng' / **Borghard(t),** nd. **Borchardt, Borchert:** 1151 Borchardus, 1400 Borchard, 1471 Borchert / gen. **Borchers:** 1316 Borchardesson, 1341 Borchardes, 1535 Borchers / KF **Buck:** 875 Buccu, 1143 Burchardus qui et Buggo nominor / nd., md. **Buß, Busse, Bosse:** 1100 Boßße, 1282 Bosse = Burchardus, 1393 Bosse Borchardes, 1425 Busse = 1428 Bosse / **Bose(c)ke, Bosse(c)ke:** 1315 Bosseke. Nd. zur KF *Bosso* / **Bossmann:** 1388/9 Busman, 1471 Bußman. KF *Busse, Bosse + man.*

Burmeister → Bauermeister

Bursian 19. Jh. Bursian. Wohl ÜN zu poln. *burza* 'Sturm' oder zu *burzan* 'Lump, Schuft'.

Burtzik, Burzik → Burczyk

Burzlaff 1071 Borislau(us), 1185 Burzlaus. Slaw. RN **Borislav, bor → Bohr + -slav → Boguslawski.*

Busch, Pusch 1269 de Busche, 1271 Busch, 1369 Pusch. WN zu mhd. *busch, bosch(e)* 'Busch; Gehölze, Wald' für einen, der am Busch wohnt / **Buschmann, Puschmann, Püschmann, Poschmann:** 1271 Buschmannus, 1394 Puschman. WN zu mhd. *busch, bosch(e) + man* / **Buscher, Büscher, Buschner, Puschner:** 1352 Puschere, 1435 der Büscher – 1369 Puschner, 1392 Buschner. WN zu mhd. *busch, bosch(e) + -(n)er,* z. T. auch HN zum ON *Buschen.*

Buscha(n), Busche(k) → Buda

Buschmann, Buschner → Busch

Buse 1318 Buse. Wohl ÜN zu mnd. *buse* 'Fischerboot' für den Fischer / **Buseke:** 1303 Busseko, 1318 Henneke Buseke. KF zu *Buse* oder KF zur *Busse.*

Buß, Busse → Burkhardt

Butenschön 1252 Butenscone. ÜN zu mnd. *buten* 'außerhalb' + *schön* im Sinne von '(nur) außen schön'.

Butgereit → Buttgereit

Buth 1351 Bůt, 1450 But. Wohl ÜN zu mnd. *but* 'Butt, Scholle' – 1471 Buth, ÜN zu poln. *but* 'Stiefel' / **Buttke:** 1400 Buteke, 1493 Butke, 20. Jh. Buttke. KF zu Vor.

Butkereit → Buttgereit

Butter 1467 Putter, ÜN zu mhd. *buter* 'Butter' für den Butterer, Buttermann, Butterverkäufer.

But(t)gereit, But(t)kereit 1799 Butkereitis. Lit. BN, patron. lit. *butkere* 'Böttcher'. → *Bötticher, Büttner.*

Buttke → Buth

Büttner, Bittner, Pittner 1367 Büttner, 1389 Bůthener. BN zu mhd. *bütenære* 'Büttner', fnhd. *pütner* 'Böttcher'. → *Bötticher.*

Butz 1270 Butz. KF *Butzo* zum RN → *Burkhardt* oder ÜN zu mhd. *butze* 'Poltergeist, Schreckgestalt', fnhd. *buz* 'Larve, Popanz', so 1266 Butze = 1284 der Buzze / **Butzmann:** 1256 Puzman, 1381 Bůtzeman. ÜN zu mhd. *butze,* s. o., + *man* für kleine oder/und furchterregende Person.

Bützer → Bitzer

Butzke 1669 Butzke. Wohl KF zu → *Butz* / **Butzki:** 1796 Butsky. Poln. HN vom ON *Budy* oder KF zum RN *Bud(a)* als KF zum RN *Budisław.*

C–D

Hedwig Courths-Mahler
(1867–1950) Verfasserin erfolgreicher Unterhaltungsromane

Rudolf Diesel
(1858–1913) Ingenieur, Mitentwickler des Dieselmotors

Ernst Curtius
(1814–1896) Historiker und Archäologe

Friedrich Dürrenmatt
(1921–1990)
Schweizer Dramatiker und Erzähler

Cämmerer → Kämmerer

Canzler → Kanzler

Carl(l) → Karl

Carsten(s), Carstensen → Christ

Cascorbi → Käsmann

Caspar(i), Casper → Kasper

Cermak, Czermak 19. Jh. Čermák. ÜN zu tschech. *čermák* 'Rotkehlchen'.

Chmelik 1554 Gmelig, Kmeligk. BN zu nso. *chmel,* oso. *khmjel,* dem. *khmjelik,* tschech. *chmel,* poln. *chmiel* 'Hopfen', einer, der Hopfen anbaut oder mit Hopfen handelt.

Christ, Krist 1250/1300 Crist. KF vom RN *Christianus,* griech.-lat. Abltg. von *Christus* 'ein Christ' / **Christel:** 1346 Cristel. *Christ* + *-l*-Suffix / **Christian(sen), Kristan, Kristen:** 737 Christianus, 1366 Cristan. RN *Christian* → *Christ* / nd. **Karsten(s), Carsten(s):** 1472 Karsten, 1589 Carstens, 1645 Kärstinius, patron. **Karstensen, Carstensen** / nd. **Kersten:** 1308 Kerstens, 1463 Kersten / md. **Kirst(e), Kirsten, Kirstein:** 1328 Kirsten (Kristan) / **Christmann, Krischmann:** 1514 Cristman. RN *Christian;* KF + *-man*-Suffix.

Christoph, Christof(f) 1014/16 Christoforus, 1381 Cristuff. RN *Christophorus* lat.-griech. 'Christusträger', einer der 14 Nothelfer / **Christophel, Christoffel:** 1487 Cristoffel. RN *Christoph* + *-l*-Suffix.

Cieslik, Cziesla 1533 Tsislig, 1423 Tscheschla. BN zu oso. *ćěsla,* poln. *cieśla* 'Zimmermann'.

Claudius 1689 Clodius. RN *Claudius* lat. 'zum altrömischen Geschlecht der Claudier gehörend' zu lat. *claudus* 'lahm'; später auch HeiligenN.

Claus(s), Clauß, Clausing → Nicolaus

Clemens, Clement, Klemens, Klement um 830 Clemens, 1397 Clement, 1437 Clemenß. RN *Clemens* lat. 'milde, gütig' / **Klemke, Klimke:** 1352 Climke. Slaw. KF zum RN *Clemens* / **Klimmek:** 1548 Climek.

Conrad, Cord(e)s, Cordt(s) → Konrad

Cornelius 1250/1300 Cornelii, 1429 Kornillies. RN *Cornelius* lat. 'zum altrömischen Geschlecht der Cornelier gehörend'; später auch HeiligenN.

Courths → Konrad

Cra(h)mer → Krahmer

Cranach, Kranach 1180 Cranacha. ÜN zu ahd. *kranuh,* mhd. *kranech(e)* 'Kranich; Kran' – 1502 Kronach, Kranach, Maler Lukas Cranach 1472–1523. HN zum ON *Kronach.*

Cremer → Krahmer

Curt(h) → Konrad

Curtius → Kurze

Cybula, Zibul(l)a, Ziebula, Zybell 1330 Czebol, 1408 Czebula, 1413 Czybula. ÜN zu poln., nso. *cybula,* tschech. *cibule* 'Zwiebel', → *Ziebell.*

Cygan 1401 Czigan, 1700 Cygan. Nso., oso., poln. *cygan* 'Zigeuner'.

Czaja 1369 Czaya. ÜN zu poln. *czaić się* 'sich herumschleichen, lauern'.

Czapka 1384 Czapka. ÜN zu poln. *czapka* 'Mütze'.

Czarnecki, Czarnetzki, Czernetzki 1468 Czarnyeczky. ÜN zu poln. *czarny* 'schwarz' / **Czerny:** 1461 Czerný. ÜN zu tschech. *černý* 'schwarz'/ **Czornak:** 1400 Czornak. ÜN zu oso. *čorny* 'schwarz'.

Czech 1440 Czech. KF zu RN wie *Česlav* u. ä., zu urslaw. **čьstь* 'Ehre' / **Zschech, Tschech:** 1500 die Czechin / **Zeschke:** 1526 Tscheschke, 1579 Zeschk.

Czermak → Cermak

Czernetzki, Czerny → Czarnecki

Cziesla → Cieslik

Czok 1400 Czoch, 1546 Czogk. ÜN zu poln. *czochać* 'kratzen, reiben'.

Czornak → Czarnecki

D

Daate → Dathe

Dach 1220 Dach. ÜN zu mhd. *dahe, tahe* 'Lehm' oder zu mhd. *dach* 'Dach, Decke; das oberste'.

Dahl 1338 van deme Dale. WN zu mnd. *dal* 'Tal' oder HN zum ON *Dahl,* → *Thal;* möglich auch KF zum slaw. RN *Dalimir, Dalibor* → *Dallmer.*

Dahlke 1388 Dalco, 1439 Dalce. KF zu slaw. RN *Dalimir, Dalibor,* zu urslaw. **dalьjь, *dale* 'weiter' → *Dallmer.*

Dahlmann → Thal

Dahm(s) 1343 Dam (Damcke) Vos, 1359 Dam v. Hamme = Adam v. H. KF zum RN → *Adam;* möglich auch HN zum ON *Dahme:* 1294 de Damis, 1392 von der Dahme.

Dahmke 1343 Dam Vos = Damcke Vos. KF zum RN → *Adam,* → *Dahms;* möglich auch slaw. Herkunft → *Domcke.*

Dahms → Dahms

Dähn(e) → Däne

Dähnert → Degenhardt

Dahnke vor 808 Tanco. KF zu RN auf asä. *thank* 'Gedanke, Dank' – 1399 Danik. KF zum slaw. RN *Bogdan,* zu urslaw. **dati* 'geben', oder *Daniel* → *Daniels.*

Daimler, Däumler, Deumler 1397 Daumler, 1458 Theimler, 1531 Deumler. BN zu mhd. *diumen, diumeln* 'die Daumenschrauben anlegen, foltern, quälen' für den Folterknecht oder ÜN obd. *deumeler* 'Betrüger'.

Dallig 1189 Dalic. KF von slaw. RN wie *Dalibor* zu *dale* 'weiter' + **borti* 'kämpfen'.

Dallmann 1438 tome Dallo. HN zum ON *Dalle* oder wie *Thalmann* → *Thal.*

Dallme(ie)r 1219 Dalimarus, 1229 Dalimirus, 1504 Dalmer, 1615 Dallmeyer. RN zu slaw. *dale* 'weiter' + *mir* 'Frieden', möglich auch KF aus *Dallmeier* 'der Meier im Tale' zu mnd. *dal* 'Tal', auch ÜN zu nd. mda. *dalmer* 'Tändler' und HN zum ON *Dalmer.*

Damasch(ke), Damaske, Domaschk(e), Domaschka 1192 Damascho, 1210 Damasc, 1232 Domasca, 1568 Domaschk, 1650 Domaschka, 1670 Domaschke. KF zu RN wie *Domaslav* → *Domann;* möglich auch HN zum ON *Damaschken.*

Damisch 1433 Domisch, 1530 Damisch. KF zu slaw. RN wie *Domaslav* → *Domann.*

Dammann → Damme

Damm(e) 938 Tammo = Thancmar, 1157 Dammo, 1296 de Damme, 1424 Tamme. KF zu RN zu ahd. *thank* 'Dank, Gnade, Lohn' oder WN bzw. HN zu häufigen ÖN bzw. ON *Damm(e), Tamm(e)* / **Dammann:** 10. Jh. Thancmann, 1344 Damman. Wie Vor., z. T. KF zum RN *Thomas* + *man;* vereinzelt zum RN *Damian(us),* griech.-lat., Patron der Ärzte und Apotheker.

Dan(c)kert um 830 Tanchard, 1312 Danchart. RN ahd. *thank-hart* bzw. *wart* 'Dank, Gnade, Lohn' + 'hart, streng' bzw. 'Wächter', vgl. 799 Thancwardus.

Dän(e), Dähn(e), Daehn um 840 Dano, 1152 Knvt alter Danus, vor 1257 Dene. Zum Völkernamen der *Dänen,* vgl. aber auch *Dehn(e).*

Daniel(s), Danielis 839 Daniel, 1277/84 Danielis. RN *Daniel,* hebr.

'Gott ist mein Richter' / **Danielowski:** 20. Jh. Danielowski. Poln. Abltg. / **Danielzig:** 1523 Danielczyk. Poln. Abltg.

Danisch 1652 Danisch. Slaw. KF von → *Daniel* oder von *Bogdan, Niedan* zu slaw. *dati* 'geben'.

Dankert → Danckert

Dannecker 1379 der Tannegger. HN oder WN zum ON oder ÖN *Tanneck.*

Dan(t)z, Tan(t)z 1257 Tanz, 1585 Dantz. ÜN zu mhd.*tanz,* mnd. *dans* 'Tanz, Reigen', für den Reigenführer bei Volkstänzen, wohl auch spöttisch nach der Lieblingsbeschäftigung oder KF zu RN mit *Dank-* → *Dan(c)kert;* auch HausN 1350 Kuonze zu dem Tanz.

Dan(t)zer, Tan(t)zer, Tänzer, Taenzer 1484 Dantzer, 1640 Tentzer. ÜN bzw. BN zu mhd. *tanzer, tenzer* 'Tänzer'.

Daschke, Daske 1575 Daßkaw, 1590 Daschke. KF zu slaw. RN mit *Da-* → *Dahl,* → *Daniels.*

Daßler, Dassler, Thasler, Thäsler 1258 de Dasle, 1506 Thassler. HN zum ON *Dassel* oder ÜN zu mhd. *taselen* 'schäkern'.

Dathe, Daate, Thate 822/75 Tado, Tato, 1529 That. RN, alte, weit verbreitete Lallform (KF) asä. 9. Jh. *Dodo, Dado.*

Daum(e) 1228 Dume. ÜN zu mhd. *dūme, doume* 'Daumen' von einer Besonderheit des Daumens oder für einen kleinen (dicken) Menschen, auch als Maß.

Däumler → Daimler

David 744 David, 1403 Dauid. RN *David,* hebr. 'der Geliebte'. / lit. **Davidat, Davideit.**

Debel → Döbel

Deb(b)ert → Dibbert

Debes, Debus → Matthäus

de Boer, de Boor BN zu nl. *boer* 'Bauer' + Artikel *de* 'der'.

Decker(t) 1251 Deckere. BN zu mhd. *decker* 'Dachdecker'.

Deckmann 1720 Deckmann / **Deckner:** 1339 Deckener. BN zu mhd. *dekke* 'Decke', *deckelachen* 'Bettuch' für den Decken-, Bettuchweber / ostmd. **Deckwerth, -warth:** 1666 Deckwerth. BN zu mhd. *decke* 'Decke' und mhd. *würhte, worhte,* md. *worte* 'Verfertiger'.

Dedeken, Dedekind, Deding → Diederich

Degen 1300/40 Deghen. KF zum RN *Degenhard* oder ÜN zu mhd. *degen* 'Knabe; Krieger, Held'.

Deg(e)ner 1382 Degenere, 1385/86 Deghener, 1425 Deghenardes = 1426 Degeners. KF zum RN → *Degenhardt,* möglich auch RN ahd. *degan-her* 'Krieger, Gefolgsmann' + 'alt, ehrwürdig, von hohem Rang'.

Degenhard(t), Deinhardt 1132/41 Degenhardus, 1368 Deynhart, 1545 Deinhardt. RN ahd. *degan-hart* 'Krieger, Gefolgsmann' + 'hart, streng' / **Dähnert, Dehnert, Dehnhard(t), Deinert:** 742, 784 Denehardus, Denihart, 1217 Deinardus. KF zum RN *Degenhardt* / **Dein:** 1488 Deyn. KF / **Deinel:** 1529 Theynel. KF + *-l*-Suffix / **Denz(el), Denzle:** 1366 Dentze, 1423 Tenczel. Obd. KF mit *-z-*(+ *-l-*)Suffix.

Degenkolb(e) 1417 Degkenkouwe, 1466 Teginkolb. ÜN, SatzN zu mhd. *decken* 'bedecken' + *kolbe* 'kurzgeschnittenes Haar; Haarschopf'.

de Gruyter 1291 Gruter, 1409 Grüter. Nl. BN zu mnd. *grūten* 'Bier brauen'; *grūthere* 'Ratsherr, der die Aufsicht über das Bier hat'.

Dehler → Döhlert

Dehmel, Dö(h)mel, T(h)ömel, T(h)emel 1375 Thömel Beyr, 1542 Dömel, 1600 Themel. KF wohl zum RN → *Thomas* + *-l*-Suffix oder ÜN zu mhd. *demmen* 'schwelgen, schlemmen'.

Dehn(e) 1282 Daniel = 1291 Denigo = 1292 Deno (de sancto Paulo) = 1313 Denen (sone bi sinte Paule), 1320 Dene. KF zum RN → *Daniel,* z. T. auch KF zum RN → *Degenhardt;* möglich auch WN zu mnd. *denne* 'Bodenvertiefung, kleines Tal' und Völkername der *Dänen* → *Däne.*

Dehneke → Denecke

Dehnert, Dehnhard(t) → Degenhardt

Dehni(c)ke → Denecke

Deibel → Deubel

Deichmann, -gräber → Teichmann, -gräber

Deidrich → Diederich

Dein, Deinel, Deinert → Degenhardt

Deis(e), Deiß → Matthäus

Deitele, Deitter(s) → Diederich

Delang 1659 Delancke. Vielleicht zu oso. *delan* 'in der Niederung wohnender Wende, niederlausitzer Wende' oder HN zum ON *Döhlen.*

Delbrück 1594 Delprückh. HN zum nd. ON *Del(l)brück, Delbrügge.*

Delling → Dölling

Deman(d)t 1588 Diemant. ÜN, vielleicht für den Diamantenhändler, zu mhd. *diamant(e),* mnd. *dēmand* 'Diamant'.

Demmler, Tem(m)ler 1499 Temler. BN zu mhd. *temeren* 'schlagen, klopfen, hämmern', mda. *dämmeln, demmeln, dammeln,* auch ÜN zu mhd. *demmen* 'schwelgen, schlemmen', mnd. *demmer, domer* 'Schwelger, Schlemmer', vgl. auch mda. nd. *demeler* 'Tändler, Possenmacher'.

Demus 1527 Demes, 1572 Demoß. KF zum RN *Nikodemus,* griech. 'Volksbesieger'.

Demuth 980 Demod, 1470 Demuth. ÜN zu mhd. *diemüete, -muot, demuot* 'Demut, Herablassung, Milde, Bescheidenheit', mnd. *dēmōt* / **Demuter, Diemuter:** 1270 Diemutar, 1463 Demuter. Metron. zu *Frau Demuot,* aber auch RN ahd. *thiot-, diot-muot* 'Volk, Menschen' + 'Gesinnung'.

Dene(c)ke, Dehneke, Dehni(c)ke 1274 Denecone = 1275 Daniel = 1284 Deneko, 1399 Deneke. KF zum RN → *Daniel* oder *Denhard* → *Degenhardt;* auch KF zum RN → *Anton* möglich.

Denke 835/63 Tanki, 1486 Dencke. KF zu RN auf ahd. *thank* 'Dank, Gnade, Lohn'; z. T. HN zum ON *Denkte:* 1344 Dencke.

Den(n)hard(t), Denner(t), Tenner(t) 1341 Denharde, 1545 Denhart. KF zum RN → *Degenhardt,* möglich auch WN oder HN *Denner,* mit *-t Dennert* = *Tennert,* zum ON bzw. ÖN *T(h)ann(e), Dann(e), Dannau* zu mhd. *tanne,* mnd. *danne* 'Tanne, Fichte', später zu *Dennhardt* entstellt, → *Tannert.*

Denz(el), Denzle → Degenhardt

de Smet Nl. BN zu mnd. *smet* 'Schmied' + Artikel *de* 'der'.

Deters → Dieter

Detert → Dietert

Det(h)er → Dieter

Detlefs(en), Det(h)lof(f), Dettloff um 850 Teodlef, 1339 Dedeleves, 1496 Dedeloff. RN *Detlef,* mnd. *dēt-, dietlēve* 'Volk, Leute' + 'Hinterlassenschaft' oder *-lēf* 'lieb, wert'.

Dettmann → Dittmann

Dettmer → Dittmar

Deubel, Deibel, Düwel, Teubel, Teufel 1276 Duvel, 1394 Thůfel, 1609 Deubell, 1689 Düvell. ÜN zu mnd. *duvel* 'Teufel'.

Deubner HN zum ON *Deuben* oder BN *Teubner* 'Taubenhändler', mhd. *tūbelære, -er.*

Deumler → Daimler

Deusch 1268 Thüs, 1381 Dusch. ÜN zu fränk. *Dausch* 'Mutterschwein' oder zu mhd. *tiuschen* 'Gespött mit jmdm. treiben, betrügen' / **Deuschel, Deuschle:** 1435 Tüschli. Fränk.-obd. KF.

Deuse(n), Deuß → Matthäus

Deutsch(er) 1498 Dewtzsch, 1625 Deutzscher. StammesN, mhd. *diut(i)sch, tiu(t)sch* 'deutsch'. Der Name wurde vor allem in Grenzgebieten mit gemischter Bevölkerung gegeben, später auch jüdischer Name / **Deutschländer:** 1397 Düczlender, 1421 Deuczlender / **Deutschmann:** 1299 Tütschman, 1431 Deutschman. Mhd. *diutschman* 'der Deutsche'.

Devrient 1422 Vrient. Nl. *vrient* 'Freund' + Artikel *de* 'der'.

Dewerth 825/40 T(h)eodward = Tetward, 1533 Dedeward. Nd. Form zum RN ahd. *thiot-, diot-wart* 'Volk, Menschen' + 'Wächter'; → *Dibbert.*

Dibbert, Deb(b)ert, Dewerth 850/75 Tiadbert, 1092 Diethbertus, 1585 Debbert. RN ahd. *thiot-, diot-beraht* 'Volk, Menschen' + 'hell, strahlend, glänzend'.

Dick(e) 1290 Dicke, 1291 der Dicke, 1351 von der Dicke, 1538 Dick(e). ÜN zu mhd. *dic(ke),* mnd. *dicke* 'dicht, dick', für einen dicken, beleibten Menschen, oder WN zum ÖN *Dikke,* mhd. *dicke* 'Dickicht'; möglich auch KF zum RN → *Diederich;* im nordd. Gebiet vereinzelt WN zu mnd. *dīk* 'Deich, Damm', vgl. 1323 oppen Dyke.

Dickmann 1642 Dickmann. WN → *Dick* und → *Teichmann.*

Diebel(t), Diepold, Tiepoldt 796/806 Thiatbaldus, 1107/09 Diebbolt, 1435 Dippolt = 1436 Dypelt. RN ahd. *thiot-, diot-bald* 'Volk, Menschen' + 'kühn, mutig, stark'.

Dieck(e) 1272 vanme Dike. 1480 Dyck. WN zu mnd. *dīk* 'Deich, Damm; Teich' für einen, der beim Deich, Teich wohnt; möglich auch KF zum RN → *Diederich.*

Dieckmann → Teichmann

Died(e)rich, Diet(t)rich, Dit(t)rich 856/77 Thiadricus, 1001/10 Thidricus, 1368/81 Dyderikes, 1478 Dittrich. RN ahd. *thiot-, diot-rīhhi* 'Volk, Menschen' + 'Herrschaft, Herrscher; Macht, Gewalt; Reich', einer der beliebtesten Namen des Mittelalters (Dietrichsage, → *Bernert)* / **Di(e)terichsen,** nd. **Didericksen, Dirksen:** 1609 Dederichsen, patron. / **Dieterici:** 1290 filius Dietrici, gen. latin. / **Dierich,** nd. **Dierik:** 1522 Dierich, 1648 Dyrik, mda. Formen / **Deidrich:** 1607 Deidrich, obd. mda. Form / **Deitter(s):** 1546 Deitter, Theitter / **Deitele:** 1573 Deittelin, obd. KF / **Dieth, Diete:** 1296 Diethe, obd. KF / **Dittes:** rhein. KF / **Dedeken, Dedekind:** 1298 Dhedeke, 1543 Dedecindus, nd. KF / **Deding:** um 825 Teoding, 1502 Deding, nd. patron.

Diehl, Thiel(e), Till(e), Tyll 1274 Tilen, 1373 Thile, 1345 Dyle Dylemans son, 1377 Tylle, Til, 1547 Tille, 1569 Diel. KF zu RN auf ahd. *thiot, diot* + *-l*-Suffix / **Thielke, Thielecke, Thielicke:** 1279 Tileco. KF mit *-k*-Suffix / **Thiel(e)mann, Tillmann, Dielmann:** 1277/84 Tilemann, 1410 Thielemann, 1480 Dilmann. *Thiel + mann.*

Diemuter → Demuth

Dienemann 1390 Deneman Voget, 1402 Deneman. WN zu mnd. *denne* 'Bodenvertiefung, kleines Tal' für einen, der in einer Niederung wohnt; möglich auch KF zum RN *Daniel* → *Dehne* oder zu mhd. *dienen* 'dienen; Dienst tun' für einen Dienstleistenden.

Diener(t) 1304 Diener. BN zu mhd. *dienære, diener* 'Diener'.

Didericksen → Diederich

Diepold → Diebelt
Dierich, Dierik → Diederich
Dierschke, Dirschka 1028 Dirsico, 1176 Dirska, 1381 Dirske, 1451/56 Dirschko der Cretschmer = Dirsco (Dirslaus). KF zu slaw. RN wie *Diržislav,* zu urslaw. **dъržati* 'halten' + *slava* 'Ruhm'.
Diesel, Dießl 1587 Thysel. KF zu RN auf ahd. *thiot-, diot-* 'Volk, Menschen' + *-z-* + *-l-*Suffix, vgl. 995 asä. Diezo; vereinzelt auch wie Dies, Dieß KF zu Matthias mit -l-Suffix.
Dieser ON zu Diez/Lahn
Dieß → Matthias
Diete → Diederich
Diet(e)l, Tietel, Tittel 1361 Dityl = Diterich luerlin, 1384 Ditel, 1460 Dittl. KF zum RN → *Diederich* oder RN ahd. *thiot-, diot-helm* 'Volk, Menschen' + 'Helm' bzw. *thiot-, diot-walt* 'Volk, Menschen' + 'Gewalt, Macht' oder 'walten, herrschen'; *Tittel* z. T. auch ÜN zu mhd. *tütel* demin. zu 'Zitze, Brustwarze' oder zu mhd. *tütelen* 'schmeicheln'.
Dieter, Det(h)er, Deters 799 Thiatheri, 1203 Theter, 1287 Diether = Dietrich v. Roßriet. RN ahd. *thiot-, diot-her* 'Volk, Menschen' + 'alt, ehrwürdig, von hohem Rang', auch KF zum RN → *Diederich* / **Dieterle:** 1405 Dieterlin. KF zum RN ahd. *thiot-, diot-her* bzw. *Diederich* + *-l-*Suffix.
Dieterichsen, Dieterici, Diethe → Diederich
Diet(h)ert, Detert, Dittert 841/46 Thiathardus, um 990 Thiethard, Thiedherd, 1290 Dethardus, 1380 Detert, 1386 Ditteri, 1395 Didert. RN ahd. *thiot-, diot-hart* 'Volk, Menschen' + 'hart, streng', möglich auch aus RN → *Dieter* + sekundäres *-t,* vgl. 799 Thiatheri.
Dietrich, Diettrich → Diederich
Dietz(e), Diez, Tietz(e), Titz(e) um 860 Tydso, 995 Tiezo = Diezo, 1352 Thycen, 1413 Ticze, vgl. auch 1355/83 Dyderik Kökere = 1383/87 Ditze Köker. KF zu RN auf ahd. *thiot, diot,* besonders → *Diederich, + -z-Suffix* / **Diet(z)sch:** 1438 Ditzsche, 1450 Diczsch, wie Vor. / **Diezmann:** 1323 Ditzeman, 1388 Titzman. KF + *man* / **Dietzel:** 1438 Ticzel, 1498 Dytczell = 1503 Ditzel. KF zu RN auf ahd. *thiot, diot,* besonders von → *Diederich,* + *-z-* + *-l-*Suffix.
Dill(mann) 1326 Dilman (Tilman). KF zu RN auf ahd. *thiot, diot,* vor allem → *Diederich;* möglich auch KF zum RN *Ottilie,* mnd. *Odilie* [vgl. 1273/1330 Alberto filio Dille = 1332 Albertus dictus Dylle = 1333 Albertus Dille]; evtl. auch ÜN zu mnd. *dille* 'Dill'.
Dilthey 1404 Dillendey, 1417 Dillentey, 1444 Tyldey, 1521 Diltey. Mehrdeutiger westf.-nd. Name; WN zu mnd. *dille* 'Tülle, Röhre' bzw. zu mnd. *dille* 'Dill' und mnd. *tī, tig* 'öffentlicher Sammelplatz eines Dorfes' oder zu mnd. *dege* 'ein Maß'.
Dinger 1462 Dinger. BN zu mhd., mnd. *dinger* 'Richter, Sachwalter', auch HN zum ON *Ding(en), Hohentengen:* 1247 Diengen.
Dinse 1283 Dyonisius. Nrhein.-westf. KF *Dinnies* zum RN *Dionysius,* einer der 14 Nothelfer, griech. 'vom Gott Dionysos abstammend'.
Dint(n)er 1387 Dintener, 1549 Dinter. BN zu mhd. *tin(c)te, timpte* 'Tinte' wohl als Tintenmacher.
Dippmann, Dippmar, Tippmann 10. Jh. Thiabo. KF zu RN auf ahd. *thiot, diot,* vgl. um 840 Tiadman (→ *Dittmann),* 870 Thiatmarus (→ *Dittmar).*
Dirksen → Diederich

Dirschka → Dierschke

Diß → Matthias

Distler 1539 Disteler. ÜN zu mhd. *distel* 'Distel' für einen Bauern oder BN zu mnd. *dissel,* mhd. *distel* 'Deichsel, Queraxt' für den Wagenbauer, Zimmermann oder für den Fuhrmann, so auch 1418 Dysseler.

Ditrich, Dittes → Diederich

Dittert → Diethert

Dittmann, Tittmann, nd. **Dettmann** um 805 Ditmannus, 1215 Thetmannus, vor 1257 Tideman, Ditman. RN ahd. *thiot-, diot-man* 'Volk, Menschen' + 'Mensch, Mann', auch KF zum RN ahd. *thiot-, diot-māri* 'Volk, Menschen' + 'bekannt, berühmt, angesehen; herrlich, hervorragend, vortrefflich', vgl. 992 Tidmannus = Thiatmar, ON *Ditmannsdorf:* 1372 Ditmarsdorf.

Dittmar, nd. **Dettmer** um 805 Thetmar, 822/75 Tiadmer, Teodmar, 1064 Dethmar, 1248 Ditmarus. RN ahd. *thiot-, diot-māri* 'Volk, Menschen' + 'bekannt, berühmt, angesehen; herrlich, hervorragend, vortrefflich', → *Thiemer.*

Dittrich → Diederich

Dix → Benedikt

Dob(b)e(c)k 1136 Dobek. KF zu slaw. RN wie *Dobeslav,* urslaw. **dobъ* 'tapfer, edel' / **Dobisch:** 1399 Dobisz.

Döbel, Debel 1402 Debel, 1451/52 Dobel = 1456 Dőbel. HN zum ON *Dobel* oder WN zum ÖN *Döbel, Döpel* u. ä. zu mnd. *dobbe* 'Niederung, Vertiefung; Sumpf'; möglich auch ÜN zu mnd. *dob(b)el* 'Würfel, Spielstein', mhd. *top(p)el* 'Würfelspiel'; möglich auch KF zu slaw. RN wie *Dobeslav* → *Dobbeck.*

Dobisch → Dobbeck

Dobler, Tobler 1319 von Tobel, 1506 Dobel. Meist schwäb.-alem. WN zu mhd. *tobel* 'Waldtal, Schlucht', vereinzelt auch HN zum ON *Dobel, Dobl* (mehrfach in Schwaben).

Döbrich 1589 Döberigk, 1625 Döbrig. HN zum ON *Döbbrick, Dobbrikow, Döbrichau* oder KF zu slaw. RN wie *Dobroslav* zu slaw. *dobr* 'gut'.

Dobromysl 1136 Dobromisl. Slaw. RN *Dobromysl* zu slaw. *dobr* 'gut' + *mysliti* 'denken', *mysl* 'Gedanke'.

Dobrosch 1136 Dobros, 1509 Dobrosch. KF zu slaw. RN wie → *Dobromysl.*

Dobry 1395 Dobri, 1434 Dobry. ÜN zu nso., oso., poln. *dobry,* tschech. *dobrý* 'gut'.

Dodt → Todt

Döhler(t), Doehler, Dehler 1332 von Dolein, 1479 Döler. HN zum ON *Döhlau, Döhlen,* selten auch RN: um 822 Delheri zu asä. *dēl* 'Teil'.

Döhling → Dölling

Döhmel → Dehmel

Döhrer 1279 de Dore. HN zum ON *Dohr, Döhra, Döhren.*

Döhring, Doehring → Döring

Doleschal(l), Dolezal 19. Jh. Doležal. ÜN zu tschech. *doležat, doležet* 'abliegen, (zu lange) liegen' für den Faulenzer.

Döll(e) 1281 Dolle. HN zum ON *Dolle;* auch WN vgl. GewN *Döllbach* b. Kassel; *Döl* ist auch rhein. KF zum RN *Adolf.*

Dölling, Döhling, Delling 1285 Dolingus, 1387 Dolling. ÜN zu mda. *Dölling* 'junger Zander; Hechtbarsch' oder patron. ÜN: 1379 Dole zu mnd. *dol* 'über-, hochmütig'; möglich auch WN zum slaw. ÖN *dol'nik* zu slaw. *dol* 'Tal'.

Domagala, Dom(i)gall 1539 Domagala. ÜN zu poln. *domagać sie* 'fordern, verlangen'.

Domann, Thomann 1136 Doman. KF zu slaw. RN wie *Domaslav,* slaw. *doma* 'zu Hause' oder Abltg. vom RN *Tho-*

mas / **Domanski:** 1730 Domanski. Poln. Abltg. vom RN *Doman* oder HN zum poln. ON *Domaniew, Domanice* / **Dommasch:** 1501 Domasch / **Domel:** 1501 Domel. KF zu slaw. RN wie *Domaslav* / **Domke, Dumke:** 1253 Dumeke, 1484 Domcke. 1532 Dompke. KF zu slaw. RN wie *Domaslav* oder nd. KF zu → *Daume* / **Dom(m)sch:** 1600 Domsch, sorb. Domš, wie Vor. / **Domschke:** 1600 Domschke, wie Vor.

Domaschk(e), Domaschka → Damaschke

Dombrowski, Dombrowsky 1386 Dąbrowski, 1674 Dombrowsky. HN zum poln. ON *Dąbrowa.*

Domel → Domann

Dömel → Dehmel

Dom(i)gall → Domagala

Domini(c)k, Dominic, Domnick 1350 Dominik Dominiks. RN *Dominicus,* lat. 'dem Herrn [Gott] gehörig'.

Domke, Dommain, Dommasch, Dom(m)sch → Domann

Domnick → Dominick

Domschke → Domann

Don, Dön → Anton

Donat(h), Donadt, Donatt 1392 Donatus, 1463 Donat. RN *Donatus,* lat. 'der [Gott] Geschenkte', / **Natusch:** 1374/82 Natuz, 1460 Natusch, Sorb. KF. vgl. 1568 Donat = Natusch Lischka / **Natschke,** KF zu Vor.

Donner(er) 1333 [judea dicta] Donere, 1378 Donner. ÜN zu mhd., mnd. *donner* 'Donner' für einen, der leicht in Zorn ausbricht.

Dorflehner 1537 Dorflehner. BN in Tirol für den Inhaber des Dorflehens, mhd. *lēhenære, lēner* 'Darleiher, Bergmeister, der die Gruben lehnweise vergibt; Besitzer eines Lehn-, Bauerngutes', mhd. *dorflēhen* 'Bauerngut'.

Dorfschmidt 1589 Dorfschmied. BN → *Schmidt.*

Döring, Döhring, Doe(h)ring, Dü(h)ring um 830 Thuring, 1290 Durinc, 1344/65 Dőring. StammesN mhd. *Dürinc,* mnd. *Dorinc* 'Thüringer'.

Dormeier, Thormeyer 1570 Tormayer. WN 'der Meier am, vor dem Tor'.

Dorn 1364 Dorn. HN zum ON *Dorn(a)* oder WN zu mhd., mnd. *dorn* 'Dorn, Stachel, Dornbusch'; möglich auch ÜN zu mhd., mnd. *dorn* / **Dorner, Dörner:** 1320 Thorner, 1407 Dorner. WN oder HN, s. Vor.

Dornig 1372 Dornik. HN zum ON *Dörnick, Dornick;* auch slaw. ÜN → *Dwornik.*

Dörr(e), Dürr(e) 1269 Durre, 1331 der Dirre, Dörre, 1381 Dörr. ÜN zu mhd. *dürre, durre,* mnd. *dörre* 'dürr, trokken, mager'.

Dorsch 1291, 1526 Dorsch. ÜN zu mhd. *dorsch,* mnd. *dors(ch)* 'Dorsch' für einen Fischer; md.-obd. auch ÜN zu mhd. *türse, turse* 'Riese', vgl. 1388 Turse, um 1540 Dorsch, neben T(h)iersch; z. T. mit eingedeutetem obd. *Dors(ch)e* 'Kohlstrunk'.

Dorst Ende 13. Jh. Turst, 1398 (der Meir am) Durst, 1531 Torstę, 1547 Dorst. HN zum ON *Dorst, Dorste,* oder WN 'der am trockenen, dürren Boden wohnt', vgl. 1424 vinea (Weinberg) der Durst, möglich auch ÜN zu mhd. *turst,* mnd. *dorst-* 'Kühnheit, Keckheit, Verwegenheit'.

Dosdall, Dostal 19. Jh. Dostál. ÜN zu tschech. *dostat* 'erhalten, bekommen' oder zu *dostát* 'nachkommen (einer Sache), (Wort) halten'.

Dose ca. 1350 Dose. HN zum ON *Dose* oder WN zum nd. ÖN *Dose* 'Moos, Moor'.

Doss, Doß → Thoß

Dossmann 1484 Doßman. HN zum ON *Dosse* oder WN zum GewN *Dosse.*

Dost, Thost 1394 Důst, 1491 Thost, 1529 Dostht. ÜN zu mhd. *doste, toste* 'Strauß, Büschel, wilder Thymian', nhd. *Dost,* für einen Kräutersammler und -händler, → *Thos.*

Dostal → Dosdall

Dowe 1273 Dove, 1352 Conrat Dove = 1363 Dovecord. ÜN zu mnd. *dōf* 'taub, stumpfsinnig'.

Dräger(t), Draeger(t) 1360 Dregher, 1376 der Dräger. BN zu mnd. *dreger, drager* 'Träger; Stadtdiener' oder mnd. *dreier, dreger* 'Drechsler'.

Drauschke 1569 Druschk, 1578 Drauschke. ÜN zu nso. *drug,* oso. *druh* 'Freund', nso., oso. *družka,* poln. *drużka* 'Brautjungfer, Gefährtin'.

Drebes → Andreas

Drechsel, Dressel, Dreßel 1270 der Drähsil, 1286 Drehsel, 1487 Trechsell = 1496 Dressel. BN zu mhd. *dræhsel, drehsel* 'Drechsler' / **Drechsler, Dressler, Dreßler, Drößler, Drexler, Trexler:** 1293 der Dreseler, 1414 Drechsler. BN zu mhd. *dræhseler, drehseler* 'Drechsler' / **Dreher, Dreer, Dreger,** alem. **Draier,** westfäl. **Dreiger:** 1345 Dreiere, 1348 Dreghere, 1370 Dreyere, 1391 Dreger = 1417 Dreher, 1442 Draier, 1447 Dreiger, 1511/12 Dreer. BN zu mnd. *dreier, dreger,* fnhd. *dreer* 'Drechsler'.

Dreier, Dreyer 1320 Hof zum Dreyer, 1585 Dreier. ÜN zu mhd. *drī* 'drei', obd. Mitglied einer Körperschaft von 3 Männern (Ratsausschuß) oder BN zu mnd. *dreier, dreger,* fnhd. *treier* 'Drechsler' → *Dreher,* vgl. nd. Familiennamen 1370 Boltendreyer 'Bolzendreher', 14. Jh. Ringdreier 'Ringdreher'; oder ÜN zu mhd. *drīer* 'Dreier (Münze)'.

Dreisel, Dresel, Dreiß 1545 Dresell, 1638 Dreysel; 1531 Dräse. KF zu → *Andreas* oder ostmd. BN *Drechsel, Dressel* 'Drechsler'. Dreiß auch HN zum ON *Dreis.*

Dreißig(er) 1329 der Drisgor. ÜN zu mhd. *drīȝec, driȝic* 'dreißig' für den Bauern, der ein Gut von 30 Tagwerken (Morgen) betreibt, evtl. auch verkürzt aus *Dreißigmark,* vgl. 1266/1325 Drizicmarke, oder HN: 1317 Trizko, 1397 Dreysskar zum ON *Dreißig, Dreiskau.*

Drescher 1284 Trescher, 1398 Drescher. BN zu mhd. *drescher* 'Drescher' der mit dem Dreschflegel Getreide ausdrischt / **Dreschler:** 1257 Troschelarius, 1288 Tröschler. BN zu mhd. *drischel* 'Dreschflegel' zu mhd. *dreschen, dröschen* 'dreschen', mnd. *droscher* 'Drescher'.

Dresel → Dreisel

Dressel, Dressler → Drechsel

Drev(e)s, Drew(e)s → Andreas

Drexler → Drechsel

Dreyer → Dreier

Drobe(c)k, Drobick 1487 Drobek. ÜN zu tschech. *drobek* 'Brösel', *drobný,* poln. *drobny* 'klein' / **Drobisch:** 1531 Drabisch, 1572 Drobizsch / **Drobny:** 1397 Drobny.

Drogan 1266/1325 Drogan. KF zu slaw. RN wie *Drogoslav* zu nso., poln. *drogi* 'lieb, teuer'.

Drögmöller 1692 Drögemüller. ÜN zu mnd. *droge* 'trocken'.

Drommer → Trummer

Drosd 1239 Drosd. ÜN zu poln., tschech. *drozd* 'Drossel' / **Drosdzick:** 1566 Drozdiekh. ÜN zu poln. *drożdzik* 'Weindrossel'.

Drößler → Drechsel

Drost(e) 1330/49 Droste. BN zu mnd. *droste, drossete* 'Truchseß, Landvogt, oberster Hofbeamter', mhd. *truht-, druhtsæȝe* 'der die Speisen aufsetzt, Truchsess'.

Drummer → Trummer

Duback 1579 Duback. ÜN zu nso., oso., tschech. *dub* 'Eiche' oder WN zum ÖN *Duback* u. a. zu slaw. *dub* 'Eiche'.

Dube, Duwe, Duve 1475 Duba, 1504 Dube. ÜN zu nso., oso., tschech. *dub* 'Eiche' oder WN zum ÖN *Duba, Dube* zu slaw. *dub* 'Eiche' → *Duback;* möglich auch ÜN zu mnd. *dūve* 'Taube' oder BN Taubenhändler, -züchter, vgl. 1381 Duve, 1432 Tube; z. T. auch WN: 13. Jh. zer Tuben, 1399 von der Duven.

Dubianski 20. Jh. Dubiański. HN zum poln. ON *Dubiany* oder Abltg. vom PN *Dubian* zu poln. *duby* 'Geschwätz, dummes Zeug'.

Dubitzky 20. Jh. Dubitzky. HN zum poln. ON *Dubica.*

Dubois 1566 du Bois. Franz. WN zu *bois* 'Gehölz, Wäldchen'.

Dubsky 19. Jh. Dubský. HN zum slaw. ON *Dub.*

Dubslaff, Dubsloff → Dupsloff

Duda 1392 Duda. ÜN zu poln. *duda* 'Dudelsack(pfeife)'.

Dude 805 Dodo, 880 Dudo, 951 L(i)udolf = 957 Dudo, 1133 Dudo. KF zu RN auf ahd. *thiot, diot* 'Volk, Leute, Menschen'; auch möglich slaw. ÜN → *Duda.*

Dudek 1215 Dudik, 1384 Dudek. ÜN zu poln., tschech. *dudek* 'Wiedehopf'.

Duden 9. Jh. Dudo, 817 Doduni, 1321 Dude. Asä. KF zu RN auf *Liud-* zu *liud* 'Volk' oder KF zu RN auf ahd. *thiot, diot* 'Volk, Menschen', → *Dude.* Vereinzelt auch HN zum ostpreuß. ON *Duden* / **Dut(t)ke, Dut(t)ge:** um 825 Duddic, 990 Dudico, Dodico. Asä.-nd. KF zu Vor., z. T. auch Variante zu → *Dudek.*

Dühring → Döring

Dührkop → Dürkoop

Dumke → Domann

Duncker → Dunker

Dunger → Tunger

Dunkel 1186 Dunkel. ÜN zu mhd. *tunkel, dunkel* 'dunkel, trübe; leise, unverständlich' oder zu mnd. *dunkel* 'dünkelhaft'; auch WN zum (obd.) ÖN *Dunkel* 'Flur auf der Winterseite'.

Dunker, Duncker 1250/1300 Dunker(i), 1351 Duncker, 1438 Dunckel = 1442 Duncker. ÜN zu mnd. *dunker* 'dunkel, blind', auch WN zum ÖN mnd. *dunk* 'unterirdisches Gemach' oder zum ÖN *Dunk* 'von Sumpf umgebene Erhebung'.

Dünn(e)bier 1303 Dunebier. ÜN zu mhd. *dünne* 'dünn, zart, seicht' + *bier* 'Bier', mnd. *dunnebēr* 'Dünnbier', vgl. auch 1403 Freypier, 1450 Gutpier.

Dupont 1728 du Pont, Franz. WN zu *pont* 'Brücke'.

Dupsloff, Dubsloff, Dubslaff 1174 Dobezleu, 1316 Dubeslaff. Slaw. RN *Dobeslav,* urslaw. **dobъ* 'tapfer' + *slava* 'Ruhm'.

Durer, Dürer 1334 der Durer. Mehrdeutiger Name. HN zum ON *Düren:* 748 Duria oder zum ON *Thürheim:* 1003 Duria, oder WN zum FlußN *Roer,* alt *Duria* oder zum schweiz. Fluß *Thur:* 9. Jh. Dura oder zu mda. *Dur* 'Tor'. Albrecht Dürers Vater soll aus Atjos/Ungarn stammen; ungarisch *atjó* bedeutet 'Tür'. → *Dürrschmiedt.*

Düring → Döring

Dürko(o)p, Dührkop, Duerkop, Theuerkauf(f) 1300 Dürekop, 1538 Dürkop; 1443 Tewerkowff, Tewerkouff, 1614 Teuerkauff. ÜN zu mnd. *dūr kōp* 'teurer Kauf', mhd. *tiur(e)* 'von hohem Wert, viel kostend' + *kouf* 'Geschäft, Handel, Kaufpreis', Kaufmann, bei dem man teuer kauft.

Dürr(e) → Dörre

Dürrenmatt WN zu mhd. *dürre* 'dürr, trocken' + *matte* 'Wiese', vgl. 1500 Duerrheide, 1554 Dürrfeldt und die zahlreichen ON auf *Dürr(en)-*, vgl. aber auch den schweiz. ÖN *Turenmatt:* 1470 die wisen hinder dem turn; 1763 Thurnmatt zu *turn* (1529 der durren) = Turm.

Dürrschmi(e)d(t) 1387 Dursmid, 1410 Tursmyde, 1479 Torsmidt = 1480 Tursmidt. BN zu mhd. *tür(e)* 'Öffnung, Eingang; Tür'; später dominiert *Tor-*, mhd. *tor* 'Tor, Tür', Schmied, der Türbeschläge bzw. -schlösser herstellt; auch 'Schlosser', später Eindeutung von *dürr.*

Duscha 1456 Duscha. ÜN zu nso., oso. *duša,* poln. *dusza,* tschech. *duše* 'Seele' / **Dusiska:** 1423 Dušička, tschech. ÜN / **Duschek:** 19. Jh. Duscheck. Poln. oder tschech. ÜN.

Dutschke → Dutzschke

Duttge, Duttke → Duden

Dutz, Tutz 1302 Tutze, 1338 Dutz. KF *Duto, Tuto* → *Taut* + *-z*-Suffix oder KF (Lallname) asä. *Tōdo, Tūdo* + *-z*-Suffix → *Duden,* vereinzelt ÜN zu nd. *Duts, Dutz* 'Kröte' oder zu obd. *Dutz* 'Stoß'.

Dut(z)schke 1542 Dutzschke. Sorb. *Dučk, Dučka, Dučko* 'der Deutsche' / **Dutschmann:** 1359 Dutschman, wie Vor. + *man.*

Duve, Duwe → Dube

Düwel → Deubel

Dvoracek → Dworschak

Dwornik, Dornig 1436 Dwornik. BN zu slaw. *dvornik* 'Hausmann', → *Dornig.*

Dworschak 1380 Dvořák. BN zu atschech. dvořák 'Hofbauer, freier Bauer' / **Dvoracek:** 20. Jh. Dvořáček.

E

August Euler
(1868–1957) Flugzeugpionier;
Begründer einer Flugzeugfabrik

Max Ernst
(1891–1976) Maler und Plastiker
des Surrealismus

Michael Ende
(1929–1995) Schriftsteller;
u. a. „Jim Knopf" und „Momo"

Ludwig Erhard
(1897–1977) Politiker (CDU);
von 1963–66 Bundeskanzler

Ebbeke 800 Euuco = Efurwin. KF zu asä. *evur-* 'Eber'.

Ebel 1330 Ebelen, 1454 Ebel. KF zu → *Eberhard,* meist zu → *Albrecht,* vgl. 1313 Albrecht = 1315 Ebeling; z. T. auch umgelautet zu → *Abel,* besonders nd.-fries. / patron. **Ebeling:** 1349 RN Ebeling, 1368 Ebelinges / **Ebelmann, Eppelmann:** 1430 Eppelmann. Wie Vor. + *-man-*Suffix.

Ebelt → Ewald

Ebenrot, -röther, -reder 1331 Ebenrot, 1642 Ebenretter. ÜN nach dem Namen des Riesen *Ebenrot* oder HN zum ON *Ebenrot* (fränk.) bzw. *Ebenried.*

Eberhard(t), Ebhardt 834 Everhard, 1237 Eberhard(us), 1540 Ebehard = Ebhart. RN ahd. *eber-, ebur-hart* 'Eber' + 'hart, streng' / KF **Ebert(h), Evert(h), Ewert(h):** 1487 Ebert, 1513 Evert / gen. **Eber(t)s, Ebertz, Evers,** nd. patron. **Everdes:** 1290 Eberzo, 1371 Everdes / **Eberl(e):** 1332 Eberl / **Eberlein:** 8. Jh. Everlin, 1440 Eberlin / **Ebermann, Evermann:** um 840 Ewurman, 1425 Everman (mit *-man-*Suffix) / **Epp, Eppe(n):** 840 Eppo, 1294 Eberhardus dictus Eppe / **Eppel, Epple:** 1294 Eblin = Eberhardus. KF mit *-l-*Suffix / nd. patron. **Epping, Eppinck:** 1427 Eppinck.

Ebert, Eber(t)s → Eberhardt

Eberwein, -wi(e)n 1301 Eberwin. RN ahd. *eber-, ebur-wini* 'Eber' + 'Freund, Geliebter'.

Ebner 1200 Ebener. HN zum ON *Eben* oder WN zu mhd. *ebene* 'Ebene'.

Ebnetter 1377 der Ebnetter. HN (obd.) zum ON *Ebnath, Ebnet(h), Ebmath* oder WN zum ÖN *Ebnat, Ebnet* (zu ahd. *ebonōti* 'Ebene').

Eckard(t), Eckart(h), Eckhard(t), Eckharth, Eckert, Eggert, Egghart 825/40 Echard, 1266 Eckehardus, 1359 Eckart; 1272 Eggehard. RN ahd. *ekka-hart* 'Schneide, Spitze, Ecke' + 'hart, streng', z. T. KF / obd. **Ecker-le(in):** 1550 Eckerlin, mit *-l-* und *-īn-*Suffix / KF gen. **Eggers:** 1550/51 Eggers / **Eckel(t):** 1257 Eckel = Eckart Krämer, 1258 Eckol, 1542 Eckeltinn. Auch zum RN *Egilo* / **Eckelmann:** 1327 Eckelmannus. Wie Vor. + *-man-*Suffix; nd. auch ÜN zu mnd. *eckel* 'Eichel'.

Eck(e) 1248 an der Egge (Einsiedler), 1418 an der Egke. WN zu mhd. *ecke* 'Spitze, Ecke, Winkel', mnd. *egge* 'Schneide einer Waffe; Kante, Ecke' – 1257 Ecko, 1388 Ege. KF von → *Eckhardt.*

Eckebrecht, Eggebrecht, Eippert, Eiprecht um 890 Ecbreht, um 980 Ecberhtus, 1350 Eckebrecht, 1487 Eggebrecht; 1439 Eiprecht. RN ahd. *ekka-beraht* 'Schneide, Spitze, Ecke' + 'hell, strahlend, glänzend' bzw. asä. *eggia-* 'Schneide, Schwert'.

Eckel, Eckelmann, Eckelt → Eckhardt

Eckold(t) 1300 de Ekholte. WN zu mnd. *ekholt* 'Eichenwald' – 1530 Ekkolt. RN ahd. *ekka-walt* 'Schneide, Spitze, Ecke' + 'Gewalt, Macht'.

Eckstein 1235 Eckstein. WN zu mhd. *ecke-stein* 'Eckstein, vorspringender Fels' oder ÜN.

Eddeling → Adelung

Edel 1296 Edel. KF zu → *Albrecht* oder ÜN zu mhd. *edel(e)* 'adlig, edel; herrlich', für den Freien, im Nd. auch KF zu *Adelheid.*

Edeling → Adelung

Edelmann 1285 (dominus) Edelmannus. ÜN zu mhd. *edel-man* 'Edelmann'.

Edelung → Adelung

Eder, bair.-österr. **Ederer, Oeder:** 1479 Eder. HN zum ON *Ed, Öd, Dröda* / Vogtl. (1328 Ode) oder WN zu mhd.

œde 'unbebauter und unbewohnter Grund' bzw. *eter, eder* 'Zaun, Umzäunung; Saum, Rand', mnd. *eder* 'geflochtener Zaun, eingezäuntes Feld'.

Edlich 1565 Edelich. ÜN zu mhd. *edellīch* 'edel, adelig; herrlich'.

Effland → Iffland

Egel → Eichel

Egert(er), Ägerter 1256 Ägerten, 1320 ab der Egert. WN (obd.) zu mhd. *egerde, egerte* 'Brachland' oder HN zum schweiz. ON *Ägerten.*

Egg → Eckardt

Eggebrecht → Eckebrecht

Eggers, Eggert → Eckardt

Egloff 1282 Egloff. RN Egilolf zu ahd. **agil-wolf* 'Schrecken' + 'Wolf', vereinzelt auch HN zum ON *Eglofs* / KF **Eggli(n), Eggl(e), Egle,** schwäb. **Egli, Egly,** rhein. **Egli(e)ns** gen.: 1318 Egli, 1381 Egelin.

Egner 1388 Egner. KF zu RN mit ahd. **agin-* 'Ecke, Schneide, Schwert' oder HN zum ON *Egen, Egge, Eggingen.*

Ehemann 1349 Eman. BN zu mhd. *ē(we),* mnd. *ē, ee, ehe, ewe* 'Gesetz', vgl. mhd. *ēgeber* und *ēwart* 'Hüter des Gesetzes', oder wie nhd. *Ehemann.*

Ehler(t) 820 Egilhard, 1268 Eleri. RN ahd. **agil-hart* 'Schrecken' + 'hart, streng' / gen. **Ehlers:** 1377 Elers.

Ehm 1530 Ehm. ÜN zu mhd. *œheim(e), öheime* 'Mutterbruder, Oheim' oder KF eines ahd. RN **agi(n)-māri* 'Ecke, Schneide, Schwert' + 'bekannt, berühmt, angesehen; herrlich, hervorragend, vortrefflich' / KF **Ehmke:** 1446 Emeke Syrckes.

Ehre(c)ke, Ehrcke 1560 Ehrke. KF zu RN auf ahd. *ēra-* 'Ehre, Ansehen' mit *-k*-Suffix, auch nd. Form für *Erich* → *Ehrich:* 1598 Ereke, 1631 Ehrcke.

Ehrhardt → Erhardt

Ehrich, Ehrig 1293 Erich. RN ahd. *ēra-rihhi* 'Ehre, Ansehen' + 'Herrschaft, Herrscher; Macht, Gewalt; Reich' bzw. 'reich, mächtig; hoch, prächtig; glücklich' oder – seltener – HN zum ON *Ehrich.*

Ehrler → Erler

Ehrlich 1383 Erlich, 1433 Erlich = 1433 Erler. ÜN zu mhd. *ērlich* 'Ehre habend, angesehen; herrlich, schön' oder WN zu mhd. *erlach* 'Erlengebüsch', → *Erler.*

Ehrmann 1447 Erman. KF zu RN mit ahd. *ēra* 'Ehre, Ansehen' + *-man.*

Eib(er), Eyber 1436 Eyber, 1468 von Eybe. WN zu mhd. *ībe, īwe* 'Eibe', vereinzelt auch HN zum ON *Eibau,* so 1412 von der Ybe.

Eibisch, Eibig 1255 Ibischo, 1535 Eybisch. WN zu mhd. *ibesch(e)* 'Eibengehölz', vielleicht auch ÜN 'Apotheker, Kräutersammler'?

Eich(el)baum 1533 Eychbaum, 1578 Ekkelbaum. WN zu mhd. **eichelboum* 'Eiche'.

Eich(e)ler 1286 Aicheler, 1404 Eicheler. WN zu mhd. *eich(e)* 'Eiche' oder BN 'Eichelsammler' / **Eichmann,** nd. **Eickmann:** 1389 Aichman, 1476 Eicheman. WN oder BN wie *Eicheler* / **Eick(e)meyer, Eickhoff:** 1472 Eykmeger, 1538 Ekmeier tom Ekhove, 1583 Eickhoff. WN 'Meier bei der Eiche, den Eichen' bzw. 'der im Eich(en)hof'.

Eichelkraut, Egelkraut ÜN zu den Pflanzenbezeichnungen 1. Centimorbia, 2. Lysimachia nummularia, 3. Ranunculus flammula, für einen Kräutersammler?

Eichenberg 1380 von dem Eychberge. HN zum ON *Eichenberg* oder WN zum ÖN *Eich(en)berg.*

Eicher → Eichner

Eichhorn 1297 zem Eichhorn. HausN – 1286 Aichorn, 1577 Eichhorn. ÜN zu mhd. *eichhorn* 'Eichhorn', vielleicht für einen Pelzhändler, Kürschner, einen flinken Menschen oder einen Vorratssammler.

Eichler, Eichmann → Eicheler

Eich(n)er 1316 Ycher, 1363 Eychener. HN zum ON *Eich(a), Eiche(n)* oder WN zu einem ÖN *Eichen* o. ä.; vereinzelt auch BN zu mhd. *īcher, eicher* 'Eicher, Visierer'.

Eick(e) 1019/23 Eico, 1468 Eyke. Fries. KF zum RN *Eilhard* → *Ehlert, Eilward* oder HN zum ON *Eick.*

Eickmann, Eick(e)meyer, Eickhoff → Eicheler

Eidam 1387 Aidem. ÜN zu mhd. *eidem* 'Schwiegersohn'.

Eif(f)ler 1408 Eyfeler. HN zum LandschaftsN *Eifel.*

Eigner 1492 Eigner. BN zu mhd. *eigen* 'Eigentum, ererbtes Grundeigentum' bzw. *eigenen* 'zu eigen machen, aneignen' oder HN zum ON *Eigen.*

Einenkel 1203 Enchili, 1230 Enenkel. ÜN zu mhd. *eninkel* 'Enkel'.

Einert, Einhart 1220 Einhardi, 1479 Einer. RN *Eginhard,* ahd. **agin-hart* 'Ekke, Schneide, Spitze' + 'hart, streng'.

Einsiedel 1207 Einsidelo. BN zu mhd. *einsidel(e)* 'Klausner, Eremit' bzw. ÜN 'die Einsamkeit liebender Mensch' oder HN zum ON *Einsiedel.*

Eippert, Eiprecht → Eckebrecht

Eisel(e) 1256 Iselli, 1320 Isenlin. KF zum RN ahd. *īsen-hart* bzw. *-beraht* 'Eisen' + 'hart, streng' bzw. 'hell, strahlend, glänzend' (**Isenlin > Isellin)* oder ÜN zu mhd. *īsen* 'Eisen', evtl. für einen Schmied oder Eisenhändler, oft württ.; auch HN zum ON *Eißel, Eissel.*

Eiselt → Eisold

Eisenbeiß 1363 Ysenbyß. ÜN zu mhd. *īsenbīȥ* 'Eisenfresser, Gaukler', vgl. fnhd. *eisenbeißer* 'Prahlhans'.

Eisenhardt 7. Jh. Isenhard(us). RN ahd. *īsen-hart* → *Eisele.*

Eisenmann 1293 Eysenman. BN zu mhd. *īsen* 'Eisen' + *man* 'Eisenhändler', in Baden auch jüd.

Eisenmenger 1448 Isinmangarius. BN zu mhd. *īsenmenger* 'Eisenhändler'.

Eisenreich 1272 Ysanrich. RN ahd. *īsen-rīhhi* 'Eisen' + 'reich, mächtig; hoch, prächtig; glücklich'.

Eisenschmidt 1552 Eisenschmidt. BN 'Eisenschmied', im Gegensatz zum Blech-, Kupfer-, Stahlschmied u. ä.

Eisentraut 1350 Isendrut, 1493 Eyßentrawt. Metron. RN ahd. *īsen-trūt* 'Eisen' + 'vertraut, lieb' bzw. 'Vertrauter, Geliebter, Freund'.

Eisermann 1381/82 Iserneman, 1585 Eyserman. ÜN zu mhd. *īser(ī)n* < *īs(e)(n)in* 'von Eisen', Variante des BN → *Eisenmann.*

Eisler, Eißler → Eisner

Eismann → Eissmann

Eisner, Eißner, Eisler, Eißler 1272 der Isiner, 1404 Eyssener; 1409 Isler. BN zu mhd. *īsener* 'Eisenhändler'.

Eisold, Eiselt 1266 Isolt, 1572 Eiselt. RN *Isolt,* ahd. *īswalt* 'Eis' (vielleicht verkürzt aus ahd. *īsen)* + 'Gewalt, Macht', besonders obd.-fränk., z. T. Einfluß der mhd. Dichtung von Tristan und Isolde, vgl. 1284 Heinr. Isoldis.

Eis(s)mann, Eißmann1396 Yseman, 1410 Isenman, 1492 Eißman. Wohl Variante des BN → *Eisenmann,* evtl. auch RN ahd. *īsenman* 'Eisen' + 'Mensch, Mann'.

Eitner 1388 der Ayten, 15. Jh. Aytener, 1413 Eytener. Metron. RN zu *Agatha,* griech. 'die Gute', oder BN zu mhd. *eiten* 'brennen', evtl. 'Kohlenbrenner'.

Elbert, Elbracht, rhein. **Elbrecht(s):** 9. Jh. Egilbertus, Eilbert, 1301 Elberti; 1327 Elbrecht. RN ahd. **agil-beraht* 'Schrecken' + 'hell, strahlend, glänzend'.

Eler(t) 820 Egilhard, 856 Eilhardus, 1495 Eler. RN ahd. **agil-hart* 'Schrekken' + 'hart, streng' / gen. **Elers,** patron. **Elertsen:** 1487 Elerß = Ehelerßen, 1514 Elers.

Elfert, Elvert um 870 Alfhard; 834 Alfheri; 9. Jh. Alfered; 997 Alfwart. RN asä. *alf* 'Elf' + mehrdeutiger Zweitbestandteil, z. T. auch HN zum ON *Elvert.*

Elmer 1322 der Elmer. WN zu mhd. *elm(e)* 'Ulme'.

Elschner → Elsner (WN)

Els(ner), Elßner, Elzner, Elschner 1342 von Elße, 1443 Elsener. HN zu ON *Elsen, Elsa* oder WN zum ÖN *Els* 'Erle' bzw. *Öl(t)sch, Elsch* zu slaw. *ol'ša* 'Erle', also einer am Erlengebüsch, -grund o. ä.

El(t)z(e) 1295 de Ellese, 1399 Elze. HN zum ON und GewN *El(t)z(e),* Vermischung mit *Els* → *Elsner.*

Elvers 780 Albericos, 917/35 Alfricus, 1313 Elverus filius Elveri. KF zum RN *Elverich/Alverich,* ahd. **alf-rihhi,* asä. *alf-riki* 'Elf' + 'Herrscher; mächtig' oder zu *Alf-hēr* 'Elf' + 'alt, ehrwürdig, von hohem Rang'.

Elwert um 825 Eil-, Eylward, um 900 Egilward, 1651 Elwert. RN ahd. **agil-wart* 'Schrecken' + 'Wächter', besonders nd.-fries.

Elzner → Elsner

Emm(e)rich, Emrich, Emmich um 900 Embrico, 1140 Emicho = Embricho; 1264 Emmercho; 1399 Emerich. RN *Imbrecke (Emerca)* aus der *Ermenrich-*Sage. Unklar. – Vereinzelt auch HN zum ON *Emmerich, Emmering.*

Emmerling, Emmerlich 1322 Emerling. ÜN zu fnhd. (bair.-österr.) *emerling* 'Goldammer'.

Emmich, Emrich → Emmerich

Ende 1323 de Ende, 1381 an dem ende. WN zu mhd. *ende* 'Ende' für einen, der am Ende (eines Ortes, einer Straße) wohnt, → *Am Ende* und *Mende.*

Ender(lein), Ender(s), Endres, Endrikat, Endrul(l)at, Endter → Andreas

Enge, Eng(e)mann 1515 Engeman, 1632/43 von Enge = vom Ende. WN zu mhd. *enge* 'Enge, beengter Weg, schmales, Tal, Schlucht', z. T. Vermischung mit → *Ende.*

Engel, Engels 13. Jh. zem Engel, 1244 Heinr. frou Englun = H. domine Engele, 1407 Engil. HausN, vgl. Beleg 13. Jh. und 1296 dictus ad Angelum, 1439 Hans zum Engel, oder metron., vgl. Beleg 1244, bzw. KF eines RN → *Engelhardt* o. ä. zu *Angli* zum StammesN der *Angeln,* vermischt mit ahd. *engil, anghil* 'Engel', oder ÜN zu mhd. *engel* 'Engel' – gen. 1383/1403 Engels.

Engelbrecht 800/27 Engilbertus, 1373 Engelbrecht. RN *Angli-beraht* StammesN der *Angeln* + 'hell, strahlend, glänzend', später zu *Engel-* im christlichen Sinne umgedeutet.

Eng(el)hardt 1203 Engelhard. RN ahd. *Angli-hart* StammesN der *Angeln* + 'hart, streng'.

Eng(e)lmann, Enkelmann 1170 Engelman. Weitergebildete KF des RN → *Engelhardt.*

Engels → Engel

Engemann → Enge

Enger(t), Engermann 1405 Enger, 1587 Engert. WN wie → *Enge* oder HN zum ON *Enge;* auch ÜN zu mhd. *enger* 'Frohne, Spanndienst' bzw. 'Sommersprosse(n)', *anger, enger* 'Kornmade'; die Formen auf *-t* auch zum RN ahd. *Ingo-hart,* Name des germ. Stammesgottes *Ingwio* + 'hart, streng'.

Engfer 1647 Engvari, Ingwers. RN? *Ingwio-fridu,* Name des germ. Stammesgottes *Ingwio* + 'Friede, Schutz'.

Enghardt → Engelhardt

Engler(t) 1293 der Engiler. KF zu → *Engelhardt* bzw. *Engelher,* ahd. *Angli-hēr* StammesN der *Angeln* + 'alt, ehrwürdig, von hohem Rang' oder HN zum ON *Engel* (Wester-, Kirch-, Holz-*engel*).

Englmann → Engelmann

Enk(e) 1220 Enke. BN zu mhd., mnd. enke 'Vieh-, Ackerknecht'.

Enkelmann → Engelmann

Ens, Enß, Enz 1477 Enß; 1303 Enzce. KF zum RN *Anselm,* Nbf. zu *Anshelm* germ. *ans* 'Ase' + ahd. *helm* 'Helm' / KF **Ensel(in), Enzlin:** 1277 Enzelinus / **Enzmann:** 1138 Enzmann. KF + *-man*-Suffix.

Epp, Eppe, Eppel → Eberhardt

Eppelmann → Ebel

Eppen, Epping, Eppinck, Epple → Eberhardt

Ep(p)ler 1390 Eppler. BN zu mhd. **epfeler* 'Apfelbauer, -händler', vgl. 1414 Epphelchramer.

Erb(e), Erben 990 Erpo, 1282 Erbo, 1388 Erb, 1585 Erven. RN ahd. *erbo* 'der Erbe' oder ÜN zu mhd. *erbe* 'Nachkomme'.

Erd(t)mann, Ertmann 1288 Ertmar, 1343 Erdman. RN ahd. *erda-māri* bzw. *-man* 'Erde' + 'bekannt, berühmt, angesehen; herrlich, hervorragend, vortrefflich' bzw. 'Mensch, Mann', auch Übersetzung von → *Adam;* häufig Knaben verliehen, die auf einen verstorbenen Bruder folgten.

Erhard(t), Ehrhardt, Erhart 1103 Erard, 1365 Erhart. RN *ēra-hart* 'Ehre, Ansehen' + 'hart, streng'.

Erler, Ehrler 1283 der meier in den erlon, 1412 Erler. WN zu mhd. *erle* 'Erle' oder HN zum ON *Erla, Erlau.*

Ermisch → Irmischer

Ernst 10. Jh. Ernust, 1294 Ernst. RN ahd. *ernust* 'Ernst, Eifer, Kampf, Sorge'.

Ertel → Örtel

Ertmann → Erdtmann

Esch(e) 1412 Esschin, 1531 Esche, WN zu mhd. *esch(e)* 'Esche', häufig in ÖN oder HN zum ON *Esch(ach).*

Escher(t) 1235 de Escherte, 1368 Escher, Äscher. → *Esche,* auch BN zu mhd. *escher* 'ausgelaugte Asche', vielleicht für einen Seifensieder oder Lohgerber / **Eschner:** HN zum ON *Eschen* oder WN → *Esche.*

Eschle, Eschli → Osswald

Eschner → Eschert

Eschrich(t), Eschrig 830/50 Ascric, 1291 Escherich. RN ahd. *ask-rīhhi* 'Speer' + 'reich, mächtig; Herrschaft, Herrscher; Macht, Gewalt; Reich'.

Espe 1431 an der Aspe. WN zu mhd. *aspe* 'Espe' / **Espig:** 1550 Espich. WN zu *Espich* 'Espengehölz'.

Essenmacher → Assenmacher

Esser, Eßer BN des Assen-, Essenmachers, vgl. 1355 Assemekere, d. h. des Achsen-, Stellmachers bzw. Wagners, oder ÜN zu mhd. *ezzer* 'Esser'.

E(t)zold 1360 Etzel, 1486 Etzel = 1492 Etzold. Weitergebildete KF von → *Albrecht,* vgl. um 825 Ezhelin; vielleicht literarisch zu *Attila/Etzel,* Angleichung an die RN auf *-old(< walt)*; fries. auch zu *Eckold,* ahd. *ekka-walt* 'Schneide, Spitze, Ecke' + 'Gewalt, Macht'.

Eul(n)er → Aulner

Evermann, Evers, Evert(h) → Eberhardt

Ewald, Ebelt 1510 Ewalt. RN ahd. *ēwa-walt(an)* 'Ewigkeit; Recht, Gesetz, Regel, Gebot' + 'Gewalt, Macht' bzw. 'walten, herrschen', Name zweier Friesenapostel.

Ewert(h) → Eberhardt

Exner 1260 der Ohsenär, 1402 Ochßner. BN zu mhd. *ohsenære* 'Ochsenhirt, -bauer'.

Ezold → Etzold

F

Caspar David Friedrich
(1774–1840) Maler und Graphiker

Werner Finck
(1902–1978) Schauspieler und Kabarettist

Max Frisch
(1911–1991) Dramatiker und Schriftsteller

Gert Fröbe
(1913–1988) Schauspieler und Kleinkunstdarsteller

Faas, Vaas, schweiz. **Fäs:** 1591 Fhas. RN griech.-lat. *Gervasius,* Bedeutung unsicher.

Faber 1208 Faber, dict. Hufnagel. Lat. Form für *Schmidt,* BN / **Fabricius, Fabrizius:** 1585 Fabritius. Humanistische Erweiterung zu Vor.

Fabian 1457 Fabian. RN lat. *Fabianus* 'aus der Stadt *Fabiae* stammend' oder 'Bohnenpflanzer' / gen. latin., auch ital. **Fabiani;** poln., tschech., ostmd. **Fabianek, Fabincke, Fabiunke:** 1749 Fabianek. Häufig in Schlesien.

Fabricius, Fabrizius → Faber

Fahland → Voland

Fähn(d)rich 1406 Vönrich, 1551 Fenderich. BN zu mhd. *venre, vener* 'Fähnrich'.

Fahr, Vahr 1317 Vare, 1390 von der Var. WN zu mhd. *var* 'Weg; Platz, wo man überfährt, Ufer, Fähre' oder ÜN zu mhd. *vār(e)* 'Nachstellung; Hinterlist, Falschheit, Betrug; Eifer; Furcht'.

Föhr → Fehrer

Fahren(d)hol(t)z 1259 de Vornholt, 1677 Fahrenholz. HN zum nd. ON *Varenholz* 'vor dem Holz (Wald)', möglich auch ÖN *Fahrenholz* 'Föhrenholz'.

Föhrle → Fehrler

Fährmann, Fehrmann 1412 Ferman. BN zu mhd. *ver(e)* 'Fähre'; **verman* 'Fährmann'.

Fähse → Fehse

Faig(le) → Feige

Failer → Feiler

Faist, Faistl(e) → Feiste

Fait(h) → Vogt

Falk(e), Falck um 900 Faliko,1262 Valke, 1369 Falk. RN ahd. *falco* 'Falke' oder ÜN zu mhd. *valke* 'Falke als Jagdvogel' oder ÜN zum BN *Falkner* / **Fal(c)kner:** 1316 Valkener. BN zu mhd. *valkenære* 'Falkner; jemand, der Falken abrichtet' / **Felkner:** 1399 Velkener.

Fall 1281 Val. WN zu mhd. *val* 'Fall (des Wassers, Weges); Mündung (eines Flusses)'.

Fanghänel, Fankhänel 1447 Fanckhennel. Häufig im südl. Erzgebirge, vielleicht Zusammenhang mit dem Bergbau. ÜN zu mhd. *vanke,* Nebenform von *vunke* 'Funke' + bergmännisches *han* 'Silberteilchen, das im Schmelzofen von der Erzstufe abspringt', für einen beweglichen, auffahrenden Menschen; möglich auch ÜN zu mhd. *vanc* 'Fang' + *henel* 'Hähnchen' in der Bedeutung 'Lockvogel' (für den Fuchsfang).

Färber, Ferber 1307 Verwer. BN zu mhd. *verwære* 'Färber, Maler'

Farch → Fehrler

Fasold, Fassoldt 1257 Fasolt. Wohl PN nach der Gestalt des Riesen in der Dietrichsage.

Faßbinder, Faßbänder, Faßbender 1270 Vasbinde, 1522 Vaßbynder. BN zu mhd. *vaȥbinder, -bender* 'Büttner, Böttcher'.

Faßhauer 1398 Vashowir. BN zu mhd. *vaȥ + houwer* 'Faßhauer, Böttcher' / **Fäßler:** 1368 Väseler. BN zu mhd. *veȥȥeler* 'Faßmacher' / **Faßmann:** 1249 Vaßman. BN zu mhd. *vaȥ* 'Faß' + *man.*

Faßke 1658 Faßke. ÜN zu oso. *faska* '(Bier)Faß', poln. *faska* 'Fäßchen'.

Fäßler, Faßmann → Faßhauer

Faulhaber 1221 Vulhaber, 1385 Faulhaber. ÜN zu mhd. *vūl, voul* 'morsch, faul, verfault, durch Fäulnis verdorben, stinkend' + *haber(e)* 'Hafer', wohl für einen Bauern, dessen Getreideäcker durch schlechtes Getreide gekennzeichnet sind, wahrscheinlich allgemein abwertend.

Faulstich 1386 Faulstich. Wohl ÜN zu mhd. *vūl, voul* 'faul' + *stich* 'Stich' für einen Schneider.

Faupel, Vopel 1494 Foupel. KF zum RN *Folkbert* (schon 825 Vulbert) ahd. *folk-beraht* 'Volk' + 'hell, strahlend, glänzend' bzw. *Folkbald* ahd. *folk-bald* 'Volk' + 'kühn'.

Faust 1278 Ludolf mit der vust, 1330/49 Vůste, 1436 Faust. ÜN zu mhd. *vūst, voust* 'Faust', wohl für einen Faustkämpfer oder einen, dessen Faust gefürchtet ist; vereinzelt auch zu lat. *faustus* 'glücklich', auf letzteres spielt der Zauberkünstler Georg *Faust* (1480–1540) bei seinem Namen an / **Feistel, Feustel:** 1329 Vustli, 1377 Feustel / obd. **Fäustle:** 1124 Fustelli. KF mit *-l*-Suffix, mhd. *viustel* (Fäustel 'Bergmannshammer' erst ab 16. Jh. bezeugt).

Fauth → Vogt

Fechter 8. Jh. Fechto. BN zu mhd. *vehter* 'Fechter, Kämpfer; herumziehender, kampfsuchender Ritter'.

Feer → Fehrer

Fehland(t) → Voland

Fehr(er), Feer, Föhr 1469 Fer. BN zu mhd. *ver(e), verje, verge* 'Schiffer, Fährmann'.

Fe(h)rler 1392 der Verler. BN zu mhd. *varch* 'Schwein, Ferkel' für den Ferkelzüchter, -händler / **Farch, Varch:** 1336 Varch. ÜN für einen Bauern / **Värchle, Ferchlin, Fährle, Värli:** 1241 Värli. KF zu Vor.

Fehrmann → Fährmann

Fehse, Fähse 1271 Vese. ÜN zu mhd. *vēse* 'Hülse des Getreidekorns, Spreu' für den Getreidebauer, -händler oder in umschriebener Bedeutung auch 'das Geringste', so mnd., hier auch KF zu → *Wachsmut:* 1291 Wasmodus = 1300/20 Weseken, 1473 Vese.

Feig(e) 1326 Feic, 1450/51 Figen, 1566 Feige. ÜN zu mhd. *veige* 'furchtsam, feige' oder zu mhd. *vīge* 'Feige' für den Feigenhändler, -liebhaber. Im Westd., Nd. auch KF des RN *Sophia* / **Feigel, Faigle:** 1365 Feygl. KF mit *-l*-Suffix.

Feiler 1530 Fyller, Feiler / alem. **Failer:** 1477 Veiler / **Feilenhauer:** 1330 Vilhauwere. BN zu mhd. *vīler* 'Feilenhauer' / **Feilwürk:** 1374 Vilwürk. BN zu mhd. *vīlwürhte* 'Feilenmacher'.

Feist(e), Faist, Faißt 1265 Veizte, 1364 Veiste; 1350 Vaißt. ÜN zu mhd. *veiʒ(e)* 'gemästet, beleibt, fett, feist' für einen dicken Menschen / **Faistl(e), Feistl(e), Feistel:** 1380 Vaist. Demin. mit *-l*-Suffix; / Faust.

Feistel → Faust, → Feiste

Felber 1208 Velwer, 1395 Velber. WN zu mhd. *velwer* 'Weidenbaum', BN zu mhd. *velwen* 'fahl machen, entfärben', im NW auch HN zum ON *Velber(t)* / **Felbi(n)ger:** 1539 Felbinger. WN.

Feldmann 1382 Veltman, 1395 Feldman. Entweder WN zu mhd. *velt* 'Feld' + *man* oder BN Feldmann = Bauer.

Felgenhauer 1351 Felgenhawer. BN zu mhd. *velgenhouwer* 'Felgenhauer'.

Felgenträger, Felgendreher, Felgentreff, -treu 1395 Felgetrewe, 1556 Felgedrewe = 1569 Felgenträger. HN zum ON *Felgentreu:* 1285 Velgendrewe oder ÜN für den Bauern zu mhd. velgen 'umackern'.

Felix 1284 Felix. RN lat. 'glücklich'.

Felkner → Falckner

Fend(t) 1250 Fende. ÜN zu mhd. *vent, vende* 'Knabe, Junge' / **Fende(r)l:** 1504 Fentel. KF mit *-l*-Suffix. Bair.-österr. auch KF zu *Ferdinand.*

Fengler → Wengler

Fenske, Fentz → Ventz

Ferber → Färber

Ferchlin → Fehrler

Ferg(e) 1286 Verige. BN zu mhd. *verge, verje* 'Schiffer, Fährmann', → Fehrer, → *Fährmann.*

Ferler → Fehrler

Feustel → Faust

Fiala, Fialka 19. Jh. Fiala; 1448 Fiolka. ÜN zu tschech. *fiala* 'Levkoje', *fialka* 'Veilchen'.

Ficht(e) 1350 Vihter. WN zu mhd. *viehte* 'Fichte', der bei den Fichten wohnt / **Fichtel:** 1399 Viechtel. Demin. mit *-l*-Suffix, WN / **Fichtelmann:** 1506 Vichtelman. Wie Vor. + *man* / **Fichtner:** 1340/50 der Fichtner, 1402 Vichtener. WN, vereinzelt auch BN zu mhd. *viehte* 'Trinkbecher aus Fichtenholz' für den Hersteller.

Fick 1294 Vicke, 1309 Vik. KF zum RN → *Friedrich*, vgl. 1300 Vicke = Fredericus Holestaf, oder ÜN zu mhd. fikken 'reiben' für einen, der andere gern reizt, sich an ihnen reibt oder ÜN zu mnd. *vicke* 'Tasche, Geld-, Hosentasche' / **Fickel:** 1387 Fyckel, 1388 Viggel, 1508 Fickel. Demin. mit *-l*-Suffix zur KF *Fick* zum RN *Friedrich* / **Fickler:** 1539 Fickler. BN zu mnd. *vicke* 'Tasche' für den Taschenmacher, vereinzelt auch ÜN zu mnd. *vickeler* 'Flachs'.

Fickenscher(er), Fickelscher, Fickenser 1280 der Fickelscherre, 1405 Fickenscherer. ÜN zu mnd. *vicke* 'Beutel' und mhd. *scheꝛn* 'schneiden, abschneiden, scheren' überwiegend im Sinne eines alten Gaunernamens und nicht eines Berufsnamens.

Fickenwirt(h) 1500 Fickenwirt. BN zu mnd. *vicke* 'Tasche' und mhd. *würhte*, mnd. *warchte, werte* 'Verfertiger, Arbeiter', also Bezeichnung für einen, der Taschen herstellt.

Ficker(t) 1358 Vicker, 1467 Ficker. BN zu mnd. *vicke* 'Tasche' für den Taschenmacher oder ÜN zu mhd. *ficken* 'reiben' für einen unruhigen Menschen, früh aber auch schon in obszöner Bedeutung.

Fickler → Fick

Fiebich, Fiebig(er) → Viehweg

Fiedler 1258 Fideler. BN zu mhd. *videlære, -er* 'Fiedler, Geiger'. Der Fiedler zählte später mit dem Pfeifer und dem Pauker zu den „fahrenden Leuten", den Dorf- und Stadtmusikanten.

Fin(c)k(e) 1223 Vinck, 1426 Fyncke. ÜN zu mhd. *vinke* 'Finke', fnhd. auch 'loser Gesell' für einen lustigen, fröhlichen, sangesfrohen, stets aufgeräumten, umgänglichen Menschen.

Findeis(en) 1242 Vindeisen. BN (ÜN) zu mhd. *vinden* 'finden' und *īsen* 'Eisen' für einen Schmiedegesellen, im Mittelalter allgemein verbreitet, oder ÜN zu mhd. *phinne, vinne* 'Nagel, Finne' + *īsen* für den Hersteller von Finneisen, vor allem für den Gerber, oder ÜN zu mhd. *vintūse* 'Schröpfkopf' für einen Schröpfer, Aderlasser, Bader oder ÜN für einen Glückspilz in Form eines Satznamens mhd. *vinde (daȥ) īsen* 'Finde das Eisen'.

Fink → Fincke

Finsterbusch 1466 Vinsterpoßch. WN zum ÖN zu mhd. *vinster* 'dunkel, finster' und *busch, bosch(e)* 'Busch, Gehölz, Wald', der am dunklen Wald wohnt.

Fischbach 1293 de Vischbach, 1373 Vischpach. HN zum ON *Fischbach* oder WN zum ÖN zu mhd. *visch* 'Fisch' und *bach* 'Bach' für jemanden, der an einem fischreichen Bach wohnt / nd. **Fischbeck:** 1396 Fischpeck.

Fischer 1307 de Vischere, 1402 Fischer. BN zu mhd. *vischære, -er* 'Fischer' / rhein. **Fischers.**

Flach(e) 1294 Flache, 1399 Flach. ÖN zu mhd. *vlach, flach* 'flach; gerade, glatt' für einen, der an einem ebenen Ort wohnt oder ÜN zu mhd. *vlach, flach* 'glatt (von der Stimme), schlicht'.

Flade 1280 Flad. ÜN zu mhd. *vlade* 'breiter, dünner Kuchen; Fladen' für einen Bäcker.

Flähmig → Flämig

Flämig, Fläming, Flähmig, Fläm(m)ich, Flem(m)ing, Flemi(n)g, Flehmig, Flemminger 1135 Flaminc, 1179 Flamiger, 1302 Vleminc, 1345 Flemmich, 1417 Flemmyng. StammesN mhd. *Vlæminc* 'Flamländer; Mann von feiner Sitte und Bildung', auch ÜN; selten HN zum ON *Flemmingen* oder zum Landschaftsnamen *Fläming.*

Fläming, Fläm(m)ich → Flämig

Flaschner, Fleschner 1486 Flaschner, 1400 Fleschner. BN zu mhd. *vlaschener* 'Klempner'.

Flechsig 1595 Flechsigk. ÜN zu mhd. *vlehsīn* 'vom Flachs', wohl für einen flachshaarigen Menschen.

Fleck 1288 Fleck. Zu mhd. *vleck, vlekke* 'Stück, Zeug, Fetzen, Lappen; Stück Landes; Marktflecken; entstellender Flecken (Muttermal); breite Wunde'; entweder ÖN 'jemand, der an einem Flecken wohnt' oder ÜN für einen Menschen mit auffälligen Flecken im Gesicht, evtl. ÜN auch für einen Flickschneider.

Flehmig → Flämig

Fleischer 1380 Fleischer, 1393 Fleischer = 1388 Fleischauer. BN zu mhd. *vleischer* 'Fleischer, Henker', vor allem im Ostmd. (von Thüringen bis Ostsachsen) gegenüber südd. *Metzger (Metzler)*, nordd. *Schlachter, Schlächter,* fränk. *Fleischmann,* md., nordd. *Fleischhauer* / **Fleischhacker:** 1531 Fleischacker. BN zu mhd. *vleischhakker, fleischacker* 'Metzger' / **Fleischhauer:** 1266/1325 de vleshowere = vleischower, 1388 Fleischauer. BN zu mhd. *vleisch(h)ouwer* 'Fleischer' / **Fleischmann:** 1293 Fleischman. BN zu mhd. *vleischman* 'Fleischer'.

Flemig, Flem(m)ing(er) → Flämig

Fleschner → Flaschner

Flo(h)r 1386 Flor. KF zu den RN *Florian, Florentius, Florus, Florentinus,* zu lat. *florus* 'blühend'.

Florschütz → Flurschütz

Floß, Floss 1177 Flos. WN zu mhd. *vlōȝ* 'Strömung, Flut, Strom, Fluß; Floß', der an einem Fluß wohnt.

Flössel 1411 Flossel. ÜN zu mhd. *vloȝȝe* 'Flosse' oder Demin. zu → *Floß.*

Floßmann 1381 Flotmann(e) (nd.), 1403 Floßman. BN zu mhd. *vlōȝman* 'Flößer'.

Flurschütz, Florschütz 1504 (der) Flurschutze. BN zu mhd. *vluor + schütze, vluorer* 'Flurschütze', Beiname für einen Flurhüter, Flurwächter.

Fock(e) 788 Folkmar = Focko, Fucco, 992 Volkoldus = Vocco, Focco, 1306 Vocke. KF zum RN *Folko* zu ahd. *folk* 'Volk' + *-o*-Suffix / **Fockel:** 1120 Fochelin(us), 1405 Fockel. Demin. mit *-l*-Suffix.

Fölsch(e) 1291 Volcz, 1450 Fölsche. KF mit *-z*-Suffix zu RN auf → *Volk-*.

Fontane, Fontaine hugen., zu franz. *fontaine* 'Quelle' / **Lafontaine:** wie Vor. mit franz. Artikel.

Forberg(er), Forbiger, Forbrich, Forbrig(er) → Vorwerk

Forner → Vorndran

Forst, Först(e) 1327 de Vorste, 1360 Vorste. WN zu mhd. *forst, vorst(e)* 'Wald, Forst', auch HN zum ON *Forst.*

Förster, Foerster, Forster 1234 Vorstere, 1352 Fórster. BN zu mhd. *forstære, forster* 'Förster' / **Forst(n)er:** 1395 Forstner. Wie Vor., z. T. HN zum ON *Forsten, Förstenau.*

Fraedrich, Frädrich → Friedrich

Frahm(ke) → Fromm

Fraiß, Freise 1259 Freyse. ÜN zu mhd. *vreise* 'grausam, schrecklich' /

Freis(l)er, Freisner: 1276 Freiser. ÜN zu mhd. *vreis(en)er* 'Wüterich, Tyrann'.

Fran(c)k(e) um 900 Franko, 1259 Franko, Franke, Franc. StammesN der *Franken* 'der aus Franken' oder RN *Franko* zum gleichen StammesN / **Fränkel, Frenkel:** 1395 Frenckel. Demin. zu Franke.

Franitza → Franz

Fränkel → Francke

Frannek, Fräntzel, Frantzke → Franz

Franz, Franze(n) 1371 Franczo, 1385 Francz. RN *Franz,* KF des RN *Franziskus,* der latinisierten Form des RN *Frank* → *Franke* / **Frän(t)zel, Frenzel:** 1352 Frenzel. Demin. mit *-l*-Suffix / slaw. **Fran(t)zke:** 1359 Franczko und **Fraenzke:** 1533 Frentzke / **Franitza:** 19. Jh. Franitza, poln. / **Frannek:** 1377 Franek, poln.

Fränzel, Franzke, Fraenzke → Franz

Fratschner, Fratzscher → Pfretzschner

Fredrich → Friederich

Freese, Frehse → Friese

Frei, Frey(e) 1259 Vrige, 1310 Vrey. ÜN zu mhd. *vrī* 'freigeboren', im Gegensatz zum Halbfreien oder Hörigen, mhd. *vrīe* 'der Freigeborene, Freiherr'.

Freidank, Freydank um 1300 Vrigedank, 1409 Freidank. ÜN zu mhd. *vrī* 'frei' und *danc* 'Gedanke; Dank', wohl für einen frei denkenden Menschen, auch alter Spielmannsname: freier, d. h. schöner Dank.

Freier, Freyer 1302 Freier. Entweder flektierte Form von → *Frei* oder ÜN zu mhd. *vrīer* 'Freier, Freiwerber'.

Freigang 1570 Freigangk. RN ahd. *frīgang* 'frei' + 'Gang, Gehen; Schritt'.

Freischmidt 1652 Freyschmidt. BN 'unzünftiger Schmied'.

Freitag, Freytag 838 Frigdag, 1170 Vridach, 1356 Freytag. ÜN zu mhd. *vrītac* 'Freitag', nach dem Wochentag (der Geburt oder als Wunsch).

Frenkel → Francke

Frenzel → Franz

Frese, Fresecke → Friese

Fretwurst ÜN, nd. SatzN 'Friß (die) Wurst', vgl. 1303 Vretup 'Friß auf', 1353 Freter 'Fresser'.

Freundel → Freundt

Freund(t) 1266/1325 Vrůnt, 1281 Vriunt, 1492 Freundt. ÜN zu mhd. *vriunt* 'Freund, Geliebter', auch 'Verwandter' / **Frind:** 1376 Frynt und nd. **Fründ(t):** 1284 Frünt, 1343 Vrünt / **Freundel:** Demin. mit *-l*-Suffix.

Freydank → Freidank

Frey(e) → Frei

Freyer → Freier

Freytag → Freitag

Frick(e) 1320 Fricken, 1349 Fricke. KF zum RN → *Friedrich* mit *-k*-Suffix, vgl. 1330/49 Fricke = 1345 Fredericus Kempe. 1317 Frike = Fridrich v. Meckingen.

Friebe(l) 1514 Friben, 1547 Friebel. RN ahd. *fridu-beraht* 'Friede, Schutz' + 'hell, strahlend, glänzend' als zweistämmige KF mit *-l*-Suffix.

Fried(e) 827 Friddo, 1353 Fride. KF zum RN → *Friedrich* / **Fried(e)l:** 8. Jh. Fridilo, 1196 Fridelo, 1383 Fridil, 1438 Fridel. KF mit *-l*-Suffix.

Fried(e)mann 1306 Frideman. KF zum RN → *Friedrich* + *-man*-Suffix oder ÜN zu mhd. *vrideman* 'Friedensstifter'.

Fried(e)rich, Friedrichs, Frädrich, Fraedrich, Fredrich, Frödrich 801/18 Frithuric, Frideric, 1299 Friderich, 1402 Fredrich. RN *Friedrich* ahd. *fridu-rīhhi* 'Friede, Schutz' + 'mächtig; Herrschaft, Herrscher' / patron. *Friedrichsen:* 1363 Fryderichs / **Fritz(e):** 1388 Fritzen. KF mit *-z*-Suffix / **Fritzke:** 1389 Fritzeken, 1436 Friezko / **Frit(z)sch(e):** 1339 Fritsche, 1402 Friczss, 1492 Fritzsche, Ostmd. Nebenform zu Fritze.

Friedrichsen → Friederich

Friemann 1238 Vriman. Nd. BN zu mhd. *vrīman* 'freier Mann, nicht leibeigener Knecht; Scharfrichter'.

Fries(e), nd. **Fre(e)se, Frehse** 8. Jh. Friso, 1501 Friese; 1254 Frese. Meist StammesN der *Friesen* mhd. *Vriese,* mnd. *Vrēse,* dazu auch RN *Friso;* im Süden auch BN zu mhd. *vriese* 'Damm- und Schlammarbeiter' / **Friesecke, Fresecke:** vor 1257 Friseke, Freseke. KF mit *-k*-Suffix.

Friesecke → Friese

Frind → Freundt

Frings rhein. KF zum RN *Severinus.*

Frisch 1295 Frische. ÜN zu mhd. *vrisch* 'frisch, neu, jung, munter, rüstig, keck' oder verschliffene Form von *Frit(z)sch(e)* → *Friederich,* vgl. 1256 Frische = Friederich, 1312/28 Frische = Fritsche Halbsester.

Frischmuth 1435 Friszermoet, 1534 Frischmut. ÜN zu mhd. *vrisch* 'frisch, neu, jung, munter, rüstig, keck' + mhd. *muot* 'Gemüt, Mut' für einen mit beherztem Sinn, unverzagtem Mut.

Fritz(e), Fritzke, Frit(z)sch(e) → Friederich

Frobel, Fröbe(l) 1505 Fröbel. KF zum RN ahd. *frōt, fruot* bzw. *frō* + *wini* 'klug, weise, erfahren' bzw. 'froh, heiter, fröhlich' + 'Freund, Geliebter' mit *-l*-Suffix; möglich auch ÜN zu nso. *wrobel* 'Sperling' und HN zum ON *Wrobel.*

Frödrich → Friederich

Frö(h)lich, Froe(h)lich 1269 Vrolich, 1413 Frŏlich. ÜN zu mhd. vrœlich 'froh, fröhlich, heiter, erfreut'.

Fröhling 1381 Vroling. Nd. ÜN zu mhd. *vrüelinc* 'Frühling'.

Frohner(t), Fröhner(t) 1321 Froner. BN zu mhd. *vrœner, vrōner* 'Fröner, Arbeiter im herrschaftlichen Dienste; Diener, Beamter; Pfänder', möglich auch HN: 1236 de Frone zum ON *Frohna* oder *Fro(h)nau.*

Fro(h)riep, Fruhriep, Frurieb 1379 Vroripe, 1593 Froriep. ÜN zu mnd. *vrō* 'früh' + *ripe* 'reif' oder *rīp* 'Reif, (Rauhreif)', selten HN zum LandschaftsN *Vroripe* in Lippe.

Frölich, Froelich → Fröhlich

Fröming → Fromm

Fromm 1267 der Fromme, 1413 Frŏm. ÜN zu mhd. *vrum, vrom* 'tüchtig, brav, ehrbar, gut, angesehen, vornehm, wacker, tapfer; nützlich; fromm / nd. **Frahm:** 1215 Vram. ÜN zu mnd. *vrame* 'tüchtig, redlich, rechtschaffen, fromm' / **Frahmke:** Demin. zu Vor. oder KF zu RN auf *From-* → *Frommhold* / **Fröm(m)ing:** patron. zu → *Fromm* oder zu KF zu RN auf *From-* → *Frommhold.*

Frommelt → Frommhold

Frommhold, Frommelt 1261 Frumolt, 1421 Fromholde, 1446 Fromolt. RN ahd. *fruma-walt* 'Nutzen, Vorteil. Segen' + 'Gewalt, Macht; walten, herrschen' / gen. **Frommholz:** 1286 Vromoldes.

Frömming → Fromm

Froriep → Frohriep

Frost 1200 Frost. ÜN zu mhd. *vrost* 'Kälte, Frost; bildlich Kaltsinn'.

Frühauf 1402 Frůvf. ÜN zu mhd. *vrüeje, vrüe* 'früh' + *ūf* 'auf' für einen Frühaufsteher.

Fruhriep → Frohriep

Fründt → Freundt

Frurieb → Frohriep

Fuchs, Fuchß, Fux 1198 Fuhs, 1361 Fuchs. ÜN zu mhd. *vu(o)hs* 'Fuchs' für einen listigen oder rothaarigen Menschen, vereinzelt auch HausN: 1269 (de domo) zem Fuchse / nd. **Voß, Vos(s), Vohs:** 1264 Vos / demin. **Füchsel:** 1396 Fuchsel.

Fučik, Futschik 1544 Fučík. ÜN zu tschech. *fučet* 'sausen, brausen, pfeifen'. Für einen rührigen, aufgeweckten Menschen.

Fu(h)rmann 1350 Furman. BN zu mhd. *vuorman* 'Fuhrmann, Schiffsmann'.

Fun(c)k(e) 1213 Vunke, 1280 Funko, 1372 Funk. ÜN zu mhd. *vunke* 'Funke' für einen Schmied (einen der ältesten Handwerksberufe) oder für einen kleinen, lebhaften, beweglichen, leicht auffahrenden Menschen.

Furmann → Fuhrmann

Fux → Fuchs

G

Carl Friedrich Gauß
(1777–1855) Mathematiker, Astronom und Physiker

Johann Wolfgang von Goethe
(1749–1832) Dichter, Naturforscher und Staatsmann

Franz Grillparzer
(1791–1872) bedeutender österreichischer Dramatiker

Jakob und Wilhelm Grimm
(1785–1863), (1786–1859)
Sammler und Herausgeber von Kinder- und Hausmärchen

Gabel, Gäbelein, obd. **Gabele:** 1322 Gabelo, 1389 Gabel, 1416 von der Gabel. KF zum RN *Gabo* oder WN zum ÖN, HausN *Gabel,* auch ÜN zu mhd. *gabel(e)* 'Gabel; Krücke, Krückstock'.

Gäbel, Gaebel 1259 Gebel, 1423 Gåbil. ÜN zu mhd. *gebel* 'Schädel, Kopf; Giebel'.

Gabler, Gäbler, Gaebler, Gebler 1265 Gabeler, 1353 Gebeler. BN zu mhd. *gabel(e)* 'Gabel; Krücke, Krückstock' für den Gabelmacher, (landwirtschaftlich) mit der Gabel Arbeitenden oder zu mnd. *gabel* 'Abgabe, Steuer' für den Steuereintreiber' oder WN → *Gabel.*

Gabriel 1380 Gabriel. RN *Gabriel,* hebr. 'Mann Gottes' oder 'Gott hat sich stark gezeigt', einer der 3 Erzengel.

Gaede, Gä(h)de, Gaede(c)ke, Gädeke, Gaedicke, Gädicke, Gedicke, Gaedke, Gädke, Gäthke, Gaedtke um 900 Gaddo, 1016 Geddo, 1437 Gedde. ÜN zu asä. *gigado* 'Genosse' oder KF zum RN *Gottfried* → *Göpfert* / **Göde(c)ke, Gödicke:** um 830 Godaco, 1259 Godeke = Godefrid v. Cremun, 1434 Godecke. Nd. KF zum RN ahd. *got-fridu* 'Gott' + 'Friede, Schutz', nd. *Godefried.*

Gaida, Gaide, Gajda 1536 Gaida. ÜN zu poln. *gajda* 'Dudelsack'.

Gaillard 1743 Gaillard. Franz. ÜN zu *gaillard* 'munter, lebhaft, frisch; kräftiger, lustiger Kerl', auch hugen.

Gajewski 1394 Gayewski. HN zum poln. ON *Gajewo.*

Galikowsky 20. Jh. Galikowski. Poln. Abltg. vom RN *Gallus* / **Galinsky:** 1408 Galinski / **Gallit(z)schke:** 1752 Galischke / **Galuschka:** 1782 Galuschka. Westslaw. KF von *Gallus* / **Gawalek, Gawellek:** 1751 Gawalleg, 1796 Gawelek. Poln. KF von *Gallus* / **Gawliczek:** 1799 Gavliczek / **Gawlista:** 1743 Gawlista / **Gawlitza:** 1743 Gawlica / **Gawlik:** 1559 Gawlik.

Galka, Galke 1392 Galka. ÜN zu poln. *gałka* 'kleine Kugel, Knopf, Knauf' oder slaw. KF zu *Gallus* → *Galikowsky.*

Gall(e) 1219 Galle. KF zum RN *Gallus,* lat. *Gallier* oder ÜN zu mhd. *galle* 'Galle, Bitteres, bildlich Falschheit (auch zur Bezeichnung für einen bösen Menschen)'.

Gallit(z)schke, Galuschka → Galikowsky

Ganser, Ganßer, Ganzer, schwäb. **Gaunßer, Gonser** 1327 Ganser, 1392 Ganzer, 1512 Gonsser, 1530 Gaunßer. ÜN zu mhd. *ganzer, ganser* 'Gänserich' für den Gänsehändler, -züchter, vereinzelnt auch HN zum ON *Ganz, Ganzer* / **Gänsle, Genslin:** 1224 Gensili. Obd. KF als ÜN.

Ganzert um 870 Ganthard. ÜN zu anord. *gandr* 'Zauberstab' oder zu mnd. *gante,* nd. *Ganter* 'Gänserich', vereinzelt auch HN zum ON *Ganz.*

Garisch → Jarisch

Garner, Gerner 1353 der Garner. BN zu mhd. *garn* 'Garn, Faden, Netz'. Gerner auch HN, WN zum ON, ÖN *Gehren* und ÜN mnd. *gerner* = *gerender* 'Begehrender, Bettler'.

Gärtner, Gaertner, Gärthner 1257 Gertener. BN zu mhd. *gartenære, gertner* 'Gärtner, Weinbauer'; fnhd. *gertner* 'Ackerbürger, der ohne Vieh wirtschaftet'.

Gasch(e), Gascho 1400 Gasz. KF zum poln. RN *Gaweł* von lat. *Gallus.*

Gasde 1677 Gazda. BN zu poln. *gazda* 'Bauer, Grundbesitzer'.

Gassmann, Gaßmann 1371 Gasseman. WN zu mhd. *gazze* 'Gasse' / **Gasser:** 1367 der Gasser / **Gassner, Gäßner, Geßner:** 1414 Gaßner, 1418 Gessener / **Geßler, Gessler, Gäßler:** 1228 Gasselar.

Gast 1171 Gast. ÜN zu mhd. *gast* 'Fremder; Gast'.

Gäthke → Gaede

Gatz(sche) 1616 Gatsche(s). Vielleicht vom poln. ON *Gać, Gaćie* oder zu einer nicht genau bestimmbaren PN-Wurzel.

Gatzke 1328 Gaczko, 1422 Gaczka. Zu einer poln. Wurzel *Gac-, Gać-, Gacz-* = → *Jatzke.*

Gauger 1293 der Guger. ÜN zu mhd. *gugen* 'sich hin und her wiegen, schwanken'.

Gaunßer → Ganser

Gauß, Gaus ÜN zu alem. *gaus,* nd. *goos, gans* 'Gans' oder KF Gawiso zu RN auf ahd. *gawi,* mhd. *gon, göv* 'Gan'.

Gawalek → Galikowsky

Gawe 1502 Gawe. ÜN zu poln. mda. *gawa* 'Geplauder' oder KF zu *Gaweł* → *Galikowsky.*

Gawellek, Gawliczek, Gawlik, Gawlista, Gawlitza → Galikowsky

Gawron 1369 Gawron. ÜN zu poln. *gawron* 'Saatkrähe'.

Gebauer, Gebuhr, Gebühr 1273 Gebur, 1378 Gebůr, 1458 Gebawer. BN bzw. ÜN zu mhd. *gebur(e)* 'Miteinwohner, Mitbürger, Nachbar, Dorfgenosse, Bauer; roher, gemeiner Mensch'.

Gebert → Gebhardt

Gebhard(t), Gebert, Geppert(h) um 1000 Gevehardus, 1418 Gebehard, 1585 Gebert. RN ahd. *geba-hart* 'Gabe' + 'hart, streng' / **Gerbet(h):** vogtl. Variante Anfang 17. Jh., über Varianten 1579 Gerbhart = 1596 Gerbert, z. T. auch aus *Gerbracht,* vgl. 1689 Gerwet, Gerwit.

Gebler → Gabler

Gebuhr, Gebühr → Gebauer

Gedicke → Gäde

Geelhaar, Gehlhaar 1351 Gelhor, 1428 Gelhar. ÜN zu mhd. *gel* 'gelb' und *hār* 'Haar' / **Gehler:** 1422 Geler = Gelhor.

Geercke, Geerdts → Gerhardt

Geffert → Göpfert

Gehler → Geelhaar

Gehlert → Geilert

Gehlhaar → Geelhaar

Gehrhardt, Gehring, Gehr(c)ke → Gerhardt

Gehrmann, German(n) 1221/29 Germanni, 1250/1300 Geremann. KF zu RN auf *Ger-* → *Gerhardt* + *man.*

Gehrt → Gerhardt

Geibel → Geipel

Geidel, Geider 1293 Gudel, 1380 Geuder, 1480 Gewdel. ÜN zu mhd. *giudel, giuder* 'Prahler, Verschwender'.

Geier, Geyer 1255 Gīr, 1356 zem Gyren. ÜN zu mhd. *gīr* 'Geier' für den Habgierigen, Freßsüchtigen oder WN als HausN oder HN zum ON *Geyer.*

Geigenmüller 1583 Geigen Muller. Typisch vogtl. PN, *Müller der Geigenmühle am Geigenbach* b. Werda/Vogtl., Klammerform *Geigen(bach)-müller.*

Geiger 1268 Gigar, 1418 Geyger. BN zu mhd. *gīgære, -er* 'Geiger'.

Geiler(t), Gehlert, Gellert, alem. **Gailer:** 1283 die Giler, 1339 der Gailer, 1498 Geyler(in). ÜN zu mhd. *geilære* 'fröhlicher Gesell' bzw. *gīlære* 'Bettler, Landstreicher'.

Geiling 1293 Geyling. Patron. RN *Geiling* zu ahd. *geil* 'übermütig, überheblich', mhd. *geil* 'von wilder Kraft, mutwillig, üppig, lustig, fröhlich' + *-ing,* vereinzelt ÜN zu mnd. *geilink.* 'Drossel'.

Geipel, Geibel 1317 Gypel, 1540 Geypel. RN ahd. *gewi-bald* 'Gau, Land; Gegend' + 'kühn, mutig, stark', auch pfälzische KF zu → *Gebhardt.*

Geißler, Geissler, Geis(e)ler 971 Gisilerus, 1329 Gyseler, 1496 Geißler. BN zu fnhd. *geiseler* 'Peitschenmacher' oder ÜN zu mhd. *gīseler* 'Kriegsgefangener, Bürge, Geisel'; kaum ÜN zu mhd. *geiseler* 'Flagellant' oder RN ahd. *gīsalhēr* 'Geisel' + 'alt, ehrwürdig, von hohem Rang'.

Geit(h)ner 1272 de Gieten, 1369 Geytaner. Ostmd. HN zum ON *Geithain;* obd. vereinzelt ÜN zu mhd. *giuden, göuden* 'prahlen, großtun, in geräuschvoller Freude sein'.

Gelbert, Gilbert, Gelbrecht, Gilbrecht, Gelbricht, Gilbricht, nrhein. **Gilbertz:** um 1000 Gilbert, 1141 Gilbertus, 1483 Gelbrecht. KF zum RN ahd. *gīsal-beraht* 'Geisel' + 'hell, strahlend, glänzend'.

Gellert → Geilert

Gemeiner, Gemeinhart 1467 Gemeyner, 1576 Gemeinerth. BN zu mhd. *gemeiner, gemeinder* 'Mitbesitzer, Mitschuldner, Mittelsperson', fnhd. *gemein(d)er* 'Genosse, Teilhaber'.

Gensch → Johannes

Genschorek, Gonschorek 1423 Ganszorek, 20. Jh. Genschorek. ÜN zu poln. *gąsior,* mda. *gęsior* 'Gänserich'.

Gen(t)z, Genze 1376 Jentz, 1385 Gencz(en), 1479 Genderik = 1485 Gentze. RN, slaw. Form des RN *Heinrich (Gendrich),* einst KF + *-z*-Suffix oder slaw. KF zum RN → *Johannes.*

Gen(t)zel, Gent(z)sch → Johannes

Genze → Gentz

Genzsch → Johannes

Georg(e) 1256 filius Georgii, 1488 George. KF zum RN *Georgius,* griech. 'Landmann' / patron. **Georges,** latin. **Georgi(e), Georgy:** 1463 Georci; latin. **Georgius:** 1455 Georgsch, nd. **Jürgen(s), Jürgensen** / slaw. **Jirasek:** 1563 Jirásek = Jiřík (tschech.) / **Jirschik:** 1556 Girczik / **Gursch:** 1657 Jursch (sorb.) / **Juri(s)ch:** 1359 Jurig, 1443 Jurisch. Westslaw. KF / **Jurischka:** 1501 Juryschka / **Jurk(e):** 1377 Jureken, 1501 Jurka, 1509 Jurke, auch fries. (Jürko) / **Jurschik:** 1658 Juhrschigk / **Jurtz:** 20. Jh. Jurz (sorb.) / **Juschka, Juschke:** 1375 Iuschko, 19. Jh. Juschke, auch zu → *Just;* z. T. evtl. ÜN zu poln. *jucha* 'Tierblut', nso. *jucha* 'Brühe, Suppe'.

Gepfert → Göpfert

Geppert(h) → Gebhardt und → Göpfert

Gerasch → Gerhardt

Gerber(t) 793 Gerbertus. RN ahd. *gēr-beraht* 'Speer' + 'hell, strahlend, glänzend' – 978 (nobili femine) Gerbirin, 1258 Gerwere, 1304 Gerberti, 1388 Gerber. BN zu mhd. *gerwer* 'Gerber'.

Gerbeth → Gebhardt

Gerbi(n)g 1266/1325 Gherewighe, Gerwiche. RN ahd. *gēr-wīg* 'Speer' + 'Kampf, Streit, Krieg'.

Gerboth 1227 Gerboto. RN ahd. *gēr-boto* 'Speer' + 'Bote, Gesandter, Abgesandter'.

Gercke, Gerecke → Gerhardt

Gerhard, Gerhardt, Gehrhardt 799 Ger(h)ard(us), 1200 Gerhardi, 1368 Gerhard. RN ahd. *gēr-hart* 'Speer' + 'hart, streng' / patron. **Gerhar(d)ts, Gerhar(t)z:** 1328 Gherardes, latin. **Gerhardi,** nd. **G(u)ericke, Gere(c)ke, Geercke, Gehr(c)ke, Ge(h)rke, Gercke, Görke:** 834 Gerric, 1250 Gerecke, 1453 Gerke, 1515 Gericke / **Gier(c)ke, Girke:** um 825 Hierica, 1347 Girke, Gerke. KF mit Einfluß von slaw. *Girek* / nd. zusammengezogene Form **Ge(h)rt, Gerth:** 1467 Gerth, gen. auch **Geerdts, Gertz, Gehrts:** 1394 Gherdes / md. **Gierth:** 1508 Girhardt, 1547 Gyhert, Gieret, Gyrth / patron. KF **Gering, Gehring, Gieri(n)g, Gierich, Göring, Jehring, Jähri(n)g:** 1366/67 Ghering(i), 1371 Gerung / slaw. KF **Gerasch:** 1379 Gerasch (poln. oder sorb.) / **Gerisch:**

1531 Gerisch / **Gierisch:** 1491 Girisch / **Gersch:** 1526 Gerisch = Gersche; vgl. auch 1350 Gerusch (Gerdrud) vom Royn, 1435 Caspar Gerusch und metron. 1453 Bartisch Gerischer / **Giera:** 1564 Gera, 1748 Giera / **Gierach, Gierock:** 1497 Gerak, Girak, 1781 Gierock, 20. Jh. Gierach.

Gericke, Gering, Gerisch, Gerke → Gerhardt

Gerlach, Görlach, Görlich 872 Gerlec, 1367 Gerlach, 1558 Görlach. RN ahd. *gēr-lāh* 'Speer' + ungeklärtes Zweitglied.

Gerloff um 825 Gerlevus, um 875 Gerlif, 1435 Gerleff, 1476 Gherloff. RN ahd. *gēr-(w)olf* (→ *lof*) 'Speer' + 'Wolf' oder ahd. *gēr-leiba* (→ *-lev, -lef*) 'Speer' + 'Rest'.

German(n) → Gehrmann

Germer um 825 Germer, um 900 Germar, 13. Jh. Germar, 1581 Germer. RN ahd. *gēr-māri* 'Speer' + 'bekannt, berühmt, angesehen; herrlich, hervorragend, vortrefflich'.

Gern(e)groß 1236 Gernegroiz, 1266 Gernegrot, 1388 Gernegroß. ÜN zu mhd. **gern(e)-grōȝ; gernegroß* 'ein Mensch, der gern für groß angesehen sein, gern über andere hinaus will'; vgl. auch 1407 Gernrich 'Gernreich'.

Gerner → Garner

Gersch → Gerhardt

Gerst(n)er 1272 Gerstarius = 1276 Gerster, 1356 Gerstner. BN zu mhd. *gerste* 'Gerste' für den Gerstenbauer, -händler.

Gert, Gerth → Gerhardt

Gertz, Gerz 1437 Gercz, 1524 Gertz. BN zu nso. *gerc* 'Spielmann, Musikant', *s. a. Gerhardt.*

Gessler, Geßler, Geßner → *Gassmann*

Geyer → Geier

Gey(h), Gei(h) ostd.; **Gay(h), Gey(e), Geu(e):** westd.-obd.: 1414 Gaj, 1449 Gay, 1550 Gey. Ostd. meist WN zu nso., poln. *gaj* 'Hain, Wäldchen', westd.-obd. meist WN zu mhd. *göu, gou, geu* 'Gegend, Landschaft, Gau'.

Giebel 1358 Gybl. ÜN zu mhd. *gibel, gebel* 'Giebel; Schädel, Kopf', dazu **Gieb(e)ler;** oder KF *Gibilo,* mit *-l*-Suffix zum RN ahd. *geba-hart* → *Gebhardt.*

Giera, Gierach, Giercke, Gierich, Gieri(n)g, Gierisch, Gierke, Gierock, Gierth → Gerhardt

Giese, KF **Giesecke:** um 1250 Giselbertus = Giso, 1304/17 Ghiseke = Giselbertus, 1367 Ghiselerus = 1381 Ghiseke. KF zu RN auf ahd. *gīsal-* 'Geisel' (+ *beraht* 'hell, strahlend, glänzend'), KF mit *-k*-Suffix; Giese auch WN zu mhd. *gieȝe* 'Bach'.

Gies(e)ler, Gießler 13. Jh. Giselere. RN ahd. *gīsal-hēr* 'Geisel' + 'alt, ehrwürdig, von hohem Rang', z. T. wohl auch BN zu mnd. *giseler* 'Pfandbürge', → *Geißler.*

Gilbert, Gilbertz, Gilbrecht, Gilbricht → Gelbert

Gildemeister 1297 Gildemester. BN zu mnd. *gildemēster* 'Zunftvorsteher'.

Girke → Gerhardt

Gitter → Güther

Glas(s), Glaß, Gläss, Gläß 1331 Glas, 1479 Glaes, 1487 Glaß. ÜN zu mhd. *glas* 'Glas, aus Glas Gemachtes: Trinkglas, Glasgefäß, Lichtgefäß, Fensterscheibe, Fenster, Spiegel, Brille' für den Glaser, Glashändler oder KF zum RN → *Nicolaus.*

Glasbrenner Adolf Glaßbrenner (1810–76). BN 'Arbeiter in einer Glashütte', mnd. *glasewerchte:* 1328 Glasewerchte.

Gläsel, Gläßel, Glaser, Glaßer, Gläser, Glaeser, Glässer, Gläßer 1286 Gleser, 1347 Glesel, 1350 Glesel = Gleser, 1479 Glaser. BN zu mhd. *gla-*

sære, -er 'Glaser' für den mit Glas Arbeitenden; Gläsel als Variante; auch → *Glas* + *-l-*.

Gleichmann 1320 Gliche, 1617 Gleichman. ÜN zu mhd. *gelīch* 'von übereinstimmender Leibesgestalt oder Art, gleich' + *-man,* auch WN zum ÖN *die Gleiche.*

Gleisner, Gleißner, bair. **Gleixner:** ÜN zu mhd. *gelīchsenære, glīsenære* 'Gleisner'.

Gleitsmann 1411 Geleiczman, 1504 Gleitsman. BN zu mhd. *geleite* 'Führer, Führerin; Leitung, Begleitung, Geleit, Schutz; Geleitsgeld', *geleitman* 'Begleiter, Beschützer'; für einen, der Reisende oder Transporte zu begleiten hat (obrigkeitliche Person), Zollbeamter, der Warenzüge über die Grenze begleitet (besonders osä.), Geleitsgeldeinnehmer, Gerichtsperson (bair.).

Glöckner, Glöckler, Klöckner 1246 Glokginar, 1365 Glocler, 1374 Klockenere, 1384 Glockener. BN zu mhd. *glockenære, glöckeler* 'Glöckner'.

Glodde, Glöde, Gloede um 1250 Glode, 1361 Glude, 1363 Glöde. ÜN zu mnd. *glode, glude* 'Eisen-, Feuerzange' für den Schmied.

Glodek 1547 Glodek. ÜN zu poln. *głód* 'Hunger'.

Glogowski, Glogowsky, Glokowska 1818 Glogowski(ego). HN zum poln. ON *Głogów* o. ä. oder Abltg. von *głóg* 'Weißdorn'.

Glos, Gloß, Glosemann → Nicolaus

Glück 1335 Geluck. ÜN zu mhd. *g(e)lücke* 'Glück, Geschick, Zufall'.

Göbel, Goebel, Göpel(t), Goepel 1320 Göbel. KF zum RN ahd. *got-bald* 'Gott' + 'kühn, mutig, stark'.

Göde(c)ke, Gödicke → Gaede

Gogel, Gogoll 1427 Gogol. ÜN zu poln. *gogoł* 'die Entenart clangula glaucion' / **Gogolek:** 1479 Gogolek.

Göhler(t) 1388 Goler. ÜN zu mhd. *goln* 'laut singen, johlen, Possen treiben, ausgelassen sein' für den Ausgelassenen.

Gohlke, Golka 1510 Golgk, 1789 Golcka. ÜN zu nso., poln. *goły* 'nackt, kahl' / **Golla:** 1581 Gola / **Gollan:** 1420 Golan / **Gollasch:** 1652 Gollasch / **Goly:** 1136 Goli / **Golle;** vgl. aber dazu 1414 Goll. ÜN zu mhd. *gol* 'Schlemmer, Prasser'.

Goldammer 1425 Goldammer. ÜN zu mhd. *goltamer* 'Goldammer', besonders ostmd.

Goldhahn 1325 Golthane. HausN in Worms, zu mhd. **golthan(e)* 'Goldhahn' (der Singvogel sylvia cristata) – 1384 Golthan. ÜN für einen Sangeslustigen oder einen Goldhahnzüchter, -händler.

Goldmann 1394 Goltman. BN zu mhd. *golt* 'Gold, Schmuckwerk aus Gold' + *man* für den Goldarbeiter, -wäscher oder Juwelier / **Goldner, Göldner, Goeldner, Göllner, Güldner:** 1261 Goldenär, 1300 Guldener. BN zu mhd. *golt* 'Gold, Schmuckwerk aus Gold' für einen Vergolder, Goldarbeiter bzw. einen Goldwäscher / **Goldschmidt:** 1272 der Goltsmit, 1388 Goltsmit. BN zu mhd. *goltsmit* 'Goldschmied'.

Golemba, Gollemb 1392 Golanb. ÜN zu poln. *gołąb,* gen. *gołębia* 'Taube' / **Golembiewski, Golembiowski:** 1454 Golambyewsky, 1470 Golambyowsky / **Golombek:** 1432 Golambek.

Golinski 1399 Golinski. Poln. HN zum ON *Golina.*

Golka, Golla(n), Gollasch, Golle → Gohlke

Gollemb → Golemba

Göllner → Göldner

Gollni(c)k 1508 Golnigk. BN zu nso. *gólnik* 'Heidewächter, Waldaufseher, Förster'.

Golombek → Golemba

Gol(t)z(e) 1409 Golcz. ÜN zu nso. *gólc* 'Knabe, Bursche, Knecht' / **Golt(z)sch(e):** 1350 Goltsch = 1377 Golcz. Wie Vor., möglich auch HN zum ON *Golz, Goltzscha, Göltzscha* u. a., vgl. 1297 de Golcze, oder WN zum ÖN *Golz(sch)*.

Gomolka 1385 Gomolka. ÜN zu poln. *gomoła* 'Ballen, Klumpen', nso. *gomola* 'Hirsekolben'.

Gompertz → Gumpert

Gonda 19. Jh. Gonda. BN oder ÜN zu apoln. *gądać* 'klimpern, spielen' / **Gondek:** 1431 Gondek. BN zu poln. *gądek* 'Musikant' / **Gondzik:** 20. Jh. Gondzik.

Gonschorek → Genschorek

Gonser → Ganser

Göpel(t) → Göbel

Göpfert, Gepfert, Geffert, Geppert(h), Göppert 879/90 Godefrid, 1293 Götphirde, 1430 Gapfrid, 1466 Gotpfart, 1522 Gopffart, 1552 Göpfferdt, 1560 Göppert. RN ahd. *got-fridu* 'Gott' + 'Friede, Schutz'.

Gördeler → Gürtler

Goretzki 1406 Goreczki. Poln. HN zum ON *Górka, Górki* oder Abltg. (WN) von poln. *górka* 'kleiner Berg'.

Göring → Gerhardt

Görisch 1357 Goriz, 1456 Gorisch, 1457 Gőrisch. KF zum PN *Gorislav* u. ä. zu urslaw. **gorěti* 'brennen' oder HN zum ON *Gohrisch*.

Görke → Gerhardt

Görlach, Görlich → Gerlach

Gornig 1528 Gurnik, 1600 Gornygk. BN zu poln. *górnik* 'Bergmann, Bergarbeiter'.

Gorny 1413 Gorny. WN zu poln. *górny* 'oben, höher gelegen', von *góra* 'Berg', vereinzelt auch HN zum ON *Gorny*.

Gorski, Gurski, Gursky 1388 Gorski. Poln. HN zum ON *Góra*.

Görtler → Gürtler

Gösch(e)l 1365 Gotschalich = 1378 Göschlein (v. Hanveld), 1386 Göschl. Wohl KF zum RN ahd. *got-skalk* → Gottschalk; vereinzelt auch ÜN zu bair. *Gosche* 'Maul' oder zu schweiz. *Gösch* 'Tölpel, Narr'.

Gothe um 825 God(d)o, 1272 Gote. ÜN zu asä. *god* 'Gott' oder *gōd* 'gut' bzw. zu mhd. *gote, göte* 'Pate, Patin', mnd. *gode, gade* 'Taufzeuge, Pate'; vereinzelt auch HN zum ON *Gotha*.

Göthe, Goethe 1297 Gőde, 1574 Göthe. KF zu RN auf ahd. *got* 'Gott' → *Göpfert* + *-j*-Suffix.

Gotsche → Gottschalk

Gotthard(t) um 822 Godhard, 1414 Gothart. RN ahd. *got-hart* 'Gott' + 'hart, streng'.

Gottschalk, Gottschalg, Gottschall, Gottschald(t), Gottschalt, Gottschalch, Gottschild, Gottschlich, Gottschling vor 866 Godescalc, 1317 Gottschalk, 1378 Gotschalich, 1529 Gotschalh, 1661 Gotschlig. RN ahd. *got-scalk* 'Gott' + 'Knecht, Sklave, Diener' / KF **Got(t)sche,** ostd. **Gotzsche, Gutsch(e), Gutschke,** schweiz. **Gottschi, Göttschi:** 1358 Gocze = Gottschalk (v. Riedeburg), 1456 Gotsche.

Gottwald um 1200 Gotebold, 1541 Gottwaldt. RN ahd. *got-bald* 'Gott' + 'kühn, mutig, stark'.

Götz(e), Goetz(e) um 1000 Godizo, 1298 Göze, 1508 Götz. KF zum RN ahd. *got-fridu* → *Göpfert* mit *-z*-Suffix / KF **Götzel:** 1350 Gozil, 1362 Göczel. KF mit *-l*-Suffix / KF **Götzke** mit *-k*-Suffix.

Gotzsche → Gottschalk

Grabbert → Grabert

Graber, Gräber, Graeber 1365 Graber, 1385 Greber. BN zu mhd. *grabære, greber* 'Graveur; Gräber, Totengräber'.

Grabert, Grabbert 1333 Grawart, 1402 Grauwert, 1480 Grawert. RN zu ahd. *grā* 'grau, weißlich'.
Grabner 1353 am Graben, 1362 Grabner. WN oder BN zu mhd. *grabe* 'Graben' oder HN zum ON *Grab(en)* oder BN zu fnhd. *grabener* 'Graveur'.
Gräbner, Grebner 1426 Grebener. HN zum ON *Gräben* oder WN zu mhd. *graben* 'Graben' → *Grabner* oder BN zu mhd. *grabære, greber* 'Graveur; Gräber, Totengräber' → *Graber.*
Grabowski, Grabowsky 1387 Grabowski. Poln. HN zum ON *Grabów, Grabowo* oder *Graby.*
Gradl bair. WN zu mhd. *grāt* 'Stufe' (< lat. *gradus).*
Graf(f), Gräf(e), Graef(e), Gräff, Grebe, Grefe, Greve, Grewe 1189 Graf, 1291 Greve, 1377 Graff, 1410 Grebe. ÜN zu mhd. *grāve,* md. *grābe, grēve, grēbe* 'königlicher Gerichtsvorsitzender; Graf', auch BN 'Aufseher mit Gerichtsbefugnissen, Vorsitzender einer Gemeinschaft', vgl. hess. *Grebe* = Dorfvorsteher, mnd. *grēve, grāve.*
Grahl(e) 1267 Gral, 1413 van dem Grale, 1527 Grahl. ÜN zu mnd. *gral(le)* 'zornig, böse' oder mhd. *gral* 'Schrei', mnd. *grāl* 'Lärm, Schall; Herrlichkeit, Pracht' oder mhd. *grāl* 'der heilige Gral; bildlich das Teuerste, Liebste' oder WN, selten HN zum ON *Graal.*
Grahmann → Groh(e)
Graiche(n) 1520 Grawichen. ÜN zu mhd. *grā* 'grau, besonders altersgrau', *grā* 'das Grau' + *-ch-/*-k- und *-in-*Suffix; für einen grauhaarigen Menschen, → *Grabert.*
Grainer → Greiner
Gramlich, Grämlich, Gremlich 1302 Gremelich. ÜN zu mhd. *gram, gremelīch* 'zornig, unmutig'.
Granowski, Granowsky 1386 Granowsky. Poln. HN zum ON *Granów.*
Gräser, Graeser, Gräßer 13. Jh. Graser, 1423 Greßern. BN zu mhd. *graser, greser* 'Graser, Jäter', auch 'Knecht, der (mit der Sichel) Gras schneidet zur Stallfütterung'.
Grashof, Graßhof 1266/1325 von deme Grashove, 1570 Graßhoff. HN zum ON *Grashof* oder WN (Hofname) 'Hof ohne Getreideanbau (Tirol), mnd. *grashof* 'Baumpflanzung, Lustgarten'.
Grasselt → Krasselt
Gräßler 1313 Grässelerin. WN zu ÖN zu mhd. *graȝ* 'Sprossen oder junge Zweige vom Nadelholz' oder ÜN zu *graȝ* 'Wut, Übermut'; vereinzelt auch HN zum ON *Graß, Grassel.*
Graßmann, Grassmann 1170 Grasman. BN zu mhd. *graser, greser* 'Graser, Jäter' → Gräser oder WN zu mhd. *gras* 'Gras, grasbewachsener Ort', mnd. *gras* 'Grasland, Weide'; möglich auch ÜN zu mhd. *graȝ* 'wütend, zornig; Wut, Übermut' + *-man.*
Grathwohl, Grathwol, Gratwohl, Gratwol → Grotewohl
Gratz, Grätz, Graetz 1429 Gracz, 1546 Gratz. BN oder ÜN zu nso. *grac,* poln. *gracz* 'Spieler', auch HN zu ON auf *Grod-, Grad-* und ON *Grätz.*
Grau, Grawe 1219 Grawe. ÜN zu mhd. *grā* 'grau, besonders altersgrau' für einen Grauhaarigen, → *Grabert, Graiche(n)* – KF **Graul:** 1397 Graewl.
Graubner → Graupner
Graul, Greul, Kreul 1328 Gruel, 1364 Gruwel, 1438 Groül. ÜN zu mnd. *grūwel* 'Grauen, Furcht, Abscheu; Greuel, Scheusal', mhd. *griuwel, griul(e)* 'Schrecken, Grauen, Greuel', Nebenform **Gruhl(e):** 1459 Grůl, oder HN zum ON *Grauel,* s. a. *Grau.*
Graupner, Graubner 1390 Nicusch Graupner de Graupen, 1546 Graupner. HN zum ON *Graupa, Graupen* oder BN zu fnhd. *graupe* 'geschälte

Gerste' für den Hersteller oder Händler mit Graupen.

Grauschupp → Groschopf

Grawe → Grau

Grebe → Graff

Grebner → Gräbner

Grefe → Graff

Greger, Gregor(ius), Gröger, Groeger, schles. **Grieger:** 1390/1403 Greger, 1430 Gregor, 16. Jh. Greger, Griger. KF zum RN *Gregorius,* griech. 'wachsam' / slaw. **Grzegorek:** 1405 Grzegorzek. Poln. KF / **Grzesiak:** 1653 Grzesiak. Poln. KF / **Grzeschik:** 1427 Grzeszyk(em), 1669 Grzesik. Poln. KF / **Riha:** 1583 Řehoř = Říha. Tschech. KF zu *Řehoř,* aus *Gregor* / lit. **Grigoleit, Griguleit, Grigulat, Griegath, Griguhn.**

Greif(f) 1230 Grif, 1297 zum Grifen, 1479 Greiffe. ÜN zu mhd. *grīf(e)* 'der Vogel Greif' für den sein Hab und Gut aufmerksam wahrenden und rastlos mehrenden Menschen oder HausN, so 1297 und 1261 domus cum grip.

Greiner(t), Grainer 1299 der Griner. ÜN zu mhd. *grīnen* 'den Mund verziehen, brüllen'.

Grell 1188 Grelle. ÜN zu mhd. *grel* 'grell, zornig', *grel(le)* 'das Krallende, Stechende; Dorn, Gabel, Spieß', vereinzelt HN zum ON *Grelle.*

Gremlich → Gramlich

Greul → Graul

Greve, Grewe → Graff

Grieb(e) 1246 Griube, 1327 Gribe. ÜN zu mhd. *griebe, griube* (obd.) 'Griebe, Griefe' für einen unansehnlichen, ausgemergelten Menschen.

Griebel 1487 Griebel. BN zu mhd. *grübel* 'Totengräber', vgl. mhd. *der helle grübel* 'Teufel' oder ÜN → *Griebe* + *-l*-Suffix; auch WN zu mhd. *gruobe* 'Grube', demin. *grübelīn,* obd. *Grübel.*

Grieger, Griegath → Greger

Grieser, Grießer 1241 an dem grieße, 1445 Grießer. WN zu mhd. *griez* 'Sandkorn, Sand, Grieß, sandiges Ufer', besonders obd.

Grigoleit, Griguleit, Grigulat, Griguhn → Greger

Grillparzer 1614 Grillparzer. WN zum österr. ON *Grillparz.*

Grimm(e) 1171 Grim, 1381 Grimme. ÜN zu mhd. *grim(me)* 'unfreundlich, wild' oder RN *Grimo,* ahd. *grimm;* z. T. HN zum ON *Grimma, Grimme, Grimmen:* 1284 von Grimme.

Grimmer 1296 de Grimmis, 1344 Grimmer. HN zum ON ÜN → *Grimm(e)* oder zu mhd. *krimmen, grimmen* 'kratzen, kneifen, reißen'; auch RN: um 825 Grymheri, zu asä. *grīmo* 'Maske, Helm'.

Gringmuth 1725 Geringmuth. Obd.-schles. ÜN zu mhd. *geringe* 'klein, gering' und *muot* 'Kraft des Denkens, Empfindens, Wollens; Entschlossenheit, Mut'.

Gritzner → Grützmacher

Grob(e) 1432 Grobe. ÜN zu mhd. *grop, grob* 'an Masse groß, dick und stark; unfein, ungebildet'.

Groch(e) 1440 Groch. ÜN zu nso., poln. *groch* 'Erbse'.

Gröger → Greger

Groh(e) 1467 Groe. ÜN zu mhd. *grā* 'grau, altersgrau', fnhd. *groe,* → *Grabert* / **Grohmann, Grahmann:** 1347 Graman, 1369 Groman. Wie vor. + *-man.*

Gröhnert, Gronert → Grunert

Groot → Große

Grope 1315 Grope. ÜN zu mnd. *grope, grape* 'Topf' / **Groper, Graper:** 1274 Gropere, 1308 Grapere. BN zu mnd. *groper* 'Töpfer' / **Gropen-, Grapengeter, -gieter:** 1252 Gropengetere. BN zu mnd. *gropengeter* 'Topf-, Kesselgießer; Kupferschmied'.

Grosch(e) 1352 Grosche. ÜN zu mhd. *gros(se)* 'Groschen' / **Gröschel:** 1365 Gröschel, demin. zu Vor.

Groschopf, Groschup(f), Groschupp, Groschoff, Grauschupp 1539 Groschupf. ÜN zu mhd. *grā* '(alters)grau' und *schopf* 'Kopfhaar, Haarbüschel'; ostmd. Name, → *Grabert.*

Groß(e), Gross(e), Gros 1220 Große, 1415 Groß. ÜN zu mhd. *grōʒ* 'groß; dick; ungeschickt; angesehen, vornehm' / nd. **Groth(e), Grote, Groot, Grother:** 1266/1325 Grothe / **Großer(t), Grosser:** 1302 der Grosser, 15. Jh. Arnold Großer = Große Arnold. ÜN = *Große.*

Großkopf 1359 Groskopf. ÜN zu mhd. *grōʒ* 'groß, dick' und *kopf* 'Kopf', auch übertragen für einen aufgeblasenen Menschen / nd. **Grot(h)kopp, Grotkop:** 1300/40 Grotekopp.

Großmann, Grossmann 1255 Grosceman, 1334 Grosman. ÜN zu mhd. *grōʒ* + *man* für einen Großtuer oder einen großen, dicken Menschen / nd. **Grothmann:** 1585 Groteman.

Grote → Große

Grotewohl, Grat(h)wo(h)l, Gradwohl 1371 Grotewale, 1571 Grotewahl. WN zu mnd. *grōt* 'groß' und *wal* 'Erddamm, Erdwall' oder SatzN 'es gerate wohl' oder fnhd. *geratwol* 'mißratener Sohn'.

Groth(e), Grother → Große

Grube 1204 Grubo, 1279 Grube. WN zu mhd. *gruobe* 'Grube, Steinbruch' / **Gruber(t):** 1333 in der Grube, 1385 Gruber. WN wie Vor., oft HN zu den vielen ON *Grub(e).*

Gruhl(e) → Graul

Gründel 1318 Grundele, 1486 Grůndel. ÜN zu mhd. *grundel(inc)* 'Grundel, Gründling' für einen Fischer, einen schnellen Menschen; auch WN → *Grundt* + *-l*-Suffix.

Gründler, Grundmann → Grundt

Grund(t) 1374 in dem grunde, 1421 Grund. WN zum ÖN, ON zu mhd. *grunt* 'Grund, Vertiefung, schmales, tief eingeschnittenes Tal, Schlucht, Niederung, Ebene' / **Grundmann:** 1383 Gruntmann, 1420 Grundmann. WN, s. Vor., + *-man* / **Gründler:** 1365 Grundler. WN, s. Vor., *-(l)-er*-Abltg.

Gruner(t), Grüner(t) 1298 de Grune, 1418 Gruner. HN zum ON *Gruna(u), Grüna(u),* zu ON auf *-grün* (Vogtland) / nd. **Gronert, Gröhnert:** 1361 Gronere. HN zum ON *Grone, Gronau.*

Grüning 1252 de Groninge, 1288 de Gruninge, 1322 Gruning, 1399 Grönink. HN zum ON *Grüningen, Gröningen; Gröning* auch nd. ÜN zu mnd. *gronink* 'Goldammer', vgl. auch 1348 Groning.

Grützmacher 1294 nd. Gruttemekere, 1450/51 Grutzemecher, 1547 Grützmacher. BN zu mnd. *grüt(te)maker* 'Grützemacher, -müller', zunächst nur nd. / **Grützner, Gritzner,** nd. **Grüttner:** 1304 Gruttere, 1348 Grüczener. BN zu mhd. *grütze,* mnd. *grütte* 'Grütze, Grützbrei' für den Grützemacher, -müller, -händler.

Gubisch 1358 Gubisch. ÜN zu nso. *guba* 'Lippe, Mund, Maul'.

Guericke → Gerhardt

Güldner → Göldner

Gumpert, Gumprecht, obd. **Gumprich,** rhein. **Gumperz, Gompertz:** 801 Guntbert(us), 1436 Gumpert(i), 1453 Gumprecht. RN ahd. *gund-beraht* 'Kampf' + 'hell, strahlend, glänzend'.

Gündel, Günthel, Günnel, Günl 1219 Cundelo, 1376 Gundlin(us). KF zu RN auf ahd. *gund-* + *-l*-Suffix, vgl. 798 Gundhold(us).

Gund(e)lach 1304 Gunelach, 1432 Gundeloch. RN ahd. *gund-lāh* 'Kampf' + ungeklärtes Zweitglied.

Gundermann 1543 Gundermann. RN ahd. *gund-raban* 'Kampf' + 'Rabe' oder Nebenform zu *Gundelmann* → Gündel.

Gundlach → Gundelach

Gunkel 1490 Gunkel. ÜN zu fnhd. *gunkel* 'Spinnrocken'.

Günl, Günnel, Günthel → Gündel

Günt(h)er, Guenther um 840 Guntheri, 1332 Guntheri, 1456 Gunther. RN *gund-her* 'Kampf' + 'alt, ehrwürdig, von hohem Rang' bzw. *heri* 'Menge, Schar, Heer'.

Günz(e)l, Güntzel 1002/9 Gunzelinus, 1224 Gunzelino, 1369 Gůntzel. KF zu RN auf ahd. *gund-* 'Kampf' + *-z-* + *-l-*Suffix.

Gursch → Georg

Gurski, Gursky → Gorski

Gürtler, Görtler, Gördeler 1325 Gürteler, 1338 Gordeler, 1405 Gurteler. BN zu mhd. *gürtelære, gürteler,* mnd. *gordelēre* 'Gürtler'.

Guth 1236 der Guot. 1365 Gut. ÜN zu mhd. guot 'tüchtig, brav, gut, von gutem Stande, vornehm; freundlich; nützlich', auch RN *Guoto* mit gleicher Bedeutung.

Güther, Gitter, Guther 1357 Güter, Guter. Patron. PN zu → *Guth* oder RN ahd. *guot-her* 'gut, rechtschaffen, gerecht, recht, vortrefflich; gütig, freundlich; fromm, heilig; tapfer, stark, groß' + 'alt, ehrwürdig, von hohem Rang' bzw. KF zum RN *guot* + *-er-*Suffix.

Gut(h)ja(h)r 1255 Gotiar, 1295 Gutjar. ÜN zu mhd. *guot* 'gut' und *jār* 'Jahr', ursprünglich der am Gutjahr (Neujahrstag) Geborene.

Guthke, Guttke 1351 Gotke, 1385 Gůdeke, 1596 Guteke. KF zu RN auf *guot* + *-k-*Suffix.

Gut(h)knecht 1284 Guotknecht. ÜN zu mhd. *guot* 'von gutem Stande, edler Herkunft' und *kneht* 'Knabe; Jüngling; Mann überhaupt; Krieger'; *guot kneht* 'dient auch allgemein als Lob für einen Biedermann und Ehemann, daher einem gesellschaftlichen Titel gleich, mit dem man andere nennt oder anredet'.

Guthmann, Guttmann 1164 Gudmann(us), 1200 Guotman, 1347 Gutmann(e), 1449 Guthman, 1539 Gutman. RN ahd. *guot-man* 'gut, rechtschaffen, gerecht, recht, vortrefflich; gütig, freundlich; fromm, heilig, tapfer, stark, groß' + 'Mensch, Mann' oder ÜN zu mhd. *guotman* 'tüchtiger Mann, bes. tapferer Kriegsmann' oder ÜN im Sinne von Edelmann, Ritterbürtiger.

Gutjahr → Guthjahr

Gutknecht → Guthknecht

Gutsch(e), Gutschke → Gottschalk

Gutschmidt 1476 Gutsmet, 1498 Guthschmidt. BN zu mhd. *guot* 'gut' und *smit* 'Metallarbeiter, Schmied'.

Guttke → Guthke

Güttler 1389 Güteler, 1429 Güttler. BN zu mhd. *güetel* 'kleines Landgut' für den Inhaber, bes. obd.; auch KF zu RN auf ahd. *guot* mit *-l-* und *-r-*Suffix oder metron. zu RN *Gudil,* vgl. asä. 1012/18 Godila oder ÜN zu mhd. *gütel* 'ein Scheltwort' oder ÜN zu mhd. *giudel, giuder* 'Prahler, Verschwender'.

Guttmann → Guthmann

Gutzeit 1468 Gudcziet. ÜN zu mhd. *guot* 'gut' und *zīt* 'Zeit', wohl nach dem Tag der Geburt bzw. *guote zīte* 'angenehme Stunden', als Wunsch für ein angenehmes Leben, vgl. 14. Jh. PN *Gutewile* und franz. *Bon-temps.*

Gutzmann 1396 Goczman, 14. Jh. Gotesman, 1467 Guzman. KF zum RN *Gottfried* → *Götze* + *man* oder ÜN zu mhd. *gotesman* 'frommer, im Dienste Gottes stehender Mann' wie mhd. *gotesvriunt* 'Gottesfreund'.

H

Hermann Helmholtz
(1821 - 1894) Physiker und Physiologe

Otto Hahn
(1879 - 1968) Chemiker, Nobelpreisträger (1944)

Wilhelm Hauff
(1802 - 1827) Erzähler und Verfasser von Gedichten

Georg Friedrich Händel
(1685 - 1759) Komponist, vor allem von Instrumentalwerken

Haack(e), Haak(e), Hak(e), Haken 1142 Hacho = Hak, 1258 Hake, 1390 Hacke = Hake = Hagke = Hoke, 1490 Hack. ÜN zu mhd., mnd. *hāke* 'Haken' für einen schwierig zu behandelnden oder Schwierigkeiten machenden Menschen, vgl. nhd. *Hake* 'Gauner', oder zu mnd. *hake* 'der auf dem *haken* (= gewisses Landmaß) angesiedelte Bauer' oder nd. BN zu mnd. *hoke, hake, hoken, hōker* 'Höker, Kleinhändler' oder nd. KF zu RN auf *Hag-* → *Heinrich.*

Haag(e), Hagh, obd. **Häge,** schweiz. **Hägi:** 1219 ußerm Hage, 1345 vom Hage, 1529 Hagk; 1406 Hägi. HN zum ON *Ha(a)g* oder WN zu ÖN zu mhd. *hac* 'Dorngesträuch, Gebüsch', mhd. *hage* 'Hecke, lebender Zaun', vereinzelt auch KF zum RN *Hagen* → *Heinrich.*

Haan → Hahn

Haart → Hard

Ha(a)s(e), Haaß, obd. **Haas:** 1173 Hase, 1293 (Henr.) Hase (Basel, im Haus zum Hasen), 1391 Wilhelm Hase der eldeste hern zcu der Hasenburg, 1383 Hase der jude. ÜN zu mhd. *has(e)* 'Hase; bildlich für einen Feigling', auch für einen schnellfüßigen, feinhörigen oder für einen wunderlichen, albernen Menschen, auch HausN (s. Belege 1293, 1391) / **Häse(c)ke, Häsicke:** 1342 Haseke, Heseke. Nd. KF zu *Hase;* auch nd. KF zu *Hedwig* und jüd. KF zu *Isaak,* vgl. 1307 Jude Heseke und Sohn Isaak.

Habch, Habech → Habicht

Habedank 1613 Hawedangk. ÜN, SatzN zu mhd. *habe-danc* 'Dank mit Worten', eigentlich 'habe den Dank', vgl. Swelch schoene wip mir denne gæbe ir *habedanc* (Walther von der Vogelweide).

Habenicht 1095 Habenichts (frz. Ritter: Senzavehor), 1418 Habenicht. ÜN zu mhd. *haben* 'haben' und *nicht* 'nichts' für einen armen Menschen.

Haberer, Häber(er), Heberer vor 1289 Haberer, 1396 Heberer. BN zu mhd. *haber(e),* mnd. *haver* 'Hafer' für den Hersteller bzw. Verkäufer der Hafergrütze bzw. den Haferhändler / schwäb. **Häberle(in), Heberle, Häberling:** 1346 der Haberli; 1336 Heberling. BN wie Vor. / **Haberhauffe:** 1606 Hafferhauffe. ÜN zu mhd. *haber(e)* und mhd. *hūfe, houfe* 'Haufe' für den Bauern / **Haberkorn, Haferkorn:** 1393 Haberkorn. ÜN zu mhd. *haberkorn* 'Haferkorn' für den Haferbauern, -händler, → *Theuerkorn* / **Haberland(t), Haferland(t), Haverland(t):** 1336 Haverland, 1589 Haberlandt. WN zu mhd. *haber(e),* mnd. *haver* 'Hafer' und mhd. *lant* 'land' = Haferland, mit Hafer besäter, für Hafersaat bestimmter Acker / **Habermalz, Hafermalz:** 1446 Haffirmaltcz. ÜN zu mhd. *haber(e)* 'Hafer' und *malz* 'Malz' für den Mälzer, Brauer / **Habermann:**1326 Haverman. BN zu mhd. *haber(e)* 'Hafer' und *man* 'Mann' für den Hersteller und Verkäufer der Hafergrütze, den Haferhändler, → *Avenarius* / **Habermaß:** 1313 Habermaß. ÜN zu mhd. *haber(e)* und mhd. *māȥ* 'eine bestimmte Quantität' für ein altes Getreidemaß, wie mhd. *habergelt* 'Haferzins' als Abgabe / **Habermehl:** 1551 Habermehl. ÜN zu mhd. *habermel* 'Hafermehl' für einen Bauern / **Haberstroh:** 1290 Haberstrou. ÜN zu mhd. *haberstrō* 'Haferstroh' für den Bauern.

Hab(e)recht 1580 Hawerecht. ÜN, SatzN zu mhd. *haben* 'haben' und *reht* 'was recht und geziemend ist; Recht' für den Rechthaberischen.

Haberhauffe, Haberkorn, Haber-

land(t), Häberle, Häberling, Habermalz, Habermann, Habermehl, Haberstroh → Haberer

Habicht, Habech, Häbich, Habch, Habs, nd. **Havek, Häfke:** 1290 Habs, 1359 Habich, 1379 Habch, Habk, 1482 Häbich. ÜN zu mhd. *habech, habich, habch, hebech, hebich,* mnd. *havek* 'Habicht'.

Habig → Habicht

Hache 1289 Hacho. ÜN zu mhd. *hache* 'Bursche, Kerl'.

Häckel, Haeckel, Heckel, Hacker, Häcker, Hecker(t) 1260 Heckel, 1326 Hacker, 1352 der Häcker, 1389 Hecker. BN zu mhd., mnd. *hecker* 'Hacker, Holzhacker; Winzer, Weinhacker, -bauer', vgl. auch 1312 Fleischheckel / **Häckelmann:** 1391 Häckelmann.

Hackenschmidt 1388 Hackensmit. BN zu mhd. *hacke* 'Axt, Hacke' und *smit* für den Hacken-, Beilschmied.

Hacker, Häcker, Haeckel → Häckel

Hader(t), Häder(er) 1330/49 Hader(es), 1467 Haderer. ÜN zu mhd. *hader* 'Streit, Zank' für den Zanksüchtigen oder BN zu mhd. *hader* 'Lumpen, Lappen' für den Lumpensammler.

Hädicke, nd. **Hedecke:** 1350 Hedeken. KF zu RN auf ahd. *hadu,* asä. *hathu* 'Kampf' mit *-k*-Suffix, vgl. 1266/1325 Heideke = Hedeke, 1340 Hedike oder KF zu RN auf ahd. *heidan* 'der Heide'.

Hädrich, Hedrich 909/11 Hathuric, 1432 Hedderik. RN ahd. *hadu,* asä. *hathu* 'Kampf' + *rīhhi* 'Herrschaft, Herrscher; Reich' bzw. 'reich, mächtig'; s. aber auch *Heidenreich.*

Häfele → Hafner

Hafemann → Hoffmann

Hafemeister → Hoffmeister

Haferkorn, Haferland(t), Hafermalz → Haberer

Häfke → Habicht

Hafner, Haffner, Häfner, Hef(f)ner 1158 Hafinare, 1275 Hevener, 1553 Haffner. BN zu mhd. *havenære, hevenære, -er, hafner, hefner* 'Töpfer' / schwäb. KF **Häfele, Hefele:** 1241 Häffelinus, 1414 Hefenli. Zu mhd. *haven* 'Hafen, Topf'.

Hagebichler, Hagebock, Hagebökker, Hagebucher, Hagebüchler, Hagebüchner, Hagebuck → Hagenbuchner

Hagedorn, Haydorn, Heidorn, Heydorn 1266/1325 Hagedorn, 1309 Heydorn. HN zum ON *Hagedorn* oder WN zum ÖN zu mhd. *hage(n)dorn* 'Weiß-, Hagedorn; Heckbaum'.

Hägele, Hägeli → Hagen

Hagemann 1200 Hageman. Im Nd. HN zum ON *Ha(a)g* oder WN zu mhd. *hage(n)* 'Dornbusch, Dorn', z. T. auch KF zum RN → *Hagen* zu ahd. *hagan* 'umfriedeter Ort', md., obd. auch BN zu mhd. *hagen* 'Zuchtstier' für den Stierhalter, -züchter.

Hagemeister 1288 Haghemester. BN zu mnd. *hagemester* 'Vorsteher, Richter eines Hagendorfes', mhd. *hage(n)* 'Dornbusch, Dorn' für den Aufseher der Dorfflur oder des Hags (als Förster), nd. auch Dorfschulze.

Hagen 1129 de Hagen, 1388 Hagen. Meist WN zu mhd. *hage(n), hain* 'Dornbusch, Dorn; Einfriedigung um einen Ort, Verhau; der eingefriedigte, umhegte Ort' oder HN zum ON *Hagen,* gelegentlich auch RN, vgl. 1250 Hageno de Dalheim, vor allem obd., hier auch BN zu mhd. *hagen* 'Zuchtstier' für den Stierhalter, -züchter oder ÜN dazu / schwäb. **Hägele, Hägeli, Häglen:** 1268 Hegenli, 1390 Hagen = 1392 Hegelli. KF zum RN → *Hagen* / **Hegel** 1289 Hegelli, 1467 Hegel. KF zum RN → *Hagen* oder WN zu mhd.

hegel, demin. zu *hac* 'Dornbusch, Gebüsch; Einfriedigung, Hag' oder obd. demin. zu mhd. *hege* 'Zaun, Hecke' oder BN zu mhd. *hegel, hegelīn* 'Spruchsprecher, Gelegenheitsdichter (in Nürnberg)'.

Hage(n)buch(n)er, Hagebüchner, obd. **Hagebüchler, -bichler,** nd. **Hage(n)-bock, -böcker, -buck:** 1113 Hagenbuch, 1580 Hageboke. WN zu mhd. *hage(n)* 'Dornbusch, Dorn; Einfriedigung um einen Ort', mnd. *hage(n)* 'Hecke, lebendiger Zaun' und mhd. *buoch* 'Buchwald, Waldung überhaupt', mnd. *boke* 'Buche'.

Hager(t), Häger(t), Haeger(t) 1284 Hager. HN zum ON *Ha(a)g* oder WN zu mhd. *hac* 'Dorngesträuch, Gebüsch, Einfriedigung, Hag' vereinzelt auch ÜN zu mhd. *hager* 'hager'.

Häglen → Hagen

Hähl(e) 1358 der Häle. ÜN zu mhd. *hæl(e)* 'verhohlen, verborgen; schnell vorübergehend, vergänglich; schlüpfrig; glatt'.

Hahmann → Hamann

Hahn(e), Haan, Hann 1280 Hane, 1372 Han. ÜN zu mhd. *han(e)* 'Hahn' für einen Stolzen, Rauflustigen, Hoffärtigen, seltener HausN: 1348 und 1437 Clewy zum Hane; vereinzelt auch KF zum RN → *Johann(es)* und HN bzw. WN zu ON bzw. ÖN zu mhd. *hagen* → *Hagen.*

Hähnel, Hänel, Haenel, Henel 1384 Hennel, 1414 Henel. ÜN zu mhd. *henel* 'Hähnlein' oder KF zum RN → *Johann(es),* vgl. 1362 Henel = Hensel Günczel, 1377 Henel = Joh. Herbst, mit *-l*-Suffix / **Henle(in):** 1510 Henlein. Wie vor. (+ *-īn*-Suffix); z. T. auch KF zu → *Heinrich:* 1280 Heinr. dictus Henli.

Hahnemann → Johannes

Haid, Haider(er) → Heide

Hain, Hayn 1352 von dem Hayn = Hayn, 1475 Hain. HN zum ON *Hain,* auch zum ON *Großenhain:* 1238 der Hayn oder WN zum ÖN zu mhd. *hagen, Hain* 'Dornbusch, Dorn; Einfriedigung um einen Ort, Verhau; der eingefriedigte, umhegte Ort'.

Hainich, Hainke → Heinrich

Hajek, Heiek 1309 Hagek, 1397 Hayek. WN zu tschech. *háj,* demin. *hájek* 'Hain' oder HN zum ON *Hájek* (mehrmals in Böhmen).

Hajny 20. Jh. Hajný BN zu tschech. hajný 'Waldheger'.

Hak(e) → Haacke

Hälbig → Helbig

Halbmeier, Hallmeier, nd. **Halfmeier:** 1361 Halbmeiger. BN, Besitzer eines halben Meierhofes, → *Meyer.*

Halbritter 1277 nd. Halfridder, 1374 Halbritter. BN zu mhd. *halpritter* 'nicht vollkommener Ritter', wohl in wirtschaftlicher Hinsicht.

Halder 1278 Halder. WN zu mhd. *halde* 'Bergabhang'.

Halfmeier → Halbmeier

Halka, Halke 1568 Halck, 1659 Halcko, 19. Jh. Halka. Sorb. KF zum RN → *Alexander.*

Hallbauer 1306 der Halbuerer. BN zu mhd. *halp* 'halb' und *būre* 'Bauer'; Bauer, der nur ein halbes Gut bewirtschaftet oder der als Zins die Hälfte des Naturalertrags zu geben hat, vgl. 1409 Halbergebur.

Haller 1200 Haller. HN zum ON *Hall(e),* auch ÜN zu mhd. *haller* 'Heller'; von → *Heller* nicht immer exakt zu scheiden.

Hallmeier → Halbmeier

Hamm → Hamme

Hamma → Johannes

Hamann, Hahmann, Hammann 1330/49 Hamman, 14. Jh. Hamman = Hanneman. KF zum RN → *Johannes*

+ *-man*-Suffix, nd. auch KF zu *Hafemann* → *Hoffmann,* z. T. auch HN bzw. WN zum ON bzw. ÖN *Hamm* zu mnd. *ham(me)* 'eingefriedigtes Stück Land'.

Hämling → Hämmling

Hamm(e) 1254 de Hamme, 1294 van dem Hamme. HN zum ON *Hamm* oder WN zum ÖN zu mnd. *ham(me)* 'eingefriedigtes Stück Land'.

Hammann → Hamann

Hammelmann 1347 Hamelmann (neben: von Hamelen), Hameleman. HN zum ON *Hameln* oder WN zu mhd. *hamel* 'schroff abgebrochene Anhöhe, Klippe, Berg' oder ÜN bzw. BN zu mhd. *hamel* 'Hammel' für einen widerborstigen Menschen bzw. den Hammelhalter oder -züchter.

Hammer um 870 Hamur, 1317 Hammer, 1325 Hamerfaber, 1388 in dem Hamer. ÜN zu mhd. *hamer* 'Hammer, Hammerwerk, Hammermühle' für den Hammerschmied oder RN, ÜN zu ahd. *hamer* 'Hammer' für einen schlagkräftigen Menschen, auch WN zum ÖN *Hammer* / **Hämmerlein, Hemmerlein:** 1290 Hemerlin. Demin. zu Vor., ÜN vgl. mhd. *hemerlīn* 'kleiner Hammer, kleines Hammerwerk' / schwäb. **Hämmerle:** 1292 Hämmerlin. Wie Vor. / **Hämmerling, Hemmerling:** 1540 Hemerlingh. Wohl ÜN zu mhd. *hamer* als Bezeichnung für den Hammerschmied + Suffix *-ling* / **Hammermeister:** 1458 Hamermeister. BN zu mhd. *hamermeister* 'Besitzer eines Hammerwerks' / **Hammerschmidt:** 1364 Hammirsmit. BN zu mhd. *hamersmit* 'Schmied in einem Hammerwerk' / **Hammermüller:** 1488 Hamermoller. BN zu mhd. *hamer* 'Hammer, Hammerwerk, Hammermühle' für den Besitzer einer Hammermühle (Hammer-, Pochwerk), selten HN zum ON *Hammermühle.*

Hammerschmidt → Hammer

Häm(m)ling, Hemmling 1292 Hemling, 1371 Hämmling. ÜN zu mhd. *hemelinc* 'Hammel'.

Hamprecht 1608 Hamprecht. RN ahd. *hagan-beraht* 'umfriedigter Ort' + 'hell, strahlend, gänzend' / **Hampe, Hempe:** 9. Jh. Hampo, 1340 Hampe; 1344 Hempe. KF zum RN *Haganberaht* + *-o*-Suffix; möglich auch sorb. *Hampa:* 1463 Hampe. ÜN zu nso. *hampaś* 'schnappen, gierig essen, hinunterschlingen' / **Hampel, Hempel:** 1388 Hempel, 1422 Hampel. KF mit *-l*-Suffix, vgl. 1372 Hempe = Hempel Geise, 1395 Hemppel Schultheiße / **Hemperle:** 1514 Hemperlin. Schwäb. KF.

Hanak → Johannes

Händel, Hendel, schwäb. **Händle:** 1311 Händelin, 1410 Hendl, 1414 Hendel. ÜN zu mhd. *hendelīn* 'Händchen', z. T. KF zum RN → *Johannes,* südostd. auch KF zu → *Heinrich.*

Handke → Johannes

Handrack, Handreg, Handreck, Handri(c)k → Andreas

Handtke → Johannes

Hänel → Hähnel

Hanemann → Johannes

Hanf(f), fränk. **Hanft:** 1544 Hanff. ÜN zu mhd. *han(e)f* 'Hanf' für den Hanfbauern, vgl. 1479 Hanffman.

Hanich → Johannes

Hänich → Heinrich

Hanicke → Johannes

Hänig → Heinrich

Hanika, Hanisch, Hänisch, Hanit(z)sch, Hank(e), Hankel, Hankler, Hanko, Hann, Hannak, Hanne, Hannecke, Hannemann, Hannig, Hannsch, Hannus, Hannusch, Hannuschke, Hannu(t)sch, Hans, Hansch, Haensch, Hänsch, Hansche, Hanschi(c)k, Hanschke, Hanschmann → Johannes

Hänse, Hense, Hen(t)ze 1270 Hence = Heinse = Henricus Vöge, 1341 Henze. KF zum RN → *Heinrich* oder KF zum RN → *Johannes.*

Hansel, Haensel, Hänsel, Hänseler, Hänseling, Hänselmann, Hansen, Hänsgen, Hänßgen, Hanslik, Hansmann → Johannes

Hantke → Anton

Hantrack → Andreas

Hantsch, Häntsch, Hantsche → Johannes

Häntschel, Hent(z)schel (1369 Hentschel = Hensel Pechmann), 1402 Hencschel. KF zur KF *Heinz* → *Heinrich* oder zur KF *Hans* → *Johannes.*

Hantschmann → Johannes

Hantusch → Anton

Hantzsch, Hantzsche, Hantzschmann, Hanusch(ke) → Johannes

Happe 1269 Hapo. KF zum RN ahd. *hadu-beraht* 'Kampf' + 'hell, strahlend, glänzend' mit *-o*-Suffix / **Hapke,** nd. **Happeke:** 1252 Happeke. KF zu Vor. mit *-k*-Suffix / **Happel,** alem. **Happle, Häpple:** 1303 Happelo; 1276 Happeli. KF mit *-l*-Suffix / **Heppel, Hepple:** 1328 Heplin. KF zu RN auf ahd. *hadu-* → *Happe* + *-l*-Suffix; vereinzelt auch ÜN zu mhd. *hepe* 'Messer von sichelartiger Gestalt für Gärtner und Winzer' für den Gärtner oder Winzer, besonders schwäb. / **Hepper:** 1538 Hepper. KF wie Vor. + *-r*-Suffix / **Hepperle:** 1481 Häpperlin. KF wie Vor. + *-r-* + *-līn*-Suffix / patron. *Hepping:* 1368 Häping.

Harbig → Herwig

Hard, Haart, Harth 1276 us dem Harde. HN zum ON *Haard(t), Haarth, Hard(t), Hart(h)* oder WN zum ÖN zu mhd. *hart* 'Wald; Weide(Trift)' / **Harder:** 1252 Harder. HN oder WN wie Vor.

Härich, Haering → Hering

Harlaß, Harrlaß 1399 Harlaß. ÜN zu mhd. *harliʒ,* wie *harniʒ,* Nebenform von *hornuʒ, horniʒ* 'Hornisse', wohl für einen unruhigen, aufdringlichen Menschen.

Harm(s) 1332 Harm. ÜN zu mhd. *harm(e)* 'Hermelin'; nd. auch KF zum RN *Harmen(s)* für → *Hermann,* vgl. 1689 Harmens = 1691 Harms.

Harnack 1266 Hardenacke. ÜN zu mhd. *hart, herte* 'hart, fest' + *nacke* 'Nacken' für einen unbeugsamen Menschen; kaum sorb. Abltg. vom deutschen RN *Ernst.*

Harnisch 1268 Harnasch, 1424 Harnisch. ÜN zu mhd. *harnas(ch)* 'Harnisch, kriegerische Ausrüstung' für den Harnischmacher oder für einen mit dem Harnisch Gerüsteten.

Harrer 1268 Harrer. ÜN zu mhd. *harren* 'harren, warten, sich aufhalten', vereinzelt HN zum ON *Harra* und BN zu mhd. *har* 'Flachs' für den Flachsbauern, -händler.

Harrlaß → Harlaß

Härtel, Haertel, Hertel(t), Hertlein, schwäb. **Härtle(in):** (1270 Hartlinus = 1266 Hartmannus), 1333 Hertelin, 1359 Hertel = Hartung (1378 Hertel = Hartman Luft). KF zum RN → *Hartwig,* → *Hartmann,* → *Hartung* mit *-l*-Suffix bzw. mit *-l-īn*-Suffix / nd. **Hartke,** patron. **Hartkens:** 1392 Hartike, 1483 Hartkens. KF zu RN auf *Hart-* + *-k*-Suffix.

Harth → Hard

Hartig, Härtig, Harttig, Harting, Härting, Herting, Hertig um 830 Herding, um 990 Harding(us), 1345 Harttige, 1429 Hertighe, 1445 Härtinc; 1413 Herting. Patron. KF zu RN auf ahd. *hart* 'hart, streng' → *Härtel,* nd. auch KF zu → *Hartwig,* vgl. um 1300 Harteke = Hartwig de Libra – vgl. auch **Hartisch:** 1425 Hartisch, 1455

Hartusch und altenburgisch **Hertzsch:** 1458 Hartticsch.

Hartke, Hartkens → Härtel

Hartleb, Hartlep(p), Hartleib 1332 Hartlib, 1330/49 Hardelof, 1350 Hartlieb. RN ahd. *hart-liob* 'hart, streng' + 'lieb, geliebt, teuer, angenehm'.

Härtle, Härtlein → Härtel

Hartmann 1267 Hartmann(i). RN ahd. *hart-man* 'hart, streng' + 'Mensch, Mann'.

Harttig → Hartig

Hartung 1272 Hartung(us), 1437 Harthung. KF zu RN auf ahd. *hart-* 'hart, streng' mit *-ung*-Suffix, → *Hartig.*

Hartwig, Hartwich, Hertwig, Haertwig, Härtwig um 1000 Hartwich, 1145 Hertwic(us), 1471 Hartwig. RN ahd. *hart-wīg* 'hart, streng' + 'Kampf, Streit, Krieg'.

Haschke → Johannes

Hase → Haase

Haese, Häse 1423 Hese. Vielleicht ÜN zu mhd. *hæʒ(e)* 'Rock, Kleid, Kleidung' oder nd. KF zum RN *Hedwig,* vgl. 1355 Heseken.

Häse(c)ke → Haase

Häselbarth → Hässelbarth

Häs(s)elbarth, Hes(s)elbarth, Höselbarth, Hößelbarth 1531 Heselbarth. ÜN zu mhd. *hasel* 'Hasel' und *bart* 'Bart' für einen Menschen mit haselnußbraunem Bart.

Haeseler → Hasler

Haselhuhn → Hasselhuhn

Hasenbein → Hassenbein

Häsicke → Haase

Hasler, Häsler, Haeseler, Haßler, Hassler, Häßler 1284 Haseler, 1328 Häseler. HN zu den ON *Haßlau, Hasla, Hassel,* oder WN zu ÖN zu mhd. *hasel(ach)* 'Hasel(gehölz, -gesträuch)' / **Heßler, Hesseler:** 1273 Heseler, 1494 Heßler. HN zum ON *Heeßel* bzw. *Heßlar, Hesseler,* auch WN zu ÖN zu mhd. *hasel, hesel* 'Hasel' / **Häslich, Häßlich:** 1485 Häßlich, Heßlich. WN zu ÖN zu mhd. *hasel(ach)* 'Hasel(gehölz, -gesträuch)', vereinzelt auch HN zum ON *Häslich, Haßlach.*

Hass, Haß 1363 Haß. ÜN zu mhd. *haʒ* 'feindliche Gesinnung, Haß' / **Hässig:** 1381 Hässig. ÜN zu mhd. *haʒʒec, heʒʒec* 'haßvoll, feindselig'.

Hasse 1323 Hasse. KF zu RN auf ahd. *hadu-* 'Kampf' oder zu asä. *hasso* 'Volksname der Hessen', vgl. um 860 Hassa.

Has(s)elhuhn 1622 Haselhuhn. ÜN zu mhd. *haselhuon* 'Haselhuhn' wohl für einen Braunhaarigen.

Has(s)enbein 1424 Hasenbeyn. ÜN zu mhd. *hasenbein* 'Hasenknochen' für einen Schnellfüßigen, Gelenkigen.

Hassler, Haßler, Häßler, Häßlich → Hasler

Hätzler, Hetzler 1424 Hätzler. ÜN zu obd. mda. *Hätz* 'Elster' oder zu mhd. *hetzen, hatzen* 'hetzen, jagen; antreiben'.

Haubenreißer 1390 der Hubenriß, 1507 Hawbenreysser. BN zu mhd. *hūbe, hoube* 'Haube, Mütze als Kopfbedeckung für Männer und Weiber, Helm' und *rīse* 'Art herabfallender Schleier; Helm, Pickel-, Sturmhaube' für einen Handwerker, der den Kopfputz der Frauen herstellte oder für den Haubenschmied.

Haubenschild → Hauschild

Haubold 798 Hugbald(us), 1394 Haupolt. RN ahd. *hugu-bald* 'Geist, Sinn; Gesinnung, Mut' + 'kühn, mutig, stark'.

Hauck(e) → Hauke

Haueis(en) 1297 Houīsen, 1390 Haweisen. ÜN, SatzN zu mhd. *houwen* 'hausen' und *īsen* 'Eisen' für einen Schmied.

Hauenschild → Hauschild

Hauenstein → Haustein

Hauer, Häuer, Heuer 1262 Howere, 1329 der Hewer. BN zu mhd. *houwer* 'der da haut, Holzfäller, Erzhauer' oder zu mhd. *höuwer, houwer* 'Mäher', → *Hoyer.*

Hauf(f), Hauf(f)e 1530 Hauff, 1542 Hauffe. WN oder ÜN zu mhd. *hūfe, houfe* 'Haufe (von Gegenständen)'.

Haufschild → Hauschild

Haug(k) → Hauke

Hauk(e), Hauck(e), Haug(k) 980 Hug, 1341 an dem Hauge, 1363 Hauk. RN (KF) *Hugo* zu ahd. *hugu* 'Geist, Sinn; Gesinnung, Mut', z. T. auch WN zu mhd. *houc* 'Hügel' / **Huch(e), Hugk, Hug(h):** 1269 Huc, 1308 Hug, 1475 Huck. Wie Vor. KF zum RN *Hugo* / alem. KF **Hück(el):** 1374 Hukli / alem. KF **Hug(e)l, Hüg(e)l, Hügle, Hügli:** 1300 Hugeli / alem. KF **Hugi.**

Haunschild → Hauschild

Haupt 1159 Hovet, 1223 Houbet. ÜN zu mhd. *houb(e)t, houpt* 'Kopf, Haupt' nach einem auffallenden Körpermerkmal, vgl. auch *Breit-, Schwarz-, Weißhaupt* bzw. *-kopf,* oder 'Oberhaupt' im Sinne von Anführer; vereinzelt auch HausN: 1290 und 1365 zem houbte bzw. WN zu obigem mhd. *houb(e)t* in der Bedeutung 'die Spitze; Anfang, Beginn' als Gegensatz zu → *Ende.*

Hauptmann 1377 Haupman, 1467 Haubtman. BN zu mhd. *houbetman* 'der oberste Mann, Hauptperson einer Vereinigung, eines rechtlichen Verhältnisses, Anführer im Kriege, Hauptmann'.

Hauschild, Hau(e)nschild, Haubenschild, Haufschild 1255 Howescilt, 1348 Hawenschilt, 1537 Hauschilt. ÜN, SatzN zu mhd. *houwen* 'hauen, stechen, bearbeiten, zuschneiden' und *schilt* 'Schild' für den Schildmacher oder für den Haudegen, Streitsüchtigen.

Hauser, Häuser, Häußer 1489 Hußer, 1578 Heuser. HN zum ON *Hausen* oder zu einem ON auf *-haus(en)* oder BN zu mhd. *hiusære, hūsære* 'Hausbesitzer', vgl. mhd. *līthiusære* 'Schenkwirt', s. a. *Häusler.*

Hausknecht 1321 Huskneht. BN zu mhd. *hūskneht* 'Knecht, Hausknecht'.

Häusler, Häußler, Heusler 13. Jh. der Huseler, 14. Jh. Hüseler, Heuseler. BN zu mhd. *hūs, hous* 'Haus, Wohnung; Haushaltung' für den Einwohner eines Dorfes, der ein Haus, aber kein Feld dazu besitzt, oder für den Dörfler ohne eigenes Haus, der zur Miete wohnt.

Hausmann, nd. **Husmann:** 835/63 Husiman; 1210 Husman. BN zu mhd. *hūsman* 'Hausherr, Hausbewohner, Mietsmann; Burgwart', mnd. *hūsman* 'Haus-, Landsmann, Bauer', auch RN ahd. *husman* 'Haus; Familie, Geschlecht' + 'Mensch, Mann', so 835.

Häußer → Hauser

Häußler → Häusler

Haustein, Hau(e)nstein, Hausstein 1256 Howinstein, 1554 Haustein. ÜN, SatzN zu mhd. *houwen* 'hauen, stechen, bearbeiten, zuschneiden' und *stein* 'Stein' für den Steinmetzen; obd. vereinzelt auch HN zum ON *Hauenstein.*

Havek → Habicht

Havemann, Hawemann → Hoffmann

Haverland(t) → Haberer

Hayder, Hayderer → Heide

Haydorn → Hagedorn

Haym → Heim

Hayn → Hain, → Heinrich

Haynk → Heinrich

Hebel 1441 Höbely, 1469 Hebilin. ÜN zu mhd. *hebel* 'Hefe', fnhd. *hebel* 'Hefeteig' für den Bäcker / pfälzisch

Hebels(e(n)), patron. zu RN ahd. *hadubald* 'Kampf' + 'kühn, mutig, stark', vgl. asä. 798 Hathubald(us).

Hebenstreit, Heb(e)streit 1216 Hebestrith. ÜN, SatzN zu mhd. *heben* 'heben, anfangen, erheben' und *strīt* 'Streit' für den Streitsüchtigen.

Heber 1380 der Heber, 1408 Heber. BN zu mhd. *heber* 'der Hebende; Taufpate' für den Lastenträger bzw. ÜN für den Taufpaten; z. T. auch verkürzt aus obd. *Heberer* → *Häberer.*

Heberer, Heberle → Haberer

Heb(e)streit → Hebenstreit

Hecht 1337 der Hecht, 1409 Hecht. ÜN zu mhd. *hech(e)t* 'Hecht' für den Fischer, Fischhändler oder für einen losen Burschen.

Heck 1469 Heck. WN zu mhd. *heck(e), hegge* 'Hecke', mnd. *heck* / **Heckmann:** 1303 Hekman. Wie Vor. + *-mann.*

Heckel, Hecker(t) → Häckel

Hedderich, Hederich → Heidenreich

Hedrich → Hädrich, → Heidenreich

Heduschke, Heduschka, Heiduschka 1568 Heiduschka, 1657 Heduschke. ÜN wohl für den Bauern oder Händler zu oso. *hejduška* 'Heidekorn, Buchweizen'.

Heede → Heide

He(e)ger, rhein. **Hegers:** 1312 Heger. BN zu mhd. *heger* 'Hüter, Aufseher eines Geheges; kleiner Lehnsmann', mnd. *heger* 'Meier, colonus; Schützer', → *Hegener.*

Heegewald → Hegewaldt

Heering → Hering

Heerklotz → Herklotz

Heese 1289 Hese. Nordwestd. WN oder HN zum nd. ÖN bzw. ON *Hees(e)* 'Buschwald, Gestrüpp'; z. T. auch = → *Heise,* → *Heidenreich.*

Hefele, Hef(f)ner → Hafner

Hegel → Hagen

Heg(e)ner 1303 Hegener. Obd. HN oder WN zum ON *Hegenau, Heggen, Hegne* oder zum ÖN zu mhd. *hege* = *hegge, hecke* 'Hecke; Einzäunung des Wildes' bzw. = *hac* 'Dorngesträuch, Gebüsch; Einfriedigung; umfriedeter Ort'; nordwestd. BN 'Besitzer oder Bewohner eines mit Haggerechtigkeit ausgestatteten Hofgutes', auch BN zu mnd. *hegenēr(e)* 'Hecken-, Wall-, Knickarbeiter', z. T. auch BN zu mhd. *heger* → *Heeger;* alem. auch BN zu *Hegene* für den Angelfischer.

Heger, Hegers → Heeger

Hegewald(t), Hegenwald, Heegewald 1422 Hegewalt, 1533/34 Hehgenwalt. WN zum ÖN *Hegewald,* mhd. *hegewalt* = *hegeholz* 'gehegter Wald', oder ÜN zu mhd. *hegen* 'hegen, pflegen' und *walt* 'Wald' für den Waldaufseher, Förster.

Hegner → Hegener

Hehn → Heinrich

Heid(e), Heidt, Haid, Heyd(e), Heydt, md.-nd. **Heede:** 1281 Heiden, 1282 Haid, 1289 (de) Heyde, 1324 an der Heid. HN zum ON *Heid(e), Haida, Heyda* oder WN zu ÖN zu mhd. *heide* 'ebenes, unbebautes, wildbewachsenes Land, Heide' / **Heider(er), Heyder, Haider(er), Hayder(er):** 1281 Haidar(ius), 1394 Heider. Wie Vor., vereinzelt zum RN → *Heidenreich,* vgl. 1289 Heydenricus = Heydher / **Heidler:** 1360 der Haideler, 1362 Heydler. WN zu mhd. *heide.*

Heideck(e), Heydecke (1250/1300 Heidenricus = Heydeko Vir), 1496 Heideck. Nd. KF mit *-k*-Suffix zum RN ahd. *heidan-rīhhi* → *Heidenreich* oder HN zum ON *Heideck* / **Heidekker:** HN zum ON *Heideck* / **Heydegger:** HN zum schweiz. ON *Heidegg.*

Heid(e)l, Heydel 1359 Heydele, 1389 Heidel. KF mit *-l*-Suffix zum RN ahd.

heidan-rīhhi → *Heidenreich* oder WN zu mhd. *heidelīn* 'kleine Heide', vielleicht auch ÜN zu fnhd. *heidel* 'Buchweizen' / **Heidelmann:** 1509 Heidelman.

Heidemann, Heydemann, Heid(t)mann, Heyd(t)mann (ndd. auch) **Hedemann** 1254 Heideman. KF zum RN → *Heidenreich* + *-man*-Suffix oder WN zum ÖN zu mhd. *heide* 'ebenes, unbebautes, wildbewachsenes Land, Heide'; kaum ÜN zu mhd. *heidenman* 'der Heide'.

Heiden, Heyden 1277 Heidhene, 1360 Heyden. ÜN zu mhd. *heiden* 'heidnisch', mnd. *heiden(e)* 'Heide'.

Heidenreich, Heydenreich, Heidrich, Heydrich, osä. **Hed(e)rich, Hedderich, (Hädrich),** rhein. **Heidrichs:** 826/56 Hethenric(us), 1248 Heidenric(us), Heydenreich, 1471 Heidenreich = Hederich. RN ahd. *heidan-rīhhi* 'Heide' + 'reich, mächtig; hoch, prächtig; glücklich' / nd. KF **Heise, Heyse:** 1297 Heyse (1267 Heydenricus = 1268 Heyso de Ursleve), gelegentlich auch = → *Heinrich*, vgl. (1400 Heyso Krauwel = 1425 Heinrich Crawel) / nd. KF **Heisecke:** 1309 Heyseke / **Heisemann:** 1348 Heiseman. Wie *Heise* + *-man*-Suffix.

Heider, Heiderer → Heide

Heidl → Heidel

Heidler → Heide

Heidmann → Heidemann

Heidolf, Heidolph, Heydolf 1288 RN Heydolfus, 1479 Heydewolff. RN ahd. *heida-wolf* 'Heide' + 'Wolf'.

Heidorn → Hagedorn

Heidrich, Heidrichs → Heidenreich

Heidtmann → Heidemann

Heiduschka → Heduschke

Heiek → Hajek

Heier, Heyer 1400 Heigir, 1499 Hewer, 1510 Hayer. BN zu mhd. *houwer* 'der da haut: Holzfäller, Erzhauer im Bergwerk; Rebhauer' oder mhd. *höuwer* 'Mäher' → *Hauer,* seltener mhd. *heie* 'Hüter, Pfleger', so 1281 Heier, oder ÜN zu mhd. *heier, hoier* 'Ramme'.

Heil, Heyl, obd. **Hail:** 1388 Hoyle. RN ahd. *Heilo* zu ahd. *heil* 'gesund, ganz, vollkommen, unversehrt' + *-o*-Suffix, auch KF zu → *Heinrich* / patron. **Heiling:** 1438 Heilinc / **Heil(e)mann:** (1350 Heilman Breithoubt) 1369 Heilman, 1406 Heilemann. KF zu RN auf ahd. *heil* 'heil, gesund; ganz, vollkommen, unversehrt' + *-man*-Suffix.

Heiland 1266/1325 Heilant. ÜN zu ahd. *heilanto, heilento* 'Heiland, Erlöser', selten RN ahd. *heil-lan(t)* 'hell, gesund; ganz, vollkommen, unversehrt' + 'Land, Gegend, Gebiet; Erde, Feld; Ufer'.

Heilemann, Heiling, Heilmann → Heil

Heim, Heym, Haym, Heims 1286 Heymo, 1293 Heym, 1380 Haimo, 1414 Haym, 1544 Heim. KF zum RN zu ahd. *heim-* 'Heim-' mit *-o*-Suffix / patron. schwäb. **Heimer:** 1291 Haimer.

Heimann, Heymann 1273/1330 Heiman. KF zum RN ahd. *hagan-rīhhi* → *Heinrich* + *-man*-Suffix, z. T. auch zum RN ahd. *heim-rīhhi* 'Heim' + 'reich, mächtig'.

Heimbürge(r) 1207 Heimburge. BN zu mhd. *heimbürge(r)* 'Gemeindevorsteher'.

Hein, Heindel, Heine, Heinecke, Heinel, Heinemann, Heiner, Heinich, Heinick(e), Heinickel, Heinicker, Heinig, Heining, Heinisch → Heinrich

Heinitz 1388/89 Heynicz. HN zum ON *Heynitz, Heinitz* oder sorb. KF zum RN → *Heinrich,* so 1488 Heynitz.

Heinke, Heinkel, Heinkeler → Heinrich

Heinrich, nd. **Hinrich, Hen(d)rich, Hentrich,** nrhein. **Hendrichs:** 1140 Heinricus, 1329 Henrich, 1402 Heinrich, 1519 Hentricht, Hendtrich. RN ahd. *hagan-rīhhi* 'umfriedeter Ort' + 'Herrschaft, Herrscher; Macht, Gewalt, Reich' / gen. **Heinrichs, Henrichs,** nd. **Hinrichs:** 1405 Heinrichs / nd. patron. **Hinriking:** 1464 Hinrickinck / latin. **He(i)nrici:** 1251 Heinrici, 1423 Henrici / md. **Heinritz:** 1478 Heinritze. KF mit *-z-*Suffix / **Hein(e), Heyn(e), Hayn, Hehn:** 1334 Heino, 1393 Heyne. KF zum RN ahd. *hagan-(-rīhhi)* + *-o-*Suffix / **Heinel:** 1388 Hewnel, Heinel. KF mit *-l-*Suffix / **Heiner, Heyner:** 1290 Heinerlin, 1418 Heyner. KF mit *-r-*Suffix / **Heinemann, Hennemann, Heunemann, Hemmann:** 1257 Heineman, 1589 Hemmann. KF zum RN ahd. *hagan-(-rīhhi)* + *-man-*Suffix; z. T. auch zusammengezogen zu → *Heymann, Heimann,* vgl. 1318 Heyman = Heynman / **Heine(c)ke, Heinicke, Heinke, Hainke, Hennecke:** vor 1257 Henneke, 1305 (filius) Heyneken, 1359 Heinke = Heynczke = Henczke, 1377 Heyncke, 1466 Henicke = Heynicke. KF zum RN ahd. *hagan(-rīhhi)* + *-k-*Suffix – *Henne(c)ke* im Nd. auch beliebte KF zu → *Johannes,* vgl. 1304 Henneke = Johannes Ertmars, 1442 Henneke = Henning = Johannes Wulf bzw. 1348 Henneke Goltschmid = 1369 Henke G. = 1360 Heinke G. = 1371 Hene G., als KF zu → *Heinrich* oder → *Johannes* **Henk(e):** 1362 RN Henke = Heinke Dresden, 1388 Henko. KF wie → Heinke / rhein. **Henkes** / KF **Heng(e):** 1407 Heng / rhein. **Hengels** / schweiz. **Henki:** 1409 Henkin / KF **Hink:** 1376 Hinke / rhein. **Hinkes** / **Heinkel:** 1353 Heynchel. KF mit *-k-* + *-l-*Suffix / **Hen(c)kel:** 1348 Heinkele Heinkelin son, 1379 Henkel. KF zu Vor. + *-l-*Suffix, kaum zu mhd. *hengel* 'das Hängende; Henkel' / rhein. **Hen(c)kels** / patron. **Heinkeler:** 1500 Hainkeler / **Heinickel:** 1548 Heinickel. KF wie → *Heinkel* / **Heinicker:** 1589 Heinigker. KF mit *-k-* + *-r-*Suffix / **Henkler:** 1428 Heincler. KF wie → *Henckel* + *-er-*Suffix / **Henkelmann:** 1366 Henckelmann(e), 1409 Henckel-, Hinckelman. Wie Vor. + *-man-*Suffix / **Hinkel(mann):**) 1289 Hinkelman. KF + *-l-* + *-man-*Suffix / **Heindel:** 1555 Heindel. KF mit *-d-* + *-l-*Suffix / **Heini(n)g, Heinich, Heynig, Hainich, Hänich, Hänig:** 1401 Heynich, Heynichs, 1439 Heynig. Ostmd. KF + *-ing-*Suffix / **Heinz(e), Heins(e), Heintz(e),** ostmd. **Hein(tz)sch, Henz, Hentze,** ostd. **Hentzsch, Hinz(e), Hintz(e),** ostmd. **Hien(t)zsch, Hiensch, Hinsche,** latin. **Heinzius, Heinsius:** 1257 Hynse, Hinzo, 1322 Heinze, 1341 Henze, 1399 Heyncz, 1370 Heynczchin, 1425 de Hinsche, 1474 Heintzsch, 1515 Hentzsch. KF mit *-z-*Suffix / **Heinz(e)l:** 1296 Hainzel(i), 1391 Heinczel. KF mit *-z-* + *-l-*Suffix / patron. **Heinzeler:** 1488 Heintzeler / **Heinzke:** KF + *-z-* + *-k-*Suffix / nd. KF **Henzke:** 1557 Henzke / ostd. KF **Heinzig:** 1589 Heintzig mit *-z-* + *-ing-*Suffix / **Heinzmann, Henzmann, Hinzmann:** 1297 RN Heinzemann, 1323 Henzemann = Hinczmann, 1395 Henzemann. KF wie → *Heinze* + *-man-*Suffix / **Heinzelmann:** 1469 Heinzelmann. KF wie → *Heinzel* +*-man-*Suffix / **Heitz,** altenburg. **Heitzsch:** 1456 Heydiczsch, 1551 Heits. KF + *-z-*Suffix / **Heitzmann:** 1460 RN Heinrich = Heitzman, 1475 Heizmann. KF + *-z-* + *-man-*Suffix / **Heiricht, Herricht:** 1523

Heyricht. KF + *-ing*-Suffix + später angefügtes *-t* / slaw.: **Hainke, Haynk, Heinke:** 1374/82 Heynke. Sorb. **Hajnk, -a, -o.* KF zum RN *Heinrich* / **Heinick:** 1439 Heynig (s. a. *Heini(n)g), möglich auch westslaw. KF *Hajnik* zum RN → *Heinrich* oder BN zu oso. *hajnik,* tschech. *hajník* 'Jäger, Förster' / **Heinisch:** 1345 RN Heinusch = Heyncze Schönhor, 1430 Heynisch, 1498 Henisch. Sorb. KF / **Hönisch:** 1600 Hönitzsch, sorb. KF.

Heinrici, Heinritz, Heinsius, Heintz(e), Heintzsch, Heinze, Heinzel, Heinzeler, Heinzelmann, Heinzig, Heinzius, Heinzke, Heinzmann, Heiricht → Heinrich

Heise, Heisecke, Heisemann → Heidenreich

Heiß → Heus

Heitmann wohl WN zu mhd. *heide, hēde* → *Heide* + *-mann.*

Heitz, Heitzmann, Heitzsch → Heinrich

Helbig, Helbich, Hälbig, Hilbi(n)g, Helbing, Hel(l)wig, Hel(l)wich, Hel(l)weg um 1000 Helwic, 1362 Helwig, 1426 Helbig = 1427 Helliwig, 1454 Helwig = Helbing, 1458 Hilbing, 1475 Hilwigk. RN ahd. *heil-wīg* 'heil, gesund; ganz, vollkommen, unversehrt' + 'Kampf, Streit, Krieg'.

Helbock → Hellbock

Held(t) 1244 der Helt, 1343 Helt. ÜN zu mhd. *helt* 'Held'.

Helfer 1293 der Helfer, 1361 Helfer. BN zu mhd. *helfære* 'Helfer, Gehilfe'.

Helfrich(t) 1290 Helferic(us), 1315 Helferich. RN ahd. *helfa-rīhhi* 'Hilfe, Beistand, Schutz' + 'reich, mächtig'.

Helfrit(z)sch → Hellfritzsch

Hel(l)bo(c)k 1293 Hellebok. ÜN zu mhd. *helleboc* 'Teufel'.

Hellebrandt → Hildebrandt

Heller 1278 der Heller, 1280 Haller, 1378 Heller = Haller. ÜN zu mhd. *heller, haller* 'Heller' (Münze, nach der Stadt Schwäbisch-Hall, wo diese Münze zuerst geprägt wurde) oder WN zum ÖN zu mhd. *helle* 'Hölle', kaum HN zum ÖN *Hall;* nd. auch WN zum ÖN mnd. *heller* 'Fischbehälter'.

Hellfrit(z)sch, Helfrit(z)sch 1487 Helfritzsch. WN zum ÖN zu mhd. *helle* 'Hölle' + *Fritzsch* → *Friedrich.*

Hellig 1575 Hellig. ÜN zu mhd. *hellic, hellec* 'ermüdet, erschöpft, abgemattet'.

Helli(n)g 1414 Helling. ÜN zu mhd. *hellinc* = *helbelinc* 'Münzstück im halben Wert des jeweiligen Pfennigs' für den nicht voll zu nehmenden Menschen.

Hellinger 1295 Hällingär, 1460 Hillinger. HN zum ON *Hellingen* oder BN zu mhd. *hellinger* 'Salzarbeiter'.

Hellmann um 1250 Helman, 1308 Helleman, 1381 Helleman = 1395 vor der Helle. WN zum ÖN zu mhd. *helle* 'Hölle', vgl. 1270 zur hellun, 1288 in der helle, seltener zu mnd. *helle* (aus *helde)* 'abschüssige Stelle, Schräge; steiler Pfad; Berg'; möglich auch KF zu RN auf ahd. *heil-* → *Heilemann,* → *Helbig.*

Hel(l)mich, Helmig, Helming 1259 Helmic(us), 1400 Helmich. KF zu RN auf ahd. *helm* 'Helm' + *-ing*-Suffix.

Hellmuth 1478 Helmut. RN ahd. *helm-* bzw. *hiltia-muot* 'Helm' bzw. 'Kampf' + 'Sinn, Verstand, Geist; Gesinnung; Mut'.

Hellriegel, Höllriegel 1266/1325 Helregel(e), 1540 Helleriegel. ÜN zu mhd. *hellerigel* 'Teufel'.

Hellweg, Hellwich, Hellwig → Helbig

Helm 1273 Helm, 1548 Helm. ÜN zu mhd. *helm(e)* 'Helm', auch 'behelmter Krieger' für einen Helmschmied, oder KF zu einem mit ahd. *helm* 'Helm' anlautenden, seltener auslautenden RN / gen. **Helms:** 1450/51 Helmes.

Helmer(t) 1313 di helmr, 1337 Helmer. BN zu mhd. *helmer* 'Helmmacher', vgl. auch 1290 Conr. der helmere zunftmeister, oder RN ahd. *helm-hart* bzw. *-wart* 'Helm' + 'hart, streng' bzw. 'Wächter', vgl. 1380 Helmhart = Helmlein / patron. **Hel(l)mers(en):** 1406 Helmerdes / im Vogtland **Helmer(t), Helmrich:** 1422 Helinbrecht. RN ahd. *helm-beraht* 'Helm' + 'hell, strahlend, glänzend' / **Helmrich, Hel(l)merich, Helmreich,** gen. **Helmrichs:** 800 Helmric(us), 1460 Helmerich. RN ahd. *helm-rīhhi* 'Helm' + 'Herrschaft, Herrscher; Macht, Gewalt, Reich'.

Helmhol(t)z 9. Jh. Helmold, 1320/30 Helmoldes, 1440 Helmold Helmoldes. Gen. zum RN ahd. *helm-walt* (> *old)* 'Helm' + 'Gewalt, Macht; walten, herrschen'.

Helmich, Helmi(n)g → Hellmich

Helmreich, Helmrich, Helmrichs → Helmert

Helms → Helm

Helweg, Helwig, Helwich → Helbig

Hem(m)ann 1564 Hememan, 1578 Heman, 1588 Hemmen. RN als Variante zu → *Heimann* und *Heinemann* → *Heinrich;* z. T. auch Variante zu *Haneman* → *Johannes,* vgl. 1295 Henman = Heiman, 1350 Hemman = Johann Löselin, 1391 Hemman = Haneman v. Liebeck; im Nd. auch HN zum ON *Hemme:* 1333 Hemman neben 1299 von Hemme.

Hemmerlein, Hemmerling → Hammer

Hemmling → Hämmling

Hempe, Hempel, Hemperle → Hampe

Henckel → Heinrich

Hendel → Händel

Hendrich(s) → Heinrich

Henel → Hähnel

Heng(e) → Heinrich

Hengelhaupt 1511 Hengel heubt. ÜN zu mhd. *hengelhoubten* 'das Haupt hängen lassen'.

Hengels → Heinrich

Hengst, nd. **Hingst:** 1337 Hengest. ÜN zu mhd. *heng(e)st* 'Wallach; Pferd überhaupt; ein Teil der Rüstung, Bewaffnung' für einen ungestümen, mutigen, starken Menschen; seltener WN zum ÖN *Hengst* 'Anhöhe, Berg' oder HausN.

Henke, Henkel, Henkelmann → Heinrich

Henker 14. Jh. Hengker. ÜN zu mhd. *henker* 'Henker', vgl. auch 1316 Lodewicus carnifex, 1370 Jacobus carnifex; vereinzelt auch KF *Henke* → *Heinrich* + *-er*-Suffix.

Henkes, Henki, Henkler → Heinrich

Henle(in) → Hahne

Henne → Johannes

Henne(c)ke, Hennemann, Hennicke → Heinrich

Henni → Johannes

Henni(n)g, Hennich 1367 Henningh, 1413 Hennig. KF zum RN → *Johannes,* vor allem nd., oder → *Heinrich* + *-ing*-Suffix, vgl. 1290 Henning = Joh. older, 1265 Hinricus Howardi = 1277/84 Henning Howerdes, gegen 1319 Henning = Heinig pistor / gen. **Hennings:** 1305 Henningi, 1363 Henninghes, 1426 Henning Henninges.

Henrich(s), Henrici → Heinrich

Hensch → Johannes

Henschke, Hentschke 1359 Heinke = Heynczke = 1370 Henczke. KF zum RN → *Heinrich* oder → *Johannes.*

Hense → Hänse

Henseler, Hensel(mann), Hensen, Hensgen, Hensler, Henssler, Henßler → Johannes

Hentrich → Heinrich

Hentsch → Johannes

Hentschel → Häntschel

Hentschke → Henschke

Hen(t)ze → Hänse
Hen(t)zel → Johannes
Hent(z)schel → Häntschel
Henzke, Henzmann → Heinrich
Heppel, Hepper, Hepperle, Hepping, Hepple → Happe
Herberg, Herbrich 1256 Herberg / **Herberger:** 1395 Herberger. / österr. **Hörbi(n)ger:** 1430 Herberger. BN zu mhd. *herberger* 'der Herberge gibt; Mietswohner'.
Herbig → Herwig
Herbrich → Herberg
Herbst 1156 Herbest. ÜN zu mhd. *herb(e)st* 'Herbst, Ernte, Weinernte' nach der Jahreszeit wie *Sommer, Winter.*
Hercher → Herger
Herdegen, Herden 1266 Herdegen = Herden, 1506 Herding = 1529 Herdegen. RN ahd. *hēr-* bzw. *heri-thegan* 'alt, ehrwürdig, von hohem Rang' bzw. 'Heer' + 'Krieger, Gefolgsmann'; Herden vereinzelt auch HN zum ON *Herda,* vgl. 1603 Hans (von) Herden.
Herder 1271 Herder(us). RN zu asä. *hard-heri* 'tapfer, kühn' + 'Heer' oder HN zum ON *Herda, Herdern,* vgl. 1291 de Herdern, bzw. WN zum ÖN *Herder,* vgl. 1324 Herderer = Herder; oder BN zu mnd. *herder,* mhd. *hertære, herter* 'Hirte', oder zu mnd. *herder* 'Hartmacher, Härter'.
Herfart(h), Herfort(h), Herfurt(h), Herrfurth, Herfert 1309 de Hervorde, 1392 Hervart, 1446 Herfurt, 1465 Herferth, Herffart. RN ahd. *hēr-* bzw. *heri-frīdu, -wart* 'alt, ehrwürdig, von hohem Rang' bzw. 'Heer' + 'Friede, Schutz', – 'Schutz, Hüter', oder ÜN zu mhd. *hervart* 'Heerfahrt, Kriegszug' für einen Teilnehmer daran, kaum zu mhd. *hervart* 'Hergang, Ereignis', oder HN zum ON *Herford.*
Herger(t), Hercher um 830 Heriger, (1140 Hergard), um 1300 Herger(us). RN ahd. *heri-gēr* 'Heer' + 'Speer', seltener *garda* 'Rute, Stab; Zepter'.
Hergesell(e) 1287 der Hergeselle. ÜN zu mhd. *hergeselle* 'Kriegsgefährte, ritterlicher Gefährte, Gefährte überhaupt', fnhd. *hergesell* 'Kamerad'.
Herich → Hering
Hering, Heering, Härich, Haering 1152 Hering, 14. Jh. Häring. ÜN zu mhd. *hærinc* 'Hering' für den Heringshändler (mhd. *hæringer)* oder für einen schmächtigen, unansehnlichen Menschen; vereinzelt auch HN zum ON *Hering(en)* oder KF zu RN auf ahd. *hēr, heri* + *-ing*-Suffix / **Heringer:** 1316 Hæringer, 1352/60 Hering = Heringer. Wie Vor. / ostmd. **Herich, Hörich, Hörig:** um 825 Herric, 826 Herico, 1418 Herich, 1595/6 Herrigk. Wie Vor., oft auch RN ahd. *heri-rīhhi* 'Heer' + 'Herrschaft, Herrscher, Macht, Gewalt, Reich'.
Herklotz, Heerklotz 1682 Herklotz. Vielleicht ÜN zu mnd. *hārklatzie* 'Haarzauserei' oder zu mhd. *hēr* 'hoch, vornehm; heilig; stolz; glänzend' und *kloȥ* 'Klumpe'.
Hermann, Herm(e)ke, Hermeler, Herm(e)s → Herrmann
Herold(t) um 870 Herold, 1424 Herolt. RN ahd. *heri-walt* 'Heer' + 'Gewalt, Macht; walten, herrschen', später auch ÜN zu mhd. *heralt, heralde* 'Herold', z. T. auch HN zum ON *Herold.*
Herrfurth → Herfarth
Herricht → Heinrich
Her(r)mann, bair. **Hörmann:** 822/75 Heriman(nus), 1261 Herman(us). RN ahd. *heri-man* 'Heer' + 'Mensch, Mann' / KF **Herm(e)s, Harms** / nd. KF **Herm(e)ke:** 1473 Hermke(n) / patron. **Hermeler:** 1356 der Hermeler / **Hetze:** 1425 Hetze. KF *Hezzo* zu → *Herrmann* mit *-z-* + *-o*-Suffix oder ÜN zu mhd. *hetzen* 'hetzen, jagen' /

Hetzel: 1007 Hecil = Herman, 1050 Herimannus qui et Hezelo, 1330 Hetzel. KF wie Vor. + *-l*-Suffix / **Hetzelmann:** 1556 Hetzelmann. Wie Vor. + *-man*-Suffix.

Hertel(t) → Härtel

Hertig, Herting → Hartig

Hertlein → Härtel

Hertwig → Hartwig

Hertz → Herz

Hertzsch → Hartig

Herwig, Herbig, Harbig 1146 Herewich, 1360 Herwig, 1525 Harwich, 1572 Herbich. RN ahd. *heri-wīg* 'Heer'+ 'Kampf, Streit, Krieg'.

Herz, Hertz 1305 Hertze, 1413 Hertz. KF zum RN ahd. *hart-wīg* → *Hartwig* + *-z*-Suffix, z. T. auch ÜN zu mhd. *herz(e)* 'Herz, eigentlich als Sitz der Seele, des Gemütes, Mutes, Verstandes, der Vernunft, Überlegung' für einen Menschen mit Herz, vgl. auch Namen wie *Frommherz, Hochherz:* 1358 Hogheherte; vereinzelt auch BN zu oso. *herc* 'Spieler, Musikant'.

Herzer 1515 Hertzer. BN zu mhd. *herzen* 'auspichen' für den Harzsammler oder Faßpicher.

Herzig → Herzog

Herzog, Herzig um 1200 Herzog, 1533 Herzing = Herzog, 1581 Hertzig. ÜN zu mhd. *herzoge* 'der dem Heere Voranziehende, Heerführer; Herzog'; *Herzig* auch sorb. → *Herz.*

Hesch → Hösch

Heselbarth → Hässelbarth

Hess(e), Heß(e), Höß 775 Hessi, um 860 Hasso, 1180 Hesso, 1394 Hess, 1401 Hesse, 1475 Höß. Zum StammesN der *Hessen,* asä. *hasso* oder zum RN ahd. *Hessi* zum StammesN / patron. **Hessing:** 1350 Hessing.

Hessel, Heßel um 1050 Herimannus = Hezelo, 1281 Hesso = Hesselin, 1373 Hesslin(us), 1542 Hessel. KF zu RN auf ahd. *heri* → *Herrmann* oder zum StammesN → *Hesse* mit *-l*-Suffix oder WN (HN) zum FlußN *Hessel* oder zu mhd. *hasel, hesel* 'Hasel', vereinzelt auch HN zum ON *Hessel, Hessel(te).*

Hesselbarth → Hässelbarth

Hesseler, Heßler → Hasler

Hessing → Hesse

Heßmann, Hessmann 1489 Heßeman, 1531 Heßman. RN zum StammesN → Hess(e) + *-man*-Suffix oder BN zu mhd. *hessen* 'hetzen, mit Hetzhunden jagen' und *man* für einen Hetzer, Jagdtreiber, Jäger.

Hetze, Hetzel, Hetzelmann → Herrmann

Hetzler → Hätzler

Heuer → Hauer

Heunemann → Heinrich

Heus, Heuß, obd. auch **Heiß:** 825 Husi, 1293 der Hiuse, 1297 Husinc, 1355 Heuß, 1556 Heuß = Huß; 1606 Heis(ius) = 1609 Heus. KF zu RN auf ahd. *hūs* 'Haus', obd. auch KF zu *Mattheis* = → *Matthias,* alem.-schwäb. auch ÜN zu mhd. *hiuze* 'munter, frech'.

Heusler → Häusler

Heuß → Heus

Hey 1423 Hay, 1496 Heye. BN zu mhd. *heie* 'Hüter, Pfleger'.

Heyd-, Heydt → Heid-

Heydegger → Heidecke

Heydorn → Hagedorn

Heyer → Heier

Heym → Heim

Heymann → Heimann und → Heinrich

Heyn(e), Heyner, Heynig → Heinrich

Heyse → Heidenreich

Hieck, Hieke, Hicke, Hie(c)kel, Hickmann 1375 Hikman (1399 Hik Hübler), 1458 (Langer) Hickel. Zweistämmige KF *Hiko* zu RN auf ahd. *hiltja* 'Kampf' mit *-o-* bzw. *-l-* oder *-man*-Suffix.

Hi(e)lscher 1381 Heluscher, 1388 Hilluscher, 1490 Hylischer. Mit einem *-sch*-Suffix zu einem RN gebildeter ostmd. Name; die bisher erwogenen Erklärungen als Metronym zu einer slawischen KF von *Elisabeth* (oder BN zu mhd. *holzschuoher* 'Holzschuhmacher') sind weniger wahrscheinlich. Die sorb. PN *Heluš:* 1359 Helusch, *Heliš:* 1436 Helischen = Helscher werden als Abltg. zum sorb. PN *Hela* = *Elias* gestellt.

Hiemisch 1380 Himmelischer Vater, 1506 Hymmelisch Vater = Hymlisch, 1583 Hi(e)misch. WN zu mhd. *himel(i)sch* 'himmlisch' und *vater* 'Vater, Gottvater' für einen hochgelegenen Ort → *Himmler* oder eine Fundgrube, vereinzelt auch ÜN nach einem Ausruf o. ä., meist vogtl.

Hiensch, Hientzsch, Hienzsch → Heinrich

Hieronymus, Hieronimus, Hyronimus 1283 Jeronimus. RN *Hieronymus,* lat.-griech. 'mit heiligem Namen', Schöpfer der lat. Bibelübersetzung (Vulgata).

Hies, Hiesel, Hiesle, Hieß, Hiessel → Matthias

Hietzschold 1430 Hyczolt, 1503 Hitzschold. Altenburg. KF zu RN auf ahd. *hiltja-* 'Kampf' + *-z*-Suffix + *-old* (< *wald).*

Hilber(t), Hilpert, Hilbrecht, Hilbricht 796/818 Hildibert(us), 1280 Hiltbrecht, 1496 Hilper, 1555 Hilleprandt = 1557 Hilpert. RN ahd. *hiltja-beraht* 'Kampf' + 'hell, strahlend, glänzend', im Vogtland nachweislich aus → *Hildebrandt.*

Hilbig → Helbig

Hilbrecht, Hilbricht → Hilbert

Hilcher → Hilger

Hildebrand(t), Hillebrand, Hellebrand(t) 798 Hildibrand(us), vor 1257 Hilde-, Hillebrand(us), 1304 Hellebrand(i). RN ahd. *hiltja-*brant* 'Kampf' + 'Schwert'.

Hilger, Hilcher, Hilker 795 Hildigaer(us), 1295 Hildeger(us), 1412 Hilliger = Hilger. RN ahd. *hiltja-gēr* 'Kampf' + 'Speer'.

Hilgetag 1311 Hilgedaghe. Im Nd. verbreiteter ÜN in der Bedeutung 'der heilige Tag', meist Allerheiligentag.

Hilker → Hilger

Hill(e) 1273 Hille. KF zu RN auf ahd. *hiltja* 'Kampf' / patron. **Hilling(s):** 1357 Hilling, 1469 Hillinghes / **Hillinger:** 1542 Hillinger. Wie Vor. oder HN zum ON *Hilling* / **Hill(e)mann:** 1320 Hildeman, 1348 Hilleman. KF + *-man*-Suffix.

Hillebrand → Hildebrandt

Hiller(t) 1313 Vornhiller, 1322 Hiller. KF zu RN auf ahd. *hiltja* 'Kampf' + *-er*-Suffix oder BN zu mhd. *hülle, hulle* 'Mantel, Kopftuch, Umhüllung überhaupt' für den Hüllen- bzw. Mützenmacher oder WN zu ÖN zu mhd. *hül(we)* 'Pfütze, Pfuhl, Sumpflache'.

Hilling, Hillinger, Hillings, Hillmann → Hille

Hilpert → Hilbert

Hilscher → Hielscher

Himmel, Himmler 1297 zem Himele = ad Celum, 1300 Himeler. WN zu ÖN auf mhd. *himel* 'Himmel' für hochgelegene Flurstücke.

Hingst → Hengst

Hink, Hinkel(mann), Hinkes, Hinrich, Hinrichs, Hinriking, Hinsche, Hintz(e), Hinz(e), Hinzmann → Heinrich

Hinzpeter 1623 Hinzepeter. RN aus einer KF zum RN → *Heinrich* + → *Peter.*

Hipfel → Hippel

Hipp 1371 Hüpp. Obd. KF zu → *Hubert* oder BN zu mhd. *hip* 'Hippe, Waffel' für den Waffelbäcker.

Hippel, Hipfel 1298 Hippele, 1531 Hipel. RN ahd. *hiltja-bald* 'Kampf' + 'kühn, mutig, stark' oder KF zum RN *Hippolytus* griech. 'rosselösend', z. T. auch ÜN zum Demin. zu mhd. *hipe* 'Hippe, Waffel'.

Hirsch, obd. **Hirtz:** 1265 zum Hirze, 1368 der Hyrß, 1591 Hirsch. ÜN zu mhd. *hirȝ(e)* 'Hirsch' für einen Jäger oder einen jähzornigen Menschen; auch HausN (so 1265) / patron. **Hirschle,** alem. **Hirschli:** 1372 Hirzlin / patron. alem. **Hirzel, Hürzel:** 1318 Hirzel.

Hirt(h), Hirt(h)e 1279 der Hirte, 1426 Hirt. BN zu mhd. *hirt(e), herte* 'Hirte' / **Hirter:** 1482 Hirter. BN zu mhd. *hirtære, hertære* '(Kuh)Hirte'.

Hiß → Matthias

Hlawa 1444 Hlava. ÜN zu tschech. *hlava* 'Kopf'.

Höber → Höfer

Hobrack 1658 Hobrag. ÜN zu oso. *hobr* 'Riese'.

Hoch, Hohe 1252 die Hohin, 1368/81 von dem Hoe, 1435 Hoche, 1516 Hohe. WN zu ÖN zu mhd. *hōch* 'hoch, groß, stark, laut, vornehm, stolz' für einen hochgelegenen Ort oder ÜN für einen großen, starken, stolzen Menschen; oder zu tschech. *hoch* 'Junge' oder aus *Hostislav* zu *host* 'Gast' oder *Horislav* → *Horak*.

Hochhaus, Hohhaus (1299 de alta domo), 1320 vamme hoghenhus (nd.). WN für einen hoch oben oder einen am mhd. *hōchhūs* 'Söller' Wohnenden.

Hochmuth, Ho(h)mut, Hohmut 1250/1300 Homod(us), 1283 Hochgemuot, 1294 Homut. ÜN zu mhd. *hōchmuot* 'gehobene, edle Gesinnung und Stimmung; Freude; das hohe Selbstgefühl; Hoch-, Übermut' bzw. zu mhd. *hōchgemuot* 'edel, groß gesinnt; hochgesinnt; hochgestimmt; freudig; stolz' oder RN ahd. *hō(h)-muot* 'hoch; erhaben, ehrwürdig; groß' + 'Seele, Herz, Gemüt; Sinn, Verstand; Gesinnung; Mut'.

Hock, Höck → Hocke

Hockauf → Huckauf

Hock(e), Höck 1483 Hahcke, 1534 Hökke / nd. **Hö(c)ker, Hocker:** 1555 Hokker / ostmd. **Höckner:** 1383 Hökener / **Hucker, Hugger:** 1511 Hugker. BN zu mhd. *hucke, huckener, hucker,* md. *hocke, hockener, hocker,* mhd. *hoke, hoken, hoker, hake* 'Höker, Kleinhändler'.

Höfer, Hoefer, obd. **Hofer,** md. **Höber:** 1269 Hoover, 1287 von dem Houe, 1389 Hofer; 1314 ufme hobe. BN zu mhd. *hovære, hofer* 'Inhaber eines Hofes' oder HN zum ON *Hof* oder WN zum ÖN zu mhd. *hof,* md. auch *hob* 'Hof'; vereinzelt auch ÜN zu mhd. *hover* 'Höcker, Buckel; ein Buckliger'.

Hof(e)richter 1394 der hoverichter, 1438 Hofrichter. BN zu mhd. *hoverihter,* mnd. *hoverichter* 'Richter an einem Hofgericht (= Gericht des Kaisers, Landesherrn)'.

Hof(f)mann, nd. **Havemann, Hafemann:** 1196 Hovemann, 1275 Hofman, 1402 Hoffeman, 1459 Haveman. BN zu mhd. *hoveman,* mnd. *hove-, hoves-, hofman* 'der zu einem Hofe gehörige Bauer, der einem Hofe zu Diensten verpflichtet ist; der ein Gehöft bewohnende Bauer', auch 'Diener am Hofe eines Fürsten', fnhd. *hofman* 'Bauer, der mit einem grundherrlichen Hof belehnt ist; Wirtschafter auf einem Gutshof'.

Hof(f)meister 1197 Hovemeistir. BN zu mhd. *hovemeister* 'Aufseher über einen Hof, Oberknecht; Aufseher über die Hofdienerschaft, über den Hofhalt (eines Fürsten, eines Klosters)'.

Höf(f)ner 1370 der Höfner, 1554 Hoffener. HN zum ON *Hofen, Höfen* oder BN zu mhd. *hövener* 'Besitzer eines Hofes', mnd. *hovener* 'Hüfner, der eine Hufe Landes besitzt' → *Höfer.*

Höfler 1241 Hovelar(ius), 1437 Hoffeler. Meist = → *Höfer,* selten BN zu mhd. *hoveln, hobeln* 'hobeln'; nd. auch WN zu mnd. *hovel* 'Hügel'.

Hofmann → Hoffmann

Hofmeister → Hoffmeister

Höfner → Höffner

Höft, Hoeft 1159 Hovet. ÜN zu mnd. *hovet, hōft* 'Haupt, Kopf' → *Haupt* oder WN zu mnd. *hovet* 'Spitze, Ecke eines Deiches, Dammes'.

Hohe → Hoch

Hohhaus → Hochhaus

Hohlbein 1250 Holbein. ÜN zu mhd. *hol* 'ausgehöhlt, hohl' und *bein* 'Bein' für einen Menchen mit nach auswärts gebogenen Beinen.

Ho(h)mann um 830 Homann(us), 1370 Homan. WN zu mhd. *hō(he), hoehe* 'Höhe, Anhöhe' und *man* oder ÜN zu mhd. *hō(ch)* 'hoch; anderes übertreffend; groß, stark, laut, vornehm, stolz', vereinzelt auch BN zu mnd. *homann = hoveman* 'Edelmann, Vornehmer'.

Hohmuth → Hochmuth

Höhn(e), Höne, Hoene 1295 Hön, 1305 Höne. ÜN zu mhd. *hœne* 'verachtet, in Schmach lebend; hochfahrend, übermütig, zornig; böse; stolz; gefährlich' oder obd. KF zum RN → *Joahnnes* bzw. im Nd. zum asä. RN *Hūno* zu *hūn* 'junger Bär' / **Höhnke, Hönicke:** 1321 Honeken. Demin. zum asä. RN *Hūn(o)* + *-k*-Suffix / **Höhnel:** wie Vor. + *-l*-Suffix.

Hoier → Hoyer

Holan 1429 Holan. ÜN bzw. WN zu oso. *hoły,* tschech. *holý* 'nackt, kahl', oso. *holan* 'Heidebewohner' / **Holling, Hollnick:** 1374/82 Holenik, 1658 Hollengk; aber dt. *Holling:* 1334 de Holling. HN zum ON *Holling.*

Holder, Hölder 1319 der Holder / **Hölderlin:** 1314 Holderlin. WN zu mhd. *holunter, holunder,* verkürzt *holder, holer* 'Holunder'.

Holl → Holle

Höll, Hoell 1227 de Helle, 1270 zur hellin. WN zu mhd. *helle* 'Hölle' für eine tiefe, waldige Schlucht' oder HN zum ON *Helle, Höll.*

Holland(t), Holländer 1321/24 Holland(us), 1498 Hollander. HN zum LänderN *Holland.*

Holl(e) 1329 Holle, 1388 Holl. WN zu mhd., mnd. *hol* 'Höhle, Loch, Vertiefung' oder KF zu RN auf ahd. *huldī* 'Huld, Gunst, Gnade', vgl. mhd. *holde* 'Freund, treu Ergebener, Diener, Holde', oder ÜN zu fnhd. *holle* 'Schleier, Kopftuch'.

Holler(t), Höller (Ende 13. Jh. Haus zem Holderen), 1460 Holler. WN zu mhd. *holer, holder, holunder, holunter* 'Holunder' → *Hölderlin* oder zu mhd., mnd. *hol* 'Höhle, Loch, Vertiefung'.

Holling, Hollnick → Holan

Höllriegel → Hellriegel

Holsch, Hölscher → Holtsch

Holschke 1658 Hulzschke = 1669 Holtzschke. ÜN zu oso. *hoły* 'nackt, kahl'.

Holst 1266 Holtsete, 1438 Holste. StammesN *Holtsate, Holste* 'Bewohner Holsteins', ursprünglich 'Waldbewohner'.

Holt → Holze

Holtermann 1330 Halterman, 1594 Holtermann. HN zum ON *Halter(n), Holter.*

Holtfoth 1308 Holtvot. Nd. ÜN 'Holzfuß' für einen Amputierten.

Holtfreter 1614 Holtfreter. ÜN zu nd. 'Holzfresser, der schädliche Holzwurm, für den Sägemüller, mit Holz Arbeitenden.

Holtmann, Holtz → Holze

Hol(t)sch 1478 Holtczsche; 1359 Holcz, 1658 Holtzsch. Dt. BN zu mnd. *holske, hol(t)sche* 'Holzschuh' oder slaw. ÜN zu oso. *hólc,* demin. *hólčk* 'Junge, Knabe, Bursche' / **Holt(z)scher, Hölscher, Hultscher, Hültscher:** 1418 Holzschner, 1462 Hulscher, 1491 Holscher, 1525 Hultscher. BN zu mhd. *holzschuoher = holzschuochmacher, holzschuoster,* fnhd. *holtscher* 'Holzschuhmacher' / **Hultschmann:** 1551 Hultschman. BN wie Vor. für den Holzschuhmacher, -händler, → *Schuhmann.*

Holtzscher → Holtsch

Holubek 19. Jh. Holubek. ÜN zu tschech. *holub* 'Taube'.

Holz(e), Holtz, nd. **Holt:** 1313 de Holte, 1355 im Holz, 1366 Holt, 1383 Holcz. WN zu mhd. *holz,* mnd. *holt* 'Wald, Gebüsch'; vereinzelt auch ÜN zu oso. *hólc* 'Junge, Bursche' / **Holzmann,** nd. **Holtmann:** 1397/98 Holtman, 1576/77 Holtzmann. WN wie Vor. + *-mann.*

Holzapfel, Holzappel 1200 Holtzappel. ÜN zu mhd. *holzapfel* 'im Walde wachsender Apfel' für einen Menschen von herber Gemütsart.

Hölzel 1352 Hǒlzel. WN zu mhd. *hölzel* 'Wäldchen, Hölzchen', selten HN zum ON *Hölzle;* z. T. auch ÜN für einen hölzernen, ungeschickten Menschen.

Hölzer, Holzer 1400 Holtzer. BN zu mhd. *holzer* 'Holzhauer' oder HN zum ON *Holz.*

Holzhauer: 1579/80 Holczhauwer. BN zu mhd. *holzhouwer* 'Holzhauer'.

Holzmüller 1438 Holczmoller. BN *Müller der Holzmühle:* aus Holz gebaut bzw. am Holz/Wald gelegen, oder HN zum ON *Holzmühl(e).*

Homann → Hohmann

Hommel → Hummel

Homut → Hochmuth

Höne, Hönicke → Höhne

Hönisch → Heinrich; vereinzelt HN zum ON *Hönisch.*

Hopf(e), Hopp(e) 1256 Hoppho, 1444 Hoppe = Hopf. ÜN zu mhd. *hopfe* 'Hopfen' für den Hopfenbauer, -händler, selten auch zu mhd. *hoppen, hopfen, hupfen* 'hüpfen' oder zu nhd. *Hopf* 'Wiedehopf' / obd. **Höpfner, Hoepfner, Hopfner,** md., nd. **Höppner, Hoeppner, Heppner:** 1304 Hoppener, 1388 Hopfner, 1417/33 Hoppe = Hopphener. BN zu mhd. *hopfener,* mnd. *hoppenere* 'Hopfenbauer, -händler'.

Horak 1658 Horagk. Sorb. KF zu RN wie *Horislav* u. ä. zu urslaw. **gorěti* 'brennen' oder tschech. HN bzw. WN zum ON *Hora* bzw. zu *hora* 'Berg' / **Horacek, Horatschek:** 19. Jh. Horáček.

Hörbiger, Hörbinger → Herberg

Hörich → Hering

Höring, Hörig [um 830/70 Horic], 1450/51 Horing. ÜN zu mhd. *hoerec,* mnd. *horich* 'folgsam; hörig, leibeigen' oder zu mhd. *hor(w)ec, hor(w)ic,* mnd. *horich* 'kotig, schmutzig'; vereinzelt ÜN zu mnd. *horink* 'uneheliches Kind' oder HN zum ON *Höring(en),* selten auch zu mhd. *hærinc* 'Hering', vgl. 1518/49 Hering = Höring für den Heringshändler → *Hering;* z. T. auch KF zu RN auf ahd. *hēr, heri* → *Herden* + *-ing*-Suffix; vereinzelt auch sorb. KF = → *Horak.*

Hörmann → Herrmann

Horlbeck, Hurlbeck 1438 Harbegke, 1462 Holbreck, 1500 Hürlbegk. Vogtl. WN zu mhd. *hor* 'Schmutz, Kot' und *bach* 'Bach' oder BN zu mhd. *hor,* s. o., und mhd. *becke* 'Becker' → *Bek-*

ke für einen unsauberen Bäcker; vereinzelt auch HN zum ON *Hörlbach, Hörlebach:* 1061 Hurewelbach.

Horn 1242 de Horn, 1250 Horn. WN oder HN zum ÖN oder ON *Horn* oder HausN zu mhd. *horn* 'Horn; hervorragende Spitze; Horn zum Blasen'; z. T. auch ÜN für den Hornmacher oder Hornbläser.

Hörnig, Hörning, Hornig 1302 Horning, 1416 Hornyng = 1425 Hornigk. BN zu oso. *hórnik, tschech. horník* 'Bergarbeiter' oder = → *Hornung,* z. T. ÜN zu mhd. *horneht* 'gehörnt', mnd. *hornink* 'Horn, Ecke, Winkel', *hornich* 'winklig, eckig', oder zu mnd. *hornink* 'uneheliches Kind' → *Höring.*

Hörnlein, Hörnle 1310 Hornli. WN zum ÖN *Hörnl(e)in* zu mhd. *horn* 'Horn; hervorragende Spitze' oder ÜN.

Hornschuh ÜN zu mhd. *horn* 'Horn; hervorragende Spitze' und *schuo(ch)* 'Schuh' nach der Mode des Schnabelschuhs.

Hornung 1244 Hornunc. ÜN zu mhd. *hornunc* 'Februar' oder patron. RN *Hornunc* zu RN auf ahd. *horn* 'Horn; Macht; Ende'.

Horst 1285 zer Hurst, 1402 Horst. WN zum ÖN oder HN zum ON *Horst* zu mhd. *hurst,* mnd. *hurst, horst* 'Gebüsch, Dickicht' / **Horstmann:** 1135 Horstman. WN wie Vor. + *-mann.*

Hosang 1457 Hoesang, 1501 Hoßank. ÜN zu mhd. *hōch-sanc* 'Hochgesang, Lobgesang auf Gott', vgl. mhd. *hōchsenger* 'altisonus', wohl für einen frommen Menschen.

Hösch, Hesch 1345 Hösch, 1480 Hesch. ÜN zu mhd. *hesche* 'das Schluchzen' oder zu mhd. *hosche* 'Spott'; nd. auch ÜN zu *hovesch* 'fein, gebildet, anständig', vgl. nhd. mda. *hösch* 'leise, still' / alem. **Höschle:** 1405 Höschel. KF zu Vor. / **Höschelmann:** 1350 Höschelmann. Wie Vor. + *-man*-Suffix.

Höselbarth, Hößelbart → Hässelbarth

Hösler, Hößler 1345 Hösseler. Meist BN zu mhd. *hose* 'Hose, Strumpf', nd. vereinzelt BN zu mnd. *hoselen* 'mit der Axt behauen', vereinzelt auch WN zu ÖN *Hösel* zu mhd. *hasel, hesel* → *Hessel* / **Hosner, Hößner:** 1566 Hößner.

Hoyer, Hoier 1115 Hoyer, 1368/81 Hoger = Hoyer. RN ahd. *hugu-gēr* 'Geist, Sinn; Gesinnung; Mut' + 'Speer' oder BN zu mhd. *höuwer, houwer* 'Mäher' bzw. mhd. *houwer* 'Holzfäller, Erzhauer' → *Hauer,* vereinzelt HN zum ON *Hoya, Huje.*

Hrach 19. Jh. Hrăch. ÜN zu tschech. *hrăch* 'Erbse(n)'.

Hromada 1461 Hromada. ÜN zu tschech. *hromada* 'Haufen, Menge, Masse'.

Hruschka, Hruska 1459 Hruška. ÜN zu tschech. *hruška* 'Birne'.

Hubaleck 20. Jh. Hubálek. ÜN zu tschech. *huba* 'Maul, Mund' / **Hubatsch:** 1401 Hubáč, oso. 1658 Hubatz.

Huber 1224 Huobære. BN zu mhd. *huober, huob(e)ner* 'Inhaber einer *huobe* (= Stück Land von einem gewissen Maße, Hufe), Erblehnbauer' / ostmd. **Hüb(e)ner, Hüf(f)ner:** 1314 Hubner, 1334 Hübener, 1402 Hufener. Wie Vor.

Hubert 815/22 Hugbertus, 1582 Hupert. RN ahd. *hugu-beraht* 'Geist, Sinn; Gesinnung; Mut' + 'hell, strahlend, glänzend'.

Hübler 1276 Hubelar(in), 1531 Hübler. WN zu ÖN zu mhd. *hübel* 'Hügel'.

Hübner → Huber

Hubrich(t), Hubrig 815/22 Hugbert(us), 1563 Hubrich. RN ahd. *hugu-*

beraht → *Hubert,* vereinzelt mda. zum ON *Hohberg,* vgl. 1558 (v.) Hobergk = Hubrik.

Hübsch 1227 Hovesche(n), 1369 Hubsch. ÜN zu mhd. *hüb(e)sch, hövesch,* mnd. *hovesch* 'hofgemäß, fein gebildet und gesittet; unterhaltend' / **Hübscher:** 1273 Hubescher. ÜN zu mhd. *hübeschære* 'Hofmacher' für einen Schöntuer / **Hübschmann:** 1283 Huobeschman, 1284 Hübeschman. ÜN zu mhd. *hüb(e)sch, hövesch,* s. o. und *-mann.*

Hubschmid(t) 1389 Hubsmit. BN zu mhd. *huobsmit, huofsmit* 'Hufschmied', vereinzelt auch Schmied, der eine *huobe* 'Hufe, Stück Land von einem gewissen Maße' besitzt.

Huch(e) → Hauke

Huckauf, Hockauf 1400 Hukuf(yn). SatzN, ÜN für einen Lastträger, Hausierer zu mhd. **uf-, oufhocken* 'eine Last auf den Rücken nehmen', vgl. auch mhd. *hucke* 'Kleinhändler(in)'.

Hückel → Hauke

Hucker → Hocke

Hüf(f)ner → Huber

Hug, Hug(e)l, Hüg(e)l → Hauke

Hugger → Hocke

Hugk, Hugi, Hugk, Hügle, Hügli → Hauke

Huhn 1185 Huno, 1311 Huon. Meist ÜN zu mhd. *huon* 'Huhn' als Schimpf- oder Kosename, z. T. auch für den Hühnerhalter, -händler; z. T. auch KF zu RN auf ahd. *hūn* 'der Hunne' oder asä. *hūn* 'junger Bär' + *-o*-Suffix.

Hühnerförster 1495/96 Hünervorstehr. BN zu mhd. *huon* 'Huhn' und *forstære* 'Förster' wohl wie mhd. *hüenervoget* 'Beamter, der die Zinshühner annimmt', vgl. auch mhd. *hüenerdienest* 'Hühnerzins' / **Hühnerfürst:** 1600 Hünnerfürst. ÜN zu mhd. *huon* 'Huhn' und *vürste* 'der alle anderen überragt, der Vornehmste, Höchste', scherzhaft für einen aufgeblasenen Menschen.

Huj 1501 Hoy, 1518 Huy. ÜN zu nso. *huj, wuj* 'Onkel, Oheim, Vetter'.

Hüller 1150 Hulere. BN zu mhd. *hülle* 'Mantel', mnd. *hulle* 'Kopfbedeckung, Kopftuch, Mütze' oder WN zu mhd. *hülwe* 'Pfütze, Pfuhl, Sumpflache'.

Hultscher, Hültscher, Hultschmann → Holtsch

Hult(z)sch 1689 Hülsche(n). WN zu mhd. *hülse, hulsche* 'Hülse, Stechpalme', vgl. PN 1424 Hulschede.

Humbold(t) 809/27 Humbold = 836 Hunbald, 1497 Humpolt. RN asä. *hūnbald* 'junger Bär' + 'kühn', vgl. aber auch mhd. *humpolt* 'ein Getreidemaß', mnd. *humbolt* 'eine Art schlechten Flachses'.

Hummel, Hommel 1150 Humilo, 1358 Homil, 1361 der Humel. ÜN zu mhd. *humbel, hummel* 'Hummel' für einen unruhigen Menschen; vereinzelt auch RN ahd. *hūn-bald* 'Hunne' + 'kühn, mutig, stark' bzw. asä. *hūn-bald* → *Humboldt.*

Hummitzsch 1501 Hummitzsch. KF zu RN zu germ. (asä.) *Hun-* 'junger Bär', → *Humboldt* + *-z*-Suffix oder WN zu oso. *huno, humno* 'freier Platz zwischen der Scheune, Scheuntenne'.

Humperdingk 1241 Humberti; westfäl. patron. zum RN *Humbert* (825 Humbert) zu asä. *hūn-bert* 'junger Bär' + 'glänzend, berühmt'.

Hums 1320 Humso, 1531 Humbs. ÜN zu fnhd. humsen 'brummen (von der Hummel)' für einen brummigen Menschen.

Hund → Hundt

Hundertmark 1196 Hundirmarc. ÜN zu mhd. *hundert* 'hundert' und *marc* 'Mark' für einen Reichen oder einen, der so tut, als ob er reich wäre.

Hund(t) um 825 Hund, 1263 Hunt. RN ahd. *hunto, hunno* 'Hauptmann' oder BN zum gleichen Wort, mhd. *hunde, hunne* 'centenarius, ein Unterrichter' oder Ün zu mhd. *hunt* 'Hund, Jagdhund (als Scheltwort: Bösewicht)'.

Hüne 1477 Hune, 1578 Heunen. ÜN zu mhd. *hiune* 'Hunne, Ungar; Riese'.

Hunger um 900 Hunger, 1284 Hunger. RN asä. *hūn-gēr* 'junger Bär' + 'Speer' bzw. ahd. *hūn-gēr* 'Hunne' + 'Speer' oder ÜN zu mhd. *hunger* 'Hunger' für den Hungerleider, z. T. auch zum Volksnamen *Ungar.*

Hunold 822/75 Huhold, 1274 Hunold(i). RN ahd. *hūn-walt*' 'Hunne' + 'Gewalt, Macht' *bzw.* asä. *hūn-wald(an)* 'junger Bär' + 'herrschen'.

Hupfer 1359 Hupper (neben Huppauf), 1405 Hupfer. ÜN zu mhd. *hupfen, hüpfen* 'hüpfen'.

Hurlbeck → Horlbeck

Hurtig 1552 Hurtigk. ÜN zu mhd. *hurtec* 'schnell, hurtig'.

Huschenbett 1423 Huschenbet. ÜN, SatzN zu mhd. *hussen* 'sich schnell bewegen, rennen' und *bette* 'Ruhebett'.

Huschke 1666 Huschke. Vielleicht ÜN zu poln. mda. (schles.) *huska,* tschech. *husa* 'Gans' oder nso. KF zu *Hurban = Urban* oder ÜN zu nso. *wucho, hucho,* demin. *huško* 'Ohr': 1704 Huschko.

Husmann → Hausmann

Huß 1229 Husso, 1536 Huß. ÜN zu mhd. *hussen* 'sich schnell bewegen, rennen' oder ÜN zu oso. *hus* 'Gans'.

Huster 1458 Huster. ÜN zu mhd. *huosten* 'husten' für einen, der hustet; vereinzelt auch HN zum ON *Huste.*

Huth 1309 der Huot, 1461 Huth. ÜN zu mhd. *huot* 'Hut, Mütze, Helm' für einen Hutmacher, -träger, Helmschmied oder zu mhd. *huot(e)* 'Aufsicht, Bewachung, Behütung' für einen Wächter / **Hüt(h)er:** 1135 Hudere, 1268 der Huoter, 1388 Hůter. BN zu mhd. *huotære, -er* 'Hutmacher' oder mhd. *hüetære, -er* 'Wächter, Aufseher, Hirte'.

Hüttenrauch 1275 Hutterauch. ÜN zu mhd. *hütterouch* 'Arsenik'; wohl BN für denjenigen, der aus dem Hüttenrauch, dem Niederschlag der Schmelzöfen, das in der Alchimie und Heilkunde vielgebrauchte Arsenik gewinnt.

Hütter, obd. **Hutter(er):** 1506 Hütter. WN zu ÖN zu mhd. *hütte* 'Hütte; Verkaufsladen; bergmännisches Gebäude zum Schmelzen der Erze' oder HN zum ON *Hütt, Hütten* oder BN → *Hüther,* vgl. 1446 Huoter = 1575 Hütter zu mhd. *hutter = huotære, -er* 'Hutmacher' / **Hüttner:** 1404 Hutener. WN oder HN wie Vor. oder BN zu fnhd. *hüttener* 'Budenhändler'.

Hüttich 1485 Hůttich. ÜN zu mda. hess. *Huttich* 'erbärmlicher Mensch', thür. *Hottig* 'ungeschliffener Kerl'.

Hytrek 1666 Chytrek, 20. Jh. Hytrek. ÜN zu poln. *chytry* 'schlau', *chytrek* 'Schlaukopf' / **Hytry:** 1785 Chytry, 20. Jh. Hytry. Wie Vor. oder zu tschech. *chytrý* 'schlau'.

I–J

Friedrich Ludwig Jahn
(1778–1852) Initiator der deutschen Turnbewegung

Karl Leberecht Immermann
(1796–1840) Dichter („Münchhausen") und Theaterkritiker

August Wilhelm Iffland
(1759–1814) Schauspieler, Dramatiker und Theaterleiter

Curd Jürgens
(1915–1982) Theater- und Filmschauspieler

Ibe, Ihbe um 850 Ibo, 1254 Ivo. RN *Ivo,* evtl. zu ahd. *īwa* 'Eibe', auch HeiligenN / patron. **Ibing,** fries. **Iven(s):** 1266 Ybing.

Icke(n) 9. Jh. RN Ico, 1439 Ikken(us). Unklarer RN *Ic(c)o,* evtl. Berührung mit ahd. *ekka* 'Schneide, Spitze, Ecke'. Besonders im NW und fries.

Ide → Ihde

If(f)land, If(f)länder, Effland 1616 Ifflandt. Zum geographischen Namen *Livland,* heute Teil Lettlands und Estlands.

Ihbe → Ibe

I(h)de 1178 RN Ido, 1320 Yde(n). Unklarer RN *Ido* (KF).

Ihl(e) 1378/9 van deme Yle. WN zum GewN *Ihle* oder WN zum ÖN, vgl. 1533 yn dem ylen, oder ÜN zu mnd. *ile* 'Blutegel', z. T. auch obd. KF → *Ullrich.*

Ihling → Illge

Ihm(e) 1359 van Ymen, 1428 Ihm. RN *Immo,* verschiedenen Ursprungs (z. B. KF von Bildungen zu *Irm(in)-* [germ. Stammesgott]), vereinzelt auch HN zum ON *Ihme* oder WN zum GewN *Ihme.* Von → *Imme* kaum zu trennen.

Illg(e) 1490 Ylliges. KF zum RN *Ägidius* lat.-griech. 'Schildhalter'?, vgl. 1321 sancto Egidio = 1323 sint Ylien, gelegentlich auch zu Ottilie: um 1500 Frau Ilge (RN) = Frau Ottilia / **Il(l)gen:** 1471 Ilgen / **Il(l)gner:** 1444 Ilgener / **Illi(n)g, Ihling, Illinger:** 1321 der Illinger, 1501 Ilyng, auch HN zum ON *Illing(en).*

Imhof 1258 im Hove. WN 'im (Bauern-, Wirtschafts-)Hof', besonders westfäl.-nrhein.

Imme 853/63 Immi, um 900 Immo, 1372 Ymmen. Zu den RN *Immo, Imma* (Emma). → *Ihme* / KF **Immel, Immich, Immicke, Immes:** 1306 Immeli; um 825 Emmic, 1598 Immicke; 1135 Imezo.

Immelmann 1407 van der Ymen = Ymelman. Zum FlußN *Ihme,* alt *Imene.*

Immermann 1640 Immermann. HN zum ON *Immer(t).*

Immisch → Irmischer

Ingram obd.: 1190 Ingram. RN germ. Stammesgott *Ingwio* + ahd. *hraban* 'Rabe'.

Iring 1214 RN Iringus, 1389/95 Iring = Eysing. RN *Iring,* aus der Heldensage (Nibelungenlied) bekannt.

Irmisch(er), Ermisch, Irmsch(l)er 1487 Irmischler, 1507 Irmyscher, 1542 Ermisch, 1566 Irmisch. KF zu RN mit *Irm(in)-* → *Ihme* / **Immisch.**

Irmler 1428 Irmeler. KF (metron.) zu *Irmeltrud* = *Irmentrud.* RN *Irm(in)-* → *Ihme* + ahd. *trūt* 'lieb, traut'.

Irrgang 1300 Irrganch. ÜN zu mhd. *irreganc* 'irrer, ruheloser, zielloser Gang' für den ruhelosen Wanderer, den Fahrenden.

Isbleib → Issleib

Isecke 1359 Yseken. KF zu RN mit ahd. *īs(an)* 'Eis(en)'.

Is(s)le(i)b, Ißleib(er), Isbleib, Ißbleib HN zum ON *Eisleben* bzw. *Eßleben.*

Israel 1189 Israhel. RN hebr. 'Gottes Kämpfer', Beiname Jakobs.

Ittner metron. zum weiblichen RN *Itta* (*Ida*), vgl. 1300 Arnold Ittensun.

Iwan(ow) → Johannes

Iwanowski 1395 Iwanowski. Poln. HN zum ON *Iwanowice.*

J

Jablonski, Jablonsky 1400 Jablonsky. Poln. HN zum ON *Jabłoń.*

Jäckel, Jackisch, Jacksch → Jacob

Jacob, Jakob 1330/49 Jacob. RN hebr. 'Fersenhalter' = nachgeborener Zwillingsbruder (des Esau), als christl. RN des Mittelalters nach dem Apostel *Jacobus* / latin. **Jacobus;** gen. **Jakobi, Jakoby, Jacobi, Jacoby:** 1256 Jacobi / gen. **Jacobs, Jakobs, Jakubs:** 1320 Jacoppes / patron. **Jakobson, Jacobsen:** 1369 Jacoppesen / slaw. KF **Jacobasch, Jakobasch, Jakubasch:** 1568 Jacubasch / **Jakubek, Jakubik:** 1272 Jakubek, poln. oder tschech. / **Jakobitz:** 1410 Jacobicz / **Jakubietz:** 1548 Jacubietz / **Jakubowski:** 1394 Jakubowski; auch poln. HN zum ON *Jakubowice, Jakubów* / lit. **Jacobeit** / KF dt., sorb. **Jäck(el), Jaeck(el), Jäkel, Jaekel, Jeckel, Jekl, Jäckle, Jäcklin:** 1280 Jägelin, 1352 Jeckil / **Jack(i)sch:** 1441 Jakkisch(ynne), 1581 Jaksch, westslaw. KF / **Jo(c)kisch:** 1435 Jokisch (Jokusch), westslaw. KF, oft durch dt. Vermittlung / **Jockusch:** 1365 Jocusch / KF dt. **Kobe, Köbe, Kopp(e), Köpp(e), Koepp(e):** 1288 Coppe, 1447 Kobe / **Köppchen, Köpp(e)l:** 1281 Kobelin / **Köppen, Koeppen, Koppen(s),** nd. **Köp(c)ke, Koep(c)ke, Köppke, Köbke:** 1362 Copeke, 1525 Köpke / KF slaw. **Kuba, Kub(b)e:** 1244 Cuba, 1543 Kuba = 1546 Kube, westslaw. / **Kubach:** 1371 Kubak, 1608 Cubach / **Kuballa:** 1496 Cubala / **Kuban:** 1436 Kuban / **Kubanek:** 1652 Kubanek / **Kubasch:** 1466 Kubasch / **Kubath:** 19. Jh. Kubath / **Kuben(t)z:** 1474 Cubentz / **Kubiak:** 1798 Kubiak / **Kubick(e), Kubig, Kubik:** 1454 Cubichs, 1489 Cubik / **Kubis:** 1666 Kubis / **Kubi(tz)sch, Kaubi(tz)sch:** 1400 Kubisch / **Kubitschek:** 1689 Kubiczek / **Kubitschke:** 20. Jh. Kubitzka, Kubiczko / **Kubitz(a):** 1568 Kubitz, 1568 Cubitza / **Kubsch:** 1497 Kubsch.

Jäger, Jaeger, Jeeger, Jager 1330/49 Jegere. BN zu mhd. *jeger(e)* 'Jäger'.

Jagode, Jagota 1423 Yagoda. ÜN zu nso., poln. *jagoda* 'Beere'.

Jähnchen, Jahncke, Jahn(e), Jähn(e), Jahnel, Jähnert, Jähnich, Jähnichen, Jähnig, Jahning, Jahnke, Jahns → Johannes

Jähri(n)g → Gerhardt

Jäkel, Jakob(-), Jaksch, Jakubasch, Jakubek, Jakubietz, Jakubik, Jakubowski, Jakubs → Jacob

Janak, Janasch, Janasek, Janauschek, Jandtke, Janecke, Jänecke, Janek, Janenz, Janetschke, Jänichen, Janick, Jänicke, Janietz, Jänig, Janik, Janitzki, Jank(a), Janke, Jankowitz, Jankowski, Jannak, Jannasch(k), Jannusch, Janofski, Janosch, Janovski, Janowski, Jansch, Jänsch, Janson, Jans(s)en, Jantsch, Jäntsch, Jantzen, Janz, Jänz → Johannes

Jarick 1470 Jarigk = Jerigk. KF zum RN *Jaroslav* u. ä. zu urslaw. **jarъ* 'kühn, stark, zornig, streng o. ä.' / **Jarisch, Garisch:** 1391 Jarissz / **Jarka:** 1411 Jarca / **Jaros(ch), Jaroß, Jareß:** 1289 Jaros, 1388 Jarosch / **Jaroschinski,**

Jaroschinsky: 1487 Jarosynski, poln. HN zum ON *Jaroszyn* / **Jaroszewski:** 1433 Jaroszewski. Abltg. von RN *Jarosz* oder HN zum ON *Jarosz* / **Jerosch(insky):** 1442 Jeroschius, 1487 Jarosynski, poln. Abltg.

Jasch 1228 Jasz, 1646 Jaschius. KF zu RN mit *Jaro-* (→ *Jarick)*, zu → *Jacob* oder zu *Jan* → *Johannes* / **Jaschek:** 1310 Jaschek, poln. oder tschech. / **Jaschik:** 1399 Jasszik.

Jäschk(e) → Johannes

Jatzek, Jatzke 1386 Jaccek; 1265 Iakko, poln. KF zum RN *Hyacint(hus), Jatzke* auch HN zum ON *Jatzke.*

Jauch obd.: 1268 Joich, 1330 im Juche, 1565 Joch, Jouch. WN zu einem ÖN *Jauch,* zu mhd. *jiuch, jūch, juoch* 'Joch Landes, Jauchart, eigtl. soviel ein Joch Rinder an einem Tage umzuackern vermag', fnhd. *jauch(art)* 'Morgen Landes'; auch BauernÜN.

Jaus, Jauß, Jautz → Jost

Jean → Johannes

Jeckel → Jacob

Jeeger → Jäger

Jehn → Johannes

Jehring → Gerhardt

Jekl → Jacob

Jelen 1402 Gelen, 1413 Yelen. ÜN zu poln. *jeleń,* tschech. *jelen* 'Hirsch' / **Jelinek:** 1653 Jelinek.

Jendryschik, Jendr(z)ek → Andreas

Jendsch, Jenk(e), Jennek, Jenni(n)g, Jenninger, Jensch, Jens(en), Jentsch, Jentzen, Jentzsch → Johannes

Jerosch(insky) → Jarick

Jeschek, Jeschke, Jeschko → Johannes

Jeschonnek 1407 Iasyonek, 1742 Jeschonek. ÜN zu poln. *jesion* 'Esche'.

Jeske → Johannes

Jirasek, Jirschik → Georg

Jiske → Johannes

Joachim(i), Jochim 1359 Joachim. RN hebr. 'Gott wird aufrichten'.

Jobst → Jost

Jöchle 1225 Joheli. KF zum RN → *Joachimi.*

Jockisch, Jockusch → Jacob

Johann(es) 1213 Johannes. RN hebr. 'Gott ist gnädig', nach dem Täufer *Johannes;* im ausgehenden Mittelalter der häufigste aller kirchlichen RN / patron. **Johannsen, Janson, Jans(s)en, Janßen, Jan(t)zen, Janenz, Jens(s)en, Jentzen** 1344 Johannis son, 1440 Johanßen / kontrahiert **Jahn(e):** 1342 RN Jano, 1388 Jan, 1402 Jahn / **Jean** (hugen.) / **Jähn(e), Jehn:** o. J. Jehne / **John(e):** 1351 RN Jone, 1430 Jon / gen. **Jahns, Janz, Jänz, Jens, Jenß:** 1410 Jans, 1434 Jencz / KF **Jahnel:** 1337 Jenel, 1414 Janndel / **Gen(t)zel:** 1652 Gentzel. Dt. KF *Janz* + *-l*-Suffix / **Jähnert:** 1471 Jhener, auch HN zum ON *Jena* / **Jahning, Janig, Jä(h)nig, Jaenig, Jähnich:** 1182 Janik, 1331 Janinghe, 1374/82 Jenik, 1658 Janich / **Jenni(n)g,** patron. **Jenninger, Jähn(i)chen, Jaenichen, Jänichen:** 1402 Jenchin, Jenichin, Jenichen; 1574 Jenninger / slaw. **Ja(h)nke, Jahn(c)ke, Jähnke, Jaenke:** 1234 Janko, 1429 Janke, 1658 Jancka / **Jenk(e), Jan(d)tke, Johnke** / **Jan(n)ack:** 1536 Janak / **Janasch:** 1546 Janasch / **Jannasch(k):** 1529 Janaschk, sorb. / **Jannusch:** 1178 Janusz, 1572 Janusch / **Janosch:** 1459 Janosch / **Jan(t)sch:** 20. Jh. Jansch, sorb. *Jaňš* / **Jän(t)sch, Jaensch, Jen(d)sch, Jent(z)sch:** 1300 Jenscho (de Gorlicz), 1334 Jensch, 1408 Jencz, sorb., vgl. auch 1322 Jentzer, 1402 Jenczman / **Gensch, Gent(z)sch, Genzsch:** 1349 Gentsch / **Janasek:** 1566 Janasseckh, poln. Janaszek oder tschech. Janásek / **Janauschek:** 1567 Janoušek, tschech. / **Janecke, Jänekke, Jaenecke, Janicke, Jänicke,**

Jaenicke: 1423 Yaneke = 1440 Janikke, 1555 Jenicke / **Janek, Jani(c)k, Jennek:** 1204 Janek, poln. oder tschech. / **Janetschke:** 1583 Janeczka, poln. oder zu tschech. *Janečka* / **Janietz:** 1657 Janitz / **Janitzki:** 1666 Janitzki. Poln. HN zum ON Janice oder KF zum RN *Janik* / **Jank(a):** 1359 Janck(yn), 1474 Janck, sorb. / **Jenk(e):** 1316 RN Jenco / **Jankowitz:** 1399 Jancowicz. Poln. HN zum ON *Jankowice* oder Abltg. vom RN *Janek* / **Jankowski:** 1388 Jankowski. Poln. HN zum ON *Jankowice, Janków* oder Abltg. vom RN Janek / **Janofski, Janovski, Janowski:** 1386 Janowski. Poln. HN wie Vor. oder Abltg. vom RN *Jan* / **Jaschke:** 1457 Jaschke / **Jäschk(e), Jes(ch)ke, Jeschko:** 1372 Jeschke, 1391 Yesken, 1438 Jeschko. Sorb., auch Abltg. von *Jaroslav* / **Jeschek, Jiske** / **Jonas(ch):** 1410 Jonas, 1658 Johnasch. Westslaw., zum Namen des Propheten *Jona* → *Jonas,* erst seit der Reformationszeit / **Iwan:** 1194 Ivan(om), 1208 Iwan. Im Russ., Poln. und anderen slaw. Sprachen Abltg. von Johannes, vereinzelt zum Namen des Artusritters *Iwein (Iwan)* / **Iwanow,** russ. / dt.: **Han(n)s, Hannß:** 1357 Hans / patron. **Hans(s)en,** besonders nd., nrhein. / **Hensen:** 1648 Hansen / **Hänsgen, Hänßgen, Hensgen.** KF, demin. / **Hänsel, Haensel, Hansel, Hensel, Hen(t)zel:** 1325 Henselen, 1363 Johannes gen. Hänsel, 1364 Hanzl, 1396 Hensel. KF mit *-l*-Suffix / **Hänselmann, Henselmann:** 1446 Henselmann. Wie Vor. + *-mann* / **Hänseler, Hens(e)ler, Henssler, Henßler:** 1364 Hans der Henseler. KF + *-l-* + *-er*-Suffix / patron. **Hänseling.** KF + *-l-* + *-ing*-Suffix / **Hanslik:** 1565 RN Hanslik. Poln. oder tschech. KF zu dt. *Hansel* / **Ha(h)nemann, Hannemann:** 1330 Hannemanne. KF + *-man*-Suffix, vgl. 1351/72 Hanman = Hannos, Johannes v. Gint und 1399 Hannus Hanemann / **Hamma:** 1527 Hamma. Stummelform zu Vor. / **Hann(e), Henne, Henni:** 1395 Henne, 1438 Henny / slaw.: **Han(n)ak, Hanich, Hannig, Hänig:** 1374/82 Hanach, 1396 Hanak, 1438 Hanig. Westslaw. KF / **Hanik(a):** 1374 RN Hanik, 20. Jh. Hanika, tschech. / **Hanicke:** 1485 Hanigke / **Hannecke:** 1395 Hanek. Poln. oder tschech. oder sekundär sorb., auch nd., vgl. 1211 Johannes Haneke / **Hank:** 1492 Hannck, sorb. / **Hanke, Handtke:** 1274 Hanco, 1372 Hanke. Sorb. mit sekundärem Suffix *-ke* zu Vor., vgl. 1372 RN Hanco = Hannus / obd. KF **Hankel, Hankler:** 1540 Hanckeller / **Hanko:** 1359 Hanko / **Han(n)sch, Hansche, Hant(z)sch, Hantzsche, Hantsche:** 1321 Hantsce (zu mnd. *hantsche, hantske* 'Handschuh'), 1367 RN Hantsch = Hannus, 1427 Hantsch, 1501 Hantzsch, sorb. Hanš / **Hän(t)sch, Haensch, Hen(t)sch, Hensch(e):** 1356 Hensche, 1359 Hencz = 1364 Hentsche, 1352 Hannis Henchz = 1355 Henschil Henschs = 1356 Johannes Henczhs / **Hanisch, Hanit(z)sch, Hänisch:** 1369 Hannisch, 1531 Hanitzsch / ostd. **Hannus(ch), Han(n)usch, Hannutsch:** 1359 Hannus, 1440 Hanusch / **Han(n)uschke:** 1437 Hanusska, 1531 Hannuschke / **Hanschke:** 1492 Hantzschko = 1497 Hannsko = 1498 Hannschko, sorb. / **Hanschi(c)k:** 1658 Hanzschig / dt. **Hans(ch)mann, Hant(z)schmann:** 1402 Hanczßmann, 1447 Hansemann, 1472 Hanschmann. KF + *-z-* + *-man*-Suffix, vgl. auch 1448 Hansman / slaw. **Haschke:** 1334 Hazke(s).

John(e), Johnke → Johannes

Johst → Jost

Jokisch → Jacob

Jonasch → Johannes

Joost → Jost

Jopp(n)er, Jupp(n)er 1413 Jopener, 1508 Juppener. BN zu mhd. *jop(p)e, juppe* 'Jacke, Stück der Rüstung' für den Hersteller der Joppe.

Jordan, gen. **Jordans,** nd. **Jorden(s), Jördens:** 1147 Jordan, 1477 Jördens / **Jo(u)rdan** hugen.-RN, seit den Kreuzzügen zum Namen des Flusses.

Joschke, Joschek 1434 Jossko. Westslaw. KF zu einem mit *Jo-* anlautenden RN: *Joachim, Joseph, Jordan, Johannes, Jodocus.*

Jost, Joost, Johst, Joste, Jöste 1346 RN Jost, 1402 Jost, 1476 Jöstel, 1590 Jost = 1597 Jobst. RN zum Namen des heiligen *Jodocus,* kelt. 'Kämpfer'; Vermischung mit *Hiob* (hebr. 'wo ist der Vater?') möglich / **Jößle, Jos(s)er, Jös(s)er:** 1275 Jöseli, 1329 der Joser / obd. **Jaus, Jauß, Jautz:** 1520 RN Jaus.

Jung(e), Jungk um 1200 Iunco, 1345 Jungen. ÜN zu mhd. *junc* 'jung, vergnügt bzw. *junge* 'Jüngling, junger Mann', auch KF zu RN mit ahd. *jung-*.

Jungblut(h), Jungblott 1544 Jungebloidt, 1585 Jungeblodt. ÜN zu mhd. *junc* 'jung, vergnügt' und *bluot, pluot* 'lebendes Wesen, Mensch'.

Junghan(n)s, Junghan(n)ß 1381 Junge Hans, 1399 Junghans. RN, Zusammensetzung aus → *Junge* und KF zu → *Johannes.*

Jungk → Junge

Jungmann 10. Jh. Jungman, 1388/89 Jungerman. ÜN zu mhd. *juncman* 'junger Mann'.

Jungnick(el) 1421 Junge Nigkel, 1689 Juncknickel. RN, Zusammensetzung aus → *Junge* und → *Nicolaus.*

Junker, Junkherr, rhein. **Junkers:** 1295 Junkerer, 1308 Junker. ÜN zu mhd. *junchērre, -herre* 'junger Herr, (noch nicht Ritter gewordener) Adliger'.

Jupp(n)er → Joppner

Jürgen(s), Jürgensen, Jurich, Jurisch(ka), Jurk(e), Jurschik, Jurtz, Juschka, Juschke → Georg

Just 1332 Just, 1440 Just. RN *Justus* lat. 'gerecht', bzw. zur Weiterbildung *Justinus,* häufig aber zu *Jodocus* → *Jost.*

Jutte, Jütte(n), Jutz(e), Jütze, Jutzeler, schles. **Jüttner, Jüttemann:** 1381 Jütte; 1323 RN Jutze; 1411 Jutteman. Metron. zum RN *Jutta,* KF von *Judith* hebr. 'die Jüdin'.

K

Robert Koch
(1843-1910) Bakteriologe,
Nobelpreisträger (1905)

Sebastian Kneipp
(1821-1897) Geistlicher und Naturheilkundiger

Erich Kästner
(1899-1974) Schriftsteller
(Gedichte, Kabarett, Kinderbücher)

Heinrich von Kleist
(1777-1811) Dramatiker
und Erzähler

Kaalisch → Kalisch

Kabes, Kabus, Kabis 1277 Cabuz. ÜN zu mhd. *kabeȥ* 'weißer Kohlkopf', mnd. *kabūskōl* 'weißer Kopfkohl' / **Kapesser, Käpesser, Käbesser:** 1374 Kapusser. ÜN, vgl. mnd. *kabussenbūwer* 'Kohlbauer'.

Kachler, Kächler, Kechler 1290 Kachelere, 1313 Kecheler. BN zu mhd. *kacheler* 'Töpfer' / **Kächele:** 1452 Kächeli. ÜN zu mhd. *kachel(e)* 'irdenes Gefäß, Geschirr; Ofenkachel, Hafendeckel' für den Hersteller.

Kaczmarek → Kretzschmar

Käding, K(a)eding, Kehding 1266 Keding. HN zum Landschaftsnamen *Kehding* oder patron. KF zu RN wie um 825 Kedi, wohl zu ahd. *quedan* 'sagen, sprechen' oder zum PN-Stamm *Kad-*.

Kadolf; Kadolt 1436 Kadolf; 1271 Kadold(us). RN *Kad-ulf* bzw. *-walt.* RN zu altem *Kad-*, vgl. asä. 9. Jh. Cado, und *ulf* 'Wolf' bzw. *-old* < *-walt* 'Gewalt, Macht'.

Kaf(f)ka, Kawka 1514 Kavka. ÜN zu nso., oso., poln. *kawka,* tschech. *kavka* 'Dohle'.

Kahl(e), Kahler(t) 1266 Cale, 1372 Kale, 1384 Kaler. ÜN zu mhd. *kal* 'kahlköpfig', *Kahler(t)* auch: ÜN zu mhd. *kalhart* 'Schwätzer' und HN zum ON *Kahla; Kahler* → *Köhler.*

Kähler → Köhler

Kahlert → Kahle

Kahlisch → Kalisch

Kahnes → Kanis

Kahnt → Kant

Kaiser, Kaißer, Kayser(s), Keiser, Keys(s)er 1271 Kaiser, 1279 Keyser. ÜN zu mhd. *keiser* 'Kaiser' wie König, Herzog.

Kalb, nd. **Kalf** 1199 Chalb, 1219 Calf. ÜN zu mhd. *kalp,* mnd. *kalf* 'Kalb'.

Kalch, Kalck → Kalk

Kalf → Kalb

Kalina 1407 Kalina. ÜN, WN zu nso., poln., tschech. *kalina* 'Schneeball, Maßholder', auch HN zum ON *Kalina* / **Kalinke:** 1480 Kalynka. Abltg. von Vor.

Kalinowski, Kallenowski 1400 Kalinowsky. HN zum poln. ON *Kalinów, Kalinowa, Kalinowo, Kalinowice.*

Kalisch, Kaalisch, Kahlisch 1309 Kalisz, 1566 Kalisch. ÜN zu nso. *kališ,* tschech. *kalit* '(das Wasser) trüben', poln. *kał* 'Kot, Unrat; Sumpf' oder HN zum ON *Kalisz* in Polen.

Kalk, Kalck, Kalch 1492 Kalch. ÜN zu mhd. *kalc* 'Kalk, Tünche' für einen Kalkbrenner o. ä.

Kalkbrenner, md. **Kalkborner:** 1297 Calchburnere, 1360 Kalcberner. BN zu mhd. *kalcbrenner,* mnd. *kalkbernere* 'Kalkbrenner'.

Kallauka, Kallauke 1529 Kalawcka. ÜN zu oso. *kaławka* 'eine Art Holzbirnen'.

Kallenowski → Kalinowski

Kal(l)weit BN lit. 'Schmied'.

Kaltofen 1265 Caltoven(inne). WN zu mhd. *kalt* 'kalt' und *oven* 'Ofen; (Felsenhöhle, Fels)' oder ÜN für einen Armen.

Kaltschmidt 1271 Kaltsmit. BN zu mhd. *kaltsmit* 'Schmied, der ohne Feuer arbeitet: Kessel-, Kupfer-, Messingschmied; umherziehendes Gesindel; Zigeuner'.

Kalweit → Kallweit

Kalz 1544 Kaltz. BN zu nso. *tkalc, kalc* '(Lein)Weber'.

Kaminski, Kamins(s)ky 1386 Kamensky. HN zum poln. ON *Kamień.*

Kämmel, Kemmel 1346 Kämel; 1489/90 Kemmel. ÜN oder HausN zu mhd. *kemmel, kembel, kamel* 'Kamel'.

Kammerer, Kämmer(er), Kaemmer, Cämmerer 1242 Kamerar(ius), 1370

Kemmerer. BN zu mhd. *kamerære, kamerer,* mnd. *kamerer, kemerer, kemener, kemmer, kermer* 'Kämmerer, Schatzmeister, Vorsteher und Verwalter der Kammereinkünfte', z. T. auch BN zu mhd. *kemmer* 'Kämmer, Wollkämmer'.

Kammler, Kämmler, Kemmler; bair. **Kämpler:** 1505 Kemler; 1475 Kämpeler. BN zu mhd. *kemben, kemmen* 'kämmen', fnhd. *kem(p)len* 'mit dem Kamm bearbeiten' für den Wollkämmer oder den Kammacher.

Kammrath → Kamprath

Kamp, Kampe(n), rhein. **Kamp(e)s:** 1257 (de) Campo, 1303 (de) Campen. HN zu ON *Kamp, Kampe, Kampen* oder WN zu mnd. *kamp* 'eingezäuntes Feld (als Ackerland, Weide, Wiese, Holzung dienend)' / **Kampmann:** 1518 Campman. WN wie Vor.

Kämpf(e), Kaempf, Kemp(f), Kempe um 1000 Cempho, 1257 Kempe, 1259 Kempf. ÜN zu ahd. *kempfo* 'Kämpfer' für einen Menschen, der sich mühend das Leben meistert oder BN zu mhd. *kempfe, kempfer,* mnd. *kempe, kampe* 'Berufsfechter; Kämpfer, Streiter; der für sich oder als Stellvertreter eines anderen einen Zweikampf übernimmt, der für Miete gerichtlichen Zweikampf ausficht'; *Kempe* auch HN zu ON *Kempe(n)* / **Kämpfer, Kemper(t):** 1363 Kempher. BN zu mnd. *kemper* 'Kämpfer', ÜN s. Vor. oder WN zum nd. ÖN *Kamp* 'Feld', vgl. 1393 van dem Kampe.

Kämpler → Kammler

Kamprath, Kamprad(t), Kam(m)rath 1364/5 Kammerad(es), 1572 Kampfrath. ÜN zu mhd. *kamprat* 'Kammrad in der Mühle', fnhd. *kampfrad* 'Zahnrad' für einen Müller oder Kammradmacher.

Kamrad 1368 Kamrad. ÜN poln.-schles. mda. *kamrat, kamrad* aus dt. *Kamerad.*

Kändler, Kand(e)ler, Kanler, Kännler, Kennler 1328 Kandler, 1373 Kanler, 1383 Kenneler. BN zu mhd. *kandeler* 'Kannengießer', z. T. HN zum ON *Kändler, Kandel,* obd. (tirol.) auch WN zum ÖN *Kan(d)el,* mhd. *kan(d)el* 'Kanal, Röhre, Rinne' (zu lat. *canalis):* 1439 am kanel, 1592 Kandler / **Kannemann:** 1446 Kannemann. BN für den Hersteller oder Verkäufer.

Kandt → Kant

Kanis(s), Kahnes, Kanz 1123 Canis. ÜN zu lat. *canis* 'Hund' (so im Vogtl.), sonst meist HN zum ON *Canitz* oder → *Kanisch.*

Kanisch 1400 Kanis, 1550 Kanisch. KF zum RN *Kanimir* u. ä. zu urslaw. **kaniti* '(auf)fordern, einladen, ermahnen'.

Kanne(n)gießer 1300 nd. Kannengetere, 1373 Kannyngiser, 1388 Kandelgisser. BN zu mhd. *kanne(l), kandel* 'Kanne' + *giezen* 'gießen', fnhd. *kandelgießer,* mnd. *kannengeter* für den Zinngießer, der vor allem Kannen herstellt.

Kännler → Kändler

Kant, Kandt, Kahnt um 1320 Kant. WN zu mnd. *kant(e)* 'Ecke, Winkel, Rand' oder HN zum ON *Canth.*

Kant(h)er 1372 Canter, 1498 Kanther. BN zu lat. *cantor* 'Vorsänger'.

Kanz → Kanis

Kanzler, Canzler, Kenzler 1209 Cancellar(ius), 1498 Kantzler. BN zu mhd. *kanzelære, kenzelære* 'Vorgesetzter einer Schreibstube', mnd. *kenselere, kensenere* 'Kanzler' / **Kanzelmann:** 1150 Cancelmann(us). BN wie Vor.

Kapesser, Käpesser → Kabes

Kapitza 1310 Capitza. ÜN zu oso. *khapica* 'Kopfbedeckung', poln. *kapica* 'Kapuze, Mönchskutte'.

Kapp 1266 Cappe(n), 1351 Kapp. ÜN zu mhd. *kappe* 'Kapaun' für einen gemästeten Menschen, vgl. 1439 Kapphan, oder zu mhd. *kappe* 'mantelartiges, mit einer Kapuze versehenes Kleid; Bauernkittel; Mütze, Kappe' für den Träger oder Hersteller eines solchen Kleidungsstückes.

Kappel 1272 bi der Chappel, 1300/03 Capelle. WN zum ÖN mhd. *kap(p)el(le)* 'Kapelle' oder HN zum ON *Kappel* / **Kappler, Käppler, Kep(p)ler:** 1296 Capellar(ius), 1279 Keppelere, 1571 Kepler. BN zu lat. *capellarius* 'Geistlicher an einer Kapelle', oft auch HN oder WN zum ON oder ÖN *Kappel(e)* oder BN zu mhd. *keppel(în)*, demin. zu *kappe* für den Hersteller von Kappen / **Kappelmann:** 1473 Cappelman. HN wie Vor. oder BN 'der eine Kapelle Versorgende'.

Kaps 1335 Kaps. KF zum RN *Kaspar;* auch ÜN zu mhd. *kabeȥ* → *Kabes.*

Karas(ch), Karras, Karraß 1206 Karaz. ÜN zu nso., tschech. *karas,* poln. *karaś,* oso. *kharas,* mnd. *karusse* 'Karausche', vereinzelt HN zum ON *Karras, Karrasch.*

Karg(e), Karch 1217 Karge, 1520 Karch. ÜN zu mhd. *karc* 'klug, listig, schlau; hinterlistig; streng, heftig, stark; knauserig; unfruchtbar' / **Karger, Karcher, Kärger, Kärcher:** 1302 Kerg = Kerger, 1361 Karger; 1248 Karricher. Wie Vor.; auch BN zu mhd. *karrecher, kercher* 'Karrer' / **Kärchler, Kärchner:** 1383 Kärchler. BN wie Vor.

Karkhof → Kirchhoff

Karl(e), Carl(l) 1014 Karolus, 1266 Karl. RN *Karl,* ahd. *karl,* seltener ÜN zu mhd. *karl(e)* 'Mann, Ehemann, Geliebter'.

Karp, Karpf 1257 Karpe. ÜN zu mhd. *karp(f)e,* mnd. *karpe* 'Karpfen' für den Karpfenhändler, auch poln., vgl. 1401 Karp, oder KF zum RN (HeiligenN) *Polycarpus,* griech. 'früchtereich'.

Karpinski 1467 Carpynsky ... in Carpyno. HN zum poln. ON *Karpin(o).*

Karras, Karraß → Karasch

Karsch; Kartzsch 1386 Karsche; 1570 Kartzsch. ÜN zu mnd., mhd. *karsch* 'munter, frisch' oder zu fnhd. *karsch* 'Karst, Hacke mit Zinken'.

Karßbaum → Kirschbaum

Karst 1364 Karst. ÜN zu nhd. *Karst* 'Breithacke', vgl. mnd. *karsten* 'hacken'.

Karsten(s), Karstensen → Christ

Kartzsch → Karsch

Käsbohrer → Käsmann

Kasch(e), Kaschke → Kasemir

Kaschuba, Kaschube 1246 Kassube. Westslaw. StammesN der *Kaschuben,* poln. *kaszuba.*

Kasemir, Kasimir 1122 Kazimyr. RN zu urslaw. **kaziti* 'verderben, vernichten' und **mirъ* 'Frieden' / **Kazimirek:** 20. Jh. Kazimierek, poln. / **Kasch(e):** 1387 Kasz, 1587 Kasche. KF zu einem mit *Ka-* anlautenden PN → *Kasemir* → *Kanisch* → *Kaspar* oder zu → *Lukas* / **Kaschke:** 1366 Caske(n). KF zu Vor.

Käskorb → Käsmann

Käsmann, Kesemann, Keßmann 1302 (der) Kesmann. BN zu mhd. *kæse,* mnd. *kese* 'Käse' wie mhd. *kæser* 'Käser, Käsehändler', fnhd. *keseman* 'Käsehändler' / **Käskorb:** 1653 Kesekorb. ÜN zu mnd. *keskorb* 'Drahtglocke', latin. *Cascorbi* / **Käsbohrer, Kasbohrer, Kesbohrer:** 1383 Kasborer. ÜN zu mhd. *kæsebor* 'Käsekorb', vereinzelt zersprochene Form von *Kaspar.*

Kaspar, Kasper, Casper, Caspar(i), rhein. **Caspers:** 1418 Kasper, 1500 Caspers, 1542 Caspari. RN *Kaspar,* → *Kaps* / **Kasparek:** 1654 Kasperek (poln.) / **Kasperski:** 20. Jh. Kasperski (poln.) / **Kasprzyk:** 1567 Kasprzik (poln.) / **Kasparowicz:** (poln.) / lit. **Kaspareit.**

Kaßbohm, Kasseböhmer → Kirschbaum

Kassner, Kaßner → Kästner

Kasten 1297 Kasten. HN bzw. WN zum ON bzw. ÖN *Kasten* oder RN fries. *Kasten* < *Karsten* < *Christian* → *Christ.*

Kastmann → Kästner

Kästner, Kaestner, Kastner, Kestner; Kästler; Kassner, Kaßner 1361 Castner, 1402 Kest(e)ner; 1482 Kästler. BN zu mhd. *kastenære, kastner, kestener* 'Verwalter des Kornspeichers, Einnehmer und Aufseher über die Einkünfte, Rentmeister', mnd. *kastener* 'Kästner, Kassenführer' / **Kastmann:** 1508 Castman. BN wie Vor., vgl. mhd. *kastmeister* = *kastenære.*

Kathreiner 1336 Katerinen son, 1420 Katharina Katharinerin. Metron. zu *Katharina,* griech. 'die Reine', oder HN zum ON *St. Katharinen* oder *St. Kathrein.*

Kattschke, Katzschke 1382 Kaczka, 1546 Katzschke. ÜN zu poln. *kaczka,* oso., tschech. *kačka* 'Ente'.

Katz 1346 Kacze, 1554 Katz. ÜN zu mhd. *katze* 'Katze' / **Kätzel, Ketzel:** 1362 Keczl. KF zu Vor. / **Katzmann:** 1319 Katzmann. ÜN wie Vor.

Katzschke → Kattschke

Kaub(e) 1522 Kaub. WN oder ÜN zu mhd. *kouwe* 'bergmännisch Schachthäuschen; Aufschüttkasten in der Mühle' oder HN zum ON *Kaub.*

Kaubi(tz)sch → Jacob

Kauerauf, Kau(e)roff, Kauruff, Kauerhoff ca. 1380 Kawirauf. Wohl SatzN zu mhd. *koberen, koveren* 'suchen, spüren; Hazard spielen' oder *kūren* 'kauern, hocken', vgl. auch *Hockauf* → *Huckauf.*

Kauf(f)mann, nd. **Ko(o)pmann:** 812 Coufman, 1262 Coufman, 1277 Copman. BN zu ahd. *koufman,* mnd. *kōpman* 'Kaufmann' / **Kauf(f):** 1281 der Kauffe. BN zu ahd. *koufo* 'Händler' / **Kaufel, Käufel, Keufel:** 1340 Kheuffel. BN zu mhd. *köufel* 'Händler, Makler' / **Käufler, Köfler:** 1316 der Köufeler. BN zu mhd. *köufelære* 'Händler, Makler'.

Kaul(e) 1348 von der Kaulen, 1501 Kaul. WN zu mhd. *kūle,* mnd. *kule* 'Grube', → *Kuhl(e),* oder ÜN zu mhd. *kugel(e),* md. *kūle* 'Kugel (auch verächtlich für Kopf)', mnd. *kule* 'Keule; Kolben; Beule', fnhd. (md.) *kaul* 'Keule' / **Kaulich, Kaulig; Keilich, Keilig, Keylig, Keulich; Kulich:** 1504 Kawlich, 1653 Kaulich; 1616 Keilich(ius); 1603 Keulich; 1489 und 1654 Kulich. ÜN zu mnd. *kulich* 'voll Löcher', mhd. *kugeleht* 'kugelförmig', vgl. ostmd. *keilich* 'rund', fndh. *keulichen* 'Kügelchen' / **Kaulfuß:** 1563 Kaulfus. ÜN zu mhd. *kugele,* md. *kūle* 'Kugel' und *vuoȥ* 'Fuß' für einen Gehbehinderten.

Kaulbarsch, Kaulbersch, Kaulfers(ch) 1619 Kaulverß, 1631 Kaulbars. ÜN zu mnd. *kūlbars* 'Kaulbarsch' für den Fischer oder Fischhändler.

Kaulisch → Kuhla

Kauroff, Kauruff → Kauerauf

Kautsky 19. Jh. Kaucký, Kautský, Koutský. HN zum tschech. ON *Kout, Kouty* oder WN zu tschech. *kout* 'Winkel', vgl. auch 1577 Vinkler = Koutsky.

Kawka → Kaffka

Kayser → Kaiser

Kazimirek → Kasemir

Kechler → Kachler

Keding → Käding

Kegel, Kögel 1247 Kegel. ÜN zu mhd. *kegel* 'Kegel im Kegelspiel; uneheliches Kind' (vgl. *mit Kind und Kegel)* besonders für einen ungeformten, groben Menschen; *Kögel* auch ÜN zu mnd. *kogel* 'Kapuze' oder HN zum ON *Kogel* oder WN zum ÖN *Kogel* 'Bergkuppe'.

Kehnappel → Kienappel

Kehr(er) 1294 zem Kere, 1311 Kerer. WN zu mhd. *kēr(e)* 'Stelle, wo der Weg eine Biegung macht', auch 'Damm, Wehr' / **Kehrmann:** 1504 Kerman. WN wie Vor.

Keidel, Keitel 1135 Kidel, 1399 Koydel, 1456 Keydel. ÜN zu mhd. *kīdel* 'Keil', fnhd. *kei(de)l* 'Keil, Grobian'.

Keil 1361 Kyl, 1392 Keyl. ÜN zu mhd. *kīl* 'Keil' für einen groben, ungeschlachten Menschen.

Keilhack 1467 Keylhack. ÜN zu mhd. *kīl* 'Keil' und *hacke* 'Axt, Hacke' für einen groben Menschen oder mittelbarer BN, evtl. für einen Bergmann, vgl. mnd. *kīlhacke* 'eisernes Instrument mit keilförmigen Spitzen', mhd. *kīlhouwe* 'keilförmige Haue, Hacke zum Loshauen des mürben Gesteins' / **Keilhammer:** 1580 Keilhammer. ÜN für den Schmied / **Keilhau(er):** 1388 Keylhaw. ÜN zu mhd. *kīlhouwe* 'keilförmige Haue zum Loshauen des mürben Gesteins', vereinzelt auch HN zum ON *Keilhau.*

Keilich, Keilig → Kaule

Keiner(t) 1575 Keiner. Vielleicht zu RN auf ahd. *kuoni* 'kühn, tapfer, stark' wie → *Konradt,* vereinzelt HN zum ON *Kayna,* vgl. PN 1382 Keyn, 1418 Keyne.

Keiser → Kaiser

Keitel → Keidel

Keller(t), Kellner 1229 Cellerar(ius), 1250 Keller; 1284 Kelner. BN zu mhd. *kellære, kellerer, kelnære, kelner* 'Kellermeister, Verwalter der Weinberge und Weingülten, dann überhaupt der Einkünfte'; *Keller* auch WN, vgl. 1272 vanme Kellere, zu mhd. *keller* 'Keller, Kaufladen' / **Kellermann:** 1196 Kelreman. BN, WN wie Vor.

Kelling 1501 Kellingk. Vielleicht WN zu mnd. *kolinge* 'Holzung, die zum Kohlenbrennen bestimmt ist', oder patron. zum RN → *Kilian* oder ÜN zu mhd. *kellic* 'geschwätzig'.

Kellner → Keller

Kemcke, Kemke → Kempke

Kemmel → Kämmel

Kemmler → Kammler

Kempe, Kemp(f), Kemper(t) → Kämpfe

Kempke, Kem(c)ke 1344 Kempcke. Demin. zu → *Kamp* oder KF zum RN *Kampo* (besonders fries.) → *Kämpfe.*

Kemter 1297 Kempter. HN zum ON *Kempten, Kemnat(h)* oder *Kemtau.*

Kennler → Kändler

Kepler, Keppler → Kappler

Kerkhoff → Kirchhoff

Kern 1225 Kerne, 1395 Kern. ÜN zu mhd. *kern(e)* 'Kern (vom Getreide); das Innere; bildlich: wesentlicher Gehalt, Hauptsache, das Beste' für einen tüchtigen Menschen; selten ÜN zu mhd. *kern,* mnd. *kerne, karne, kirne* 'Butterfaß' für einen Bauern; vereinzelt auch WN oder ÜN zu mnd. *kerne, karne* 'Kerbstock, -holz' oder ÜN zu fnhd. *kern* 'Dinkel, Spelt; Ausbund'.

Kersten → Christ

Kesbohrer, Kesemann → Käsmann

Kessel, nd. **Ketel** 1280 vam Kessel; 1231 Ketel. WN zu mhd. *keʒʒel* 'Kessel; kesselförmige Vertiefung' oder ÜN für den → *Keßeler.*

Keß(e)ler, Kess(e)ler, nd. **Kettler:** 1261 Kesseler, 1361 Kesler; 1266 Keteler. BN zu mhd. *keʒʒelære, keʒʒeler,* mnd. *ketelere* 'Kessel-, Kupferschmied', fnhd. *keßler* 'Kesselschmied; Pfannenflicker; Vagabund,

Krakeeler'; seltener WN → *Kessel* / **Kesselmann:** 1585 Kesselmann. BN wie Vor. / **Kesselhake;** nd. **Ketelhake:** 1477 Keßelhacke; 1468 Ketelhake. ÜN zu mhd. *keʒʒelhāke,* mnd. *ketelhake* 'Kesselhaken' für den Hersteller / **Kesselring:** 1249 Kesselrinc. ÜN wie Vor. oder HausN / nd. **Ketelböter:** 1300 Ketelbotere. BN zu mnd. *ketelboter* 'Kesselflicker' zu mnd. *boten, buten* 'ausbessern, flicken'.

Kesselhut(h); nd. **Ketelhut** 1241 Kesselhut; 1254 Ketelhot. ÜN zu mhd. *keʒʒelhuot,* mnd. *ketelhōt* 'Pickelhaube in Kesselform' für den Krieger oder den Hersteller von Pickelhauben.

Kesselring → Keßeler

Keßmann → Käsmann

Kestner → Kästner

Ketel → Kessel

Ketelböter, Ketelhake → Keßeler

Ketelhut → Kesselhuth

Kettler → Keßeler

Kettler 1407 Keteler. Obd. BN Kettenschmied → *Kettner.*

Kettner 1300 Kettener. BN zu mhd. *keten(e)* 'eiserne Kette, Fessel, Kette von Gold oder Silber als Schmuck' für den Kettenmacher, besonders wohl Schmuck.

Ketzel → Katz

Keufel → Kaufmann

Keulich, Keylig → Kaule

Keys(s)er → Kaiser

Kickbusch → Kiekebusch

Kiechle(r) → Kuchenbecker

Kieckbusch → Kiekebusch

Kie(h)l 1284 de Kyle, 1361 Kyl. HN zum ON *Kiel* oder WN zum gleichen ÖN oder ÜN zu bair. *Kiel* 'Dummkopf, Tölpel': 1414 Chiel, vgl. mhd., mnd. *kīl* 'Keil'; ÜN zu mhd. *kil* 'Federkiel; Lauchzwiebel' oder zu mhd. *kiel,* mnd. *kil* 'größeres Schiff'.

Kiehnast → Kienast

Kiek(e)busch, Ki(e)ckbusch 1472 Kikenpusch. WN bzw. HN zum ÖN bzw. ON *Kiek(e)busch.*

Kiel → Kiehl

Kienapfel, Kühnapfel, Kehnappel 1814 Kienappel. ÜN zu mhd. *kienapfel* 'Samenzapfen der Kiefer'.

Kienast, Kiehnast, Kü(h)nast, Kynaß(t), Kynast 1286 Chienast, 1349 Kẙnast. WN zum ÖN *Kynast* oder ÜN zu mhd. *kienast* 'Ast vom Kienbaum, Kienholz'.

Kienzel, Kienzelmann, Kienzle, Kienzler → Konrad

Kiesel 1315 Kysel. ÜN zu mhd. *kisel* 'Kieselstein; Hagelstein'.

Kieser 1330 Kiser. BN zu mhd. *kieser* 'amtlich bestellter Prüfer von Getränken, Brot usw.'.

Kies(e)ler, Kießler 1329 Kießeler. WN zum ÖN *Kies(el)* oder BN → *Kieser.*

Kiesewetter, zersprochen **Käsbieter, Käsbitter, Käsewitter, Käsebier:** 1310 Kyseweter; 1406 Kezweter, 1489 Kesewettir, 1506 Keysewetter. ÜN, SatzN zu mhd. *kiesen* 'prüfen' und *wet(t)er* 'Wetter', fndh. *kiesewete*r 'Wetterspäher, -prophet'.

Kiesinger 1428 Kysinger. HN zum bair. ON *Giesing,* schwäb. und fränk. ÜN zu mhd. *kiesen* 'prüfen, versuchen, wählen' → *Kieser,* vereinzelt auch HN zum ON *Kissing(en).*

Kiesler, Kießler → Kieseler

Kießling, Kiessling, Kiesling, Kießlich, Kieslich, Kißling 1209 Kyseling. ÜN zu mhd. *kis(e)linc* 'Kieselstein' für einen harten, unbeholfenen, unzugänglichen Menschen oder HN zum ON *Kießling.*

Kietzmann 1415 Kytzman. HN oder WN zum ON, ÖN *Kietz* + -mann.

Kilch → Kirch

Kilian 1395 Kilian. RN Kilian, kelt. 'Mönch'? / **Kill(e):** 1370 Kyle. KF zu

Vor. / **Kilius, Kilgus:** 1590 Kilgus. Latin. Form zu *Kilian*.

Kind, Kindt 1230 Kint. ÜN zu mhd. *kint* 'Kind', adjektivisch 'jung, kindisch, einfältig' / **Kindel:** 1254 Kindelin. ÜN zu mhd. *kindel(īn)* 'Kindlein, Jüngling'.

Kindelmann → Kinderer

Kinder(er) 1360 der Kindere, 1561 Kinderer. BN zu mhd. *kint* 'Kind'; wohl wie → *Kindler* für einen Kindererzieher / **Kindler:** 1449 *Kyndler(in)*. BN zu mhd. *kint* für einen Kindererzieher, vgl. fnhd. *kindelerer* 'weltlicher Lehrer', selten HN zum ON *Kindel* / **Kindel-, Kindermann:** 1334 Kindelmann(us), 1384 Kynderman. BN für den Erzieher kleiner Kinder.

Kinzle → Konrad

Kipping 1419 Kipping. WN zu fnhd. *kipfe*, mnd. *kip* 'Zipfel, Spitze' mit *-ing*-Abltg., vor allem altenburgisch.

Kirch, alem. **Kilch** 1413 by der Kerchen, 1486 Kirch. WN zu mhd. *kirche*, alem. *kilche* 'Kirche'.

Kirchberg 1244 Kyrchberc. HN zum ON bzw. WN zum ÖN *Kirchberg*.

Kirchgässer, Kirchgäßner 1415 in Kirchgasse. WN.

Kirchhof(f), Kirchhöfer, nd. **Kerkhoff, Karkhof:** 1402 Kirchoff; 1307 Kerkhof. WN zu mhd. *kirchhof*, mnd. *kerkhof* 'ummauerter Raum um eine Kirche, Kirchhof; Friedhof'.

Kirch(h)übel WN zu mhd. *kirche* 'Kirche' + *hübel, hubel* 'Hügel'.

Kirchner 1380 Kirchener. BN zu mhd. *kirchenære* 'Küster, Mesner'.

Kirchübel → Kirchhübel

Kirmse 1361 Kermesse, 1477 Kirmeß. ÜN zu mhd. *kir(ch)messe* 'Kirchweihfest, Jahrmarkt'.

Kirsch 1330/49 Kirs, 1522 Kirsche. WN zu mhd. *kerse*, fnhd. *kirse* 'Kirsche' = Kirschbaum, auch ÜN (mittelbarer BN) für den Kirschenverkäufer.

Kirschbaum, nd. **Karßbaum, Kaßbohm, Kasseböhmer:** 1281 Kirsboymere; 1366 Kersebom. WN zu mnd. *kersebōm* 'Kirschbaum'.

Kirscht, Kirst(e), Kirsten, Kirstein → Christ

Kißling → Kießling

Kister 1580 Kister. HN zum ON *Kist* oder BN zu mhd. *kistener* 'Kastenmacher, Schreiner', im entrundenden Gebiet zuweilen → *Küster* / **Kistner:** 1303 Kistener(es). BN zu fnhd. *kistner, kistler* 'Tischler'.

Kittel, Küttel 1330 Kytil, 1453 Kittel. ÜN (mittelbarer BN) zu mhd. *kit(t)el* 'Kittel, leichtes Oberhemd für Männer wie Frauen' für einen Kittelmacher, Schneider / **Kittelmann:** 1564 Kedelman. Wie Vor. + *man* / **Kittler:** 1335 Kitler. ÜN wie Vor. oder für den Kittelträger, auch BN zu *kutel* 'Kaldaune' für den Hausschlächter, so 1529 Küttlerr, 1595 Kittler der Abdecker.

Klaas, Klaasen, Klabis → Nicolaus

Klabuhn, Klabunde, Klawohn, Klawonn 1776 Klabund. Wohl vom Baltikum her vordringende Patron. zum RN Nicolaus, teils lett., teils lit. (mit Suffix *-una, -unja)*, → *Klawitter.*

Klahe, Klais, Klaj, Klamann, Klas, Kläs, Klasing → Nicolaus

Klamm, Klammer 1525 Klam; 1425 Clamer. Obd. WN zu ÖN zu mhd. *klam* 'Bergspalte, Schlucht', nd. *Klammer* auch seltener RN: 1489 Klamer, 1572 Clamer = Clamor.

Klarmann 1435 Clareman. ÜN zu mhd. *klār, clār* 'hell, lauter, rein, glänzend; schön, herrlich', vereinzelt auch alter RN mit gleicher Bedeutung, vgl. 1383 Clarman Dorwart.

Klatt(e) 1450/51 Clatte. ÜN zu mnd. *klatte* 'Fetzen, Lumpen; verwirrter Haarschopf', also für einen heruntergekommenen, verwahrlosten Menschen.

Klaua, Klauck(e), Klaue, Klauka, Klauke, Klaumann, Klaus, Klausch, Klause, Klausing, Klauß, Klauwisch, Klaves, Klawe, Klawes, Klawis, Klawisch → Nicolaus

Klawitter 1534 Klawitter. RN lit. (apreuß.?) patron. Form zu *Klawa* < → *Nicolaus;* möglich auch WN zu lit. *kliōvas,* lett. *kl'ava* 'Ahorn'.

Klawohn, Klawonn → Klabuhn

Kleb, Klebe → Nicolaus

Kleber → Kleiber

Klebis → Nicolaus

Klee 1329 Klewo, 1398 Cle. KF *Klewe, Klewi* zum RN → *Nicolaus* oder ÜN zu mhd. *klē* 'Klee, mit Kleeblumen gezierter Rasen'.

Kleeb → Nicolaus

Kleemann 1430 Cleman = Clemen, Kleman. RN → *Clemens* oder ÜN → *Klee* + *man* für den Kleebauern oder WN *Kleimann* zu mnd. *klei* 'Ton, Lehm'.

Kleen → Klein

Klees → Nicolaus

Klei → Kleih

Kleiber, Kleber, obd. **Klaiber** 1372 Cleyber, 1429 Kleber; 1350 der Klayber. BN zu mhd. *kleber* = *kleiber,* fnhd. *kleuber, kleiber* 'der eine Lehmwand macht, mit Lehm verstreicht', vereinzelt auch ÜN zu mhd. *kleber* 'klebend, klebrig' oder zu fnhd. *kleiber* 'Spechtmeise' oder HN, WN zum ON, ÖN *Kleb(a).*

Klei(h), Kley, demin. **Kleile** 1397 Klye, 1400 Kleye. KF zum RN → *Nicolaus* oder ÜN zu mnd. *klei* 'die schwere, fette Erde der Marschländer' oder zu mhd. *klīe, klīwe* 'Kleie' für den Bauern oder Müller / **Kleymann:** 1620 Kleiman. Wie Vor. + *man.*

Klein(e), Kleiner(t), Kleinke, rhein. **Kleinen,** fränk. **Kleinlein,** nd. **Kleen:** 1185 der Kleine, 1560 Kleiner; 1513 der Kleinli. ÜN zu mhd. *klein(e)* 'schmächtig, zart, mager; niedlich, zierlich, klein'.

Kleindienst 1266 Claindienst. ÜN zu mhd. *klein(e)* 'klein' und *dien(e)st* 'Lehnsdienst, Abgabe, Zins'; nach der Abgabepflicht, vgl. 1325 Heinr. der Vorster hat gegeben einen „chlainen dienst ... und sint ze ostern 100 aier, 8 chaes, 6 huner, 4 gens", oder BN *Kleinknecht,* zu mnd. *dēnst* 'Dienstbote, Knecht'.

Kleiner, Kleinert → Kleine

Kleinhan(n)s 1382 Parvus Henselinus. *Han(n)s* → *Johannes,* zusammengewachsen mit dem ÜN *Klein* (= der Jüngere).

Kleinhempel 1647 Kleinhempel. → *Hampe,* zusammengewachsen mit dem ÜN *Klein* (= der Jüngere).

Kleinke → Kleine

Kleinmaß, Kleinmeß, Kleinmetz 1383 der Clainmaz, 1547 Kleinmas. ÜN zu mhd. *mâʒe, mæʒe, meʒ, metze* 'Maß' vor allem für Getreide und Flüssigkeiten.

Kleinschmidt 1135 Cleinsmit. BN zu mhd. *kleinsmit* 'Schlosser'.

Kleinsteuber, Kleinstäuber, Kleienstüber 1642 Kleyenstüber. ÜN zu mhd. *klīe, klīve, klīge* 'Kleie' und *stieben, stiuben* 'stieben, Staub von sich geben' für den Müller.

Kleist 1564 Kleist. HN zum ON *Kleist, Kleistau,* vielleicht auch vereinzelt KF zum RN → *Nicolaus.*

Klemens, Klement, Klemke → Clemens

Klemm(e) um 1160 Clem, 1368 Klemme. ÜN zu mhd. *klem* 'eng, knapp, mangelnd' für den karg Lebenden oder KF zum RN *Klemens* → *Clemens* oder WN zu mhd. *klemde, klemme* 'Klemmung, Einengung'.

Klemper(er) → Klimpfer

Klesel, Klesgen, Klesi, Kleß → Nicolaus

Klett(e) 1293 Clette, 1345 der Klett. ÜN zu mhd. *klette* 'Klette' für einen aufdringlichen oder zähen, zielstrebigen Menschen oder ÜN zu nd. = *Klatte* 'verfilzte Wolle', mnd. *klatte* 'Fetzen' oder WN zu poln. *klěta, klete* 'geringes Haus', dazu **Klettke:** 19. Jh. Kletke, Kletka. WN poln. *Kletka, Klitka* 'Lehmhütte, Loch, enge Wohnung' / **Klitzke:** 1419 Klitzke. Nbf. zu Vor.

Kley → Kleih

Klier, Glier 1388 Gluer. BN zu mhd. *glüe(je)n, glüewen* 'glühen' für den Schmied, vor allem vogtl.

Klimke, Klimmek → Clemens

Klimpfer, Klimper, Klemper(er) [1532 der Klemper(er)], 1560 Klimpper. BN zu mhd. *klimpfen* 'fest zusammenziehen', *klamben, klemberen* 'fest zusammenfügen, verklammern', *klampfer* 'Klempner' für den Klempner, Blechschmied.

Klinck → Klinke

Klinckhard(t) → Klinghardt

Klindt 1411 Klynt. WN zu mnd. *klint* 'Fels, Klippe, steiles Ufer, Abhang'.

Klinge 1284 Clinge. WN zu ÖN zu mhd. *klinge* 'Gebirgsbach; Talschlucht' oder HN zu ON *Kling(e), Klinga* / **Klinger:** 1200 der Clingere. WN oder HN wie Vor., vereinzelt auch BN für den Klingenschmied, so 1286 der Klinge, 1372 Clinger, → *Klingner.*

Kling(e)beil, Kling(e)biel 1332 Klynkebyl, 1564 Klingebeil. ÜN zu mhd. *klingen* 'klingen; klingen lassen' und *bīhel, bī(e)l* 'Beil' wohl für den Zimmermann / **Kling(en)hammer, Klinkhammer:** 1341 Clinkhamer. ÜN zu mnd. *klinkhamer* 'eine Art Schmiedehammer' für den Schmied.

Klingenschmidt 1401 Klingensmid. BN zu mhd. *klingensmit* 'Degenschmied, Schwertfeger', fnhd. *klingenschmid* auch 'Messerschmied'.

Klinger → Klinge

Klinghard(t), Klinckhard(t) 1282 Clinkarthe; 1381 Klingharttine. ÜN zu mnd. *klinkert, klinkart* 'ältere burgundische Goldmünze' für einen Vermögenden, so bei Hugo v. Trimberg im „Renner" (Vers 1600).

Klingler → Klingner

Klingner, Klingler 1437 Clyngener, 1444 Klyngeler. BN zu mhd. *klinge* 'Klinge des Schwertes' = Klingenschmied, z. T. ÜN *Klingler* zu mhd. *klingelen* 'schwatzen' bzw. BN zu fnhd. *klingeler* 'Almosensammler'.

Klink(e), Klinck 1246 Clincke. HN zum ON *Klink(e)* oder ÜN zu oso., nso. *klin,* nso. demin. *klink* 'Keil'.

Klinkhammer → Klingebeil

Klitzke → Klette

Klit(z)sch 1421 Cletz, 1558 Klitzsch. ÜN zu apoln. *klicz* 'Schrei, Geschrei, Ausruf'.

Klöckner → Glöckner

Klohe, Klohmann → Nicolaus

Klohs → Klose

Klok(e), Klook(e) → Kluge

Kloos → Nicolaus

Klopfer 1378 Klopphere. BN zu mhd. *klopfen* 'klopfen, pochen, schlagen' für einen Handwerker, vgl. auch mnd. *klopper* 'Klöpfel, Stempfel'.

Klop(f)fleisch ÜN des Fleischers, vgl. 1180 Sulzefleiske.

Klopstock, Klopsteck 1349 Klopstuke, Cloppestuke, um 1550 Kloppestock. Wohl ÜN, SatzN zu mhd. *klopfen* 'klopfen, pochen, schlagen' und *stoc* 'Stock; Weinstock; Baumstamm; Amboßstock' für einen Bauern oder Holzarbeiter.

Klös, Klos → Nicolaus

Klos(e), Kloß, Kloss, Klohs 1268 Kloeß, 1382 Close, 1444 Nicolaus alias Klose. Nd.-md. KF zum RN → *Nicolaus* oder ÜN zu mhd. *klōʒ* 'Klumpen,

Knolle, klumpige Masse, Knäuel; Kugel, Knauf; Klotz; Keil, Knebel' für einen groben Menschen.

Klöse, Klösel, Klosemann, Klösli, Klöß, Klosse, Kloßmann → Nicolaus

Klostermann 1331 Closterman. BN zu mhd. *klosterman* 'Mönch; Untertan, Höriger eines Klosters'.

Kloth 1242 Clot, 1383 der Kloth. ÜN zu mnd. *klōt* 'Kloß, Klumpen', übertragen 'ungeformter Mensch' → *Klose.*

Klotz 1220 Kloz, 1440 Klotz. ÜN zu mhd. *kloz* 'Klumpe, klumpige Masse; Baumstumpf, Baumklotz' für einen groben, rohen Menschen.

Klötz(n)er 1354 der Clotzer. BN zu mnd. *glotze, klotze* 'grober Schuh, Überschuh, Pantoffel', nd. *Klotze* 'Holzschuh' für den nd. *Klötzer* 'Holzschuhmacher' oder BN der *Klotzen* (Abfallwerg) sammelt oder HN zum ON *Klötzin, Klötze* oder WN zum ÖN *Klötz(e).*

Klug(e), nd. **Klo(o)k(e):** 1377 Cluge, 1388 Klug; 1249 Cloke. ÜN zu mhd. *kluoc* 'fein, zierlich, klug, weise' auch: 'stattlich; tapfer; höfisch; listig', mnd. *klōk* 'behende; klug, listig, gewandt' / **Klügel:** 1320 Clügel, Kluger, 1531 Klugell / **Klugmann:** 1393 Klugman.

Klunke(r) 1404 Klunker. ÜN zu fnhd. *klunke(r)n* 'schlaff herabhängen, baumeln' für einen schwachen Menschen.

Klüpfel, md., nd. **Klüppel:** 1248 Cluphel, 1296 Clyppel. ÜN zu mhd. *klüpfel,* md. *klüppel,* md., nd. *kluppel* 'Werkzeug zum Klopfen; Knüppel' für einen groben Menschen.

Klupsch vielleicht zu tschech. *Chlup, Chlupáč, Chlupsa, *chlup* 'Haar', *chlupáč* 'Zottiger'.

Kluth 1585 Kluten, 1634 Kluht. Wohl ÜN zu mnd. *klūt(e)* 'Klumpen, Erdscholle' → *Kloth,* z. T. auch WN zum ÖN *Klüt.*

Klutterer 1300 Clutterer. ÜN zu mhd. *kluterære* 'Gaukler'.

Klüver 1351 Cluver. BN zu mnd. *kluver* 'Büttel, Gerichtsdiener, Diener überhaupt'.

Kna(a)ck, Kna(a)k 1288 Knoke, 1523 Knake. ÜN zu mnd. *knoke, knake* 'Knochen' für einen knochigen, dürren Menschen, → *Knoche,* z. T. auch ÜN zu mnd. *knagge* 'Knorren' für einen groben Menschen.

Knab(e) 1458 Knabe. BN, ÜN zu mhd. *knabe* 'Knabe, Jüngling, junger Mann in dienender Stellung', von → *Knapp(e)* nicht exakt zu trennen.

Knack, Knak → Knaack

Knapp(e) 1275 Knapp, 1480 Knappe. BN zu mhd. *knappe* 'Jüngling, der Ritter werden will; Knabe; Knecht, Geselle', von → *Knabe* nicht exakt zu trennen.

Knapper 1381 Knapper. ÜN zu mhd. *gnappen* 'wackeln, hinken', *gnepfen* 'sich neigen, hinken' / **Knäppler, Kneppler:** 1294 Kneppiler / **Knipfer:** 1574 Khnipffer / **Knupfer:** 1723 Knupfer. ÜN wie Vor.

Knauer, Knu(h)r 1138 Chnuer, 1430 Knauwer; 1350 Knure. ÜN zu mhd. *knūr(e), knurre* 'Knoten, Knorre; grober Mensch'; *Knauer* in Thüringen vereinzelt HN zum ON *Knau.*

Knauf(f), Knaup, md. **Kno(o)f, Kneif:** 1315 Knauf, 1525 Knaup, 1560 Kneif. ÜN zu mhd. *knouf* 'Flachsbolle, Knauf' für einen derben, kleinen Menschen / **Knäufel,** md. **Knöfel, Kneifel:** 1400 Knevfel, 1418 Knouffel, 1525 Kneifel, 1551 Knöffel. ÜN zu mhd. *knoufel, knöufel* 'Knöpfchen' für einen groben oder kleinen rundlichen Menschen; nd. auch ÜN zu mnd. *knevel* 'kurzes, dickes Querholz, Knebel' oder *knovel* 'Knöchel' für einen groben Menschen.

Knaus 1400 Knavs. ÜN zu mhd. *knūȝ* 'keck, vermessen, waghalsig, hochfahrend' / **Knäusel, Kneusel, Kneisel,** alem. **Knäusle, Kneißle, Kniesel:** 1280 Knüseli, 1388 Knewsel, 1573 Gneisel. ÜN wie Vor. + *-l*-Suffix.

Knaut(h), Knaut(h)e, Knoth(e), Knot(e), Knott, nd. auch **Knuth:** 843 Knut, 1288 Knůth, 1315 Knaut, 13. Jh. Knode, 1398 Knote. ÜN zu mhd. *knode, knote* 'Knoten, Schlinge', alte Nebenform *Knaut,* für einen kleinen, groben, plumpen Menschen, vermischt mit der KF zu RN auf ahd. *chnuot* 'Wesenheit, Natur'.

Knebel, Knepel; nd. **Knevel, Knefel:** 1265 Knebel, 1421 Knevel. ÜN zu mhd. *knebel* 'Knebel; Knöchel; grober Gesell, Bengel' und 'kleiner Knabe'; *Knepel* auch ÜN zu mnd. *knepel* 'Klöppel' / **Knebler:** 1511 Knebler. BN zu mhd. *knebel* für den Büttel, der die Gefangenen auf einer an einem Seil befestigten Stange in das Gefängnis hinabläßt oder BN zu mnd. *kneveler* 'Bierführer, der das Bier in die Häuser der Konsumenten führt'.

Knecht 1242 Knecht. BN zu mhd. *kneht* 'Knabe, Jüngling, Knecht als Dienender'.

Kneifel → Knauff

Kneip(p) 1355 Knip. ÜN zu mhd., mnd. *knīf, knīp* 'Messer, besonderes Schustermesser'.

Kneisel → Knaus

Knell(e), Knill 1294 Knelle; 1181 Chnill. ÜN zu mhd. *knellen* 'mit einem Knall zerplatzen' für einen Lärmmacher / **Kneller:** 1489 Kneller.

Knepel → Knebel

Knepper → Knapper

Knetschke → Kniesche

Kneusel → Knaus

Knie 1456 Kny. WN zu mhd. *knie* 'Knie von Menschen und Tieren' für einen, der am Wegeknie, an der Flußkrümmung wohnt, oder ÜN wie *Bauch, Brust.*

Kniepert → Knippert

Knieriem(en) 1602 Cnirim(us). ÜN des Schusters.

Kniesche, Knitzsch, Knötzsch 1324/30 Knese, 1474 Knitzsch, 1501 Knysch. ÜN zu nso. *kněž* 'Herr',oso. *knjez* 'Herr, Pfarrer'/ **Knetschke, Knöschke:** 1301 Kneseke, 1657 Kneschke. BN, ÜN zu nso. kněžk, oso. *knježk* '(Land)Junker, Edelmann, Gutsbesitzer'.

Knigge 1427 Knygge. WN zu mnd. *knick* 'lebendiger Zaun, Hecke, gewöhnlich auf Erdwällen'.

Knill → Knelle

Knipfer → Knapper

Knipper(t), Kniepert, rhein. **Knippertz:** 1589 Knipper(us). ÜN zu mnd. *knipen* 'kneifen' oder zu mnd. *knippen* 'zwinkern, blinzeln' / **Knipping:** 1305 Knypping. Patron. zu Vor. oder ÜN zu mnd. *knipinge* 'kneifen'.

Knittel, Knüttel 1231 Knutel, 1404 Knüttel, 1438 Knittel. ÜN zu mhd. *knüt(t)el* 'Knüttel (als Waffe, Bauernwaffe als Prügel zum Züchtigen)' für einen groben Menschen.

Knitzsch → Kniesche

Knoblau(ch), Knobl(e)loch, Knoblich, nd. **Knuflok:** 1197 Clobelouch, 1292 Cnobelouch, 1368 Knovelock, 1442 Knuflock. ÜN zu mhd. *klobe-, knobelouch,* mnd. *knuflōk* 'Knoblauch' für den Liebhaber bzw. Anbauer des Knoblauchs, z. T. HN zum ON *Knoblauch, Knöbling.*

Knoch(e), nd. **Kno(c)ke, Knaake:** 1312 Knoch; 1293 Knoke. ÜN zu mhd. *knoche* 'Knochen; Astknorren; Fruchtbolle', mnd. *knoke, knake* 'Knochen' / **Knöchel:** nd. 1322 Knokel. ÜN zu mhd. *knuchel,* *knochel, knuckel,* mnd. *knokel* 'Knöchel'.

Knochenhauer 1309 Knochenhower. Nd. BN zu mhd. *knoche* 'Knochen' und *houwer,* mnd. *knokenhouwer* 'Fleischer, Schlachter'.

Knöfel → Knauff

Knöfler, Knöpfler, Knöp(p)ler 1339 Knaufeler = 1358 Knoufeler, 1391 Knöpfler, 1480 Knofler. BN zu mhd. *knoufel, knöufel* 'Knöpfchen' für einen Knopfmacher; entrundet: auch mnd. *kneveler* 'Bierführer'.

Knoll(e), Knöll, Knull 1270 Knollo, 1302 Knoll. ÜN zu mhd. *knolle* 'Erdscholle, Klumpen; bildlich grober, plumper Mensch, Bauer'; vereinzelt auch WN zu ÖN zu mhd. *knolle* 'Erdscholle, Klumpen' für Erhebungen / **Knölling:** 1373 Knölling.

Knoof → Knöfel

Knoop → Knopf

Knop(f), Knoff, Knoof(e), nd. **Knoop,** md. **Knopp:** 1285 Cnop, 1313 Knopf, 1533 Knopf = Knoff. ÜN zu mhd. *knopf* 'Knopf, Knorre an Gewächsen, Kugel; Knoten, Schlinge, Hügel', fnhd. *knopf* (obd.) 'Knoten; grober Mensch' für einen kleinen, dikken Menschen; mnd. *knōp* 'Knoten; Knopf, Knauf, Knoten oder Knopf des Flachses; Knebelbart'; vereinzelt auch HN zum ON *Knopp* / **Knöpfel, Knöpfle,** schweiz. **Knöpfli:** 1305 Knopfeli. KF zu Vor.

Knoppi(c)k 1679 Knapik, 1748 Knopik. BN zu poln. mda. *knap, knop, knóp* 'Weber, Tuchmacher'.

Knorr(e), Knor(r)n 1188 Knorre. ÜN zu mhd. *knorre* 'hervorstehender Knochen, Hüftknochen; Knorpel, Auswuchs am Leibe; kurzer, dicker Mensch'.

Knöschke → Kniesche

Knoth(e), Knott → Knauth

Knötzsch → Kniesche

Knull → Knolle

Knupfer → Knapper

Knüpfer 1379 Knupfer, 1467 Knopffer, 1531 Knypffer. BN zu mhd. *knüpfen* 'knüpfen, mit einem Knopf versehen' für einen Knopfmacher oder auch Stricker; selten auch ÜN *Knipfer, Gnepfer* zu mhd. *gnepfen (gnipfen, gnupfen)* 'sich neigen, hinken', → *Knapper.*

Knüppel 1317 Knuppel, 1450/51 Knüppel. ÜN zu mhd. *knüppel,* mnd. *knuppel* 'Knüppel, Knüttel' für einen groben Menschen → *Knittel;* vereinzelt auch zu mhd. *knüppel, knüttel* 'Steinmetzschlägel' für den Steinmetzen.

Knuth → Knauth

Knüttel → Knittel

Koal(l), Koar(k) → Kowal

Kobe, Köbe → Jacob

Kober(t), Köber, obd. **Koberle(in),** bair. **Köberle:** 1244 Kobir 1308/09 Kober; 1343 Koberl, 1361 der Köberlin. ÜN zu mhd. *kober* 'Korb, Tasche', schwäb. auch 'Fischreuse', *kober* adj. 'eifrig, suchend, spürend'; *Kober* z. T. BN oso. *kowaŕ* 'Schmied' → *Kowal.*

Köbes → Jacob

Kobiel(l)a 20. Jh. Kobiela. ÜN zu poln. mda. *kobiela* '(Weiden)Korb', auch 'Tasche eines Bettlers' u. ä. / **Kobialka, Kobjolke** 1398 Kobyalca, 1652 Kobialka. ÜN zu poln. *kobiałka,* s. Vor.

Kobilke 1393 Kobilca, 1521 Kobelka. ÜN zu poln., nso. *kobyła,* tschech. *kobyla* 'Stute'.

Kobjolke → Kobiella

Köbke → Jacob und → Koppe

Kobylinski 1390 Kobilinski. Poln. HN zum ON *Kobyła, Kobylin* u. ä., oder Abltg. vom PN *Kobyła* → *Kobilke.*

Koch, demin. **Köchel,** alem. **Köchle, Köchli,** rhein. **Kochs, Kocks, Kox,** nd. **Kock:** 1224 Coch; 1437 Kochil;

1303 Köcheli; 1266 Coc, 1373 Kok. BN zu mhd. *koch,* mnd. *kok* 'Koch' / **Kochmann:** 1354 Kochman. BN wie Vor.

Kochan 1136 Cochan. ÜN zu poln. *kochać* 'lieben'; auch nso. Kochan.

Köchel → Koch

Köcher(t) 1296 Cocer, 1395 Kocher. BN = → *Koch;* ÜN zu mhd. *kocher, kochære,* mnd. *koker* 'Gefäß, Behälter (Pfeilköcher), Gefäß zum Fischtransport, Kugelgußform'; vereinzelt HN zum ON *Koch,* FlußN *Kocher.*

Köchle, Köchli, Kochmann, Kochs, Kock, Kocks → Koch

Kofahl → Kowal

Köfer → Kauff

Kögel → Kegel

Kögler 1321 Cogheler(i), 1405 der Kegheler. BN zu mhd. *kegeler* 'Kegelschieber'; BN, ÜN zu mhd. *gugel(e), kugel, kogel,* mnd. *kog(g)el* 'Kapuze' oder BN zu mnd. *kogeler* 'blaue Leinwand' für den Hersteller u. ä.; WN zum ÖN *Kogel, Kögel* 'Bergkuppe'.

Kohl, Köhl(e) 1308 Kol; 1392 Kǒlle. ÜN zu mhd. *kōl, koele, koel* 'Kohl, Kohlkopf' für den Kohlbauern, mnd. *kōl* 'Kohl, Gemüse'; oder ÜN (BN) zu mhd. *kol* 'Kohle, Kohlenhaufen' für einen Köhler.

Köhler, Kohler, Koehler, Köl(l)er, nd. **Kähler, Kahler:** 1234 Koler. BN zu mhd. *koler, köler* 'Köhler, Kohlenbrenner', mnd. *koler* 'Köhler, Kohlenhändler', im Süden herrscht die (ältere) *-o*-Form, im Norden und Osten die umgelautete Form vor.

Kohlhase, Kohlhaas 1248 Kohlhaße. ÜN wohl zu mnd. *kōlhase* 'Heuschrekke' für einen lebhaften, beweglichen, unruhigen Menschen.

Kohn, Köhn(e), Köhncke, Köhnk(e), Köhnle → Konrad

Kohout 19. Jh. Kohout. ÜN zu tschech. *kohout* 'Hahn, Gockel'.

Kokoschke 1370 Kokoszka. ÜN zu poln. *kokoszka* 'Huhn, Henne' / **Kokot(t):** 1377 Kokot. ÜN zu nso., oso., poln., tschech. *kokot* 'Hahn'.

Kolb(e) 1135 Colbo, 1387 Kolbe. ÜN zu mhd. *kolbe* 'Kolbe, Keule' für einen gedrungenen, dicken, evtl. auch groben Menschen oder zu fnhd. *kolbe* 'kurzgeschnittenes Haar besonders der Narren und Unfreien; Haarschopf' oder HN zum ON *Kolba* / **Kölbel:** 1495 Kolbell. Wie → *Kolbe* + *-l*-Suffix oder ÜN zu fnhd. *kölbeln* 'schlendern; den Dienst wechseln'.

Köler → Köhler

Koll(e) 1267 Colle. ÜN zu mnd. *kol(le)* 'Kopf, oberster Teil von Pflanzen; der weiße Fleck an der Stirn der Pferde'.

Köller → Köhler

Kollhoff, Kolthof 1331 Koldehove, 1600 Kolthoff = 1614 Kollhoff. HN bzw. WN zum ON bzw. ÖN *Kolde(n)hof, Kalt(en)hof.*

Kölling 1601 Kolling. HN zum ON *Kölli(n)g* und auch zum ON *Köln* wie *Köllisch.*

Kolodziej 1387 Kolodzei. BN zu poln. *kołodziej,* oso. *kołodźej* 'Radmacher, Wagner, Stellmacher'.

Koloska 20. Jh. Koloska. Wohl ÜN zu poln. *kolos* 'Riese, Koloß' oder slaw. KF zu → *Nicolaus.*

Kölsch → Költzsch

Kolthof → Kollhoff

Köl(tz)sch, Kölzsch 1307 Kolz, 1479 Kolisch = 1490 Keltzsch = 1496 Koltzsch. HN zum ON *Köllitsch,* ehem. *Költsch,* oder *Gallschütz,* vogtl. ÜN 1506 Keltz, 1541 Koltzsch zu mhd. *kelz* 'lautes Sprechen, Prahlen, Schelten', mnd. *kols* 'Plauderei' für den Vorlauten, Prahler; vereinzelt auch ÜN zu mhd. *kölsch(e), golsche* '(kölnisches) Zeug, Barchent' für den Hersteller, Händler oder Verarbeiter oder zu fnhd. (osä.) *kolisch* 'Kuchen', oder sorb. *Kološ, Kolš:* 1516 Colisch, 1406 Kolsch, KF zu → *Nicolaus.*

Komarek 19. Jh. Komárek. ÜN zu tschech. *komár* 'Mücke'.

Köncke → Konrad

Konecny → Konieczny

Konemann, Könemann, Konen, Konerding → Konrad

Konetzke → Konietzke

Konetzny → Konieczny

Konieczny 1408 Koneczni. WN zu apoln. *konieczny* 'am Ende wohnend' / **Konecny, Konetzny:** wie Vor. oder tschech. *konečný* mit derselben Bedeutung.

Kon(i)etzke 1470/80 Conyeczsky, 1745 Konetzke. Poln. HN zum ON *Koniec.*

König, Koenig, Könning 1270 rex = Kunig = der Kunic, 1294 Coning. ÜN zu mhd. *künic, künec* 'König'.

Konke, Koenke, Könken, Könle, Könn, Konne, Könnecke, Könnicke → Konrad

Könning → König

Konnopke, Konopka 1393 Konopka. ÜN zu poln. *konopie,* nso. *kónop,* oso. *konop,* tschech. *konopě* 'Hanf', nso. *kónopka* 'Hänfling'.

Konrad, Konradt, Conrad 892 Chŏnrad(us), 1145 Conrad(us). RN ahd. *kuoni-rāt* 'kühn, tapfer, stark' + 'Rat, Ratschlag' / nd. patron. **Konerding:** 1479 Konerdingk / **Kohn, Köhn(e), Könn, Konne,** rhein. **Konen, Coenen:** 1349 Cone Conen sone, 1381 Köny, 1432 Konne; 1550 Konen. KF, vereinzelt auch HN zum ON *Köhn* / **Konemann, Könemann:** 1380 Konemanne, 1466 Conman / **Köhnk(e), Kö(h)ncke, Koenke, Konke, Könken, Kuhnke:** 1296 RN Koneke, 1686 Könncke = 1680 Könneken. KF wie Vor. + *-k*-Suffix / **Könnecke, Könnicke, Künnecke, Kunicke:** 1279 Kuniko, 1364 Kůneke. KF wie Vor. / obd. KF **Kö(h)nle:** 1451 Könlin / **Kunz(e), Kuntz(e),** obd. **Kontz, Köntze:** 1368/81 Cuntze [1382 Cuntz (Cunrat) der Küntzel]; 1362 Kontz. KF mit *-z*-Suffix / **Kunzinger, Konzinger:** 1356 Konr. Kuntzinger. Patron. zu Vor. / **Künzel, Küntzel; Kienzel,** bair. **Kienzle,** schwäb.-alem. **Kinzle:** 1250 Cunzelin, 1360 der Küntzel, 1536 Kynzel. KF wie Vor. + *-l*-Suffix / **Kunzke:** [1383 Kunczko Schulteti]. KF *Kunz* + *-k*-Suffix / **Konz(e)mann, Kunzmann:** 1363 Chunczmann, 1378 Conrat Contzeman. KF *Konz, Kunz* + *man* / **Konzelmann, Kunzelmann, Kienzelmann, Künschelmann:** 1373 Kuontzelman; 1337 Cunzelman; 1536 Kinzelmann; 1435 Künschelmann. KF + *-l-* + *-man* / **Konzer, Kunzer:** 1451 Contzer; 1413 Kunczer. KF patron. / **Konzler, Kienzler:** 1368 Contzeler; 1625 Kientzler. KF patron. / **Konzlin, Könzlin, Künßlin**: 1468 Conzlin; 1385 Künßlin. KF / **Kunzscher, Kün(t)scher:** 1343 der Küntscher, 1530 Kuntzscher. KF + *-s-* + *-r* / **Kundt, Kunth:** 1454 Kunt. KF verkürzt / **Kullmann:** 1361 Kulman. KF zu *Konrad* + *-man* / **Küsing, Küßing:** 1350 Küsing, 1501 Kvßing. KF zu *Konrad* + *-s-* + *ing* / **Kotz, Kötz, Kutz:** 1234 Cuonr. Chozzo; 1315 Conr. Kucz, → *Kotz, Kutz.* KF mit *-z*-Suffix, *Kötz* vereinzelt auch HN zum ON *Kötz, Köditz* / **Kötzle:** 1234 Kozzelin(us). 1409 Kutzeli. KF zu Vor. mit *-l-* (+ *-in)* / **Kutzmann:** 1364 Cuczman(ius). Wie *Kutz* + *-man* / **Kurt(h), Kuhrt, Curth:** 1297 Curt. Md., nordwestd. KF zum RN *Konrad* /

Kort(h), Kordt: 1516 Cordt. Nd. KF zum RN *Konrad* / **Cord(e)s, Cordt(s), Courths, Kordes:** 1351 Cordes, 1550 Curdts. Patron. nd. KF wie Vor. / **Körting:** 1350 Corde Cordings. Patron. nd. KF zum RN *Kort(h)* / nrhein. patron. **Kürten:** 1568 Kürten, Curtenius; vereinzelt auch HN zum ON *Kürten* / **Körtje:** 1470 Cordeke(n). KF zum RN *Kort(h)* / slaw. **Kunath, Kunad(t):** 1226 Kunat. Westslaw. KF zum RN *Konrad* / **Kunack:** 1497 Kunak. Wie Vor. / **Kunig, Kunik:** 1369 Kunik. Wie Vor. / **Kunisch:** 1374/82 Kunisch. Wie Vor. / **Kunitz:** 1374/82 Cunicz / **Kun(tz)sch:** 1359 Kunsch.

Könrich → Kunrich

Kontzok → Konzack

Konza(c)k, Konzag, Kontzok 1566 Kontzagk. WN zu nso. *końc,* oso. *kónc,* poln. *koniec* 'Ende'.

Konzemann, Konzelmann, Konzer, Konzinger, Konzler, Konzlin, Könzlin, Konzmann → Konrad

Koopmann → Kaufmann

Kopatz, Koppatz, Koppatsch 1268 Copats. ÜN zu nso. *kopaś,* oso., poln. *kopać* 'hacken, graben', auch HN zum ON *Koppatz* / **Kopitz:** 1266 Kopitz. Wie Vor., auch HN zum ON *Kopice, Kopitzsch.*

Köpcke → Koppe

Kopf 1175 der Cophe, 1324 Coph. ÜN zu mhd. *kopf, koph* 'Trinkgefäß; Hirnschale, Kopf'; auch HausN, ÖN.

Kopitz → Kopatz

Kopka 1317 Kopka. ÜN zu poln., tschech. *kopka* 'Häuflein, kleiner Haufen'.

Kopke → Koppe

Kopmann → Kaufmann

Kopp → Koppe

Koppatsch, Koppatz → Kopatz

Köppchen → Jacob

Kopp(e) 9. Jh. Cobbo, 1329 Koppe. KF zum RN → *Jacob,* dazu auch **Köppe(n), Koppen(s), Köp(c)ke, Kopke, Koepke, Köppke, Köbke:** 1362 Copeke; weniger wahrscheinlich nd.-md. ÜN zu → *Kopf,* mnd. *kop* 'Kopf, Schröpfkopf' oder mnd. *kop(pe)* 'Trinkgefäß, Becher', vereinzelt HN zum ON *Kopp;* kaum ÜN zu mhd. *kappe* 'Kapaun', mhd. (nrhein.) *koppe* 'Rabe'.

Köpp(e) → Jacob

Köppel 1382 Kôppel. Wie → *Koppe* + *-l*-Suffix oder WN zu mhd. *kup(p)el, kop(p)el* 'Revier, an dem mehrere gleiches Recht haben, besonders für Weide'; → *Jacob.*

Köppen, Koppens → Koppe

Koppernail → Kupfernagel

Köppke → Koppe

Korb, nd. **Korf(f)** 1197 Corf, 1372 Korp. ÜN (mittelbarer RN) zu mhd. *korp* 'Korb; kleines Haus' für den Korbmacher oder WN zum HausN bzw. HN zum ON *Korb, Corba* / **Körber:** 1266 Korber. BN Korbflechter / **Körbler,** nd. **Körf(f)er:** 1431 Korbler; 1354 Corvere. BN wie Vor.

Kordewan, Korduan, Kurdewan 1289 Kurdewener. BN zu mhd. *kurdewæner* 'Schuhmacher' zu *kurdewan, korrūn, korduan* (franz. *cordouan* 'Leder aus Ziegenfellen von Cordova').

Kordt → Konrad

Korduan → Kordewan

Korf(f) → Korb

Korn 1308 Korn. ÜN zu mhd. *korn* 'Fruchtkorn; Getreidepflanze, Halm; Kornfeld' für den Bauern oder für den an der Kornverarbeitung Beteiligten; vereinzelt auch HN zum ON *Korna* / **Körner:** 1273 Cornere. BN zu mhd. *körner, korner* 'Kornaufkäufer, -händler'; selten HN zum ON *Körner.*

Kort(h) → Konrad

Korte → Kurze

Korthals 1688 Korthals = 1689 Kurtzhals. ÜN 'kurzer Hals'.

Körting, Körtje → Konrad

Kortmann → Kurze

Kortum, Kortüm 1630 Corthom. Nd. ÜN zu mnd. *kortumme* 'kurzum' für einen kurzentschlossenen Menschen.

Kosak 1397 Kozak. ÜN zu nso., oso., poln., tschech. *koza* 'Ziege', wohl für den Ziegenhirten oder zu → *Kossack,* → *Kossatz.*

Koschak → Kosche

Koschan 20. Jh. Koschan. ÜN zu nso., oso., apoln. *koža,* tschech. *kůže* 'Haut, Fell, Leder' / **Koschany:** 20. Jh. Koschany / **Koschny:** 1553 Kožný, tschech.

Kosch(e) 1277 Coz, 1442 Kosch. ÜN zu poln. *kosz,* oso., tschech. *koš,* nso. *kóš* 'Korb' / **Koschak:** 20. Jh. Koschak / **Koschka, Koschke:** 1501 Koßka, 1550 Koschke / **Koschek:** 1375 Coschek.

Koschek → Kosche

Koschinski, Koschinsky 1486 Coszynski. Poln. HN zum ON *Kosin* o. ä. oder zu → *Kosche.*

Koschka, Koschke → Kosche

Koschnik(e) 1657 Koschnig. BN zu oso. *kóžnik* 'Kürschner', nso. *kóžnik* 'Pelz'.

Koschny → Koschan

Kosel 1146 Kozel, 1438 Kosel. ÜN zu apoln. und mda. *kozieł,* tschech. *kozel,* oso. *kozoł,* nso. *kózoł* 'Ziegenbock', auch HN zum ON *Kosel, Cosel* und ÜN zu alem. *Kosel* 'Zuchtschwein'.

Kosinna, Kossina 1384 Kozina. ÜN zu poln., tschech., nso., oso. *koza* 'Ziege' oder **Kosina,* ÜN zu poln., tschech., nso., oso. *kos* 'Amsel' oder *kosa* 'Sense'.

Koslik 1359 Koslig. ÜN zu nso., oso. *kózlik,* tschech. *kozlík* 'Ziegenböcklein'.

Koslowski 1393 Koszlofszky. Poln. HN zum ON *Kozlów* oder Abltg. vom PN *Kozieł* → *Kosel.*

Koß 1071 Cos. ÜN zu nso., oso., poln., tschech. *kos* 'Amsel'.

Kossa(c)k, Kossok 1441 Cossak. ÜN → *Koß* oder ÜN zu nso., oso., poln., tschech. *kosa* 'Sense', im sorb. Sprachgebiet auch *Kossa(c)k* = → *Kossatz* 'Gärtner'.

Kossatz, Kussatz 1509 Kossatz. BN zu nso. *kósac* 'Kossät, Inhaber eines kleinen Gehöfts, Kleinbauer'.

Kossina → Kosinna

Kossok → Kossack

Kost, Köst 1321 Kost. Im Norden meist ÜN zu mnd. *kost(e)* 'Beköstigung; Bewirtung; Aufwand' für einen Kostgänger oder Freigebigen, kaum WN zu mnd. *kost* 'Küste'; im Süden meist KF zum RN *Konstantin* lat. 'beständig' / **Kostan(e)ke:** 1394 Kostaneke filius Kostaneken. Nd. KF zum RN *Konstantin* / **Köstle,Köstel, Köstlin:** 1279 Kostelin. Schwäb.-alem. KF zum RN *Konstantin.*

Köster, Koster → Küster

Köstle, Köstlin → Kost

Kosuch 1388 Koszuch. ÜN zu poln. *kożuch,* oso. *kožuch,* nso. *kóžuch* '(Schafs)Pelz'.

Koth(e), Kotte, Köth(e), Kother, Köther, Kotter 1282 Kote, 1320 Kotere, 1355 van den Kǒten = Kote, 1423 Kotte. WN zu mhd. *kote,* md. *kot,* mnd. *kot(t)e, kate* 'Hütte' in der Bedeutung 'geringes Tagelöhnerhaus ohne (oder mit ganz geringem) Grundbesitz', auch ÜN zu unso., poln., tschech. *kot* 'Kater', vgl. 1377 Kot; vereinzelt auch HN zum ON *Cotta* / **Kothmann, Kottmann:** 1251 Cothman. WN wie Vor. + *-man-*

Kotz 1234 Chozzo. KF zum RN → *Konrad* oder ÜN zu mhd., mnd. *kotze* 'Hure; vulva' bzw. 'grobes, zottiges Wollzeug' oder HN zum ON *Kötz, Kotze(n)*.

Kötz, Kötzle → Konrad

Kötzsch(e(, Kötzschke 1542 Kotzsch. HN zum ON *Kötsch, Köt(z)schau, Kotschka*.

Kotzur 1399 Koczur. ÜN zu poln. *kocur*, nso. *kócur, kócor*, atschech. *kocúr* 'Kater' / **Kotzurek:** 1475 Koczurek. Abltg. von Vor.

Kowaleswki 1399 Kowalewsky. Poln. HN zum ON *Kowale, Kowalewo*.

Kowal(l), Kowald, Koal(l), Kofahl, Kuphal 1228 de Kowal, 1363 Kůval. BN zu poln., nso. *kowal* 'Schmied', auch HN zum ON *Kovahl, Kowahl(en)* / **Kowalla:** 20. Jh. Kowalla / **Kowalak:** 1664 Kowalak / **Kowallek:** 1487 Kowalek / **Kowallik:** 1388 Coualik / **Kowalke:** 20. Jh. Kowalke / **Kowalzik:** 1427 Cowalczik / **Kowar:** 1568 Kowar. BN zu oso. *kowaŕ* 'Schmied' / **Koar(k):** 1600 Kowargk.

Kowalske, Kowalski, Kowalsky 1357 Covalski. Abltg. vom poln. BN → *Kowall* oder HN zum poln. ON *Kowale*.

Kowalzik, Kowar → Kowall

Kox → Koch

Kraatz → Kratz

Krabbe 1268 Crabbe. ÜN zu mnd. *krabbe* 'Krabbe, Meereskrebs (Garnele, Granate)' für den Krabbenfischer oder für einen beweglichen Menschen.

Kracht → Kraft

Krafczyk → Krautzsch

Kraft, Krafft, nd. **Kracht:** um 990 Crehto, 1268 Craht; 1268 Craft. RN ahd. *kraft* 'Kraft; Tugend; Macht, Gewalt', asä. *kraht,* oder ÜN zu mhd. *kraft*, mnd. *kracht* 'Kraft, Gewalt' / **Krechtel:** 1597 Krechtel. KF zum RN, s. Vor., mit *-l*-Suffix / obd. **Kreftle:** 1441 Kreftlin. Wie Vor. / patron. **Krechting** nordwestd., **Kreftling:** 1538 Krechtinck; 1386 Kreffting.

Krah(e), Krähe, Kray, Krai, Krawe, Krey(ch), obd. **Kroh;** nd. **Krag(e), Krege:** 1256 Krege, 1293 Cra, 1300 Crawe, 1347 Creye, 1451 Krahe, 1474 Krow. ÜN zu mhd. *krāe* 'Krähe, Kranich; Star', mnd. *kra, krage* 'Krähe', nd. *Kreih* für den lauten, zu Auseinandersetzungen stets geneigten Menschen / **Kräher, Kreher,** obd. **Kreier,** nd. **Kreger:** 1265 Kreir; 1262 Cregere; 1340 Krayer. ÜN zu mhd. *kræjen, kræn, krægen, kreigen, krēwen* 'krähen' für einen lauten Menschen und ÜN zu mnd. *kregeren, krejeren* 'schreien, rufen' oder BN zu mnd. *kregerer* 'Schreier, Rufer, Herold'.

Krahl, Krall, Krol(l) 1369 Crol, 1374/82 Kral. ÜN zu nso., oso. *kral,* tschech. *král,* asorb. nso. veraltet *krol,* poln. *król* 'König' / **Kralik:** 1380 Kralik. KF zu Vor., oso. *kralik* auch 'Zaunkönig', vereinzelt auch HN zum ON *Kralik (Krāliky)* / **Krolik:** 1383 Crolik / **Kralisch:** 1510 Cralisch.

Kra(h)mer, Cra(h)mer, Krä(h)mer, Cremer, Kromer 1175 Chramar, 1293 Cromere = 1299 Cremere. BN zu mhd. *krāmære, kræmer,* mnd. *kramer, kremer, kromer* 'Handelsmann, Krämer', Kleinhändler im Gegensatz zum Großhändler, Kaufmann.

Krahn(e), Krähn(e), nd. **Krohn, Kröhn:** 1252 Krane, Kraneke, 1381 Krön. HausN, ÜN zu mnd. *krōn, krān,* mhd. md. auch *krān(e)* 'Kranich' → *Krohn* / **Kran(n)ich:** 1222 Cranech. ÜN zu mhd. *kran(e)ch* 'Kranich' für den Hochbeinigen, Stolzen, auch Mageren; auch HausN / nd. **Krank, Kranch:** 1290 Kranch. Wie Vor. / mnd. demin. **Kraneke:** 1248 Craneko, s. o. / demin. **Kränkel:** 1474 Kränckel.

Krahner(t), Kraner(t) 1497 Kraner. ÜN zu mda. *grannen* 'murren, brummen, verdrießlich sein', vereinzelt auch HN zum ON *Krahne*.

Krail, Krayl, Kraul, Krawel, Kräwel, Kreu(e)l, Krehl, Krewel, Kröhl, Kröll, Kröwel, Kroyl, ostmd. **Kriebel:** 1150 Crouwil, 1300 Crowel, 1329 Cribil, 1332 Kröl = Krowl, 1386 Kreul, 1394 Crewil, 1455 Krayl, 1495 Kroyl. ÜN zu mhd. *kröuwel, krewel, kröul, kriul, kreul,* mnd. *krowel, kruwel, krawel, krauwel* 'Gabel mit hakenförmigen Spitzen' für einen schroffen Menschen, auch HausN, vgl. 1320 domus vulgariter Craule; Kreuel auch = → *Graul*.

Kraiß, Kreiß, Kreyß 1337 Kreiß, 1387 Kraiß. WN zu mnd. *kreis* 'Umkreis, Grenze', mhd. *kreiȥ* 'Kreislinie, Umkreis; Gebiet, Bezirk' für den an der Grenze Wohnenden oder ÜN zu mhd. *kreiȥ* 'Schrei, Lärm'.

Krajczy 1506 Krayczy. BN zu apoln. und poln. mda. *krajczy,* atschech. *krajčí* 'Schneider'.

Krajewski, Krajewsky 1409 Crayewsky. Poln. HN zum ON *Krajewo* o. ä.

Krakowsky 1369 Crakowski. Poln. HN zum ON *Kraków*.

Kralik, Kralisch, Krall → Krahl

Kramer, Krämer → Krahmer

Krampitz 19. Jh. Krampetz, Krampitz; 1425 Krępic. ÜN zu poln. *krępy* 'untersetzt, stämmig', urslaw. **krǫpъ*.

Kranach 1472 Cranach. HN zum ON *Kronach:* 1180 Cranacha.

Kranawitter, Kronawitter, Kranewetter, Kranebitter 1288 von Chranewit, 1521 Kraniwitter. Bair.-österr. WN zu mhd. *kranewite* 'Wacholder'.

Kranch, Kraneke → Krahne

Krank, Kränkel, Kran(n)ich → Krahne

Kranz, Krantz 1307 Cranz., 1457 Krancz. HN zum ON *Cranz* oder HausN oder ÜN zu mhd. *kranz* 'Kranz' für den Kranzmacher.

Krapf, Krapp 1276 Craphe, 1329 Krappe, 1343 der Krapf. ÜN zu mhd. *krapfe* 'Haken, Klammer; Krapfen', fnhd. *krapfe(n), krappe* 'Haken, Kralle; hakenförmiges Gebäck'; vereinzelt auch HausN, vgl. 1384 zum Krappen in Worms / **Kräpfle:** 1385 Krapfl, ein Bäcker in Budweis, 1406 Kräpfli. Obd. demin.

Kraß, Krasse 1301 Crasse. ÜN zu mnd. *krasse* 'Krabbe', fnhd. 'der Fisch Gründling' / **Krasselt, Grasselt:** 1370 Crassel; 1384 Grassel. ÜN wie Vor. + *-l*-Suffix + sekundäres *-t,* auch ÜN zu mhd. *graȥ* 'wütend, zornig'.

Kratochwil, Kratofil 19. Jh. Kratochvíl. ÜN zu tschech. *kratochvíle* 'Kurzweil, Zeitvertreib'.

Kratsch → Kratzsch

Kratz, Kraatz 1284 Craz. KF zum RN *Pankraz* < *Pancratius,* Weiterbildung von griech. *Pankrates* 'allmächtig; sehr stark'; HN zum ON *Kraatz* / **Kratzke:** KF zum RN *Kratz*.

Krat(z)sch 1291 de Crahz, 1377 Kraczsch. HN zum ON *Kratschütz* (1378 Kracz).

Krätzschmar → Kretzschmar

Kraul → Krail

Krauschke → Kruscha

Kraus(e), Krauß(e), Krauss(e), nd. **Kruse:** 1225 Cruse, 1402 Krauß. ÜN zu mhd., mnd. *krūs* 'kraus, gelockt' für einen Menschen mit lockigem, krausem Haar; selten ÜN zu mhd. *krūse* 'Krug, irdenes Trinkgefäß' für den Töpfer oder den Händler, fnhd. *krause* 'geschweiftes Glas, Trinkgefäß' / md. **Krauspe:** 1526 Krauspe. ÜN zu mhd. *krusp* = *krisp* 'kraus' / **Kreusing:** 1494 Krusing. Patron. zu *Kraus* / obd. demin. **Kräußle:** 1479 Krüßlin / **Krausmann:** 1444 Kruseman / **Kraushaar, Kraußhaar:** 1344 Krußhaar. ÜN zu mhd., mnd. *krūs* 'kraus, gelockt' und *hār' 'Haar'* / **Krauskopf:** 1364/65 Crusekop(p). ÜN zu mhd. *krūs* 'kraus, gelockt' und *kopf, koph* 'Kopf'.

Kraushaar, Krauskopf, Krausse, Krauße, Kraußhaar → Krause

Krauter(er), Kräuter 1319 Cruter, 1359 Chreuter. ÜN zu mhd. *krūt* 'Kraut, Gemüse' für den Kräutermann / **Krautgartner:** 1563 Krautgartner. BN zu mhd. *krūtgarte* 'Gemüsegarten'.

Krautwurst 1375 Crautwurst. ÜN für den Wurstmacher oder nach der Lieblingsspeise, bezieht sich auf die (in Norddeutschland noch heute geübte) Gewohnheit, in die Därme nicht bloß gehacktes Fleisch, sondern auch Mehl, Grütze, Kraut u. dergl. zu stopfen.

Krautz(sch) 1374/82 Kraucz. BN zu nso., oso. *krawc* 'Schneider' / **Krautzig:** 1658 Crautzigk / **Krawczyk, Krafczyk:** 1630 Krawczyk. BN zu poln. *krawczyk* 'Schneider(bursche)' / **Krawiec:** 1398 Krawecz. BN zu poln. *krawiec* 'Schneider'.

Krawe → Krahe

Krawel, Kräwel → Krail

Krawczyk, Krawiec → Krautzsch

Krayl → Krail

Krebs, nd. **Kreft** 1275 Crevet, 1371 zuo dem Krebis. ÜN zu mhd. *krebeȝ(e), kreb(e)ȝe,* mnd. *krevet* 'Krebs' oder mittelbarer BN für den Krebsfänger oder ÜN für krebsroten, krebsartigen Menschen oder HausN (so 1371) oder HN zum ON *Krebs, Krebsow, Krevese.*

Krechtel, Krechting, Krefting, Kreftle → Kraft

Kreger, Kreher, Kreier → Krahe

Krehl → Krail

Krei(g)enbrink 1499 Kregenbrink. WN zu mnd. *krei(g)e* 'Krähe' und *brink* 'Hügel, Abhang; Rand, Rain; Grasanger, Weide'.

Kreis(e)l, Kreyß(e)l, Kreyssel 1382 Kreusel, 1564 Kreisell. ÜN zu mhd. *kriusel* 'Kreisel' für einen kleinen, lebhaften Menschen oder zu mhd. *kriusel* 'kraus'.

Kreisky 19. Jh. Krajsky. BN zu tschech. *krajský* 'Kreis-' für den Kreishauptmann.

Kreiß → Kraiß

Kreißig, Kreyßig, Kreysig 1466 Crusing, Crusig(in), 1473 Crewßig(inne). HN zum ON *Creußen, Greising, Greißing.*

Krell(er) 1255 Chrello, 1295 Krelle, 1479 Krewl = Kreel, 1510 Greller. Vieldeutiger ÜN zu mhd. *krellen* 'kratzen'; mhd. *kröu(we)l, krewel, kriul, kreul* 'Kräuel, Gabel mit hakenförmigen Spitzen; Klaue, Kralle' → *Krail;* mhd. *grel(le)* 'das Krallende, Stechende; Dorn, Gabel, Spieß'; mhd. *grel* 'rauh, grell, zornig' für einen schroffen, rauhen Menschen; mhd. *grel* 'Schrei'.

Kren(t)z 1298 de Criniz, 1474 Krenitz, 1558 Krentz. HN zum ON *Kreinitz, Krenitz, Krensitz;* z. T. WN zu mhd. *greniz(e)* 'Grenze'.

Kreß(e), Kress(e) 1290 Kresse(n). ÜN zu mhd. *kresse* 'Kresse (Gründling)' für einen Fischer, z. T. nd. KF zum RN *Christian* → *Christ;* z. T. auch ÜN zu fnhd. *kreß* 'Krause'.

Kretzer 1251 Krezer. ÜN zu mhd. *kretze* 'Tragkorb' für den Korbmacher oder einen Händler, der seine Waren mit der Kretze transportiert, oder BN zu mhd. *kretzer* 'Einnehmer der Gerichtsbußen'.

Kret(z)schmar, Kret(z)schmer, Krätzschmar, Krätzschmer, Kret(z)schmann 1325 Creczmer(us), 1363 Kreczmar, 1402 Kretsman, 1575 Kretzschmar, Kretzschmann. BN zu mhd. *kretschmar,* fnhd. *kretsch-*

man, -mar aus urslaw. **kъrčьmarь*, tschech. *krčmář* 'Schenkwirt' / **Kaczmarek:** 1748 Kacmarek. BN zu poln. *karczmarz* 'Gastwirt'.

Kreuel → Krail

Kreul → Graul

Kreuter 1280 Gerüter, 1340 Cruder. WN zu mhd. *geriute* 'urbar gemachtes (gereutetes) Land', vereinzelt auch HN zum ON *Kreut(h)* oder BN zu mnd. *krude(ne)r* 'Gewürz-, Spezereihändler, Apotheker'.

Kreu(t)z, Kreu(t)zer 1280 Crücer, 1448 Creutzer. WN zu mhd. *kriuz(e)* 'Kreuz' für den am Kreuz Wohnenden oder HN zum ON *Krögis* (1186 Creuz), selten ÜN zu mhd. *kriuzære, kriuzer* 'Kreuzfahrer, Kreuzritter, Kreuzer (Münze)' / **Kreutzmann:** 1217 Crucemann. WN s. Vor.

Krewel → Krail

Kreych → Krahe

Kreyß → Kraiß

Kreyß(e)l, Kreyssel → Kreisel

Kreyßig → Kreißig

Krieg(er) 1206 Crieg, 1260 Criec = der Chriegere. ÜN zu mhd. *kriege* 'widerstrebend, störrisch, streitbar; streng', mhd. *kriec, krieg* 'Streit; Wettstreit; Zwist, Zwietracht'; mhd. *krieger* 'Streiter, Kämpfer'.

Krischmann, Krist, Kristan, Kristen → Christ

Kröber, Kroeber 1418 Krôbran, 1513 Kröber. HN zum ON *Kröbern, Cröbern, Kröv,* z. T. BN zu mnd. *gröper* 'Töpfer': 1306 Gropere.

Kroch → Krug

Krö(c)kel 1361/64 Krokel(s), 1489 Krokel. ÜN zu mhd. *krücke, krucke* 'Krükke; Bischofsstab; Kreuz; Ofenkrücke' oder zu mnd. *krokel, krakele* 'Falte, Runzel', *krokele* 'Gekrächz'.

Kröger, Krogmann → Krug

Kroh → Groh → Krähe

Kröhl → Krail

Kro(h)n, Krone, Kröhn(ke) 1274 Kron, 1297 Cron, 1446 Krone, 1555 Kroeneke. ÜN zu mnd. *krān, krōn* 'Kranich' → *Krahn(e)* – auch HausN, vgl. 1241 (de) corona, 1284 zer Krone, zu mhd. *krōn(e)* 'Kranz, Krone', auch möglich ÜN in der gleichen Bedeutung oder als 'Schopf; geschorene Glatze': 1407 Crone. Auch jüdisch: 1398 Moße Krone.

Krökel → Kröckel

Krol, Krolik → Krahl

Kroll, Krull, Crull 1273 Crul, 1353 mit deme Crulle, 1540 Kroll. ÜN zu mhd. *krol* 'lockig', *krol(le), krul, krülle* 'Haarlocke', mnd. *krul* 'Haarschopf, gekräuseltes Haar'; *Kroll* auch → *Krahl.*

Kröl(l) → Krail

Krombholz → Krumbholz

Kromer → Kramer

Kron(e) → Krohn

Kronfuß, Kronfoth 1337 Chronfuß. ÜN zu mhd. *kran,* mnd. *krān, krōn* 'Kranich' und mhd. *vuoȝ,* mnd. *fōt* 'Fuß' für den Langbeinigen oder stolz Schreitenden.

Kroogmann → Krug

Krop, Kropp, Kropf 1154 Chroph, 1320/30 Kropf, 1361 Kropp. ÜN zu mhd. *kropf, kroph,* mnd. *krop* 'Kropf; Mensch der einen Kropf hat (als Schimpfwort)', auch 'kurzgewachsener Mensch', im Nd. auch HN zum ON *Kropp.*

Krotke, Krotky 1399 Crotki. ÜN zu nso. *krotki,* oso., poln. *krótki* 'kurz'.

Kröwel, Kroyl → Krail

Krug, nd. **Kroch** 1259 Kroch, 1267 Cruch, 1300 Krug. ÜN zu mhd. *kruoc* 'Krug' für einen Krugmacher und -händler, nordd. für einen Schenkwirt (mnd. *krōch, krūch* 'Schenke, Wirtshaus'), auch für einen Zecher; nd. auch WN zum ÖN zu mnd. *krōch,* *krūch* 'eingehegtes Weide- oder Saatland' und HN zum ON *Krugau, Kruge* / **Krugel, Krügel,** schwäb. **Krügle:** 1263 Criugeli, 1398 Chrügel. ÜN zu mhd. *krüegelīn* demin. zu *Krug* / **Krüger, Krügler,** nd. **Kröger:** 1307 Croghere, 1350 Krügler, 1367 Kruger, 1383 Krögher, 1490 Krüger. BN zu mhd. *kruoc:* obd. für den Geschirrhändler, nd. für den Gastwirt (mnd. *kroger),* nd. auch HN zum ON *Kroge,* nd. auch WN zu mnd. *krōch, krūch* / **Kro(o)gmann:** 1653 Krogmann. Nd. BN für den Besitzer, Pächter des Dorfkruges oder WN für den dort Wohnenden oder HN zum ON *Kroge.*

Krull → Kroll

Krumb, Krump(p), Krumme 1226 Crumbe. ÜN zu mhd. *krum(p)* 'krumm, gekrümmt, verdreht, schief; schlecht' oder WN zu mhd. *krump, krumbe, krümbe, krumme* 'Krümme, Krümmung' für einen an der Wege- oder Flußkrümmung Wohnenden.

Krumbein → Krummbein

Krumbholz, Krumpholz, Krombholz 1270 Crumholt, 1374 Krumpholcz. ÜN zu mhd. *krum(p)* 'krumm, schief' und *holz* 'Holz (als Stoff)' für den Wagner oder Stellmacher nach dem Werkzeug.

Krumbiegel, Krum(m)bichel 1575 Krumbiegel. WN zum ÖN zu mhd. *krum(p)* 'krumm, gekrümmt, schief' und *bühel* 'Hügel', vgl. Hof *Krumpenbichel.*

Krum(m)bein 1270 Crumpain, 1479 Krumbein. ÜN zu mhd. *krum(p)* 'krumm, schief' und *bein* 'Bein' für einen mit verwachsenen bzw. auffallend nach auswärts oder einwärts gebogenen Beinen, vgl. dazu auch 13. Jh. Holbein, 1388 Crumpfuß.

Krumpholz → Krumbholz

Krupik, Krupke → Kruppa

Krupp 1265 Crup(e). Wohl ÜN zu nd. *krupen* 'kriechen' oder zu mnd. *krūp, krōp* 'Vieh, Rindvieh'.

Kruppa, Kruppe 1204 Crupa. ÜN zu poln., oso. *krupa* 'Graupe' / KF **Krupke, Kruppka:** 1387 Crupka / **Krup(p)ik:** 1630 Krupik.

Kruscha, Krusche 1439 Crusze, 1568 Kruscha. ÜN zu poln. mda. *krusza,* nso. *kšuša,* oso. *krušwa* 'Birne, Birnbaum' / KF **Kruschke, Krauschke:** 1574 Krusske, 1680 Krauschke.

Kruse → Krause

Krutzsch 1573 Krutzsch. ÜN zu poln. *krucz* 'Stange, Hebel' oder zu *kruczeć* 'knurren'.

Kuba(ch), Kuballa, Kuban(ek), Kubasch, Kubath, Kube, Kubens, Kuben(t)z, Kubiak, Kubick(e), Kubig, Kubik, Kubis(ch), Kubitschek, Kubitschke, Kubitz, Kubitza → Jacob

Kübler 1296 des Kubelers. ÜN zu mhd. *kübel* 'Kübel' für den Binder, Küfer, Böttcher, fnhd. *kübelmacher, kübler* 'Böttcher', alt auch HN zum ON Groß- und Klein*kugel:* 1335/71 Kubele.

Kubsch → Jacob

Kučera → Kutschera

Kuchar 1489 Kuchar. BN zu nso., oso. *kuchaŕ,* tschech. *kuchař* 'Koch'.

Kuchenbecker 1320 nd. Kokenbeckere. BN zu mhd. *kuoche* 'Kuchen' und *becker* 'Bäcker' / **Küchler:** 1402 Kucheler. BN zu fnhd. *kuch(e)ler* 'Kuchenbäcker' / **Kiechle(r), Küechle:** 1245 Kuochelin. ÜN zu mhd. *küechel(in)* für den Kuchenbäcker.

Küchenmeister 1330 nd. Cokemesters, 1349 Kůchmeister, 1350 Kuchenmeystir. BN zu mhd. *küchenmeister* 'Küchenmeister, Oberkoch' / **Kuchner:** 1333 Kuchener. BN zu mhd. *kuchenære* 'der Küchenarbeiten verrichtet'.

Küchler → Kuchenbecker

Kuchner → Küchenmeister

Ku(c)ku(c)k 1202 Cuccuc. ÜN zu mhd. *kukuk* 'Kuckuck' für den Überheblichen, den Toren.

Kuder(er) 1277 Kuderer. Obd. BN zu fnhd. *kuder* 'Werg' / **Kudermann:** 1471 Kudermann. BN für den Händler mit Werg.

Küechle → Kuchenbecker

Küfer, Küf(f)ner, nd. **Küper,** nrhein. **Kuyper:** 1343 Küffer, 1499 Kufner, 1594 Cuyper. BN zu mhd. *kuofener, küefer* 'Küfer' = Hersteller der Kufen, d. h. der großen Holzgefäße, mnd. *kuper* 'Küfer, Faßbinder'.

Kugler 1245 Cugelar, 1380 Kugeler. ÜN zu mhd. *gugelære, gugler* 'der eine gugel (= mhd. *kugel, gugel(e)* 'Kapuze') trägt'; evtl. auch BN Hersteller einer *gugel* / obd. **Kügele,** md. **Kügelgen:** 1270 Kugulli. Demin. zu Vor.

Kühhirt 1337 Kuherde, 1439 Kuhird. BN zu mhd. *kuohirte,* mnd. *koherde* 'Kuhhirte'.

Kuhl → Kuhle

Kühl → Kühle

Kuhla, Kulla 1269/73 Kula. ÜN zu poln., nso., oso. *kula* 'Kugel' / **Kaulisch:** 1468 Kawlisch / **Kula(c)k:** 1568 Kullagk / **Kulisch:** 1427 Kulisch / **Kulka, Kulke:** 1459 Kulka.

Kuhl(e) 1311 Culo, Kule. WN zu mhd. *kūle,* mnd. *kule,* md. 'Grube' oder HN zum ON *Kuhla.*

Kühl(e) 1385 Chuel. ÜN zu mhd. *küel(e)* 'kühl, kalt' für einen, der ruhig, gleichgültig bleibt, sich nicht anfechten läßt.

Kuhlmann 1315 Kuleman. WN zu mhd. *kūle* → *Kuhle* oder westmd. KF zum RN → *Konrad* bzw. nd. KF zum RN → *Nicolaus* + *-man.*

Kühnapfel → Kienapfel

Kühnast → Kienast

Kuhn(e), Kuhnt, Kühn(e), Kühner 1274 Cuonrad(us) Cuone, 1350 Cuontz Kuon, 1376 Küne, 1516 Kuhne. KF zum RN → *Konrad* + (ursprünglich) *-o*-Suffix oder ÜN zu mhd. *küen(e)* 'kühn' / **Kühnel,** obd. **Kühnle, Kienle:** 1284 Cunli, 1353 Kuenl, 1520 Kienle. KF zum RN → *Kuhn(e), Kühn(e)* + *-l*-Suffix / **Kühnemann:** 1413 Kuneman. RN → *Kuhne* + *-man.*

Kühnert, Ku(h)nert 1540 Künert, 1591/92 Kunradt = Kunert. KF zum RN → *Konrad* oder RN ahd. *kuoni-hart* 'kühn, tapfer, stark' + 'hart, streng'.

Kuhnke → Konrad

Kuhnt → Kuhne

Kuhring 1546 Kuring. ÜN zu sorb. **Kurink,* zu nso., oso. *kur* 'Hahn', *kura* 'Huhn'.

Kuhrt → Konrad

Kukuk → Kuckuck

Kula(c)k → Kuhla

Kulawik 1743 Kulawik. ÜN zu poln. *kulawy* 'hinkend, lahm'.

Kulich → Kaule

Kuli(c)k(e), Kulig 1410 Kulik. → *Kuhla* oder ÜN zu poln. *kulik, kulig* 'Möwe', tschech. *kulík* 'Regenpfeifer', auch nso. KF zu → *Nicolaus.*

Kulisch, Kulka, Kulke, Kulla → Kuhla

Kullmann → Konrad

Kümmel 1556 Kümmel. ÜN zu mhd., mnd. *kümel* 'Kümmel' für den Gewürzkrämer; vereinzelt auch HN zum ON *Kümmel.*

Kummer um 830 Chumbro, 1279 Kumber. ÜN zu mhd. *kumber, kummer* 'Schutt, Unrat; bildlich Belastung, Bedrängnis, Mühsal; Not, Kummer' oder HN zum ON *Kummer* / **Kümmerling, Kümmerle:** 1329 Kümerli, 1344 Kümmerlin. KF auf *-l(ing)* vom ÜN → *Kummer.*

Kuna 1380 Cuna. ÜN zu nso., oso., poln., tschech. *kuna* 'Marder' oder slaw. KF zum dt. RN → *Konrad.*

Kunack → Konrad
Künast → Kienast
Kunad(t), Kunath, Kundt → Konrad
Kunert → Kühnert
Kunicke, Kunig, Kunik, Kunisch, Kunitz → Konrad
Kunkel, Künkel 1356 Kunkele. Md.-nd. KF zum RN → *Konrad* oder obd. ÜN zu mhd. *kunkel* 'Kunkel' (Spindel) für einen hochaufgeschossenen hageren Menschen oder mittelbarer BN für den Kunkelmacher, Spindler oder ÜN zu mnd. *kunkel* 'kleines Schiff'.
Künne 1268 (ver) Cunnen, 1330/49 Kunnen, 1393 (mit der) Künne. KF zum RN *Kunigunde* oder zu → *Konrad* / **Künnemann:** 1443 Kuneman. Wie Vor. + *man.*
Kunrich, Künrich, Könrich 1350 Kunrich, Konrich. RN ahd. *kunni-* bzw. *kuoni-rīhhi* 'Geschlecht' bzw. 'kühn, tapfer, stark' + 'reich, mächtig'.
Kunsch, Künschelmann, Künscher, Künßlin → Konrad
Kunst 1378 Kunst. KF zum RN *Konstantin* lat. 'beständig' oder ÜN zu mhd. *kunst* 'Wissen, Kenntnis, Weisheit; Kunstfertigkeit, Geschicklichkeit' für den Kenntnisreichen, Kunstfertigen / **Kunstmann:** 1509 Künstmann. BN zu mhd. *kunst* 'Wissen, Kenntnis, Weisheit; Kunstfertigkeit, Geschicklichkeit; Kunst' + *man* für den Techniker, Facharbeiter oder KF zum RN → *Kunst* + *-man.*
Kunth, Küntscher, Kuntz(e), Kuntzsch, Kunz(e), Künzel, Kunzelmann, Kunzer, Kunzinger, Kunzke, Künzle, Kunzmann, Kunzscher → Konrad
Kupfer 1312 Kupfer. ÜN zu mhd. *kupfer, kopfer* 'Kupfer; bildlich das Unechte, Falsche' für einen Kupferschmied / **Kupfermann,** nd. **Koppermann:** 1546 Kupfermann. BN für den Kupferhändler, -arbeiter; nd. auch zu mnd. *kopper* 'der Schröpfköpfe setzt' / **Kupferschmied:** 1293 lat. Cuprifaber, 1365 Cupfersmid. BN zu mhd. *kupfersmit* / **Kupfernagel,** nd. **Koppernail:** 1330 der Kupfernagel, 1398 Koppirnayl. ÜN zu mhd. *kupfer, kopfer* 'Kupfer' und *nagel* 'Nagel' für den Kupferschmied.
Küper → Küfer
Kupka, Kupke 1566 Kupka, 1575 Kupke. ÜN zu nso., poln., tschech. *kupka* 'Häufchen', oso. 'Knäuel, Klumpen'.
Kupper 1298 Copper barbitonsur. BN zu mnd. *kopper* 'der die Schröpfköpfe setzt', zu mhd. *köpfen, kopfen* 'schröpfen; köpfen, enthaupten'; z. T. auch md.-nd. ÜN → *Kupfer.*
Küpper(s) wohl BN zu mhd. *kipper* 'nicht rittermäßiger Kämpfer' oder nd.-nrhein. Form *küpper* von → *Küfer.*
Kürb(i)s 1245 Kurbeß. ÜN zu mhd. *kürbiʒ* 'Kürbis' für den Kürbispflanzer.
Kürin, Kurin, Kurian 1394 Kurin, 1419 Kuryan. RN *Quirin(us)* lat. 'Lanzenschwinger' / patron. **Küring:** 1367 Kuring. Auch → *Kuhring.*
Kurka 1362 Kurke. ÜN zu nso., poln., tschech. mda. *kurka* 'junge Henne, Hühnchen' / **Kur(r)ek:** 1399 Kurek. ÜN zu poln. *kurek* 'Hahn'.
Kürn 1272 von der Chüren. WN oder ÜN zu mhd. *kürn(e)* 'Mühlstein, Mühle' / **Kürner:** 1396 Kurner. WN wie Vor. oder BN für den Müller; vereinzelt auch HN zum ON *Kürn, Kühren* / patron. **Kürning:** 1301 Kürninch.
Kürschner, Kürs(e)ner, nd.-westmd. **Korsener:** 1304 Kuersener, 1362 Korsener, 1471 (Cristel) Kurssener der kurssener. BN zu mhd. *kürsenære, -er,* mnd., fnhd. *korsener* 'Kürschner' / **Kürser:** 1429 Kürser. BN zu mhd. *kürsen* 'Pelzrock'.

Kurt, Kürten, Kurth → Konrad

Kurz(e), Kurtz(e), Kurzer, nd. **Korte,** patron. **Korten:** 1248 Kurz, 1334 Curte, 1448 Korte; 1381 Korczer. ÜN zu mhd. *kurz,* md. *korz,* mnd. *kort* 'kurz, gering an Ausdehnung', vereinzelt auch patron. KF zum RN → *Konrad:* 1383 Curdis, 1580 Curts / **Kortmann:** 1446 Cordman. Nd. wie Vor + *-man.*

Kusch 1457 Kusch. ÜN zu apoln. *kusz* 'Becher' oder KF zu *Jakub* → *Jacob* oder westslaw. KF zu → *Konrad* oder ÜN zu mnd. *kūsch* 'keusch' / KF **Kuschke:** 1308 Kuseke, 1705 Kuschke, 1777/78 Kuschka. Wohl zu → *Jacob* oder ÜN zu mnd. *kuse* 'Keule; Backenzahn'.

Kusche 1564 Kussche. ÜN zu poln. *kusza,* tschech. *kuše* 'Armbrust' oder zu mnd. *kūsch* → *Kusch.*

Kuschel 1374/82 Kuzhil, 1657 Kuschel. ÜN zu nso. *kužel,* tschech. *kužel* 'Spinnrocken, Kegel'.

Kuschke → Kusch

Kuscherka 1470 Kuschirka. ÜN zu nso. *kužeř, kužera* '(Haar)Locke, gekräuseltes Haar'.

Kuse, Kusemann → Kuß

Kuske 1266 Kuseke(n), 20. Jh. Kuśka. Vielleicht ÜN zu nso., oso. *kus,* demin. *kusk* 'Bissen, Stück, Brocken' oder zu poln. *kuśka* 'Penis' oder *kuś* 'Bursche, Junge' oder zu *kusy* 'kurz' oder auch ÜN zu mnd. *kuse* → *Kusch.*

Küsing → Konrad

Kuß, Küß 1493 Küß. Westmd.-obd. KF zu → *Konrad* (Nbf. zu *Kunz)* oder md. KF zu *Kunigunde* oder ÜN zu mhd., mnd. *kus* 'Kuß', vereinzelt auch ÜN zu mhd. *cus* 'Hahnrei' / **Kuse:** 1426 Kuse. Md. KF zu → *Konrad* oder zu *Kunigunde* oder ÜN zu mnd. *kuse* 'Keule', vereinzelt auch HN zum ON *Kues* / **Kusemann:** Wie Vor. + *-man.*

Kussatz → Kossatz

Küßing → Konrad

Küster, Kuster, Köster, Koster 1341 Kuster, 1374 Kŏster, 1440 Coster. BN zu mhd. *kuster,* mnd. *koster, kuster* 'Aufseher, Küster' / **Küstermann:** 1558 Kosterman = 1581 Custerman.

Kutschera, Kučera 20. Jh. Kučera. ÜN zu tschech. *kučera* 'Haarlocke, Lockenhaar'.

Kutschka, Kutschke 1510 Kutzschke. Vielleicht WN zu poln. *kucza,* demin. *kuczka* 'Zelt, Laubhütte, Krambude', slowak. *kuča* 'Hütte, Bude' oder ÜN zu tschech. mda. *kuča* 'Haarschopf'.

Küttner 1356 Kuttner, 1586 Küttener. BN zu mhd. *kuttener* 'Kuttenträger, Mönch', evtl. auch für den Hersteller dieses Kleidungsstückes.

Kutz 1315 Kucz., 1471 Kwcz. Dt., slaw. KF zum RN → *Konrad;* ostd. auch ÜN zu poln. *kuc* 'Pony', poln. mda. *kuc* 'Rasen, Erdscholle', vereinzelt auch ÜN zu mhd. *kūz(e)* 'Kauz' oder zu mda. *Kutze* 'grobes Oberkleid' → Kutzner.

Kutzmann → Konrad

Kutzner 1393 Koczner, 1408 Kuczner. HN zum ON *Kotzen(au),* z. T. BN zu mhd. *kotze* 'grobes, zottiges Wollzeug, Decke oder Kleid davon' für den Deckenhersteller → *Kotz.*

Kut(z)schbach, Kutzschbauch, Gutzsch(e)bauch 1419 Gutzsebuch. Vielleicht ÜN zu mhd. *gugen,* iterativ *gugezen* 'sich hin und her wiegen', nhd. (mda.) *gautschen, gäutschen* 'schaukeln, schwanken' und mhd. *būch* 'Bauch' für einen dicken Menschen mit schwankendem Bauch.

Kut(z)sche 1579 Kutzsche. ÜN zu fnhd. *kutsche* 'Kutsche', s. aber auch → *Kutschka.*

Kut(z)scher 1700 Kutscher. Dt. BN zu → *Kutsche* (seit 16. Jh. belegt: 1585 *kotzer)* oder slaw. ÜN → *Kutschera.*

L

Martin Luther
(1483–1546) Reformator, übersetzte die Bibel ins Deutsche

Justus Freiherr von Liebig
(1803–1873) Chemiker, Begründer des Laborunterrichts

Friedrich List
(1789–1846) Volkswirtschaftler und Politiker

Gotthold Ephraim Lessing
(1729–1781) Schriftsteller, Kritiker und Philosoph

Labahn 1648 Labans. HN zu ON wie *Labehn, Labaun* oder ÜN zum PN *Laban,* hebr. 'der Weise'.

Lachmann 1299 Lachmann(in). WN zum ÖN zu mhd. *lâche* 'Grenzzeichen' oder zu mhd. *lache* 'Lache, Pfütze, Tümpel' für den an der Grenze oder an der Lache Wohnenden / **Lach(n)er:** 1492 Lachner.

Lademacher, Lademann 1542 Lademacher, obd. BN, vgl. fnhd. *ladener* 'Hersteller von Holzladen, Truhen'.

Lad(e)wig → Ludwig

Lafontaine → Fontane

Lafrenz → Lorenz

Lägler → Legeler

Lai → Lay

Lambrecht, Lamprecht, Lampert, Lammert, Lemmer(t) 796 Landbert, um 900 Landbracht, 1224 Lamprecht, 1284 Lampert(i). RN ahd. *lan(t)-beraht* 'Land, Gegend; Gebiet; Erde, Feld; Ufer' + 'hell, strahlend, glänzend' / **Lambertz, Lammerz, Lampertz:** 1415 Lammerdes, 1425 Lamberdes / lat. gen. **Lamberti:** 1262 Lamberti / **Lem(c)ke, Lemb(c)ke:** 1312 Lemmeke(n), 1451 Lemke(n). Nd. KF mit *-k*-Suffix, vereinzelt auch HN zum ON *Lemke,* dazu auch KF **Lemp(p):** 1279 Lempe.

Lämmel, Lammel, Lemmel 1149 Lembelin, 1364 Lemmel. HausN zu mhd. *lembel(în), lemmel(în)* 'Lämmchen' oder ÜN dazu als Schimpfname für gutmütige und dumme Menschen. Möglich auch KF vom RN → *Lambrecht* + *-l*-Suffix.

Lämmerhirt 1375 Lamberhirde. BN 'Lämmerhirt'.

Lammert, Lammerz → Lambrecht

Lämmerzahl 1405 Lemerczagel. ÜN zu mhd. *lam(p)* 'Lamm' (Plural *lember)* und *zagel* 'Schwanz'.

Lampert, Lamprecht → Lambrecht

Landerer 1397 der Landerer. BN zu obd. *Lander* 'große Schindel' oder WN zu mhd. *lander* 'Stangenzaun; Land'.

Landgraf 1271 Lantgravius = 1275 Lantgreve. BN zu mhd. *lantgrâve* 'königlicher Richter und Verwalter eines Landes, Landgraf' oder ÜN dazu, für jemanden, der in Beziehung zu einem Landgrafen stand; nd. auch WN zu mnd. *lantgrave* 'Grenzgraben'.

Landmann 1266/1325 Lantman. BN oder ÜN zu mhd. *lantman* 'Landsmann; Landbewohner, Bauer; Hintersasse'.

Landschreiber 1341 Lantschriber. BN zu mhd. *landschrîber* 'Land-, Gerichtsschreiber', fnhd. *landschreiber* 'Kartograph; Gerichts-, Staatsschreiber; Syndikus'.

Langbein 1270 Lancbein. ÜN zu mhd. *lanc* 'lang' und *bein* 'Bein'.

Lang(e) 1135 Lange. ÜN zu mhd. *lanc* 'lang' für einen großen, hochaufgeschossenen Menschen / **Langer:** 1407 Langer(n) / **Langermann:** 1438 Langerman / **Langmann:** 1273/1330 Lancmann(i), 1298 Langmann / **Lang(e)ner:** 1438 Langener.

Langener, Langer, Langermann → Lange

Langguth 1697 Languth. ÜN nach dem Ausspruch 'das ist noch lange gut' zu mhd. *lanc* 'lang' und *guot* 'tüchtig, brav, gut'.

Langhammer 1458 Langkamer. Wahrscheinlich HN zum ON *Langheim.*

Langhans 1372 der lange Hans. ÜN zum RN → *Hans,* zusammengewachsen mit *lang.*

Langheinrich 1416 Langhe Hinrik, 1421 Lange Heinrich. ÜN zum RN → *Heinrich,* zusammengewachsen mit *lang* / gen. nd. **Langhinrichs:** 1440 Lange Hinrikkes.

Langhof(f) 1359 Langhehof. WN zu mhd. *lanc* 'lang' und *hof* 'Hof; Wohnstätte'.
Langmann → Lange
Langnäse, Langnes(e), Langnaß 1284 Langenase, 1329 Langenese. ÜN zu mhd. *lanc* 'lang' und *nase* 'Nase' nach auffälliger Erstreckung der Nase.
Langner → Lange
Langnickel 1381 der lange Nickel. RN *Nickel* → *Nicolaus* und ÜN → *Lange*.
Langrock 1580 Lantrock, o. J. Langkrock. BN entweder zu mhd. *lant-rokke, -rogge* 'im Lande gewachsener Roggen' im Gegensatz zu importiertem oder ÜN zu mhd. *lanc* 'lang' und *roc* 'Rock'.
Lanz, Lantz(e), osä. **Lantzsch:** 958 Lambertus = Lanzo, 983 Lampaldus = Lanzo, 1280 Lanze, 1590 Lansch. RN auf ahd. *Lant-* zu ahd. *lant* 'Land, Gegend; Gebiet; Erde, Feld; Ufer'; auch HN zum ON *Lanz(e)*.
Laroche 1397 La Roche. HN zum franz. ON, 'Fels'.
Lasch 1366 Lasche. ÜN zu mhd. *lasche* 'Tasche; Lappen, Fetzen' oder zu mnd. *las(ch)* 'müde, matt'.
Lässig, Läßig → Lessing
Latermann 1649 Laterman. BN zu mnd. *later* 'Aderlasser'.
Lätsch, Laetsch, Lätzsch, Let(z)sch(e) 1333 der Lätsch. ÜN zu mhd. *letze, lez* 'verkehrt, unrichtig, unrecht, schlecht' für einen verdrehten, linkischen Menschen oder für einen Linkshänder.
Latter, Lattermann 1348 der Latter. Südwestd. BN zu mhd. *late, latte* 'Latte' für den Zimmermann.
Lattmann 1434 Latteman. ÜN zu mnd. *lat(e)* 'höriger Diener' oder zu mhd. *lat(t)e* 'Latte' für einen großen Menschen.
Lätzsch → Lätsch
Laube 1289 unter der Louben, 1407 Lawbe. WN zum ÖN mhd. *loube* 'Laube, bedeckte Halle, Vorhalle; Speicher, Kornboden' oder HN zu ON *Laub(a), Lauben, Laubahn*.
Laubner 1371 Lubner, 1561 Laubener. HN zum ON *Lauben, Laubahn*.
Lauck, Laucke → Lukas
Lau(e) 1290 Lowe, 1441 Lawe. ÜN zu mhd. *lā(w), læwe* 'lau, milde' für einen schlaffen, schwachen Menschen oder zu mnd. *lauwe, lēwe, lo(u)we*, fnhd. *laue* 'Löwe' → *Löwe;* auch HN zum ON *Laue*.
Lauf(f)er 1278 die Lofer. HN zum obd. ON *Laufen* oder BN zu mhd. *loufære, löufære* 'Läufer'.
Lauk, Lauke → Lukas
Laurent, Lauri → Lorentz
Laurich 1532 Laurick, 1547 Laurich. KF zum RN *Laurentius* → *Lorentz* oder KF zum RN ahd. *(h)lūt-rīhhi* 'laut, bekannt' + 'reich, mächtig; hoch, prächtig; glücklich'.
Lautensack 1528 Lautensack. ÜN für den Musikanten.
Lautenschlag, Lautenschläger 1320 Lutenschlacher, 1405 Lutensleger, 1482 Lautenslaher. BN zu mhd. *lūtenslaher*, mnd. *lūtensleger* 'der die Laute schlägt; Lautenspieler', alter Spielmannsname.
Laux, Lauxen → Lukas
Law(e)renz → Lorentz
Lay, Lai 1547 Lay = Löw. ÜN zu mhd. *lei(e)* 'Nichtgeistlicher; Ungelehrter' oder mhd. *löuwe* 'Löwe' oder mhd. *lē* 'Hügel' oder fnhd. *lei(e)* 'Fels, Schiefer; Schiefertafel'.
Leber 1256 an dem Lewin, 1332 am Lewe, 1350 Leber, Lewer. WN zum ÖN zu mhd. *lē(wer)* 'Hügel', mnd. *lewer* 'Hügel, Erdaufwurf besonders als Grenzmarke'; evtl. auch ÜN zu mhd. *leber* 'Leber' für einen Fleischer.

Leb(e)recht 1381 Lebericht. ÜN (SatzN) 'Lebe recht!' zu mhd. *leben* 'leben, sich benehmen' und *reht(e)* 'dem Recht und der Wahrheit gemäß'.

Lechner 1491 Lechner. BN zu mhd. *lēhenære* 'Besitzer eines Lehnbauerngutes'.

Ledebu(h)r 1452 Ledebur. Nd. WN zu *Lehde + Bauer.*

Leder, Leeder, Lehder 1282 Leder. ÜN zu mhd. *leder* 'Leder' für einen Lederhandwerker oder verkürzt aus → *Lederer,* vereinzelt auch HN zum ON *Le(h)de.*

Lederer 1352 Ledrer. BN zu mhd. *lederære, lederer* 'Gerber'.

Ledig 1273 de(r) Ledighe. ÜN zu mhd. *ledic,* mnd. *leddich* 'frei, ledig; ungebunden'.

Leeder → Leder

Lefèvre 1544 Lefèvre. Alter franz. BN für den Schmied.

Leffler → Löffler

Leg(e)ler, Lägler, obd. **Lögler:** 1291 der Legeller. BN zu mhd. *lāgel(e), lægel(e), legel* 'Fäßchen', meist ein kleines Weinfaß mit zwei Böden für den Hersteller der kleinen Holzgefäße, den Böttcher, Küfer.

Lehder → Leder

Lehmann 1297 Lehenman, 1372 Leman. BN zu mhd. *lēhenman* 'Lehnsmann', im Ostmd. 'Bauer, der ein Gut zu Lehen trägt', d. h. Inhaber eines bäuerlichen Lehngutes.

Lehmkuhl 1465 Leymkule. HN zum ON oder WN zum ÖN *Lehmkuhl(e).*

Lehn(e) 1232 Lena, 1635 Lehn. HN zum ON *Lehn(a)* oder KF zum RN → *Leonhard* bzw. *Helene* oder *Magdalena* (so 1232).

Lehner 1453 Lehner. BN zu mhd. *lēhenære, lēner* 'Besitzer eines Lehn-, Bauerngutes' oder HN zum ON *Lehn, Lehen.*

Lehnert → Leonhard

Lehnick, Lehnig(k) 1374/82 Leynik, 1509 Lenigk. BN zu nso., oso. *lenik* 'Lehensmann, Lehmann'.

Leib 1475 Leib, Lyb. KF zu RN auf ahd. *liob* 'lieb'.

Leichenring → Leichsenring

Leichsenring, Leichsnering, Leichenring, Leisering, Leißring, Leusenrink 1497 Leisering. ÜN zu fnhd. *leuxenring* 'Ring, der die Wagenrunge hält' für einen Bauern oder den Hersteller dieser Ringe.

Leichsnering → Leichsenring

Leicht(e) 1423 Leicht. Meist ÜN zu mhd. *līht(e)* 'leicht; leichtfertig; unbeständig', obd. **Leichtle:** 1381 Lichtlin. Aber auch west- und md. = **Leichter:** 1488 Leychter, BN zu mhd. *līhten* 'kastrieren'.

Leideckers → Leiendecker

Leidhold(t) → Leutholdt

Lei(en)decker, Leyendecker, rhein. **Leideckers:** 1403 Leiendecker, 1575 Leidecker. BN zu fnhd. *leiendecker,* rhein. *leidecker* 'Dachdecker'.

Lei(h)kauf 1349 Leychauf. ÜN zu mhd. *lītkouf* 'Gelöbnistrunk beim Abschluß eines Handels, Leihkauf'.

Leimbrock, Leimbruch 1485 Lempruch. WN zu mhd. *leim,* mnd. *lēm(e)* 'Lehm, Ton' + mnd. *brōk, brūk* 'Bruch, tiefliegende von Wasser durchbrochene, mit Gehölz bestandene Fläche'.

Leineweber 1337 Linweber. BN zu mhd. *līnweber* 'Leinweber'.

Leinhas → Leinhos

Leinhos, Leinhoß, nd. **Leinhas:** 1300 Linnenehose. ÜN zu mhd. *līnhose* 'Hose von Leinwand' für den Träger oder Hersteller von Leinenhosen.

Leipold(t) → Leupold

Leis(e)gang, nd. **Liesegang:** 1352 Lisganck. ÜN zu mhd. *līse, linse* 'leise, geräuschlos, sanft' und *ganc* 'Gang(art)' für den Leisetreter, vgl. 1560 Leyßentritt.

Leisering, Leißring → Leichsenring

Leißler, Leisler 1509 Leyßler. BN zu fnhd. *leuxe* 'Leuchse, Runge am Wagen' / **Leuchsner, Leuxner:** 1511 Leugsner / **Leisner, Leißner:** 1483 Leyßner / **Leixner:** 1760 Leixner.

Leistner 1165 Leiste, 1671 Leistener. BN zu mhd. *leist* 'Weg, Spur, Form; Leisten des Schuhmachers' für einen Leistenmacher als Scherzname für einen Schuhmacher, vereinzelt auch HN zum ON *Leisten, Leistenow.*

Leit(h)ner, Leut(h)ner 1336 Leytner, 1474 Lewthener. WN zum ÖN zu mhd. *līte* 'Bergabhang, Halde; Tal' für einen, der an einem Berghang wohnt, auch HN zum ON *Leiten, Leithe, Leuthen.*

Leithold(t) → Leutholdt

Leitner → Leithner

Leitzmann 1411 Geleiczman. BN zu mhd. *leitesman,* fnhd. *leizman* 'Mitglied einer Bedeckungsmannschaft, Zollwächter'.

Leixner → Leißler

Lemb(c)ke, Lem(c)ke → Lambrecht

Lemmel → Lämmel

Lemmer(t), Lemp(p) → Lambrecht

Lenck(e) → Lenke

Lenhard(t) → Leonhardt

Lenk(e), Lenck(e) 1379 Lenke. ÜN zu mhd. *lenke* 'biegsam' oder mhd. *linc, lenc* 'link; linkisch, unwissend', → *Linke.*

Len(t)z, Lenze 1341 Lenze. KF zum RN → *Lorenz,* vgl. 1388 Lentze Krichstede = 1397 Lorentz K. oder HN zum ON *Lenz* oder ÜN zu mhd. *lenze* 'Lenz, Frühling' wie *Sommer, Herbst, Winter.*

Leonhard(t), Lehnert, Lenhard(t) 1221 Leonardi, 1396 Lenhard, 1451 Lenert. RN ahd. *le(w)o-hart* 'Löwe' + 'hart, streng' / alem. **Lienhard:** 1398 Lienhardi / alem. **Lientz:** 1413 Lientz, KF mit *-z*-Suffix / patron. **Lienung:** 1280 Lienung.

Leopold(t) → Leupold

Lerch(e) 1231 Lercho, 1462 Lerche. ÜN zu mhd. *lērche* 'Lerche' entweder für einen sangesfrohen Menschen oder für einen Vogelfänger, -händler, vereinzelt auch HN zum ON *Lerche.*

Lerchner 1552 Lirchner. WN zu ÖN zu mhd. *lerche* 'Lärche' für einen, der bei den Lärchen wohnt, oder HN zum ON *Lerche, Lerchen* oder BN zu mhd. *lērche* 'Lerche' für einen Vogelfänger, -händler.

Leroi 1662 Le Roy. ÜN zu franz. 'König'.

Leroux hugen. ÜN franz. 'der Rote'.

Lerse, Lersch 1526 Lerse. BN zu mnd. *lerse* 'ledernes Beinkleid; weiter, hoher Stiefel' / **Lersner:** 1527 Lersner(us) / **Lers(ch)macher:** 1499 Lersemacher. BN zu fnhd. *lersenmacher* 'Verfertiger von Lederhosen'.

Leser 1219 Lesere. KF des RN *Lazarus* (lat. Form des hebr. Namens *Eleazar* 'Gott ist mein Heil'); z. T. auch BN zu mhd. *lesære, leser* 'Leser, Vorleser; Weinleser; Eichelsammler', vereinzelt auch HN zum ON *Leese.*

Leska, Leske 1358 Leske. WN zu oso. *lěsk* 'Haselnußstrauch', nso., oso. *lěska* 'Haselgerte'.

Lesser 1370 die Lasserin, 1491 der Leßer. BN zu mhd. *laȝer, læȝer,* fnhd. *lesser* 'Aderlasser'.

Lessing, Leßig, Lässig, Läßig 1518 Lessigk, 1585 Leszing. Eingedeutschte Form des WN zu oso. *lěsnik* 'Waldbewohner' oder ÜN als Weiterbildung zu mhd. *laȝ,* mnd. *lasich* 'matt, träge, saumselig'.

Letsch(e) → Lätsch

Lette 1288 Letto. WN zu mhd. *lette*

'Lehm' / **Lettenbauer:** 1594 Lettenbauer / **Lettenmeier:** 1538 Lettmair.

Letz 1294 Lezzo. ÜN zu mhd. *letze* 'verkehrt, unrecht, schlecht'.

Letzgis, Letzgus, Letzkus 1291 RN Alexius = 1205 Lexius. KF des RN griech.-lat. *Alexius,* latin. zu *Alex,* KF zu *Alexander,* griech. 'der (feindliche) Männer Abwehrende, Schützer' / **Letzius:** 1584 Letzius / **Lex(er), Lexius:** 1554 Lex; 1431 Lexius.

Leu(e) → Löwe

Leupold, Leupolt, Leopold(t), Leipold(t), Leypold, Liepold(t), Lieb(h)old(t), Liebel(t), Liepel(t), Lippold(t), Lippelt 826/48 Liudbaldus, 1317 Lippold(i), 1352 Leipold, 1361 Leupolt, 1472 Leypolt. RN ahd. *liutbald* 'Volk, Leute, Menschen' + 'kühn, mutig, stark'.

Leuschner 1378 Lüschener, 1479 Lewchschner. Wohl BN zu mhd. *liuhse* 'Stemmleiste, Lahnstange, Leuchse' für den Leuchsenmacher → *Leichsenring,* → *Leißler.*

Leusenrink → Leichsenring

Leut(h)ner → Leithner

Leuthold(t), Leidhold(t), Leithold(t) 815/22 Leotwaldus, um 830 Ludold, 1382 Leutolt. RN ahd. *liut-walt* 'Volk, Leute, Menschen' + 'Gewalt, Macht'.

Leutwein 1359 Lütwin. RN ahd. *liut-wini* 'Volk, Leute, Menschen' + 'Freund, Geliebter'.

Leutz → Lietze

Leux → Lukas

Leuxner → Leißler

Leverenz → Lorenz

Levermann → Liebermann

Levi(e)n → Lewin

Lewandowski 1688 Lewandowski. Poln. HN zu ON wie *Lewandówka* oder ÜN zu poln. *lawenda, lewanda* 'Lavendel'.

Leweren(t)z → Lorenz

Lewin, Levi(e)n 1404 Levin(us). Nd. Form des RN ahd. *liob-wini* 'lieb, geliebt, teuer, angenehm' + 'Freund, Geliebter' oder HN zum ON *Lewin, Levin* oder hebr. Ursprungs mit der Bedeutung 'Anhänglichkeit'.

Ley → Löwe

Leyendecker → Leiendecker

Leypold → Leupold

Lex, Lexer, Lexius → Letzgis

Liborius 1515 Libori. RN *Liborius* (HeiligenN).

Licht 1275 zem Lichte. ÜN zu mhd. *lieht* 'hell, strahlend; Licht, Leuchten' oder dazu als BN 'Lichtzieher, -gießer, -verkäufer' oder HN zu ON *Lichta, Lichte* oder ÖN zu *Licht* 'ausgehauene Stelle im Wald'.

Lichtwark, Lichtwerk, Lichtwer 1328 Lichtwerk. BN zu mhd. *lieht-würhte, -worhte* 'Lichtgießer', vgl. mnd. *lichtmaker 'Lichterzieher'.*

Lieb(e) 1290 Lieb. KF *Liubo* zu RN auf ahd. *liob* 'lieb' oder ÜN zu mhd. *liep* 'lieb, angenehm; Geliebte(r)' für einen lieben, angenehmen Mitmenschen oder HN zum ON *Li(e)bau.*

Liebel(t) → Leupold

Lieb(er)knecht 1328 Leveknecht. ÜN zu mhd. *liep* 'lieb, angenehm' und *kneht* 'Knabe; Jüngling; junger Mann in lernender und dienender Stellung, Krieger, Held'.

Lieb(er)mann, nd. **Levermann,** md. auch **Lippmann:** um 860 Liefman, 1246 Liubirman, 1394 Liepmann, 1472 Leverman. ÜN zu mhd. *liep* 'lieb, angenehm' und *man* 'Mensch, Mann'.

Liebers 1564 Liebers. RN ahd. *liob-her* 'lieb, geliebt, teuer, angenehm' + 'alt, ehrwürdig, von hohem Rang' gen. oder zu ahd. *liob-hart* 'hart, streng', nd. *lef-hart,* vgl. 1198 Liefardus, 1205/06 Lefhardus, 1654 Lieffers = Lievers.

Liebert → Lippert

Lieberwirt(h) 1683 Lieberwirth. ÜN zu mhd. *liep* 'lieb, angenehm' und *wirt* 'Ehemann; Hausherr; Bewirter, Gastwirt'.

Liebeskind 1396 Levekint = Lyvekint. ÜN zu mhd. *liep* 'lieb, angenehm' und *kind* 'Kind'.

Liebetrau 1647 Liebetrau. RN ahd. *liob-trūt* 'lieb, geliebt, teuer, angenehm' + 'vertraut, lieb – Vertrauter, Geliebter, Freund'.

Liebetreu SatzN 'Liebe treu!' zu mhd. lieben 'lieben' und *triu* 'treu'.

Liebhard(t) → Lippert

Lieb(h)old(t) → Leupold

Liebich, Liebick, Liebig um 1500 Libigk. KF zu RN mit slaw. *ljub-* 'lieb' + *-ik*-Suffix, z. T. auch lautliche Abwandlung von → *Liebing.*

Liebing 1288 der Liebink. KF zu RN auf ahd. *liob* 'lieb, geliebt, teuer, angenehm' mit *-ing*-Suffix. Möglich auch slaw. Herkunft → *Liebich,* vgl. dazu auch 1337 Libnik.

Lieb(i)sch(er) 1367 Libusch, 1406 Libischer. KF zu RN mit slaw. *ljub-* + *-š*-Suffix.

Liebknecht → Lieberknecht

Liebmann → Liebermann

Liebold(t) → Leupold

Liebsch(er) → Liebischer

Lied(t)ke → Lüdecke

Lienhard, Lienung, Lientz → Leonhardt

Liepach, Liepack 1501 Lepak, 1504 Liepach, 1510 Lypagk. ÜN zu nso. lěpiś, oso. lěpić 'kleben, kleistern, leimen'. Vgl. dt. → *Kleber.*

Liepel(t) → Leupold

Liepert → Lippert

Liepold(t) → Leupold

Liesack 1550 Liesack. ÜN zu nso., oso. *lizak* 'Leckermaul'.

Li(e)schke, Lischka, Li(e)ske, Ließke 1398 Liska, 1411 Lischka. ÜN zu nso., oso., tschech. *liška* 'Fuchs', poln. *liszka* 'Füchsin': vereinzelt auch HN zum ON *Lieske.*

Liesegang → Leisegang

Lieske, Ließke → Lieschke

Lietz(e), Leutz 1294 Liuze, 1484 Lietz. KF *Liuzo* zu RN auf ahd. *liut* 'Volk, Leute, Menschen' mit *-z-* und *-o*-Suffix oder HN zum ON *Lietze, Lietzow, Lietzo* / **Lietzmann:** 1395 Lŷtzmann-(inne). Wie Vor. + *-man.*

Lietzke KF zu RN auf ahd. *liut* 'Volk, Leute, Menschen' mit *-z-* und *-k*-Suffix.

Lietzmann → Lietze

Lincke → Linke

Lind → Linde

Lind(e), Lindt 1254 der Linde, 1313 van der Linden, 1446 by der linde = 1456 Lynde. ÜN zu mhd. *lint, linde* 'lind, weich, glatt, sanft, zart, milde' (so 1254) oder WN zu mhd. *linde, linte* 'Linde' oder HN zum ON *Linde, Lindau.*

Lindemann, nd. **Linnemann,** md. **Lingmann:** 1335 Lindeman, 1490 Lingman, 1520 Linnemann. WN zu mhd. *linde* 'Linde' und *man* 'Mann' für einen, der bei der Linde wohnt oder HN zum ON *Lind(e).*

Lindi(n)g 1585 Lindig. HN zum ON *Lindig.*

Lindt → Linde

Lind(t)ner 1348 Lindner. WN zu mhd. *linde* 'Linde' für einen, der bei den Linden wohnt oder HN zum ON *Linden, Lindenau.*

Ling(e)ner 1405 Lingner, 1451/52 Lyngener = 1454 Lyndener. HN zum ON *Lingen* oder lautliche Variante zu → *Lindner.*

Lingmann → Lindemann

Link(e), Linck(e), Linncke 1169 Linko, 1315 Lincke. ÜN zu mhd. *linc,* mnd. *link* 'link; linkisch, unwissend' für einen linkischen Menschen oder Linkshänder, → *Lenke,* vereinzelt WN zum ÖN *Link.*

Linn 1466 Lin. ÜN zu nso., oso., poln. *lin* 'Schleie', auch HN zum ON *Linn.*

Linnemann → Lindemann

Linse(r) 1345 Linser(i), 1600 Linse. ÜN zu mhd. *linse* 'Linse' für den Liebhaber von Linsengerichten oder für einen Linsenbauer, auch HN zum ON *Linz, Linse;* kaum ÜN zu mhd. *linse, linze* 'Wolfshund'.

Lipfert → Lüpfert

Lippe → Lippmann

Lippelt → Leupold

Lippert, Liebert, Liebhard(t) um 900 Liaf-, Liabhard, 1386 Liphart, 1487 Libartt, 1584 Lypert, Lipart. RN ahd. *liob-hart* 'lieb, geliebt, teuer, angenehm' + 'hart, streng' oder aus ahd. *liut-beraht* 'Volk, Leute, Menschen' + 'hell, strahlend, glänzend', vgl. 989 Liutbert(i), 1145 Lupert(us), 1741 Lippert.

Lippmann 1450 Lipman. KF zum RN *Philipp,* griech. 'Pferdefreund' + *-man-*Suffix, vereinzelt md. Form von *Liebmann* → *Liebermann* oder wie **Lippe:** 1209 Lippi, 1386 Lippe auch HN bzw. WN zum ON bzw. GewN *Lippe,* vgl. 1447 van der Lippe = 1458 Lipmann = 1470/80 Lippeman.

Lippold(t) → Leupold

Lips, Lipps 1277 Lips(inun). KF zum RN *Philipp* → *Lippmann.* Für den Landgrafen *Philipp von Hessen* (16. Jh.) ist *Lips* als Kurzform belegt.

Lipski 1642 Lipsky. HN zum poln. ON *Lipa.*

Lischka, Lischke, Liske → Lieschke

Lissner, Lißner ohne urkundliche Belege nicht sicher zu erklären: BN zu mhd. *liezen* 'losen', in der Bergmannssprache 'Bebauer des erlosten Grabenfeldes' oder HN zum ON.

List 1233 List. ÜN zu mhd. *list* 'Weisheit, Klugheit, Schlauheit; Kunst, Zauberkunst' für einen Menschen, der Kenntnisse und Fertigkeiten besitzt; vereinzelt auch HN zum ON *List.*

Listner 1419 Listner. ÜN zu mhd. *listen* 'List üben, schmeicheln'; nd. auch WN zu *liste* 'Leiste, Saum, Rand'.

Litfaß 1762 Litfas. ÜN zu mhd. *līt-vaȥ* 'Obstwein-Faß' für den Obstverkäufer, vgl. auch mnd. *lītkop* 'Weinkauf'.

Lobeda(n) 1424 Loboda, 1569 Lobeda. ÜN zu nso., oso. *łoboda* 'Gartenmelde'; vereinzelt HN zum ON *Lobeda.*

Löb(e)l 1328 Lobil, 1387 Löbel, Lebel. RN als KF zu → *Löwe* oder Variante von → *Leupold.*

Lochmann 1357 Lochman. WN zu ÖN zu mhd. *loch* 'Gefängnis; Versteck, Höhle, Loch, Öffnung; verborgener Wohnungs- oder Aufenthaltsort' + *man* für einen, der bei dem Loche wohnt; vereinzelt auch HN zum ON *Loch* und WN zu ÖN zu mhd. *lō(ch)* 'Gebüsch; Wald, Gehölz'.

Lochner 1381 Lochner. WN wie → *Lochmann* oder HN zum ON *Loch, Lochau.*

Lode, Lödel, Loder(er) 1330 zume Lode, 1339 Loder. Obd., BN zu mhd. *lode* 'grobes Wollzeug, Loden', mhd. *lod(en)ære* 'Wollen-, Lodenweber'.

Lodwig → Ludwig

Löffler, Loeffler, Leffler 1281 Loffeler. BN zu mhd. *leffeler* 'Löffelmacher; Hersteller hölzerner Löffel'.

Lögler → Legeler

Lohmann 1348 Loman. WN zu mhd. *lō(ch)* 'Gebüsch; Wald, Gehölz' und *man* 'Mann' für einen, der im Gehölz wohnt, vereinzelt auch HN zum ON *Loh(e)* oder BN zu mhd. *lō* 'Gerberlohe' für den Lohgerber.

Lohn, Lone, alem. **Lönle:** 1477 Lone; 1441 Lönlin. KF zum RN *Apollonius,* griech.-lat. 'dem (Gott) Apollo geweiht', vereinzelt HN zum ON *Lohn, Lohne.*

Lohner, Löhner 1290 Loner = 1320 Löner. BN zu mhd. *lōner, lœner* 'Tagelöhner', z. T. BN zu mhd. *lēhenære, lēner* 'Gläubiger; Bergmeister, der die Gruben lehnweise vergibt; Besitzer eines Lehn-, Bauerngutes', → *Lehner,* vereinzelt HN zu ON *Lohne, Lonau.*

Löhr, Loe(h)r 1142 Lore, 1266/1325 Lôwere, 1492 Löher. BN zu mhd. *lōwer,* mnd. *lorer* 'Gerber'.

Löhrke → Lorentz

Lohs(e), Lohß(e) → Lose

Loi, Loy 1541 Eligius = Loy. Obd. zum RN *Eloi,* der franz. Form des RN *Eligius,* lat. 'der Auserwählte', vereinzelt HN zum ON und WN zum ÖN *Loy,* vgl. 1427 van der Loye, zu mnd. *lo, loge, lage, loye* 'Gehölz, Busch; Waldwiese, -aue; Grasanger'. Oder ÜN zu nso. *łoj,* oso., poln. *łój* 'Talg'.

Lone, Lönle → Lohn

Loos(e), Looß → Lose

Löper 1649 Löper. BN zu mnd. *loper* 'Läufer, Bote'.

Loer → Löhr

Lorbe(e)r(er) 1295 Lorbere, 1389 Lorber. ÜN zu mhd. *lōrber* 'Lorbeere' für einen Gewürzkrämer, -händler.

Lorensen → Lorentz

Loren(t)z, Lorens, Lorenzen, Lafrenz, Law(e)renz, Leverenz, Leweren(t)z 1374 Lorenz, 1381 Laurencz, 1388 Lorentz, 1410 Lauwrens, 1564 Laffrens, Leverenz. RN *Laurentius,* lat. 'aus Laurentum stammend', *Loren(t)z* als eingedeutschte Form – früher übliche KF → *Lentz* / nd. KF **Lö(h)rke** / hugen. **Laurent:** 1649 Laurent(i) / fries. patron. **Loringa:** 1651 Loringa / **Löris:** 1381 Löris / **Loritz:** 1573 Loriti / nd. **Lor(e)nsen:** 1666 Lorensen / **Lorx, Lörx:** 1494 RN Lorx / **Lory, Löry:** 1454 Löry / patron. **Lortzing, Lörtzing** / schwäb. KF **Lauri:** 1476 Lauri / slaw. KF: westslaw. **Wawra:** 1629 Wawra / sorb. **Waurich, Waurick:** 1568 Waurick / poln. **Wawrzik:** 1440 Waffrzig / tschech. **Webersinke:** 1367 Webirske, 1374 Wabirske.

Loringa, Löris, Loritz, Lörke, Lomsen, Lortzing, Lörtzing, Lorx, Lörx, Lory, Löry → Lorentz

Lösch(e), Loesch 1266 Lesche, 1350 Losch. ÜN zu mhd. *lösch(e)* 'eine Art kostbaren Leders, besonders rotes Leder, Saffian' wohl für einen Lederhandwerker.

Lösch(n)er 1261 Leschar(ius), 1392 Löschner. BN zu mhd. *leschære, -er* 'Löscher' in der Bedeutung 'Feuerlöscher' oder häufiger 'Schiedsrichter' oder BN zu mhd. *lösch(e)* → *Lösche* oder HN zum ON *Löschau, Löschen.*

Lose, Lohs(e), Lohß(e), Loß(e), Loos(e), Looß, Loss(e) 1368/81 Loze, 1370 Lose. ÜN zu mhd. *lōs* 'frei, ledig; in übertragenem Sinne: mutwillig, fröhlich, freundlich, anmutig; leichtfertig, durchtrieben, verschlagen, frech', auch zu mhd. *lōse,* fnhd. *loß,* obd. die *Lose,* das *Los* 'Mutterschwein' und zu mhd. *lo3* 'der durch das Los gezogene und dem Händler zugewiesene Standort auf dem Markt; der gerichtlich zugesprochene Anteil (z. B. ein kleines Landstück)' oder HN zum ON *Loos(e), Lohsa, Lossa, Losse* oder KF zum RN → *Nicolaus* oder *Lodewig* → *Ludwig.*

Löser 1289 Loser, 1323 Lôsere. ÜN zu mhd. *lōsære, lōser* 'Heuchler, Schmeichler, loser Bube' oder zu mhd. *losære, -er* 'Horcher, Lauscher, Aufpasser' oder mhd. *lōsære, loesære, loeser* 'Befreier; bergmännisch Ablösung für die frühere Schicht', mnd. *loser* 'Löser, Ablöser, Erlöser' oder HN zum ON *Lösau, Losa(u)*, vereinzelt auch zum RN *Lazarus* → *Leser.*

Lossagk 1462 Lossag. ÜN zu nso. *łosak* 'Mann mit langem Haar', nso. *łos*, oso. *włos* 'Haar'.

Loss(e), Loß(e) → Lose

Loth 1196 Loot, 1295 Loth. KF zu RN auf ahd. *hlūt* 'laut, bekannt' → *Ludwig* oder ÜN zu mhd. *lōt* 'Blei; Metallgemisch zum Löten; Lot'.

Lötsch → Lötzsch

Lotz(e) 1296 Lotzo(ni), 1352 der Lotz. KF mit *-z*-Suffix zu → *Ludwig* oder ÜN zu mhd. *lotze* 'einfältig, simpel' oder HN zum ON *Loitz(e), Lotzen.*

Löt(z)sch 1342 Lötsch. ÜN zu fnhd. *lötsch* 'Tölpel', auch HN zum ON *Loitzsch, Loitsche, Leutzsch* und KF zum RN → *Ludwig* mit *-z*-Suffix.

Löw(e), Lau(e(, Leu(e), Ley 1266/1325 Lowe, 1306 Lewe, 1382 Leow, 1400 Lauwe(n). ÜN zu mhd. *lewe, lebe, löuwe, leu* 'Löwe; Gehilfe des Scharfrichters' oder WN zum HausN *Löwe,* → *Laue; Ley* auch zu mhd. *lei(g)e* 'nichtgeistlicher Laie, Ungelehrter', vgl. 1244 Laicus = 1251 Leye und 1347/48 Ley = 1349/59 Leyge, Letzteres vielleicht auch zu mhd. *lei(e), leige, leije* 'Fels, Stein; Steinweg' als ÜN oder WN → *Lay* / **Löb(e)l:** 1257 Lowel(inus =, 13./14. Jh. Löweli. KF zu Vor., → *Löbel.*

Loy → Loi

Luba(h)n 1349 Luban. KF zu slaw. RN mit *ljub-* 'lieb, teuer'; auch HN zum ON *Lauban* / **Lubig:** 1369 Lubik. KF zu slaw. RN mit *ljub-* / **Lubitz:** 1507/08 Lubizt / **Lubke:** 1455 Lubke, 1658 Lubka.

Lübbe, Lüb(c)ke 982 Liuppo, 1355 Lubbe, 1469 Lubbeke. KF zu RN wie *Liutbald* → *Leupold* mit *-o-* bzw. *-k*-Suffix; Lübke auch HN zum ON *Lübbecke, Lübkow,* vgl. 1315 (de) Lubbeke.

Lubig, Lubitz, Lubke → Lubahn

Lübke → Lübbe

Lucas → Lukas

Luchs → Lux

Lucht 1290 Luchte. ÜN zu mnd. *lucht* 'Luft' oder WN, ÜN zu mnd. *lucht* 'Fenster, Lichtöffnung; Oberboden des Hauses' oder zu mnd. *luchte* 'Leuchte, Laterne; Leuchtturm' oder zu mnd. *lucht* 'link'.

Luchterhand, Luchter, Luchtermann 1369 (to der) luchteren hand; 1471 Luchter; 1584 Luechterman. ÜN zu mnd. *luchter* 'link' (und *hant* 'Hand') für den Linkshänder.

Luck(e), Lück(e) 1310 der Luk, 1343 Lucke. Kontrahierte Form zu nd. → *Lüdecke* oder → *Ludwig* oder auch → *Lukas* oder ÖN zu mhd. *lücke, lucke* 'Loch, Lücke', mnd. *lücke* 'eingehegtes Stück Land', obd. *Lucke* 'Durchlaß' oder HN zum ON *Lukka(u),* vereinzelt auch ÜN zu mhd. *lücke, lugge* 'locker' oder zu mnd. *lucke* 'Glück'.

Luckner 1343 Lukner. WN zu mhd. *lükke, lucke* 'Loch, Lücke' für einen, der an einer engen Gasse wohnt.

Lüddecke, Lüddemann → Lüdecke

Lüd(e)cke, Lüd(i)cke, Lüddecke, Lüd(t)ke, Luedtke, Lüt(c)ke, Lüttke, Lüthke, Lüt(t)ge, Lüthge, Lüthje, Lied(t)ke, gen. **Lüddeckens, Lüttgens, Lütjens:** um 900 Liudico, 1311 Ludeke(n), 1457 Lütke. Vor allem nd. KF zu RN auf ahd. *liut* wie *liut-wolf* 'Volk, Leute, Menschen' + 'Wolf', vgl. 1201 Ludeke = Ludolphus oder → *Ludwig* mit *-k*-Suffix; *Lüttke, Lüt(c)ke* z. T. auch zu mnd. *lutti(n)k* 'klein, gering, vgl. 1305 Lutteke / **Lüdemann, Ludemann, Lüdtmann, Ludtmann:** 9. Jh. Liut-/Liudman, 1351 Ludemann(es). KF zu RN auf ahd. *liut* → *Lüdecke* + *-man*-Suffix.

Luderer, Lutherer, Lutterer 1311 Luterer. ÜN bzw. BN zu mhd. *luoderære, -er* 'Verlocker, Schlemmer, Weichling', später auch 'Abdecker'.

Lüder, Lüders → Luther

Lüdicke, Lüdke, Lüdtke, Lüdtmann, Ludtmann → Lüdecke

Ludwig, Lad(e)wig, Lodwig um 870 Liudwig, 1270 Ludewici, 1360 Ludwig, 1377 Lodewig(es), 1585 Ladewig. RN ahd. *hlūt-wīg* 'laut, bekannt' + 'Kampf, Streit, Krieg' / KF **Lutz(e):** 992 Luzo, 1280 Luze. KF mit *-z*-Suffix / patron. **Lüdeking.**

Luft 1377 Lufft. ÜN zu mhd. *luft* 'Luft, Wind' für einen leichtsinnigen Menschen; Luftikus oder WN zum ÖN in der Bedeutung dem Wind ausgesetzte Stelle, evtl. HausN, vgl. 1451 zem Luft für ein Haus in Basel.

Lü(h)ning, Lünick 1290 Luning. ÜN zu mnd. *lunink* 'Sperling' oder zu hess. *Lüning,* obd. *Lung* 'Achsnagel'.

Lukas, Lucas 1369 Lukas. RN *Lucas,* lat. 'aus Lukanien stammend' / KF **Lauk, Lau(c)ke:** 1600 Lauck / **Laux(en):** 1493 Laux / **Leux:** 1623 Leux / slaw. KF: poln. oder tschech. **Lukaschek, Lukassek:** 1727 Łukaszek / poln. **Lukasczyk:** 1659 Łukasczyk / sorb. **Lukask:** 1612 Lucask.

Lukaschek, Lukassek, Lukasczyk, Lukask → Lukas

Lüning, Lünick → Lühning

Lüpfert, Lipfert um 1000 Liudfrid, 1385 Lüpfrid, 1480 Luppfert. RN ahd. *liut-fridu* 'Volk, Leute, Menschen' + 'Friede, Schutz'.

Lusch(e) 1359 Lussche. ÜN zu vogtl. *Lusch* 'lockeres Frauenzimmer' oder KF zu slaw. RN mit *ljub-* 'lieb'.

Luß, Lüß, Lusser 1450 zer Luß, 1344 der Lusser. Bair.-schweiz. BN zu mhd. *luȝ* 'durch Los zugefallener Landteil', bair. *Luß, Lusser* auch BN zu fnhd. *lusser* (westmd.) 'der dem Wild auflauert' / mit *-man*-Suffix **Lußmann:** 1357 der Lußmann / patron. **Lüssing:** 1409 Lüssing. Im Nd. vereinzelt auch BN zu mnd. *lusse, luns(e)* 'Achsnagel'.

Lustig 1635 Lustig(sche). ÜN zu mhd. *lustic* 'lustig, heiter, vergnügt'.

Lütcke, Lütge → Lüdecke

Luth, Lüth 1543 Luth. KF zu RN mit ahd. *hlūt* 'laut, berühmt' oder ahd. liut 'Volk'; möglich auch slaw. Herkunft: 1658 Liut, als KF von RN mit slaw. *ljut-* 'wütend, grausam'.

Luthard(t) 822/75 Liut-, Luthard, 1328 Luthard. RN ahd. *liut-hart* 'Volk, Leute, Menschen' + 'stark, streng'.

Luther, Lutter, nd. **Lüder:** um 805 Liutheri, 822/75 Lutheri, 1350 Luther. RN ahd. *liut-* bzw. *hlūt-heri* bzw. *hēr* 'Volk, Leute, Menschen' bzw. 'laut, bekannt' + 'Heer' bzw. 'alt, ehrwürdig, von hohem Rang' / gen. **Lüders:** 1379 Luders, 1435 Lůders.

Lutherer → Luderer

Lüttge, Lüthje, Lüthjens → Lüdecke

Lutter(er) → Luderer

Lüttge, Lüttgens, Lüttke → Lüdecke

Lutz(e) → Ludwig

Lux, Luchs 1272 Luchs. ÜN zu mhd. *luhs* 'Luchs' wohl für einen Scharfäugigen oder zu → *Lukas,* vgl. 1404 Lucas = 1432 Lux, vereinzelt auch HausN, vgl. 1300 Hugo zem Luchse.

M

Adolph von Menzel
(1815–1905) Maler und Graphiker

Thomas Mann
(1875–1955) Schriftsteller, Literaturnobelpreis (1929)

Wolfgang Amadeus Mozart
(1756–1791) weltbekannter österreichischer Komponist

Gustav Mahler
(1860–1911) Komponist und Dirigent

Maa(c)k, Mogk, Moog, Mook, obd. **Magg:** 1281 Mag, 1345 Magg, 1406 Mog, Mogk, Mag. ÜN zu mhd. *māc, māge* 'blutsverwandte Person in der Seitenlinie', im Nd. auch RN als KF zu *Markwart* (zu ahd. *marca* 'Grenze; Land' + *wart* 'Wächter'), vgl. 1348 Make = Markward Strus.

Maasch 1323 Mas, 1400 Masch. KF zu *Malomir* → *Malik,* oder westslaw. KF von → *Matthäus, Matthias, Marcus* → *Marx* oder → *Martin* / **Maschke, Matschke, Maske:** 1400 Maske, 1541 Maßk = Maschk = Maschke, 1546 Matzschke; mehrfach als KF von *Matthias* bezeugt: 1360 Maczke = Matthias.

Maaß, Maas(s), Maahs, Mass, Maß [1397 Mas = Tomas Rode], 1407 Mas. KF zum RN → *Thomas;* vereinzelt auch KF zum RN *Matthias* → *Matthäus* / **Maßmann:** 1599 Masman. Wie Vor. + *-man,* vereinzelt auch HN zum GewN *Maas.*

Macheldei(d)t, Machlei(d)t, Machelet(t) 1352 Macheleit. ÜN, SatzN zu mhd. *machen* 'hervorbringen; bewirken' und *leit* 'Leiden, Böses' für den Schadenstifter, vgl. 1383 Mechinkrieg, 1398 Machefeste, 1399 Machuff, oder zu mhd. *līt* 'Obst-, Gewürzwein', vgl. 1316 Machmel, 1368 Machewurst.

Machold 1598 Macholt. RN entweder eingedeutscht hebr. *Machōl* 'Reigentanz, Tänzer' oder zu asä. *mag-bald* 'Kraft' + 'kühn', vgl. um 900 Macbald, bzw. zu *-walden* 'herrschen'.

Mäder, Maeder, Meder 1286 Mader, 1548 Meder. BN zu mhd. *mādære, māder, mæder, mēder, meder* 'Mäher' für einen Bauern.

Mädler 1374 Medler. HN zu ON *Madel, Madler* und – besonders ostmd. – *Magdala,* vgl. 1370 von Madla; auch WN zum ÖN *Madel* zu mhd. *mād* 'Grasfleck'; kaum BN zu mhd. *medele* 'kleine Münze, Heller' für den Münzenhersteller.

Mäfferle → Möfferle

Maffert → Meffried

Mägdefrau 1406 Frouwemayd, 1446 Frawenmait. ÜN zu mhd. *mag(e)t, mait, meit* 'Jungfrau; unfreies Mädchen, dienende Jungfrau einer vrouwe, Dienerin, Magd' und *vrouwe* 'Frau oder Jungfrau von Stande'.

Mägdefressel, Mägdefessel, Methfessel 16. Jh. Methfessel, Metfessichen. ÜN zu mhd. *mēt(e)* 'Met' und *vezzel* 'Fäßchen' wohl für den Metsieder, vgl. 1263 medebruwer, -mecher, 1343 metsider, mit späterer Eindeutung von mhd. *mag(e)t, mait, meit* und *vrezzen* 'fressen'.

Magirus 1541 Koch = 1544 Magirus. Übersetzung von → *Koch* im Zeitalter des Humanismus.

Mahler, Maler 1405 Maler. BN zu mhd. *mālære, -er, mæler* 'Maler'.

Mahling → Malik

Mahlke → Malke

Mahlo, Mahlow → Malik

Mahn, Mann um 1000 Manno, 1252 Man, 1476 Mann. 1509 Mahn. RN *Manno* zu ahd. *man* 'Mensch, Mann' oder ÜN zum gleichen Wort für einen tüchtigen Menschen / **Mahnke, Manke:** um 825 Mannic, 1326 Manke, 1580 Manicke. Demin. zu *Mann* oder nd. KF zum RN *Manegold* zu ahd. *managi* 'Menge, Schar' + *waltan* 'walten, herrschen', vgl. 14. Jh. Manegold = Maneke / **Män(n)icke:** 1482 Maneken. ÜN zu mhd. *man* 'Mensch, Mann' + *-k*-Suffix = nd. Männeke / **Männel, Männle:** 1348 Mennel. ÜN wie Vor. + *-l*-Suffix.

Mai, May, Mei, Mey(e), Maig 1135 Meio, 1343 May, 1356 Maig, 1440 Meye. ÜN zu mhd. *meie, meige* 'der

Monat Mai' als Zeitname oder nach einer Abgabe, nach Festen und Gebräuchen; vereinzelt auch HausN: 1344 zem Meygen.

Maier → Meyer

Maig → Mai

Mainhardt → Meinhardt

Maißer, Mayser, Meißer 1196 Meisere. WN zum ÖN zu mhd. *meiȝ* 'Holzschlag, Holzabtrieb'.

Maiwald, Maywald, Mehwald 1367 Meynwald, 1575 Mewalt, 1589 Maywald. WN zum ÖN oder HN zum ON *Maiwald;* möglich auch vereinzelt RN ahd. *magan-walt* 'Kraft, Stärke' + 'Gewalt, Macht'.

Major → Meyer

Maler → Mahler

Malik 1223 Malik. KF zum RN *Malomir* u. ä. zu urslaw. **malъ* 'klein' / **Mahling** / **Mahlo(w):** 1506 Malo, auch HN zum ON *Mahla, Mahlow* / **Mallach:** 1406 Malag = 1409 Malach.

Malke, Mahlke 1424 Malke. Vielleicht KF zu RN zu slaw. *mal-* → *Malik,* → *Maly* oder HN zum ON *Malk(es),* möglicherweise auch ÜN zu mnd. *mal(li)k* 'jedermann'.

Mallach → Malik

Malsch 1485 Malsch. HN zum ON *Malsch,* vereinzelt auch ÜN zu mhd., mnd. *malsch* 'kühn, verwegen' oder aus slaw. *Mališ, Maluš* → *Malik.*

Malß → Malz

Malter(er) 1303 Malterer, 1455 Malter. BN oder ÜN zu mhd. *malter* 'Getreidemaß Malter (eigentlich was man auf einmal zum Mahlen gibt)' für den Hersteller solcher Gefäße oder für den Müller.

Maly 1376 Maly. ÜN zu poln. *mały,* tschech. *malý* 'klein'.

Malz, Malß 1369 Malcz, 1399 Maltz. ÜN zu mhd. *malz* 'kraftlos; aussätzig' oder HN zum ON *Malz;* vereinzelt auch ÜN zu mhd. *malz* 'Malz' → *Mälzer.*

Mälzer, Mel(t)zer 1361 Melczer. BN zu mhd. *melzer* 'Mälzer'.

Mammitzsch 1501 Mammycz, 1529 Mamitzsch. ÜN zu oso., poln. *mama* 'Mutter' oder KF zu ahd. *magan-beraht* 'Kraft, Stärke' + 'hell, strahlend, glänzend' mit *-z*-Suffix.

Manesse; Manfraß 1219 Maneȝȝe; 1531 nd. Manfrat. ÜN zu mhd. *māge(n), māhen, mān* 'Mohn' und *eȝȝe* 'Esser' bzw. *vrāȝ* 'Fresser, Vielfraß, Nimmersatt'.

Manger → Menger

Mangold 1174 Manegolt. RN ahd. *managi* 'Menge, Schar' + *waltan* 'walten, herrschen', → *Mahnke* / obd. KF **Mengele:** 1361 Mengele.

Mänicke → Mahn

Manig → Mannig

Manke → Mahn

Mank, Manke, Mannke 1212 Manco. KF zum RN *Manomir* u. ä. zu urslaw. **maniti,* oso., poln. *manić* 'locken, betrügen' – *Manke* → *Mahn.*

Mann, Männel, Männicke → Mahn

Mannig(k), Manig 1438 Manig. KF zu slaw. RN aus *man-* → *Mank* oder dt. KF zu RN auf ahd. *magan* 'Kraft, Stärke', kaum ÜN zu mhd. *manec, manic* 'viel(fach)'.

Mannke → Mank

Männle → Mahn

Mant(h)ey, Mant(h)ei ohne sichere Belege nicht erklärbar; vereinzelt HN zum ON *Mantau* möglich; auch an einen zu ahd. *mandag* 'heiter, fröhlich' gebildeten RN könnte gedacht werden.

Man(t)z, ostd. **Mantzsch:** 1336 Manz. Alem. KF zum RN *Mangold* aus älterem *Managwald* → *Mangold,* bair. oft KF zum RN *Manhart* zu ahd. 'Mann, Mensch' + 'hart, streng', → *Hartmann* / patron. **Mänzing:** 1413 Mäntzing.

Man(t)zel → Menzel
Marchand, Marschand 1755 Marchand. Frz. BN zu *marchand* 'Kaufmann, Handelsmann', hugen.
Marcks → Marx
Marckwardt → Markwardt
Mardt → Martin
Marek 1228 Marec. Poln. oder tschech. KF von *Markus, Marcus* → *Marx* / **Marko:** 1265 Marco, wie Vor., aber 942 Marco gehört zu asä. *marka* 'Grenzland'.
Marggraf → Markgraf
Mark, Märk → Merck
Markart → Markwardt
Märkel → Merck
Märker, Merker(t) 890/900 Ma(r)charius, 1388 Merker. WN zu mhd. *merkære, merker* 'Bewohner der Marke (Grenzland usw.), Berechtigter an einer Marke (Wald)' oder BN zu fnhd. *merker* 'Mark-, Dorfgenosse, Bauer' oder ÜN zu mhd. *merkære, merker* 'Aufpasser; Tadler' oder HN zur Landschaftsbezeichnung *Mark* (Brandenburg, Meißen) 'Grenzland' / **Markmann:** 1300 Markmann. WN mhd. *marcman* 'Grenzmann, Grenzhüter, Bewohner einer Mark = Märker' oder HN zu *Mark,* s. Vor.
Markert → Markwardt
Markgraf, Marg(g)raf 1135 Marcgrevo, 1371 Marggraf. ÜN zu mhd. *mar(c)grāve* 'königlicher Richter und Verwalter eines Grenzlandes, Markgraf'.
Märklin → Merck
Marko → Marek
Markowski 1387 Marcowsky. Poln. HN zum ON *Marków, Markowo, Markowa.*
Marks → Marx
Markward(t), Markwart, Marckwardt, Marquard(t), Marquart, Markert 800 Marcuuard, 1237/47 Marquard(i). RN ahd. *marca-wart* 'Grenze, Land' + 'Wächter'; vereinzelt auch HN zum ON *Marquardt* / **Markert:** meist wie Vor., aber auch zum RN ahd. *marca-hart* 'Grenze, Land' + 'hart, streng', vgl. um 822 Marchardus.
Marlock, Morlock 1426 Marlock. ÜN zu mhd., mnd. *mar(e)* 'Nachtalp' oder *mōr(e)* 'Mohr, Teufel (aus mlat. *Maurus*)' und mhd. *loc* 'Haarlocke, Haar; Mähne'.
Marner, Merner 1270 der Marner, 1381 der Merner. BN zu mhd. *marnære, mernære* 'Seemann, Schiffsherr'.
Marschalk, Marschall um 830/40 Marscalc, 1389 Marschalg. BN zu mhd. *marschalc* 'Pferdeknecht; Marschall als Hof- oder städtischer Beamter' / **Marschallek:** 1389 Marsalec. BN zu poln. *marszałek,* tschech. *maršálek* '(Hof)Marschall'.
Marschand → Marchand
Marschner 1383 Marschner. HN zum ON *Marschen(en)* oder WN zu mnd. *marsch, mersch* 'Marsch, fruchtbare Uferniederung am Fluß'.
Mart, Märt, Marti → Martin
Martin, nd. **Marten,** umgelautet **Mertin, Merten, Maerten, Märten:** 1140 Martin(us), 1352 Mertin. RN *Martin(us)* als Weiterbildung zum RN *Martius,* lat. 'dem Mars zugehörig' / gen. **Martins, Martens, Märtens, Maertens, Märtins, Maertins, Mertens, Mertins:** 1371 Mertins, 1456 Mertens = Martens, lat. gen. **Martini:** 1258 Martini, latin. **Martinius** / patron. nd. **Martensen,** nrhein. **Martiens(s)en, Martienßen** / KF **Mart(h), Märt, Mardt:** 1501 Mart / alem. KF **Marti, Marty:** 1355 Marti / patron. **Martis:** 1441 Marttis / bair.-österr. KF **Mertel, Mertl, Mertle, Mertlein:** 1521 Mertelein / slaw. KF: **Martinetz, Martinec:** 1450 Martiniecz, poln. oder tschech. / **Martineck:** 1420 Martynek / **Mirt-**

schin: 1529 Mertschin, 1657 Mirtzin, sorb. / frz. **Martinet:** 1598 Martinet(us).

Marx, Mar(c)ks 1194 Marcus, 1319 Markes, Marx. RN *Markus, Marcus,* lat. 'Sohn des Mars'.

März, Merz, Mertz 1234 Merzo, 1431 Mercz. ÜN zu mhd. *merz(e)* 'März', Zeitname wie *Mai,* seltener KF eines mit *Mar-* oder *Mark-* anlautenden RN oder ÜN zu mhd. *merz(e)* 'Kostbarkeit, Schatz, Kleinod'.

Marzell; els. **Marzolf** 1522 Marzell(us); 1504 Marzolf. KF des lat. RN *Markus* → *Marx.*

Masche 1366 Masche. ÜN zu mhd. *masche* 'Masche, Schlinge' oder zu mnd. *masch(e)* 'Kasten, Schrein'; auch slaw. Herkunft ist möglich → *Maasch.*

Maschke, Maske → Maasch

Mass, Maß, Maßmann → Maaß

Masur 1425 Mazur. Poln. *mazur* 'Masure, Einwohner von Mazowsze, dt. Masowien' / **Masurek, Mazurek:** 1472 Masurek.

Matern(a) → Mattern

Matschke → Maasch

Mattausch → Matthäus

Mat(t)ern, Materna 1476 Matern. RN *Maternus,* lat. 'der Mütterliche'.

Matthäus, Mat(t)heus, Matthews, Matthäß, Matthaes, Mat(t)hes, Matthees, Mattheß, Mat(t)heis – Matthias, Mat(t)hies, Matthieß, Matti(e)s, lat. **Mat(t)hesius; Matthä(i), Matthaei, Matthiä, Matthay, Matthey, Mattei, Mathei,** nd.-nrhein. **Matthies(s)en:** 1332 Mathei, 1357 Mathes, 1378 Matheus, 1471 Mathewese; 1351 Matthias = Matthys, 1629 Matthiaßen. RN *Matthäus* als Nbf. zum RN *Matthias,* hebr. 'Geschenk Gottes'; eine eindeutige Trennung zwischen beiden ist oft nicht möglich / vogtl. **Mothes, Modes(s), Modeß, Moths:** 1542 Mottes / nd. KF **Debes, Debus, Teb(e)s, T(h)ew(e)s:** 1368/81 Theus, 1450 Thewes, 1595 Thebs, 1600 Tebes / **Thies(s), Thieß, Tiess, Thyß, Thees, Theeß:** 1367 Thys. KF zu *Matthias* / **Thies(s)en, Thießen:** 1368/81 Tyszen. Gen. oder patron. KF zu *Matthias* / **Dieß:** 1392 Dieß / **Diß:** 1502 Diß / **Deiß, Deis(e), Deuß, Deuse(n):** 1400 Deys, 1538 Deuß. Nd. KF zu *Matthias/Matthäus* / **Matz, Matzner:** 1285 Matz. KF zu *Matthias/Matthäus* / **Matzke:** 1542 Matzke. KF zu Vor. / **Mätzle, Mätzlin:** 1342 Metzel, Metzelin. Wie Vor. / **Hies, Hieß, Hiß:** 1507 Hyß, bair.-schwäb. KF / **Hies(s)el, Hiesle:** 1571 Hiesle, bair. KF / slaw. KF: **Mattausch, Mat(t)usch, Matuscha:** 1373 Mathus, westslaw. / **Mat(t)uschek, Mattuszek:** 1664 Matusek. KF zu Vor. / **Mattuschka:** 1510 Mattuschka. Wie Vor. / **Mattick, Mattig(k):** 1374/82 Matyg. Matik / **Mattke:** 1541 Matck.

Mattick, Mattig(k), Mattke, Mat(t)usch, Mat(t)uschek, Mattuschka, Matuszek, Matz, Matzke, Mätzle, Mätzlin → Matthäus

Mau, Mauw, Mauf, latin. **Mavius** 1300/69 Mouffe, 1319 Mowe, 1438 Mauwe, 1595 Mavius. ÜN zu mhd., mnd. *mouwe* 'weit herabhängender (sackförmiger) Ärmel'; BN nach dem Kleidungsstück, auch ÜN für einen Stutzer; z. T. auch ÜN zu mhd., md. *mū(we)* 'Beschwerde, Mühe, Last, Not, Bekümmernis, Verdruß'.

Mauder(er) 1400 Muderer, 1414 Maudrer. ÜN zu mda. *mudern* 'kränkeln', schwäb. *maudern,* dazu mda. *muderig* 'eßunlustig, verstimmt', vgl. mhd. *müede, muode* 'verdrossen, müde; elend, unglückselig' / KF **Mauderle:** 1634 Mauderle.

Maul 1251 daz Mul, 1406 Maul. ÜN zu mhd. *mūl* 'Maul, Mund' für einen

Geschwätzigen oder nach dem Aussehen.

Maurer, Mäurer, Meurer 1271 Murer, 1388 Mewrer, Maurer. BN zu mhd. *mūrære, mūrer* 'Maurer'.

Mäusezahl, Meisezahl 1600 Mäusezahl. ÜN zu mhd. *mūs* 'Maus' und *zagel, zail* 'Schwanz, Schweif', vgl. auch 1248 Hasenzagel, 1500 Lerchenzaill, Rübezahl, → *Lämmerzahl.*

Mauter; Mautner 1293 Mouttær, 1355 Meutner. BN zu mhd. *mūtære, mūter* 'Zolleinnehmer, Zöllner'.

May → Mai

Mayer → Meyer

Maynhardt → Meinhardt

Mayr → Meyer

Mayser → Maißer

Maywald → Maiwald

Mazurek → Masur

Mebes, Meb(i)us → Bartholomäus

Meck(e) 1435 Meck. KF zu RN auf ahd. *māg, māk* 'Verwandter', → *Maack* / KF **Meckel:** 1374 Meckelin

Meder → Mäder

Meffried, Meffert, mda. **Maffert:** um 870 Meinfrid, 1348 Meffrid, 1520 Meffard. RN ahd. *magan-fridu* 'Kraft, Stärke' + 'Friede, Schutz' / schwäb. KF **Mefferle:** 1525 Mefferlin.

Mehlhase → Mehlhose

Mehlhorn 1388 Melhorn(yn). ÜN zu mhd. *mel* 'Mehl' und *horn* 'Horn', in der Bedeutung 'Mehlwurm', Spottname für den Müller.

Mehlhose, Mehlhase 1472 Melhose. ÜN zu mhd. *mel* 'Mehl' und *hose* 'Hose' für einen Müller.

Mehner(t) → Meinhardt

Mehwald → Maiwald

Mei → Mai

Meichsner → Meißner

Meier → Meyer

Mein(e)cke, Meinicke 1287 Meineke. KF zu RN auf ahd. *magan-* 'Kraft, Stärke' + *-k*-Suffix, vgl. 1285 Meyneke = Meynold, 1300 Meyneke = Meynart, 1311 Meinecke = Meynardus / patron. **Meineking:** 1311 Meyneking.

Meinel(t) 1391 Meinl. KF zu RN auf ahd. *magan-* 'Kraft, Stärke' + *-l*-Suffix, z. T. auch RN ahd. *magan-walt* → *Meinhold.*

Meiner, Meinert → Meinhardt

Meinhard(t), Mainhardt, Maynhardt, Meiner(t), Mehner(t), Menhart 815/48 Megin-/Meinhard(us), 1266 Meinart, 1325 Meinhert(in), 1413 Menehard, 1575 Meiner = 1578 Meinert. RN ahd. *magan-hart* 'Kraft, Stärke' + 'hart, streng'; *Mehner* z. T. auch BN zu mhd. *mener* 'Viehtreiber'; *Mainhardt* vereinzelt auch HN / nd. KF **Mense:** 1652 Mense(nius) / patron. **Mensing, Mensching,** fries. **Mensinga:** 1528 Mensing, 1622 Mensching.

Meinhold, Menhold um 830 Meynold, 1355 Meynold(es), 1610 Menold. RN ahd. *magan-walt* 'Kraft, Stärke' + 'Gewalt, Macht'.

Meinicke → Meinecke

Meisegeier → Meisgeier

Meisel, Meissel 1456 Meyßolt, 1545 Meissel. BN zu mhd. *meiȝel* 'der meißelt; Meißel' für den Steinmetz oder ÜN zum gleichen Wort in der Bedeutung Penis; z. T. auch = → *Meusel.*

Meisezahl → Mäusezahl

Meisgeier, Meissgeier, Meißgeier, Meisegeier 1438 Musegeyer. ÜN zu mhd. *mūs* 'Maus' und *gīr* 'Geier' = Mäusebussard, vgl. auch mhd. *mūsar* 'vom Mäusefang lebender Falke', für einen räuberischen Menschen.

Meisner → Meißner

Meissel → Meisel

Meißer → Maißer

Meissgeier → Meisgeier

Meißner, Meis(s)ner, Meichsner, Meichßner, Meixner, Meitzner

1308 Myssener, 1345 Meihsner, 1350 Meychsner. HN zum ON *Meißen* und Landschaftsnamen Mark *Meißen.*

Meister 1280 Maister. BN zu mhd. *meister* 'Lehrer; Künstler; Handwerksmeister; Vorgesetzter'.

Meitzner, Meixner → Meißner

Melcher(t) 1516 Mellicher. RN *Melchior,* hebr. 'König des Lichts', als RN erst um 1500 beliebter geworden.

Meltzer, Melzer → Mälzer

Mende, Mendt 1381 Am ende, 1428 Amende, 1452 Mende. WN zu mhd. *ende* 'Ende, Ziel', der am Ende einer Straße oder eines Dorfes Wohnende → *Amende.*

Mendel 1418 Mendl. RN, schon alt belegt, vgl. 1365 Mendel tendler, als KF zu RN auf ahd. *man* 'Mensch, Mann' oder zu ahd. *menden* 'sich freuen' mit *-l*-Suffix oder KF zu *Emanuel,* hebr. *Immanuel* 'Gott mit uns'; z. T. auch KF zu RN wie → *Meinhardt,* vgl. 1418 Mendl = Meindl.

Mendt → Mende

Mengele → Mangold

Menger, obd. **Manger:** (1267 yserenmenger), 1324 Manger, 1433 Menger. BN zu mhd. *mangære, mengære, menger* 'Kleinhändler, Krämer, Höker, Trödler', vereinzelt auch ÜN zu mhd. *menger* 'Friedensstörer, Zwischenträger'; z. T. auch HN zum ON *Meng,* vgl. 1338 Mänger / **Mengler:** 1465 Mengler. BN wie Vor. zu mhd. *menkeler* = *mangære* oder BN/ÜN zu mhd. *mengeln, mengern* 'mischen, einmischen', vereinzelt auch BN zu mhd. *mangeln* 'auf der Mangel glätten'.

Menges, Mengus, Mengoß 1297 Mengoß. RN ahd. *Magan/Megin* – gos 'Stärke, Kraft' + wohl Volksname der Goten.

Menke(n) 1403 Menken. KF zu VN auf *Magan-* → *Meinhardt* + *-k*-Suffix.

Menne 1337 Menn. KF zu VN wie *Meinhard* → *Meinhardt* / patron. **Menning:** 1546 Menningk / **Menning(er):** 1330 Menninger. HN zum ON *Menningen.*

Mennel 1321 Mennel. ÜN zu mhd. *mennelīn, mennel* 'Männchen, Zwerg' oder demin. zur KF zu VN auf ahd. *man* → *Mahn* / patron. **Mennler:** 1438 der Men(n)ler.

Mensching, Mense → Meinhardt

Mensel → Menzel

Mensing, Mensinga → Meinhardt

Menz, Mentz 13. Jh. Mence, Menso, 1435 Mentz. KF zu RN auf ahd. *magan* 'Kraft, Stärke' → *Meinhardt,* → *Meinhold,* mit *-z*-Suffix oder HN zum ON *Menz,* vgl. 1321 de Mentze.

Menzel, Mentzel, Mensel, Menzl, Man(t)zel 1350 Mantze = Menzli, 1409 Menczel, 1505 Mansel. KF zu RN auf ahd. *magan* → *Menz* oder KF zum RN → *Herrmann,* vgl. 1344 Joh. Hermenczel, 1363 Hermenchen = 1365 Hermenczil.

Merck, Merk, Mark, Märk 1350 Merke, 1390 Märk. KF zum RN → *Markwardt* / **Merkel, Märkel,** bair.-österr. **Merkl,** schwäb. **Merkle,** obd. **Merklin, Märklin:** 1270 Merkelin(us), 1322 Merckel. KF zu RN auf ahd. *marca-* 'Grenze, Land' → *Markwardt* + *-l*-Suffix, vgl. 1350 Vater Marquardus, Sohn Markele.

Merian 15. Jh. de Muriaux, 1498 Muria. HN zum schweiz. ON *Muriaux.*

Merker(t) → Märker

Mertel, Merten, Mertin, Mertins, Mertl, Mertle, Mertlein → Martin

Mertz, Merz → März

Mesch → Mösch

Messerschmidt 1316 Messirsmet. BN zu mhd. *meʒʒersmit* 'Messerschmied'.

Meßner, Meßmer 1180 Mesmer, 1388 Mesener, 1600 Messener. BN zu mhd.

messenære, mesnære, mesner 'Mesner, Küster'.

Metag 1501 Metag. KF zum RN *Mětislav* zu aslaw. *pomětati* 'hinwerfen', tschech. *zamítat* 'verwerfen, verschmähen' / KF **Mettke, Metka, Metko:** 1529 Mittka, 1568 Mitke = Metko; *Mettke* auch dt.: nd. KF zu *Mechthild,* vgl. um 1275 Metteke, 1342 Mechtild(i) = 1344 Metteke als RN und 1327 Meteke(n) als Metronym, dazu ohne *-k*-Suffix 1523 Mette / **Mieth(e):** 1442 Myth. Slaw. ÜN s. o. / **Miet(h)ke, Mietk:** 1387 Myteke(n), 1568 Mitk(e) = Metko / **Mietzsch, Metzsch:** 1387 Mehtzsch, 1501 Mitzsch / **Miet(z)schke, Mit(z)schke, Metzschke:** 1427 Mitschko / **Mitzschka:** 1572 Mitzschkan / **Mietusch:** 1568 Metusch / **Mitdank, Mittank:** 1568 Metanck / **Mittasch:** 1568 Metasch.

Methfessel → Mägdefressel

Metka, Metko → Metag

Metsch → Motsch

Mettke → Metag

Metz(e); Metzke 1323 Mecze; 1228 Metseke. Meist KF zum RN *Mechthild* mit *-z*-Suffix, mhd. *Metze,* daraus appellativisch 'Mädchen niederen Standes, oft mit dem Begriff der Leichtfertigkeit; Hure'; z. T. ÜN zu mhd. *metz(e)* 'Messer' oder *metze* 'kleines Trocken- und Flüssigkeitsmaß', z. T. auch BN zu mhd. *steinmetz,* vgl. 1586 Georg Metze der Steinmetze; vereinzelt auch HN zum ON *Metz.*

Metzenmacher 1436 Metzenmacher. Obd. BN zu mhd. *metze* 'kleines Trokken- und Flüssigkeitsmaß, Metze'.

Metzger, Metzler 1258 vor der Mezzje, 1407 Meczler. BN zu mhd. *metzjære, metzjer, metziger* bzw. *metzeler* 'Metzger', bes. obd.

Metzig: 1530 Meczg, 1556/74 Metzigk. WN oder ÜN zu mhd. *metzje, metzige* 'Fleischbank' oder KF zum RN → *Matthäus* + *-ing*-Suffix oder slaw. KF zu VN wie *Mětisław* zu poln. *pomiatać* 'hin- und herwerfen, geringschätzig behandeln'.

Metzke → Metze

Metzler → Metzger

Metzner 1343 Meczner. BN zu mhd. *metze* 'kleines Trocken- und Flüssigkeitsmaß, Metze' für den Müllerburschen, der das Metzen (das Absondern des Mahllohnes mit der Metze) verrichtet oder für den Hersteller von Metzen; im Obd. auch für *Metzler* → *Metzger,* zum Verb *metzjen* 'schlachten'.

Metzsch, Metzschke → Metag

Meurer → Maurer

Meusel 1147 Müselin, 1381 Meusel. ÜN zu mhd. *mūs* 'Maus', demin. mit *-l*-Suffix, z. T. = → *Meisel,* bes. ostmd., vogtl.; auch slaw. Herkunft möglich: 1265 Misl, 1552 Meußell. KF zum RN *Myslibor* u. ä. zu urslaw. **mysliti* 'denken', **myslь* 'Gedanke' / **Meuseler:** 1372 Müseler. ÜN wie Vor.

Mewes, Mewis, Mewius, Mews → Bartholomäus

Meyer, Meier, Mayer, Maier, Mayr, Major 1266 Meyger(e), 1298 Meyer, 1348 Maier, 1597 Maior. BN zu mhd. *mei(g)er* 'Meier, Oberbauer, der im Auftrage des Grundherrn die Aufsicht über die Bewirtschaftung der Güter führt, in dessen Namen die niedere Gerichtsbarkeit ausübt; Amtmann; Haushälter', auch zu 'Bauer' begrifflich entwickelt; vereinzelt auch zu mnd. *mei(g)er* 'Mäher, Großknecht'; vereinzelt auch ÜN zu hebr. *mejr* 'glänzend, erleuchtend': 1320 Meyer (uppe der Jodhen strate), 1409 Meyer de jode, 1417 Meyer (ein Jude in Naumburg).

Mich(a)el, Michl 1266 Michel, 1328 Michael. RN *Michael,* hebr. 'wer ist wie Gott', Erzengel und ursprünglich Schutzpatron der Deutschen; die Verbreitung des Namens wurde gefördert, durch den Gleichklang mit mhd. *michel* 'groß' / gen. lat. **Michaelis, Michaelys, Michaelies:** 1331 Michaelis; dt. **Michels, Michaels:** 1371 Michels / nd. patron. **Mich(a)elsen** / obd. patron. **Michler:** 1407 Micheler / KF **Michelchen:** 1451 Michelchen / **Michelmann:** 1423/25 Michelman / slaw. KF: westslaw. **Michalak:** 1683 Michalak / **Michalek:** 1393 Michalek / **Michalik:** 1398 Michalik / sorb. **Michalk(e):** 1568 Michalk / westslaw. **Michall:** 1220 Michall / **Michalla:** 1740 Michala / sorb. **Michank:** 1657 Michanck / **Michlig(k), Michlik, Michling:** 1612 Micheligk / poln. **Michalski, Michalsky:** 15. Jh. Michalsky / poln. **Michal(c)zik:** 1633 Michalczik / franz. **Michaud:** 1563 Michaudi.

Michalak, Michalczik, Michalek, Michalik, Michalk(e), Michall(a) → Michael

Michalowski, Michalowsky 1392 Michalowski. Poln. oder tschech. HN zum ON *Michałów, Michalov, Michalovice.*

Michalski, Michalsky, Michalzik, Michank, Michel, Michelchen, Michelmann, Michels, Michelsen, Michl, Michlig(k), Michlik, Michling → Michael

Mickan, Micklich, Micklisch, Mikolajczak → Nicolaus

Miehlich → Mühling

Mielenz → Mielisch

Mielich → Mühling

Mielisch 1437 Mylisch. KF zu RN wie *Milogost* zu urslaw. **milъ* 'lieb, teuer' / **Milosch, Milost:** 1242 Milosch / **Mielenz:** 1492 Milentz. Sorb. KF / **Mielke, Milke:** 1381 Mylke / **Millahn:** 1289 Milan.

Mielke → Mielisch

Mierisch 1359 Merisch, 1402 Mirisch. KF zu RN wie *Miroslav* zu urslaw. **mirъ* 'Frieden' / **Mier(tz)sch:** 1497 Mirzsch / **Mierke:** 1319 Mireke, 1375 Mirko.

Miersch, Miertzsch → Mierisch

Mieth(e), Miethke, Mietk(e), Mietschke, Mietusch, Mietzsch, Mietzschke → Metag

Milch, nd. **Milk:** 1293 Milchli. ÜN zu mhd. *milch, milich* 'Milch' für den Milchverkäufer, ostmd. auch = *Mielich* → *Mühling.*

Milde 1306 Milde. ÜN zu mhd. *milte, milde* 'freundlich, liebreich, gütig, geduldig; barmherzig, wohltätig, freigebig'; vereinzelt HN zum ON *Milda.*

Milke, Millahn → Mielisch

Miller → Müller

Milosch, Milost → Mielisch

Minnich → Mönch

Mirtschin → Martin

Misch 1400 Misz. Westslaw. KF zu einem mit *Mi-* oder *My-* anlautenden RN wie *Miloslav, Miroslav, Myslibor* oder KF zu → *Michael* bzw. *Mikołaj* aus *Nicolaus* / **Mischke:** 1435 Mischko / **Mischek:** 1428 Miszek.

Mischek, Mischke → Misch

Mitdank, Mitschke → Metag

Mittag 1400 Middag, 1451/52 Mittag. ÜN zu mhd. *mitte(n)tac* 'Mittag' für den im Süden Wohnenden oder zu mhd. *mittach, mittich(e),* kontrahiert aus *mittewoche* 'Mittwoch' oder slaw. zu → *Metag.*

Mittank, Mittasch → Metag

Mittenzwei, Mittenentzwei, Mitten(en)zwey 1302 Middenentwey, 1449 Mittenentzwey, 1583 Mittenzwei. ÜN zu mhd. *mitten* 'mitten'

und *enzwei* 'entzwei' für einen Unfesten oder als Gesellenname für einen Holzspalter u. ä.

Mitter(er) 1359 Mitter. WN zu mhd. *mitter* 'in der Mitte befindlich, mittler', vereinzelt, vor allem bair., auch ÜN zu mhd. *mitter* 'Vermittler'.

Mitzschka, Mitzschke → Metag

Möbes, Möbis, Möb(i)us → Bartholomäus

Mock 1357 der Mokko, 1359 Mock. ÜN zu mhd. *mocke* 'Klumpen, Brokken, bildlich plumper, ungebildeter Mensch' / **Mockel, Möck(e)l,** alem. **Möckle:** 1360 Mockl, 1396 der Möcklin. Wie Vor. + *-l*-Suffix.

Mocker 1467 Mogker. ÜN zu schwäb. *mocken* 'verdrießlich tun' oder zu fnhd. *mocken* 'heimlich herumstreichen', vereinzelt auch ÜN zu fnhd. *mucken* 'murren, sich auflehnen'; ostmd. auch WN zu oso. *mokry* 'naß', vgl. 1663 Mockre.

Modes(s), Modeß → Matthäus

Modra, Modrach, Modrack, Modrock → Mudra

Möfferle, Mäfferle 1421 Mäfferli. Schwäb. ÜN zu fnhd. *muff* 'verdrießlicher Mund', nhd. mda. *Muffel* für einen, der eifrig, aber undeutlich redet.

Mogk → Maack

Mohaupt, Mohnhaupt 1310 Mahnhawp, 1465 Monheupt, 1547 Moheupt. ÜN zu mhd. *māge(n), māhen, mān* 'Mohn' und *houb(e)t* 'Kopf, Haupt' für einen verschlafenen Menschen oder für einen Menschen mit einem runden Kopf, vgl. 1419 Mankoppe zu mnd. *mānkop* 'Mohnkopf' oder BN für den Mohnanbauer, -händler; vereinzelt zu ahd. *manohoubit* 'Leibeigener'.

Möhl(e) 1266 uz der mole, 1381 by der möl. HN zum ÖN *mol(l)e* 'Mühle' oder HN zum ON *Möhla(u)*.

Möhlich, Möhlig → Mühling

Mohnhaupt → Mohaupt

Mohr, Moor 1267 Mor, 1367 van deme More, 1354 Mohr. ÜN zu mhd. *mor(e)* 'Mohr; Teufel' nach der Haar- oder Hautfarbe; im Nd. auch WN zu mnd. *mōr* 'Moor, Sumpf'; selten ÜN zu mhd. *mōre* 'Sau, Zuchtsau (eigentlich schwarze Sau)' oder zu mhd. *moere, mōre* 'Pferd, namentlich Last-, Reisepferd' oder zu mhd. *mor(h)e* 'Möhre, Mohrrübe, Morchel', vereinzelt KF zum slaw. PN *Morislav* → *Mosch* / **Möhricke, Möricke, Moehrcke:** 1379 Morik. Nd. KF zu Vor. / **Mohrmann:** 1500 Moreman. Wie Vor. oder ÜN zu mhd., mnd. *mōrman* 'Mohr' oder HN zum ON *Moor.*

Möhring, Moehring 1254 de Meringin, 1494 Moring. HN zum ON *Mö(h)ringen, Morungen, Moringen, Mehring(e)* oder patron. zu → *Mohr.*

Mohs → Moos

Moldenhauer, Mollenhauer 1403 Moldenhouwer. BN zu mnd. *moldenhauer* 'der Mulden haut, anfertigt', mnd. *molde, molle* 'längliches, halbrundes, ausgehöhltes Holzgefäß, Mehl-, Backtrog'.

Molitor 1363 Molitor. Übersetzung von *Müller;* mlat. *molitor* 'Erbauer, Unternehmer'.

Moll(e) 1233 Molle. ÜN zu mhd. *mol, molle* 'Eidechse, Molch' für einen dikken, plumpen Menschen.

Möller → Müller

Moltke 1350/59 Molteke, 1400 Moltke. ÜN zu slaw. *moltek* 'Hammer'.

Momber, Momper, Mommer, Mummer(t) 1337 Monpar, 1345 Mompar. ÜN zu mhd. *muntbor* 'der die Hand schützend über einen hält, Beschützer, Vormund', mnd. *muntbor, momber, mumbar, mumber, mummer, mumbert, mummerde* '(Schutzbringer) Vormund'.

Momme 1290 Mumme. RN asä. um 1000 Mome zu mnd. *mōme,* ahd. *muome* 'Mutterschwester' / patron. **Mommsen:** 1647 Mumsen.

Mommer, Momper → Momber

Mönch, Münch, Mün(n)ich, Münnig, Minnich, Mönnich, Mönnig, nd. **Mönk(e), Mon(ec)ke, Mönneking, Münk:** 1135 Monachus, 1264 Monec, 1317 Monich, 1369 Můnch, 1384 Mynnich, 1581 Monikinck. ÜN zu mhd. *mün(e)ch, münich, munich, munch* 'Mönch; übertragen: verschnittener Hengst, Wallach', mnd. *mon(n)ik, mon(n)ek, monk, monnink* 'Mönch' für einen zeitweilig in ein Kloster Eingetretenen oder im Dienste eines Klosters Stehenden, für einen beschaulich Lebenden bzw. Einsamen oder für einen geschlechtlich Kraftlosen / **Mönchmeier,** nd. **Mönkemeyer:** 1512 Mönckemayer, Mönickemeyr. BN für einen, der ein Klostergut verwaltet.

Montag 1382 Mantag(es), 1414 Montag. ÜN zu mhd. *mān-, mōn-, mēntac* 'Montag' nach besonderen, an Montagen fälligen Verpflichtungen; kaum nach dem Geburtstag.

Moog, Mook → Maack

Moor → Mohr

Moos, Mohs 1269 in dem mose, 1347 Mos. HN bzw. WN zum ON bzw. ÖN *Moos* zu mhd. *mos* 'Moos, Sumpf, Moor'.

Morawetz, Morawi(e)tz 1390 Morawecz. HN zu poln. *morawiec* 'Einwohner Mährens, Zuzügler aus Mähren', tschech. *Moravec.*

Morch(e), Moroch 1483 Morche; 1424 de Moroch. ÜN zu mhd. *morhe, morch(e), more* 'Möhre, Mohrrübe und Morchel' für den Bauern.

Morell, Morelli 1438 Morel, 1581 Morelli. RN *Maurelius, Maurillus,* HeiligenN als KF zu *Maurus* 'Mohr, Maure(tanier)'.

Morgenroth 1296 Morghenrod. ÜN zu mhd. *morgenrōt* 'Morgenrot', Zeitname für einen Frühaufsteher, selten WN 'Ort des Sonnenaufgangs' für den am Ostrand Wohnenden.

Morgenstern 1335 Morghenstern. ÜN zu mhd. *morgenstern* 'Morgenstern' als ehrende oder kosende Bezeichnung [Waffe erst 16. Jh.], vereinzelt HN zum ON *Marienstern:* 1526 Morgenstern.

Morgner: 1506 Morchner. ÜN zu mhd. *morgen* 'Ackermaß, Jauchart, eig. so viel Landes als an einem Vormittag mit einem Gespann umgepflügt werden kann' oder als WN zu mda. *Morgen* = Osten für den im Osten eines Ortes Wohnenden oder ÜN zu mhd. *morhe* → Morche.

Möricke → Mohr

Moritz 1332 Mauricii, 1424 Moritz. RN *Mauritius,* Weiterbildung zu *Maurus* 'Maure(tanier), Mohr', auch HN zum ON *Moritz.*

Morlock → Marlock

Moroch → Morche

Mosch 1408 Mosz. KF zu mit *Mo-* anlautenden slaw. RN wie *Mojmir* zu urslaw. **moj6* 'mein' oder zu *Morislav* zu urslaw. **moriti* 'umbringen, töten'.

Mösch, Mesch 1381 Mösch. Schwäb.-alem. BN zu fnhd. *mösch* 'Messing' für den Kupferschmied, vereinzelt auch ÜN zu mda. *Mösch* 'geringes Pelzwerk; Abfall, schlechtes Zeug', kaum zu mda. *Mösch* 'Sperling' (mhd. nrhein. *musche* < lat. *musca)* / KF **Möschle:** 1441 Möschlin / **Möschler:** 1302 Moschiller.

Möser, Moser 1242 Moser. HN bzw. WN zum ON bzw. ÖN → *Moos, Moser, Möser,* vereinzelt auch verändert aus *Moses:* 1389 Moser.

Mose(s), Moße, Möße 1552 Moese, 1580 Moses. RN, bis ins 16. Jh. oft christlich; ägypt. 'Sohn'.

Mosler, Moßler 1248 de Musella, 1334 Moseler. HN zum ON *Mosel* oder zum GewN *Mosel.*

Moße, Möße → Moses

Möstel 1454 Möstel. ÜN zu *most* 'Weinmost, Obstwein' für den Hersteller oder Liebhaber, vgl. auch mhd. *möster* 'der mostet'.

Mothes, Moths → Matthäus

Motsch, Mötsch, Metsch 1396 Motsch. ÜN zu mda. *motzen* obd. 'zögern', rhein. 'verdrießlich sein' oder zu mda. *Motsch, Mötzsch* 'Kuh'.

Motz, Mötz 1284 Motze. ÜN zu fnhd. bair. *moz* 'Hammel' oder zu *motzen* nd. 'pfuschen' für einen schlecht Arbeitenden, obd., rhein. = → *Motsch,* vereinzelt zu fnhd. *muz* 'kleiner Mensch; Dummkopf' / **Motzer:** 1436 Motzer. *-er*-Abltg. / **Motzler:** 1350 der Motzler. ÜN zu mda. *motzlen = motzen* s. o. / schwäb. KF **Mötzle:** 1353 Mötzlin / **Mozart:** 1331 Motzhart, 1359 Muczhart, 1552 Mozhart. ÜN → *Motz* + *hart* wie übertragen in alten Spottbezeichnungen, vgl. fnhd. *neidhart* 'der Neid in Person; Mißgönner; Mißgunst' *neidhartskind* 'Mißgünstiger' (mhd. *nītbalc* 'Neidhart', *Nithart* 'Neidhart = der im feindlichen Eifer, Haß harte, starke', appell. 'neidischer, mißgünstiger Mensch; Teufel'), dazu in der mhd. Dichtung *nem-, lüg-, kratzhart* und mhd. *lügenhart* 'der gern lügt' und nhd. *Tappert* 'täppischer Mensch', rhein. *Knausert* 'Geizhals', dazu franz. *gaillard* 'lustiger Kerl'.

Möw(e)s → Bartholomäus

Mozart → Motz

Mrosag, Mrosko → Mroß

Mroß, Mros(e) 1377 Mros. ÜN zu nso. *mroz,* oso., poln. *mróz* 'Frost' / **Mrosag:** 1658 Mrosag / **Mrosko:** 1398/99 Mrosko.

Mucha, Muche 1362 Mucha. ÜN zu nso., oso., poln. *mucha* 'Fliege'.

Mücke, Mucke 1301 Mugke, 1481 Müg-ke = 1482 Mucke. ÜN zu mhd. *mükke, mucke, mügge, mugge* 'Mücke, Fliege' für den Unruhigen, Lästigen oder den Kleinen; *Mucke* auch ÜN zu oso., nso. *muka* 'Mehl'.

Mudra, Modra 1529 Mudra. ÜN zu nso., oso. *mudry* 'weise' / **Modrach, Modrack, Modrock, Mudrack:** 1379 Mudrak, Modrag, 1596 Mudrach, Modrach.

Mudrack → Mudra

Mu(h)lack 1476 Mulagk. ÜN zu nso., oso. *mula* 'Maul, Mund'.

Mühlberg, Mühlenberg 1405 Mülberg. HN bzw. WN zum ON bzw. ÖN *Mühl(en)berg.*

Mühl(e) 1290 an der Müli. WN zu mhd. *mül(e)* 'Mühle'.

Mühleis 1289 Mulisen. ÜN zu mhd. *mülīsen* 'eiserne Achse des Mühlrades' für den Müller.

Mühli(n)g, Mie(h)lich, Möhlich, Möhlig 1160 Muliche, 1211 Mülich, 1498 Mölich. ÜN zu mhd. *müelich* 'beschwerlich, mühsam, lästig, schwer umgänglich'; auch aus sorb. *Milich:* 1499 Mylich als KF zu VN auf *Mil-* → *Mielisch;* vereinzelt HN zum ON *Mühlingen,* vgl. 1349 von Můlinge, 1399 Mulig.

Mühlner → Müller

Mühl(p)fordt 1307 de Porta molendini, 1381 Mulpfort. WN zum ÖN mhd. *mül(e)* 'Mühle' und *phorte* 'Pforte' oder HN zum ON *Mülfort.*

Muldner, Müldner 1372 Muldener. BN zu mhd. *mulde* 'Mulde, halbrundes ausgehöhltes Gefäß zum Reinigen des Getreides, Mehl-, Backtrog' für den Hersteller.

Müller, obd. **Miller; Müllner, Mühlner,** nd. **Möller, Moeller, Moehler:** 1284 Molner, 1364 Mulner, 1391 Muller, 1400 Moller, 1418 Můller. BN zu mhd. *mülnære, mülner, müller,* mnd. *molner, molre, moller* 'Müller'.

Mummer, Mummert → Momber

Mund(t) 1155 Mund = 1164 Munt. ÜN zu mhd. *munt* 'Mund (umschreibend für die Person)' bzw. zu *munt* 'Hand; Schutz, Bevormundung' = Vormund, Schutzwalter (nach einem Amt), vgl. dazu 1451 Můndel.

Münich, Münk → Mönch

Munk 1350 der Munke. ÜN zu fnhd. *munk* 'Murrkopf'.

Münnich, Münnig → Mönch

Münser, Münsser → Münzer

Münzer, südwestd. **Müns(s)er:** (1190 Monetarius), 1337 Munczer; 1294 Münser. BN zu mhd. *münzære, münzer* 'der Geld prägt oder das Recht hat, Geld zu prägen oder zu wechseln', vgl. auch 1356 Monczemeystir.

Murr 1320 Murre, 1385 der Murr. ÜN zu fnhd. *murmeln* 'murren' für einen Murrkopf.

Murz 1477 Murz. ÜN zu mhd. *murz* 'kurzes, abgeschnittenes Stück, Stummel' für einen kleinen Menschen / KF **Murzel:** 1269 Murcel.

Musch(e) 1497 Musche. ÜN zu nso., oso., tschech. *muž* 'Mann', auch dt. zu mhd., mnd. *musche* 'Sperling', z. T. jüdischer Name aus *Moses,* vgl. 1572 Musscha = 1625 Musche jude, und HN zum ON *Muschau* / **Muscha(c)k:** 1457 Mußagk. Abltg. vom slaw. ÜN *Musch(e).*

Muth 1312 Muot. ÜN zu mhd. *muot* 'Kraft des Denkens, Empfindens, Wollens, Sinn, Geist u. ä.'.

Mylius Humanistenname für *Müller,* zu griech. *myle* 'Mühle'.

N–O

Georg Simon Ohm
(1789–1854) Physiker,
u. a. „Ohmsches Gesetz"

Adam Opel
(1837–1895) Maschinenbauer und Unternehmer

Friedrich Naumann
(1860–1919) linksliberaler Politiker

Friederike Caroline Neuber
(1697–1760) Schauspielerin und
Theaterprinzipalin

Naake → Nacke

Naar → Narr

Nabholz 1295 Nabholz. ÜN zu mhd. *nabeholz* 'Holz zu einer Nabe' für einen Stellmacher, Wagner.

Nack(e), Naake 1333 Nacke, 1453 Nack. ÜN zu mhd. *nac(ke)* 'Hinterhaupt, Nacken'.

Näder → Näther

Nadler 1270 Nadelarius, 1414 Nadler. BN zu mhd. *nādelære, nādler* 'Nadelmacher'.

Näf(e), Näff → Neefe

Nagel, südwestd. **Nägeli:** 1214 Nagel. ÜN zu mhd. *nagel* 'Nagel' für einen Nagelschmied o. ä., z. T. auch ÜN zu fnhd. *nagel* 'Dünkel' für den Überheblichen / **Nagelschmidt:** 1351 Naghelsmet, 1425 Nailsmid. BN zu mhd. **nagelsmit* 'Nagelschmied' / **Nagler:** 1314 Nagler, BN zu fnhd. *nagler* 'Nagelschmied', obd.

Nagorka, Najorka 1244 Nagorka. WN zu nso., poln. *góra* 'Berg' und der Präp. *na* 'auf, an'.

Najorka → Nagorka

Nako(i)nz 1652 Nakointz. WN zu oso. *kónc,* nso. *kóńc* 'Ende' und der Präp. *na* 'auf, an'.

Narr, Naar 1350 Narr. ÜN zu mhd. *narre* 'Tor, Narr'.

Nartschick, Nartzschik 1657 Nardschig, ÜN zu oso. *narč* 'Oberleder am Schuh', nso. narš 'Oberleder, Stiefelschaft', wohl für den Lederverarbeiter.

Nat(h)er → Näther

Näther, Naether, Näder, Nat(h)er 1297 Nater, 1388/89 Neter. BN zu mhd. *nāter* 'Näher', bes. für den Pelznäher, Kürschner.

Natschke, Natusch → Donath

Nauber → Neubauer

Nauck → Nowack

Naujo(c)k, Naujoks lit.-ostpr. 'Neuling', → *Nowack,* auch HN zum ON *Naujock(en).*

Naumann → Neumann

Naundorf → Neundorf

Naupert → Neubauer

Navratil 19. Jh. Navrātil. ÜN zu tschech. *navrātit* 'zurückgeben', *navrātit se* 'zurückkehren'.

Nawka → Nowack

Nebe → Neefe

Nebel 1279 Nebil, 1497 Nebell. ÜN zu mhd. *nebel* 'Nebel, Dunkel; Staubwolke' (vgl. bair. *Nebel* 'Rausch', schweiz. *der Nibel* 'schmollende Person') bzw. WN zu einem FlN *Nebel* 'nebliges, düsteres Gelände' / **Neb(e)lung:** 1235 Nibelung(us) (filius Driutkindi), 1356 Nebelung. RN *Nibelung,* patron. zu ahd. *nebul-* 'Nebel', in Anlehnung an die Heldensage.

Neckermann 1504 Neckerman. HN für einen vom *Neckar.*

Neddermeyer → Niedermeier

Neef(e), Nebe, Näf(e), (alem.) **Näff:** 755 Nevo, 1390 Nebe, 1431 Nefe. ÜN zu mhd. *neve, nef* 'Neffe, meistens der Schwestersohn, Mutterbruder, Oheim; Verwandter, Vetter'.

Neels, Nehls, Neils gen. KF zum RN *Cornelius.*

Neh(e)r 1518 Näher, 1540 Neer, 1562 Neher. Jüngere Nbf. von → *Nähter,* bes. für den Pelznäher.

Nehring 1372 Neryng, 1460 Nerig = Neringk. ÜN zu mnd. *neri(n)ge, naringe* 'Nahrung, Verdienst, Erwerb' bzw. mnd. *nerich* 'auf seine Nahrung bedacht; übertragen: sparsam, geizig', selten HN zum ON *Nehringen* oder WN zum ÖN *Nehrung, Nehring* 'lange schmale Landzunge'.

Neidel → Neidhardt

Neidhard(t), Neithart 825/50 Nythard, 1383 Neythart. RN ahd. *nīt-* bzw. *nīd-hart* 'Verlangen, Begierde,

Sehnsucht' + 'hart, streng' bzw. 'Feindschaft, Haß, Bosheit; Neid', ÜN zu mhd. *Nīthart* 'neidischer, mißgünstiger Mensch; Teufel' / KF **Neidel:** 1395 Neidel, 1514 Neydel = 1515 Neithart.

Neils → Neels

Neithart → Neidhardt

Nemetz, Nemitz, Niem(i)etz 1390 Nemecz, 1399 Nyemecz. StammesN poln. *Niemiec,* tschec. *Němec* 'Deutscher', auch vereinzelt HN zum ON *Nemitz* / **Niemz, Nim(t)z:** 1400 die Nymczynne, 1568 Nimbtz. Oso. *němc,* nso. *nimc* 'Deutscher' / **Niemczik, Niemzick:** 1376 Nimczik.

Nerlich 1397 Nerlich. ÜN zu mhd. *nærlich* 'gering, notdürftig, spärlich, genau, gründlich, beleidigend'.

Nessler → Nestler

Nestler, Nessler, Neßler um 1350 Nesteler. BN zu fnhd. *nestler* 'Nestelmacher, Senkelknüpfer'.

Net(z)sch 1279 Nethsche. Vereinzelt HN zum ON *Netsche,* meist KF → *Nicolaus.*

Neubarth → Neubaur

Neubauer, Neuber(t), Neupert, Neubarth, Neuparth, md. **Nauber, Naupert,** nd. **Niebuhr, Nieber:** 1264 Nyebur, 1372 Newpaur, 1382 Neyber, 1585 Neubaur. ÜN zu mhd. **niubūr(e)* 'neu siedelnder Bauer', z. T. auch aus *Neuwirt(h),* vgl. 1325 Nuwewirt / **Neugebauer:** 1297 Nigebur, 1383 Nůgebur.

Neuber(t) → Neubauer

Neuhaus(er), Neuhauß, Neuhäuser, Neuhäußer, nd. **Niehus(en):** 1333 Nyehůs, 1365 Newenhauser, 1479 von Nwhuß, Nwhuser, 1558 Niehus. HN zum ON *Neuhaus(en)* oder WN 'Bewohner des neuen Hauses'.

Neumaier, Neumayer → Neumeyer

Neumann, md. **Naumann,** nd. **Niemann:** 1325 Nyeman, 1363 Nuweman, 1391 Newman. ÜN zu mhd. *niuwe* 'neu' und *man* 'Mann' für einen Neubürger bzw. einen, der neu in eine Gemeinschaft eintritt.

Neumeister 1334 der nuwe meister, 1326 Neunmaister. BN bzw. ÜN zu mhd. *niuwe* 'neu' und *meister* 'Meister' für einen zugezogenen oder neu in die Zunft aufgenommenen Handwerksmeister.

Neumeyer, Neumayer, Neumaier, nd. **Niemeyer, Niemeier:** 1350 Nüwemaiger; 1327 Niemeyger, 1614 Niemeyer. ÜN bzw. BN für den neu angesiedelten → *Meyer.*

Neuparth, Neupert → Neubauer

Nick(e)l, Nickli(tz)sch, Nickol, Nicksch → *Nicolaus*

Nicolaus, Nikolaus, Niklaus 1248 Nicolaus. RN griech.-lat. 'Sieg' + 'Volk' / KF **Niklas:** 1409 Nichlass / lat. gen. **Nicolai, Nikolai:** 1366 Nicolai / KF **Nickol, Nickel(l), Nickl:** 1385 Nikel / slaw. KF **Nickli(tz)sch:** 1491 Niclis, 1530 Nicklisch (westslaw.) / **Nicksch:** 1455/80 Niksz / **Nikisch:** 1435 Nickis, 1530 Nickisch / **Niklasch:** 1437 Niclasz, 1546 Nicklasch / **Nickusch:** 1327 Nickusch, 1328 Nycusch / ostmd. KF **Ni(e)tsch(e), Nietzsch(e), Nitzsche, Nitz(e), Nietzke, Nizze, Nietz, Ne(t)zsch:** 1402 Minor Nyczcze, Niczsche, 1410 Nicze, 1411 Nitz / **Nitzke, Nit(s)chke, Nitzschke:** 1402 Niczke, 1561 Nitzschke / **Ni(e)tzschmann:** 1441 Nitzman = 1456 Nyczschman, 1597 Nitzschmann / **Claus(s), Clauß, Klaus(e), Klauß:** 1294 Claus, 1337 Claswes(es) / patron. **Clausing, Kla(u)sing:** 1398 Clusing, 1588 Clausinck / sorb. KF **Klauck(e), Klauka, Klauke:** 1413 Clauge(n), 1420 Klawke, 1546 Klauka. Klauke auch nd. ÜN 'der Kluge' /

sorb. KF **Klawisch, Klauwisch:** 1374/82 Clauwitz, 1546 Klawisch / dt. KF **Kla(a)s,** gen. **Klaasen:** 1381 Klas, 1557 Claas / **Klawis, Klabis, Klais:** 1385 Clavis, 1488 Claiß / **Klaj:** 1535 Klaj / **Klahe, Klawe,** gen. **Klaw(e)s, Klav(e)s:** 1388 Clahe; 1238 Clawe / **Klamann:** 1358 Clamann / Klo(h)mann / sorb. KF **Klaua, Klaue:** 1474 Clawa, 1553 Clawe; *Klaue* auch ÜN zu mhd. *klā(we),* mnd. *klouwe, klauwe* 'Klaue, Kralle, Pfote, Tatze', vgl. 1318/26 Chlā, oder ÜN zu mnd. *klawe* 'Spalte' / sorb. KF **Klauck(e), Klauka, Klauke:** 1413 Clauge(n), 1420 Klawke, 1546 Klauka; *Klauke* auch nd. ÜN 'der Kluge' / sorb. KF **Klausch:** 1529 Clawsch / **Klawisch, Klauwisch:** 1374/82 Clauwitz, 1546 Klawisch / (schwäb.) **Klohe:** 1532 Kloë / **Klomann, Klomen:** erscheint häufig als → *Klamann* / **Klo(o)s, Klos(s)e, Klös, Klöß, Klosemann, Kloßmann:** 1485 Cloß, 1328 Cloese, 1483 Klöß; 1371 Closeman. Vereinzelt Berührung mit mhd. *klōȝ* 'Klumpen, Knolle; plumpes Holzstück, Keil' / **Klösel,** alem. **Klösli:** 1376 Clößli / **Kleb(e), Kleeb:** 1467 Klebe, 1504 Clebe = Clobe / **Klebis:** 1316 Chlebisß / **Kleß, Klees, Klesel,** md. **Klesgen,** obd. **Klesi:** 1512 Cles = 1513 Claus; 1480 Cleßlin, 1454 Clesgin; 1293 Clesi / westslaw. KF **Mikkan:** 1400 Mickan / poln. KF **Micklich:** 1501 Migligk, 1675 Mücklich / **Micklisch:** 1644 Micklischs / **Mikolajczak:** 1742 Mikołayczak. Poln. KF.

Nieber, Niebuhr → Neubauer

Niehus → Neuhaus

Niedergesäß WN zu mhd. *gesæȝe* 'Wohnsitz' bzw. HN zum ON *Niedergesäß.*

Niedermeier, Neddermeyer 1405 Nedermeygere. WN bzw. BN zu mhd. *nider(e)* 'nieder, unter' und → *Meyer,* der untere (am Dorfende) gelegene Meier(hof).

Niemand ca. 1350 Nymand(us), 1404 Nieman = 1414 Niemand. ÜN zu mhd. *nieman* 'niemand' = niemandem gehörig (für ein Findelkind, einen Fahrenden o. ä.), gelegentlich auch für *Niemann* → *Neumann.*

Niemann → Neumann

Niemeier, Niemeyer → Neumeyer

Niemczik, Niemetz → Nemetz

Niemietz, Niemz, Niemzick → Nemetz

Nietsche, Nietz, Nietzke, Nietzsche, Nietzschmann, Nikisch, Niklas, Niklasch, Niklaus, Nikolai, Nikolaus, Nikusch → Nicolaus

Nimmergut 1694 Nimmergut. ÜN nach einer Eigenschaft.

Nim(t)z → Nemetz

Nitsche, Nitschke, Nitz(e), Nitzke, Nitzsche, Nitzschke, Nitzschmann, Nizze → Nicolaus

Noack, Noatnik, Noat(z)sch → Nowack

Nöbel 1388 Nopel. KF eines RN *Notbert* zu ahd. *nōt-beraht* 'Not, Zwang' + 'hell, strahlend, glänzend' o. ä.

Nöldner 1275 die Neldenere. BN zu mhd. *nādeler, nāldener, nēldener* 'Nadelmacher'.

Noll 1280 Nolle. KF von → *Arnold,* WN zu mhd. *nol* = *nel(l)e* 'Spitze, Scheitel', als ÖN 'rundliche Erhöhung'; ÜN obd. 'plumper, einfältiger Mensch', vgl. 1414 Noller.

Nöller, Noeller 1364 Nollr = 1366 Nolle. → *Noll;* evtl. auch HN zum ON *Nolle* oder WN zum ÖN *Nölle* oder BN wie → *Nöldner.*

Nonnenmacher 1390 der rote Nonnenmacher. BN zu mhd. *nunnenmacher* 'Sauschneider'.

Nordt, Normann → Northe

North(e), Nordt 1306 Nördi. KF zu RN auf ahd. *nord-* 'Nord', HN oder WN zu mhd. *nort* 'Norden'; der aus dem Norden kommende, im Norden wohnende Siedler / **Nor(d)mann:** 1172 Normann, 1266 Nortman. Wie Vor. oder HN bzw. ÜN zu ahd. *northman* 'Normanne'.

Noske, Nöske 1418 Nosk; 1637 Noßke. ÜN zu nso. *nos,* oso. *nós,* demin. *nósk* 'Nase' / **Nosko:** 1397 Nosco, Nosko / **Nos(s)ek:** 1272 Nossec. Poln., tschech. *nos* 'Nase'.

Not(h)nagel 1285 Notnagel. Wohl ÜN zu mhd. *nōt* 'Drangsal, Mühe, Not; Kampf; Kampfnot' und *nagel* 'Nagel an Händen und Füßen; Nagel oder Schraube von Metall oder Holz' vielleicht für den Schmied oder für den Helfer in der Not bzw. für den Lückenbüßer oder Variante zu *Neidnagel* für einen drückenden Finger- oder Zehennagel, vgl. auch andere Namen mit *Not-*: 1411 Notrof zu mnd. *nōttroft* 'bedürftig', hd. *Nothdurft,* 1435 Notwer zu mnd. *notwere* 'Notwehr, Abwehr' und 1351 Notvogel.

Nötzel, Nötzold 1108 (filius) Nozelo(nis), 1320 Nötzel. KF zu RN mit ahd. *nōt-* 'Not, Zwang' mit *-z-* + *-l-*Suffix, *-old* hat sich wohl über sekundäre *-t* analog zu anderen Namen auf *-old* < *wald* entwickelt.

Nova(c)k, Novotny → Nowack

Nowa(c)k, Nowag, Nova(c)k, Noa(c)k, Nau(c)k 1269 Nowak, 1359 Noak, 1412 Nauwagk. ÜN zu nso., oso., poln. *nowy,* tschech. *nový* 'neu': der Neuhinzugekommene, Neuansiedler im Dorfe (= → *Neumann),* häufigster westslaw. FN / **Nowek:** 1424 Nowek / **Nowka, Nawka:** 1618 Naucka, 1652 Nowka / **Noat(z)sch / Nowacki, Nowatzki, Nowatzky:** 1758 Nowacki. Poln. Abltg. von Nowak oder HN von einem ON / **Nowicki / Nowakowski:** 1815 Nowakowski / **Nowaczyk:** 1514 Nowaczyk / **Noat(z)sch:** 1649 Noatsch / **Nowy:** 1569 Nowi, 1642 Nowy / **Nowot(t)nick, Nowothnick, Nowotni(c)k, Nowotnig:** 1501 Nowatnigk, 1546 Newlingk = 1551 Nowotnick. ÜN zu nso., oso. *nowotnik* 'der neue Dorfbewohner, Neuling' / **Nowot(t)ny, Novotny:** 1426 Nowothni / **Noatnick:** 1554 Noatnig.

Nowacki, Nowaczyk, Nowag, Nowakowski, Nowatzki, Nowatzky, Nowek, Nowicki, Nowka, Nowothnick, Nowotnick, Nowotnig, Nowotnik, Nowotny, Nowottnick, Nowottny, Nowy → Nowack

Nusche 1429 von Noschin Kinde. ÜN zu mhd. *nusche* 'Spange, Schnalle', auch slaw. *nož* 'Messer'.

O

Obenauf 1506 Obenauf. ÜN zu mhd. *oben* 'oben' und *ūf* 'auf' für einen, der immer lustig, immer obenauf ist.

Obenaus 1390 Obenaus. ÜN zu mhd. *oben* 'oben' und *ūȝ* 'aus' für einen, der nach hoch hinaus will, der über sich hinausstrebt; möglich ist auch ein richtungsweisender ÖN, vgl. 1327 in campo ... obenuß.

Oberländer 1486 Oberlender. HN zu mhd. *oberlender* 'Bewohner des Oberlandes' zu mhd. *oberlant* 'oberes, höheres Land (Oberdeutschland, Oberbayern, -schwaben)'.

Obermaier, Obermeier 1372 der Obermair. WN für den Besitzer des oberen Meierhofes oder BN für den obersten Meier, vgl. fnhd. *oberperson* 'Vorgesetzter', → *Obermann*, → *Meyer*.

Obermann 1295 Oberman. BN zu mhd. *ober-, ob(e)man* 'Schiedsmann, Obmann' / nd. **Overmann:** 1450/51 Overmann. Wie Vor., z. T. auch WN zu mnd. *over* 'Ufer'.

Obermüller 1489 der Obirmoller. BN, Inhaber der Obermühle.

Obst 1312 Obeßer. BN zu mhd. *obeȝære* 'Öbster, Obsthändler' zu mhd. *ob(e)ȝ* 'Baumfrucht, Obst'.

Ochs(e) 1330 Ohse. ÜN zu mhd. *ohse* 'Ochse' oder HausN, vgl. 1408 Joh. zum Ochsen / alem. KF **Öchsle, Össle, Öxle:** 1297 Osselin; 1536 Öchslin.

Oeder → Eder

Oheim, Ohm, Oehm(e), Öhme 1271 Om, 1379 Oheim, 1464 Oheme. ÜN zu mhd. *ōheim(e), oeheim(e)*, mnd. *ōm* 'Mutterbruder, Oheim, Schwestersohn, Neffe; Verwandter' / patron. **Ohms:** 1390 Oms / **Oehmke:** 1344 Omeke. KF mit *-k*-Suffix / **Oehmig(en), Oehmichen:** 1518 Omichen. KF mit -ch- + *-īn*-Suffix.

Ohl 1333 Olde, 1689 Ohle. ÜN zu mnd. *olt* 'alt', mda. *ōl* oder HN zum ON *Ohl(e)* oder WN zu ÖN auf mnd. *āl > ōl* 'Schmutz', vgl. 1108 (silvula) Al = 1152 (silvam) Ol.

Oehler(t), Öhler(t) 1281 Olier, 1291 Oleier, 1498 Oeler. BN zu mhd. *öler, oleier* 'Ölmüller' / **Oelmann:** 1478 Olman, 1496 Olman = 1500 Ölman. BN zu mhd. *oleiman* 'Ölhändler', fnhd. *oleman* 'Ölverkäufer' / **Oe(h)lschlägel, Öhlschlegel:** 1430 Oelschlegel. ÜN zu mhd. *öl(e), ol(e), ol(e)i* 'Öl' und *slegel* 'Werkzeug zum Schlagen: Schlegel, Keule, schwerer Hammer' für den Ölmüller; geschlagen wurde Leinöl, Mohnöl, Rapsöl / **Oe(h)lschläger, Ölschläger, Ohlenschlager:** 1330 Olsleghere, 1413 Ölsleger. BN zu fnhd. *oleischleger* 'Ölmüller' / **Ohle(n)macher, Ohligmacher:** um 1600 Ohlemacher. BN, vor allem Hessen-Nassau, Pfalz = → *Oehlschläger*, vgl. auch mnd. *oliemaker* 'Ölmüller' / **Ohlmeier, Öhlmeyer:** 1353 Ölmayer. BN für einen, der auf einem mit Ölabgaben belasteten Hofe sitzt, → *Meyer*.

Ohm, Ohms, Oehm(e), Öhme, Oehmichen, Oehmig(en), Oehmke → Oheim

Ohn(e)sorge, Ansorge 1305 Anesorge, 1408 Anesorg, Onsorg. ÜN zu mhd. *ān(e)* 'ohne' und mhd. *sorge* 'Sorge, Besorgnis, Kummer, Furcht'.

Olbertz → Albrecht
Olböter → Altbüßer
Olesch 1439 Olesch(o). Poln. KF zum RN → *Alexander.*
Oelmann → Oehlert
Oelsch, Oltsch 1576 Olzscha. Asorb. HN oder ÜN **Ol'ša'* zu asorb. **ol'ša* 'Erle'.
Olschewski, Olschowsky 1404 Olszewski, 1466 Olschowsky. Poln. HN zum ON *Olszowa.*
Oelschlägel, Oelschläger, Ölschläger → Oehlert
Olschowsky → Olschewski
Oltsch → Oelsch
Ondra → Andreas
Opel(t), Opetz → Albrecht
Opfermann → Oppermann
Opitz, Oppel(t), Oppitz → Albrecht
Oppermann, Opfermann 1300 Opperman, 1585 Opferman. BN zu mnd. *opperman* 'Opfermann, Küster; Mesner'.
Orf(f) 1355 der Orf. Vielleicht HN zum hess. ON *Urf:* 1184 Orpha oder ÜN zu einem angeblichen Flußfisch *Orf* für einen Fischer.
Oertel(t), Ört(e)l, Ertel 1293 Örtel. KF zu RN auf ahd. *ort* 'Spitze, Endpunkt, Ecke' mit *-l*-Suffix.
Ortlepp → Ortlieb
Ort(h)mann 1422 Ortman. BN zu mhd. *ortman* 'Schiedsmann, dessen Stimme bei Stimmengleichheit entscheidet' oder KF + *-man*-Suffix zu RN mit ahd. *ort* 'Schwertspitze' → *Ortlieb* oder ÖN zu mhd. *ort* 'Anfang, Ende; Spitze; Ecke, Winkel, Rand'.
Ortlieb, Ortlepp 1209 Ortlib(i). RN ahd. *ort-liob* 'Spitze, Endpunkt, Ecke' + 'lieb, geliebt, teuer, angenehm'.
Ortmann → Orthmann
Öschli → Osswald
Oschmann, Uschmann um 805 Osmann(us). RN asä. *ōs* 'Gott' + *man* wie 1392 Oschwald zu → *Osswald.*
Oeser, Öser 1265 Oser(us). RN asä. *ōs-heri* 'Gott' + 'Heer', evtl. auch HN zum ON *Oos, Oesau, Oese.*
Össle → Ochse
Os(s)wald, Oßwald, Ostwald 1294 Oswaldus, 1422 Oswald. RN asä. *ōs-waldan* 'Gott' + 'herrschen' / alem. KF **Eschle, Eschli, Öschle:** 1383 Eschli, 1411 Öschly.
Ost, Oest(e) 1275 de Osten, 1301 de Ost. Meist HN zu mhd. *ōst, ōsten* 'Osten', vereinzelt auch WN nach GewN *Oste* und KF zu RN wie 899 Ostward.
Osterberg(er) 1472 Osterbergh(e). HN zum ON *Osterberg, -burg* oder WN zu mhd. *ōster* 'im Osten befindlich, östlich' und *berc* 'Berg' für einen am Berg im Osten Wohnenden.
Osterland 1480 Osterland. WN zu mhd. *ōsterlant* 'östlich gelegenes Land', auch 'Österreich; Morgenland'.
Ostermann 1150 Osterman. HN zu mhd. *ōster* 'im Osten befindlich, östlich' und *man* 'Mann' für den aus dem Osten Kommenden, aber auch mhd. *ōstermann* 'Österreicher', z. T. auch HN zu ON *Ostrau, Ostrow.*
Ostermeier, Ostermayer 1370 Ostermeyger. WN nach der Lage des Hofes im Osten, mhd. *ōster,* → *Meyer.*
Oesterreich, Oestreich(er) 1338 (der) Österrich, 1375 Osterreicher. HN 'der aus Österreich'.
Ostwald → Osswald
Ott(e), Otten, Otto 1221 Otto, 1332 Otten, 1334 Otte, 1395 Ott. KF zu RN auf ahd. *ōt* 'Reichtum' / **Oettel, Öttel:** 856/77 Odila, 1356 Öttel / **Ottmann:** 1037 Adimann(us), 1394 Othman. KF mit *-man*-Suffix.
Oettel, Öttel, Ottmann, Otto → Otte
Overmann → Obermann
Overstolz 1205 Overstolz. Westmd.-nd. ÜN zu mnd. *over* 'über' und *stolt* 'herrlich, stattlich; stolz; hochmütig'.

P–Q

Michael Praetorius
(1571–1621) Komponist und Musiktheoretiker

Max Planck
(1858–1947) Physiker, Begründer der Quantentheorie

Will Quadflieg
(*1914) Schauspieler und Regisseur

Johann Heinrich Pestalozzi
(1746–1827) Pädagoge und Sozialreformer

Paap(e) → Pfaffe

Paasch(e) 1366 Pasche(n). KF des RN (HeiligenN) *Paschalis* (mlat. *pasca* 'Ostern') oder ÜN zu mnd. *pāsche* 'Ostern'; → *Pasch.*

Pabst, Papst um 1250 Babest, 1399 Pabist. ÜN zu mhd. *bāb(e)st, bābes,* mnd. *paves, pawest* 'Papst' für einen Würdevollen, sich unfehlbar Gebenden.

Pachmann → Bach

Pagel(s) → Paul

Pagenkopf 1383 Paghenkop. ÜN zu mnd. *page* 'Pferd' und *kopp* 'Kopf'; teilweise auch WN zum ÖN *Pagenkopf,* vgl. 1591 im ... felde vor dem Pagenkopfe.

Pagenstecher um 1300 Pagensteker. BN zu mnd. *page* 'Pferd' und *steken* '(er)stechen, durch einen Halsstich schlachten' für den Roßschlächter. Auch ÜN ('Hornisse') möglich.

Pahl, Pahlke, Pahling → Paul

Pahlitzsch → Palisch

Pahnke → Pank

Palisch, Pa(h)litzsch 1250 Paliz, 1680 Palitzsch. ÜN zu poln., oso. *palić,* nso. *paliś* 'brennen, sengen, heizen', oder slaw. KF von → *Paul.*

Pallmann → Palm

Palm 1246 von der Balme, 1374 Palme, 1528 Palm. KF zum RN (HeiligenN) *Palmatius* oder ÜN zu mhd. *palm(e), balm(e)* 'Palmbaum, Palmenzweig; Palmsonntag' oder WN zu mhd. *balme* 'Fels, Felsenhöhle' (< mlat. *palma)* bzw. HN zu obd. ON *Balme* zum gleichen Wort / **Pallmann:** 1395 Palmen. Gen. zu Vor.

Pampel 1384 Pampel. ÜN zu nhd. *pampel* 'Hampelmann' zu fnhd. *pamplen* 'baumeln'.

Pank, Pahnke 1420 Panken. ÜN zu nso., oso., poln. *pan* 'Herr' / **Pannasch:** 1436 Pannasz / **Pannek(e):** 1400 Panek, z. T. auch HN zum ON *Pannecke* / **Pannicke:** 1439 Panygk, z. T. auch HN zum ON *Panicke.*

Pankrath, Pankratz 1377 Pangreczer, 1477 Pancratius. RN (HeiligenN) *Pankratius* lat.-griech. 'über alles herrschend', einer der drei Eisheiligen.

Pannasch, Pannek(e), Pannicke → Pank

Pan(t)zer 1280 Banzier, 1372 Panczer. ÜN zu mhd. *panz(i)er* 'Panzer' für den Panzermacher oder BN zu mhd. *panzierer* 'Panzerträger'.

Pape → Pfaffe

Papendi(e)ck 1304 Poppendike, 1673 Papendieck. HN zum ON *Papendi(e)ck* oder WN zum ÖN *Papendieck* u. ä. für einen, der beim/am *Papendiek* (Pfaffenteich) wohnt.

Papke → Pfaffe

Pärschke → Perschke

Partzsch → Bartholomäus

Pasch, Paschen, Paschka, Paschke → Paul

Paeschke → Peter

Paschold → Paul

Pasemann 1671 Paseman. Wohl WN zum ÖN nd. *Pase* + *-man.*

Päsler → Päßler

Pasold → Paul

Paesold → Peter

Päßler, Päsler, Paesler, Pessler 1369 Pazeler, 1390 Pezeler, 1402 Peßler. BN → *Bäsler* oder KF zum RN → *Petzoldt.*

Paster → Pastor

Pasterna(c)k, Pastrnek 1381 Pastirnak. ÜN zu nso., poln. *pasternak,* tschech. *pastrnák* 'Pastinakwurzel, Pastinake'.

Pastor, Paster 1225 Pastor. BN oder ÜN zu mhd. *pastor* 'Pfarrer'; auch slaw. BN: oso. *pastyŕ, pasteŕ* 'Hirt'.

Pätsch, Paetsch, Paetschke, Pätz → Peter

Patzak 19. Jh. Pacák. ÜN zu tschech. *pacati* 'verpfuschen'.

Patzek 1388 Pacek. Vielleicht KF zu slaw. RN wie *Pakoslav* zu urslaw. **pakъ* 'stark, kräftig'; → *Patzak.*

Patzelt, Paetzel(t) → Peter

Patzer 1348 Paczawer, 1414 Paczer. KF zum RN → *Peter,* → *Paulus,* → *Bartholomäus* mit den Suffixen *-z-* + *-er,* z. T. HN zum ON *Patzau.*

Pätzhold → Peter

Patzig 1416 Paczk. HN zum ON *Patzig,* z. T. auch KF wie → *Patzer* mit Suffixen *-z-* und *-ing;* möglich auch ÜN zu fnhd. *batzig* 'aufgeblasen, übermütig' oder KF wie → *Patzek.*

Pätzold, Paetzold, Pätzsch → Peter

Patzsch, Patzschke 1432 Paczk = 1434 Patzke = 1435 Patczsche. KF wie → *Patzer* mit den Suffixen *-z-* [+ *-k-*] oder KF wie → *Patzek; Patzschke* auch HN zum ON *Pat(z)schkow.*

Pätzsch → Peter

Pauer → Bauer

Pauker(t) obd., **Päuker(t), Peucker(t), Peikert:** 1346 Pūker, 1388 Pawker, 1513 Peucker. BN zu mhd. *pūkære* 'Paukenschläger'.

Paul, Paulus 1185 Paulus, 1215 Paul. RN (HeiligenN) Paul, lat. *paulus* 'klein'; im Nd. vereinzelt auch WN, vgl. 1288/91 bi (= bei) sente Pawele, oder WN zu mnd. *pōl, pūl* 'Pfuhl, wassergefüllte Vertiefung' / lat. gen. zum RN **Pauli, Pauly:** 1325 Pauli / gen. **Pauls(en):** 1380 Paulsen / nd. **Pagel, Pahl:** 1317 Pawel, 1328 Pal, vgl. auch 16. Jh. Pagel = Paul Doberenze / gen. **Pagels:** 1585 Pagels, 1635 Pawel = 1655 Pagels; Pahl im Nd. auch vereinzelt WN, z. T. zu mnd. *pal* 'Pfahl, Grenzpfahl' / **Pahlke, Paulke:** 1267 Pauleke, demin. / patron. **Pahling:** 1572 Pagelinck / westslaw. KF **Paul(l)ick, Paulig, Pawlik, Pavlik:** 1212 Paulik / **Paulisch:** 1501 Pawlisch / **Paulitz:** 1530 Pawlitz. Westslaw. KF oder HN zum ON *Pavlice, Pawlice* / lit. **Paulat** / **Paulusch:** 1554 Paulusch / **Pawlak:** 1640 Pawlak / **Pawelke:** 1576 Pauelg, 1616 Pawelek / **Pawlisch:** 1501 Pawlisch / **Pawlitzki:** 1639 Pawlicki. Poln. KF zu *Paweł* / **Pawlowitsch:** 1567 Pawlowycz. Wie Vor. oder HN zum ON *Pawłów* / **Pavlov, Pawloff:** 1398 Paulow. Ostslaw. oder bulg. Abltg. vom RN *Paweł* bzw. *Pavel* / **Pasch:** 1404 Pasch. Westslaw. KF zu *Paweł, Pawel, Pavel* oder KF zum slaw. RN *Pakoslav* → *Patzek,* z. T. auch → *Paasche* / **Paschen:** wohl slaw. KF wie Vor. / **Paschke, Paschka:** 1278 Pasco, 1550 Paschka, Paschke, vgl. auch 1394 Paschke = Pauwel Hamycz / **Paschold, Pasold:** 1471 Pasczolt. Slaw. KF zu *Paul* mit sekundärem *-old.*

Paulat, Pauli, Paulick, Paulig, Paulisch, Paulitz, Paulke, Paullick → Paul

Pauls, Paulsen, Paulus, Paulusch, Pauly → Paul

Paur → Bauer

Pavlik, Pavlov, Pawelke, Pawlak, Pawlik, Pawlisch, Pawlitzki, Pawloff, Pawlowitsch → Paul

Pech, Bech 1355 Pech(in). ÜN zu mhd. *bech, pech* 'Pech' für den Pechhändler, Pechbrenner oder Schuster oder sorb. KF zu → Peter, vgl. 1371/74 Pecha Halayter = Pesco Halater, 1359 Peter Pech / **Pechmann, Bechmann:** 1240 Pechman, 1483 Bechman. BN zu mhd. *bech, pech* 'Pech' und *man* 'Mann' für einen, der mit Pech zu tun hat. → Becherer.

Pechstein, Bechstein 1216 Bechstein, 1281 Pechstein, 1494 Bechsteyn. ÜN zu mhd. *bechstein* 'Pechstein (Mineral)'; vielleicht aber auch *Pechstein* im Sinne einer steinernen Pechpfanne.

Pedersen, Peetz(e) → Peter

Peikert → Paukert

Peisker, Peissker, Peißker, Piesker 1308/69 Pizkere, 1423 Peysker. Westslaw. ÜN zu nso., oso. *piskoŕ* 'Peisker, Peitzker, Schlammbeißer'.

Pekar, Pekarek 1444 Pekárek. BN zu tschech. *pekař*, slowak. *pekár* 'Bäcker'.

Pel(t)z, Belz 1170 Pelz (= pellefex), 1191 de Belcz, 1388 Peltz. ÜN zu mhd. *belliz, bellez, belz*, mnd. *pels, peltz* 'Pelz' für den Kürschner oder nach der Kleidung; vereinzelt auch WN zum ÖN *Belz* 'Gebüsch, Zaun, Damm' oder KF zu RN auf ahd. *bald* 'kühn, mutig, stark' mit *-z*-Suffix.

Penning → Pfennig

Pense, Pensel, Pensl → Penz

Penz, Pense, Ben(t)z 1332 de Penze, 1334 Bentze. HN zum ON *Pentz* oder obd. KF vom RN *Berchtold* → *Berthold*, vgl. 1344 Berchtold = Bentz oder vom RN → *Bernhardt* mit *-z*-Suffix / **Penzel, Pens(e)l:** 1434 Pentczel. KF wie Vor. + *-l*-Suffix.

Pepper → Pfeffer

Persch(e) 1350 Bersche. Vielleicht KF des RN *Berchtold* → *Berthold* oder zum RN → *Peter.*

Perschke, Pärschke 1542 Perschk. ÜN zu nso. *ṕersk*, oso. *pjersk* 'Barsch', oso. auch 'kleiner, unansehnlicher Mensch'.

Perseke → Persicke

Persen → Peter

Persicke, Perseke, Perske 1295 Persicus, 1304/24 Persyk, 1564 Perske. ÜN zu mnd. *persik* 'Pfirsich'.

Perske → Persicke

Perssen → Peter

Perthel → Berthold

Peschk, Peschka, Peschko, Peske, Pesold → Peter

Pessler, Peßler → Päßler

Pestalozzi 1660 Pestalozzius, 1662 Pestaluz. BN ital. 'Knochenhauer'.

Pestel 1388 Pestel. Vogtl. BN → *Bäsler* zu mhd. *besten* 'binden, schnüren'.

Pester 1498 Pester. BN → *Bäsler* zu mhd. *besten* 'binden, schnüren'.

Peter 1290 Petir, 1438 Peter. RN *Petrus*, griech. 'Fels', vereinzelt auch WN zur Kirche *St. Peter*, [*Petter* als Variante kann auch zu mnd. *petter* 'Taufpate' gehören] / gen.: **Peters(s), Peters(s)en, Peters(s)on, Petersohn, Pedersen, Pers(s)en:** 1320/45 Pederes, 1369 Petersen / lat. gen. **Petri, Petry:** 1228 Petri / **Peterlein:** 1558 Peterlin. KF mit *-l-īn*-Suffixen / **Pet(t)ermann:** 1328 Peterman. KF mit *-man*-Suffix / westslaw. KF: **Petrak, Pietarek:** 1375 Petrak / **Petri(c)k:** 1435 Petryk / **Petrich** / **Pietre(c)k:** 1238 Petrek, 1498 Pietrek, poln. / **Pietryga**, poln. / **Pietrzik:** 1426 Petrzik, poln. / **Petras(ch):** 1373 Petrasch / **Petraschke:** 1396/97 Petraschek / **Pietrus(ch)ka:** 1298 Petruszca / **Petrow, Petroff, Pittroff:** 1399 Petrow, 1667 Petroff. Häufig im Russ. und Bulg., *Petrow* auch HN zum ON *Petrov* / **Pietrowski, Piotrowski:** 1339 Potrowski, 1391 Petrofsky. Poln. Abltg. oder HN zum ON *Piotrów, Petrov, Petrovice* / **Petrowitz:** 1412 Petrovicz. Westslaw. Abltg. oder HN zum ON *Piotrów, Petrov, Petrovice* / **Pethke:** 1393 Petka / **Petkow:** südslaw. Vatersname von *Petko*, s. Vor. / **Pet(z)sch, Petzsche, Pät(z)sch, Paetsch, Pätz, Petz, Peetze, Petzsche, Pietsch, Pietzsch, Pietsch, Pöt(z)sch:** 1293 Petz, 1395 Pőcz, 1439 Petzsch, 1487 Pitzsch. Sorb. oder dt. KF + Suffix *-z-*, vgl. 1372 Petsche = Peter Seiler, vereinzelt HN zu den ON *Pätz, Peetsch, Peez, Pötzsch(au)* / **Petschick:** 1374/82 Peczik. Sorb. *Pětschik* / **Petzke, Petzka, Pet(z)schke, Paetschke, Pjetzko, Poet(z)schk(e), Pötschke,**

Pi(e)tschke, Pitzschke: 1359 Peczko, 1568 Petzschk, 1658 Petzschka. Sorb. KF *Pětško, Pětška* / **Peschk(e), Paeschke, Peschka, Peschko, Peske, Pöschk(e):** 1316 Pesco, 1394 Peschko, 1568 Peschk. 1593 Päschke. Westslaw. KF / **Piesch(e), Piet(z)sch, Pitsch, Pöt(z)sch(e), Poet(z)sch:** 1501 Piesch = 1516 Pesch u. Petzsch, 1516 Pitzsch. Sorb. KF / **Pi(e)tschmann:** 1817 Pitschmann. Wie Vor. + *-man* / **Püschel, Pischel:** 1327 Püschel. Nach Bahlow ostmd., slaw. KF des RN *Peter* / **Petzold(t), Paetzold, Pätzold, Paetzel(t), Pätzhold, Paesold, Pezolt, Pesold, Pezold, Petzel(t):** 1298 Bezold(us), 1358 Petzoldt. RN, ostmd. KF zu *Petrus* mit -z-Suffix und sekundärem *-old,* vgl. 1347 Peczold = Pecz Kölbel bzw. obd. KF zu *Berchtold* → *Berthold* / **Patzel(t):** 1383/1403 Paczell. Nbf. zu Vor. / lit. **Petereit.**

Petereit, Peterlein, Petermann, Petersohn, Peters(s), Peters(s)en, Peters(s)on, Pethke, Petkow, Petrak, Petras(ch), Petraschke, Petri, Petrick, Petrich, Petrik, Petroff, Petrow, Petrowitz, Petry, Petsch, Petschik, Petschke, Petter, Pettermann, Petz, Petzel(t), Petzka, Petzke, Petzold(t), Petzsche, Petzschke → Peter

Peuker(t), Peucker(t) → Paukert

Pezold, Pezolt → Peter

Pfab(e) → Pfau

Pfaff(e), nd. **Paap(e), Pape:** 1259 Pape; 1284 Pfaffe. ÜN zu mhd. *phaffe,* mnd. *pape* 'Geistlicher, Priester' / **Papke:** 1276 Papeko. Demin. zu Vor.

Pfann(en)schmidt 1298 Phannensmith. BN zu mhd. *phannensmit* 'Pfannenschmied'.

Pfannstiel 1376 Phannenstil, 1394 Pfanstil (faber). ÜN des Pfannenschmieds, auch des Kochs, oder WN zum ÖN *Pfannenstiel* für ein langes, schmales Flurstück.

Pfattenhauer obd., **Pfettenhauer** rhein.-westd. (obd.): **Pfotenhauer** (obd.): 1561 Pfadhauer, 1601 Pfattenhauer, 1745 Pfotenhauer. BN zu mhd. *vade, vate* 'Zaun, Umzäunung', älter nhd. *pfaden* 'oberer waagerechter Querbalken zur Verbindung der Stahlsäulen des Daches' und mhd. *houwer* 'Hauer' für den Zimmermann.

Pfau, Pfab(e) 1275 zem Phawen, 1296 der Phāwe, 1412 Pffabe. ÜN zu mhd. *phāwe, phā* 'Pfau' für einen eitlen Menschen, in seltenen Fällen auch HausN.

Pfeffer, nd. **Pepper:** 1318 Peper, 1332 Pfeffer. ÜN zu mhd. *pheffer,* mnd. *peper* 'Pfeffer' für den Pfefferhändler, Gewürzkrämer / **Pfefferkorn:** 1290 Pfefferkorn. ÜN zu mhd. *pfefferkorn* 'Pfefferkorn' für den Pfefferhändler, Gewürzkrämer.

Pfeif(f)er, Pfeuf(f)er, nd. **Pi(e)per:** 1296 Pipere, 1339 Pfeiffer. BN zu mhd. *phīfer,* mnd. *piper* 'Pfeifer, Spielmann'.

Pfeil, nd. **Pie(h)l:** 1159 Pil, 1455 Pfil, 1457 Pfeil. ÜN zu mhd. *phīl* 'Pfeil, Pfeileisen' für den Pfeilmacher, -schmied, vereinzelt auch HN zum ON *Pfeil.*

Pfennig, Pfenning, nd. **Penning:** 1277 Pennig, 1350 die Pfenningin. ÜN zu mhd. *phenni(n)c* 'Münze, Geld, Pfennig', meist nach einer Zinsverpflichtung.

Pfettenhauer → Pfattenhauer

Pfister → Pistorius

Pfitzner → Pfütze

Pflaum(e) *1364 Pflaume. ÜN zu mhd. p(h)lūme* 'Flaumfeder' für den Federhändler oder zu mhd. *phlūme* 'Pflaume' für den Pflaumenverkäufer / **Plümecke:** nd. demin. zu Vor.

Pfleiderer schwäb.: ÜN zu mhd. *vlöudern* 'flattern'.

Pflug, nd. **Plo(o)g:** 1208 Pluoch, 1337 zem Pfluge, 1413 Pflug, 1449 Ploge. ÜN bzw. BN zu mhd. *phluoc* 'Pflug; persönl. der Pflüger', mnd. *plōch, plūch,* vereinzelt und regional begrenzt auch HausN / **Pflüger,** nd. **Plöger(t):** 1281 Plogersche, 1300 Phluogerin, 1438/39 Plouger. BN zu mhd. *phluoger* 'Pflugmacher', fnhd. *pfluger* 'Pflugschmied', seltener 'der Pflügende'.

Pflugbeil 1570 Pflugbeil. ÜN zu mhd. *phluoc* 'Pflug' und *bī(h)el, bīl* 'Beil' = das die Erde aufreißende Eisen für einen Bauern.

Pflüger → Pflug

Pfotenhauer → Pfattenhauer

Pfretzschner, Pfrötzschner, Fratschner, Fratzscher 1437 Fratzscherynn, 1467 Pfretzner. BN zu mhd. *pfretzner, phragener* 'Kleinhändler'; *Fratzscher* auch HN zum ON *Frotschau.*

Pfüller Wohl ÜN zu mhd. *phulwe, phülwe* 'Federkissen, Pfühl' für den Kissenhersteller.

Pfütze 1284 in der Pfütze. WN zu mhd. *phütze* 'Brunnen; Lache, Pfütze' / **Pfützner, Pfitzner:** 1437 Pfüczener. WN wie Vor.

Philipp 1280 Philipp. RN *Philippus,* griech. 'Pferdefreund' / patron. **Phillips, Philippsen:** 1450 Philleppes.

Piasek, Piassek 1479/1499 Pyassek. ÜN zu poln. *piasek* 'Sand'.

Piasecki 1469 Pyasszeczky. Poln. HN zum ON *Piasek, Piaski.*

Piassek → Piasek

Picard hugen.: 1699 Picard. HN für einen aus der *Picardie.*

Pichler 1380 der Bichler, 1489 auf dem Pühel, 1596 Pichler. HN oder WN zum ON oder ÖN *Büh(e)l, Bich(e)l* zu mhd. *bühel* 'Hügel'.

Picker(t) 1330 Pickhart, 1402 Picker. Möglicherweise RN zur mehrdeutigen Wurzel *bik, pik* und *-hart* oder ÜN zu mhd. *bicken* 'stechen, picken' in der Bedeutung 'mit der Picke hacken'.

Piefke, Piewka, Piwko 1390 Pifka, 1381 Piwco, 1553 Piwke. ÜN zu nso., oso., poln. *piwo,* tschech. *pivo* 'Bier'.

Pie(h)l → Pfeil

Pie(h)ler 1760 Pieler. HN zum ON *Piel,* vielleicht auch WN oder ÜN zu mnd. *pil(e)re, pilar* 'Pfeiler, Säule'; 'aufgestapelter Haufen'; möglich auch ÜN zu mnd. *pīl,* mhd. *phīl* 'Pfeil' für den Bogenschützen oder Pfeilmacher, → *Pfeil;* z. T. auch = *Bieler* → *Biehle.*

Pieper → Pfeiffer

Piepke vielleicht WN oder ÜN zu einem (nicht belegten) Demin. mnd. **pipke* 'kleine Röhre, Pfeife, Flöte', vgl. 1299 de Fistula (lat. *fistula* 'Röhre; Rohrpfeife') = 1320 van der Pipen, 1422 Pip, oder sorb. *Pipka:* 1620 Pipka, ÜN zu nso. *pipa* 'Pfeife', demin. *pipka.*

Pierer, Pührer 1315 der Birer, 1388 Pyrer. Meist ÜN zu mhd. *bir* 'Birne' für den Birnenverkäufer, Obsthändler, oder HN zum ON *Pier, Pirow.*

Piesch(e) → Peter

Piesker → Peisker

Pietarek, Pietre(c)k, Pietrowski, Pietrus(ch)ka, Pietryga, Pietrzik, Pietsch, Pietschke, Pietschmann, Pietzsch → Peter

Piewka, Piewko → Piefke

Pilgrim(m), Pilgram(m) um 975 Pilgrim, 1328 Pilgerimi. ÜN zu mhd. *pilgerīm, bilgerīm* 'Pilger, Kreuzfahrer; Wanderfalke'.

Pil(t)z 1297 Pulcz, 1329 Pils. ÜN zu mhd. *bülez, bülz* 'Pilz' für den Pilzsammler, Pilzverkäufer oder zu mnd. *pils = pels, peltz* 'Pelz, Tierhaut' für den Kürschner.

Pinder → Binder

Pingel 1336 Pingel. ÜN zu nd. mda. *pingel* f. 'kleinlicher Mensch, quängelige Frau'.

Pinker(t) 1388/89 Pincker, 1525 Pingkert. ÜN zu mda. *pinken* 'hämmern, auf dem Amboß klopfen wie die Schmiede' oder zu Pinkert 'der als Lockvogel auf dem Vogelherd verwendete Finke'.

Piontek 1411 Pyantek, 1560 Hans Freitag alias Piuntek. ÜN zu poln. *piątek* 'Freitag'.

Piotrowski → Peter

Piper → Pfeiffer

Pippig 1273/1330 Pipping, 1556 Pippig. RN, Lallname *Pippi* + *-ing*-Suffix oder HN zum ON *Pipping;* im Nd. auch ÜN zu mnd. *pippich* 'mit dem Pips (Krankheit) behaftet' oder zu mnd. *pippink* 'englischer Goldapfel'.

Pirkner → Birke

Pischel → Peter

Pistorius, obd. **Pfister:** 1275 Pistor, 1607 Pistorius; 1225 Pfister. BN zu lat. *pistor,* mhd. *phister* 'Bäcker'; *Pistorius* ist latin. Form.

Pitsch, Pitschke, Pitschmann → Peter

Pittner → Büttner

Pittroff, Pitzschke → Peter

Piwko → Piefke

Pjetzko → Peter

Planck, Planckh → Blanck

Planer(t), Plaenert 1306 Planer(us), Planer, vom Plan. HN zum ON *Plan(a),* vereinzelt auch zum ON *Plohn,* oder WN zu ÖN zu mhd., mnd. *plān* 'freier Platz, Ebene, Aue'.

Plank → Blank

Plaß → Blas

Plath(e), Plate 1224 de Plate, 1509 Plathe. HN zum ON *Plate, Plathe, Plathow* oder ÜN zu mhd. *blate, plate,* mnd. *plate* 'metallener Brustharnisch, Plattenpanzer' für den Plattner, Harnischhersteller, vereinzelt auch WN zum ÖN *Plathe* 'Sandbank; Felsplatte' und ÜN in der Bedeutung 'Glatze, Tonsur'.

Plattner 1333 Plattner, 1346 Plotner. BN zu mhd. *blatenære, blatner* 'Plattner, Verfertiger des Plattenpanzers' bzw. WN oder HofN (Tirol) zum ÖN *Platte* 'ebener Felsvorsprung'.

Pleul → Bleuel

Ploch → Bloch

Plock → Block

Plog, Plöger(t), Ploog → Pflug

Ploß → Bloß

Plötz 1282 Plotze, 1375 Ploytz. HN zum ON *Plötz(e), Plotz* oder ÜN zu mnd. *plotze, plosse, ploscze* 'Plötze' für einen Fischer.

Pluhar 19. Jh. Pluhař. BN zu tschech. *pluhař* 'Pflüger, Pflugmacher'.

Plümecke → Pflaume

Pogner, Pögner → Boger

Pohl → Pohle

Pöhland, Po(h)land, Böhland 1429 Polan, 1434 Polendt, 1600 Polandt. HN zu mhd. *Pōlān* 'der aus Polen' / **Polan:** 1374/82 Polan. BN oder WN zu nso. älter *pólan,* oso. *polan* 'Bewohner des Feldes, Feldmann', zu urslaw. **pole* 'Feld'.

Pohl(e) 1205 Polen, Polonus, 1275 de Puole, 1402 Poel, 1511 Pole. HN zum Völkernamen *Polen,* z. T. auch zum ON *Pohl(a),* zum RN → *Paul;* im Nd. auch WN zu mnd. *pōl, pūl* 'Pfuhl, Schlammstelle'.

Pöhler 1660 Pöler. HN oder WN zum ON bzw. ÖN *Pöhl* u. ä., → *Pohl(e)* / **Pohlmann:** 1254 Poleman. WN zu mnd. *pōl, pūl* 'Pfuhl, Schlammstelle', vgl. 1546 am Pohle = Poilmann, oder HN zum Völkernamen *Polen.*

Pöhlmann, Pöllmann 1460 Boleman, 1518 Poelmann. Auf Grund der Verbreitung typisch vogtl. Name als WN zu mhd. *bühel,* vogtl. *Böhl, Pöhl* 'Hügel; kleine bewaldete Bergkuppe'.

Pokorny 1653 Pokornej. ÜN zu tschech. *pokorný* 'demütig, untertänig, bescheiden'.

Pola(c)k, Pollack 1380 Polack, 1658 Pollagk. WN zu poln., tschech. *pole,* nso. *pólo,* oso. *polo* 'Feld', nso. *pólak* 'Feldmann, Ansiedler auf freiem Felde' oder Völkername westslaw. *Polak* 'Pole'.

Polan, Poland → Pöhland

Poley → Bolai

Polla(c)k → Polack

Pöllmann → Pöhlmann

Polster 1290 der Polster. ÜN zu mhd. *bolster, polster* 'Polster' für einen Hersteller von Polstern.

Polt(e) → Boldt

Pomerenke → Pommer

Pommer 1257 de Pomerio, 1353 Pomer. HN bzw. StammesN 'der aus Pommern, Pommer', vereinzelt auch HN zum ON *Pommer* oder ÜN zu (mda.) *pommer, pummer* (übertragen) 'einfältiger Mensch; kleiner dicker Junge' / **Pom(m)erenke, Pommerencke, Pommerenk, Pommerening:** 1300 Pommerenc, 1473 Pomereningk. HN bzw. StammesN zu mnd. *pomerene* und mlat. *Pomeranus* mit nd. Demin.-Suffix 'Pommer'.

Pönisch → Behnisch

Pönitzsch → Behnisch; vereinzelt HN zum ON *Pönitz.*

Popel, Popella, Popelka 1476 Popel, 1653 Popelka. ÜN zu tschech. *popel* 'Asche'.

Popp(e), Boppe 1239 Poppo, 1320 Poppe, 1330 Popp. RN *Poppo, Boppo,* vgl. um 900 Boppo, um 990 Poppo, KF zum RN ahd. *bodo-, boto-beraht* 'Bote, Gesandter, Abgesandter' + 'hell, strahlend, glänzend' oder zu → *Volkmar,* vgl. 976/91 Folkmar = Poppo bzw. Lallform oder ÜN zu mhd. *poppe* 'Schwelger, Großsprecher' als appellativische Verwendung des RN *Poppe* / **Pöp(p)el, Boppel, Böppel, Pöppelmann:** 1388 Boppil, 1390 Pöppl (Poppelinus), 1451 Böppel; 1341 Poppelman. RN *Poppo* + *-l-* (+ *-man-*) -Suffix.

Porsch(e) 1277/84 Pors, 1432 Porsche. WN zum ÖN *Porsch,* zu *Porst* 'Sumpfporst, wilder Rosmarin'; wenig wahrscheinlich slaw. KF zu RN mit *Bor-* → *Bohr.*

Pörschmann vielleicht Variante des RN slaw. *Boris* → *Bohr* + *man,* evtl. auch WN zu *porsch* = 'Po(r)st; Sumpfporst, wilder Rosmarin' oder ÜN zu mhd. *birsen, pirsen* 'pirschen'.

Porstmann HN zum ON *Porst;* möglich auch ÜN zu mhd. *borst(e), burst, bürst* 'Borste' für einen borstigen Menschen, vgl. 1416 Pörstlein, oder zu *Porst* → *Pörschmann.*

Porzig 1322 Portzk, 1334 Portzich, 1336 Porzick. KF zum RN *Tiburtius,* lat. zum ON *Tibur.*

Pöschk(e) → Peter

Poschmann → Busch

Pos(n)er 1299 Pozer(us). HN zum ON *Posa* oder *Posen* bzw. ÜN zu mhd. *bōȝer* 'Kegelspieler'.

Pöthke, Poethke → Pott

Pötsch, Poetsch, Pötschke, Poetschk(e) → Peter

Pott 1446 Potte. ÜN zu mnd. *pot* '(irdener) Topf' für den Töpfer / **Pöthke, Poethke:** 1564 Potke. Wohl ÜN demin. *potke* zu mnd. *pot,* s. Vor. / **Pötter:** 1466 Pottker, 1817 Pötter. BN zu mnd. *potter* 'Töpfer'.

Pötzsch, Poetzsch, Poetzschke → Peter

Pradler 1346 von Prade. WN zum ÖN *Prade, Pradl* zu lad. *prado,* lat. *pratum* 'Wiese' (Tirol).

Prager 1272 der Prager. HN zum ON *Prag,* auch: 'böhmischer Musikant'.

Prang(e) 1297 Prango, 1329 Pranghe. WN oder ÜN zu mnd. *prange* 'Pfahl, Stange zum Hemmen, Fesseln, Klemme, Mühlenfang' oder ÜN zu mnd. *prank* 'Gepränge, Prunk' oder 'Kampf, Streit, Zank', mhd. *branc,* pranc 'das Prangen, Prunken, Prahlen'.

Prätorius, Praetorius 1552 Pretorius. Lat. Übersetzung z. Zt. des Humanismus von *Schultheiß, Schulz, Scholz,* auch *Richter,* mlat. *pretoriarius* 'Stadtmeister, Vogt, Schultheiß', vgl. 16. Jh. Praetorius = Schultze.

Prause, Braus(e) 1193 Pruz, 1318 Prutze, 1458 Prawß. StammesN zu slaw. *prus* oder mnd. *Prūsse* 'Preuße', oder HN zum ON *Prauß, Prausitz* (1547 Kleynen Prauss); möglich auch ÜN zu mhd. *brūs* 'Brausen, Lärm'.

Praut(z)sch wohl HN, vgl. ON *Prautitz* Kr. Kamenz: 1377 Prauticz.

Precht → Albrecht

Prehl → Brühl

Preisendanz 1724 Preisendantz. ÜN, SatzN zu mhd. *prīsen* 'loben, rühmen' und *tanz* 'Tanz', wohl für den Reigenführer.

Preiss, Preiß 1142 Prīs, 1520 Preyß. ÜN zu mhd. *prīs* 'Lob, Ruhm, Wert; Preis; Herrlichkeit' oder HN zum StammesN mhd. *Priuʒ(e)* → *Preuße.*

Preisser, Preis(s)ler, Preißler 1509 Preißer; 1416 Preuseler, 1593 Preißlers. Vielleicht ÜN zu mhd. *brīse* 'Einfassung, Einschnürung von Kleidungsstücken', mnd., mhd. *prīsen, brīsen* 'einfassen, bortieren', evtl. für einen Posamentenmacher oder einen Goldschmied (vgl. 1479 Preisenstein), oder ÜN zu mhd. *prīsen* 'sich anmaßend benehmen' + *-ler*?; möglich auch HN oder StammesN 'der aus Preußen', vgl. 1387 Preusl = Preysel.

Prenner → Brenner

Preuss(e), Preuß(e), Preuhs, Prühs, Pruß 1193 Pruz, 1263 Průze, 1364 Preuss. StammesN mhd. *Priuʒ(e)* 'Preuße', mnd. *Prūsse, Prutze* oder zu slaw. *prus* 'Preuße', letzteres in Namen *Pruß* u. ä. (mit kurzem *-u-*) / **Preusser, Preußer:** 1479 Brewsser, 1480 Preußer. StammesN → *Preusse* oder HN zum ON *Preuß* oder BN → *Preisler* / **Preußler:** 1416 Preuseler. Wie Vor. / **Preußner:** 1384 von Prussen. 1413 Prüßner von der Nyße.

Priebe, Priewe 1175 Pribe. KF zu RN wie *Pribyslav* zu aslaw. *pribyti* 'zunehmen'.

Priem 1423 Pryme, 1428 Prim. KF zum RN *Primus,* lat. 'der Erste/erste', vgl. 1426 Primus; vereinzelt auch ÜN zu mhd., mnd. *prīme* 'die erste canonische Stunde', vgl. 1414 Prym clocke.

Priewe → Priebe

Prinz 1250 Prinzii, 1573 Printz. ÜN zu mhd. *prinze* 'Fürst, Statthalter'.

Probst, Propst 1272 Probest, 1319 Probst. BN zu mhd. *brobest,* mnd. *provest* 'Aufseher, Vorgesetzter, Probst'.

Proch → Prokop

Prochaska, Prochazka, Prohaska 1618 Procházka. ÜN zu tschech. *procházka* 'Spaziergang', für Wandergesellen, -burschen, auch für Faulenzer und entlaufenen Untertan.

Procksch: 1497 Proxsch. Sorb. KF zum HeiligenN *Prokopius* / **Prokisch:** 1454 Proykische.

Prof(f)t 1329 von Provin, 1350 de Proffen = 1383 Proffe, 1817 Proft. Zum Teil HN zum ON *Profen* mit sekundärem *-t,* z. T. ÜN zu mhd., mnd. *prophēte* 'Prophet, Wahrsager'.

Prögel → Brühl

Prohaska → Prochaska

Pröhl, Prohl 1385 Prel, 1450/51 Prole, 1549 Pröl. WN zu mhd. *brüel* 'bewässerte, buschige Wiese, Aue, Brühl' → *Brühl;* möglich auch HN zum ON *Prödel.*

Prokop 1430 Procopp. KF zum RN *Prokopius,* griech. 'Fortschritt' / **Proch:** 1399 Prochs. Westslaw. KF zu *Prokopius* oder ÜN zu poln. *proch* 'Pulver'.

Proposch 1652 Proposch. ÜN zu oso. *probošt 'Probst Superintendent' oder ÜN zu nso. prop,* demin. *propik* 'Pfropf'.

Prosch(e) 1374/82 Proz, 1549 Prosche. Slaw. KF zu RN wie *Prosimir,* zu urslaw. **prositi* 'bitten'.

Prosse 1437 Prosse, 1499 Prasse. ÜN zu mhd. *bras* 'Schmaus, Mahl' für den Prasser.

Protz(e) 1369 Procz, 1400 Procopius dictus Procz, 1489 Protze. Westslaw. KF des RN *Prokopius* → *Prokop* oder ÜN zu obd. *Protz* 'Kröte', vgl. fnhd. *protz* 'hoffärtig, ehrgeizig'. Auch ÜN zu nso. *proca,* oso. *próca* 'Mühe, Anstrengung': 1629 Protza = 1649 Protze.

Prüfer(t) 1410 Prüfer. BN zu mhd. *prüever* 'Prüfer, Untersucher, Merker, Aufpasser' = städtischer Beamter zur Prüfung handwerklicher und gewerblicher Erzeugnisse, auch Münzprüfer.

Prühs, Pruß → Preusse

Prüstel → Brust

Przybill(a), Przybyla 1486 Przybyla. Poln. ÜN zu *przybyć* 'ankommen', *przybyły* 'angekommen' für einen Zugezogenen, Neuankömmling im Dorf / **Przybilski, Przybylski:** 1790 Przybylski. Poln. Abltg. von *Przybyl* o. ä. / **Przybyllek:** 1725 Przibilek.

Puchelt 1396 Puchelt. Vielleicht ÜN zu mhd. *buchel, puchel* 'Fackel' mit sekundärem *-t.*

Puch 1349 Puch. ÜN zu nso. *puch* 'Aufatmen aus tiefer Brust; starker Hauch; Seufzer' oder ÜN zu mnd. *puch* 'Pochen, Trotz'.

Pucher(t) 1180 de Buoche, 1388 Pucher, 1706 Puchert. HN oder WN zu ON bzw. ÖN *Buch(a), Buchau* oder ÜN zu mnd. *pucher* 'hochfahrender Mensch, Prahler'; möglicherweise auch zu mnd. *puchen* 'pochen, schlagen; (aus)plündern'; vereinzelt auch zu ahd. *buohhāri* 'Schriftgelehrter, Schreiber, Verfasser'.

Puchta → Buchta

Pufe, Puff(e) 1393 der Bupff = 1399 Buff, 1397 Půff, 1438 Pufe, 1748 Puffe. ÜN zu mhd. *buf,* mnd. *puf* 'Stoß, Puff, Schlag', fnhd. *puff,* für einen heftigen, stößigen Menschen; möglich auch RN *Buffo,* zu *Bube,* vgl. fnhd., ostmd. *bufe* 'Bube'.

Puhlmann 1363 Puleman. HN zum ON *Puhl* oder WN zu mnd. *pōl, pūl* 'Pfuhl, Schlammloch' für einen, der am Pfuhl wohnt.

Pührer → Pierer

Puls, Pul(t)z 1290 Bülzin, 1347 Puls. HN oder WN zum ON *Puls, Pulsitz* bzw. zum ÖN *Pulz,* wohl 'Druckwasserquelle' (zu mhd. *puls* 'Puls, -ader'), oder ÜN zu mhd. *phulse,* md. *pulse,* mnd. *puls* 'Stange mit einem daran befestigten Holzklotz, um Fische ins Netz zu treiben'.

Pursch(e) 1280 Burschi, 1530 Pursch. BN zu mhd. *burse,* fnhd. *bursch(e)* 'zusammenlebende Genossenschaft junger Männer' / **Pürschel.** Demin. zu Vor.

Pusch → Busch

Püschel → Peter

Puschmann, Püschmann → *Busch,* z. T. auch = *Püschel* → *Peter*

Puschner → Busch

Putz(e) 1270 Butz, 1388 Puhtz. KF des RN → *Burkhardt* mit *-z*-Suffix → *Butz* oder ÜN zu mhd. *butze* 'Poltergeist, Schreckgestalt', mnd. *putz* 'Name des Teufels'.

Q

Quaas, Quase, Quass um 1000 Quasa, 1205 Quaz, 1301 Quas. ÜN zu nso., oso., poln. *kwas,* tschech. *kvas* 'Sauerteig, Saures, Säure', auch dt. Lehnwort aus dem Slaw.: mhd. *quāȝ,* mnd. *quās* 'Gastmahl, Gasterei, Schlemmerei'.

Quade 1387 Quade. ÜN zu mnd. *quāt* 'böse, boshaft, schlecht, falsch, zornig, aufgebracht' oder WN zu ÖN zu mnd. *quāt* 'Kot, Dreck, Unflat'.

Quadflieg ÜN 'böse Fliege' → *Quade.*

Quandt 1284 Quant. ÜN zu mhd. *quant* 'was nur zum Schein etwas ist, Betrug', mnd. *quant* 'Tand; von Personen: Windbeutel' oder HN zum ON *Quand(t).*

Quast 1314 Quast. ÜN zu mnd. *quast,* mhd. *quast(e)* 'Wedel von einem Baum, (Laub)büschel, Federbüschel als Helmschmuck', etwa des Baders, oder HN zum ON *Quast.* Bes. im N verbreitet.

Queck, Quäck 1335 Qwek. ÜN zu mhd. *quec, kec* 'lebendig, frisch; munter, mutig'; vereinzelt auch HN zum ON *Queck* oder ÜN zu mnd. *quek* 'Vieh' für den Viehhalter.

Quellmalz 1514 Quelmalcz. ÜN, SatzN zu mhd. *quellen* 'quellen' und *malz* 'Malz' „quelle [das] Malz" für den Mälzer.

Querengässer WN nach einer quer verlaufenden Gasse.

Querner 1409 de(r) Querner. BN zu mnd. *querne* '(Hand)Mühle' für den Müller, oder HN zum ON *Quern.*

Quiet(z)sch 1402 Quitzß. Vielleicht WN zu ÖN oder ÜN zu nd. mda. *quitsche* 'Eberesche, Vogelbeerbaum' oder HN zum ON *Quitzow* (1482 Quitzschaw).

Quoos, Quos 1378 Quotze, 1556 Qwoß. ÜN → *Quaas* oder HN zum ON *Quos,* vielleicht auch ÜN zu nd. mda. *quosen* 'quasseln'.

R

Leopold von Ranke
(1795 - 1886) Historiker, Geschichtsschreiber Preußens

Rainer Maria Rilke
(1875 - 1926) Dichter und Lyriker

Max Reger
(1873 - 1916) Komponist, Kompositionslehrer

Wilhelm Raabe
(1831 - 1910) Schriftsteller, Vorläufer der Moderne

Raab(e) → Rabe

Raa(c)k, Rack 1125 Rak, 1319 Racke. ÜN zu nso., oso., poln., tschech. *rak* 'Krebs' oder zu mhd. *rac* 'straff, gespannt, steif; rege, beweglich; los, frei' oder KF zu RN auf *Rac-*, vgl. 1035 Racco.

Raasch → Rasch

Rabe, Raab(e) um 900 Hraban, 1286 die Raben, 1298 Rabe. ÜN zu mhd. *rabe* 'Rabe' nach der Haarfarbe o. ä. oder RN ahd. *raben* 'Rabe' / bair. KF **Rabl, Räble;** schwäb. **Reble:** 1366 der Räblin; 1200 Rebil / **Rapp(e):** 1253 Rappè, 1359 zem Rappen. ÜN zu mhd. *raben, rab(e), rapp* 'Rabe', auch HausN / obd. KF **Rappl, Räpple,** schweiz. **Räppli:** 1269 Rapli, 1283 Räppeli, 1363 Reppel, 1382 Rappel.

Rabenalt, Rabenolt 1220 Ravenold(us). RN ahd. *hraban-walt* 'Rabe' + 'Gewalt, Macht' bzw. 'walten, herrschen'.

Räbner 1372 der Räbener. BN zu mhd. *rabe, rap(p)e, ruobe, rüebe* 'Rübe'.

Rabold(t), Rappold(t), Radebold(t) 812 Radbald, 1268 Ratbold, Rabbold. RN ahd. *rāt-bald* 'Rat, Ratschlag' + 'kühn, mutig, stark'.

Rach 1396 Rach. ÜN zu mhd. *rach* 'rauh, steif' oder zu mhd. *rāch(e)* 'Vergeltung, Strafe, Rache', fnhd. *rach* 'Zorn'; auch slaw. KF zum RN *Radomir* → *Radach*.

Rack → Raack

Racke 1325 Radekinus = 1334 Rakinus, 1325 Rake. Nd. KF zu RN auf ahd. *rāt* → *Radecke,* vereinzelt ÜN zu mda. *Racke* 'Mandelkrähe' oder HN zum ON *Raakow* / **Rack(e)mann:** 1663 Rackmann. Zu *Rack* → *Raack* oder *Racke* + *-man.*

Radach 1203 Radak, 1294 Radach. KF zu RN wie *Radomir* zu urslaw. **radъ* 'gern, froh' / **Radisch, Rädisch:** 1381 Radisch / **Radochla:** 1529 Radochla / **Raschick:** 1286 Rasik, 1510 Raschygk / **Raschke:** 1074 Rasco, 1397 Raschke.

Radebold(t) → Raboldt

Radeck(e), Radek(e) 1224 Radec, 1292 Radeke. Slaw. KF zu RN auf urslaw. **radъ* → *Radach* oder dt. KF zu RN auf ahd. *rāt-* 'Rat, Ratschlag', vgl. 1290 Radeke = Radolf repere und patron. 1401 Radelf Radeking, vereinzelt auch HN zum ON *Radeko* / **Radi(c)ke, Radigk, Rading, Rad(t)ke, Rathke, Rattke:** 1265 Radic, 1472 Ratke. Wie Vor.; bei den Namen auf *-t-* kann auch eine KF zu slaw. RN wie *Ratibor* zu aslaw. *ratiti sę* 'kämpfen' vorliegen.

Radecker → Radmacher

Rädel 1407 Radel, Redel. KF zum RN → *Konrad* mit *-l-*Suffix oder HN zum ON *Rädel* oder ÜN zu mhd. *redelīn* 'Rädchen' vielleicht für den Radmacher oder Drechsler; kaum ÜN zu mnd. *radel(e)* 'Hederich, Kornrade' / **Radler, Rädler:** 1259 Redler, 1420 Radler. HN zum ON/ÖN *Rädel,* oder ÜN, s. Vor.

Rad(e)loff 1155 Radolf(us), 1452 Radeleff = 1471 Radeloff. RN ahd. *rāt-olf* (< *wolf*) 'Rat, Ratschlag' + 'Wolf'; nd. oft = → *Rudolf;* Zweitglied auch nd. *lev,* ahd. *leiba* 'Rest'.

Rademacher 1286 Rademakere. BN zu mnd. *rademaker* 'Rademacher, Stellmacher, Wagner' / **Radecker, Redekker:** 1297 der Radekker. Nd. BN zu mnd. *radeker, redeker* 'Rademacher, Stellmacher', vereinzelt obd. WN zum ÖN/ON *Radeck.*

Räder, Raeder 1438 Rader, 1482 Räder. BN zu mhd. *rat* 'Rad', obd. 'Radmacher', vereinzelt BN zu mhd. *reder* 'Mehlsieber, Mühlknecht', vgl. 1396 Rederer, oder mnd. *reder* 'Ausrüster,

Reeder'; vereinzelt auch BN zu mnd. *rader* 'Berater' und PN ahd. *rāt-hēr* 'Rat, Ratschlag' + 'alt, ehrwürdig, von hohem Rang', vgl. 802 Radheri, um 830 Retheri.

Radestock 1244 Rodestock, 1418 Radestogk. HN zum ON *Rostig:* 1350 Radestok oder ÜN zu mhd. *riuten* 'reuten' und *stoc* 'Stock; Baumstamm, Baumstumpf' wie mhd., md. *rodeackes* 'Axt zum Roden', *rodehouwe* 'Haue zum Roden'.

Radewahn → Radvan

Radicke, Radigk, Radike, Rading → Radecke

Radisch, Rädisch → Radach

Radke → Radecke

Radloff → Radeloff

Radochla → Radach

Radtke → Radecke

Radvan, Radwan, Radewahn 1252 Radwan(us), 1437 Radewan. RN zu aslaw. *radovati* 'erfreuen', nso. *radowaś,* oso. *radować so* 'sich freuen, frohlocken'.

Rähm → Rehm

Rahm 1384 Rame. ÜN zu mhd. *rām(e), rem(e),* mnd. *rame* 'Stütze, Gestell; Rahmen', nd. auch ÜN zu mnd. *rām* 'Ruß' für den Köhler, Schmied / demin. **Rähmel:** 1480 Remell.

Rahn 1364 Ran. ÜN zu mhd. *ran* 'schlank, schmächtig'.

Raiber → Rauber

Raible → Räuble

Raichle → Rauch

Rain 1276 von dem Rayne. WN zum ÖN *Rain* zu mhd. *rein* 'begrenzende Bodenerhöhung, Rain'.

Ramm 1282 Ramm(es). ÜN zu mhd., mnd. *ram* 'Widder, Schafbock', vereinzelt auch HN zum ON *Ramm.*

Rammelt (1185 Ramboldus), 1323 Rambold. RN ahd. *raben-bald* 'Rabe' + 'kühn, mutig, stark'; vereinzelt auch ÜN zu mhd. *rammel* 'Widder, Ramme' mit -*t*-Anhang, vgl. 1250 Rambil, 1300 Ramili.

Ranck → Ranke

Ranft 1355/83 Ramft, 1400 Ranft. ÜN zu mhd. *ranft, ramft* 'Rand, Brotrinde' für einen kärglich lebenden, sparsamen Menschen.

Rang, Rank 1356 Rangg, 1467 Ranck. WN zu mhd. *ranc, range* 'Einfassung, Rand' oder ÜN zu mhd. *ranc* 'schnelle drehende Bewegung' oder zu mnd. *rank* 'lang und dünn, schlank'.

Range 1298 Rangge. ÜN zu mhd. *range* 'böser Bube, Range', fnhd. *range* 'Schurke'; vereinzelt auch WN zu nd. *Range* 'Abhang' oder ÜN zu mnd. *range* 'wilde Sau'.

Ranisch 1436 Ranisch. KF zu RN wie *Ranimir* u. ä. zu urslaw. **ranъ* 'früh', vereinzelt auch HN zum ON *Ranisch* (Schlesien).

Rank(e), Ranck 1265/69 Ranco, 1321 Ranke, 1467 Ranck. ÜN zu mhd. *ranc* 'schnelle drehende Bewegung' oder zu mnd. *rank* 'lang, dünn, schlank', *ranke* 'schwacher Schößling, Ranke' oder WN zu mhd. *ranc* 'Einfassung, Rand' bzw. mhd. *ranc* 'schnelle drehende Bewegung' für eine Biegung der Straße o. ä. → *Rang;* vereinzelt auch HN zum ON *Rank(au).*

Ränker, Renker [um 822 Rainger], 1358 Rencker. RN ahd. *ragin-gēr* 'Schicksal' + 'Speer' oder ÜN zu mhd. *renken* 'drehend ziehen, hin und her bewegen' oder md. BN zu mhd. *rinc* 'Ring' für den *Rinker* = *Renker,* den Hersteller von Ringen oder HN zum ON *Rankau.*

Rapp, Rappe, Rappl, Räpple, Räppli → Rabe

Rappold → Rabold

Rappsilber 1230/1350 Rapesülver, -silver. ÜN, SatzN zu mhd. *raffen,* mnd.

rapen 'raffen, eilig an sich reißen' und *silber* 'Silber' für den Raffgierigen.

Rasch(e), Raasch 1277 Rasche, 1361 Rasch. ÜN zu mhd. *rasch* 'schnell, hurtig, gewandt, kräftig', vereinzelt zu fnhd. *rasch* 'leichtes Wollgewebe'; öfter auch HN zum ON *Rasch(a, au)* oder slaw. **Raš*, KF zu *Radomir* → *Radach*.

Raschick, Raschke → Radach

Rasmus, Raßmus, Raßmuß, patron. **Rasmussen:** 1745 Rasmus, 1756 Raßmußen. Holst.-dän. Form des PN *Erasmus,* griech.-lat. 'liebenswert'; → *Asmus*.

Raspe 1271 Raspo. ÜN zu mhd. *raspen* 'raffen' / **Rasper:** 1300 Rasper. ÜN zu mhd. *rasper* 'Zusammenraffer'.

Räß, Reß 1303 Räße, 1413 Reß. ÜN zu mhd. *ræʒe* 'scharf, herbe, ätzend; bissig, wild, wütend; heftig, keck', für einen leicht reizbaren Menschen.

Raßmann 1391 der Raßmann. Vielleicht zu einem alten RN *Raßman* aus ahd. *rāʒi-man* 'Wut' + 'Mensch, Mann', zumeist zu *Erasmus* → *Asmus,* vgl. 1445 Aßmann = Eraßmann Jünger.

Raßmus, Raßmuß → Rasmus

Rat(h)aj, Rat(h)ay, Rathey, Rattay, Rattey 1390 Rathay. BN zu nso., oso., poln., tschech. *rataj* 'Ackermann, Landmann, Ackerknecht, Ochsenknecht'; *Rattey* auch HN zum ON *Rattey.*

Rathke → Radecke

Rathmann 1176/80 Ratmann(i). BN, ÜN zu mhd., mnd. *rātman* 'Ratgeber, Schiedsrichter', mnd. auch 'Ratsherr'; schon früh auch RN, vgl. 822/75 Red-, Radman.

Rattay, Rattey → Rathaj

Rattke → Radecke

Ratz vor 999 Razo, 1239 Rāzo, 1449 Ratz. KF zu RN auf ahd. *rāt-* 'Rat, Ratschlag' + *-z*-Suffix oder ÜN zu mhd. *ratz(e)* 'Ratte', auch 'große Haselmaus, Iltis' für einen diebischen, geizigen oder Schrecken einflößenden Menschen / **Ratzmann:** 1301 Ratzman. RN *Ratz* + *-man*-Suffix.

Rau, Raue, Rauh, Rauer 1265 Ruhe [= 1269 der ruhe], 1436 Rawe, 1450/51 Rauwe. ÜN zu mhd. *rūch, rū(he), rouch* 'haarig, struppig; rauh, herbe, hart, strenge, unwirsch, ungebildet' / **Raumann:** 1392 Rawman. Wie Vor. + *man* / obd. demin. **Reil(e), Reule:** 1244 Rühelin, 1471 Rüwlin, Reulin.

Rauber, Räuber, Reuber, Raiber, vogtl. **Reiber:** 1223 Robere, 1359 Rowber, 1487 Rewber; 1508 Reiber / nd. **Röver, Rover:** 1319 de Rovere. ÜN zu mhd. *roubære, röubære, -er,* mnd. *rover* 'Räuber'.

Räuble, Raible 1296 Raubelin. Alem. ÜN demin. zu mhd. *roup, roub* 'Beute; Raub, Räuberei' für einen diebischen Menschen oder zu mhd. *riuwe, riwe, riu* 'Betrübnis, Schmerz, Kummer' oder KF zu einem PN zu ahd. *hrōd, hruod* 'Ruhm' wie um 900 Ruotbold.

Rauch 1419 Rauch. ÜN zu mhd. *rouch* 'Dampf, Rauch' für den Inhaber einer (steuerpflichtigen) Feuerstelle oder ÜN für den Schmied oder Variante von → *Rau* / demin. **Räuchle, Raichle, Reuchlin:** 1350 der Röuchlin.

Rauchfuß 1264 nd. Ruvot, 1547 Rauchfuß. ÜN zu mhd. *rūch* → *Rau* und *vuoʒ* 'Fuß' für einen Menschen mit haarigen Beinen (als Zeichen der Männlichkeit) oder für einen groben Menschen, ein „Rauhbein".

Raue, Rauer, Rauh → Rau

Rauhut 1501 Rouchhüt. ÜN zu mhd. *rūch, rū(he), rouch* 'haarig' und *huot* 'Hut' für den Träger eines pelzbesetzten Hutes, evtl. auch für den Hersteller (Huter, Kürschner).

Raumann → Rau

Raumschüssel, Reumschüssel, Reimschüssel 1178 nd. Rumskottele, 1377 Raumschissel, 1406 Reumeschüssel. ÜN zu mhd. *rūmen* 'freien Raum schaffen, verlassen, räumen; aufräumen' und *schüʒʒel(e)* 'Schüssel' für den starken Esser, auch für den Dieb und Plünderer.

Rauner 1275 Runere, 1467 Rawner. ÜN zu mhd. *rūner* 'Rauner, Zuflüsterer, Verleumder' oder HN zum ON *Raun'.*

Rausch 1365 Raush, 1414 Rawsch. ÜN zu mhd. *rūsch* 'rauschende Bewegung, Anlauf, Angriff' bzw. zu mhd. *rūschen* 'Geräusch machen, rauschen; eilig und mit Geräusch sich bewegen' für den Lärmenden, Großtuer; z. T. auch zu mhd. *rūsch* 'Teil des Helmschmuckes, Kopfputzes' / **Rauscher:** 1277 Ruschere, 1337 Rauscher. ÜN wie Vor., vgl. auch fnhd. *rauscher* 'laute, renommistische Natur' / **Rauschert:** um 1500 Rauschert. Wie Vor. mit sekundärem *-t* oder zu mhd. *ruschart* = *banchart* 'Bastart' / **Reuschel, Reuschlein:** 1510 Rewschel. Demin. zu → *Rausch.*

Rauscher(t) → Rausch

Reber 1367 Reber. BN zu mhd. *rebe* 'Rebe, Reb-, Weingarten' für den Weingärtner; vogtl. auch = *Räuber* → *Rauber,* vgl. 1487 Rewber = 1506 Reber / **Rebmann:** 1293 der Rebmann. BN zu mhd. *rebman* 'Weinbauer'.

Rebhahn, Rebhuhn 1265 Rephane, 1347 Rephun. ÜN zu mhd. *rephuon,* mnd. *raphōn* 'Rebhuhn'; vereinzelt auch HausN: 1480 zum Rephun.

Reble → Rabe

Rebschläger → Reepschläger

Recknagel ÜN, SatzN wie *Reckenspieß, Reckeisen* zu mhd. *recken* 'in die Höhe bringen, erheben; erregen; ausstrecken, ausdehnen' und *nagel* 'Nagel' für den Schmied oder ÜN wie *Reckschenkel, Reckzeh, Reckzein:* 1475 Reckenczeyn zu mhd. *recken,* s. Vor., und *Nagel* übertragen in der Bedeutung Penis.

Reckzeh 1491 Rexcze. ÜN, SatzN zu mhd. *recken* 'in die Höhe bringen, erheben; erregen; ausstrecken, ausdehnen' und *zē(he)* 'Zehe, Kralle', vielleicht auch obszön wie → *Recknagel* oder ÜN für den Folterer; vereinzelt auch WN zum ÖN *Recksee.*

Redlich 1310 Retlich, 1538 Redlich. ÜN zu mhd. *red(e)lich* 'beredt; vernünftig, rechtschaffen'.

Re(e)pschläger, Rebschläger 1265 Repslegere. BN zu mnd. *rēpsleger* 'Seiler, der das große geteerte Schiffstauwerk herstellt'.

Reese 1265 Rese. HN zum ON *Rees(en)* oder ÜN → *Riese.*

Regenhard(t) → Reinhardt

Reger, Röger 1391 der Reger. ÜN zu mhd. *regen* 'in Bewegung setzen; anregen; sich regen' für einen beweglichen Menschen; vereinzelt zu mnd. *rēgerer* 'Regierer, Leiter' oder zu mnd. *rēger* 'Reiher'.

Reg(e)ner, Rögner 835/63 Reginheri, 1576 Regener. RN ahd. *ragin-heri* 'Schicksal' + 'Heer' oder HN zum ON *Regen;* Rögner vielleicht auch ÜN zu mhd. *rogener* 'weiblicher Fisch', 1409 Rogener.

Rehbein 1341 Reben, 1707 Rebein. ÜN zu mhd. *rē(ch),* mnd. *rē* 'Reh' und mhd. *bein,* mnd. *bēn* 'Knochen; Schenkel, Bein' für einen Feingliedrigen, Flinkfüßigen.

Rehdanz → Rehtanz

Reher → Reiher

Rehm(e), Rähm 1226 Reme. ÜN zu mhd. *rem(e)* 'Stütze, Gestell' für einen stämmigen Menschen oder WN zum ÖN zum gleichen Wort oder HN zum ON *Rehm(e), Rehmen* oder WN zu mnd. *rēme* 'Riemen, Band' für eine streifenförmige Fläche; vereinzelt auch KF zu RN auf ahd. **ragin,* asä. *regin* 'Schicksal'.

Rehmer, Remer 1570 Remer. BN zu mnd. *remer* = *rēmensnīder* 'Riehmer, Sattler' → *Riemer,* z. T. auch ÜN, HN, KF zu RN wie → *Rehme.*

Rehse → Riese

Rehtanz, Rehdanz 1248 Regedantz, 1641 Redanz. ÜN, SatzN zu mhd. *regen* 'in Bewegung setzen' und *tanz* 'Tanz' für den Tanzmeister, -ordner'.

Reiber 1420 Ryber (ein Baderknecht). BN zu mhd. *rīber* 'Reiber, Badeknecht; Bube, schlechter Kerl', → *Rauber.*

Reibetanz ÜN, SatzN zu mhd. *rīben* 'reiben; tanzen, sich drehen, wenden; mit dem Fidelbogen streichen' und *tanz* 'Tanz' für den Tanzlustigen oder den Geiger.

Reich → Reiche

Reichard(t), Reichart, Reichhard(t), Reicher(d)t, Reicher, Richard(t), Ri(e)chert, Rickert um 815 Richart, 1359 Rychard(i), 1368 Richert, 1381 Reichart. RN ahd. *rīhhi-hart* 'Herrschaft, Herrscher, Macht, Gewalt; Reich; reich, mächtig; hoch' + 'hart, streng'; *Reicher* auch stark flektierte Form von *reich* → *Reiche,* vgl. 1200 Richer / nrhein. **Richards, Richartz,** patron. **Richardsen:** 1355 Richartsson / **Rickert:** [1368 Ryckerd]. Nd. Form, auch weiblich.

Reich(e) 1275 der Riche, 1465 Reich. ÜN zu mhd. *rīch(e)* 'von hoher Abkunft, mächtig; reich' oder KF zu RN auf ahd. *rīhhi* 'Herrschaft, Herrscher, Macht, Gewalt; Reich; reich, mächtig, hoch'.

Reichel(t), Reichl, Richel um 825 Ricwal, Ricold, 1331 Rychel (Sohn des Richwin), 1372/83 Rychel neben Rychulff, 1383 Reichel. KF zum RN, ÜN → *Reiche* + *-l*-Suffix, auch RN ahd. *rīhhi* + *walt* (> *olt*) bzw. + *wolf* (s. 1372/83) 'Gewalt, Macht' bzw. 'Wolf' / patron. **Richels(en).**

Reicher, Reicher(d)t, Reichhard(t) → Reichardt

Reichl → Reichelt

Reichmann 1340 Richaman, 1437 Richman. ÜN zu mhd. *rīchman* 'reicher Mann, Höriger des Lehnsherrn', vereinzelt RN → *Reiche* + *-man,* vgl. um 1000 Ricman.

Reichmuth 1348 Richmut. RN ahd. *rīhhi* → *Reiche* + *muot* 'Gesinnung' wie um 825 Rycmund oder ÜN zu mhd. *rīch-muot* 'vornehm, edel, mächtig, gewaltig' + 'Kraft des Denkens, Empfindens, Wollens' wie mhd. *rīchsælec* 'glücklich'.

Reichold(t), Reichwald, Reichhold um 825 Ricwal, Ricold, 1153 Richolt, 1572 Reicholt. RN ahd. *rīhhi* → *Reiche* + *walt* 'Gewalt, Macht'.

Reidel → Reitel

Reidemeister 1381 Reitmeister. BN zu mhd. *reitemeister* 'Stadtrechner', fnhd. *reidemeister* 'Rentmeister'.

Reiher, Rey(h)er, Reher 1306 Reyger, 1373 Reyger, Reyer, 1501 Reher. ÜN zu mhd., mnd. *reiger,* mnd. *rēger* 'Reiher'; *Reher* vereinzelt auch HN zum ON *Reher.*

Reihs → Reiß

Reil, Reile → Rau

Reimann, Reymann 822/75 Reynman, 1334 Reyman. KF zu RN auf ahd. **ragin,* asä. *regin* 'Schicksal' + *man;* z. T. auch kontrahiert aus *Reinmann,* vgl. 1325, 1342 Rynman, 1367 von dem Reyne, entweder HN zum GewN *Rhein* oder WN zu mhd. *rein* 'Rain; Meeresufer'; nd. auch → *Riemann.*

Reimer(s) 820 Reginmar, 1278 Reimer(i), 1312 Reymeres. RN ahd. **ragin,* asä. *regin-māri* 'Schicksal' + 'bekannt, berühmt, angesehen; herrlich, hervorragend, vortrefflich'.

Reimpel, Reimpell → Rempel

Reimschüssel → Raumschüssel

Reinck, Reincke → Reinecke

Reinecke, Reineke, Reineck, Reinikke, Rein(c)k, Rein(c)ke, nd. **Rennekke, Renk(e):** 1259 Renecke, 1301 Reincke, Reincken, 1503 Reinecke; 1458 Rencke. KF zu RN auf ahd. **ragin,* asä. *regin* 'Schicksal' + *-k*-Suffix.

Reiner 835/63 Reginheri, 1303 Reyner(i). RN ahd. **ragin,* asä. *regin-heri* 'Schicksal' + 'Heer'.

Reinert → Reinhardt

Reinhard(t), Reinert, Regenhard(t) 793 Reinherd(us), 834 Reginhard(us), 1269 Reinhard(i), 1568 Reinert. RN ahd. **ragin,* asä. *regin-hart* 'Schicksal' + 'hart, streng' / gen. *Reinhard(t)s:* 1368/81 Reynerdes, 1463 Reinhardes.

Reinhold(t) 800 Reginald(us), 1277/86 Reinold(i). RN ahd. **ragin,* asä. *reginwalt* 'Schicksal' + 'Gewalt, Macht' / gen. **Reinholz:** 1330 Reynolds.

Reinicke → Reinecke

Reinisch, Rö(h)nisch 1348 Reinisch. Sorb. KF zu dt. RN auf ahd. **ragin* → *Reinecke,* vereinzelt auch ÜN zu mhd. *reinisch* 'brünstig; froh, stolzgemut' / **Reinsch, Reint(z)sch, Rön(t)sch, Röntzsch:** 1431 Reynczsche = Reyncze, 1518 Reinzsch / **Reinschke:** 1635 Rinzschke.

Reink(e) → Reinecke

Reinsch, Reinschke, Reint(z)sch → Reinisch

Reiprecht, Reiprich 796/99 Reginberht, 1520 Reiprecht. RN ahd. **ragin,* asä. *regin-beraht* 'Schicksal' + 'hell, strahlend, glänzend'.

Reiser, Reißer 1135 Reiser, 1577 Reißer. BN zu mhd. *reisære, -er* 'der eine Reise, einen Feldzug macht, Krieger', vereinzelt aber auch WN zu ÖN zu mhd. *rīs, rīȥ* 'Reis, Zweig; Gebüsch, Gesträuch'; daneben gelegentlich HN zum ON *Reiser.*

Reisiger → Reissiger

Reisner 1294 Reisener. BN zu mnd. *reisener* 'Reisiger, Krieger; Reisender' oder zu mhd. *reisen* 'die Harfe schlagen', vereinzelt auch HN zum ON *Reisen.*

Reiß, Reiss, Reihs 1328 Raise, 1330 Reyse. KF zu RN auf ahd. **ragin,* asä. *regin* 'Schicksal' + *-z*-Suffix oder ÜN zu mhd. *reis(e)* 'Aufbruch, Zug, Reise, besonders Kriegs-, Heereszug', vereinzelt auch WN zu ÖN zu mnd. *rīs* 'Reisigbusch, Gebüsch, Laubwald'.

Reißaus 1403 nd. Rituppes. ÜN, SatzN 'reiße aus', vereinzelt auch HN bzw. WN zum ON bzw. ÖN *Reißaus.*

Reißer → Reiser

Reißig, Reissig 1371 Reyseghe, 1504 Reysig. BN zu mhd. *reisec, reisic* 'reisend; gerüstet, reisig, beritten' oder ÜN zu mhd. *reiȥec* 'verlangend, gierig', auch WN zu ÖN auf *rīsach, rīsech* 'Reis; Reisig; Gebüsch' / **Reis(s)iger:** 1476 Reisiger. BN zu mhd. *reisec, reisic* 'gerüstet, reisig, beritten' für einen berittenen Kriegsmann.

Reißmann, Reissmann 1237 Reisman. BN zu mhd. *reisman* 'Kriegsmann, reitender Bote', fnhd. *reisman* 'Kriegsmann'.

Reitel, Reidel, Reutel 1281 Reydel, 1591 Rayttl, 1638 Reutel. ÜN zu mhd. *reitel* 'Drehstange, kurze dicke Stange, Prügel, Knüttel', fnhd. *reidel* '(Zaun) Stecken'.

Remer → Rehmer und → Riemenschneider

Remke 1310 Remeke(n). KF zu RN ahd. **ragin*, asä. *regin* + ahd. *beraht* 'Schicksal' + 'hell, strahlend, glänzend'.

Rempel, obd. **Reimpel(l):** 1347 Rempel. RN ahd. **ragin*, asä. *regin* – ahd. *bald* 'Schicksal' + 'kühn, mutig, stark', auch KF zum RN **ragin, regin* + *beraht* + *-l*-Suffix.

Renatus RN (HeiligenN), lat. 'wiedergeboren'.

Renger, rhein. **Rengers:** 835/63 Reginger. 1393 Renger. RN ahd. **ragin*, asä. *regin-heri* 'Schicksal' + 'Heer'.

Renke → Reinecke

Renker → Ränker

Rennecke → Reinecke

Renner(t) 1307 Renner, 1328 Rennert. BN, ÜN zu mhd. *rennære, -er* 'der hin und her rennt, viel beschäftigt ist; Reit-, Stallknecht; reitender Bote', fnhd. *renner* 'turniermäßiger Ritter; der obere, bewegliche Mühlstein'.

Rentsch → Renz

Renz, Ren(t)sch, Rentzsch 1331 Renz, 1382 Rentsch. KF zu RN auf ahd. **ragin*, asä. *regin* → *Reiner*, vgl. 1353 Renczo = Reynhard, + *-z*-Suffix oder sorb. → *Reinisch*, z. T. auch KF von → *Lorenz; Renz* auch HN zum ON *Ren(t)z.*

Repka, Repke 1351 Repeke, 1529 Repka. ÜN zu nso., oso. *rěpa* 'Rübe'; *Repke* auch HN zum ON *Repke.*

Repschläger → Reepschläger

Resag 1374/82 Resak. ÜN zu nso. *rězaś*, oso. *rězać* 'schneiden; schlachten'.

Resch(e) 1252 Resche. ÜN zu mhd. *resch(e)* 'schnell, hurtig, rasch', → *Rasche* und → *Rösch.*

Reschke um 1350 Reschka, 1657 Reschke. ÜN zu nso. *rešk* 'Zaungrasmücke, Rotschwänzchen' oder sorb. KF zu → *Lorenz* oder zu *Rensch* → *Renz* oder Variante zu *Raschke* → *Radach* oder HN zum ON *Reschke.*

Rese → Riese

Reß → Räß

Ressel 1256 Rössel. Wohl ÜN zu demin. mhd. *rössel* zu *ros* 'Streitroß und Wagenpferd' oder zu nd. *ressel* 'Flöhkraut, Wasserpfeffer, Bitterling'.

Rettig 1245 Retich. ÜN zu mhd. *retich* 'Rettich', vereinzelt auch HN zum ON *Rettig.*

Retzlaff 1228 Reczlauo. Westslaw. RN **Radoslav* oder **Ratislav* → *Radach.*

Reuber → Rauber

Reuchlin → Rauch

Reule → Rau

Reumschüssel → Raumschüssel

Reuschel, Reuschlein → Rausch

Reuß 1289 Ruze, 1324 der Rüsse, 1398 der alte Reusse. BN zu mhd. *(alt)riuȝe* 'Schuhflicker', fnhd. *reuß(e), ruße* 'Flickschuster' oder ÜN zu fnhd. *reuß* 'Russe'.

Reutel → Reitel

Reut(h)er 1320 Rüter, 1445 Rewther. BN zu mhd. *riutære, -er* 'der ausreutet, urbar macht, Bauer', früh vermischt mit mhd. *rîter*, fnhd. *reuter* 'Reiter, Streiter zu Pferde'; auch HN zum ON *Reuth* bzw. WN zum ÖN *Reut(h)e/Reit.*

Rey(h)er → Reiher

Reymann → Reimann

Ribback, Rybak 1475 Ribagk. BN zu nso., oso., poln. *rybak*, tschech. *rybák* 'Fischer' / **Riebisch:** 1437 Ribitsch, 1474 Rybisch / **Riebke:** 1403 Rybka. ÜN zu nso., oso., poln., tschech. *ryba*, demin. *rybka* 'Fisch'.

Richard, Richards, Richardsen, Richardt, Richartz → Reichardt

Richel, Richels(en) → Reichelt

Richert → Reichardt

Richter(s) 1279 Richter. BN zu mhd. *rihtære, -er* 'Lenker, Ordner, Oberherr, Regent, Richter', auch 'Dorfschulze'.

Ricken 1321 Ricken. Nd. KF zu RN auf asä. *rīki* 'Herrscher; reich', → *Reiche.*
Rickert → Reichardt
Ridder → Ritter
Riebe 1283 Ribo, 1345 Ribe. BN → *Ribback* oder nd. KF zu RN auf ahd. *rīhhi-*, asä. *rīki-bald* bzw. *beraht,* vgl. 1274/99 Ribe, oder dt. ÜN zu mnd. *ribbe* 'Rippe; bildlich Körper, Familie, Geschlecht'.
Riebisch, Riebke → Ribback
Riechert → Reichardt
Rieck(e) 1266 dem Riken, 1370 Rike. Nd. KF zu RN auf mnd. *rīk(e)* 'reich, mächtig', obd. KF zum RN ahd. **hruod-gēr* 'Ruhm' + 'Speer'.
Rieckhof(f) 1552 Rickhoff. WN zu ÖN zu mnd. *ri(c)k* 'Stange; Gehege'.
Ried(e)l, obd. **Riedle:** 1377 Ruedel, 1438 Ridel. KF zu RN auf ahd. **hruod* 'Ruhm', vgl. 558 Ruodelo = Ruodolfus, 1344 Rüdel = Rüdiger, → *Rudel.*
Rieder 1404 der Rieder. HN oder WN zum ON oder ÖN *Ried* zu mhd. *riet* 'Schilfrohr, Sumpf-, Riedgras, damit bewachsener Grund' / **Riederer:** 1393 Riderer. HN zum ON *Riedern* / **Riedmann:** 1454 Rietman. WN wie → *Rieder* / **Riedmeier, Riedmeyer:** 1350 Rietmayger. WN der *Meier im Ried,* → *Meyer* / **Riedmüller, Riethmüller:** 1327 Rietmüller. WN.
Rief(en)stahl, Rübstahl 1293 Ribestahel, 1589 Rivenstal. ÜN, SatzN zu mnd. *riven* 'reiben (mit Rillen, Furchen versehen)' und *stāl* 'Stahl' für den Schmied.
Riegel 1198 Rigil. WN zu mhd. *rigel* 'Riegel; kleine Anhöhe oder steiler Absatz eines Berges' oder HN zum ON *Riegel* / **Riegler:** 1332 der Rigeler. Wie Vor. oder BN zu fnhd. *rigeler* 'Riegelschlosser'.
Rieger → Rüger
Riehl(e) 1135 de Rile, 1564 Riele. HN zum ON *Riehl, Rühle* oder entrundet zum RN *Rühle* → *Rudolf.*
Riehm(e) 1350 Ryem, 1603 Rieme. ÜN zu mhd. *rieme* 'Band, schmaler Streifen, Riemen, Gürtel' für den Hersteller oder Träger dieser Gegenstände oder WN zu einem ÖN zum gleichen Wort in der Bedeutung 'langer, schmaler Streifen im Gelände'.
Riemann 1354 Rymman, 1381 Ryman. KF zu RN auf ahd. *rīhhi* 'Herrschaft, Herrscher, Macht, Gewalt; Reich; reich, mächtig; hoch' + *man*-Suffix oder nd. Form zu → *Reimann* oder WN zu mnd. *ri(d)e* 'Bach, kleiner Wasserlauf' oder kontrahierte Form eines HN *Rinman,* vgl. 1325 Rynman, zum GewN *Rhein, Rhin* oder *Rigeman,* vgl. 1300 Rigeman, de Riga zum ON *Riga.*
Riemenschneider 1258 Remensnidere, 1382 Rymensnider, 1446 Riemschneider. BN zu mhd. *riemensnīder,* mnd. *remensnīder* 'Riemenschneider, Riemer, Weißgerber', fnhd. *rimenschneider, rimer* 'Sattler' / **Riemer,** nd. **Remer:** 1343 Rimer, 1434 Remer, 1477 Riemer. BN zu mhd. *riemer* 'Riemenschneider'.
Riese, nd. **Reese, Rehse:** 1266 der Rise; 1277 Rese. ÜN zu mhd. *rise,* mnd. *rēse* 'Riese' für einen großen Menschen, z. T. HausN, vgl. 1324 curia ... zu dem Rysin, vereinzelt auch HN zum ON *Riesa.*
Rieß 1428 Rysse, 1498 Rieß. HN zum ON *Ries* oder zum obd. ÖN *Rieß* oder ÜN zu nso., tschech. *rys,* poln. *ryś* 'Luchs'.
Riethmüller → Rieder
Riet(z)schel, Ritsch(e)l 1381 Rüczschel. KF zu RN auf ahd. **hruod* 'Ruhm' mit *-z-* und *-l*-Suffix, vgl. 1435 Rycz = Ryczsch, → *Rudolf.*
Rilke → Rühl

Rinck → Rinke

Rindfleisch 1187 Rintfles, 1388/89 Ryntfleysch. ÜN zu mhd. *rintvleisch* 'Rindfleisch, ein ausgewachsenes Rind' für einen Fleischer.

Ring(e), rhein. **Rings:** 1299 Ringe, 1364 Ring. ÜN zu mhd. *ring(e)* 'leicht, leicht und schnell bereit; bequem; klein, unbedeutend, gering; leichtsinnig, schlecht' oder zu mhd. *rinc, ring* 'Ring, Fingerring' für den Ringmacher, Schmied oder HN bzw. WN zum ON bzw. ÖN *Ringe* oder = → *Rinke.*

Ringel, rhein. **Ringels:** 1499 Ringel = 1501 Ringk, 1557 Ringel = Ringler. ÜN zu mhd. *ringel,* demin. zu *rinc, ring* für den Ringmacher, den Hersteller von Ringen aus Knochen, Horn, Elfenbein, oder zu mnd. *ringel* 'Zuber' für den Böttcher oder KF zum ÜN zu mhd. *ring(e)* → *Ring* oder WN zum ÖN *Ringel* / **Ringelmann:** 1646 Ringelmann. Wie Vor. + *-man* / **Ring(e)ler:** 1445 Ringler. BN zu mhd. *ringelen* 'mit Ringen versehen' für den Ringmacher → *Ringel.*

Ringk → Rinke

Ringler → Ringel

Rings → Ring

Rink(e), Rinck(e), Ringk, rhein. **Rinks:** 1206 Rinc, 1409/10 Ryngke. ÜN zu mhd. *rinke, ringge* 'Spange, Schnalle' für den Spangenmacher oder = → *Ring* oder WN zum ÖN *Rin(c)k;* vereinzelt zu asä. *rinc* 'Mann', vgl. 825 Rinkis / **Rinker:** 1582 Rinkher. ÜN oder WN wie Vor. / **Rinkler:** 1505 Rynkler. ÜN wie Vor.

Rinkefeil, Rinkepfeil 1418 Rinkenfyler, 1574 Ringkefeil dem Schmide. ÜN zu mhd. *rinke, ringge* 'Spange, Schnalle am Gürtel, Schuh' und mhd. *vīle* 'Feile' für den Spangenschmied.

Rinker, Rinkler → Rinke

Rinser 1288 Rinse, [1493 Rynsenmacher]. Obd. WN zu mhd. *runs(e), ronse* 'das Rinnen, Fließen; Quell, Fluß; Rinnsal, Wassergraben, Kanal; Flußbett' [vielleicht auch BN zu obd. *rünse* < *riuse* 'Fischreuse'].

Risch(e) 1208 Rische. ÜN zu mhd. *risch* 'hurtig, schnell, frisch, keck → *Resch,* vereinzelt auch WN zum ÖN *Risch* zu mnd. *risch* 'Schilf' / **Rischmann:** 1380 Ryscheman.

Ritsch(e)l → Rietzschel

Ritter, nd. **Ridder:** um 1200 Ritter, 1295 Ridder. ÜN oder BN zu mhd. *rit(t)er,* mnd. *ridder* 'Reiter, Streiter zu Pferde, Kämpfer, Ritter'; deutet z. T. auf den sozialen Stand „ritterbürtig" oder auf soziale Beziehungen zum Ritterstand.

Rit(z)schke 1250 Ritseke. Wohl KF zu RN auf ahd. *rīhhi* → *Reichardt* oder auf ahd. **hruod* → *Rietzschel* oder WN zum slaw. GewN *Rietzschke,* zu urslaw. **rěčьka* 'Flüßchen'.

Robel → Wrobel

Röber(t) → Röver, → Rupprecht

Röbke → Rupprecht

Roch(e) 1347 Roche. KF zum RN *Rochold* wohl zu ahd. *ruohha* 'Sorge, Fürsorge, Sorgfalt' + *waltan* 'walten, herrschen' oder zum HeiligenN *Rochus* oder ÜN zu mhd. *rōch* '(persönlich) unfertig, unreif' oder zu mnd. *rach, roch* 'Zorn' oder Variante von → *Rau(e)* bzw. → *Rauch;* auch slaw. KF zu *Rodoslav* → *Rodig.*

Rockstroh 1362 Rueckenstroh, 1526 Rockestrohe. ÜN zu mhd. *rocke, rogge* 'Roggen' und *strō* 'Stroh', wohl ÜN für einen Bauern.

Rocktäschel, Rucktäschel 1603 Rucketasche. ÜN zu mhd. *rücken, rucken* 'fortbewegen, rücken' und *teschel(īn)* 'Tasche' (demin.) für einen Wanderlustigen.

Rode, Rohde 1141 (de) Rode. HN zum ON *Rod(e), Roda(u), Röda,* auch WN zum ÖN zu md. *roden* 'urbar machen, reuten'.

Rödel, Roedel 1450/51 Rodell. KF zu RN auf ahd. **hruod* 'Ruhm' mit *-l*-Suffix oder ÜN zu mhd., mnd. *rodel* 'beschriebene Papierrolle, Liste, Register, Urkunde' für den Schreiber / **Rodler, Rödler:** 1550 Rodler. BN zu mlat. *rotularius* 'Schreiber der amtlichen Verzeichnisse'.

Roder, Röder, Roeder 1285 Rodere, 1385 Röder. RN ahd. **hruod-heri* 'Ruhm' + 'Heer' oder HN bzw. WN zu ON bzw. ÖN *Rod(e), Röda,* vgl. 1257 Rodere = von Rode, oder ÜN zu mnd. *roden* '(aus)roden' → *Rode.*

Rodig 1570 Rodigk. KF zum RN *Rodoslav* zu urslaw. **rodъ* 'Geschlecht'; vereinzelt auch dt., vgl. 1391 Rŏding, als HN bzw. WN zum ON bzw. ÖN *Roding* / **Roschig:** 1542 Ruschick. KF zu slaw. RN wie Vor. / **Roschke, Roske, Röschke:** 1322 Roseke, 1691 Roschke. Wie Vor.

Rödiger → Rüdiger

Rodler, Rödler → Rödel

Rodloff → Rudolf

Rogal(l), Rogalla 1409 Rogal. ÜN zu poln. *rogal* '(Bast)Hirsch', auch 'Hahnrei, betrogener Ehemann', vereinzelt auch HN zum ON *Rogallen.*

Rogge 1267 Rogge(n). ÜN zu mnd. *rogge* 'Roggen' für den Roggenbauern, vereinzelt auch HN zum ON *Roggow, Roga.*

Rögner 1409 Rogener. BN zu mhd. *rokkener* 'der Roggenbrot bäckt' zu mhd. *rocke, rogge* oder HN zum ON *Rögen* oder ÜN zu mhd. *rogener* 'weiblicher Fisch', → *Regener.*

Rohde → Rode

Röhl → Röhle

Rohland → Roland

Röhl(e) 1381 Role(n), 1406 Rŏle(n). KF zum RN → *Rudolf* oder → *Roland,* vereinzelt auch HN zum ON *Röhl.*

Rohleder 1316 Roleder. ÜN zu mhd. *rō, rou* 'roh' und *leder* 'Leder' wohl für einen Gerber.

Rohlf → Rudolf

Röhli(n)g, Röhlich, Röllich, Röllig 1348 Roling, 1404 Rŏlingh, 1613 Rhölich = Rohling. Meist patron. KF zum RN → *Rudolf* oder → *Roland,* z. T. auch zu mhd. *rōlīch* 'roh; gottlos' und zu fnhd. *rölling* 'Kater; Lüstling'.

Röhlke → Rölke

Rohloff → Rudolf

Rohn(e) 1275 Rone, 1596 Rohn. ÜN zu mhd. *ron(e)* 'umgestürzter Baumstamm, Klotz' für einen groben, ungeschlachten Menschen oder HN zum ON *Rohne, Rohna(u)* / **Rohner, Röhner(t):** 1309 Roner, 1529 Rhoener. ÜN oder HN wie Vor.

Röhnisch → Reinisch

Rohr 1288 de Ror, 1373 Ror. HN zum ON *Rohr* oder WN zu ÖN auf mhd., mnd. *rōr* 'Rohr, Schilfrohr, Röhricht' oder ÜN zu mnd. *rōr* < *roder,* nd. *Rör* 'Ruder' / **Röhr:** 1400 Rŏr. Wie Vor, möglich auch nd. zusammengezogene Form aus → *Röder* / **Röhrer:** 1350 Rörär. Wohl BN = Brunnenbauer.

Röhrich(t), Röhrig 1272 Rorich. WN zu ÖN zu mhd. *rōrach, rœrach* 'Röhricht', vereinzelt HN bzw. WN zum ON bzw. ÖN *Röhrig,* vereinzelt auch nd. zusammengezogene Form aus *Roderich* zu ahd. **hruod-rīhhi* 'Ruhm' + 'reich, mächtig, hoch', vgl. 835/63 Ruodrih, schon 1100 Rorich.

Roick, Ruick um 1350 Royke, 1439/40 Ruyg. ÜN zu nso. *roj,* oso. *rŏj* '(Bienen)Schwarm' / **Roisch, Roitsch, Roitzsch:** 1550/62 Ruisch, 1668 Roitzsch. Wie Vor., *Roitzsch* auch HN zum ON *Roitzsch.*

Roisch, Roit(z)sch → Roick

Rojahn 1440 Corde Rode Johanne = 1452 Cord Rodejohan, 1585 Rojan. ÜN zu mnd. *rōde* 'rot' + → *Johannes* wie 1425 Rodeclaus, 1412 Rodeghunter.

Roland, Rohland 1260 Rolant. RN (normannisch-romanische Form) ahd. **hruod-nand* 'Ruhm' + 'kühn'.

Rolff → Rudolf

Rolke, Rölke, Röhlke um 1300 Roleke. Nd. KF zum RN → *Rudolf* oder → *Roland,* vgl. 1290 Roleko = Rodolphus, s. a. *Röhling;* vereinzelt auch slaw. ÜN zu nso., oso. *rola* 'Acker(land)': 1658 Rulgke und HN zum ON *Rolika.*

Roll(e), Röll 1296 Rulle, 1327 Rolle, 1631 Rölle. ÜN zu mhd. *rolle, rulle* 'Verzeichnis, Liste, etwas Auf-, Zusammengerolltes' vielleicht für einen Schreiber oder KF zum RN → *Rudolf,* → *Roland* oder HN zum ON *Roll.*

Röllich, Röllig → Röhling

Roloff → Rudolf

Romanowski 1439 Romanowsky. Poln. HN zum ON *Romanów* oder Abltg. vom RN *Roman.*

Römer, Roemer 1296 der Romer, 1401 Rŏmer. ÜN zu ahd. *romāre,* mhd. *Rōmære, Rœmære, Rœmer* 'Römer' im Sinne von Romfahrer oder HN zum ON *Rom* in Deutschland oder ÜN zu mnd. *romer* 'Rühmer, Prahler' oder RN ahd. **hruod-mari* 'Ruhm' + 'bekannt, berühmt, angesehen; herrlich, hervorragend, vortrefflich', vgl. 1162 Romar; vereinzelt auch HausN, vgl. 1315 zume Romir.

Römgens → Römke

Römhild 1817 Rŏmhild. HN zum ON Römhild, vereinzelt auch RN ahd. *ruom-walt* 'Ruhm, Ehre' + 'Gewalt, Macht', vgl. 1304 Romold Romoldi, → *Rommel.*

Römke, Rumke, Rümke, nrhein. **Römkens, Römgens, Rümkens:** 1482 Romke. Nd. KF zu RN zu ahd. **hruod-* → *Römer* + *-k*-Suffix.

Rommel 1348 Rummel, 1405 Rommel. KF zu RN auf ahd. *ruom* 'Ruhm, Ehre' mit *-l*-Suffix oder mit Zweitbestandteil ahd. *walt* 'Gewalt, Macht', vgl. 1244/58 Romold(i), 1438 Romel = Rommel, vielleicht auch ÜN zu mhd. *rumpeln, rummeln* 'lärmen, poltern'.

Rönisch, Rön(t)sch → Reinisch

Roolf → Rudolf

Röper 1291 Ropere. BN zu mnd. *ropen* 'rufen, ausrufen, schreien, verkünden' für den Ausrufer oder ÜN zum gleichen Wort für den Schreier oder zu mnd. *ropen* 'rupfen, raufen, zausen' / **Röpert:** wie Vor. mit sekundärem *-t* oder = → *Rupprecht.*

Röpke, Roepke → Rupprecht

Rösch(e), Roesch, Rosch(e) 1314 de Rosche, 1319 Rösche. ÜN zu mhd. *rösch(e), rosch* 'schnell, behende, munter, frisch, wacker, heftig, tapfer, aufbrausend', → *Resch, Risch; Rosche* auch HN zum ON *Rosche, Roschau* oder KF zu *Rodoslav* → *Rodig* oder WN zu mhd. *rosche, rusche* 'jäher Bergabhang, Fels' oder ÜN zu fnhd. *rosch* 'Rost' und zu mnd. *rosch* 'Binse' → *Rusche.*

Roscher 1395 Roscher. ÜN zu mhd. *rosch* → *Rösch(e)* bzw. *rasch* → *Rasche* oder HN zum ON *Rosche, Roschau* oder *Rasch(a), Raschau; Roscher* auch veraltet mda. = Wollweber.

Röschert 1785 Roescher. Wohl WN zu ÖN zu *rösche* 'Neigung, Abfall; Wassergraben; Flachsröste' mit sekundärem *-t,* soweit nd. zum ÖN *Rüsch (Rösch) = Binse.*

Roschig → Rodig

Roschke, Röschke → Rodig; *Röschke* → *Reschke.*

Rose, obd. **Roos(e):** 1217 Rose. ÜN zu mhd. *rose* 'Rose' für den Rosengärtner, -liebhaber, vereinzelt HN zum ON *Rosa* oder HausN, vgl. 1295 zem Rosen, z. T. auch KF zum RN → *Rudolf,* vereinzelt auch Metronym *Rose* zur Blumenbezeichnung, vgl. 1444 Rose de Smolsche / **Rösel:** 1365 Rosil. Demin. zum ÜN, HausN von Vor.

Röseler → Rösler

Rosemeier → Rosenmeier

Rosenbaum 1293 zum Rosenboume. HausN zu mhd. *rōsenboum* 'Rosenstock'.

Rosenkranz 1261 Rosencranz. ÜN zu mhd. *rōsenkranz* 'Rosenkranz' für den Rosenkranzmacher oder HN zum ON *Rosenkranz* oder HausN oder WN zum ÖN, vgl. 1350 dem Rosenkrantze.

Rosenlecher, Rosenlechner, Rosenlöcher 1278 Rosenlachēre, 1344 Rose(n)lecher. ÜN zu mhd. *rosenlachende* 'wie Rosen lachend, blühend'.

Rose(n)meier, Rose(n)meyer 1406 Rozemeiger. ÜN für den Bauern, der Rosen liebt oder züchtet, → *Meyer.*

Rosenmüller 1597 Rosenmüller. WN/HN zur *Rosenmühle* (z. B. bei Pößneck, Großenhain).

Rosentreter 1262 Rosentrede. ÜN zu mhd. *rōse* 'Rose' und *treter* 'Treter, Tänzer' vielleicht für den Rosengärtner oder den auf Rosen Wandelnden, Tanzenden.

Roske → Rodig

Rösler, Röseler 1284 Röseler. BN zu mhd. *rōse* 'Rose' für den Rosenzüchter, -händler oder wie → *Rößler* zu mhd. *ros* 'Roß' für den Pferdebesitzer, -züchter, -händler; vereinzelt auch HausN (demin. zu *Rose,* mhd. *rœsel).*

Rösner, Roesner, Rosner 1330 Rosener. HN zum ON *Rosenau, Rosna* oder HausN, WN zu mhd. *rōse* 'Rose'.

Roß, Ross 1283 zem Rosse, 1376 Ross. Zu mhd. *ros, ors* 'Roß, Streitroß, Wagenpferd' als ÜN für den Reiter, Pferdeknecht, Fuhrmann oder HausN, vgl. auch 1396 hus ... tu dem witten rosse.

Roßdeutscher → Roßmann

Röß(i)ger, Rößger 1342 van Rossinghe. HN zum ON *Rössing,* vereinzelt auch ÜN zu mhd. *rōsic* 'rosig' nach dem Aussehen o. ä.

Roßkamm → Roßmann

Rößler, Rössler 1340 Rößeler. BN zu mhd. *ros, ors* 'Roß, Streitroß, Wagenpferd' bzw. zu demin. mhd. *rössel(īn)* für einen, der mit Pferden zu tun hat, z. T. auch HN zum ON *Roßla, Roßlau, Röslau,* vgl. 1424 von Rössel, z. T. = → *Rösler.*

Roßmann, Rossmann 1322 Roßmann. BN zu mhd. *ros, ors* 'Roß, Streitroß, Wagenpferd' für den Pferdehalter, Roßhändler / **Roßteuscher, Rossteuscher, Roßdeutscher, Rosteutscher:** 1289 Rostauser, 1350 Rostuscher. BN zu mhd. *rostūscher, rostiuscher* 'Roßtäuscher, -händler' / **Roßkamm:** 1653 Roskam. BN zu fnhd. *roßkam* 'Pferdehändler'.

Roßner, Rossner, Rößner, Rössner 1382 Rosener, 1491 Roßner. Wie → *Rösner,* → *Rösler,* → *Rößler.*

Roßteu(t)scher → Roßmann

Rost 1263 Rost (marscalcus), 1287 Rost (faber). ÜN zu mhd., mnd. *rost, rust* 'Rost' für einen Schmied oder einen Rothaarigen oder ÜN zu mhd. *rōst(e)* 'Rost, Scheiterhaufen; Glut, Feuer' für einen Schmied, z. T. auch HausN: 1460 zum großen Rost, zum kleinen Rost, vereinzelt auch KF zum slaw. RN *Rostisław.*

Roth(e) 1323 der Rote, 1536 Roth. ÜN zu mhd. *rōt* 'rot, rothaarig; bildlich falsch, listig', z. T. auch HN zum ON *Roth(e);* nd. vereinzelt auch WN zu ÖN zu mnd. *rōt* 'Rodung' / **Rother:**

1321 Rother. ÜN oder HN wie Vor. oder RN ahd. **hruod-heri* 'Ruhm' + 'Heer', → *Roder.*

Röthi(n)g 1436 Rotinge. Patron. KF zu RN auf ahd. **hruod* 'Ruhm', vereinzelt HN zum ON *Röttingen.*

Rothmaler 1383 Rotemeler. BN zu mhd. *rot-mālære, -mæler* 'Rotmaler' für den, der Zierbuchstaben in Handschriften ausmalt.

Rot(h)mann 1015 Rotmann(us), 1138 Ruotman. RN ahd. **hruod,* asä. *hrōth* 'Ruhm' + *-man.*

Rotschild 1296 von deme roten schilde, 1313 Rotschild. HausN zu mhd. *schilt* 'Schild, Wappenschild, Wappen'.

Röttger → Rüdiger

Rottloff, Rottluff → Rudolf

Rotzsch(e), Rottsch(e), Rötzsch 1337 Rötsch. KF zu RN auf ahd. **hruod* 'Ruhm' mit *-z*-Suffix oder WN zu ÖN zu mhd. *ro(t)sche, ru(t)sche, rütsche* 'jäher Bergabhang, Fels', vereinzelt auch Variante zu *Roitzsch* → *Roick.*

Rovekamp → Rübenkamp

Röver, Röwer(t), Röber(t), Roeber 1249 Rober, 1269 Rovere, 1294 Röver. ÜN zu mnd. *rover* 'Räuber', → *Rauber,* vereinzelt auch HN zum ON *Rowa;* die Formen auf *-t* gehen auch auf den RN ahd. **hruod-beraht* 'Ruhm' + 'hell, strahlend, glänzend' zurück, vgl. 800 Hrodbert(us), → *Rupprecht.*

Röwe 1325 Röve. Nd. ÜN zu mnd. *rove* 'Rübe' für den Bauern.

Rübekohl 1331 Rovekol. ÜN zu mhd. *ruobe, rüebe,* mnd. *rove* 'Rübe' und mhd., mnd. *kōl* 'Kohl, Kohlkopf' für einen Bauern, für einen Armen (Essen) oder für einen Liederlichen (vgl. wie Kraut und Rüben).

Rub(e)ner 1566 Rubener. HN zum ON *Ruben, Rubenau, Rüben, Rübenau.*

Rübenkamp, nd. **Rove(n)kamp:** 1471 Rovenkamp. HofN zu mhd. *ruobe, rüebe,* mnd. *rove, ruve* 'Rübe' und mnd. *kamp* 'eingezäuntes Feld'.

Rübesam, Rübesame(n), Rübsam 1298 Rubesame. ÜN zu mhd. *ruobe, rüebe* 'Rübe' und *sām(e)* 'Same(nkorn); Saat(feld); Feld' für den Rübenbauern.

Rublak → Wrobel

Rubner → Rubener

Rübsam → Rübesam

Rübstahl → Riefenstahl

Rücker 1343 Rücker. ÜN zu mhd. *rükken, rucken* 'schiebend an einen anderen Ort bringen, rücken, zücken', mnd. *rucker* 'Räuber, Raffer, Habgieriger', vereinzelt auch RN asä. *rīki-gēr* 'Herrscher; mächtig' + 'Wurfspeer' / **Rückert:** 1749 Rückert. Wie Vor. mit sekundärem *-t* oder RN asä. *rīki-hard* 'Herrscher, mächtig' + 'tapfer, kühn'; beide z. T. zu → *Rüdiger,* vgl. auch ON *Rückersberg:* 980 Ruotgeresberg, *Rückers:* 1160 Rutchares.

Rückriem(en), Rückriehm vielleicht ÜN 'rücke den Riemen' für den Wanderlustigen, Unsteten oder zu mhd. *rückrieme* 'Rückgrat'.

Rucktäschel → Rocktäschel

Rude, Rüde, Rüdt 1392 der Rüed. KF zu → *Rudolf* oder ÜN zu mhd. *rüde, rude, rüede* 'großer Hetzhund'.

Rudel 1336 Ruodel. KF zu RN auf ahd. **hruod* 'Ruhm' + *-l*-Suffix oder RN ahd. **hruod-walt* 'Ruhm' + 'Gewalt, Macht', vgl. 830 Hrodwald(us), 890/900 Hrodold(us), → *Riedel;* vereinzelt auch ÜN zu mhd. *ruoder, ruodel,* md. *rūdel* 'Ruder'.

Rudeloff → Rudolf

Ruder 1277 Ruodere. ÜN zu mhd. *ruoder, ruodel,* md. *rūdel* 'Ruder' für einen Schiffer, → *Rudel,* oder zu RN auf ahd. **hruod* 'Ruhm', vgl. um 825 Rotheri zu asä. *hrōth* 'Ruhm'.

Rudert um 805 Ruadhart(us), 1377 Ruthard, 1585 Rudert. RN ahd. **hruod-hart* 'Ruhm' + 'hart, streng'.

Rüdiger, Rudiger, Rüdinger, nd. **Rödiger:** um 805 Rotger(us), 1260 Rodiger(us), 1308/69 Rudiger, 1423 Rodiger, 1574 Rüdiger. RN ahd. **hruod-gēr* 'Ruhm' + 'Speer', z. T. auch zu *Rükker(t), Rieger, Rüger* verschliffen; verkürzt **Röttger, Rutger,** rhein. **Rüttger(s):** 1286 Rotger(us) filius Rotger(i), 1470 Rutger = 1490 Rüdiger, 1477 Rütger.

Rudloff → Rudolf

Rudolf, Rudolph, mda. **Rud(e)loff, Rottloff, Ruttloff, Rottluff, Rodloff,** nd. **Ro(h)loff, Rohlf, Roolf, Rolff, Rulf(f):** 801 Hrodulf(us), 1204 Rudolf(us); um 870 Hrolf, 1277/84 Rolves, 1415 Rudelofe = 1417 Rudolf, 1433 Rulffs, 1490 Roloff. RN ahd. **hruod-wolf* 'Ruhm' + 'Wolf'; *Rudloff* auch zu ahd. **hruod-leiba* 'Ruhm' + 'Rest', vgl. um 830 Hrodleif; *Rottluff* auch HN zum ON *Rottluff* / KF **Rueff, Ruoff, Rüeff:** 1300 Rufi / KF **Rull, Rüll(e):** 1378 Rüll.

Rüdt → Rude

Rueff, Rüeff → Rudolf

Rues → Ruß

Ruge 1280 Ruge. ÜN zu mhd. *ruowe, rūge,* fnhd. *ruge* 'Ruhe' oder zu nd. *rūg* 'rauh' oder KF zum RN ahd. **hruod-gēr* → *Rüdiger* + *-o*-Suffix.

Rüger, Rieger [1297 Rüger = Rüdeger], 1350 Rüger = Rüdger, 1504 Rüger. Kontrahierte Form von → *Rüdiger* oder BN, ÜN zu mhd. *rüegære, rüeger* 'Tadler, Schelter; Ankläger, gerichtlich bestellter Angeber', vereinzelt auch HN zum ON *Riga,* vgl. 1330/49 von Ryghe.

Ruhl, Rühl(e) 1294 Rule, 1470 Ruel. KF zu RN auf ahd. **hruod,* kontrahiert aus = → Rudel; vereinzelt auch HN zum ON *Rühle* / **Rühlemann:** 1346 Rulmanns. Wie Vor. + *man* / **Rülke, Rilke:** 1315 Ruleke, 1527 Rülcke. Wie *Rühl* + *-k*-Suffix.

Rühmann 1438 Ruman. Obd. z. T. zum RN *Roman,* lat. 'Römer', nd. z. T. aus *Rudemann* zu *Rudolf* → *Rude, Rüde,* z. T. erweiterte KF zu RN auf ahd. **hruod,* asä. *hrōth* wie *Romuald, Rumold.*

Rühmer, Ruhmer 1338 Ruomer. ÜN zu mhd. *rüemære, ruomære* 'Rühmer, Prahler'.

Rührer 1487 Rierer. BN zu mhd. *rüeren, ruoren* 'einen Anstoß geben, antreiben, aufrühren, wühlen, anrühren' für den Arbeiter im Getreidelager.

Ruhs → Ruß

Rülke → Ruhl

Rümke, Rümkens → Römke

Rümmler, Rummler 1289 Rummeler. ÜN zu mhd. *rumpeln, rummeln* 'mit Ungestüm sich bewegen; lärmen, poltern', vereinzelt patron. RN zu ahd. *ruom* 'Ruhm, Ehre' + *-l-, -er*-Suffix.

Rumpf(f), nd. **Rump:** 1139 Rump, 1410 Rumpf. ÜN zu mhd. *rumph, rump* (md., mnd.) 'Rumpf, Leib' für einen Menschen grober Gestalt; als Adjektiv 'gebogen, gekrümmt'; *Rump* auch KF zu RN auf ahd. **hruod* 'Ruhm'.

Runge 1280 Runge. ÜN zu mhd., mnd. *runge* 'Stange, Stemmleiste an einem Wagen' für den Wagner oder den Stellmacher.

Ruoff → Rudolf

Rupp, Ruppert → Rupprecht

Rup(p)recht, Ruppert, Röber(t) 800 Hrodbert(us), 1282 Ruopreht, 1302 Rupert(us), 1384 Ruprecht; 1249 Rober. RN ahd. **hruod-beraht* 'Ruhm' + 'hell, strahlend, glänzend' / KF **Rupp:** 1286 der Ruppo / **Röpke, Roepke, Röbke:** 1325/32 Ropeke, 1671 Röbke. KF + *-k*-Suffix.

Rusag 1427 Russag. Abltg. vom VölkerN poln., tschech. *Rus* 'Russe' oder ÜN zu poln. *rusy* 'rot(haarig), tschech. *rusý* 'rötlich blond' / **Rusek:** 1420 Russek.

Rüsch 1254 Riusche. WN zu mhd. *rusch* 'Binse, Brüsch' oder KF zu RN auf ahd. **hruod* → *Rudolf* und → *Rutsche* / **Rüschmann:** 1407 Rüscheman. Wie Vor. + *-man* / obd. KF **Rüschle:** 1329 Rüschli.

Rusch(e) 1273 Rusche. WN zu ÖN zu mhd., mnd. *rusch* 'Binse' bzw. zu mhd. *ro(t)sche, ru(t)sche, rütsche* 'jäher Bergabhang, Fels' oder ÜN zu mnd. *rusch* 'rasch, schnell, heftig', vereinzelt auch HN zum ON *Rusch.*

Ruschitzka, Ruzicka 19. Jh. Růžička. ÜN zu tschech. *růže* 'Rose', demin. *růžička.*

Rüschle, Ruschmann → Rüsch

Rusek → Rusag

Ruß, Rus(s), Ruhs, Rues 1135 Ruße, 1266 Ruz. ÜN zu mhd. *ruoȝ* 'Ruß, Schmutz' für einen rußbeschmutzten, schmutzigen Menschen oder zu mhd. *rus* 'grober Bengel, Flegel' oder KF zu RN zu ahd. **hruod* 'Ruhm' + *-z*-Suffix / **Rüssel:** 1225 Russelin. KF zu RN zu ahd. **hruod* 'Ruhm' s. Vor.

Rußwurm 1180 Rußwurm. ÜN zu mhd. *ruoȝ* 'Ruß, Schmutz' und *wurm* 'Wurm, Insekt' für die Schabe, Assel; die SpottN für den Schmied und den Köhler sind jung.

Rust um 825 Rust, 1199 Rust. ÜN oder RN zu ahd. *(h)rust* 'Rüstung', vgl. 1308/69 Růst Schrodere, oder zu mhd. (nd.) *rust* 'Rast, Ruhe' oder zu fnhd., md. *rust* 'Ruß' oder WN zu fnhd. *rust(baum)* 'Rüster' oder Variante zu → *Rost* oder HN zum obd. ON *Rust.*

Rutsch(e), Rützsch 1383 Rutsch. Meist KF zu RN auf ahd. **hruod* 'Ruhm' + *-z*-Suffix, oft auch WN zu ÖN zu mhd. *ro(t)sche, ru(t)sche, rütsche* 'jäher Bergabhang, Fels' / demin. **Rützschel:** 1539 Rutzschel zur KF des RN / **Rutschmann:** 1494 Ruotschmann.

Rüttger(s) → Rüdiger

Ruttloff → Rudolf

Rutz, Rütz 1260 Ruce, 1333 Rutze, Rütz. KF zu RN auf ahd. **hruod* 'Ruhm' → *Rutsche,* vgl. 1516 Ruttze Ruttze = 1524 Ruße Ruße, oder BN zu mnd. *rūtze, ruce* 'Schuhflicker', fnhd. *ruße* 'Flickschuster'.

Ruzicka → Ruschitzka

Rybak → Ribback

S

Friedrich von Schiller
(1759–1805) Dichter und Literaturtheoretiker

Bedřich Smetana
(1824–1884) Komponist, Dirigent und Musikdirektor

Werner von Siemens
(1816–1892) Ingenieur und Unternehmer

Karl Friedrich Schinkel
(1781–1841) Baumeister, auch Maler und Graphiker

Saalfrank, Sollfrank, Zollfrank GewN + StammesN 'an der (fränk.) Saale wohnender Franke', vgl. *Rheinfrank.*

Sabottka → Sobotta

Sacher 1367 Socherer, 1498 Sacherlen. BN zu mhd. sacher 'Beteiligter an einem Rechtsstreit' oder hebr. *sochēr* 'Wanderhändler' oder zum RN → *Zacharias* oder ÖN zu mhd. *saher* 'Sumpfgras, Schilf' oder HN zum ON *Sachau.*

Sachs(e), Sachß(e), nd. **Sass(e), Saß(e):** 10. Jh. Sahso, 1146 Sachs, 1303 Sasse. StammesN 'der aus Niedersachsen', nd. *Sasse* (auch mhd. *sāʒe* 'der Sitzende' bzw. 'Wohnsitz' möglich).

Sack(e) 1159 Sac, 1419 ym Sacke. ÜN zu mhd. *sac* 'Sack, Tasche' als Schelte; ÖN mit der Bedeutung 'Sackgasse' u. ä., auch HausN; HN zum ON *Sack(a)* / demin. **Säckl.**

Sadler → Sattler

Sager, Säger, Seger(t) 1267 die Segere, 1276 Sagaer, 1379 Segerd. BN zu mhd. *seger,* mnd. *sager* 'Sägemüller' bzw. mnd. *sēger* 'Sämann' bzw. mhd. *sager,* md. *seger* 'Schiedsmann', auch ÜN 'Erzähler, Schwätzer'; HN zum ON *Seeg;* nd. RN *Segher* < *Sigiher* → *Siegert.*

Sakowski, Sakowsky 1714 Zakowski. ÜN zu poln. *żak* 'Schüler, Studiosus, Pennäler'; oder: 1728 Sackowsky. HN zum poln. ON Saki.

Salomon um 830 Saluman, 1186 Salemon. RN z. T. zu ahd. *sala* 'Übertragung' bzw. *salo* 'dunkel' + *man,* z. T. hebr. *Salomo* 'Wohlergehen', z. T. BN zu mhd. *salman* 'Mittelsmann, Testamentsvollstrecker, Vormund; Treuhänder'.

Salzbrenner 1445 Salzborner, 1525 Saltzbrenner. BN zu mhd. *salz* 'Salz' und *brennen* 'durch Schmelzen läutern' für den Salzsieder / **Salzer:** 1310 Salcer(us). BN zu mhd. *salzer, selzer* 'Salzverkäufer', fnhd. auch 'Händler mit Salzfleisch und eingesalzten Fischen', auch 'Salzsieder; der einpökelt', vereinzelt auch HN zum ON *Salz* / **Salzmann:** ca. 1190 Salzman. BN zu mhd. *salzman* 'Salzverkäufer'.

Sämann 1228 Sēman. BN zu mhd. *sæjeman* 'Sämann'.

Sämisch, Semisch, Sömisch, Zehmi(tz)sch, Zschämisch 1381 Semisch, 1537 Zemisch. Wohl ÜN zu nso., oso. *zemja* 'Land' oder KF zu RN zu urslaw. **sěmъ* 'Person'; z. T. auch ÜN zu mhd. *sæmisch,* mnd. *semes(ch)* 'fettgar (Leder)'.

Sammler 1170 Samnere, 1540 Sammeler. BN zu mhd. *samenære, samener* 'der Geld sammelt als Sparer oder Einnehmer', besonders 'Erheber von Abgaben', auch 'Mitglied einer Personenvereinigung' (mhd. *samenīe).*

Sander(s) → Sandner

Sandmann 1378/79 Santman. HN oder WN zum ON bzw. ÖN *Sand* oder BN zu mnd. *santman* 'aus freien Landeigentümern gewählter Geschworener oder Richter', obd. auch 'Sandverkäufer, -händler'.

Sand(n)er 1213 de Sande, 1320 Sander(i), 1347 uf dem Sande. HN oder WN zu einem ON bzw. ÖN *Sand;* RN zu → *Alexander,* vgl. 1301 Sander de Wahnode = 1307 Alexander de Wahneden = 1321 Zanderus de Wahnede / gen. **Sanders:** 1324 Sanders.

Sänger 1326 Sengere. BN zu mhd. *senger* 'Sänger, Kantor', vereinzelt auch zu *sengen* 'sengen, brennen' für einen, der durch Feuer rodet, und HN zum ON *Sang(e).*

Sarodnik 1594 Sarodnig. BN zu oso. *zahrodnik* 'Gärtner, Häusler'.

Sass(e), Saß(e) → Sachse

Sattler, Sättler, nd. **Sadler:** 1266/1325 Sedeler(s), 1336 Satler, 1387 Seteler. BN zu mhd. *sateler, seteler,* mnd. *sadeler* 'Sattler'.

Sauer 1309 Sure, 1368 Sawer. ÜN zu mhd. *sū(we)r* 'sauer, bitter; hart, böse; grausam' / (nd.) **Suhr:** 1561 Suhre / **Sohr(e):** 1363 Sör, 1577 Soere. WN zu einem ÖN *Sohr, Sör* 'trockener Ort', auch 'Sumpfwiese' zu mnd. *sōr* 'trocken, dürr'; *Suhr* auch WN zu mnd. *sūr* = suder 'südlich'.

Sauerbier, nd. **Suhrbier:** 1183 Surbier, 1510 Sauerbier. ÜN zu mhd. *sū(we)r* 'sauer, bitter' und *bier* 'Bier' für den Brauer, der das haltbare Bitterbier herstellt / **Sauerbrey, Sauerbrei:** 1600 Saurbrey. Wohl BN zu mhd. **sūrbriuwe* bzw. mnd. *sūrbrouwer* 'Essigbrauer', sonst ÜN 'sauerer Brei' (mhd. *brī[e])* / **Sauermilch:** um 1350 Zawirmilch. ÜN zu mhd. *sūrmilch* 'saure Milch' für einen in der Milchwirtschaft Tätigen / **Sauerteig:** 1314 Sūrdēch, 1389 Sawirteig. ÜN zu mhd. *sūrteic* 'Sauerteig' für einen Bäcker.

Sauermann 1270 Surmann(us) = → *Sauer;* auch HN bzw. WN zum GewN *Sauer.*

Sauermilch, Sauerteig → Sauerbier

Saumsiegel → Zaumseil

Saupe 1225 Supan, 1463 Saupen, 1467 Saupan = 1474 Supan = 1519 Sawppe, 1487 Saupe. BN zu mhd. *sūpān, suppān* 'slaw. Edelmann, Fürst, Verwalter eines Gutes' aus aso. *županъ* → *Schuppan;* evtl. auch ÜN.

Sauter, nd. **Suter:** 1234 Sutor, 1558 Sauter. BN zu mhd. *sūter* (aus lat. *sutor)* 'Schneider; Schuster'.

Sawade, Zawada 1631 Zawada. ÜN zu poln. *zawada* 'Hindernis, Schwierigkeit, Widerstand'.

Sawatzke, Sawatzki, Zawadski 1382 Zawadzki. Poln. HN vom ON *Zawada* oder Abltg. vom PN *Zawada* → *Sawade.*

Sawitzki, Sawitzky 1662 Sawicki. Poln. HN zum ON *Sawice* o. ä. oder RN *Sawa.*

Schaaf → Schaf

Schaak 1501 Scheagk, 1550 Schaack. BN zu nso. *šyś,* oso. *šić* 'nähen', *šijak* 'Näher, Schneider' oder zu poln. *żak,* tschech. *žák* 'Schüler'; auch dt., vgl. 1236 Scacko, 1283 Schacke(n). KF zu RN auf **schak-* 'schütteln'.

Schaal(e), Scha(h)le 1378 (filius) Schalin, um 1530 Schaale. WN, evtl. auch BN oder ÜN zu mhd., mnd. *schal(e), schāl(e)* 'Schale; Trinkschale, Waagschale; Steinplatte; Verschalung; Fleischbank' oder ÜN zu mhd. *schal* 'schal, trübe; trocken, dürr' oder zu mnd. *schale = schal(l)er* 'herumstreifender Possenreißer' → *Schallert* oder HN zum ON *Schaala, Schale.*

Schaar(e) 1331 Schar. ÜN zu mhd. *schar* 'Dienst-, Fronarbeit, Scharwerk' oder zu mhd. *schar* 'schneidendes Eisen, Pflugschar; Schere' oder zu mhd. *schar* 'steil, schroff'.

Scha(a)rschmidt, Schaerschmidt 1388 Schorsmit. BN zu mhd. *schar* 'schneidendes Eisen, Pflugschar; Schere' und *smit* 'Schmied'.

Scha(a)rwächter 1415 Schorwachter. BN zu mhd. *scharwahter, -wechter* 'umgehende, aus mehreren Personen bestehende Wache, die zusammen oder der Reihe nach patrouillieren'.

Schacht 1286 Scacht. Nd. BN zu mnd. *schacht* 'Schaft; Lanzen-, Speerschaft, auch diese Waffen selbst; als Maß bei Tiefen; Schacht im Bergwerk, Brunnenschacht' für den Schaftbearbeiter oder den Schachtmeister, -arbeiter / **Schachtschneider:** 1327 Scachtsnider. Nd. BN wie Vor. für den Schaftschneider.

Schachtschabel, Schachtzabel 1700 Schachtschnabel. ÜN zu mhd. *schāchzabel* 'Schachbrett, -spiel' für einen Schachspieler.

Schachtschneider → Schacht

Schade 1180 Scade, 1233 Schade. ÜN zu mhd. *schade* 'Schädiger', schon früh auch als RN bezeugt: 8. Jh. Scatto, oder zu mnd. *schade* 'Schaden, Nachteil'.

Schädel, Schaedel, Schedel 1180 Schedel. ÜN = → Schade + *-l*-Suffix oder zu mhd. *schedel* 'Schädel', mnd. *schēdel* 'Scheitel; Schädel' vielleicht nach der auffälligen Kopfform.

Schädlich, Schetelich 1301 Schedelich. ÜN zu mhd. *schedelich,* mnd. *schedelik* 'Schaden bringend, schädlich' für den Missetäter oder zu mnd. *schēdelik* 'der zu friedlichen Vergleichen Geneigte, der Versöhnliche'.

Schaf, Schaaf 1135 Scaf, 1377 Schaf(e). ÜN zu mhd. *schāf* 'Schaf' auch für den Schäfer, vereinzelt auch HausN.

Schäfer, Schaefer, nd. **Schaper, Schäper, Scheper:** um 1320 Schapere, Schepere, 1369 Schefer. BN zu mhd. *schæfære, -er,* mnd. *schaper* 'Schäfer'; *Schaper* auch ÜN zu mhd. *schāpære, schæpære, -er* 'Schafpelz' für den Kürschner, vgl. 1353 Schaper / gen. **Schäfers,** rhein. **Schäffers:** 1361 Schefers. BN wie Vor.

Schaffer, Schäffer, Schaeffer, rhein. **Schaffers, Schaffertz, Scheffers:** 1227 Schaffer, 1390 Scheffer. BN zu mhd. *schaffære, scheffære, -er* 'Schöpfer; Anordner, Aufseher, Verwalter', mnd. *scheffer, schaffer* 'Schaffner einer Gilde, Ökonom eines Klosters, Bischofs; Schäffer eines Ritterordens', vgl. 1382 Mertyn der schaffer und vorweser uff des bischoffs hove; vereinzelt auch = → Schäfer / **Schaffner, Schäffner, Scheffner:** 1255 Schafener. BN zu mhd. *schaffenære, scheffenære, -er* 'Anordner, Aufseher, Verwalter, Schaffner', mnd. *scheffener* = *schaffer, scheffer.*

Schafhäutle, Schafheutle, Schafheitle, Schafhütl 1384 Schavittel, Schafittel, 1409 der Schaffitlin. Obd. ÜN zu fnhd. *schafheitle* 'Zwergohreule' aus ital. *ciovetta* 'Käuzchen'.

Schahle → Schaale

Schäl, Schael(e) → Scheele

Schale → Schaale

Schalk 1301 der Schalch. BN zu mhd. *schalc* 'der Leibeigene, Knecht, Diener' oder ÜN 'böser, ungetreuer, arg-, hinterlistiger, loser Mensch'.

Schall 1319 Schalle. ÜN zu mhd. *schal* 'Schall, lauter Ton; Getöse; übermütiges Lautsein, Prahlerei' für einen lauten, übermütigen Menschen.

Schaller(t) 1340 der Schaller. ÜN zu mhd. *schallære, -er* 'Redner, Schwätzer, Prahler', mnd. *schaller* 'herumreisender Possenreißer' / **Schallermann:** 1435 Schallermann. Wie Vor.

Schamel 1270 Schamel. ÜN zu mhd. *schamel, schemel* 'schamhaft', mnd. *schamel* 'schamhaft, blöde, bescheiden, ehrbar', vereinzelt auch BN, ÜN zu mhd. *schamel, schemel* 'Schemel, Fußbank' für den Hersteller.

Schanz(e) 1289 Schanz. HN zum ON *Schanze* oder WN zu mhd. *schanze* 'Schutzbefestigung, Schanze, Schranke' oder ÜN zu mhd. *schanz* 'grober Bauernkittel / alem. KF **Schänzle:** 1294 Schänzeli.

Schaper, Schäper → Schäfer

Schappel, Scheppel 1305 Schappel; 1440 Scheppel. ÜN zu mhd. *schap(p)el, schep(p)el* 'Kranz von Laub, Blumen oder Blättern als Kopfschmuck', fnhd. *schapel* 'Kranz, Kopfschmuck' (< afranz. *chapel)* / **Schap-**

peler, Scheppeler: 1376 Schappeler; 1400 Scheppeler. BN zu mhd. *schapelære, -er* 'der ein Schap(p)el macht oder trägt', vereinzelt auch ÜN zu mhd. *schapelære, schepelære* 'Schulterkleid der Ordensgeistlichen, Skapulier' / **Scheppelmann:** 1368 Scheeppelman. ÜN oder BN wie Vor.

Schar(d)t, Scher(d)t 1197 Schart, 1363 Schert. ÜN zu mhd. *schart(e)* 'Scharte; Wunde' für einen mit einer sichtbaren Scharte Behafteten oder WN zu mhd. *schart(e)* 'Pfanne' für einen in einer Senke Wohnenden, vgl. nhd. *Scharte* 'schmaler Bergsattel' / **Schartner:** 1326 der Schartner. WN s. Vor.

Scharf(f), Scharf(f)e, Scharpf 1160 Scharf; 1330 Scharpf. ÜN zu mhd. *schar(p)f, scharph, scherf(e)* 'schneidend, scharf, rauh; eifrig, stark'; nd. auch ÜN zu mnd. *scharf = scherf* 'Scherflein, halber Pfennig', → *Scherf.*

Scharmacher = → Schaarschmidt, vgl. um 1350 Schoreis. BN für den Hersteller von Pflugscharen.

Scharnagel, obd. **Schornagel:** 1363 der Scharnagel; um 1300 Schornagel. Obd. ÜN zu mhd. *scharnagel* 'Nagel zu den Schindeln eines Schardaches' für einen Schmied; *Schornagel* schon mhd. als bildlicher PN.

Scharr, Scharrer 1284 Scharre; 1318 Scharrer. ÜN zu mhd. *scharren* 'scharren, kratzen' für einen raffgierigen, knausrigen Menschen oder WN zum gleichen Wort mit der Bedeutung 'schroff hervor-, herausragen'.

Scharschmidt → Schaarschmidt

Schart, Schartner → Schardt

Scharwächter → Schaarwächter

Schättler → Schettler

Schatz 1157 Scaz(one), 1266 der Schatz. ÜN zu mhd. *scha(t)z* 'Schatz, Reichtum, Vermögen' für einen Reichen, auch ehrender BN für einen liebenswürdigen Menschen / **Schätzle, Schätzel, Schatzl:** 1169 Sceizili, 1350 Scheczel. KF zu Vor.

Schatzer, Schätzer 1281 Schezzer. BN zu mhd. *schatzære, schetzære, -er* 'Schatz-, Geldsammler; Schätzer, Taxator' / ostfränk. **Schätzler:** 1350 Scheczler.

Schatzl, Schätzle → Schatz

Schau 13. Jh. Scowe, 1421 Schaw. ÜN zu mhd. *schou* 'der Anblick, den etwas gewährt' bzw. zu *schou(we), schowe* 'suchendes, prüfendes Schauen, Blick (speziell die Besichtigung, Prüfung von seiten der Obrigkeit)' für den Prüfer; vereinzelt ÜN zu mhd. *schoube, schūbe, schūwe* 'langes und weites Unterkleid' für den Hersteller oder Träger; vereinzelt ÜN zu nd. *schau* 'Schuh' für den Schuhmacher.

Schaub 1293 Schoup. ÜN zu mhd. *schoup* 'Gebund, Bündel, Strohbund, -wisch' für einen mageren, dürren Menschen oder für einen Brauberechtigten (der *Schaub* wurde aufgesteckt) oder zu mhd. *schoube, schūbe* → Schau / schwäb. KF **Schäuble, Scheuble, Schaible:** 1386 Schäublin, 1476 Schaibli = Schöblin.

Schauer 1289 Schover, 1388 Schawer. BN zu mhd. *schouwære,* mnd. *schouwer* 'der auf obrigkeitliches Geheiß etwas besichtigt, prüft, Brot-, Fleischbeschauer', → *Schau,* oder ÜN zu mhd. *schūr* 'Hagel' für einen heftigen, leicht in Zorn ausbrechenden Menschen oder zu mhd. *schūr* 'Schutz, Schirm' oder WN zu mhd. *schiur(e), schūr, schür* 'Scheuer'.

Schaufler, Schäufler, Scheufler 1349 der Schufeler. BN zu mhd. *schūvel(e), schūfel(e)* 'Schaufel' für den Hersteller oder den Arbeiter.

Schaufuß 1291 Schowe(n)fuß, 1508 Schaufus. ÜN zu mhd. *schouwen* 'sehen, schauen, ansehen, betrachten' und *vuoȝ* 'Fuß; Längenmaß' für den Prüfer von Maßen oder zu mnd. *schuvūt, schuvōt* 'Uhu' oder ÜN für einen, der auf die (zierlichen) Füße der Frauen schaut.

Schaumann 1287 Schowman. BN zu einem nicht belegten *schouman* → *Schau,* vgl. mhd. *schoumeister* 'obrigkeitlicher Beschauer, Untersucher', oder nd. *Schauhmann* = *Schuhmann, -macher,* vgl. mnd. *schōman* 'Schuhmacher'.

Schaumäker → Schuhmacher

Scheel(e), Schäl, Schael(e) 1266 Schele(n). ÜN zu mhd. *schel(ch),* mnd. *schēl(e)* 'scheel, schielend, quer, schief, krumm'.

Scheer 1581 Scher. BN wie = → Scherer oder WN zu mnd. *scher* 'Felszakke, Klippe' bzw. mnd. *scher* 'Weide(gerechtigkeit)' oder ÜN zu mhd. *scher* 'Maulwurf'; vereinzelt auch HN zum ON *Scheer.*

Sche(e)rbarth 13. Jh. Scherebard. ÜN, SatzN zu mhd. *schern* 'schneiden, scheren' und *bart* 'Bart' für den Barbier.

Sche(e)rer 1251 Scherer. BN zu mhd. *scherære, -er,* mnd. *scherer* 'Scherer, Barbier; Tuchscherer; Wundarzt'; vereinzelt auch HN zum ON *Scheer, Scheerau,* → *Scheer.*

Scheffel, schwäb. **Schöffel,** rhein. **Scheffels:** 1412 Scheffel; 1383 der Schöffel. ÜN zu mhd. *scheffel, schepfel* 'Scheffel, Getreidemaß' für einen Holzhandwerker oder ÜN zu mhd. *scheffel* = *scheffe, schepfe* 'beisitzender Urteilssprecher, Schöffe' oder zu mnd. *schevel(ink)* 'dummer, armer Tropf'.

Scheffers → Schaffer

Scheffler, Schefler, obd. **Schöffler:** nd. 1282 Schepeler, 1298 Scepelere; 1306 der Scheffler, 1407 Scheffler. BN zu mhd. *scheffelære, -er* 'Schäffler, Faßbinder', fnhd. *schefler* 'Böttcher' oder zu mhd. *schaffenære, schaffener,* mnd. *scheffener* 'Schaffner, Verwalter', fnhd. *scheffeler* 'Schaffner' → *Schaffner,* vgl. 1489 Scheffler alias Scheffner.

Scheffner → Schaffer

Schefler → Scheffler

Scheib(e) 1322 Scheybe. HN zum ON *Scheibe,* oder WN zum ÖN *Scheibe* 'rundes, ebenes Flurstück' zu mhd. *schībe* 'Kugel, Scheibe, Kreis, Rad, Walze' / **Scheibner:** 1487 Scheibner. HN oder WN wie Vor.; vereinzelt auch ÜN bzw. BN zu mhd. *schīber* 'Kegelschieber' bzw. 'Butzenscheibenmacher'.

Scheid → Scheidt

Scheidemann 1344 Scheidemann. BN zu mhd. *scheideman* 'Schiedsrichter' / **Scheider:** 1379 Scheider. BN zu mhd. *scheidære, -er* 'Scheider, Entscheider, Vermittler, Schiedsrichter', auch WN, BN, HN wie → *Scheidt.*

Scheidhauer, Scheithauer 1528 Scheithauer. BN zu mhd. *schīt* 'abgespaltenes Holzstück, Scheit' und *houwer* 'der da haut' für den Holzhacker / **Scheiter(er):** 1417 Schitrer. BN zu mhd. *schīteren* 'Scheite machen'.

Scheidi(n)g 1388 von Scydunghe, 1490 von Schidingen. HN zum ON (Burg)*Scheidungen, Scheidingen,* vereinzelt ÜN zu mda. *Scheiding* 'September' wie *Hornung.*

Scheid(t) 1283 zur Scheide. WN zu mhd. *scheide* 'Scheidung, Trennung; Grenzscheide, Grenze' für einen an der Grenze, vereinzelt auch BN zum gleichen mhd. Wort mit der Bedeutung 'Schwert-, Messerscheide' für den Hersteller, vereinzelt HN zum ON *Scheid.*

Scheigenpflug → Scheinpflug

Schein 1450 von dem Scheyne. ÜN zu mhd. *schīn* 'Schein, Strahl, Glanz; Anschein, Vorwand' oder BN zum gleichen Wort mit der Bedeutung 'schriftliche Urkunde, Ausweis, Zeugnis' für den Scheinaussteller.

Scheiner(t) 1363 Scheiner. BN als Variante von = → Schein oder = → Scheunert oder – selten – zu mhd. *schiner* 'Markscheider' oder ÜN zu mhd. *schīn* 'Strahl, Glanz, Helligkeit; hell, strahlend, leuchtend'.

Scheinpflug, Scheigenpflug um 1290 Schiuch den Phluog, 1387 Scheuwenpflug. ÜN, SatzN zu mhd. *schiuhen, schiuwen, schuen* 'scheuen, meiden' und *phluoc* 'Pflug' für einen trägen, untüchtigen Bauern.

Scheiter, Scheiterer, Scheithauer → Scheidhauer

Scheler 1329 der Scheler. BN zu mhd. *schal(e), schāl(e)* 'Schale' für den Rindenschäler oder ÜN = → Scheele.

Schelhorn → Schellhorn

Schell(e) 1200 Schello. ÜN zu mhd., mnd. *schelle* 'Schelle, kleine Glocke' für einen Lärmenden oder BN für den Schellenschmied oder ÜN zu mnd. *schelle* 'Schale, äußere Hülle' oder zu mhd. *schel* 'Schelm, Betrüger' / **Schellmann:** 1336 Schelman.

Scheller, obd. **Schöller:** 1340 Scheller, 1526 Scheller = 1528 Schöller. ÜN zu mhd. *schellen* 'ertönen lassen' bzw. *schellen* 'laut werden, ertönen lassen' für einen lauten, heftigen Menschen oder BN des Ausrufers.

Schellha(a)se, Schellhaas 1549 Schelhase. ÜN zu mhd. *schel(lec)* 'aufspringend, auffahrend, scheu' und *hase* 'Hase' für einen Schreckhaften.

Schel(l)horn 1300 Schelhorn. ÜN zu mhd. *schellehorn* 'Posaune' für einen laut Tönenden oder auch für einen Musiker; vereinzelt auch HN zum ON *Schellhorn.*

Schelli(n)g, Schöllig 1204 Schelling. ÜN zu mhd., mnd. *schele* 'Zuchthengst', mnd. auch *schelinge,* oder zu mhd. *schelch* 'schielend' oder zu mnd. *schellich* 'tobend, unsinnig, zornig' oder = → Schilling, vgl. 1505 Schelling = 1507 Schilling / patron. **Schellinger:** 1511 Schellinger = Schyllynger. Vereinzelt auch HN zum ON *Schelingen.*

Schellmann → Schelle

Schenck(e) → Schenke

Schendel um 1375 Schentel. ÜN zu mhd. *schende* 'Schmach, Schande', *schendelīche* 'schämenswert; entehrend' / **Schenderlein:** 1576 Schennerlein. ÜN zu mhd. *schender* 'der andere in Schande bringt oder schmäht' + *-l-īn*-Suffix.

Schenk(e), Schenck(e) 1265 Schenk. BN zu mhd. *schenke* 'einschenkender Diener, Wirt' / **Schenker:** 1508 Schencker. BN zu mnd. *schenker* = *schenke* 'Schenke (als Hofbeamter); Schenkwirt' bzw. 'Schenker, Geber' / alem. demin. **Schenkle:** 1508 Schenckli.

Schenkel → Schinke

Scheper → Schäfer

Scheppan, Scheppang → Stephan

Scheppel, Scheppeler, Scheppelmann → Schappel

Scherbarth → Scheerbarth

Scherbaum 1500 Scheerbaum. ÜN zu nhd. *Scherbaum* 'Teil des Webstuhls' für den Weber, vereinzelt auch WN zu mhd. *scher* 'abgeteiltes Stück Land, Wiese' und *boum* 'Baum'.

Scherdt → Schardt

Scherer → Scheerer

Scherf(f) 1290 Scerf, 1315 Scherf. ÜN zu mhd. *scharpf, scharph, scharf; scher(p)fe, scherf* 'schneidend, scharf, rauh; eifrig, stark' oder zu mhd. *scher(p)f,* mnd. *scherf* 'kleinste Münze, Scherflein' als Bild des Geringen oder nach der Steuerveranlagung / rhein. **Scherfgen:** 1182 Scervechin / patron. **Scherfing:** 1275 Scherfingi, 1279 Scherfinze, 1542 Scherffingk.

Scherl 1387 Scherl. Wohl zu RN zu ahd. *scara* 'Schar' oder zu *scar* 'schneidende Waffe', vgl. ahd. *scarsahs* 'Schermesser' + *-l*-Suffix oder ÜN zu mhd. *scher* 'Maulwurf' + *-l*-Suffix.

Schermer → Schirmer

Schert → Schardt

Scherzer 1311 Scherczer. ÜN zu mhd. *scherz* 'Scherz, Vergnügen, Spiel', fnhd. *scherzer* 'Spaßmacher'.

Schetelich → Schädlich

Schettler, Schättler 1467 Scheitler = 1470 Schetler. BN zu mhd. *scheite* 'Holzspan, Schindel' bzw. *schīt* 'abgespaltenes Holzstück, Scheit', als 'Holzspalter'; vielleicht auch ÜN zu mnd. *schētelen* 'scheiteln, kämmen'; evtl. auch entrundete Form von = → Schöttler.

Scheuermann, nd. **Schürmann:** 1272 Schürman, 1666 Scheurman. BN zu mhd. *schiur(e), schür, schiuwer,* mnd. *schure* 'Scheuer' für den Verwalter der herrschaftlichen Scheuer; möglich auch WN für den, der bei der Scheuer wohnt; *Schürmann* vereinzelt auch HN zum ON *Schüren* / **Scheurer:** 1297 zer Schüren, 1295 Schurere. BN oder WN wie Vor., z. T. auch BN wie → *Schürer.*

Scheufler → Schaufler

Scheumann 1537 Schuneman = 1538 Schoneman = Schuman = → Scheunert, → *Schönemann,* → *Schuhmann.*

Scheunemann → Scheunert

Scheuner(t) 1381 Schüner. BN zu mhd. *schiun(e)* 'Scheune' für den Verwalter der herrschaftlichen Scheuer oder den in der Scheune Arbeitenden; vereinzelt auch zu mnd. *schunen* 'in die Scheune bringen' für den Einscheuner, Banser / **Scheunemann,** nd. **Schünemann:** 1287 Scuneman, 1364 Scheuneman. BN zu mhd. *schiun(e)* 'Scheune' für den Verwalter der herrschaftlichen Scheuer oder den in der Scheune Arbeitenden, → *Scheuermann.*

Scheurer → Scheuermann

Schibiak → Schieback

Schibolsky, Schibalski, Schibilski ÜN zu tschech. *šibal,* oso. *šybał* 'Betrüger, Schalk', → *Schieback.*

Schicke 1150 Schicko. ÜN zu mhd., mnd. *schicken* 'schaffen, tun, ordnen, bewirken, ausrichten' für einen, der etwas tut / **Schicker:** 1548 Schicker. BN, ÜN zu mnd. *schicker* 'Ordner' / **Schicking:** 1506 Schigking. Wie → *Schicke* + *-ing,* vgl. auch mnd. *schickinge* 'Anordnung, Einrichtung' / alem. KF **Schickle:** 1352 Schickli.

Schicke(n)tanz 1365 Schikentanz. ÜN, SatzN zu mhd. *schicken* 'fügen, anordnen' und *tanz* 'Tanz' für den Tanzordner, Tanzmeister.

Schicker → Schicke

Schicketanz → Schickentanz

Schicking, Schickle → Schicke

Schiebak, Schibiak 1458 Schibak. ÜN zu nso. *šybak* 'Galgenstrick, Schalk, Schlauberger' bzw. zu slaw. *šibati* 'werfen, peitschen', tschech. *šibati* 'mit Ruten streichen'.

Schiebel, Schübel 1380 Schübel, 1450 der Schiebel. ÜN zu mhd. *schübel* 'Büschel von Heu', mda. 'Tölpel', auch für einen kleinen dicken Menschen.

Schieber(t) 1448 Schieber. ÜN, WN zu mhd. *schieben* 'schieben, stoßen'.

Schie(c)k, Schieke 1300 Schieck. ÜN zu mhd. *schiec* 'schief, verkehrt'; nach der Gestalt bzw. dem Gang / KF **Schie(c)kel:** 1379 Schikel.

Schiefelbein, Schievelbein 1410 Schivelbeyn. HN zum ON *Schivelbein.*

Schiefer 1315 Schevers, 1439 Schiver. ÜN zu mhd. *schiver, schever* 'Stein-, Holzsplitter', mnd. *schiver, schever* 'Schiefer, Schindel', wohl nach dem Arbeitsgegenstand.

Schieferdecker 1383 Schiferdecker(s). BN zu mhd. **schiver(e)decker,* mnd. *scheverdecker* 'Dachdecker, Schieferdecker'.

Schiek, Schieke, Schiekel → Schieck

Schielke → Schillack

Schiemann 1579 Schiehemahnn, 1639 Schieman. BN zu mnd. *schimman* = *schipman, schieman* 'Schiffsmann, Matrose' oder ostd. Form des RN → *Simon.*

Schiemenz → Simon

Schier 1378 (van) Schyre, 1411 Schiere. ÜN zu mhd., mnd. *schīr* 'lauter, rein, glänzend' oder zu mhd. *schier* 'schnell' oder HN zum ON *Schierau.*

Schießer 1319 Schießer. ÜN zu mhd. *schiezen* 'schießen; schnell sich bewegen'.

Schievelbein → Schiefelbein

Schiewe 1315 Sceue, 1439 Schewe. ÜN zu mnd. *schēf* 'schief, schräg, verkehrt, unrecht, schlecht' oder zu mnd. *scheve* 'Schäbe, die beim Brechen und Hecheln des Flachses abfallenden Splitter' für etwas sehr Geringes.

Schiff(n)er 1531 Schiffer. BN zu mhd. *schiffer* 'Schiffer', **schiffenære* 'Schiffseigner, Schiffer', vgl. auch 1385 Schifman, 1423 Schiffhawer.

Schikor(r)a, Schikore, Si(c)kora, Sykora 1389 Szicora. ÜN zu poln. *sikora,* nso., oso. *sykora,* tschech. *sýkora* 'Meise'.

Schilcher, Schilching → Schiller

Schild(t), Schilde, rhein. **Schilds:** 1294 Schilt. ÜN zu mhd., mnd. *schilt* 'Schild, Wappenschild, Wappen' oder WN zum ÖN *Schild;* auch HN zum ON *Schilde, Schildow, Schilda, Schildau;* auch HausN, vgl. um 1300 ze dem Schilte = Schilt.

Schildhauer 1330 Schilthoywer. BN zu mnd. **schilthouwer* 'Schildmacher'; vereinzelt HN zum ON *Schildau.*

Schilke → Schillack

Schill → Schille

Schillack 1439 Schylag. ÜN zu nso. *žiła,* oso. *žyła,* poln. *żyła,* tschech. *žíla* 'Ader, Sehne' / **Schi(e)lke:** 1616 Zylka; dies auch dt., vgl. 1450/51 Schilke(n). HN zum ON *Schilk*(see) oder WN zu ÖN zu → *Schild* + Suffix *-ke.*

Schill(e) 1271 Schili, 1564 Schille. ÜN zu mhd. *schiel, schel* 'schief, krumm' auch im Sinne von 'schielend' oder mhd. *schiel* 'Splitter, Klumpen', verächtlich für Schädel, Kopf; im Nd. auch ÜN zu mnd. *schille, schelle* 'Schale, Haut'; österr. mda. *Schill* = Zander.

Schiller 1330/49 Scyleres = 1344 Scylere, 1403 Schiller. ÜN zu mhd. *schilher* 'Schieler'; möglich auch BN zu mnd. *schilderer > schilder* 'Schildmacher, Wappenmaler, Maler überhaupt', vgl. 1285/96 in platea clipeatorum = 1310 in platea que dicitur Schilderstrate = 1701 Schiller Straaße / **Schilcher:** 1310 der Schilcher. Ältere Form des ÜN wie Vor. / patron. **Schilching:** 1278 Schilhing.

Schilli(n)g 1178 Scilling, 1260 Schilling, 1509 Schilligk. ÜN zu mhd. *schillinc,* mnd. *schillink* 'Schilling', wohl auch nach einer Leistungsverpflichtung.

Schimang, Schimank, Schimanski, Schimansky, Schimke, Schimko, Schimmang → Simon

Schimmel, patron. **Schimmels,** KF **Schimm(e)le:** vor 1300 Schimelin, Schymelli, 1488 Schymel. ÜN zu mhd. *schimel,* mnd. *schimmel* 'Schimmel', übertragen 'Fleck, Makel, besonders von der Sünde' bzw. 'weißes Pferd, Schimmel' für den Hell- oder Grau- bzw. Weißhaarigen; vereinzelt auch HN zum ON *Schimmel* / **Schimmelmann:** 1363 Schimmelmann / nd. KF zum ÜN **Schimmi(n)g, Schimmich:** 1296 Schimminch.

Schimmelpfennig 1321 Schimmelpenningh. ÜN zu mhd. *schimel,* mnd. *schimmel* 'Schimmel' bzw. mhd., mnd. *schim(m)elen* 'schimmeln, Schimmel ansetzen' und mhd. *phenni(n)c,* mnd. *pennink* 'Pfennig' für den Geizhals, Sparbeflissenen.

Schimmich, Schimmig, Schimming, Schimmle → Schimmel

Schindelhauer 1589 Schindelhover. BN zu mhd. *schindel* 'Schindel' und *houwer* 'der da haut' für den Schindler, Schindelmacher / **Schindler:** 1248 Schindelere. BN zu mhd. *schindeler* 'Schindelmacher', fnhd. *schinteler* 'Schindeldecker' / **Sindelar:** 19. Jh. Šindelář. BN zu tschech. *šindelář* 'Schindelmacher'.

Schindhelm ÜN, SatzN zu mhd. *schinden* 'die Haut oder Rinde abziehen' oder zu mhd. *schüt(t)en* 'schwingen, schütteln; an- und ablegen der Rüstung' und *helm(e)* 'Helm' für einen Haudegen, vgl. auch 1396 Schintenschelm und 1399 Schode den Helm.

Schindler → Schindelhauer

Schink(e) 1355 Schyncke(n), 1412 Schink. Obd. Nbf. **Schunk(e), Schünke:** 1418 Schungke. ÜN zu mhd. *schinke* 'Beinröhre, Schenkel, Schinken', vielleicht für den Fleischer / **Schinkel, Schenkel:** 1285 Schinkel, 1288 Schenkel. ÜN zu mhd. *schenkel, schinkel* 'Schenkel, Schinken' nach einer körperlichen Besonderheit, vereinzelt HN zum ON *Schinkel.*

Schirdewa(h)n möglicherweise SatzN aus mda. 'Schirr den Wagen an'.

Schirm 1307 Schirm. BN oder ÜN zu mhd. *schirm, scherm,* mnd. *scherm* 'was zur Deckung, zum Schutz dient: Schild; Schutz, Schirm'; persönlich 'Beschirmer, Vormund'.

Schirmeister → Schirrmeister

Schirmer, Schermer 1293 der Schirmer, 1310 Schermere. BN zu mhd. *schirmære, schermære, schermer,* mnd. *schermer* 'Fechtmeister, Beschützer, Schirmer'; vereinzelt HN zum ON (Groß-, Klein-)*Schirma,* vgl. 1396 Schirmer = von der Schirme.

Schirrmacher 1381 Schirremecher. BN zu mhd. *geschirre* 'Geschirr, Gerät, Werkzeug' und *macher, mecher* 'Macher, Bewirker' für den Hersteller von Geschirren.

Schir(r)meister 1419 Schirmeister. BN zu mhd. **(ge)schirremeister* 'der auf Gütern die Aufsicht über das Geschirr, das Fahrgerät, innehat', → *Schirrmacher,* oder mhd. *schirmmeister* 'Fechtmeister', fnhd. *schirmeister* 'berufsmäßiger Fechter, Fechtlehrer; auch Gaukler'.

Schittelnhelm, Schüttenhelm 1399 Schode den Helm, 1401 Schutenhelm, ÜN, SatzN zu mhd. *schüt(t)en* 'an- und ablegen der Rüstung' und mhd. *helm(e)* 'Helm' für den wehrbereiten Krieger, → *Schindhelm.*

Schlachter, Schlächter 1352 Slehtere. BN zu mhd. *slahtære* 'Schlächter'.

Schlag 1223 de Slage, 1386 Slag. HN zum ON *Schlag* oder WN zum ÖN *Schlag* zu mhd. *slac,* mnd. *slach* 'Schlag-, Sperrbaum'; 'Abteilung des Ackers, der Wiese, des Waldes'.

Schlägel → Schlegel

Schläger, Schlager ÜN, BN zu mhd. *slaher* 'Schläger; Wollschlager' für einen Handwerker, der etwas schlägt,

→ *Oehlschläger* → *Oehlert,* zu mhd. *slahen* 'schlagen; darniederschlagen, erschlagen; schlachten; schmieden', mnd. *sleger* 'Schläger, Raufbold'; *Schlager* auch WN → *Schlag.*

Schlayer → Schleier

Schlecht(e) 1328 Slehte, 1402 Schlechte. ÜN zu mhd. *sleht(e)* 'einfältig, aufrichtig, schlicht'.

Schlee, Schleh 1292 Slehe. WN zu mhd. *slehe,* mnd. *slē* 'Schlehe' (dorniger Strauch mit herben Früchten), mda. auch für die kleinen Pflaumen, selten ÜN zu mhd. *slēwe* 'Stumpfheit, Mattigkeit, Lauheit', mnd. *slē* 'stumpf' / **Schleemann:** 1350 Slehunman. Vielleicht BN für den Händler oder WN wie Vor. / **Schleevogt:** 1489 Slehenvoit. Wohl BN für einen, der als Flurhüter etwas beaufsichtigt / **Schlehdorn:** 1266 Sledorn. WN wie *Schlee.*

Schleer → Schleier

Schlegel, Schlägel 1142 Slegel, 1357 Schlegel. ÜN oder BN zu mhd. *slegel* 'Werkzeug zum Schlagen, Schlägel, Keule, Flegel, Hammer' für einen groben, ungeschlachten Menschen, oder HN zum ON *Schlegel* oder WN zum ÖN *Schlegel* 'Ort, wo geschlagen wird'; auch HausN, vgl. 1317 zem Slegel.

Schlegelmilch 1608 Schlegelmilch. ÜN zu mhd. *slegelmilch* 'Buttermilch' für einen in der Milchwirtschaft Tätigen.

Schleh, Schlehdorn → Schlee

Schleher, Schlehr → Schleier

Schlei, Schley 1356 Sleye. ÜN zu mhd. *slīe, slīhe, slīge,* mnd. *slī* 'Schleie' für einen Fischer.

Schleicher 1147 Slicher, 1329 Sleycher. ÜN zu mhd. *slīchære* 'der einen Schleichweg wandelt, Schleicher', vereinzelt HN oder WN zum ON bzw. ÖN *Schleich* (zu mhd. *slīch* 'Schlick, Schlamm').

Schleier, Schleyer, Schlayer, obd. **Schleer, Schlehr, Schleher,** md. **Schlör, Schloer, Schlöer:** 1344 Sleher, 1372 Sleuwer, 1378 Sloyer, 1486 Schler, 1587 Schleyer = Schlöer. BN zu mhd. *slogier, sloiger, sloier, sleiger, slei(e)r* 'Schleier, Kopftuch' für den Schleierweber, -macher / **Schleiermacher:** BN

Schleif(f) 1381 Slive, 1398 Sleife. ÜN zu mda. *Schleif,* mnd. *slēf, sleif* 'großer, hölzerner Kochlöffel', übertragen 'plumper, ungehobelter Mensch' oder zu mhd. *sleif* 'glatt, schlüpfrig' oder zu mhd. *sleife* 'Schleife, Schlitten'; evtl. auch WN zu mhd. *slīfe* 'Schleifmühle'.

Schlemmer 1452 Slemmer. ÜN zu mhd. *slemmen* 'prassen, schlemmen', vereinzelt BN zu mhd. *slam* 'Schlamm', *slemmen* 'von Schlamm reinigen'.

Schlenker, obd. **Schlenger:** 1526 Schlenker. ÜN zu mhd. *slenken, slenkern* 'schwingen, schlendern' nach dem Gang oder BN, ÜN zu mhd. *slinger, slinker, slenger, slenker,* mnd. *slenger, slenker* 'Schleuder, Wurfmaschine' für den Hersteller bzw. Nutzer.

Schlesi(n)ger, Schleßinger, Schlösi(n)ger, Schlesier 1435 Slesier, 1478 Slesiger. StammesN 'der aus *Schlesien*'.

Schleus(e)ner, Schleußner ÜN zu mnd. *sluse* 'Gerät zum Eindämmen des Wassers, Schleuse' oder HN zum ON *Schleuse, Schleusenow.*

Schleuter → Schlütter

Schley → Schlei

Schleyer → Schleier

Schlicht(e) 1343 Slichte. ÜN zu mhd. *slehte, sleht,* mnd. *slicht, slecht* 'einfältig, aufrichtig, schlicht' → *Schlechte* oder HN zum ON *Schlicht* bzw. zu ÖN *Schlichte* 'Ebene'.

Schlichter 1531 Schlichter. BN zu mhd.

slihter 'der glatt macht', der Tuche glättet, oder für einen Schiedsrichter, → *Schlichting.*

Schlichting 1219 Slichting(us). ÜN zu mhd. *slihtinc* 'der einen Streit unberufen schlichten will', d. h. sich einmischt, oder HN zum ON *Schlichting.*

Schlick(e), Schlik 1277/84 Slic, 1349 Schlick. ÜN zu mhd. *slic* 'Bissen, Trunk, Schluck; Fresser' oder WN zu ÖN zu mnd. *slik, slīk* 'Schlick, Schlamm, Uferschlamm'.

Schlieder, Schließer, Schlieter → Schlütter

Schlik → Schlicke

Schlimper(t) 1591 Schlimpert. ÜN zu mhd. *slim(p)* 'schief, schräge, verkehrt'.

Schlobach, Schlubach nd. 1268 Zlobeke, 1498 Slubeke, sorb. 1501 Slobagk, 1683 Schlubagk. Nd. WN zum GewN *Schlobach,* wohl zu mnd. *slōch* 'Wiese, Bruch'; oder ÜN zu oso. *złobny* 'zornig, grimmig', tschech. *zloba* 'Bosheit, Grimm, Ärger'.

Schloer, Schlöer → Schleier

Schlöffel ÜN zu fnhd. schlüffel, schliffel 'ungebildeter, roher und träger Mensch' oder zu mhd. *slef* 'Loch, Wunde' oder zu mhd. *slaf* 'schlaff, welk' für einen schlaffen, faulen Menschen.

Schlör → Schleier

Schlösi(n)ger → Schlesinger

Schlosser, Schloßer, Schlösser 1290 Slozzer. BN zu mhd. *slozzer* 'Schlosser'.

Schlothauer → Schlotthauer

Schlott(e) 1357 Slote. WN zu mhd. *slōte* 'Schlamm, Lehm' bzw. zu mnd. *slōt* 'Graben, Sumpf'; nd. vereinzelt WN zu mnd. *slot* 'Schloß', vgl. 1576 tom schlote.

Schlotter 1540 Schlotter. ÜN zu mhd. *sloterære* 'Schwätzer', selten nd. = → Schlosser.

Schlot(t)hauer, Schlotzhauer 1497 Schlotheuwer. BN zu nd. 'Schloßhauer' für den Schlosser, obd. vereinzelt zu mhd. *slāte* 'Schilfrohr' für den Schilfmäher; *Schlotzhauer* auch HN zum ON *Schlotzau.*

Schlubach → Schlobach

Schlund(t) 1359 in dem Slunde. ÜN zu mhd. *slunt* 'Schluck; Schlund; persönlich: Schlinger, Schwelger, Schlemmer' oder WN zum ÖN *Schlund.*

Schlüt(t)er, Slüter, Schlüer, jünger **Schlieter, Schlieder,** nordwestd. **Schleuter,** obd., md. **Schließer:** 1299 Slutere, 1613 Schlieder = Schlutter; 1546 Schleuter; 1514 Schließer = 1515 Slutter. BN zu mnd. *sluter* 'Schließer, Torwächter; Gefangenenwärter; Kastellan, Kellermeister; Kirchspielvorstand'.

Schmack → Schmock

Schma(h)l, nd. **Smal:** 1270 Smale. ÜN zu mhd. *smal* 'klein, gering, kärglich; schmal' / **Schmeling:** 1229 Smelinc. Wie Vor. + *-ing*-Suffix, vgl. auch mhd. (alem.) *smelange* 'geringe, niedrige weibliche Person, Magd'.

Schmaldienst 1382 Smaldienst. ÜN zu mhd. *smal* 'klein, gering' und *dien(e)st* 'Lehnsdienst, Abgabe, Zins'.

Schmalfuß 1355 Smalvus, 1581 Schmolfuß. ÜN zu mhd. *smal* 'klein; schmal' und *vuoȝ* 'Fuß' nach einem körperlichen Merkmal.

Schmalstieg, Schmalstich 1465 Smalstich. WN zu mhd. *smal* 'klein, gering; nicht breit, schmal' und *stīc* 'Steig, Pfad' bzw. mnd. *stich* 'Steig, Fußweg' oder mhd. *stich* 'abschüssige Stelle, steile Anhöhe'.

Schmalz, nd. **Schmolt:** 1279 Schmaltz; 1315 Smolt. ÜN zu mhd. *smalz* 'Schmalz; Fett; Butter', mnd. *smolt* 'Schmalz' für den Schmalzhändler / obd. KF **Schmälzle, Schmalzl,**

Schmelzel, Schmelzle: 1266 Smalczel, 1284 Smelzli / **Schmalzer:** 1521 Schmaltzer. BN zu mhd. *smalz* s. Vor.
Schmedecke → Schmiedt
Schmeil 1313 Smile. RN zu westslaw. **sъmilъ* 'sehr lieb' oder ÖN zu mhd. *smelche, smēle* 'Schmiele, eine Grasart'.
Schmeißer, Schmeisser, Schmeißner 1494 Schmeysser. ÜN zu mhd. *smīȝen* 'streichen, schmieren; schlagen' bzw. mhd. *smeiȝen,* fnhd. *schmeißen* 'Kot absondern; beschmutzen' für einen Raufbold oder Beschmutzer, ostmd. 'werfen' oder BN 'Häuer im Bergwerk'.
Schmeling → Schmahl
Schmeller 1430 Smeler. WN zu mhd. *smelche, smēle* 'Schmiele, eine Grasart' für einen, der auf mit Schmielen bestandenem Land wohnt.
Schmelzer 1342 Smelzer. BN zu mhd. *smelzer* 'Schmelzer' oder HN zum ON *Schmelz.*
Schmerl(e) 1254 Smerli. ÜN zu mhd. *smerl(e), smarle* 'Schmerling, Gründling' für einen Fischer oder zu mhd. *smirl(e), smerle* 'Zwergfalke' oder zu mnd. *smerle* 'Goldammer'.
Schmid, Schmid(t)ke, Schmidt → Schmiedt
Schmidtbauer 1540 Schmidbaur. BN → *Schmiedt* und → *Bauer.*
Schmied → Schmiedt
Schmied(t), Schmid(t), Schmit(t), Schmieth, Smidt 1306 der Smid, 1491 Schmit. BN zu mhd. *smit,* mnd. *smit, smet* 'Metallarbeiter, Schmied' / **Schmidtke, Schmittke, Schmiede(c)ke, Schmidicke,** nd. **Schmedekke:** 1268 Smedeke; 1287 Schmitteke. Wie Vor. + -*k*-Suffix / **Schmiedchen:** 1423 Smedichen. BN *Schmied* + -*chen*-Suffix / **Schmiedel, Schmidl:** 1344 Smydel(e). BN Schmied + -*l*-Suffix / rhein.-nd. **Schmitz:** 1563 Smitzens, 1603 Schmides / **Schmittat:** BN *Schmied* + lit. Suffix -*at.*
Schmieder 1403 der Schmider. BN zu mhd. *smiden* 'hämmern, schmieden'.
Schmiedicke → Schmiedt
Schmietana → Smetana
Schmieth, Schmitt, Schmittat, Schmitz → Schmiedt
Schmock, Schmook, Schmack 1477 Smack, 1487 Smagk; 1586 Schmock. ÜN zu mhd. *smac(h)* 'Geschmack, Geschmackssinn; Gelüste; Geruch' oder zu oso. *smok* 'Baumläufer (eine Spechtart)'.
Schmohl 1493 (alde) Smolschen. KN vom RN *Samuel,* häufiger jüdischer Name, vgl. 1292 Szmole judeus, 1347 Smole deme joden.
Schmol(l) 1293 Schmolle, ÜN obd. 'Fettklumpen', übertragen 'kleiner, dicker Kerl' oder zu fnhd. (obd.) *schmolle* f. 'das Weiche im Brot' oder zu mhd. *smollen* 'schmollen; schmarotzen, gieren', mhd. **smolle* 'Schmoller, Schmarotzer'; auch sorb.: 1552 Schmol. ÜN zu oso. *žmol* 'Klumpen'.
Schmolt → Schmalz
Schmook → Schmock
Schmutz(l)er 1331 Smutzerer. ÜN zu mhd. *smutzen* 'schmunzeln'.
Schnab(e)l 1135 Snavel, 1388 Snabel. ÜN zu mhd. *snabel,* mnd. *snavel* 'Schnabel' für den Geschwätzigen, vereinzelt auch WN zum ÖN *Schnabel.*
Schnappauf 1490 Schnappauff. ÜN, SatzN '(ich) schnappe auf' (nehme Gerede auf) zu mhd. *snappen* 'schnappen; Straßenraub treiben; plaudern, schwatzen' für den Schwätzer o. ä.
Schneck(e), Schnegg 1160 Snekke; 1400 Snägg. ÜN zu mhd. *snecke, snegge* 'Schnecke; Schildkröte' für einen kleinen bzw. langsamen Menschen /

KF **Schneckel, Schneckle:** 1344 Schnekl.

Schnee 1386 Snee. ÜN zu mhd. *snē* 'Schnee' für den Weißhaarigen / **Schneeweiß,** nd. **Schneewitt:** 1254 Snewizze; um 1300 Snewitte. ÜN zu mhd. *snēwīz* 'schneeweiß, rein, glänzend', mnd. *snēwit* 'schneeweiß' / nd. **Schneekloth, Schneekluth:** 1328 Sneklot. ÜN zu mnd. *snē* 'Schnee' und *klot* 'Kloß, Klumpen, Kugel, Ball' für einen dicken Menschen.

Schnegg → Schnecke

Schneider, rhein.-nd. **Schneiders:** 1339 Snyder, 1478 Schneider. BN zu mhd. *snīdære, -er* 'Schneider; Schnitter; Schnitzer' (vgl. latin. 1299 Sartor – 1351 Textor) / **Schneidereit:** 1710 Schneiderait. Lit. patron. Form zu *Schneider.*

Schneiderheinze zusammengesetzt aus App. → *Schneider* + PN-KF *Heinze* → *Heinrich.*

Schneidewind 1248 Snidhewint. ÜN, SatzN zu mhd. *snīden* 'schneiden' und *wint* 'Wind' für einen Landstreicher.

Schnell(e) 1284 Snelle. ÜN zu mhd. *snell,* mnd. *snel* 'schnell, rasch, behende, frisch, munter, gewandt, stark, kräftig, streithaft, tapfer, eifrig'.

Schneller 1422 Snellerich, 1438 Sneller. ÜN = → Schnell oder zu mhd. *sneller* 'Läufer; Penis' oder WN zum gleichen Wort in der Bedeutung 'Gatter, Fallgatter; Schlagbaum' oder mhd. *snellen* 'schnalzen'; fnhd. *schneller* 'Bogenschütze, Artillerist; Auf- und Ablader; Gaukler; Wippe, Schlagbaum, Gatter; Klatschmohn'.

Schnellert (1146 Snelhardus prepositus), 1277 Snellart. RN ahd. *snel-hart* 'schnell, behende; tapfer' + 'hart, streng'.

Schnerr(er) 1409 Schner, 1545 Schnerer. ÜN zu mhd. *sner(r)en* 'schwatzen, plappern'; auch zu mda. *Schnarre, Schnerrer* 'Schnarrdrossel; Wachtelkönig'.

Schnetz 1407 Snetz. ÜN zu mhd. *snez* 'Hecht'.

Schnetzer → Schnitzer

Schnitter 1302 Sniter. BN zu mhd. *snitære, -er* 'Schnitter'.

Schnitzer, obd. **Schnetzer:** 1285 Snitzer; 1373 Schnetzer. BN zu mhd. *snitære, -er* 'Schnitzer; Bildschnitzer; Armbrustmacher' / Nbf. **Schnetzger:** 1382 Snetzger / **Schnitzler:** 1435 Schnizler. BN zu mhd. *snitzeler 'Schnitzler'* / **Schnittger, Schnittker:** 1302 Snitker. BN zu mnd. *snitker = snitzer = sniddeker* '(Holz)Schnitzer, Bildner; Tischler'.

Schnoor → Schnuhr

Schnorrbusch → Schnurrbusch

Schnu(h)r, nd. **Schnoor:** 1284 Snor, 1443 Snurre. ÜN zu mhd. *snuor,* mnd. *snōr(e)* 'Schnur, Band, Seil' für den Schnurmacher, Seiler, vgl. 1333 Snurer.

Schnurrbusch, Schnorrbusch 1415 Snornpusch, 1485 Snurrebusch. ÜN, SatzN zu mhd. *snurren* 'mit Schnauben auf der Fährte des Wildes spüren (vom Jagdhund)' und *busch* 'Busch, Gesträuch; Gehölz, Wald' für einen Jäger.

Schöbel 1231 Schoubelin, Schobelin. ÜN zu mhd. *schoup,* mnd. *schōf* 'Strohbund, -bündel', → *Schaub.*

Schober, Schobert(h) 1289 der Schober. ÜN zu mhd. *schober* 'Schober, Haufen' für den Bauern; im Vogtland *Schobert(h)* vereinzelt Variante von → *Schubert.*

Schöffel → Scheffel

Schöffler → Scheffler

Schoknecht → Schuhknecht

Schöler, Schoeler → Schüler

Scholl 1207 Scholle. ÜN zu mhd. *schol* 'schuldig' bzw. 'Schuldner, Urheber, Anstifter' oder zu mhd., mnd. *scholle* 'Erdscholle' für den Bauern oder für einen kleinen dicken Menschen oder zu mhd. *scholle* 'Scholle, Plattfisch'; möglich auch WN zum ÖN *Scholle,* vgl. 1350 uf den Schollen.

Schöller 1528 Schöler (= 1526 Scheller); 1626 Schöller = Schötteler. ÜN zu mhd. *schellen* 'laut werden' = → Scheller, so 1528, oder nd. BN zu mnd. *schotteler* 'Schüsselmacher' → *Schüßler.*

Schöllig → Schelling

Scholt(e), Schol(t)z(e) → Schultheiß

Schoma(c)ker, Schomann → Schuhmacher

Schön → Schöne

Schön(e), Schoen(e) 1265 Schone, 1477 Schöne. ÜN zu mhd. *schœn(e),* mnd. *schōn(e)* 'schön, herrlich, glänzend, hell, weiß, fein' oder HN zum ON *Schöna, Schönau* / schwäb. **Schönle:** 1350 Schönli / **Schöner(t):** 1528 Schoner. Wie Vor. oder RN ahd. *scōni-hart* 'schön; gut, vortrefflich' + 'hart, streng'.

Schön(e)baum 1409 Schonebōm. WN, HausN zu mhd. *schœn(e)* 'schön, herrlich, glänzend, hell, weiß, fein' und *boum* 'Baum'.

Schönemann 1170 Sconeman, 1381 Schöneman. ÜN zu mhd. *schœn(e)* 'schön, herrlich, glänzend, hell, weiß, fein' und *man* 'Mensch, Mann' für einen schönen Menschen, → *Schönherr.*

Schöner(t) → Schöne

Schönfuß 1578 Schönfuß. ÜN zu mhd. *schœn(e)* 'schön' und *vuoȝ* 'Fuß'.

Schönherr 1280 der Schönherre. ÜN zu mhd. *schœn(e)* 'schön' und *hērre, herre* 'Herr', → *Schönemann.*

Schöni(n)g, Schöniger 1307 de Schenynghe, 1323 Schöning(s), 1597 Schöniger. HN zum ON *Schöningen* oder RN ahd. *scōni* 'schön; gut, vortrefflich' + *-ing-* (+ *-er-*)Suffix.

Schönknecht 1372 Schoneknecht. ÜN oder BN zu mhd. *schœn(e)* 'schön' → *Schöne* und *kneht* 'Knabe, Jüngling; Knappe, Edelknecht; Diener'.

Schönlebe(n) 1383 der Schönleber. ÜN zu mhd. *schœn(e)* 'schön, herrlich, glänzend, hell, weiß, fein' und *leben* 'Leben, Lebensweise'.

Schönrock 1419 Sconnerok, 1497 der Sconrogghe. ÜN zu mnd. *schōn(e)rogge* 'Brot aus feinstem Roggenmehl' für den Bäcker.

Schoof 1331 Schof. ÜN zu mnd. *schōf,* mhd. *schoup* 'Strohbund, Strohwisch' → *Schaub;* vereinzelt auch mda. für → *Schaf.*

Schoop 1269 Scope, 1355 Schop, 1368 van der Schope. ÜN zu mnd. *schope* 'Schöpfkelle der Maurer; Füllkelle der Brauer' oder WN zum ÖN und HausN *Schope.*

Schopenhauer → Schoppenhauer

Schopf 1210 de Schophe, 1323 Schopf. BN zu mhd. *scheffe, schepfe,* fnhd. *schöpf* 'beisitzender Urteilssprecher, Schöffe' → *Schöppe* oder WN zum ON *Schopf* zu mhd. *schopf(e)* 'Gebäude ohne (Vorder-)Wand als Scheune', fnhd. *schopf* 'Vorhalle, Schuppen', oder ÜN zu mhd. *schopf* 'Haar auf dem Kopfe, Haarbüschel; Vorderkopf, Haarschopf' / obd. KF **Schöpfel, Schöpfle, Schöpflein, Schöpflin:** 1250 der Schöpheli, 1336 Schophelin.

Schopp(e) 1269 Scope, 1414 Schoppe. ÜN zu mhd. *schop(p)e, schōpe* 'Jakke, Joppe' oder zu mnd. *schope* 'Füllkelle des Brauers', persönlich 'Brauknecht', oder WN zu mnd. *schoppe* 'Schuppen, Scheune'; *Schopp* auch HN zum ON *Schopp.*

Schöpp(e) 14. Jh. Schepp. BN zu mhd.

scheffe, schepfe, schephe 'beisitzender Urteilssprecher, Schöffe', mnd. *schēpe, scheppe* 'Schöffe, Urteilsfinder'.

Schop(p)enhauer 1438 Schopenhouwer. BN zu mnd. *schope* 'Schöpfkelle, Füllkelle der Brauer' und *houwer* 'der da haut', nd. *Schopenhauer* = Holztrogmacher; gelegentlich auch = → Schuffenhauer.

Schorlemmer HN zu einem untergegangenen Ort bei Beckum/Westfalen: 890 Scurilingesmeri.

Schornagel → Scharnagel

Schorn(er) 1243 Schorne; 1477 Schorner. BN zu mhd. *schorn* 'mit der Schaufel arbeiten, zusammenscharren, kehren; stoßen, fort-, zusammenschieben'.

Schosser 1486 Schosser. BN zu mhd. *schoȝȝer* 'Steuereinnehmer'.

Schößler → Schüßler

Schott(e) 1209 Schot(us), 1373 Schotte. BN zu mhd. *schotte,* fnhd. *schott* 'herumziehender Krämer' bzw. '(schottischer) Hausierer' oder zu mhd. *schotte* 'Quark; Molken'; *Schott* auch HN zum ON *Schott* oder WN zu mnd. *schot* 'Riegel, Verschluß, Holzwand, Absperrvorrichtung' oder ÜN zu mhd. *schot* 'durch Herumwälzen (wie ein Schwein) verunreinigt, schmutzig' / demin. **Schöttgen** / obd. **Schottel, Schöttel, Schöttle:** 1366 Schöttel.

Schöttler 1310 der Schötteler. BN zu mnd. *schotteler* 'Schüßler, Schüsseldreher' → *Schüßler,* seltener ÜN (obd.) zu mhd. *schotelen* '(sich) schütteln', besonders den Haarschopf.

Schrade 1320 Scraghe, 1455 Schrade. ÜN zu mnd. *schrade, schrage* 'dürr, mager, kümmerlich; dürftig, schlecht'.

Schrader → Schröter

Schramm(e) 1318/26 Schram, 1381 Schramme. ÜN zu mhd. *schram(me)* 'Schramme, lange Haut- oder Fleischwunde', vgl. 1459 Haasen Breitbekken mit der schrammen oder WN zu ÖN zu mhd. *schram* 'Felsspalt, Loch'.

Schran(t)z 1326 Schrantze. ÜN zu mhd. *schranz* 'junger, geputzter Mann, Geck, Schranze' oder WN zu mhd. *schranz* 'Bruch, Riß, Spalte', *schranze* 'Riß, Spalte'.

Schratt, Schratz 1326 Schratz; 1396 der Schratt. ÜN zu mhd. *schrat(e), schraȝ, schraz, schrāwaȝ, schrāwaze* 'Waldteufel, Kobold'.

Schreck, Schrick, bair. **Schröck:** 1227 Schrekke, 1481 Schrigk. ÜN zu mhd. *schrecke* 'Schrecken; Hüpfer, Springer', wohl als BN für den Gaukler, mhd. *schric* 'der Sprung, das plötzliche Auffahren; Erschrecken, der Schreck', vereinzelt auch zu mhd. *schrecken* 'erschrecken' für einen Schreckhaften / **Schrickel.** Wie Vor. + *-l*-Suffix.

Schreder → Schröter

Schreiber, nd. **Schriefer, Schriever, Schriewer:** 1266 Scrivere, 1352 Schriber, 1400 Schreiber. BN zu mhd. *schrībære, schrīber,* mnd. *schriver(e)* 'Schreiber'.

Schreier, Schreyer 1300 Schriger, 1415 Schreyer = Schreiger. BN zu mhd. *schrīer* 'Schreier, Ausrufer, Herold' oder ÜN zu mhd. *schrī(e)n,* mnd. *schri(g)en* 'rufen, schreien, jammern' für den Schreihals.

Schreiner(t) 1330/49 de Schreynersche, 1395 Schreiner. Obd. BN zu mhd. *schrīnære, -er* 'Schreiner' / rhein. **Schreinemaker(s):** alt Schrīnemeker, vgl. mnd. *schrīndemeker* 'Schreiner, Tischler'.

Schreit(t)er 1467 Schreytter. ÜN zu mhd. *schrīten* 'schreiten, steigen, sich schwingen' nach der Art des Ganges; möglich auch entstellt aus → *Schröter.*

Schrempel 1572 Schremppel. ÜN zu mhd. *schremmen* 'drücken, stoßen' oder zu mnd. *schrempen* 'schrumpfen, zusammenziehen; (Fleisch) rösten, sengen'.

Schrempf, Schrimpf, Schrumpf 1382 der Schremphe; 1286 Scrimf; 1574 Schrumpf. ÜN zu mhd. *schrimpfen* = *rimphen* 'in Falten, Runzeln zusammenziehen, krümmen, rümpfen', mnd. *schrempen* 'schrumpfen, zusammenziehen', mnd. *schrumpe* 'Runzel, Falte; Knick' für einen kleinen Menschen oder einen mit einer faltigen Haut.

Schrepper → Schröpfer

Schreter → Schröter

Schreyer → Schreier

Schrickel → Schreck

Schriefer, Schriever, Schriewer → Schreiber

Schrimpf → Schrempf

Schröck → Schreck

Schroder, Schröder, Schrödter, Schröer → Schröter

Schröpfer, nd. **Schröper, Schrepper:** 1383 Schrepher; 1397 Schreper. BN zu mhd. *schrepfer, schreffer* 'Aderlasser'.

Schrot → Schroth

Schröter, Schroeter, Schreter, Schroed(t)er, nd. **Schreder, Schröd(t)er, Schrötter,** md. mda. **Schreuder,** nd. **Schroder,** nd.-rhein. **Schröer, Schroer,** gen. **Schrörs,** ostfäl. **Schrader:** 1246 Schroter, 1265 die Scordere, 1320 Scradere, 1330 Schrôder, 1448 Schröter = Schroter = Schreter, 1485 Schrotter, 1540 Schreuder, 1583 Schröter, 1592 Schroder, 1602 Schroer. BN zu mhd. *schrōtære, -er,* md. *schrōder,* mnd. *schrōder, schrāder* 'Schneider; Münzmeister; der Fässer auf- oder ablädt', vor allem für den Fuhrmann, der den Transport der Bier- und Weinfässer besorgte.

Schrot(h) 1270 Scrote, 1396 Schrot. ÜN zu mhd. *schrōt* 'Hieb, Schnitt, Wunde; Holzprügel, Klotz' für einen groben Menschen, vereinzelt auch HN zum GewN *Schrote* bzw. RN *Scroto* zu ahd. *scrōt* 'Schnitt'.

Schrumpf → Schrempf

Schubach, Schubar(d)t → Schubert

Schübel → Schiebel

Schubert, Schubar(d)t, Schubarth, Schubach, Schubbert, Schuberth, hess.-thür. **Schuchardt, Schuchert, Schuhardt, Schuchter, Schurich(t), Schurig(t):** 1266 de scoworchte, Scowerchten, 1314 der Shuwort, 1388 Schuchbreht, 1389 Schuburt, 1404 Schuworcht = Schuwart = Schubort, 1409 Schuchter, 1415 Schubert, 1479 Schuricht, 1517 Schochart, 1518 Schubart, 1577 Schuward, 1689 Schubbert. BN zu mhd. *schuo(ch)würhte, -worhte, -würke,* mnd. *schowerchte, -werte, -wart* 'Schuhmacher'.

Schuchardt, Schuchert, Schuchter → Schubert

Schuck, Schugk 1171 Suck, 1508 Schug, 1525 Schuck. ÜN zu westslaw. (oso., tschech.) *žuk* 'Käfer' oder zu mhd. *schuoch* 'Schuh' für den Schuhmacher oder zu mnd. *schuck* 'Scheu, Angst'.

Schuckmann → Schuhmacher

Schudel, Schudi 1435 Schudel; 1220 Schudi. Alem. ÜN zu *Tschaude* 'Mensch mit wirrem Haarschopf', schweiz. *Tschudi* 'Strubbelkopf'.

Schuffenhauer, Schuppenhauer 1686 Schuffenhauer. BN zu mnd. *schuffel* 'Schaufel' oder zu mhd. *schuofe* 'Schöpfgelte, Wassereimer' und *houwer* 'der da haut' oder = → Schoppenhauer.

Schuf(f)ner, obd. **Schüffner:** 1381 Schüfener, 1458 Schůfner. BN zu mhd. *schuofe* 'Schöpfgelte; Wassereimer; Becken der Pfanne'.

Schugk → Schuck
Schuhardt → Schubert
Schu(h)knecht, Schoknecht 1390 Scuknecht ... Scůmekers knecht, 1433 Schoknechte, 1464 Schuknecht. BN zu mhd. *schuo(ch)kneht,* mnd. *schoknecht* 'Schuhmachergeselle'.
Schühler → Schüler
Schu(h)macher, nd. **Schoma(c)ker,** nrhein. **Schaumäker:** 1276 Schuohmacher, 1299 Scomekere, 1385 Schomaker. BN zu mhd. *schuochmacher, -mecher,* mnd. *schomaker, -meker* 'Schuhmacher' / **Schu(h)mann, Schuckmann,** nd. **Schomann:** 1359 Schůman, 1372 Schomann(e), 1569 Schuckman. BN zu mhd. *schuochman,* mnd. *schōman* 'Schuhmacher, Schuster'.
Schuhr → Schur
Schuknecht → Schuhknecht
Schuldt → Schultheiß
Schüler, Schühler, Schüller, Schul(l)er, Schöler, Schoeler 1266 Scholre, 1270 Schuoler, 1383 Schuler, 1393 Schuller. BN zu mhd. *schuolære, schüelære, -er,* mnd. *scholer, schōlre* 'Schüler, Student', mnd. auch 'junger Geistlicher'; obd. auch Vermischung *Schōler* = → Scheller, vgl. 1528 Scheler = 1528 Scheller = Schöler.
Schüller, Schuller → Schüler; Schüller vereinzelt auch HN zum ON *Schüller, Schüllar.*
Schult(e(s)) → Schultheiß
Schultheiß, Schultheis(s), Schultheß, Schul(t)z, Schul(t)ze, Schol(t)z, Schol(t)ze, nd. **Scholtes, Schultes, Schulteß, Schuldes, Schul(d)t, Schulte,** patron. **Schulten, Scholt(e):** 1180 Schulthetus, 1249 Sculte, 1259 Schultheiß, 1300 Schulcz, 1368 Schůltesse, 1371 Scolcz, 1392 Scholteis. BN zu mhd. *schultheiȝe,* mnd. *schulthēte, schulte,* spätmhd. *schultz,* fnhd. *schultes* 'Schuldheiss, der Verpflichtungen oder Leistungen befiehlt' / **Schultka, Schultke:** 1359 Schultke, 1605 Schultka. BN zu nso., oso. *šołta,* nso. auch *šulta* 'Schulze, Dorfrichter' / **Schulzki:** slaw. Bildung von *Schulz.*
Schul(t)z(e), Schulzki → Schultheiß
Schumacher, Schumann → Schuhmacher
Schünemann → Scheunert
Schunk(e), Schünke → Schinke
Schupp → Schuppe
Schuppan 1374/82 Supan, Zupan, 1468 Schuppan. BN zu nso. *župan* 'Vorstand der Bienenzüchter', oso. *župan* 'Gaugraf, Gauvorsteher' → *Saupe. Schuppan* vor allem laus.
Schupp(e) 1266 Schuoppo, 1698 Schuppe. ÜN zu mhd. *schuop(e),* mnd. *schupe, schope* '(Fisch-)Suppe' für den Fischer oder zu mnd. *schuppe* 'Schaufel, Schüppe' / demin. **Schüpple,** alem. **Schüpple(in):** 1370 Schüpelin.
Schuppenhauer → Schuffenhauer
Schur, Schuhr 1355 Schure. ÜN zu mnd. *schūr* 'listig, schlau' oder mnd. *schūr,* mhd. *schūr(e), schour(e)* 'Hagelschauer, Unwetter' für einen aufbrausenden Menschen oder zu nso., oso. *žur* 'Sauerteig', poln. *żur* 'Mehlsuppe'; möglich auch WN zu mnd. *schure* 'Scheuer, Scheune'.
Schürer 12. Jh. Schiurer. BN zu mnd. *schurer* 'Putzer, Schwertfeger', später: 'Schmelzer in einer Schmelzhütte', zu mhd. *schürn* 'antreiben, reizen; entzünden, das Feuer unterhalten, schüren' oder ÜN für einen, der Streit entfacht, oder WN für einen, der bei der Scheune wohnt → *Scheuermann.*
Schurich(t), Schurig(t) → Schubert
Schüßler, Schößler 1283 Schuȝȝeler, 1631 Schoßler. BN zu mhd. *schüȝȝeler* 'Schüßler, Schüsselmacher', mnd. *schotteler,* → *Schöttler.*

Schuster 1340 der Schuster. BN zu mhd. *schuochsūtære, schuochsūter, schuo(ch)ster* 'Schuhnäher, Schuster'.

Schütt(e) 1150 Scutto, 1311 Schutte. WN zu mhd. *schüt(e)* 'Anschwemmung, künstlicher Erdwall; Schutt, Unrat; Ort, wo Schutt abgeladen wird; Kornboden', mnd. *schutte;* auch BN zu mnd. *schutte* → *Schütze.*

Schüttenhelm → Schittelnhelm

Schüttpelz 1225 Scutdepelz. ÜN, SatzN zu mhd. *schütteln, schütelen, schüt(t)en* 'schütteln' und *belliȝ, belz* 'Pelz'.

Schütz(e), nd. **Schütte:** 1266 Scuz, 1286 Schüz; 1321 Scutte. BN zu mhd. *schütze,* mnd. *schutte* 'Armbrust-, Büchsenschütze; Wächter, Flur-, Waldschütze' / demin. **Schützel:** 1477 Schutczel.

Schwab(e), Schwaab(e) 1272 Swave, 1371 Swabe. StammesN 'Schwabe', mhd. *Swāp, Swabe,* auch als RN bezeugt, vgl. 10. Jh. Swaunin 'die Schwäbin'; vereinzelt HN zum ON *Schwabe, (Schwaben).*

Schwager 1306 Swager. ÜN zu mhd. *swāger* 'Schwager; Schwiegervater, Schwiegersohn' / hessisch-fränkisch **Schwähr, Schweher:** 1366 Sweher. ÜN zu mhd. *sweher, swæher, sweger, swer* 'Schwiegervater' / bair. **Schwägerl:** 1363 Swegerl / ostmd. demin. **Schwägerchen, Schwägrichen:** 1593 Schwegergen.

Schwa(h)n 1178 Swano, 1379 to dem Swane, 1585 Schwan. RN *Swan,* vgl. 1567 Swan von Steinberge, oder ÜN zu mhd. *swan(e),* mnd. *swān* 'Schwan', auch HausN; möglich auch HN zum ON *Schwaan.*

Schwähr → Schwager

Schwaiger → Schweiger

Schwalbe 1573 Schwalbe. ÜN zu mhd. *swalwe, swalbe, swal(e)* 'Schwalbe', schon früh auch als RN bezeugt, vgl. um 800/50 Swala.

Schwan → Schwahn

Schwartz(e) → Schwarze

Schwarz(e), Schwartz(e), Schwarcz, Schwarzer 1200 Swarze. ÜN zu mhd. *swarz* 'schwarz, dunkelfarbig', wohl nach der Haarfarbe bzw. *swarze* 'der Schwarze (Mohr, Teufel)' oder HN zu den ON *Schwarz(a)* / **Schwarzkopf:** 1331 Swartekopp(es), 1463 Schwarzkop. ÜN zu mhd. *swarz,* mnd. *swart* 'schwarz, dunkelfarbig' und *kopf, koph,* mnd. *kop* 'Kopf' nach der Haarfarbe / **Schwarzmann:** 1431 Schwarzmann. ÜN oder HN wie *Schwarze* + *-man.*

Schwedler, Schweidler 1352 Sweidler, 1498 Schwedeler. BN zu mnd. *sweideler, swēdeler* 'Tasche, lederner Beutel, Mantelsack, besonders um Speisen und andere Reisebedürfnisse darin aufzubewahren' für den Hersteller oder ÜN für einen, der gern reist.

Schwegler 1289 Swegler. BN zu mhd. swegel(e) 'eine Art Flöte; Röhre, Speiseröhre' für den Musikanten, *swegelen* 'auf der swegele blasen; pfeifen'.

Schweher → Schwager

Schwei(c)ker, Schwei(c)kert, Schweikhard, Schweighardt, Schweigert, westd.-hess. **Schwicker, Schwickhardt:** 1255 Swigger, 1260 Swiker, 1477 Swikart, 16. Jh. Schweickhardt. RN asä. *Swīthgēr,* 9. Jh. Suitger zu asä. *swīth* 'stark' und *gēr* 'Speer'.

Schweidler → Schwedler

Schweiger, Schwaiger 1233 Sweigere, 1400 Sweiger. BN zu mhd. *sweiger* 'Bewirtschafter einer Schweige' (Viehhof, Sennerei, Weideplatz) oder WN zum ÖN *Schweige;* möglich auch RN *Swīdger* zu asä. *swīth* 'stark' ahd. *swint* 'geschwind' und *gēr* 'Speer', vgl. 1181 Swigger Storre, 1381 Swiger, → *Schweicker,* oder ÜN zu mhd. *swīgære, -er* 'der Schweiger, der Stumme; der zum Schweigen bringt'.

Schweigert, Schweighardt, Schweiker, Schweikert, Schweikhardt → Schweicker

Schwei(t)zer 1279 Swizzer, 1646 Schweitzer. HN 'der aus der *Schweiz*'; kaum BN *Schweizer* 'Soldat in fremdem Heeresdienst; Melker'.

Schwen(c)k, Schwen(c)ke 1239 Swenco, 1402 Swenke, Schwencke. KF zum RN ahd. *swan-hiltja* 'Schwan' + 'Kampf' mit *-k*-Suffix; z. T. auch ÜN zu mhd. *swenke* 'sich schwingend' / **Schwenker:** 1388 Swencker(yn). ÜN zu mhd. *swenken* 'in schwankender Bewegung sein'.

Schwer(d)tfeger 1266 Swertfegere. BN zu mhd., mnd. *swertveger* 'Schwertfeger, Waffenschmied'.

Schwicker, Schwickhardt → Schweicker

Schwimmer 1475 Schwimmer. WN zu mhd. *swem(me)* 'Schwemme' oder ÜN zu mhd. *swimmen* 'schwimmen' oder zu mnd. *swimen* 'schwindlig sein, betäubt werden'.

Schwind(t) 1294 de Swinede, 1362 Swinde. ÜN zu mhd. *swinde, swint* 'gewaltig, stark; heftig, ungestüm, gewandt, schnell; böse hart', vereinzelt HN zum ON *Schwinde* oder KF von RN mit *svind-*.

Schwo(t)zer HN zum ON *Schwaz, Schwotz.*

Scymanski → Simon

Sebald, Seewald 1012 Sewald(us), 1500 Sewald. RN ahd. *sigu-bald* 'Sieg' + 'kühn, mutig, stark' (*Sebald* ist Schutzheiliger von Nürnberg), auch zu asä. *sēo* 'See'.

Sebastian 1490 Sebastian(i). RN lat.-griech. 'verehrungswürdig' / **Bastian:** 1402 Bastian / KF **Best, Pest:** 1441 Best, 1433 Pest / obd. **Bastl, Bästle, Bestel:** 1331 Bestlin.

Sed(e)lmair, Sed(e)lmayr, Sed(e)lmeier, bes. bair.: 1545 Sedelmaier. BN zu mhd. *sedelmeier* 'Pächter eines Herrenhofes'.

Seeber 889 Sebrath, 1390 Seber. RN ahd. *sigu-beraht* 'Sieg' + 'hell, strahlend, glänzend', auch zu asä. *sēo* 'See'; WN zu einem ÖN *See* oder HN zum ON *Seeba.*

Seeger(t) → Sager

Se(e)lig, Se(e)liger, Seeling, Sehling, Selinger 1252 Salege, 1358 Selege, 1576 Selinck. ÜN zu mhd. *sælec, sælic,* mnd. *sālich, sēlich* 'gut; glücklich; fromm; heilig', vereinzelt HN zum ON *Seelig.*

Seeling → Seelig

Seemann 1296 Sēman. RN ahd., asä. *sēo-man* 'See' + 'Mann' oder BN zu mnd. *sēman* 'Seemann, Seefahrer' oder WN zum ÖN *See* wie *Seemeier.*

Seevers → Seifried

Seewald → Sebald

Sehling → Seelig

Seibert → Sieber

Seibt, Seypt um 860 Sibodo, 1270 Sigiboto, 1301 Siboto. RN ahd. *sigu-boto, -bodo* 'Sieg' + 'Bote, Gesandter, Abgesandter'.

Seidel, Seidl, Seidler, Seifardt, Seifart(h), Seifert(h), Seiffart(h), Seiffert(h) → Seifried

Seifried, Seifert(h), Seiffert(h), Seifart(h), Seiffart(h), Seifardt, Seyfart(h), Seyffart(h), Seyfahrt, Seyfert(h), Seyffert(h), Seifhardt 834 Sigifrid. 1308 Sifrid(i), 1381 Seyfried, 1471 Seifart, 1487 Seiffart. RN ahd. *sigu-fridu* 'Sieg' + 'Friede, Schutz' / nd. **Sievert, Siewert, Siefert:** 1355/83 Syvard / gen. **Sievers, Seevers:** 1347 Siverdes, 1520 Severs, 1547 Syvers / **Seid(e)l, Seydel:**

[1320 Sidel], 1399 Zyfridus alias Zeydl, 1518 Seidel. KF mit *-l*-Suffix / **Seidler:** 1310 Sydeler, 1431 Seydeler. Wie Vor. + *-er*-Suffix / **Seitz:** 1344 Sitz, 1386 Syfrit Sycz, 1458 Seycz. Obd. KF mit *-z*-Suffix, vgl. auch um 1370 Sytz = Sifrit Heberlin.

Seiler, Seyler 1291 Seiler, 1361 der Seyler. BN zu mhd. *seiler* 'Seiler'.

Seipel(t), nd. **Siebold(t):** um 805 Sigibald(us), 1349 Sypel, 1389 Sibolt. RN ahd. *sigu-bald* 'Sieg' + 'kühn, mutig, stark'.

Seitz → Seifried

Selbmann 1389 Selbsman. ÜN zu mhd. *selp, selb* 'selbst, selb' + *man,* Bedeutung wie mhd. *selpherre* 'sein eigener Herr sein wollend, eigenwillig': 1264 Selbherre; Vermischung mit → *Seltmann,* vereinzelt auch HN zum ON *Selb.*

Selig(er), Selinger → Seelig

Selisko, Sellesk(e) 1374/82 Zhelisko. ÜN zu nso. *zelezko,* tschech. *želízko* 'kleines Eisen', oso. *zeležko, železko* 'Feuerstahl'.

Sell(e), Söll(e) 1274 Selle = 1250 Geselle. BN bzw. ÜN zu mhd. *selle* = *geselle* 'Gefährte; Handwerksgeselle; junger Mann', vereinzelt auch HN zum ON *Selle, Sella.*

Selleng, Selling 1568 Selenk(owa). ÜN zu nso. *zeleńk* 'Grünling, grünlicher Pilz'.

Sellesk(e) → Selisko

Selling → Selleng

Seltmann 1439 Seltman. BN zu mhd. *selde, sölde* 'Wohnung, Bauernhaus, Hütte', wie mhd. *seldener* 'Häusler, Mietsmann; Taglöhner', → *Selbmann.*

Semisch → Sämisch.

Semmler 1273 Semelere, 1339 Semler (pechenchnecht). BN zu mhd. *semeler* 'Weißbrotbäcker'.

Senf(f) 1343 Senif, 1393 Senep, 1498 Senff. ÜN zu mhd. *sen(e)f,* mnd. *sennep* 'Senf' für den Senfhersteller.

Sengebusch 1338 Sengewisch, 1790 Sengebusch. ÜN, SatzN zu mhd. *sengen* 'sengen, brennen' und *busch* 'Busch, Gesträuch; Gehölz, Wald' für einen, der mit Feuer rodet, → *Sengewald.*

Sengewald 1671 Sengewald → *Sengebusch.*

Senkbeil, nd. **Senkpie(h)l:** 1422 Sengkenpfil, 1471 Senkpil. ÜN, SatzN zu mhd. *senken* 'senken', evtl. auch *sengen* 'brennen' und *phīl* 'Pfeil(eisen)'.

Sens(e) [1556 Vincentz = 1590 Zens (van Meideborg)], 1625 Senßen. KF zum RN *Vinzenz* lat. 'siegend' oder ÜN zu mhd. *se(ge)nse* 'Sense' für den Sensenschmied oder Bauern.

Sensenhauer BN zu mhd. *se(ge)nse* 'Sense' und *houwen* 'behauen, bearbeiten', vgl. 1392 Senssensmit.

Sesselmann WN zu einem ÖN *Sessel* oder BN 'Sesselmacher' bzw. ÜN, vgl. 1363 Seßler, 1391 (Chr.) auf ein seßl.

Setzepfand, Setzpfandt 1209 Sezephant. ÜN, SatzN zu mhd. *setzen* 'einsetzen' und *phant* 'Pfand' für einen, der Besitztümer verpfändet, oder zu mhd. *setzphant* 'eingesetztes Pfand'.

Seubert → Sieber

Seume 1313 Süme. ÜN zu mhd. *siumic* 'säumig' für den Säumigen, Zögernden, Unentschlossenen.

Sevecke → Sieber

Seydel, Seyf(f)erth → Seifried

Seyler → Seiler

Seypt → Seibt

Sickel 1324 Sickel(in) (Sohn des Eberh. Sicke), 1330/49 Sickele. KF zu RN auf ahd. *sigu* 'Sieg' + *-l*-Suffix, vereinzelt auch ÜN zu mnd. mda. *sickel* 'Zicklein, Saugferkel' für den Züchter oder Besitzer.

Sickert → Siegert

Sickora → Schikorra

Siebeck(e), Siebek(e) → Sieber

Siebenhaar 1150 Sibenhar. ÜN zu mhd. *siben* 'sieben' und *hār* 'Haar', spöttisch für geringen Haar- bzw. Bartwuchs.

Siebenhü(h)ner ÜN für den Geflügelhalter oder nach einer Leistungsabgabe.

Sieber, Siebert(h), Seibert, Seubert um 830 Sibert, 917/42 Sigibert(us), 1367 Sieber, 1689 Sieberth. RN ahd. *sigu-beraht* 'Sieg' + 'hell, strahlend, glänzend', daneben auch BN zu mhd. *sip, sib* 'Sieb', fnhd. *siber* 'Siebmacher', vgl. 1274 der Siber, 1367 Sieber (= 1365 Cribratori) / **Siebeck(e), Siebek(e), Siebke, Sevecke:** 1359 Sybeken, 1454 Zeveken, 1481 Seveke. KF zu Vor. + *-k*-Suffix / **Ziebart(h):** 1386 Tschiwerd, 1498 Zybart / **Zipprich:** 1644 Zipprecht.

Siebke → Sieber

Siebold(t) → Seipelt

Siedentopf, Siedentopp 1349 Sidentop. ÜN zu mnd. *sīde* 'Seide' und *top* 'Spitze, Schopf, Zopf' für einen vornehmen Menschen o. ä.

Sieg(e)l 1244/58 Sigel. KF zu RN auf ahd. *sigu* 'Sieg' mit *-l*-Suffix oder ÜN zu mhd. *sigel* 'Siegel, Stempel' bzw. zu mhd. *segel, sigel,* fnhd. *sigel* 'Segel'.

Siegert, Sieghardt, Sickert 819 Sigihard, 1388 Sighart, 1504 Sigerdes. RN ahd. *sigu-hart* 'Sieg' + 'hart, streng'.

Siegmund, Siemund, Siegesmund 894 Sigimund, 1492 Sigmund. RN ahd. *sigu-munt* 'Sieg' + 'Schutz'.

Siemen(s), Siem(s), Siems(s)en um 900 Siman, 1450/51 Symans. RN ahd. *sigu-man* 'Sieg' + 'Mensch, Mann', gen. bzw. patron.; evtl. auch = → Siemons: 1375 Symens.

Siemon → Simons

Siemund → Siegmund

Sievers, Sievert, Siewert → Seifried

Sikora → Schikorra

Silbermann 1389 mit dem Silbir, 1412 Silberman. BN zu mhd. *silber* 'Silber' für den Silberhändler, -schmied / **Silbernagel:** 1452 Silbernegelin, 1498 Silbernagell. ÜN zu mhd. *silber* 'Silber' und *nagel* 'Nagel' für einen Silberschmied.

Silberstein junger ÜN (jüd.).

Simmer(t) um 805 Sigimarus, um 830 Simer, 1572 Simerß, 1585 Simer. RN ahd. *sigu-māri* 'Sieg' + 'bekannt, berühmt', vielleicht auch ÜN zu mhd. *süm(m)er* 'Geflecht, Korb; Bienenkorb, Getreidemaß', obd. *simri* 'Handtrommel, Pauke', vgl. 1336 Sümmerlin.

Simon(s), Siemon 1221/33 Symonis, 1315 Symon, 1370 Simon. RN hebr. 'Gott hat erhört' / slaw.: **Schiemencz:** 1501 Schymentz. Sorb. Abltg. / **Schim(m)ang, Schimmank, Symang, Sym(m)ank:** 1550 Schimank, 1657 Simmang. Sorb. Abltg. / **Schimanski, Schimansky, Szymanski, Scymanski, Symanski:** 1661 Szymanski. Poln. KF / **Schimke, Schimko:** 1381 Schimko. Westslaw.

Sindelar → Schindelhauer

Sindermann 1372 Synderam, 1466 Senderma, 1485 Sinderman. RN umgedeutet aus *Sinderam* bzw. *Sinthar,* zu ahd. *sind* 'Weg'; auch BN zu mhd. *sinder, sinter* 'Hammerschlag, Metallschlacke' und *man* 'Mann' im Zusammenhang mit der Metallherstellung, vgl. 1393 Sinterhauff.

Singer 1285 Singer. BN zu mhd. *singære, -er* 'Sänger, Dichter; Kantor'.

Sitte 1440 van der Sytten. HN zum ON *Sitten* oder KF zum nd.-fries. RN *Sindbert* zu ahd. *sind-beraht* 'Weg' + 'hell, strahlend, glänzend', → Sittner.

Sittig 1413/20 Sittich(in), 1533 Sitticus. ÜN zu mhd. *sitich* 'Papagei' bzw. *sitic, sitec* 'ruhig, bescheiden, anständig'.

Skala 1557 Scala. WN oder ÜN zu nso., oso., poln. *skała,* tschech. *skála* 'Felsen, Gestein'.

Skib(b)a, Skibbe 1631 Skiba. ÜN zu poln. *skiba* 'Scholle, flacher Erdklumpen', nso., oso. *skiba* 'Scheibe, Stück Brot' / **Skibinsky:** 1780 Skibienski. Poln. Abltg. von Vor. oder von einem poln. ON *Skibin.*

Skora 1370 Skora. ÜN zu poln. *skóra* 'Haut' / **Skorup(p)a:** 1451 Skorupa. ÜN zu poln. *skorupa* 'Kruste, Rinde, Schale'.

Skowron(n)ek 1411 Skowronek. ÜN zu poln. *skowronek* 'Lerche'.

Slavik, Slawik 1136 Zlauic. KF zu RN wie *Slavomir* zu ursl. **slava* 'Ruhm, Ehre'; tschech. *Slavík* auch 'Nachtigall'.

Slomka → Slomma

Slomma 1420 Slomme. ÜN zu nso., oso., poln. *słoma* 'Stroh' / **Slomka:** 1397 Slomka.

Slowi(c)k 1377 Slowik. ÜN zu poln. *słowik* 'Nachtigall'.

Slowikowski 1440 Slowikowsky. Poln. HN zum ON *Słowików, -owa* oder vom PN → *Słowik.*

Slüter → Schlütter

Smal → Schmahl

Smetan(a), Smettan, S(ch)mietana 1364 Smetanine, 1391 Smethana, 1405 Smetan. ÜN zu poln. *śmietana,* nso. *sm̃etana,* oso. *smjetana,* tschech. *smetana* 'Sahne, Rahm'.

Smidt → Schmied

Smolek, Smolik 1471 Szmolek, Smolik. ÜN zu oso., poln. *smoła,* nso. *smóła,* tschech. *smola* 'Pech' / **Smolka:** 1371 Smolca.

Smolinski 1432 Smolinski. HN zum ON poln. *Smoleń* o. ä. bzw. tschech. *Smolín, Smolina.*

Sobe 1136 Zoba, 1568 Soba. KF zu RN wie *Soběslav* zu ursl. **sebě,* poln. *sobie,* tschech. *sobě* 'sich' / **Sobek:** 1285 Zobece, 1393 Sobek.

Sobek → Sobe

Sobot(t)a 1252 Sobota. ÜN zu nso., oso., poln., tschech. *sobota* 'Sonnabend' / **Sobot(t)ka, Sobottke, Sabottka:** 1265 Sobotcha, 1428 Sabbotke.

Socher 1509 Socher = 1510 Sochor. ÜN zu nso., oso., tschech. *sochor* 'Knüppel, Hebel, Brechstange'.

Sock 1274 Sock. ÜN zu mhd. *soc(ke)* 'Socke', evtl. auch zu *suc, soc* 'Saft' sowie zu nso., oso. *sok* 'Linse'.

Sohr(e) → Sauer

Sojka, Soyka 1389 Soyka. ÜN zu poln., tschech. *sojka* '(Eichel-)Häher'.

Söll(e) → Selle

Sollfrank → Saalfrank

Söllner 1369 Seldener, 1412 Soldner, 1748 Söllner. BN zu mhd. *soldenære, -er* 'Söldner' bzw. *seldener* 'Häusler; Mietsmann; Taglöhner', → *Seltmann.*

Sommer 8. Jh. Sumar, 1190 der Sumer, 1292 Somer. ÜN zu mhd. *sumer* 'Sommer' wie Winter, Herbst, vereinzelt auch zu mhd. *sum(b)er, sum(m)er* 'Geflecht, Korb; Handtrommel, Pauke'.

Sommerlatte 1400 Sommerlatte. ÜN zu mhd. *sumerlat(t)e* 'diesjähriger, in einem Sommer gewachsener Schößling' für einen aufgeschossenen, unreifen Menschen.

Sommermeier 1585 Sommermeiger. BN → *Meyer* mit Lageangabe (Himmelsgegend) des Hofes.

Sonnabend 1447 Sonnavent. ÜN zu mhd. *sun(nen)ābent* 'Sonnabend' (md., nd.), nach der Zeit der Geburt o. ä., vgl. *Sonntag.*

Sonntag 1241 Sunnendach. ÜN zu mhd. *sun(nen)tac* 'Sonntag' aus religiösem Brauchtum bzw. nach der Geburt (Glückstag).

Sorge 1294 Sorge. ÜN zu mhd. *sorge* 'Sorge, Kummer, Furcht' für den Sorgenbeladenen; evtl. BN und bedeutungsgleich mit mhd. *sorgære, -er* 'Besorger, Vormund'; seltener HN zum ON *Sorge, Sorga* oder WN zum ÖN *Sorge* / **Sörgel:** 1298 Sorgelin. Evtl. direkt vom Verb mhd. *sorgen* 'besorgt, bekümmert sein' abgeleitet.

Sowa 1243 Szowa. ÜN zu nso., oso., poln. *sowa,* tschech. *sova* 'Eule'.

Sparbrod → Sparsbrot

Sparmann 1450 Sparmann. ÜN zu mhd. *sparn* 'sparen' + *man* 'Mann' für den Sparsamen.

Spar(s)brot, Sparbrod 1365 Sparbrot. ÜN, SatzN zu mhd. *sparn* 'sparen' und *brōt* 'Brot' für den ärmlich Lebenden oder Geizigen.

Specht 1180 Specht. ÜN zu mhd. *speht* 'Specht' oder zu mhd. *speht(er)* 'Schwätzer', vereinzelt auch HausN.

Speck 1334 Speck. ÜN zu mhd. *spec* 'Speck' für den Fleischer, Speckliebhaber, Wohlgenährten; auch HN zum ON *Speck, Spöck* und WN zu mhd. *specke, spicke* 'Knüppelbrücke, -damm'; vereinzelt HausN.

Speer, Spehr 1307 Sper. Vieldeutiger ÜN. Entweder zu mhd. *sper* 'Speer(spitze); Längenmaß' für den Speerträger, den → *Sperschneider* oder zu mhd. *spar(e), sperwe* 'Sperling', evtl. wegen geringer Größe. Auch mhd. *spör(e), sper* 'hart (vor Trockenheit), rauh' ist zu erwägen. Verschiedentlich liegt Kontraktion vor, z. B. des BN zu mhd. *spehære, speher* 'Kundschafter, Vorausseher' (vgl. 1513 Sper = Speher) oder → *Spörer* (vgl. 1593 Sper = Spohrer).

Spengler 1310 Spengelar. BN zu mhd. *speng(e)ler* 'Blechschmied, Klempner', urspr. Spangenmacher.

Sperber 1147 Sperwer, 1290 zem Sperwer, 1399 Sperber. ÜN zu mhd. *sperbære, -er, sperwære* 'Sperber', evtl. Bezug zur Beizjagd; auch HausN, vgl. 1290.

Sperlich → Sperling

Sperling, Sperlich 1272 Sperlinc. ÜN zu mhd. *sperlinc* 'Sperling' für einen kleinen, flinken Menschen; vereinzelt auch HN zum ON *Sperling.*

Sperschneider 1420 der Spersnider. BN zu mhd. *sper* 'Speer' und *snīdære, -er* 'der etwas schneidet' für einen Handwerker, der Speerschäfte zuschneidet.

Spieg(e)l 1236 Spigel, 1281 zem Spiegel. ÜN zu mhd. *spiegel* 'Spiegel; Vorbild, Muster' für einen Spiegelmacher bzw. für Lieblings-, auch mißratene Kinder, Schelte; auch HausN und WN zum ÖN *Spiegel.*

Spieler 1295 der Spiler. BN zu mhd. *spilære, -er* 'Spieler' für einen Musikanten bzw. Gaukler; ÜN 'Würfel-, Brettspieler', vgl. *Spielmann* / **Spielmann:** 1200 Spilman. BN zu mhd. *spilman* 'Spielmann, fahrender Sänger, Musikant, Gaukler'.

Spieß, Spies 1294 zem Spieße, 1370 Spis. ÜN bzw. BN zu mhd. *spieȝ* 'Spieß; Spießträger', auch HausN.

Spindler 1279 Spindler(ine), 1388 Spindeler. BN zu mhd. *spin(ne)ler* 'Spindelmacher'.

Spitz(n)er 1340/50 Spiczer, 1364 ab der Spitze, 1383 Spitzner. WN zum ÖN *Spitz(e),* oder ÜN zu mhd. *spiz, spitze* 'spitz(ig)', z. B. nach der Kopfform, evtl. auch 'spitzfindig, überklug'; BN zu mhd. *spitzer* 'der etwas spitzt, zuspitzt', in Weinbaugebieten 'Arbeiter, der die Rebpfähle zuspitzt'.

Splettstösser, Splittstöhser 1561 Splettstößer. BN zu mnd. *splete* 'Spliß', nd. *Splitt* 'Holzspan, Schindel,

Splitter' (vgl. mnd. *spliten* 'spalten') und mhd. *stöȝer*, mnd. *stoter* 'der etwas (ab) stößt' für den Holzspalter, den Hersteller und Verkäufer von Schindeln, Brennholz, Holzspänen.

Spörl 1157 Sporelin, 1374 Spörl. ÜN zu mhd. *sporlīn* 'kleiner Sporn' für einen Sporenmacher oder -träger oder WN zum ÖN *Spo(h)r* zu mhd. *spor* 'Fährte, Spur' oder zu mhd. *spor(e)* 'Sporn' für ein vorspringendes Flurstück.

Spranger 1388 Spranger(yn). WN zu ahd. **spranc* 'Quelle'; auch BN zu mhd. *sprangen* '(auf)springen' für einen Gaukler, → *Sprenger, Springer.*

Sprenger 1279 Sprengere = 1209 Saltator. BN zu mnd. *sprenger* 'Heuschrekke; übertragen Tänzer, Springer, Gaukler' oder HN bzw. WN zu einem ON bzw. ÖN *Spreng(e)* oder ÜN zu mhd. *sprengen* 'einen angreifen' für einen aggressiven Menschen / **Springer:** 1312 Springer, 1339 der Springer. BN zu mhd. *springer* 'Springer, Tänzer, Gaukler' oder HN zum ON *Spring(e),* → Spranger.

Sroka 1395 Sroka. ÜN zu nso., oso., poln. *sroka* 'Elster'.

Staark → Starke

Stache 1373 Stach. KF zu RN wie *Stanislav* zu urslaw. **stati* 'werden', **stanъ* 'Festigkeit, Härte', vereinzelt auch HN zum ON *Stacha* / **Stahn:** 1136 Stan / **Sta(h)nke, Stand(t)ke, Stantke:** 1310 Stanko, 1381 Stanke, 1399 Stanka / **Stanek:** 1265 Stanec / **Stanick:** 1375 Stanik / **Stasch(e):** 1397 Stasch / **Stenzel:** 1419 Stanczel, 1545 Stentzel.

Stad(e)ler 1251 Stadelare. BN zu mhd. *stadelære, -er* 'Aufseher über den Stadel (Scheune)', auch 'Inhaber eines Stadelhofes'.

Stahl 1031 Stahel, faber. ÜN zu mhd. *stahel, stāl* 'Stahl; stählerne Rüstung' für einen Schmied oder nach der Eigenschaft.

Stahlberg 1321 de Stalberghe, 1386 Stalburg. HN zum ON *Stahlberg* und *Stol(l)berg.*

Stahlschmidt 1399 Stalsmed. BN zu mhd. *stahel, stāl* 'Stahl' und *smit* 'Schmied' für den Stahlmacher und Hersteller von Armbrüsten und stählernen Bogen.

Stahn, Stahnke, Stand(t)ke, Stanek, Stanick → Stache

Stange 1154 Stange, 1381 uf der Stang(en). ÜN zu mhd. *stange* 'Stange' für einen langen, hageren Menschen oder WN zum ÖN *Stang(e).*

Stanke, Stantke → Stache

Starck(e) → Starke

Stark(e), Starck(e), Staark 1268 Starce. ÜN zu mhd. *starc* 'stark, gewaltig, kräftig; schlimm, böse'; vereinzelt (besonders bair.) KF zu RN auf ahd. *stark* 'stark, mächtig; streng'.

Starosse, Starosta 1366 Starosta. BN zu oso., poln., tschech. *starosta* 'Dorfältester, Gemeinde-, Dorfvorsteher'.

Stasch(e) → Stache

Staude, Staudt(e) 1346 Stud, 1368 de Ztůden, 1402 Studen. WN zum ÖN *Staud(t)* zu mhd. *stūde* 'Busch' oder HN zum ON *Stauda,* → *Stäudtner* / **Steude(l), Steidl:** 1379 Stewdel, 1402 Steude. Wie Vor., vereinzelt auch ÖN zu mhd. *stu(o)del* 'Unterlage, Pfosten, Säule'.

Stäudtner, Steudtner 1375 Studiner, 1498 Stewdner. WN zum ÖN *Stauden* und HN zum ON *Steudten.*

Staufenbiel 1505 Stauffenbiel. WN zum ÖN zu mhd. *stouf* 'hochragender Felsen; Becker' und *bühel* 'Hügel'.

Steb 1529 Steb(mattes). ÜN zu mhd. *stap* 'Stab, Stock' oder zu mhd. *stebe* 'Steven am Schiff', vereinzelt KF zu → *Stephan.*

Stecher 1276 Stecher. BN zu mhd. *stechære, -er* 'Stecher', z. B. für einen Fechter, Metzger, Tierverstecher bzw. Kastrator, als ÜN 'gedungener Mörder'; auch HN zum ON *Stechau, Stechow.*

Steckel 1308 Stekele. ÜN zu mnd. *stekel* 'leicht verletzt, leicht beleidigt' oder zu mhd. *steckel(in)* 'kleiner Stekken, Knüttel-, Prügelholz' für einen steifen, starrköpfigen Menschen.

Ste(e)ger 1238 Stegere, 13. Jh. der Steger = zem Steg. WN = → Stegemann oder HN zum ON *Ste(e)ge(en).*

Stef(f)an, Steffen(s) → Stephan

Steg(e)mann 1265 Stegemann(us), 1278 an dem Stege, 1379 Stegheman. WN zu mhd. *stec* 'schmale Brücke, Steg, schmaler Weg', vereinzelt auch WN zu mhd., mnd. *stege* 'Treppe' oder zu mnd. *stēge* 'steiler Weg, Anhöhe' und HN, → *Steeger.*

Steger → Steeger

Steglich 1435 Stegeling. Unklarer Name, im Osten verbreitet.

Stegmann → Stegemann

Steiber → Steuber

Steidl → Staude

Steiger 1200 Staiger, 1501 Steiger. BN zu mhd. *stīger* 'Steiger, Bergsteiger', bergmännisch 'Grubenaufseher' oder ÜN mhd. *stīger* 'Hurer' oder WN zu mhd. *steic, steige* 'steile Straße, steile Anhöhe' bzw. zu mhd. *stīc, stīge* 'Steig, Pfad'.

Stein 1191 de Steinne, 1379 Steyn. HN zum ON *Stein, Steina, Steinau, Stenn* oder WN zum ÖN zu mhd. *stein* 'Fels; Feste; Stein' / **Steiner(t):** 1250 Steinar(ii), 1395 Steiner.

Steinberg 1182 de Stenberche, 1381 Steynberg. HN bzw. WN zu einem ON oder ÖN *Steinberg.*

Steinbrin(c)k 1308 Steynbrinck. HN oder WN zum ON oder ÖN *Steinbrink.*

Steiner 1254 Steiner, 1492 Steyner. BN zu mhd. *steinen* 'mit Steinen, bes. Edelsteinen versetzen, besetzen; Marksteine setzen; abgrenzen; steinigen' oder HN zum ON *Stein* oder WN zum ÖN *Stein* oder KF zu RN auf ahd. *stein-* 'Stein'.

Steiner(t) → Stein

Steinhaus 1276 de Stenhus, 1334 vz dem Steynhvz. WN zu mhd. *steinhūs* 'Haus von Stein, Herrenhaus, Schloß' oder HN zum ON *Steinhaus(en)* / **Steinhäuser:** 1345 Stainhauseri, 1577 Steinheusser.

Steini(c)ke, Steinke 1260 Steneke, Steniko, 1433 Steyncken. KF zu RN auf ahd. *stein* 'Stein' + *-k*-Suffix.

Steinmann 1329 Stenmann(es). BN zu mhd. *steinmann* 'Steinmetz', vereinzelt auch HN, WN → *Stein* + *-man* / **Steinmetz:** 1305 Stheinmetze. BN zu mhd. *steinmetze* 'Steinmetz'.

Steinmüller 1355/83 ůt der Steynmohle, 1392 Steynmoller, 1466 Mülner vnnder dem Steynn. BN bzw. WN nach der Bauweise oder Lage der Mühle, auch HN zum ON *Steinmühl(e).*

Steinsetzer 1441 Steinsetzer. BN zu mhd. *steinsetzer* 'Grenzsteinsetzer', nhd. 'der das Steinplaster legt'.

Steinweg 1268 von dem Steinwege, 1373 Steinweg. WN zum ÖN mhd. *steinwec* 'gepflasterter Weg'.

Steiß 1385 Steys. ÜN zu mhd. *stiuz* 'Steiß' für einen mit kräftigem Hinterteil.

Steller 1351 Stelre, 1457 Steller. WN zum ÖN *Stell(e)* = Weideplatz des Viehs oder HN zum ON *Stelle,* auch BN zu fnhd. *stel(le)* 'Falle' für den Fallenmacher, -steller, → *Stiller.*

Stellmach(er) 1284 Stellemakere, 1379 Stellemacher. BN zu mnd. *stellemaker(e),* spätmhd. *stellemacher* 'Stellmacher, Wagner'.

Stemmler 1209 Stammilar, 1490 Stemeler, ÜN zu mhd. *stameler, stemeler* 'Stammler, Stotterer'.

Steng(e)l, Stingl 1293 Stengel, ÜN zu mhd. *stengel* 'Stengel, Stange', → *Stange.*

Stenzel → Stache

Stephan, Stef(f)an 1257 Stephan(us), Steffan(us). RN griech. 'bekränzt, gekrönt' / **Steffen:** 1316 Steffen / **Steppan:** 1402 Steppan / patron. **Stephani:** 1298 Stephani / **Steffens:** 1267 Stephanes / slaw.: **Scheppan:** 1375 Sczepan, 1414 Schepan. Westslaw. (poln., sorb., tschech.) Form von *Stephan* / **Scheppang:** 1556 Schepangk / lit. **Steppuhn.**

Steppan, Steppuhn → Stephan

Stern 1241 vom Steren, vor 1257 de Sterne, 1392 Stern. HausN mhd. *stern(e), sterre* 'Stern' bzw. *ster(e), sterre* 'Widder'.

Steube(r), bair. **Stoiber,** schwäb. **Steiber:** 1307 Staibe, 1350 Stöube, 1423 Stouber, 1505 Steuber. ÜN zu mhd. *stouben, stöuben* 'Staub aufwirbeln' bzw. *stöuber* 'aufstöbernder Jagdhund', evtl. für einen Müller, einen hastigen, fahrigen Menschen o. ä., → *Stiebert.*

Steude(l) → Staude

Steuer 1383 Stür, 1488 Stewer. BN zu mhd. *stiure* 'Steuermann; Beistand des Anwaltes', evtl. auch fnhd. *steuerer* 'Ratsmann, der die Steuern verwaltet'.

Stieber(t) 1307 Stieber. ÜN zu mhd. *stieben* 'Staub von sich geben, rennen', → *Steuber.*

Stie(h)l 1605 Stiell. ÜN zu mhd. *stil* 'Stiel, Griffel', vielleicht Bezug auf eine berufliche Tätigkeit.

Stie(h)ler, Stühler 1311 Stuheler, 1365 Stüler, 1479 Stuler. Wohl BN zu mhd. *stuoler, stüeler* 'Stuhlmacher'.

Stier 1264 Stier. ÜN zu mhd. *stier* 'Stier', Schelte für einen dummen, groben Menschen.

Stiller 1263 von Stille, 1293 Stiller. HN zum ON *Stillau* oder ÜN zu mhd. *stillen* 'zur Ruhe, zum Schweigen bringen, beruhigen, besänftigen' bzw. *stille* 'still, heimlich, ruhig, schweigend'.

Stingl → Stengel

Stings → Augustin

Stock 1259 Stoc, 1350 by dem Stocke. WN zum ÖN *Stock* zu mhd. *stoc* 'Baumstumpf, Grenzpfahl, Gefängnis' oder zu mnd. *stok* 'Baumstumpf; Brunnen, Pumpe; Bienenstock' oder ÜN zu mhd. stoc 'Stock, Knüttel, Baumstumpf' für einen schwerfälligen, steifen Menschen oder zu mnd. *stok* 'Stock als Zeichen der Amtsgewalt' / **Stöckel:** 1233 Stockelin(us) / **Stockmann:** 1325 Stockeman, 1423 Stokman. WN zum ÖN → *Stock.*

Stöcker(t) 1180 Stocker, 1396 Stöcker. BN zu mhd. *stocken, stöcken* 'ausreuten, mit Grenzpfählen versehen; ins Gefängnis setzen' bzw. *stocker = stocmeister* 'Gefängniswärter' oder WN zu mhd. *stoc* 'Baumstumpf, Grenzpfahl'.

Stockmann → Stock

Stö(h)r, Störr 1297 Store, 1350 Stör. ÜN zu mhd., mnd. *stör(e)* 'Stör' für den Fischer o. ä. oder zu mhd. *storr, störr* 'von struppig emporstehendem Haar; steif; tölpisch'; z. T. auch zu mhd. *ster* 'Widder, Schafbock' bzw. *sterre* 'Stern'; fnhd. *stör* 'Ausübung eines Gewerbes im Hause des Bestellers'; BN zu mhd. *stoerære, -er* 'Störer; der unbefugt ein Handwerk treibt; Handwerker, der in fremden Häusern gegen Kost und Tagelohn arbeitet'.

Stoldt → Stolze

Stoll(e) 1180 Stoll, 1330 Stolle. ÜN zu mhd. *stolle* 'Stütze, Gestell, Pfosten' für einen schwerfälligen Menschen

o. ä.; seltener WN 'hervorragender Teil, Spitze, Zacke, Gang im Berg'.

Stolte → Stolze

Stolz(e), Stoltz(e), nd. **Stol(d)t, Stolte:** um 1150 Stolz, 1247 Stolzo, 1293 Stolte. ÜN zu mhd. *stolz* 'töricht, übermütig; stattlich, herrlich'.

Stopp(e) 1346 Stop, 1360 Stope. Unklarer Name; ob ÜN im Sinne von mhd. *stupfe,* mnd. *stoppe* 'Stoppel' für einen kurzen, dicken Menschen oder von mhd. *stopf* 'kurzer Stich oder Stoß', fnhd. (ostmd.) *stoppen* 'stupfen', oder zu mhd. *stouf,* mnd. *stōp* 'Becher' oder zu mnd. *stoppe* 'Werg' oder WN zu mnd. *stope* 'Stufe, Treppe'?

Stör → Stöhr

Storch 1290 Stork, 1332 Storch, 1349 zum Storche. ÜN zu mhd. *storch(e), storc, stork(e)* 'Storch' für den Lang- und Dünnbeinigen bzw. den steif Schreitenden; auch HausN.

Storm → Sturm

Störmer → Stürmer

Störr → Stöhr

Störtebecker → Stürzenbecher

Stoß 1340 Stoß. ÜN zu mhd. *stōʒ* 'Stich, Stoß; Streit, Zank, Hader; Holzstoß' für den Zänkischen o. ä.

Stößel, Stössel 1319 Stößel. BN zu mhd. *stœʒel* 'der den Pflasterern mit dem Stößel nachstößt', evtl. auch wie mhd. *stœʒer* 'Salzstößer; Weinbergarbeiter'.

Stößer 1197 Stoßere, 1439 Stößer. BN zu mhd. *stoezer* 'der Stößer, der das Salz in die Kufen stößt' oder ÜN zum gleichen Wort in der Bedeutung 'Klöpfel', → *Stößel.*

Stötz(n)er 1395 Stotzer, 1430 Stozener, 1533 Stutzner. BN zu mhd. *stutze* 'Trinkbecher, Stutzglas' und 'Gefäß von Böttcherarbeit in Form eines abgestutzten Kegels', fnhd. *stoz* 'hölzernes Milchgefäß', mda. *Stotze* für den Handwerker, der Holzgefäße herstellt; auch WN zu einem ÖN *Stutz, Stotzen* 'Steilhang' oder ÜN (BN) zu fnhd. *stozener* 'betrügerischer Bettler'.

Stover, Stöver → Stübert

Stöversand → Stöwesand

Stövhase, Stöwhase, Stöwhaas 1276 Stovehase. ÜN, SatzN zu mnd. *stoven* '(den Hasen) suchend jagen, aufstöbern' für den Jäger.

Stower, Stöwer → Stübert

Stöwesand, Stöversand 1332 Stovesand. ÜN, SatzN zu mnd. *stoven* 'stäuben, stüben' für einen unruhigen, beweglichen Menschen, einen Staub aufwirbelnden Reiter o. ä.

Stöwhase → Stövhase

Strack 1378 Stracke. ÜN zu mhd. *strac(k),* mnd. *strak* 'gerade emporgerichtet, straff, steif; stramm, scharf, stark; strenge', auch 'schroff, starrköpfig'.

Straka 1477 Straka. ÜN zu tschech. *straka* 'Elster'.

Stransky 19. Jh. Stránský. HN zu tschech. ON *Stráň, Strana* oder *Stránka.*

Strantz 1245 Stranz, 1557 Strantz. ÜN zu mhd. *stranz* zu *stranzen, strenzen* 'müßig umherlaufen, großtun' / **Stränzel, Strenzel;** 1478/79 Strenczel, 1529 Strentzel. ÜN wie Vor., vgl. mhd., fnhd. *strenzer* 'Faulenzer, Landfahrer'.

Straub(e), Strube 1267 Strube, 1551 Straube. ÜN zu mhd. *strūbe, strūp* 'struppig; lockig, krausköpfig' / nd. **Struve, Struwe:** 1224 Struvo. ÜN zu mnd. *strūf, strūve* 'rauh, unfreundlich' / demin. **Straubel, Streubel, Streibel:** 1488 Strewbel / **Strübing, Strüwing, Strüfing:** 1225 Strubinc, 1308/65 Strůving(es). Patron. *-ing*-Bildung; → *Strobel.*

Strauch, nd. **Struck:** 1288 Struc, 1417

Strŭch, 1528 Strawch. WN zum ÖN zu mhd. *strūch,* mnd. *strūk* 'Strauch, Gesträuch' oder HN zum ON *Strauch.*

Strauß, Straus(s), nd. **Struß:** 1162 Struz, 1358 Straus, 1425 zem Strūß. ÜN zu mhd. *strūȝ(e)* 'Vogel Strauß', nach dem Federschmuck am Helm, Bedeutung im Wappenwesen, aber auch HausN oder zu mhd. *strūȝ* 'Widerstand, Zwist, Streit, Gefecht' für den Streitbaren; WN zu mhd. *strūȝ* 'Strauch'.

Strecker(t) 1374 Strecker. BN zu mhd. *strecken* 'gerade machen, ausdehnen, strecken' für einen, der das Strecken, Spannen besorgt, z. B. bei den Schuh- und Handschuhmachern o. ä., evtl. auch 'Folterer' oder HN zum ON *Strekkau* oder WN zum ÖN *Strecke(r).*

Streibel → Straube

Streicher 1340 der Straichar, 1342 Streicher. BN zu mhd. *strīcher* 'behördlicher Prüfer', z. B. Kornmesser oder Tuchprüfer, zu mhd. *strīchen* 'streichend bewegen, streichend messen, glatt streichen' usw.

Strein(e), Streune 1355 der Streun, 1561 Streun = Strein, 1583 Strein. ÜN zu mhd. *striunen* 'schnoppernd umherschweifen, auf neugierige oder verdächtige Weise nach etwas forschen' oder zu mhd. *ströuwen, ströun, striun, streun* 'niederstrecken, streuen'.

Streit 1260 Strite, 1367 Streit. ÜN zu mhd. *strīt* 'Streit mit Worten oder Waffen' bzw. *strīte* 'Streiter', vereinzelt auch HN bzw. WN zum ON bzw. ÖN *Streit.*

Streubel → Straube

Stricker(t) 1298 Stricker(us). BN zu mhd. *stricker* 'Seiler; der (dem Wilde) Schlingen legt'.

Striegler 1573 Strigeler. BN zu mhd. *strigelen* 'striegeln' für den Stallknecht.

Strobach, Ströbeck → Strohbach

Strobel(t), Strobl 1291 Strobel. ÜN zu mhd. *strobel* 'struppig'; → *Straube.*

Stro(h)bach, Ströbeck 1306 van Strobeke, 1576 Strobach. WN zum ÖN *Strohbach* und HN zum ON *Ströbeck;* auch slaw. Herkunft möglich: 1546 die Strabakynne, 1705 Strohbach, zu poln. *postrobić,* tschech. *strabiti* 'stärken'.

Strube, Strübing → Straube

Struck → Strauch

Strüfing → Straube

Strumpf 1506 Strumpf, 1529 Strump. ÜN zu mhd. *strumpf* 'Stummel, Stumpf; verstümmeltes Glied; Rumpf'.

Strunk 1209 Strunc, 1353 Strunk. ÜN zu mhd. *strunc* 'Strunk' für einen kleinen, untersetzten Menschen.

Strunz 1277/84 Strunt, 1330 Strunzel, 1529 Struntz. ÜN zu mhd. *strunze* 'Stumpf' für einen kurzen, dicken Menschen, bzw. ablautend zu mhd. *stranz* 'Prahlerei, Hochmut' für einen Herumtreiber (vgl. mda. *Strunz[e]).*

Struß → Strauß

Struve, Struwe, Strüwing → Straube

Stubbe 1385 Stubbe(s). ÜN zu mnd. *stubbe* 'Baumstumpf' für einen kleinen, untersetzten Menschen, → *Stüwe.*

Stübe → Stüwe

Stubenrauch 1346 Stubenrouch. WN bzw. HN zum ÖN bzw. ON (als Wüstung belegt) zu mhd. *stube* 'kleines Haus' und *rouch* 'vom Herde, Hause zu entrichtende Abgabe' in der Bedeutung 'bewohnte Stelle, auf der eine Abgabe liegt' bzw. wie mhd. *hūsrouche* 'eigener Herd, Haushaltung'; aus letzterem könnte ÜN 'eigener wunderlicher Mensch' entstanden sein.

Stüber(t), obd. **Stubner, Stübner,** nd. **Stover, Stöver, Stower, Stöwer:** 1278 Batstovere sive Stupar(ius), 1312 der Stuber, 1358 Stovere, 1423 Stobener, 1456 Stuwir. BN zu mhd.

stubener, mnd. *stover* 'Inhaber der Badestube', regional auch 'Inhaber der Dorfschenke' (Breisgau).

Stühler → Stiehler

Stumpf 1226 Stumpf. ÜN zu mhd. *stumpf(e)* 'Stumpf, Stummel' für einen kurzen, dicken Menschen, auch *stumpf* 'verstümmelt, schwach (von Sinnen, vom Auge)'.

Sturm, Storm 1189 Storm, 1350 Sturm. ÜN zu mhd. *sturm,* md. *storm* 'Unruhe, Lärm; Kampf, heftige Gemütsbewegung; stürmisch', mnd. *storm* 'Sturm (wind), Unwetter, Ungestüm, Getobe; heftiger Angriff' für einen Menschen von heftiger Gemütsart, → *Stürmer.*

Stürmer, Störmer 1197 Sturmere, 1353 Stormeri. ÜN zu mhd. *sturmære, stürmære, -er* 'Stürmer, Kämpfer', mnd. *stormere* 'Stürmer, Polterer, Schreier; Angreifer, Bedränger' → *Sturm.*

Stür(t)z, Stürze 1679 Sturz, 1686 Stürtz. ÜN zu mhd. *sturz* 'Sturz, Fall; Sturmregen; Deckel, Stürze' bzw. *stürze* 'Deckstein, Stürze' für den Türbalken, vieldeutig.

Stürze(n)becher, Sturz(e)becher, nd. **Störtebeker:** um 1350 Storzenbecher, 1375 Stortebeker, 1412 Sturczbecher. ÜN, SatzN zu mhd. *stürzen* 'stürzen, umwenden' und *becher* 'Becher' für einen Zecher.

Stüve → Stüwe

Stüwe, Stüve, Stübe 1256 Stuve. ÜN zu mnd. *stuve* 'Stumpf'; → *Stubbe*

Suhr → Sauer

Suhrbier → Sauerbier

Sula 1341 Sula. KF zu RN wie *Sulimir* o. ä., zu aslaw. *sulijь* 'besser, stärker' / **Sulk(e):** 1244 Sulco / **Zielke, Zühlke:** 1270 Zulimer, Zuleke, Suleke, 1652 Zülcke = 1747 Sulcke / **Suschke:** 1444 Sushsko, 1568 Suschk.

Sulke, Suschke → Sula

Sulzer 1263 Sulzer, 1568 Sültzer. BN zu mhd. *sulzer* 'Kuttler' zu mhd. *sulze, sülze* 'Salzwasser, gallertartige Speise sowie die tierischen Teile (Kaldaunen, Füße etc.), die besonders zur Bereitung einer solchen geeignet sind' oder zu mhd. *sulzer* 'Hüter oder Wärter von Gefangenen oder HN zum ON bzw. WN zum ÖN *Sulz.*

Süß(e), Süss 1237 Suez, 1467 Susße. ÜN zu mhd. *süeȝe, suoȝe* 'süß; angenehm; freundlich, gütig'.

Süßenguth, Süssengut(h) ÜN nach der Redensart 'süß und gut'.

Süßmilch 1453 Susmilch, 1529 Sussemilch. ÜN zu mhd. *süeze, suoze* 'süß' und *mil(i)ch* 'Milch', vgl. nhd. *Süßmilch* = frische Milch, für den in der Milchwirtschaft Tätigen.

Süßmuth 1604 Süßmuth. Unklar. Evtl. < RN *Siegesmund* → *Siegmund* oder < ÜN *Süßmund* zu mhd. *süeȝe, suoȝe* 'süß, mild, angenehm, lieblich; freundlich, gütig' und *munt* 'Mund' für den angenehm Redenden. Vgl. 1344 Sußmunt. Ebenso, aber nicht belegt, wäre mhd. *muot* 'Kraft des Denkens, Empfindens, Wollens; Gemüt, Gesinnung' usw. denkbar für einen freundlichen, gütigen Menschen o. ä.

Suter → Sauter

Suttner 1460 Der Suter, 1521 Sutner. WN zu mhd. *sut(t)e* 'Lache, Pfütze', vgl. schon mhd. *Albr. in der sutten,* oder mhd. *sutter* 'Kranken- oder Pfründenvorsteher', z. T. wohl auch BN zu mhd. *sute* 'das Sieden, Aufwallen'.

Swital(l)a 1568 Schwitala. ÜN zu poln. mda. *świtać* 'mit den Füßen schlagen'.

Swoboda, Svoboda 1671 Swoboda. ÜN zu poln., nso., oso. *swoboda,* tschech. *svoboda* 'Freiheit'.

Sykora → Schikora

Symang, Symank, Symanski → Simon

Szymanski → Simon

T–V

Ludwig Thoma
(1867–1921) Schriftsteller von Satiren und Lustspielen

Fritz von Unruh
(1885–1970)
pazifistischer Schriftsteller

Johann Heinrich Voß
(1751–1826) Dichter, übertrug Autoren der Antike

Wilhelm Voigt
(1849–1922) Schuhmacher –
„Der Hauptmann von Köpenick"

Tack(e) 1308 Tacke. KF zum RN ahd. *tag-beraht* 'Tag' + 'hell, strahlend, glänzend' mit *-o*-Suffix oder ÜN zu mnd. *tack(e)* 'Ast, Zweig, Zacke(n)', im übertragenen Sinne (auch ironisch) für den tüchtigen Kerl.

Tal, Talmann → Thal

Tamm(e), Thamm 10. Jh. Tammo, 1421 Tamme. KF zum RN ahd. *danc-māri* 'Dank, Gnade, Lohn' + 'bekannt, berühmt, angesehen; herrlich, hervorragend, vortrefflich' oder HN zum ON *Damm(e), Tamm* bzw. auch ÖN zu mhd. *tam* 'Damm, Deich', → *Damme.*

Tander, Tänder, Tender 1563 Thander; 1561 Tender. ÜN zu mhd. *tant* 'leeres Geschwätz, Tant, Possen' für den Tändler, Trödler / schwäb. demin. **Tenderle:** 1350 Tenderlin / **Tändler, Tendler:** 1469 Tenndler. BN zu mhd. *tendeler* 'Trödler'.

Tanner(t), Tänner 1259 Tannar(ius), 1350 Tanner, 1501 Tenner. HN zum ON *Thann(e), Tann(e), Tanna* oder ÖN zu mhd. *tanne* 'Tanne' bzw. *tan* 'Wald'; auch die Umlautform **Tenner(t):** 1358 Tenner ist möglich; nicht in allen Fällen von *Tenner(t),* KF zum RN *Den(n)hardt* → *Degenhardt* zu trennen; → *Dennhardt.*

Tan(t)z → Dantz

Tan(t)zer → Dantzer

Tänzer, Taenzer 1277 Tanzer, 1369 Tenczer. ÜN bzw. BN zu mhd. *tanzer, tenzer* 'Tänzer' / **Tänzler:** 1267 Tanziler. ÜN bzw. BN zu mhd. *tenzeler* 'Tänzer' / **Tanzmann:** 1466 Tantzman. ÜN bzw. BN wie mhd. *tanzmeister* 'der beim Tanz die Aufsicht führt'.

Tappert 1469 Taphart. ÜN zu mhd. *taphart, daphart* 'Art Mantel' (aus franz. *tabard,* mlat. *tabardum)* wohl für einen Schneider.

Tasch(e), Täsch 1289 Tasche. BN zu mhd. *tasche, tesche* 'Tasche', auch ÜN zum gleichen Wort mit der Bedeutung 'Weibsperson' oder WN zum ÖN *Tasche* für einen Winkel, eine Einbuchtung.

Täscher, Täschler → Täschner

Täschner, Taeschner, Teschner, Teßner, Tessener, alem. **Täscher, Tescher; Täschler, Teschler:** 1345 Taschner; 1437 Thesschener, 1472 Tessener, 1293 der Tescher; 1220 Taschelare, 1251 Teschler. BN zu mhd. *tasch(e)ner* 'Taschenmacher, Taschner' / **Teschelmann:** 1484 Teschelmann. BN wie Vor.

Taube 1288 von der Duben. HausN oder ÜN zu mhd. *tūbe* 'Taube' für einen Taubenhalter oder einen Sanftmütigen bzw. zu mhd. *toube* 'der Taube, Empfindungslose, Stumpfsinnige', vgl. 1309 der Daube; 1413 Tawp.

Tauber(t), Täuber(t), Teuber(t) 1300 der Touber, 1380 Tauber. ÜN zu mhd. *tūber, tiuber,* mnd. *duver* 'Täuber', z. T. auch BN zu mhd. *töuber, toeber, toiber* 'ein blasender Musikant'.

Täubler, Teubler 1349 der Tübler, 1530 Theibler. BN zu mhd. *tūbelære, -er* 'Taubenhändler' / **Taubner, Täubner, Teubner:** 1343 Daubener, 1482 Tewbener. BN zu mhd. *tūbe* 'Taube' wie mhd. *tūbelære, -er* 'Taubenhändler', evtl. auch im Sinne von 'Taubenzüchter'.

Taudt(e) → Taut

Täumer → Theumer

Tauscher, Täuscher, Teuscher 1289 Tuschere, 1372 Thewscher. BN zu mhd. *tūsch* 'Tausch; Spaß, Gespött; Schelmerei; Täuschung, Betrug' für einen Händler (vgl. *Roßtäuscher* → *Roßmann)* oder ÜN zu mhd. *tiuschære, -er,* mnd. *tūscher* 'Täuscher, Betrüger'; *Tauscher* auch HN zum ON *Tauscha.*

Taut, Taudt(e), Thaut 1419 Tūte, 1614 Tautte. KF *Dudo, Tuto* zum RN → *Diederich.*

Teb(e)s → Matthäus

Techtmeier → Tegetmeier

Tegeler, Teegler, Teggler, Teigeler 1209 Tegeler. Nd. BN zu mnd. *tegelēre* 'Ziegler', → Ziegler.

Tegetmeier, Techtmeier 1400 Tegetmeyger. Nd.-westfäl. BN zu mnd. *tegede* 'Zehnte, eine Abgabe', *tegedēre* 'Zehntner; der Zehntherr; der Einsammler des Zehnten' + → *Meyer.*

Teich 1266 vomme Dike, 1508 Teich. WN zu mhd. *tīch* 'Deich, Damm; Teich, Fischteich'; vereinzelt auch HN zum ON *Teich* / **Teicher(t):** 1374 Teicher. WN zu mhd. *tīch* 'Deich, Damm; Teich, Fischteich'; vgl. Vor., seltener ÜN zu fnhd. *teichen* 'heimlich wohin schleichen' oder HN zum ON *Teicha.*

Teichgräber, Deichgräber 1437 Teichgreber. BN zu mhd. **tīchgrabære, -greber* 'Teich-, Deichgräber; Grabenaufseher, der die Gräben (Stadtgraben, Landwehr) reinigt'.

Teichmann, Deichmann, nd. **Dieckmann:** 1479 Teichman; 1316 Dikman. WN zu mhd. *tīch* 'Deich, Damm; Teich, Fischteich', mnd. *dīk* 'Teich, Deich' und *man* 'Mann' für den Anwohner eines Teiches oder BN für einen, der die Fischteiche in Ordnung zu halten hat.

Teichmeister 1380 Teichmeister. BN für einen, der die (Fisch)Teiche unter sich hat, vgl. mnd. *dīkmester* 'Teichmeister (Pächter eines Fischteiches)'.

Teichmüller 1481 Teichmoller. HN oder WN zum ON oder ÖN *Teichmühle* oder auch BN für einen Müller bei einem Teich.

Teiler 1312 Deyler, 1488 Teiler. BN zu mhd. *teilære* 'Teiler' wohl aus dem Rechtsbereich, zu mhd. *teilen* auch 'urteilen, durch Urteil entscheiden; durch Urteil zuerkennen, auferlegen', vgl. auch mhd. *teilliute* 'die eine Teilung unter sich machen' / **Teilmann:** 1486 Teilmann. BN wie Vor. + *-man,* zu mhd. *teil* 'Anteil, zugeteiltes Eigentum'.

Telemann, Thälmann 1341 Teleman, 1563 Teileman. KF zu RN auf ahd. *diot, thiot* 'Volk, Menschen' + *-l-* + *-man*-Suffix.

Tell(e) 1373 Telle. WN zu mhd. *telle* 'Schlucht'.

Temel → Dehmel

Tem(m)ler → Demmler

Tender, Tenderle, Tendler → Tander

Tenner(t) → Tannert und → Dennhardt, vereinzelt HN zum ON *Tann(a), Tanne.*

Tergaten 1401 Tergaten. Nrhein. WN zu mnd. *gate* 'Gasse, Straße'.

Terstegen 1538 tor Stege. Nrhein. WN zu mnd. *stēge* 'steiler Weg, Anhöhe; Weg'.

Tesch(e), Teske, Teschke 1284 Tezo, 1255 Tesseke, 1531 Teske, 1557 Teschke. KF zum slaw. RN *Těšislav* o. ä. zu urslaw. **těšiti* 'erfreuen', *Tesch(e)* auch dt. = → *Tasche,* vgl. 1329 Tesche (in Basel) / **Tetzlaff:** 1189 Th(e)sizlaus, 1229 Tezcezslaus, 1633 Theslaff. Slaw. RN **Těšislav;* vereinzelt auch HN zum ON *Tetzlaff.*

Teschelmann, Tescher, Teschler, Teschner, Tessener → Täschner

Tessmann, Teßmann 1638 Teßman. Wohl RN zur KF von slaw. RN → *Tesche,* vgl. 1400 Tesemann(us), bzw. 1286 Tessemar(us) mit *-mar* > *-man.*

Teßner → Täschner

Tetzel, Tetzschel 1120 Tecel(inus), 1487 Tetzel; 1477 Tetcschel. KF zu RN auf ahd. *thiot, diot* 'Volk, Menschen' mit *-z-* + *-l*-Suffix wie *Dietzel* → *Dietze* oder slaw. KF zu *Tetzlaff* → *Tesche.*

Tetzlaff → Tesche

Tetzner 1352 Teczner. BN zu mhd. *taz* 'Abgabe, Aufschlag' für einen Steuereinnehmer; vereinzelt auch HN zum ON *Tetschen,* alt *Teczen.*

Teubel → Deubel

Teuber(t) → Taubert

Teubler, Teubner → Täubler

Teucher(t) 1466 von Tuchern, 1526 Teuchert. HN zum ON *Taucha* oder *Teuchern;* z. T. auch = → *Teichert.*

Teufel → Deubel

Teuf(f)ert 1351 Tüfer. Zum ON Teufen/Neckar bzw. St. Gallen.

Teumer → Theumer

Teuscher → Tauscher

Tewes → Matthäus

Textor 1492 Textor. BN lat. *textor* 'Weber'.

Thal, Tal, nd. **Dahl:** 1370 uß dem Tal, 1487 uf dem Tale. WN zu mhd. *tal,* mnd. *dal* 'Tal' / **Thalmann, Talmann, Thelmann,** nd. **Dahlmann:** 1330/49 Daleman, 1459 Talman, 1489 Thelman. Wie Vor. + *man* für den im Tale Wohnenden, vereinzelt auch HN zum ON *Thal(e), Dahl.*

Thälmann → Telemann

Thalmann → Thal

Thamm → Tamme

Thasler, Thäsler → Daßler

Thate → Datze

Thaut → Taut

Thede → Thiede

Theel → Theile

Thees → Matthäus

Theil(e), Theel 1402 Teyle. KF zu RN auf ahd. *diot, thiot* 'Volk, Menschen' + *-l*-Suffix → *Diehl* → *Telemann.*

Theiner(t), Theuner 1369 Teyner, 1527 Theuner. RN ahd. *degan-hart* 'Krieger, Gefolgsmann' + 'hart, streng' → *Dennhardt,* → *Degenhardt.*

Themel → Dehmel

Theuerkauf(f) → Dürkoop

Theuerkorn ÜN für einen Getreidehändler zu mhd. *tiure* 'von hohem Wert, wertvoll, kostbar; teuer' und *korn* 'Fruchtkorn, besonders vom Getreide (Getreidekörner), speziell vom Roggen', s. a. *Haberkorn* → *Häberer* und → *Pfefferkorn.*

Theumer, Teumer, Täumer 1388 Theyme. HN zum ON *Theuma.*

Theuner → Theinert

Thew(e)s → Matthäus

Thied(e), Tied(e), Tiedt(e), Tieth, Thede 822/75 Thiado, 889 Thiedo, 1423 Thide. Nordd. KF zum RN → *Diederich* oder HN zum ON *Thiede* / **Tiedge, T(h)iedke, Tiedcke, Tiedtke:** 10. Jh. Tidiko, vor 1257 Thideko, 1648 Tiedtke. Nordd. KF mit *-k*-Suffix zum RN → *Diederich* / **T(h)iedemann:** um 840 Tiadman, 1262/65 Tidemann(us) = Tideric(us).

Thiel(e), Thielecke, Thielemann, Thielicke, Thielke, Thielmann → Diehl

Thiem(e), Thimm, Timm(e) vor 979 Thiemo = Thietmarus, 1140 Thimo, 1293 Tymmo, 1331 Thieme. KF zum RN → *Dittmar* + *-o*-Suffix / **Thiemig, Thiemke:** 1405 Thimenig, o. J. Timmeke, 1530 Timich(inne). KF wie Vor. + *-ing-* bzw. *-k*-Suffix; *Thiemig* osä. auch HN zum ON *Thiemig.*

Thiemann, Tiemann 1351 Tyman. KF zu RN auf ahd. *thiot, diot* 'Volk, Menschen' + *-man*-Suffix; im Nd. auch HN bzw. WN zum ON bzw. ÖN *Thie.*

T(h)iemer 1268 Dimari, 1391 Thimer(n). Kontrahierte Form des RN → *Dittmar.*

Thiemig, Thiemke → Thieme

Thiere → Thierry

Thierry, Thiry, Thiere, Thiriot, Thyriot 1593 Thierri, 1562 Thiriet(us). Franz. Formen des germ. RN *Theoderich* → *Diederich.*

Thierse 1388 Turse, 1506 Thürss. ÜN zu mhd. *türse, turse* 'Riese' / **Türschmann:** 1296 (Haug v. Lichtenfels gen.) der Turse. Wie Vor. + *-man.*

Thies(s), Thieß, Thies(s)en, Thießen → Matthäus

Thiriot, Thiry → Thierry

Thoma, Thomae, Thomalla, Thomanek → Thomas

Thomann → Domann

Thomas 1122 Thomas. RN hebr. Thomas 'Zwilling' / gen. **Thoma, Thomä, Thomae:** 1252 (filius) Thome / patron. **Thoms, Thoms(s)en:** 1771 Thomson / slaw.: poln. KF **Thomalla, Tomala:** 1444 Thomala / tschech. oder poln. KF **T(h)omanek:** 1867 Thomanek / poln. Abltg. **T(h)omaschewski, Tomaszewski:** 1459 Thomaschewsky, auch HN zum ON *Tomaszów* / poln. KF **Tomczak, T(h)omczyk:** 1622 Tomczyk, 1839 Tomczak / sorb. KF **T(h)omschke:** 1717 Tomschke, z. T. auch = → *Domschke.*

Thomaschewski, Thomczyk → Thomas

Thömel → Dehmel

Thömmel, Thommel → Thümmel

Thomschke → Thomas, → Domann

Thoms(s)en → Thomas

Thon, Thön → Anton

Thorwart(h) 1330 Dorwart, 1455 Torwart(en). BN zu mhd. *torwart(e)* 'Torhüter, Pförtner'.

Thorwirt(h) 1614 Thorwirdt. WN, BN zu mhd. *tor* 'Tor, Tür' und *wirt* 'Hausherr, Bewirter' für einen Wirt am Tore.

Thoß, Thoss, Thost, Thus, Thuß, Thust, Doss, Doß 1218 de Tossem, 1298 Tosso, 1397 Tosse, 1428 Thus, 1439 Doß. Zum RN *Tuzzo, Tosse* (besonders vogtl.), vgl. die vogtl. ON *Thossen, Thoßfell.*

Thümmel, Timmel, Thummel, Thömmel, Thommel 1353 Timmel, 1405 Thummel; 1391 Thömel. KF zum RN → *Thomas* mit *-l*-Suffix; vereinzelt auch ÜN zu mhd. *tumel* 'Lärm' oder zu *timel* 'dunkel, trübe.

T(h)ümmler, Timmler 1388 Tůmeler, 1493 Thümler. ÜN zu mhd. *tumel* 'betäubender Schall, Lärm' oder zu mhd. *tüemen* 'rühmen, prahlen', aber auch zu mnd. *tumeler* 'Seiltänzer, Springer'.

Thurm 1254 an dem turne, 1332 hinter dem Turm. WN zu mhd. *turn,* md. *turm, torm, torn* 'Turm, Gefängnis' für den beim Turm Wohnenden; auch HN zum ON *Thurm.*

Thurmann 1331 Tornman, 1428 der Turmann. BN zu mhd. *turn* 'Turm' für den Türmer, Turmwart oder **Thürmann** als BN zu mhd. *tür(e)* 'Tür, Eingang' für den Türwärter, -schließer.

Thus, Thuß, Thust → Thoß

Thyriot → Thierry

Thyß → Matthäus

Tied, Tiedcke, Tiede, Tiedemann, Tiedge, Tiedke, Tiedt(e) → Thiede

Tiemann → Thiemann

Tiemer → Thiemer

Tiepoldt → Diebelt

Tiess → Matthäus

Tietel → Dietel

Thieth → Thiede

Tietz(e) → Dietz

Tilgner 1428 Tylgener. Wohl BN zu nd. *tilge,* mnd. *telge* 'Zweig, Ast; Pflänzling, junger Baum' für einen Baumgärtner, auch metron. zum RN *Ottilie,* vgl. 1315 Tylie, 1409 Tilgner.

Till → Diehl

Tilla(c)k 20. Jh. Tillak. Wahrscheinlich sorb. KF vom dt. RN *Thilo* → *Diehl.*

Till(e) → *Diehl*

Tiller 1524 Tiller, 1580 aus dem Tyll. HN zum ON *Till, Dill* oder BN zu mhd. *dil(le), till* 'Brett, Diele; Schiff; brettener Fußboden' für den Zimmermann.

Tillmann → Diehl

Timm(e) → Thieme

Timmel → Thümmel

Timmermann → Zimmerling

Timmler → Thümmler
Tippmann → Dippmann
Tischer, ostmd. **Tischler:** 1301 der Tischerre, 1359 Tischer, 1519 Tischler. BN zu mhd. *tischer, tischler* 'Tischler'.
Tittel → Dietel
Tittmann → Dittmann
Titz(e) → Dietze
Tobler 1319 von Tobel. Obd. WN zu mhd. *tobel* 'Waldtal, Schlucht', vereinzelt auch BN, ÜN zu mhd. *tobel* 'Edelstein' für den Händler oder Verarbeiter oder ÜN zu mhd. *tobelen* 'das Toben, Lärmen'.
Todt(e), Toth, Doth um 805 Tuto, 822/75 Todo, 1290 der Tot, 1300 Dode, 1467 Todt. ÜN zu mhd. *tōt* 'Tod; der Tote, Leichnam', evtl. nach dem Aussehen (leichenblaß); oder asä. Lallnamen wie *Dōdo, Dūdo;* im obd. Sprachgebiet auch ÜN zu mhd. *tot(t)e* 'Pate; bildlich Förderer, Beschützer; Patenkind'.
Tolk(e) 1702 Tolcke. BN zu mhd. *tolke, tolc* 'Dolmetsch' (slaw.).
Toll um 1350 Tolle. Nd. BN zu mnd. *tol* 'Zoll', vereinzelt auch WN zu mhd. *tol(e)* 'Wasserstrom; Kanal, Rinne; Mine' oder ÜN zu mhd. *tol, dol* 'töricht, unsinnig, toll; von stattlicher Schönheit, ansehnlich' / **Tollner:** 1345 Tölner. Nd. BN zu mnd. *tolner* 'Zollerheber'.
Tomala, Tomanek, Tomaschewski, Tomczak, Tomczyk → Thomas
Tömel → Dehmel
Tomschke → Thomas
Tonießen, Tönni(e)s, Tönjes, Tonsing → Anton
Töpel, Toepel 1408 Tobel, 1461 Tōpel. WN zu mhd. *tobel* 'Waldtal, Schlucht' → *Tobler* oder HN zum ON *Töpeln* oder ÜN zu mhd. *top(p)el* 'Würfelspiel'.
Topf, Topp(e) 1259 Top, 1491 Topfh. ÜN zu mhd. *topf* 'Topf' für einen Töpfer oder mhd. *topf(e)* 'Kreisel' oder mhd. *topfe* 'Tupf, Punkt' oder mhd. *topfe* 'Quark, Topfen' oder mnd. *topp* 'Spitze, Wipfel, Zopf'.
Töpfer, Töpper 1300 Topper, 1463 Töppir, 1472 Töpfer. BN zu mhd. *töpfer, topfer,* md. *topper* 'Töpfer'.
Topp(e) → Topf
Töpper → Töpfer
Toth → Todte
Toussaint 1530 Toussaint. Franz. 'Allerheiligen(fest)' (1. November).
Traber(t) 1290 der Traber, Draber. ÜN zu mhd. *draben, draven, traben, traven* 'in gleichmäßiger Beeilung gehen oder reiten, traben' / **Trabner:** 1554 Trabener. BN wie Vor.
Trabold, Tragbold 1329 Trabolt. Wohl RN ahd. **drage-, trage-bald* zu ahd. *tragan, dragen,* mnd. *dragen* 'tragen' + ahd. *bald* 'kühn'.
Träger 1355 Trager, 1383 Träger. BN zu mhd. *trager, treger* 'Träger, Vertreter, Gewährleister' / Nd. **Dräger** → *Drägert.*
Trampler 1410 der Trampler. ÜN zu mhd. *trampeln* 'derb auftretend sich bewegen' für einen ungeschlachten, ungeschickten, schwerfälligen Menschen / **Trampel, Trempel:** 1484 Trempel. ÜN wie Vor. / **Trempelmann:** ÜN wie Vor. + *-man.*
Tränkner 1397 der Trenker, 1490 Trenkner. WN zu einem ÖN *Tränke (Viehtränke)* zu mhd. *trenke* 'Tränke'; selten ÜN zu mhd. *trenkære, -er* 'Säufer'.
Trapp(e) 1343 der Trapp, 1466 Trappe. ÜN zu mhd. *trap(pe) 'Tor, Tropf' wohl für einen einfältigen Menschen.*
Tratz, Trotz, Trutz 1474 Tratz, 1299 Trotz, 1419 Trutz. ÜN zu mhd. *traz, truz,* md. *troz* 'Widersetzlichkeit, Feindseligkeit, Trotz'.
Traut(e), Trauth 1333 Trut, 1525 Trautt.

ÜN zu mhd. *trūt* 'traut, lieb; Liebling, Geliebter, Gemahl' oder KF zu einem RN mit ahd. *trūt-* / **Trautmann:** 1273 Trutman, 1386 Trawtman. RN ahd. *trūt-man* 'vertraut, lieb; Vertrauter, Geliebter, Freund' + 'Mensch, Mann', evtl. auch ÜN zu den gleichen Wurzeln / **Trautwein:** 1230 Trutwin(us), 1487 Tretwein. RN ahd. *trūt-wīni* 'vertraut, lieb; Vertrauter, Geliebter, Freund' + 'Freund, Geliebter', evt. auch ÜN wie Vor.

Trautsch → Trautzsch

Trautvetter 1490 Trutvetter, 1581 Trautfetter. ÜN zu mhd. *trūt* 'lieb, traut' und *veter(e)* 'Vatersbruder, Vetter; Bruderssohn', vgl. ähnlich 1446 Truteoheme zu mhd. *ōheim(e)*.

Trautwein → Traute

Traut(z)sch 1491 Trautzschen, 1508 Trautzsch. KF zu RN auf ahd. *trūt-* → *Traute* + *-z*-Suffix / **Trautzschke:** 1531 Traützschke. Wie Vor. + *-k*-Suffix.

Treiber 1350 der Trīber. BN zu mhd. *trīber* 'Treiber' für den Viehhirten.

Treichel ÜN für einen, der *Treicheln* (schweizerisch 'Kuhschellen') verfertigt.

Treitschke 1527 Dreitzschkau, Treitzschke. Wohl HN zum ON *Dreiskau* (1322 Triskowe), vielleicht auch sorb. ÜN wie *Trečk:* 1416 Treitzk zu oso. *třěčk* 'Bremse (Insekt)'.

Trem(e)l, Tröm(e)l 1296 Tremel. ÜN zu mhd. *dremel* 'Balken, Riegel' wohl für einen groben, ungeschlachten Menschen, vgl. 14. Jh. Kuntz Dremelindenarsch.

Trepte, Treptow 1250 (de) Trebetow. HN zum ON *Treptow.*

Treutler 1233 Triutelær. BN zu *treud(e)ler* 'Klein-, Althändler'; vereinzelt auch ÜN zu mhd. *triutel* 'Liebling, Geliebter'.

Trexler → Drechsler

Triebel 1408 Trebel, 1414 Tribel. ÜN zu mhd. *tribel* 'Treibel, Schlägel', evtl. auch HN zum ON *Triebel.*

Triller 1209 Trillere. ÜN zu mhd. *drillen* 'drehen, abrunden' wohl BN für einen Dreher, Drechsler; auch BN zu mhd. *trüller* 'Gaukler, Spielmann' / **Trüller:** 1418 Truller. BN wie Vor.

Trink(h)aus, Trinks um 1200 Trinkhus, 1329 Trincuz. ÜN, SatzN für einen Zecher zu mhd. *trinken* 'trinken' und *ūȝ, ouȝ* 'aus'.

Trinks → Trinkhaus

Trippler 1339 Trippler. ÜN für einen, der kleine Schritte macht, trippelt; vielleicht auch wie mnd. *trippenmeker* 'Anfertiger von Trippen = Holzpantoffeln'.

Trit(z)schler → Trützschler

Trobisch 1531 Drabisch, 1692 Trobisch. ÜN zu nso. *drobiś* 'bröckeln', *drobjeńca* 'Brocken', poln. *drobny* 'klein, fein'.

Tröger 1382 Troger, 1530 Tröger. BN zu mhd. *troc* 'Trog (Futter-, Teig-, Brunnentrog); Sarg' für einen Holzhandwerker, Trogmacher; vereinzelt auch ÜN zu mhd. *troc* 'Betrug'.

Troll 1286 Trollo, 1734 Troll. ÜN zu mhd. *trol(le)* 'Unhold; ungeschlachter Mensch, Tölpel'.

Tröm(e)l → Tremel

Trommer → Trummer

Trommler 1414 Trumel, 1545 Trompler. BN zu mhd. *trum(b)elen* 'trommeln', *trum(b)el* 'Trommel, Lärm'.

Troschke 1312 Troschke. Nd. KF zu RN auf ahd. *trūt-* 'traut, lieb' mit *-z*-Suffix oder HN zum ON *Troschkau, Droschka(u);* oder slaw. = → *Drogan:* 1590 Droschke.

Trosse um 1500 Trosse. ÜN zu mhd., mnd. *trosse* 'Troß, Gepäck' / **Trosseler:** 1555 Trosseler. BN zu mhd. *trosser, trossierer* 'Troßknecht'.

Trost 12. Jh. Trost. ÜN zu mhd. *trōst* 'freudige Zuversicht, Vertrauen, Mut; persönlicher Schützer, Helfer'.

Trotz → Tratz

Truckenbrodt 1281 Trockenbrot. ÜN zu mhd. *trucken, trocken* 'trocken' und *brōt* 'Brot' für einen kümmerlich Lebenden.

Trüller → Triller

Trummer, Trommer, Drummer, Drommer 1373 Trummer, 1397 Dromer. BN zu mhd. *trumbe, trumpe, trum(m)e* 'Posaune, Trompete, Trommel' wohl für einen Musikanten / **Trümper:** 1383 Trumper. Wohl BN wie Vor.

Trutz → Tratz

Trützschler, Trit(z)schler 1284 Trützschler. ÜN zu mhd. *trutschel* 'kokette Gebärde (der Augen)' oder mhd. *trütscheln* 'Brettspiel' oder bair. 'Schwätzer'.

Tschech → Zschech und → Czech

Tscherni(c)k 1382 Czernige. Westslaw. ÜN zu tschech. *černý* 'schwarz' / **Tschorn:** 1369 Czorn, 1542 Zschorn. ÜN zu oso. *čorny* 'schwarz'.

Tuchmacher 1413 Tuchmacher. BN zu mhd. *tuochmacher, -mecher* 'Tuchweber'.

Tuchscher(er) 1286 Tuochscherer. BN zu mhd. *tuochschere(r)* 'Tuchscherer'.

Tuckermann 1689 Tuckerman. Wohl BN zu nd. *tucker* 'Senknetz' für einen Fischer.

Tümmler → Thümmler

Tunger, Dunger 1423 von Tungin, 1458 Tunger. WN zu mhd. *tunc* 'unterirdisches (mit Dünger bedecktes) Gemach zur Winterwohnung, zum Weben, zur Aufbewahrung der Feldfrüchte' bzw. HN zum ON *Thüngen*.

Türk(e), Turek 1159 Turk, 1236 Türk. 1306 Thureke. StammesN mhd. *Turc, Türke, Turke* 'Türke', auch ÜN (Schelte; Hundename) oder ÜN zu mhd. *turc* 'schwankende Bewegung, Taumel, Sturz, Umsturz', vereinzelt auch HN zum ON nd. *Thürk,* obd. *Türk.*

Türmer 1438 Thormer, 1478/79 Toͤrmer. BN zu mhd. *turner, türner* 'Türmer, Turmwächter'.

Türschmann → Thierse

Tyll → Diehl

U

Ubbe um 875 Ubbi, Ubbo, 1503 Ubbe. Nd. RN als KF wohl zu RN auf asä. *uvil* 'übel' oder auf asä. *wulf, wolf* 'Wolf', vgl. um 830 Uffo / fries. patron. **Ubben, Ubing(a), Ubbema:** 1422 Ubbinga; 1273/77 Ubbema.

Uebel 1266 Ovil, 1293 Ubel. ÜN zu mhd. *übel(e)* 'böse, boshafte Art'.

Uebelacker, Übelacker 1224 Ubilaker. ÜN zu mhd. *übel(e)* 'böse, boshafte Art und *acker* 'Ackerfeld' wohl für einen Bauern.

Übermut 1495 Übermut. ÜN zu mhd. *übermuot* 'stolzer, hochfahrender Sinn'.

Ueberschär 1330 Ueberschar. WN zu mhd. *überschar* 'Zwischenwand zwischen zwei angrenzenden Gruben' (bergmännisch), evtl. auch zu mnd. *overscherich,* mhd. *überscher* 'überzählig', d. h. für eine überschießende Ackerflur (Hofflur, die sich bei genauer Vermessung größer erwies als bei früher erfolgter Abgrenzung).

Uecker(t), Ücker(t) HN zum FlußN *Ücker* / **Ückermann:** 1292 Ukermann(us).

Ude, Uhde 1533 Vthe. KF zu RN auf ahd. *uodil* 'Besitztum' + *-o-*Suffix / patron. **Uden:** 1291 Udon(is).

Uhl → Ulrich

Uhland um 1230 Uolant. RN ahd. *uodillant* oder *-nand* 'Besitztum' + 'Land, Gegend, Gebiet; Feld' oder 'kühn'.

Uhle, Uhl(e)mann, Uhlich, Uhlig, Uhlisch, Uhlrich → Ulrich

Ulbert(t), Ulbrecht, Ulbrich(t), Ulbrig → Albrecht

Ul(l)mann, Ullrich → Ulrich

Ullwer → Albrecht

Ulrich, Ull(e)rich, Uhlrich 836 Othilric(us), 1358 Vlrich. RN ahd. *uodilrīchi* 'Besitztum' + 'Herrschaft, Herrscher, Macht, Gewalt; Reich; reich, mächtig; hoch' / lat. gen. **Ulrici:** 1183 Uodilrici / KF **Uhl(e):** 1253 Ule / **Uhl(e)mann, Ul(l)mann:** 1372 Ulman, 1381 Vleman. KF wie Vor. + *-man-*Suffix / **Uhlig, Uhlich, Uhlisch:** 1466 Vlich. KF wie Vor. + *-ing-*Suffix / **Ultsch:** 1388 Ůltz. KF wie Vor. + *-z-*Suffix / **Ultschner:** 1430 Vlschiner. KF wie Vor. + *-n-* + *-er-*Suffix.

Umb(e)reit → Unbereit

Umlauf(t) 1356 Umlauff. WN zu mhd. *umbelouf* 'Umlauf, Umkreis, ringsum führender Gang' für den Bewohner eines Hauses mit Galerie oder ÜN für einen Herumtreiber.

Unbehau(n) 1296 Unbehowen. ÜN zu mhd. **unbehouwen* 'ungehobelt, unhöflich, im Äußeren unordentlich'.

Unb(e)reit, Umb(e)reit 1318 Umbereit. ÜN zu mhd. *unbereit* 'nicht bereitwillig; nicht zugänglich; ungeschickt' für einen unzugänglichen Menschen.

Undeutsch, Unteutsch 1539 Vndeutzsch. ÜN für einen Zugewanderten nichtdeutscher Nationalität.

Unfried(e) 1275 Unfride. ÜN zu mhd. *unvride* 'Unfriede, Unsicherheit, Unruhe' für einen unruhigen, nicht friedfertigen Menschen.

Unfug 1260 Vungevuge, 1539 Unfug. ÜN zu mhd. *unvuoc* 'unpassend, ungeschickt; Unanständigkeit'.

Ungelenk 1767 Ungelenck. ÜN zu mhd. *ungelenke* 'ungelenk, ungeschickt'.

Unger 1278 der Ungar, 1318 Unger. StammesN mhd. **Unger* 'Ungar', oft auch wegen des fremdartigen, südländischen Aussehens für einen unmanierlichen Menschen o. ä.

Ungethüm 1223 Ungestome, 1479 Vngethümb. ÜN zu mhd. *ungestüeme* 'ungestüm, stürmisch'.

Unglaub(e) 1209 Ungeloube. ÜN zu mhd. *ungeloube* 'Unglaube, Ketzerei; Aberglaube' für einen un- bzw. abergläubischen Menschen.

Unrath 1240 Unrait. ÜN zu mhd. *unrāt* 'schlechter Rat, kein Rat, Verrat; Hilflosigkeit' für einen rat- und hilflosen Menschen bzw. für einen, der Unheil stiftet.

Unruh 1233 Unrowe. ÜN zu mhd. *unruo(we)* 'Unruhe, Beunruhigung' für einen unruhigen Menschen.

Unteutsch → Undeutsch

Unverfehrt, Unverfährt 1309 Unververde. ÜN zu mhd. *unverværet* 'unerschrocken, nicht außer Fassung oder zum Wanken gebracht'.

Unver(r)icht 1404 Unvorricht. ÜN zu mhd. *unverriht(et)* 'ungeordnet; nicht durch Recht festgesetzt'.

Urban 1345 Urban(es), 1455 Vrban.

RN *Urban* lat. 'Städter' / slaw. **Urbane(c)k:** 1464 Urbanek / **Urbani(a)k:** 1622 Urbanik, 1786 Urbaniak. Poln. oder tschech. KF von Vor. / **Urbanski, Urbansky:** 1398 Urbanski. Abltg. wie Vor. oder HN zum ON *Urbanice*.

Uschmann → Oschmann

Utes(s), Ut(h)eß, Utesch 1310 (de) Uttessen, Udessen, 1471 Uteske. HN zum ON *Ütz(e), Uetz* bzw. ÜN zu slaw. (u)těcha 'Trost'.

Üttner 1384 Vttener. Metron. zum RN *Uota, Uote* als KF zu RN auf *Ot-* zu ahd. *ōt* 'Reichtum'.

V

Vaas → Faas

Vagt → Vogt

Vahr → Fahr

Val(l)entin 1494 Valtenyn. RN *Valentin,* lat. 'vielvermögend'.

Varch, Värchle, Värl → Fehrler

Vater 1276 Vather. ÜN zu mhd. *vater* 'Vater'; alt auch RN, vgl. asä. um 870 Fader.

Vaupel → Vopel

Veit(h), nd. **Vieth(e), Viedt:** 1405 Feyth, 1440 Viit. RN *Veit,* wahrscheinlich Weiterentwicklung zu mlat. *vitus* 'willig (?)'.

Vend(t) 1299 Vendo, 1574 Vend(e). ÜN zu mhd. *vende, vent* 'Knabe, Junge; Fußgänger, -krieger'.

Ventz, Vintz, Fen(t)z, Vent(z)ke, Fenske 1354 Venseke, 1501 Vintz, Fincz, 1502 Vincius, 1609 Fentz. KF zum RN *Vincens,* lat. 'der Siegende', z. T. mit *-k*-Suffix, vgl. aber auch 1250 Venceke = Vencislaus v. Nemitz / **Vinzel:** 1135 Vincelin, 1362 Vintzel. KF wie Vor. + *-l*-Suffix.

Vetter 1270 Vetere, 1373 Vetter. ÜN zu mhd. *veter(e)* 'Vatersbruder, Vetter, Brudersssohn' / gen. **Vetters** / **Vetterlein:** 1351 Vettirleyn. Mit Demin.-Suffix *-līn*.

Vetterlein, Vetters → Vetter

Viedt → Veith

Vie(h)weg(er), Fiebig(er), Fiebich 1360 Vywek, 1381 Vyweger, 1499 Vibig, 1523 Fibiger. WN zu mhd. *vihewec* 'Viehweg' = Zugang zur Weide.

Viertel 1544 Viertel. ÜN zu mhd. *vierte(i)l* 'Viertel, Bruchteil überhaupt; als Trocken- und Flüssigkeitsmaß, als Flächenmaß'; evtl. nach einer Leistungsverpflichtung oder für den Besitzer einer kleinen Fläche.

Vieth(e) → Veith

Vietz(e), Vietzke 1445 Vicz. KF zum RN *Vinzenz* → *Ventz* oder HN zum ON *Vietze(n), Vietzke*.

Vieweg(er) → Viehweger

Vintz, Vinzel → Ventz

Vocker 1547/48 Vocker. KF zu RN auf ahd. *folk* 'Volk' + *-r*-Suffix.

Vog(e)l 823 Fugal, 1230 Vogil. ÜN zu mhd. *vogel* 'Vogel' für einen Vogelfänger, Vogelhändler oder auch für einen sangesfrohen, beschwingten Menschen / **Vog(e)ler:** 1244 Vogelare, 1348 Vogler. BN zu mhd. *vogeler* 'Vogelfänger, Geflügelhändler'.

Vogel(ge)sang 1250 Vogelsanc, 1385 Vogelgesank. WN zu mhd. *vogel(ge)sanc* 'Vogelgesang' als einem häufigen ÖN; auch HN zum häufigen ON *Vogelsang, Vogelgesang,* vielleicht auch ÜN für einen Sänger.

Vogl, Vogler → Vogel

Vogt, Voigt, md. **Voit,** nd. **Vagt,** rhein.-nd. **Voigts:** 1284 der Voget, 1361 Voyt, 1387 Voit, 1492 Vaghedt / mda. **Fait(h):** 1292 Fayd / **Fauth:** 1302 Voutt, 1344 Vaut. BN zu mhd. *vog(e)t, voit* 'Rechtsbeistand, beaufsichtigender Beamter, Gerichtsbeamter', mnd. *vaget* 'Vogt' / demin. **Vögtel, Voidel, Voitel:** 1508 Voytell / **Voigtmann:** 1593 Fogtman. BN zu mhd. *vogetman* 'der einem Vogt unterstellt ist; Eigen- oder Zinsmann einer Vogtei'.

Vögtel → Vogt

Voidel, Voigt → Vogt

Voigtland, Voigtländer 1401 Foytlant; 1400 Foitlender. HN zum LandschaftsN *Vogtland,* d. h. der aus dem *Vogtland* (der *terra advocatorum).*

Voigtmann, Voit, Voitel → Vogt

Voland, Volland, Fahland, Fehland(t) 1283 Valant, 1475 Faland, 1480 Volant. ÜN zu mhd. *vālant* 'Teufel, teufelähnliches Wesen'.

Völ(c)ker, Voelker 816 Folcheri, 1331 Volker, 1413 Vo̊lker. RN ahd. *folkheri* 'Volk' + 'Heer' / gen. **Völckers.**

Volckmann → Volk

Volk 1401 Volck. Einstämmige KF zu RN auf ahd. *folk* 'Volk' / **Vol(c)kmann:** um 900 Folcman, 1418 Volkmann. RN *Volk* + *-man*-Suffix / **Völk(e)l,** schwäb. **Völkle:** 1342 der Völkel; 1320 Volclin. RN *Volk* + *-l*-Suffix / **Vol(t)z:** 1226 Voltzo. RN *Volk* + *-z*-Suffix / KF **Völzel, Völzle:** 1383 Völtzli.

Völker, Voelker → Völcker

Volkhardt, Volkert, Völkert 782 Folcard(us). RN ahd. *folk-hart* 'Volk' + 'hart, streng'.

Völkl, Völkle, Volkmann → Volk

Volkmar, Volkmer, Vollmar, Vol(l)mer 822/75 Volcmer, 1269 Volcmar(i), 1359 Volmar. RN ahd. *folk-māri* 'Volk' + 'bekannt, berühmt'.

Volland → Voland

Vollbrecht um 770 Folcbraht, 1350 der Volprecht. RN ahd. *folk-beraht* 'Volk' + 'hell, strahlend, glänzend'.

Vollmar, Vollmer → Volkmar

Vollrath 10. Jh. Folrad, 1204 Volrad(o), 1407 Volrath. RN ahd. *folk-rāt* 'Volk' + 'Rat, Ratschlag'.

Volmer → Volkmar

Voltz, Volz, Völzel, Völzle → Volk

Vopel, mda. **Faupel, Vaupel:** 1400 Vopel; 1494 Foupel. KF zu RN auf ahd. *folk* 'Volk' wie *Folk-beraht* → *Vollbrecht* + *-l*-Suffix.

Vorberg(er) → Vorwerk

Vorndran 1467 Forndro̊n, 1585 Vornedran. WN nach der Lage des Gutes „Vorn dran", d. h. am Anfang des Dorfes gelegen / **Forner:** 1510 Forner. Wie Vor.; typisch vogtl.

Vorsprecher 1383 Vorsprech. BN zu mhd. *vorspreche, vürsprecher* 'der jemand sprechend vertritt, Fürsprecher, besonders Verteidiger vor Gericht, Anwalt'.

Vorwer(c)k, Vorberg(er), Forberg(er), Forbrich, Forbrig(er), Forbiger 1352 Vorwerk, 1391 Vorberg, 1402 Forwergh, 1423 Forbriger, 1478 Forwerger, 1542 Furbergk. WN zu mhd. *vorwerc* 'vor der Stadt gelegenes Gehöft, Landgut; Vorstadt' oder HN zum ON *Vorwerk, Forberge.*

Vos(s), Voß → Fuchs

W

Helene Weigel
(1900–1971) Schauspielerin und Theaterleiterin

Christoph Martin Wieland
(1733–1813) Dichter, Übersetzer und Dramatiker

Max Weber
(1864–1920) Sozialökonom, Wirtschaftshistoriker, Soziologe

Frank Wedekind
(1864–1918) Dramatiker, Lyriker und Erzähler

Waack, Wa(a)g 1315 van Waken, 1361 am Wag. WN zu ÖN auf mhd. *wāc* 'bewegtes, wogendes Wasser, Flut, Strom, Fluß, Meer, See, Teich', auch HN zum ON *Waake.*

Wachsmann, Was(s)mann 1326 Wahsman. BN zu mhd. *wahs,* nd. *was* 'Wachs' für den Wachshändler oder KF zu RN auf ahd. *was-* → *Wachsmuth* + *-man.*

Wachsmuth, nd. **Wasmuth, Waßmuth, Wasmod:** 1247 Wasmod(i), 1311 Wachsmut. RN ahd. *was-muot* 'scharf, streng' + 'Sinn, Verstand, Geist' / **Weß, Wesse:** [1423 Wesseke = Wasmod], 1502 Weß. Nd. KF / **Waschke, Wäschke, Waske, Weske:** 1254 Wasecho(ne), 1281 Wesseke, 1388 Waseghe. Wie Vor. + *-k*-Suffix / **Wäsch(e), Waesche, Wesche:** 1572 Wesche. Wie Vor., vereinzelt ÜN zu mnd. *weseke* 'Base, Freundin'.

Wachtel 1322 Wachtele. ÜN zu mhd., mnd. *wahtel* 'Wachtel' für einen Wachtelfänger oder einen kleinen, lebhaften Menschen / **Wächtler:** 1350 Wahtler, 1495 Wechtler. BN zu mhd. *wahtel* 'Wachtel' = Wachtelfänger, -händler, fnhd. *wechteler* 'Wachtelfänger'.

Wächter, Wachter 1260 der Wahter, 1404 Wechter. BN zu mhd. *wahtære, wehtære, -er,* mnd. *wahter* 'Wächter'.

Wächtler → Wachtel

Wacker, Wecker 1342 Wacker, 1343 Wekker. ÜN zu mhd. *wacker* 'wach(sam), munter, frisch, tüchtig, tapfer' / **Wäckerle(in), Weckerle, Weckerlin:** 1250 Wekirli, Wäkerlin. Schwäb. KF.

Wackernagel [1311 Wakkernail], 1635 Wackernagel. ÜN zu mhd. *wacker* 'munter, frisch, tüchtig' und *nagel* 'Penis', vgl. auch 1197 Wackerpfil in der gleichen Bedeutung.

Waffenschmidt, nd. **Wappenschmidt:** 1471 Waffenschmid; 1422 Wappensmit. BN zu mhd. *wāfen, wāpen,* mnd. *wapen* 'Waffe; Rüstung; Wappen' und → *Schmiedt.*

Waffler → Wappler

Wag → Waack

Wagenbreth, Wagenbrett 1561 Wainbreth. ÜN zu mhd. *wagen* 'Wagen' und *bret* 'Brett', mnd. *wagenbret* 'Wagendiele' für einen Wagner, Stellmacher.

Wagener, Wägener → Wagner

Wagenführ(er) 1325 Waghenvorer(es), 1446 Wagenfür. BN zu mhd. *wagenvüerer,* mnd. *wagenvorer* 'Wagenlenker, Fuhrmann'.

Wagenknecht 1297 Wagenknecht. BN zu mhd. *wagenkneht* 'Fuhrknecht' bzw. fnhd. *wagenknecht* 'Gehilfe des Waagemeisters an der Stadtwaage'.

Wäger 1270 Weghere. BN zu mhd. *wæger* 'Wäger, Waagemeister an der Stadtwaage' / **Wagmann:** 1329 Wagheman. BN zu mhd. *wāge* 'Waage; öffentliche, städtische Waage, Waagamt' wie mhd. *wāgemeister* = wæger; vereinzelt auch ÜN zu mhd. *wāgen* 'wagen' wie mnd. *wagehals* 'waghalsiger, vermessener Mensch'.

Wagner, Wagener, Wahner, Wäg(e)ner, Waehner, Wähner, Weg(e)ner, Wehner(t), Weiner(t) 1250 Wagenare, 1282 Weghener(s), 1329 Weynher, 1347 Wener. BN zu mhd., mnd. *wagener,* md. *wainer, weiner* 'Wagner, Wagenmacher, Fuhrmann'.

Wahl(e), Walch 856/77 Walh, 1175 Walch, 1295 Walhe. ÜN, asä. auch RN (zu asä. *walh* 'welsch'), StammesN mhd. *Walch, Walhe* 'Welscher, Romane, Italiener oder Franzose', mnd. *Wale* 'Welscher, besonders Italiener und Wallone'; *Wahl(e)* auch HN zum ON *Wahl(e).*

Wahner, Wähner → Wagner
Waidhas → Weithaas
Waig(e)l → Weigel
Waitz → Weitze
Wald → Waldt
Waldmann 825/70 Waldman, 1255 Waldman. WN zu mhd. *waltman* 'Waldbewohner' oder HN zum ON *Wald,* ursprünglich auch KF zu RN auf ahd. *waltan,* asä. *waldan* 'walten, herrschen' + *-man* / **Waldner, Weldner:** 1286 Waldenar(ius). WN, BN zu mhd. *waldenære* 'Waldbewohner, Waldaufseher'.
Waldrab, Waldraff, Waldrapp → Wallrabe
Waldschmidt 1312 Waltsmyt. BN zu mhd. *waltsmit* 'Bergmann, der das gewonnene Eisen selbst schmelzt und verarbeitet'.
Wald(t) 889 Wald, 1381 von deme Walde. HN zum ON *Wald* oder WN zu ÖN zu mhd. *walt* 'Wald'; ursprünglich auch KF zu RN auf ahd. *waltan* 'walten, herrschen'.
Walker → Welker
Walkhoff 1355 Walkhove. WN zu mhd. *walc, walke* 'Walkmühle' und *hof* 'Hof; Inbegriff des Besitzes'.
Wallbrecht, Waltprecht 799 Waldbert(us), 1302 Walprecht. RN ahd. *walt-beraht* 'Gewalt, Macht' + 'hell, strahlend, glänzend'.
Wallner 1542 Wallner. WN, BN = *Waldner* → *Waldmann* oder HN zum ON *Wall, Walle, Wallen.*
Wallrab(e), Wohlrab(e), Wal(l)raf(f), Waldrab, Waldrapp, Waldraff 1299 Walraven, 1359 Wollrabe, 1417 Walrave, 1488 Walrab, Wolrab, 1580 Waldraff = 1582 Wallraff. RN ahd. *walraben* zum PN-Stamm *Wal-* 'Romane' → *Wahle* oder *walt* und 'Rabe', vgl. auch 1265 Wolraven = 1271 Walraven(us).
Walser 14. Jh. Walser. HN zum LandschaftsN *Wallis,* schwäb. HN zum ON *Waldsee* (12. Jh. Walhse, Walse) zu mhd. *Walhe* → *Wahle.*
Walt(h)er, nd. **Wolter:** um 825 Walther(i), 1214 Walter(i), 1331 Wolter(i). RN ahd. *walt-hari, -heri* 'Gewalt, Macht' + 'Heer' / westfäl. **Welter,** rhein. **Welters:** 1284 Welther / **Weltermann** / KF **Welterlein, Welterle:** 1563 Weltherlin / KF **Welte:** 1296 Welti / patron. **Welting:** 1538 Welthinck / **Walz, Wäl(t)z:** [1296 Waltherus dictus Walzze], 1493 Waltz. KF zu Vor. mit *-z*-Suffix / **Walzel, Wälzel,** schwäb. **Wälzle:** 1370 Walzel = Welzel, 1465 Wältzlin. KF mit *-z-* + *-l*-Suffix, s. a. *Welzel.*
Waltprecht → Wallbrecht
Waltsgott 1375 Walczin-, Waltseyngot, 1530 Waldesgott. ÜN, SatzN nach der Redensart *Walt es ein Gott!*
Wandschneider 1283 Wandsnidere. BN zu mhd. *gewantsnīder,* mnd. *wantsnīder* 'Tuchwaren-, Schnittwarenhändler'.
Wängler → Wengler
Wank(e) 1402 Wanke, 1454 Wank. ÜN zu mhd. *wanc, wankel* 'schwankend, unbeständig' oder WN zu mhd. *wanc* 'Seitenweg', auch KF zum RN *Wenzel* → *Wentzlaff,* vgl. 1486 Wanke = Wenczel Hering.
Wanner 1250 der Wanner. BN zu mhd. *wanne* 'Getreide-, Futterschwinge; Wasch-, Badewanne' für den Hersteller, vgl. aber auch mhd. *wannerlōn* 'Lohn fürs Reinigen des Getreides', oder WN für einen, der in einer Mulde wohnt.
Wappenschmidt → Waffenschmidt
Wappler, obd. **Waffler:** 1339 der Wappeler, 1378 Waffeler. BN zu mhd. *wāpenære, wæpenære* 'Gewaffneter, Kämpfer zu Fuß; Waffenträger'.

Warmuth 1318 Warmod(us), 1398 Warmut. RN ahd. *Werin-muot* Volksname der *Warnen* + 'Sinn, Verstand, Geist; Gesinnung, Mut' oder zu ahd. *warēn* 'wahren, hüten'.

Warnatsch, Warnatz 1551 Warnatz, 1610 Warnatzsch. BN zu nso. *wariś,* oso. *warić* 'kochen', *warnik* 'Garkücher', *warny* 'Koch' oder ÜN zu nso. *warnowaś* oso. *warnować 'warnen'.*

Warncke, Warnecke → Werner

Warnick 1639 Warnik. ÜN zu poln. *warnik* 'Kochapparat, (Siede)Kessel', → *Warnatsch.*

Warning → Werner

Warzecha 1414 Warzecha. ÜN zu poln. *warzęcha* 'Kochlöffel; Löffelkraut; Löffelreiher'.

Wäsch(e), Waesche, Waschke, Wäschke, Waske → Wachsmuth

Wasmann → Wachsmann

Wasmod → Wachsmuth

Wasmund, Waßmund 1406 Wasmund(es). RN ahd. *was-munt* 'scharf, streng' + 'Schutz' oder RN → *Wachsmuth,* vgl. 1434 Wachsmund = Wachsmuet.

Wasmuth → Wachsmuth

Wassermann 1313 der Wassirman. BN zu mhd. *waʒʒerman* 'Schiffer; ein bei der Wiesenbewässerung Angestellter'; evtl. auch WN zu mhd. *waʒʒer* 'Wasser'.

Wasserzieher 1340 Wassirzuger, 1481 Wasserzieheryn. BN wie mnd. *watertoger* 'Wasserschöpfer', mhd. *waʒʒertrager, -treger,* vor allem im Badehaus oder wie mhd. *waʒʒergrāve* 'geschworner Kunstverständiger des Wasserbau- und Mühlwesens'.

Wassmann → Wachsmann

Waßmund → Wasmund

Waßmuth → Wachsmuth

Waterstra(d)t 1595 Wasserstraß. Nd. Form des StraßenN *Wasserstraße,* belegt z. B. in Stralsund, Rostock, Bremen.

Wauer 1460 Wauwer; 1461 (de) Wou. Meist slaw. KF zum RN → *Lorenz,* auch HN zum ON *Wouw.*

Waurich, Waurick, Wawra, Wawrzik → Lorenz

Weber, nd. **Wever:** 1265 die Wever, 1290 Weber. BN zu mhd. *webære, -er,* mnd. *wever* 'Weber'.

Webersinke → Lorenz

Wechsler, nd. **Wesseler:** 1336 Wechsler; 1170 Wesselere. BN zu mhd. *wehselære,* mnd. *wesselēre* 'Geldwechsler'.

Weck 1383 Wek. ÜN zu mhd. *wecke* 'keilförmiges Backwerk, Weck' für den Bäcker oder zu mnd. *wek* 'munter' bzw. *wēk* 'weich, zart' oder KF zu einem PN auf asä. *widu-* wie *Wedeke,* → *Wedekindt* / **Weckmann:** 1473 Weckmann. ÜN für den Bäcker, s. Vor.

Wecker, Weckerle, Weckerlein, Weckerlin → Wacker

Wedekind(t) 1266 Wedekind. Nd. RN *Wedekind* zu asä. *widu-kind* 'Holz' + 'Kind'.

Wedemann 1362 Wedeman. BN zu mnd. *wedeme* 'Wittum, Leibgedinge, besonders das, welches der Mann seiner Frau aussetzt; Dotation der Kirche, besonders mit Grundeigentum, kirchlicher Grund und Boden', → *Wiedemann,* vereinzelt auch WN zu mnd. *wede* 'Wald, Holzung'.

Wedemeyer 1338 Wedemeyer(es). BN zu mnd. *wedeme* → *Wedemann,* mhd. *widem(e)* 'die zur Dotation einer Pfarrkirche gestifteten Grundstükke oder Gebäude, besonders der Pfarrhof, Kirchenland' und → *Meyer;* z. T. auch zu mnd. *wede,* asä. *widu* 'Holz, Wald'.

Wedler 1387 Wedler. BN zu fnhd. *wedeler* '(Weih)Wedelmacher', auch HN bzw. WN zu ON bzw. ÖN *Wedel,* vgl. 1212 v. Wedele.

Wege 1286 van der Wege, 1441 Wege. ÜN zu mnd. *wege, wēge,* mhd. *wi(e)ge* 'Wiege' oder zu mhd. *wege* = *Wage* 'Wiege'.

Wegehaupt 1445 Wegehoupt. ÜN, SatzN zu mhd. *wegen* 'bewegen, schwingen, schütteln' und *houbet, houpt* 'Kopf'.

Wegener → Wagner

Wegmann 1390 Wegman. ÜN zu mhd. *wegman* 'Reisender' oder BN wie mhd. *wegemeister* 'Weg-, Straßenmeister'.

Wegner → Wagner

Wehl(e), Wehler 1280 Wehel(i), 1419 Wele. HN zum ON *Wehlau* oder WN zum ÖN *Wehl, Weel.*

Wehling 1381 Welinge = Welink. WN zum ÖN zu mnd. *wēlinge* 'Strudel, Wirbel im Wasser' oder ÜN zu mnd. *welinge* 'das Welken, Dorren' oder zu mnd. *welich* 'wohlig, munter, üppig, geil, übermütig'.

Wehner(t) → Wagner

Wehrle → Werner

Wehrmann → Wermann

Weibert, Weibrecht → Weiprecht

Weichel(t) → Weigelt

Weichert, Weichhardt → Weigert

Weichold → Weigelt

Weickardt, Weicker(t) → Weigert

Weide → Weid(e)mann

Weidehaas → Weithaas

Weid(e)mann, Weydemann 1334 Weidman. BN zu mhd. *weideman* 'Jäger; Fischer', z. T. auch zu mhd. *wīde* 'Weide', so 1375 Wydemann, → *Weidner;* → *Wiedemann.*

Weidenhammer 1613 Weidenhammer. HN zum ON *Weidenhain, Weidenhahn.*

Weid(en)müller, Weitmüller 1585 Weidenmüller. WN, BN zu mhd. *wīde* 'Weide' + → *Müller* für den Müller bei den Weiden oder HN zum ON *Weidenmühle.*

Weidhaas, Weidhase → Weithaas

Weidlich 1336 Weidelich. ÜN zu mhd. *weide(n)lich* 'jägermäßig; frisch, tüchtig, stattlich, schön', vereinzelt = → *Weidling.*

Weidling 1475 Weydeling. ÜN zu mhd. *weidelinc* 'Fischerkahn, kleiner Nachen' für einen Fischer.

Weidmann → Weidemann

Weidmüller → Weidenmüller

Weidner 1291 Widenere, 1377 der Weidner. BN zu mhd. *weidenære, -er* 'Jäger, Fütterer' oder WN zu mhd. *wīde* 'Weide' 'der bei den Weiden' oder HN zum ON *Weiden.*

Weigand(t) → Wiegandt

Weigel(t), Weigeldt, Weichel(t), Weikelt, Weikl, Weigold(t), Weichold, bair. **Waig(e)l,** schwäb. **Weigele:** 1150 Wigold(us), 1359 Weigel. RN ahd. *wīg-walt* 'Kampf, Streit, Krieg' + 'Gewalt, Macht' bzw. KF zu RN auf ahd. *wīg* + *-l*-Suffix, vgl. um 870 Wigila, 1506 Weigolt.

Weigert, Weichert, Weichhardt, Weighar(d)t, Weickar(d)t, Weikard, Weikart, Weikert, Weicker(t), nd. **Wicher(t), Wiechert, Wiegert:** 845 Wichhardus, 961 Wichart, 1326 Wigard(i), 1352 Wykart, 1401 Weychart, 1407 Weikert, 1447 Wichhard(i). RN ahd. *wīg-hart* 'Kampf, Streit, Krieg' + 'hart, streng' oder z. T. ahd. *wīg-heri* 'Kampf, Streit, Krieg' + 'Heer', vgl. um 900 Wigheri.

Weigmann → Wichmann

Weigold(t) → Weigelt

Weih(e), Wey, Weyh(e) 1258 de Weie, 1357 Weighe, 1539 Weyh. ÜN zu mhd. *wī(g)e, wīwe, wīhe* 'die Weihe' oder HN zum ON *Weyhe;* vereinzelt auch KF zu RN auf ahd. *wīg* → *Weigert.*

Wei(h)rauch, Weyrauch 1253 Wirouch. ÜN zu mhd. *wī(h)rouch* 'Weihrauch' für den Priester oder für den Weihrauchverkäufer, Gewürzkrämer; vereinzelt auch Umbildung des RN *wīg-rīhhi* 'Kampf, Streit, Krieg' + 'Herrschaft, Herrscher, Macht, Gewalt; Reich'.

Weihs → Weiß

Weikard → Weigert

Weikelt → Weigelt

Weikert → Weigert

Weikl → Weigelt

Weiland(t), Weyland, Wieland, nd. **Weland:** 1301 Wielant, 1356 Welant, 1497 Weylandt. RN nach dem Sagenhelden *Wieland,* vgl. 1232 Weland(es) = Weiland(us) und 1341 Wieland der Schmied, dessen Name auf anord. *vēl* 'Kunstwerk' zurückgeführt wird: 715 Weland.

Weimann, Weihmann, Weymann 1261 Winman = 1269 Wiman, 1453 Weyman = Weynman. BN zu mhd. *wīnman* 'Weinbauer, Winzer, Weinhändler, Weinschenk'; vereinzelt auch → *Weihe* + *-man.*

Weinand(t) 1352 Wynand. RN ahd. *wīg-nand* 'Kampf, Streit, Krieg' + 'wagend, kühn'.

Weinel(t) → Weinold

Weiner(t) → Wagner

Weingart(en) 1250 de Wyngarde. HN zum ON *Weingarten* oder WN zum ÖN zu mhd. *wīngart* 'Weingarten' / **Weingärtner:** 1267 der Wingärtner. BN zu mhd. *wīgart(en)er, -gertener* 'Winzer'.

Weinhold(t) → Weinold

Weinmann 1198 Winman. BN zu mhd. *wīnman* 'Weinbauer, Winzer, Weinhändler, Weinschenk', mnd. *wīnman* wie Vor. + 'Ratskellermeister; Verwalter des städtischen Weinberges'.

Weinold, Weinhold(t), Weinel(t), Wien(h)old 1264 Weinolt, 1334 Winholt. RN ahd. *wini-walt* 'Freund, Geliebter' + 'Gewalt, Macht' / patron. **Weinhol(t)z, Wienhol(t)z:** 1588 Weinholtz.

Weinrich, Weinreich 1361/81 Wynrik, 1410 Weinrich. RN ahd. *wini-rīhhi* 'Freund, Geliebter' + 'reich, mächtig, hoch; Herrschaft, Herrscher, Macht, Gewalt; Reich', auch ÜN zu mhd. *wīn* 'Wein' und *rīch(e)* 'reich an' für den Weintrinker, vgl. 1349 Weynreich.

Weinschenk um 1300 Winschenk. BN zu mhd. *wīnschenke* 'Weinschenk'.

Weinzierl 1209 Winzurn, 1317 Wincirl. BN zu mhd. *wīnzürl(e), winzürne* 'Winzer'.

Weip(p)ert → Weiprecht

Weiprecht, Weibrecht, Weibert, Weip(p)ert, Wipper(t) 9. Jh. Wicbert, um 980 Wybert, 1330 Wipericht, 1332 Wiprecht, 1454 Wiperti. RN ahd., asä. *wīg-ber(a)ht* 'Kampf, Streit, Krieg' + 'hell, strahlend; glänzend, berühmt'.

Weirauch → Weihrauch

Weirich, Weyrich; Wierig, Wierich um 825 Wi(h)ric(us), 1324 Wigerich, 1391 Weyrich. RN ahd. *wīg-rīhhi* 'Kampf, Streit, Krieg' + 'Herrschaft, Herrscher, Macht, Gewalt; Reich', → *Weihrauch.*

Weis → Weise

Weisbach → Weißbach

Weis(e) 1266/1325 Wise, 1375 Weise. ÜN zu mhd. *wīs(e),* mnd. *wīs* 'verständig, erfahren, klug, weise', kaum zu mhd. *weise* 'verwaist; Waise'; z. T. auch = → *Weiße* / demin. **Weiske, Weißke:** 1590 Weiseke.

Weiser, Weisser, Weißer, Weßer 1386 der Wiser, 1534 Weyßer, 1573 Wesser. ÜN zu mhd. *wīs(e)* → *Weise* oder BN zu mhd. *wīȥære* 'Tadler, Strafer, Peiniger' oder zu mhd. *wīsære, -er* 'Führer, Anführer; Lehrer; Beiständer' oder ÜN zu mhd. *wīȥen* 'weiß machen, tünchen'.

Weisflog → Weißflog

Weisgerber → Weißgerber

Weisheit 1299 Wishait, 1361 Wishoit, 1422 Wießhoupt, 1423 Weishoit. ÜN zu mhd. *wīsheit* 'Verständigkeit, Erfahrung, Wissen, Gelehrsamkeit, Weisheit, Kunst; als Titulatur gegenüber dem städtischen Rate' oder zu mhd. *wīȝ-houb(e)t* 'weißes Haupt' für einen Menschen mit hellem Haar oder einen Greis.

Weiske → Weise

Weiß → Weiße

Weißbrod(t) 1268 Wißbrōt(elin). ÜN zu mhd. wiȝbrōt 'weißes Brot' für den Bäcker.

Weiß(e), Weihs, nd. **Witt(e):** 1320 Weiß; 1300 Witte. ÜN zu mhd. *wīȝ,* mnd. *wit* 'weiß' nach der Haar- oder Hautfarbe, → *Weise,* → *Albus* / **Weißmann:** 1204 Wiȝman, 1447 Weißmann. Wie Vor. + *man.*

Weißer → Weiser

Weißflog, Weis(s)flog, Weißpflog, Weißpflug 1751 Weißflog. Wohl ÜN zu mhd. *wīȝ* 'weiß' und *vloc(ke)* 'Flocke, Flaum, Flockwolle' für den Wollkämmer oder Tuchscherer oder für den Hellhaarigen.

Weißgerber, Weisgerber 1341 der Weißgerber. BN zu mhd. *wīȝgerwer, -gerber* 'Weißgerber'.

Weißhaupt, nd. **Witthöft:** 1280 Wishopt, 1418 Wittehoved(es). ÜN zu mhd. *wīȝ,* mnd. *wit* 'weiß' und mhd. *houb(e)t,* mnd. *hovet, hōft* 'Haupt', → *Weisheit* und → *Weißkopf.*

Weißke → Weise

Weißkopf, nd. **Wittkopp:** 1437 Wissekopf, 1498 Wittekop. ÜN zu mhd. *wīȝ,* mnd. *wit* 'weiß' und mhd. *kopf, koph,* mnd. *kop* 'Kopf' für einen Menschen mit weißem oder hellblondem Haar; Greis, → *Weißhaupt.*

Weißleder(er), nd. **Wittleder:** 1258 Wißlederar, 1602 Witleder. ÜN zu mhd. *wīȝ,* mnd. *wit* 'weiß' und mhd. *lederære, -er* 'Gerber', mnd. *ledder, leder* 'Leder'.

Weißmann → Weiße

Weißmantel 1470 Weyßmantel. ÜN zu mhd. *wīȝ* 'weiß, glänzend' und mantel 'Mantel' für einen Träger dieses Kleidungsstücks.

Weißpflog, Weißpflug → Weißflog

Weißrock, nd. **Witterock:** 1290 Witterok, 1409 Wißrock. ÜN wie → *Weißmantel.*

Weitha(a)s, Weithase, Weidhase, Weid(e)haas, Waidhas 1320 Waidhas. ÜN zu mhd. *weid(e)* 'Futter, Weide, Jagd' und *has(e)* 'Hase' als Gegensatz zum Stallhasen, vielleicht für den Jäger.

Weitmüller → Weidenmüller

Weitz(e), Waitz 1363 Weycze. ÜN zu mhd. *weiȝ(e), weiȝȝe, weize* 'Weizen' für einen Bauern oder den Weizenhändler.

Weland → Weilandt

Weldner → Waldmann

Welk(e) 837 Walico, 1265 Welk. KF zu RN auf ahd. *walh* 'Romane' → *Wahle* mit *-k*-Suffix oder ÜN zu mnd. *welk* 'welk, dürr' oder slaw. KF zu RN wie *Velislav* zu urslaw. **velьjь* 'groß', nso. *wele,* oso. *wjele* 'viel': 1428 Velko, 1589 Welck.

Welker, Walker 1253 Welkere, 1337 der Walker. BN zu mhd. *walker, welker* 'Walker'.

Weller(t) 1351 Weller. ÜN zu mhd. *wellen* 'runden, rollen, wälzen; streichen, schmieren' für den Hersteller von Wellerwänden u. ä. oder zu mhd. *wellen* 'zum Sieden oder Schmelzen bringen' für den Sieder, Schmelzer oder zu mhd. *welle* 'Walze; Stroh-, Reisigbündel, Tuch-, Leinewandballen' für den Handwerker oder Händler, oder HN zum ON *Welle* oder WN zum ÖN zu nd. *welle* 'Quelle'; vereinzelt auch RN ahd. *willo-heri* 'Wille, Wunsch' + 'Heer', vgl. 822/75 Wilheri.

Wellner → Wollenschläger

Wels → Welz

Welsch 1255 Welschere, 1300 Walsche. ÜN zu mhd. *walhisch, welhisch, walsch, welsch* 'welsch, italienisch, französisch, romanisch', vgl. schon 825/75 Walh, → *Wahle;* auch slaw. Herkunft möglich: 1439 Weltzsch, 1525 Welsch. KF → *Welk.*

Welte, Welter, Welters, Welterle, Welterlein, Weltermann, Welting → Walther

Welz, Weltz, Wels 1260 Welzo, 1354 Welcz. KF zu RN auf ahd. *walt* → *Walther* mit *-z*-Suffix oder ÜN zu mhd., mnd. *wels* 'Wels' vielleicht für den Fischer oder HN zum ON *Welz(e), Wöls;* vereinzelt auch KF zu slaw. RN → *Welke,* vgl. 1380 Jekl Welcz.

Welzel 1335 Welczil hern Welczils son. KF zu RN auf ahd. *walt* 'Gewalt, Macht' + *-z-* + *-l*-Suffix, meist zu → *Walther,* vgl. 1296 Walther gen. Walze; vereinzelt auch ÜN zu mhd. *welzeln, welzern* 'wälzen', → *Walz.*

Wemmer → Wimmer

Wenck(e) → Wenke

Wend(e), Wen(d)t um 840 Wenda, 889 Wendo, 1251 Wendt. StammesN mhd. *Wint, Winde,* mnd. *Went* 'Wende, Slawe' wie *Böhm(e)* u. a. / **Wendisch, Windisch:** 1359 Windisch. HN zu mhd. *windisch, windesch,* mnd. *wendisch* 'wendisch, slawisch' / **Wünsch(e), Winsche:** 1362 Windische, 1528 Winsche. Wie Vor., z. T. auch HN zum ON *Wunscha* / **Wünscher:** 1458 Wunscher. Wie Vor. / **Wünschmann:** 1305 Wendescheman, 1402 Winischman. Wie → *Windisch* + *-man* / **Wendland(t), Wendtland(t):** 1489 Wendland. HN zum ON *Wendland* b. Lüneburg, seltener allgemein 'Land der Wenden' oder LandschaftsN.

Wendel um 860 Wendil, 1283 Wendel(eken). RN *Wendel* zu asä. *wendil* = Name der *Wandalen* oder BN bzw. ÜN zu mhd. *wendel* = *wender* 'Wender, Hin-, Ab-, Umwender' oder ÜN zu mnd. *wendelen* 'drehen'.

Wendisch, Wendland(t) → Wende

Wendler 1250 Wendeler(us). ÜN zu mhd. *wandeler, wendeler* 'Wanderer', mnd. *wendeler* 'Wanderer, Reisender; Pilger; Landstreicher'; obd. auch Besitzer eines Wandelgutes, das von zwei Berechtigten abwechselnd genutzt wird.

Wendt → Wende

Wenger 1287 von Weng, 1433 Wengher. HN zum ON *Weng(en),* vereinzelt auch BN = → *Wagner.*

Wengler, Wängler, Fengler 1548 Wängler, 1613 Wengler. WN zu ÖN *Wang* 'Wiesenhang', selten ÜN zu mhd. *wengel(īn),* demin. zu *wange* 'Wange; Antlitz'.

Wenig(er) 1229 Wenige, 1354 Weninger. ÜN zu mhd. *wēnec, wēnic* 'klein, gering, schwach'.

Wenk(e), Wenck(e) 1263 Wenke. KF nd.-fries. *Weneke* zu RN auf ahd. *wini* 'Freund, Geliebter', vgl. um 1000 Winnico, oder WN zu ÖN zu mhd. *wenke* 'Wendung' oder ÜN zu mnd. *wenke, wenneke* 'weites grobes Kleidungsstück' oder zu mhd. *wenken* 'wanken, schwanken, unschlüssig sein' / KF **Wenkel, Wenkle:** 1346 Wenkelin. Obd. KF zu Vor oder ÜN vgl. mnd. *wenker* 'Zwinkerer'.

Wenske → Wentzlaff

Went → Wende

Wentz → Werner

Wen(t)zlaff, Wentzlau, Wen(t)zel, Wenzl 1168 Venzezlau(us), 1380 Wenczil, 1389 Wenczlaw. Slaw. RN zu urslaw. **vętje,* poln. *więcej* 'mehr' und *slava* 'Ruhm'; *Wenzel* westmd., obd. auch KF zu RN auf *werin* → *Werner* mit *-z-* + *-l*-Suffix / **Wenzke, Wenske:** 1192 Venciko, 1355 Wentzeke(n). Demin. zu Vor.

Wenz → Werner

Werfel → Würfel

Werkmeister 1266 Werkmester. BN zu mhd. *wercmeister* 'Schöpfer, Werk-, Baumeister, Künstler; Vorsteher des Stadtrates', mnd. *werkmēster* 'Innungsvorsteher; Zeugmeister; Kirchenvorsteher'.

Wermann, Wehrmann, Werrmann 1358 Warman, 1402 Werman, 1538 Werneman = 1561 Wermann. BN zu mhd. *werman* 'Gewährsmann, Bürge' oder zu mhd. *wer(e)* 'Verteidigung; Waffe, Brustwehr, Befestigung' oder WN zu mhd. *wer(e)* 'Wehr in einem Flusse' oder HN zum ON *Wehr, Wehre* bzw. *Werne* oder KF zu → *Werner.*

Wernecke → Werner

Werner, obd. **Wörner:** um 860 Werinheri, 1388 Wernher, 1402 Werner. RN ahd. *werin-heri* Volksname der *Warnen* + 'Heer' / **Warn(e)cke, Warnke, Warnick, Wernick(e), Werne(c)ke:** um 1000 Wernicho = Werinhar(ius), 1350 Wernyke, 1427 Warneken. KF zu Vor. + *-k*-Suffix / patron. **Warning:** 1568 Warningk / alem. KF **Wernle, Wörnle:** 1345 Wernlin(um) / alem. KF **Wehrle:** 1378 Werli / obd. KF **Werntz:** 1333 Werntze / obd.-md. KF **Wen(t)z:** 1396 Wenczo(nis) mit *-z*-Suffix; *Wen(t)z* auch KF zu slaw. RN → *Wen(t)zlaff* / **Wessel:** 1325 Wessels. KF zum RN → *Werner* mit *-z-* + *-l*-Suffix, vgl. 1277/1306 Wessel = Wernerus, auch weiblich: 13. Jh. Wessela und jüdisch: 1381 Wessle de jode; vereinzelt auch HN *Wessel* oder WN zum ÖN zu mnd. *wessele* 'Wechsel, Tausch, Handel' / **Wesselmann:** 1616 Wesselman. Wie Vor. + *-man* / KF **We(t)zel, Wetzelt, Wötzel:** um 1000 Wazilīn, 1260 Wetzelin(us), 1410 Weczil. Wie Vor., vgl. 1236 Wezilo = Wernherus, 1625 Wetzell = Wessel / ostmd. KF **Wetzler:** 1413 Weczler, wie Vor. + *-r*-Suffix, westmd. vereinzelt auch HN zum ON *Wetzlar.*

Wernicke, Werntz → Werner

Werrmann → Wermann

Wesche, Weske, Weß, Wesse → Wachsmuth

Wessel → Werner

Wesseler → Wechsler

Wesselmann → Werner

Wessely 1438 Wessele, 1441 Wesseli. ÜN zu oso. *wjesełу,* tschech. *veselý* 'froh, lustig'.

Westermann 1266 Westerman. WN zu mhd. *wester* 'westlich'; nach der Himmelsrichtung.

Westermeier 1463 Westermeier. WN nach der Lage des Hofes → *Westermann,* → *Meyer.*

Westphal, Westpfahl 1215 de Westfalia = 1219 Westval(us). StammesN 'der aus *Westfalen,*' mhd., mnd. *Westval* 'Westfale'.

Wettengel 1529 Wettingl. Vogtl. BN zu mhd. *wec, weg* 'Weg, Straße' und mhd. *tengelen, tingelen* 'dengeln, klopfen, hämmern' für den Wegstampfer, Pflasterer.

Wetzel(t) → Werner

Wetzig 1501 Wetzigk. KF zu nso. RN *Wěcsław* → *Wentzlaff;* möglich auch dt. KF wie *Wetzel* → *Werner* mit *-ing-* oder *-k*-Suffix.

Wetzstein 1135 Wezestein. ÜN zu mhd. *wetz(e)stein* 'Wetz-, Schleifstein', vereinzelt HN zum ON *Wetzstein.*

Wever → Weber
Wey, Weyh(e) → Weihe
Weydemann → Weidemann
Weyland → Weilandt
Weymann → Weimann
Weyrauch → Weihrauch
Weyrich → Weirich
Wezel → Werner
Wicher(t) → Weigert
Wichmann, Wiechmann, Wiegmann, Weigmann; Wickmann um 825 Wychmann(us), 1200 Wigman; 1238 Wicman. RN ahd. *wīg-man* 'Kampf, Streit, Krieg' + 'Mensch, Mann', besonders nd.
Wick → Wieck
Wicker, Wigger, gen. **Wiggers:** 1157 Wigger, 1261 Wicgeri, 1295 Wikeri. RN ahd. *wīg-heri* 'Kampf' + 'Heer', auch BN zu mhd. *wicker* 'Zauberer, Wahrsager, Gaukler'.
Wickmann → Wichmann
Wid(e)mann → Wiedemann
Wiebcke → Wiepcke
Wiechert → Weigert
Wiechmann → Wichmann
Wie(c)k, Wick 1671 Wieck; 1381 Wigk. HN zum ON *Wie(c)k* zu mnd. *wīk* 'Nebendorf, Hinterdorf; schutzgewährende Einbuchtung des Wassers', *Wick* auch KF zu RN auf ahd. *wīg* → *Wichmann,* vgl. 1422 Wicke Onnama.
Wieczor(r)ek, Wiezorek 1435 Wyeczorek. ÜN zu poln. *wieczór,* demin. *wieczorek* 'Abend' oder mda. *wieczorek* 'Fledermaus'.
Wied(e)mann, Wid(e)mann 1281 Wideman. Im Nd. HN bzw. WN zum ON bzw. ÖN *Wied, Wieda* zu mnd. *wide* 'Weide (salix)', vgl. 1277 van der Wyden; im Md., Obd. BN zu mhd. *widem(e), widen* 'was bei Eingehung der Ehe der Bräutigam der Braut (ursprünglich als Kaufpreis ihrem Vater) zu eigen gibt, Brautgabe, Wittum; Dotierung einer Kirche, eines Klosters besonders mit Grundstücken' und *-man* 'Mensch, Mann' für den Bauern, der geistlichen Besitz bearbeitet.
Wiegand(t), Weigand(t) 1297 Wigand(i). ÜN zu ahd. *wīgant* 'Krieger', mhd. *wīgant* 'Krieger, Held'.
Wiegert → Weigert
Wiegmann → Wichmann
Wiegner 1372 Wigener. Wohl BN zu mhd. *wiger* 'Wäger' oder zu mhd. *wige, wiege* 'Wiege'.
Wiehl, Wühl 1256 in dem Wiele, 1300 Wüle. Südwestd. WN zu mhd. *wuol(lache)* 'Wasserloch', obd. HN zum ON *Wiehl.*
Wiek → Wieck
Wieland → Weilandt
Wielsch → Willsch
Wiemann 1405 Wynman. Nd. BN zu mhd., mnd. *wīnman* 'Weinbauer, Winzer; Weinhändler, Weinschenk' → *Weimann,* z. T. = → *Wichmann.*
Wiene(c)ke, Wienk(e) 1388 Wineke(n). Nd. KF zum RN ahd. *wīg-nand* 'Kampf, Streit, Krieg' + 'wagend, kühn' oder KF zu RN auf ahd. *wini* 'Freund, Geliebter' mit *-k*-Suffix; vgl. 1295 Wineco = Winandus.
Wienhold → Weinold
Wienk(e) → Wienecke
Wienold → Weinold
Wiep(c)ke, Wiebcke 1294 Wibeke(n), 1585 Wipke. KF zu RN auf ahd. *wīg* 'Kampf, Streit, Krieg' + *bald* 'kühn, mutig, stark' oder *beraht* 'hell, strahlend, glänzend' mit *-k*-Suffix.
Wierich, Wierig → Weirich
Wiese 1275 an der Wise. WN zu mhd. *wise* 'Wiese', vereinzelt auch HN zum ON *Wies, Wiesa, Wiesau* /
Wies(e)ner, Wießner, Wiessner: 1333 off der wiesen, 1386 Wysner, 1548 Wießner. WN bzw. HN wie Vor. /

Wieser: 1373 der Wiser. WN oder HN wie Vor. / Wiesemann: 1438 Wisman. Wie Vor.

Wies(s)ner, Wießner → Wiese

Wiezorek → Wieczorek

Wigger, Wiggers → Wicker

Wilcke(n) → Wilke

Wild(e), Wildt 1226 Wilde. ÜN zu mhd. *wilde, wilt* 'ungezähmt, untreu, sittenlos, fremdartig, seltsam, unheimlich' für den heftigen, leicht in Zorn ausbrechenden Menschen, bisweilen auch 'von fremder Lebensart' oder WN zu ÖN zu mhd. *wilde, wilt* 'Wildnis'.

Wildgrube 1365 Wiltgruober. HN bzw. WN zum ON bzw. ÖN *Wildgrube.*

Wildner, Wiltner 1364 Wildener. BN zu mhd. *wildenære, -er* 'Wildschütz, Jäger; Wildbrethändler', vereinzelt auch HN zum ON *Wilden, Wildenau;* kaum zu fnhd. *wildner, wiltner* 'Betrüger, die wertlosen Schmuck für echt verkaufen'.

Wildt → Wilde

Wilfert(h) 1250 Wlfardi, 1373 Wulfert. RN ahd. *wolf-hart* 'Wolf' + 'hart, streng' → *Wolfert,* vgl. 968/96 Wlfhard(us) = 996 Vulfarius, oder RN *willo-fridu* 'Wille, Wunsch' + 'Friede, Schutz', vgl. um 900 Willifrid(us), oder ÜN zu mhd. *wülven* 'wie ein Wolf sich gebärden' für einen wilden, ungebärdigen Menschen.

Wilhelm um 830 Wilhelm, 1267 Wilhelm. RN ahd. *willo-helm* 'Wille, Wunsch' + 'Helm' / gen. **Wilhelms:** 1388 Wilhelms / nd. kontrahiert **Wil(l)ms:** 1403 Wilm, 1574 Wilmes / latin. gen. **Wilhelmi, Wilhelmy:** 1314 Willehelmi / südwestd. **Wilhelmer:** 1440 Wilhelmer.

Wilk(e), Wilck(e) um 825 Willic, um 1000 Wilico, 1458 Wilke. KF zum RN → *Wilhelm* + *-k*-Suffix, vgl. um 1300 Willeke = Wilhelmus, vereinzelt auch HN zum ON *Wilkau, Wölkau* oder ÜN zu nso., oso. *wjelk,* nso. älter und poln. *wilk* 'Wolf' / patron. zur KF **Wilcken, Wilkens:** 1266/1325 Willikken, 1315 Wilkens, 1466 Wilke Wilkens.

Will(e) 1380 Wille(n). KF zu RN auf ahd. *willo* → *Wilhelm* / **Willmann:** um 825 Wilman, 1320 Willeman. Wie Vor. + *-man,* vgl. 1303 Willeman = Wilhelm Schedesalz.

Willert, Willhar(d)t um 900 Wilhard, 1441 Wilhart. RN ahd. *willo-hart* 'Wille, Wunsch' + 'hart, streng' / westfäl. patron. **Willerding.**

Willmann → Wille

Wil(l)ms → Wilhelm

Wil(l)sch, Wiltzsch, Wielsch 1507 Wylisch. Vielleicht slaw. KF zu RN → *Welke,* vgl. auch 1359 Wilczke von der Ölsen, oder WN zum ÖN, GewN *Wilsch.*

Wiltner → Wildner

Wiltzsch → Willsch

Wimmer, nd. **Wemmer:** 1294 der Wimmer. BN zu mhd. *widemer* 'Inhaber eines widemen' zu mhd. *widem(e), widen,* mnd. *wedeme* 'was bei der Eingehung der Ehe der Bräutigam der Braut (ursprünglich als Kaufpreis ihrem Vater) als eigen gibt; Dotierung einer Kirche, eines Klosters besonders mit Grundstücken', → *Wiedemann;* in Gebieten alten Weinbaus mhd. *windemer, wimmer* 'Weinleser'; auch HN zum ON *Wimmer* oder ÜN zu mhd. *wim(m)er* 'knorriger Auswuchs an einem Baumstamme; Warze', fnhd. *wimmer* 'Astknorren; Knäuel; Flegel'; vereinzelt auch RN ahd. *wini-mari* 'Freund, Geliebter' + 'bekannt, berühmt, angesehen; herrlich, hervorragend, vortrefflich'.

Winckler → Winkel

Windisch → Wende

Winkel 1277 (de) Winkele. WN zu mhd., mnd. *winkel* 'Winkel, Ecke, abseits gelegener, verborgener Raum', vereinzelt auch HN zum ON *Winkel* / **Winkelmann:** 1304 Winkelman. Wie Vor. + *-man,* kaum zu fnhd. *winkelman* 'Sonderbündler, Obskurant' / **Win(c)kler:** 1278 der Winkeler. WN oder HN wie → *Winkel* oder BN zu mnd. *winkler* 'Kramladner, Krämer'.

Winter 1225 Winther. ÜN, ZeitN zu mhd. *winter* 'Winter', vgl. RN 858 Wintar, Sumar; vereinzelt auch WN zum ÖN *Winter.*

Winterfeld(t) 1320 Wyntervelt. HN zum ON *Winterfeld* oder WN zum ÖN, vgl. 1532 im Wynthervelde, zu mhd. *wintervelt* 'mit Wintersaat bestelltes Feld' oder als Richtungsangabe nach der Lage im Norden.

Winzer 1490 Winczer. BN zu mhd. *winzer* 'Winzer', vereinzelt auch HN zum ON *Winzer* / **Winzerling:** 1465 Wintzerlingk. Pejorative Weiterbildung zu Vor.

Wipper(t) → Weiprecht

Wirsi(n)g um 1100 Wirsinc, 1324 Wirsich. ÜN zu mhd. *wirsic* 'schlimm, übel' oder zu mhd., mnd. *wirs* 'schlimmer' + *-ing*-Suffix; die Kohlart ist erst im 17. Jh. bezeugt (ital. Lehnwort).

Wirth 1266 der Wirt. BN zu mhd. *wirt* 'Ehemann; Hausherr; Gebieter, Herr; Gastfreund; Inhaber eines Wirtshauses'.

Wischnewski, Wisnewski, Wisznewski, Wischnowski, Wisniewski 1452 Wyssznowski, 1474 Wysnyewsky. Poln. HN zum ON *Wiśniowa, Wiśniewa* o. ä. oder ÜN zu *wiśnia* 'Weichselkirsche'.

Wissmann, Wißmann 1330 Wysman. ÜN zu mhd., mnd. *wis* 'sicher, zuverlässig' oder WN zu ÖN auf mhd. *wise* 'Wiese'.

Wisznewski → Wischnewski

Witek → Wittek

Witkowski → Wittkowski

Witschas, Witzschas 1450 Wiczesch, 1568 Witzaß. BN zu oso. *wićaz* 'Lehmann, Lehnbauer'.

Witte → Weiße

Wit(t)ek 1204 Vitek. KF zu RN wie *Vitoslav* zu urslaw. **vitъ* 'Herr, mächtig' oder zu aslaw. *vitati* 'wohnen, einkehren'; *Wit(t)ek* auch poln. oder tschech. Form von lat. *Vitus* → *Veit.*

Witter um 1260 Wider(us), 1644 Witter. RN ahd. *witu-heri* 'Holz' + 'Heer' oder ÜN zu mnd. *witten* 'weißmachen, weißsieden' als Berufsübername; kaum zu mhd. *witer* = *gewiter(e)* 'Wetter, Unwetter', ahd. *wetar* '(Un)Wetter, gutes Wetter, Luft'.

Witthöft → Weißhaupt

Wittig, Wittich 1318 Wittig, 1455 Wittich. RN *Wittich* nach dem aus der Heldensage bekannten RN, im Nd. auch vereinzelt ÜN zu mnd. *wittich* 'klug, verständig, weise, gelehrt' / **Wittge, Wittke:** 1278 Witteke. KF zu Vor. oder zu *Witte* → *Weiße* oder zu → *Wittek.*

Witting 1280 Wittinc. HN zum ON *Wittingen* oder patron. zu *Witte* → *Weiße.*

Wittke → Wittich

Wittkopp → Weißkopf

Wit(t)kowski 1387 Wytkowsky. Poln. HN zum ON *Witków, Witkowice* o. ä. oder vom RN → *Wittek.*

Wittleder → Weißlederer

Wittmann 1450/51 Witman. BN zu mnd. *witman* 'Bürger des Bürgerausschusses' oder KF *Witt(e)* zu → *Wittich* + *-man*-Suffix oder zu *Witt(e)* → *Weiße,* kaum ÜN zu mhd. *witman* 'Witwer'.

Witzel 1496 Witzell. Variante zu *Wetzel* → *Werner,* vgl. 1405 Wiczschel = Weczel v. d. Bobritzsch, oder KF zu

→ *Wiegandt,* vgl. 1392/1402 Witzel = Wigand Harnasch.

Witzschas → Witschas

Wodrich ÜN zu mnd. *woderik* 'Wüterich, Tyrann'.

Wohlfart(h) → Wolfert

Wohlgemuth 1365 Wolgemuet. ÜN zu mhd. *wolgemuot* 'hochgesonnen, -gestimmt; wohlgemut', bzw. zum mhd. Pflanzennamen.

Wöhlke → Wölke

Wohllebe(n) 1235 Wolleben. ÜN zu mhd. *wol* 'gut, wohl' und *leben* 'Leben', mnd. *wollevent* 'wohl lebend' für einen Menschen mit gesitteter Lebensart oder einen Genießer.

Wohlrabe → Wallrabe

Woigk, Wojk, Woyk 1501 Woygk. KF zu RN *Vojslav* u. ä. zu aslaw. *vojinъ, voi* 'Krieger' / **Woyka, Woyke:** 1291 Woyko(nis), 1649 Woyka.

Woit 1593 Woyth. BN zu poln. *wójt* 'Dorfvogt, Dorfschulze' / **Woit(h)a, Woite, Woyta:** 1561 Woytha / **Woitsche(c)k, Woitzek:** 1399 Woyczek, vgl. auch 1295 Woycech Rinbabe, 1356 Woytke = Woyczeck vurman / **Woitzik, Woycik:** 1391 Voyczik.

Wojciechowski 1389 Woycechowski. Poln. HN zum ON *Wojciechów* oder Abltg. vom PN *Wojciech* → *Wojtech.*

Wojk → Woigk

Wojtech 1291 Woyteych. Slaw. RN zu vojinъ → *Woigk* und aslaw. *potěcha, utěcha* 'Trost, Freude'.

Woitsche(c)k, Woitzek, Woitzik → Woit

Wolbert um 1250 Wul-, Wolbert(us). RN ahd. *wolf* 'Wolf' oder *walt* 'Gewalt, Macht' und *beraht* 'hell, strahlend, glänzend'.

Wolf(f), nd. **Wulf(f):** 815/47 Uuolf, 1135 Wolf, 1304 Vulf. KF zu RN auf ahd. *wolf* 'Wolf' oder ÜN zu mhd. *wolf* 'Wolf' oder WN zum HausN, vgl. 13. Jh. zem Wolve / demin. **Wölfel:** 1293 Wolveli.

Wolfert, Wohlfahrt(h), Wohlfart(h); Wülfert um 830 Wulfhard, 1257 Wolfhart, 1484 Wohlfart; 1423 Wulfard(us) Wulfardi. RN ahd. *wolf-hart* 'Wolf' + 'hart, streng'.

Wolfram, Wollframm, Wolfrum, Wolfgram(m) 820 Uulfhrauan, 917/35 Vulfhram, 1249 Wlveramm(i), 1561 Wolfrum, 1687 Wolfgram. RN ahd. *wolf-raben* 'Wolf' + 'Rabe'.

Wölk(e), Wöhlke 1585 Wolecke. Nd. KF zum RN → *Walther* mit *-k*-Suffix, vereinzelt auch HN zum ON *Wölkau.*

Woll(en)schläger 1278 Wolnsleher, 1343 Wullesleghere. BN zu mhd. *wolle(n)slaher, -sleher, -sleger,* mnd. *wullensleger* 'Wollschläger' (reinigt und lockert die Wolle durch Schlagen, macht sie spinnreif); später oft = 'Wollenweber' / **Wollenweber, Wullenweber:** 1291 Wullenwevere. BN zu mhd. *wollenweber, wullenweber* 'Wollenweber' / **Wollmann; Wöllmann:** 1300/40 Wulleman. BN zu nd. *wollmann* 'Wollbereiter, -arbeiter / **Wollner, Wöllner, Wellner:** 1306 Wullner, 1479 Wölner = Wolner. BN zu mhd. *wollener, woller* 'Wollenschläger'.

Wollframm → Wolfram

Wollmann, Wöllner, Wollschläger → Wollenschläger

Wolter → Walther

Wolz, Wölz, obd. KF **Wölzle,** nd. KF **Wolzeke:** 1405 Walz = 1442 Wolz; 1430 Wolzeken. KF zu RN auf ahd. *walt* wie *Walz* → *Walther.*

Wondra, Wondra(c)k, Wondraczek → Andreas

Worm → Wurm

Wörpel → Würfel

Wötzel → Werner

Woycik → Woit

Woyk, Woyka, Woyke → Woigk

Woyta → Woit

Wranger, Wrangel 1252 Wrangere. BN zu mnd. *wranger* 'Ringer, Kämpfer, Athlet'.

Wrede 1178 Wrede. ÜN zu mnd. *wrēt* 'wild, grimmig, grausam, böse; heftig, strenge; stark, kräftig, tüchtig'.

Wrobel, Robel 1281 Rabil, 1631 Wrobel. ÜN zu poln. *wróbel,* nso. *(w)robel,* oso. *wrobl* 'Sperling'; *Robel* z. T. wohl auch deutsch, vgl. 1300 Robel, als KF zum RN **hruod-balt* 'Ruhm' + 'kühn, mutig, stark', → *Rupprecht* / **Rublak:** 1656 Wroblak. ÜN zu poln. *wróbel,* s. o.

Wucherpfennig 1585 Wuecherpfennig. ÜN zu mhd. *wuocher* 'Ertrag; Gewinn, Profit; Wucher' und *phenni(n)c* 'Pfennig' für den, der mit dem Pfennig, einer Silbermünze, zu wuchern (= richtig umzugehen) versteht, im Gegensatz zu Schimmelpfennig.

Wühl → Wiehl

Wülfert → Wolfert

Wullenweber → Wollenweber

Wunder 1262 Wunder. ÜN zu mhd. *wunderære, -er* 'der Wunder oder wunderbare Taten tut, wunderbar lebt; der sich wundert' oder direkt zu mhd. *wunder* 'Verwunderung, Neugier; Gegenstand der Verwunderung' / obd. demin. **Wunderle:** 1569 Wunderlein.

Wunderlich 1372 Wunderlich. ÜN zu mhd. *wunderlich* 'sich leicht verwundernd, reizbar, launisch' für einen sonderbaren Menschen.

Wundra(c)k → Andreas

Wunsch 1324 Wunsch. HN zum ON *Wunsch, Wunscha,* z. T. wohl auch ÜN zu mhd. *wunsch* 'Vermögen etwas Außergewöhnliches zu schaffen'; vereinzelt auch Variante von *Wünsch* → *Wende.*

Wünsch(e), Wünscher, Wünschmann → Wende

Wuppermann 1466 by der Wupper. Westnd. HN zum GewN *Wupper.*

Würfel, mda. **Werfel,** nd. **Wörpel:** 1297 Worpel, 1350 Würffel, Werfel. ÜN zu mhd. *würfel* 'Würfel' für einen Würfelmacher oder -spieler.

Würker(t) 1321 Würke, 1470 Wirger. BN zu mhd. *wirker, würker* 'der etwas hervorbringt, schafft, arbeitet, bewirkt'; wohl allgemein für einen Handwerker, vgl. Tuch-, Strumpfwirker usw.

Wurm, nd. **Worm:** 1173 Wormb, 1232 Wurm. ÜN zu mhd. *wurm,* mnd. *worm* 'Wurm, Insekt; Natter; Drache, bildlich Teufel' / demin. und patron. **Würmeling:** 1185/94 Würmelin, Würmelinc.

Wurster 1285 Würster. BN zu mnd. *wurster* 'Wurstmacher, Fleischer'.

Wur(t)z, Wür(t)z 1370 Würtz. BN zu mhd. *wurz, worz* 'Pflanze, Kraut, Wurzel' / demin. **Wurzel:** 1384 Wurczel, Worczel / **Wurzer:** 1284 Wurzar. BN wie Vor.

Wüst(e), nd. **Woest(e):** 1280 Wüeste. WN zu mhd. *wüeste, wuoste* 'öde Gegend, Wildnis' oder ÜN zu mhd. *wüeste, wuoste* 'unschön, häßlich' oder HN zum ON *Wust, Wüste* / **Wüstner:** 1367 Wustener. WN zu ÖN zu mhd. *wüeste, wuoste* 'öde Gegend, Wildnis' oder HN zum ON *Wüsten, Wüstenau, Wüsteney.*

Wuttke, Wud(t)ke 1568 Wudke. Vielleicht KF zu slaw. → *Woit* oder HN zum ON *Wutike;* kaum zu mhd. *wüetic, wuotic* 'wütend, toll, aufgeregt', eher zu nso. *wóda,* demin. nso., oso., poln. *wódka* 'Schnaps', 1398 Wodka.

Wutzler 1395 Wuczler. ÜN zu *wutzeln, wuseln, wutschen* 'sich rasch, lebhaft hin und her bewegen' für einen flinken Menschen.

Z

Ulrich Zwingli
(1484–1531) Theologe und
Schweizer Reformator

Carl Zeiss
(1816–1888) Mechaniker
und Mitbegründer
der JENAer Glaswerke

Heinrich Zschokke
(1771–1848) Verfasser volkstümlicher
Räuberromane

Stefan Zweig
(1881–1942) Schriftsteller
und Übersetzer

Zabel 1187 Zabil, 1259 Sabel. Im Norden oft unklarer RN, dessen slaw. Herkunft nicht nachzuweisen ist, evtl. KF von *Sabellus;* ÜN zu mhd. *zabel* 'Brettspiel' für einen Brettspieler; auch Vermischung mit → *Zobel* kommt vor, vgl. um 1325 Zabelsnidere.

Zach → Zacharias

Zacharias 1265 Czacharie, 1378 Zacharias. RN, hebr. 'Jahwe hat sich wieder erinnert' / KF **Zacher(t):** 1238 Zacherlin, 1407 Zacher / **Zach(e):** 1409 Czach. KF zu Vor., z. T. auch ÜN zu mhd. *zāch, zæhe* 'zäh, geschmeidig', vereinzelt auch HN zum ON *Zach.*

Zache, Zacher(t) → Zacharias

Zahn 1179 Zant. ÜN zu mhd. *zan(t)* 'Zahn' nach einem auffälligen Zahn.

Zander 1435 Zander. RN → *Alexander,* vgl. 1400 Tzander Goltsmed, z. T. auch ÜN zur ostmd. Fischbezeichnung *Zander;* vereinzelt auch ÜN zu mhd. *zander* 'glühende Kohle'.

Zank(e) 1362 Zanke. ÜN zu mhd. *zanke* 'Zacken, Spitze', auch WN, bzw. *Zank* 'Zank, Streit', → *Zänker.*

Zänker, Zenker 10. Jh. der Zänker, 1402 Czencker. ÜN zu mhd. *zanken, zenken* 'zanken' für einen zänkischen Menschen.

Zapf(e), Zapff, md. **Zapp(e):** 1326 Zapf, 1334 Czapphe, 1465 Czappe. ÜN zu mhd. *zapfe,* md. *zappe* 'Zapfen; Ausschank; Schankgerechtigkeit' für einen Schankwirt, evtl. auch für einen dicken, einfältigen Menschen.

Zapp(e) → Zapfe

Zaumsegel → Zaumseil

Zaumseil, Zaumsegel, Saumsiegel 1499 Zaumseil, 1560/61 Zaumsegel. ÜN zu mhd. *zoum* 'Zaum, Zügel' und *seil* 'Seil, Strick' für einen Zaummacher, Seiler oder Bauern.

Zaunick 1657 Zaunig. ÜN zu nso. *cowaś,* oso. *cować* 'träumen' / **Zausch:** 1568 Zawusch = Zowusch.

Zausch → Zaunick

Zawada → Sawade

Zawadski → Sawatzke

Zech 1393 der Zech, 1466 Czech, 1572 Zech = Tzschech. ÜN zu mhd. *zæhe, zæch* 'ausdauernd', fnhd. *zech* 'zäh'; evtl. auch mhd. *zech(e)* 'Verrichtung, die in einer bestimmten Reihenfolge umgeht (z. B. Wachdienst); Bruderschaft; Geldbetrag'; schwer abzugrenzen von slaw. → *Czech.*

Zedler 1403 Czedler. BN zu mhd. *zedel(e), zetel* 'Zettel, schriftliches Instrument' bzw. *zedelen* 'ein schriftliches Instrument verfertigen' für den (Urkunden-)Schreiber, → *Zett(e)l;* vereinzelt auch HN zum ON *Zedel.*

Zee(h) → Zehe

Zeh(e), Zee(h) 1236 Zehe. ÜN zu mhd. *zēh(e), zehe* 'Zehe, Kralle' nach einem auffallenden Körpermerkmal; z. T. auch mhd. *zæh(e)* 'zäh' → *Zech.*

Zehender → Zehner

Zehmi(tz)sch → Sämisch

Zehner, Zehender 1281 Cenar, 14. Jh. Zehender. BN zu mhd. *zehendære, -er* 'Zehntmann, -pflichtiger, -einnehmer', seltener 'Mitglied einer Körperschaft von zehn Männern'.

Zeidler, Zeitler 1298 Zideler, 1318 Zceidler. BN zu mhd. *zīdelære, zīdler* 'Waldbienenzüchter'.

Zeiger → Zeigner

Zeig(n)er 1270 Zeigerli. BN zu mhd. *zeiger* 'An-, Vorzeiger' bzw. 'Aushängeschild eines Wirtshauses' und damit ÜN, evtl. für einen Gastwirt.

Zeise, Zeiß, Zeiss 1252 Zeise. ÜN zu mhd. *zeiʒ* 'zart, anmutig, angenehm, lieb' bzw. zu mhd. *zīse* 'Zeisig', z. T. auch fnhd. *zeis* 'Zins, Abgabe'.

Zeisig, Zeising → Zeißing

Zeisler, Zeißler 1338 Zeissler, 1487

Zeyser. Die starke Konzentration auf Tuchmacherorte Sachsens deutet auf BN zu mhd. *zeisen* 'zausen, zupfen (von Wolle)' für den Wollzupfer, -kämmer; ansonsten ÜN zu bair. *zeiseln* 'eilen' für einen eiligen Menschen, auch zu *Zeisel* = Zeisig ('Vogelsteller'?).

Zeiß → Zeise

Zeißi(n)g, Zeisi(n)g, Zeis(s)ig 1265 Ciseke = 1271 Cisix, 1501 Zceissigk. ÜN zu mhd. *zîse, zîsec, zîsic* 'Zeisig' für einen munteren, lockeren Menschen; auch HN zum ON *Zeißig,* s. a. Ziesch(e).

Zeißler → Zeisler

Zeitler → Zeidler

Zeller 1282 Zeller. HN zu einem der Orte *Zell, Zelle, Zella.*

Zeman 1550 Zeman. BN zu tschech. *zeman* 'Landedelmann'.

Zemitzsch → Sämisch

Zenker → Zänker

Zenner 1276 Cenner. ÜN zu mhd. *zannen* 'knurren, heulen, weinen' oder zu mhd. *zen(n)en* 'reizen, locken', z. T. auch HN zum ON *Zenn(ern).*

Zentgraf, Centgraf, Zintgraf 1361 Zentgraf. BN zu mhd. *zentgrâve* 'Vorsitzender der Zent (Gerichtsbezirk)', seit 14. Jh. auch 'Dorfvorstand'.

Zergiebel, Ziergiebel 1312 Zerengibel. ÜN, SatzN zu mhd. *zerren* 'zerren, zerreißen' und *gebel* 'Kopf' für den Raufbold.

Zesch 1381 Czesch. KF zum RN *Česlav,* urslaw. *Čьstьslavъ* zu urslaw. **čьstь* 'Ehre', → Czech / **Zet(z)sch(e), Zötsch, Zschätzsch:** 1437 Czschetsch, 1505 Zecsch; auch HN zum ON *Zetscha, Zschetsch.*

Zetsch(e) → Zesch

Zett(e)l 1388 Zedel. ÜN zu mhd. *zedel(e), zetel* 'beschriebenes oder zu beschreibendes Blatt, Zettel, schriftl. Instrument' für einen Schreiber, → *Zedler.*

Zetsch(e), Zetzsch(e) → Zesch

Zeuner(t) 1356 Zeuner. BN zu mhd. *zûn, zoun* 'Hecke, Gehege, Zaun, Umzäunung, Verpalisadierung' oder *ziunen* 'flechten; umzäunen' für den Zaunmacher, -flechter oder einen, der einzäunt; vereinzelt auch mhd. *zeiner* 'Zainschmied' möglich.

Zibell, Zibul(a), Zibul(l)a → Ziebell

Zickmantel → Zückmantel

Ziebart(h) → Seifried

Zi(e)bell 1372 Zibel. ÜN zu mhd. *z(w)ibolle, zwibel,* auch *zwivulle, zubel* 'Zwiebel' (aus lat. *caepulla)* / **Zibul(a), Zibul(l)a, Ziebula, Zybell,** → *Cybula.*

Ziech(n)er 1286 der Zichaer, 1350 Ziechener. BN zu mhd. *ziechener* 'Weber der Zieche', d. h. der Bettdecke, des Kissenbezugs, fnhd. *ziechener* 'Bettsackweber', → *Zieger(t).*

Ziegelmeier 1424 Ziegelmair. BN zu mhd. *ziegel* 'Ziegel' + → *Meyer,* → Ziegler, Verwalter der städtischen Ziegelei oder entstellt aus *Ziegenmeier,* vgl. 1448 Zegemeyer, 1489 Zegenmeyer, zu mhd. *zige* 'Ziege' für den Meier, dem die Ziegenzucht oblag.

Ziegener → Ziegert

Zieger(t), Ziggert, Zieg(e)ner 1287 Zicher, 1290 Zigerer, 1306 Zigner, 1350 Ziechener. BN zu mhd. *zige* 'Ziege' für den Ziegenhalter, -hirten bzw. *zieger* = *Ziechener* → *Ziechner;* auch zu mhd. *ziger* 'Quark' (alem.) als ÜN bzw. BN des Quarkherstellers.

Ziegler 1228 nd. Thegelere, 1275 Ziegelär, 1440 Ziegeler = Ziegeldecker. BN zu mhd. *zieg(e)ler* 'Ziegelbrenner', seltener 'Ziegeldecker'.

Ziegner → Ziegert

Zie(h)mann 1446 Czymannynne, 1477 Zyman. RN ahd. *sigu-man* 'Sieg' +

'Mann'; auch = → *Simon*. vgl. 1458 Czymen = Simon Ryke.

Ziehm(e), Ziem 1412 Czim. KF des RN ahd. *sigu-mari* 'Sieg' + 'bekannt, berühmt, angesehen; herrlich, hervorragend, vortrefflich' mit nd.-fries. *Z-* für *S-*.

Zielke → Sula

Ziem → Ziehme

Ziemann → Ziehmann

Ziemer 1262 Symers, 1297 Simarus. RN ahd. *sigu-mari,* vgl. 1392 Symer Werneman, → *Ziehme* oder ÜN zu mhd. *ziemer* 'Krammetsvogel' für einen Vogelfänger o. ä.

Ziergiebel → Zergiebel

Zierold 1388 Zyrel, 1481 Zcirold. ÜN zu mhd. *zier(e)* 'prächtig, kostbar, herrlich, schön, schmuck', nach Antreten eines *-t* an die KF *Zierel* Angleichung an RN auf *-old* < *-walt.*

Ziervogel 1385 Ziervogel. ÜN zu mhd. *zier(e)* 'prächtig, kostbar, herrlich, schön, schmuck' und *vogel* 'Vogel' für einen Aufgeputzten o. ä.

Zi(e)schank, Zschi(e)schang 1643 Zschischancken, Kschisang. Oso. *Křižank,* nso. *Kšižank.* Abltg. von *Christian.*

Ziesch(e), Zschiesche, Ziese 1219 Zise, 1440 Czysch. ÜN zu nso. *cyž,* oso. *čižik* 'Zeisig' / **Zieske:** 1359 Czisk; → *Zeißi(n)g.*

Ziggert → Ziegert

Zill(er) 1345 Ziler. ÜN bzw. BN zu mhd. *zülle, zulle, zille* 'Flußnachen' für einen, der eine Zille betreibt, oder RN *Cyliak, Cylius* = *Cyriak,* griech. 'zum Herrn gehörend' oder Cäcilie, lat. 'aus dem Geschlecht der Cäcilier stammend', vgl. 1365 Czylle = Cecilie Hoherz, KF bzw. metron. auf *-er.*

Zimmer 1407 Czymer. ÜN zu mhd. *zim(b)er, zimmer* 'Bauholz; Gebäude von Holz' für einen Zimmermann oder zu fnhd. *zimmer* = *ziemer* → *Ziemer* oder BN 'Zimmermann', verkürzt aus *Zimmerer,* vereinzelt auch HN zum ON *Zimmern.*

Zimmerling 1335 Czimerl, 1514 Zimmerling. BN *Zimmerling* '(Grubenbau)Zimmermann' / **Zimmermann,** nd. **Timmermann:** 1200 Zimmermann(in), 1305 der Zimberman, 1320/30 Tymberman. BN zu mhd. *zimmerman,* mnd. *timber-, timmerman* 'Zimmermann'.

Zimpel 1275 Zimbel. ÜN zu mhd. *zimbal, zim(b)el* 'Glocke, Schelle' bzw. *Zimpel* 'einfältiger Mensch, mürrische Person', vereinzelt auch HN zum ON *Zimpel.*

Zinck(e) → Zinke

Zink(e), Zinck(e) 1223 Cinggo, 1382 Czinke. ÜN zu mhd. *zinke* 'Zacken, Spitze; Blashorn', fnhd. 'große Nase' für einen Musiker bzw. Menschen mit großer Nase; evtl. auch WN, s. a. *Zschunke.*

Zinner 1272 Ciner, 1331 Tzinner. BN zu mhd. *ziner* 'Zinngießer'.

Zintgraf → Zentgraf

Zipfel, Zippel 1359 Czippel. ÜN zu mhd. *zipfel* 'spitzes Ende, Zipfel' bzw. fnhd. *zippel* 'Zwiebel' nach der Kleidung (z. B. Kapuzenzipfel) oder Speise, evtl. für einen Bauern; WN zu einem ÖN *Zipfel* 'anhängender oder zwischeneingehender Land-, Waldstreifen'.

Zipprich → Sieber

Zirk(l)er 1403 Zirker, 1525 Zirckler. BN zu mhd. *zirkære* 'der die Runde macht, Patrouille'.

Zischank → Zieschank

Zischka, Zischke 1501 Czyßke, 1569 Zischka. ÜN zu nso. *cyž,* oso. *čižik* 'Zeisig'.

Zobel(t) 1282 Zoboli Zabel, 1285 Zobel. ÜN zu mhd. *zobel,* md. *zabel* 'Zobelfell, Zobel' für einen Kürschner bzw. (schwäb.) 'leichtfertiger, ungezogener Mensch'; vereinzelt auch HN zum ON *Zobel;* s. a. *Zabel.*

Zöbisch 1546 Sebisch, 1575 Zebisch. Vielleicht **Zebisch,* Abltg. von → *Sebastian.*

Zoch(e) 1401 Tzoch, 1543 Zoch. ÜN zu mhd. *zoche* 'Knüttel, Prügel' für einen Grobian.

Zocher(t) 1397 Czocher. HN zum ON *Z(w)ochau* oder ÜN zu mhd. *zocken, zochen* 'ziehen, zerren, reißen; lokken, reizen'.

Zoller, Zöller → Zollner

Zollfrank → Saalfrank

Zoll(n)er, Zöll(n)er 1142 Zoller, 1225 Zollner. BN zu mhd. *zoller, zolnære, -er* 'Zolleinnehmer'.

Zöpf(f)el 1394 mit dem Czoppe, 1453 Zeppflin. ÜN zu mhd. *zopf, zoph* 'Zopf; hinterstes Ende, Schwanz, Zipfel' für einen Zopfträger oder WN, → *Zipfel.*

Zorn 1252 Zorn. ÜN zu mhd. *zorn(e)* 'Zorn, Wut; zornig, erzürnt, aufgebracht' / **Zörner, Zürner:** 1362 Czorner, 1371 Zürner. ÜN zu mhd. *zürner, zörner* 'der zürnt, Zornmütiger'.

Zötsch → Zesch

Zschach 1477 Czschachaw, Zschach. HN zum ON *Zschochau,* z. T. auch WN zu mhd. *schache* 'einzelstehendes Waldstück oder Vorsaum eines Waldes', vgl. 1288 vom Schache, 1533 Sczache(n), oder slaw. *Čach,* KF zu *Čajbor* zu aslaw. *čajati* 'hoffen, erwarten'.

Zschämisch → Sämisch

Zschätzsch → Zesch

Zschech, Tschech 1372 Tschech. HN zum VölkerN der *Tschechen* oder = → *Zesch* bzw. = → *Czech.*

Zscherp(e), Zschirpe 1485 Czscherpe. HN zum ON *Zscherben.*

Zschiedrich 1534 Zschiderich. Möglicherweise BN bzw. ÜN zigeunersprachlich 'Amtmann' oder HN zum ON *Zidderich.*

Zschieschang → Zieschank

Zschiesche → Ziesche

Zschirpe → Zscherpe

Zschischang → Zieschank

Zschoche → Zschocke

Zschock(e), Zschoge, Zschoke, Zschoche 1382 Zschocke. HN zum ON *Zschockau* oder RN els. *Jocke* → *Jakob* oder ÜN zu mhd. *schoc(k), schoch* 'Haufe, Büschel, Schopf', *schoc(ke)* 'Schaukel; Windstoß' / **Zschockelt:** 1476 Czockolt. Auch ÜN mda. *Tschockelt* 'Messer'; evtl. auch zu mhd. *zockel* 'Holzschuh' oder *zogel* 'der (an sich) zieht, sammelt'.

Zschockelt, Zschoge, Zschoke → Zschocke

Zschunke, Zun(c)ke 1509 Schwin = 1529 Czunka, Zcincka, 1598 Zschunke. ÜN zu nso. *ťsunk, ťsin(k)a, čina* 'Lockruf für Schweine zum Fressen', tschech. *čuně, čuník* 'Ferkel'.

Zuber 1256 zi der Zubin, 1294 Zuber. WN bzw. HN zum ÖN oder ON *Zube* 'laufender Brunnen, der vom Berg sein Wasser erhält' (alem.) oder HausN, vgl. 1298 zun Zuber, oder ÜN zu mhd. *zūber, zu(o)ber,* md. *zober* 'Gefäß mit zwei Handhaben, Zuber' für den Zubermacher, vgl. 1301 der Zuber.

Zucker 1295 Zuker. ÜN zu mhd. *zu(c)ker* 'Zucker' für einen Zuckerhändler, Liebhaber von Zuckerwerk o. ä. oder mhd. *zücker, zucker* 'Räuber'.

Zückmantel, Zicmantel 1324 Zuchemantel, 1404 Zcucmantel(ynne). ÜN, SatzN zu mhd. *zucken* 'schnell und mit Gewalt ziehen' und *mantel, mandel* 'Mantel' für einen Räuber, vgl.

1371 Czerrenmantil, oder WN bzw. HN zu einem ÖN ('markanter Baum an Flurgrenzen') oder ON *Zuckmantel.*

Zuckschwerdt 1248 Tuckeswert, 1300 Zuckeswert. ÜN, SatzN zu mhd. *zukken* 'schnell und mit Gewalt ziehen' und mhd. *swert* 'Schwert' für einen Raufbold.

Zühlke → Sula

Zumpe 1385 Czumpl, 1542 Zumpel. ÜN zu mhd. *zumpf(e), zump(e)* 'Penis' oder zu mda. *Zumpel* 'unbeholfener, beschränkter, aber harmloser Mensch' (Schelte).

Zunc(k)e → Zschunke

Zürner → Zorn

Zwan(t)zig 1450 Zwintich = 1458 Czwenczig, 1633 Zwantzig. ÜN zu mhd. *zwein-, zwenzec, -zic* 'zwanzig' für das Mitglied einer zwanziggliedrigen Körperschaft, nach einer Münze o. ä.

Zwarg 1318 Twarck. ÜN zu mhd. *twarc* 'Quark' oder *twerc* 'Zwerg', → *Zwerg.*

Zwerg 1418 Dwerghe, 1480 Zwerg. ÜN zu mhd. *twerc, querch,* mnd. *dwerch* 'kleinwüchsiger Mensch, Zwerg' oder WN zu einem ÖN zu *mhd. twerch* 'quer, schräg, verkehrt'.

Zwick 1268 Zwik, 1364 ze dem Zwikken. WN zu einem ÖN zu mhd. *zwic* 'keilförmiges Geländestück'; gelegentlich ÜN zu mhd. *zwic* 'Nagel, Bolzen' für einen Schuhmacher, einen kleinen Menschen o. ä., → *Zwicker.*

Zwicker 1264 de Scuicowe, 1348 Czwicker = Czwickower, 1353 Zwiker = Zwik. HN zum ON *Zwick(au)* bzw. WN → *Zwick;* BN zu mhd. *zwikken* 'mit Nägeln befestigen; einklemmen' mit Bezug auf Tätigkeiten im Leder- oder Textilgewerbe, in der Küferei, im Salzgewerbe, Bergbau usw.: Salz-, Schar-, Scheibenzwicker o. ä.

Zwin(t)scher, Zwin(t)zscher 1390 Zwintzer, 1495 Zcwintscher. ÜN zu mhd. *zwinzen* 'blinzeln', evtl. auch zu mda. *Zwunsch* 'Grünling; im Wachstum zurückgebliebener Mensch'.

Zwirner 1412 Zwirner. BN zu mhd. *zwirnen* 'je zwei Fäden zusammendrehen, zwirnen' für den Hersteller von Zwirn.

Georg Christoph Lichtenberg
(1742–1799) Physiker und Schriftsteller

Käthe Kollwitz
(1867–1945) Graphikerin
Bildhauerin

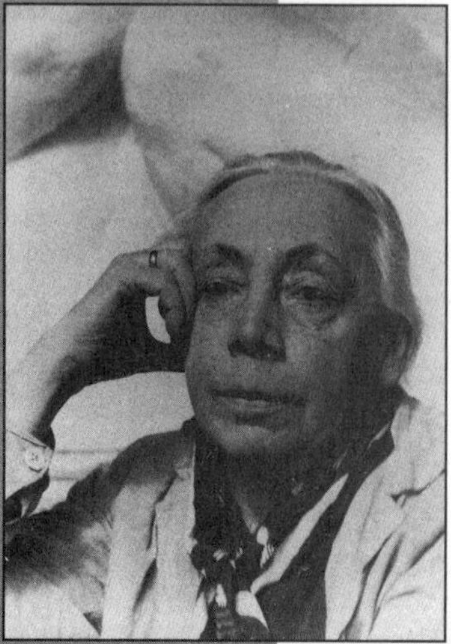

Annette Freiin von Droste-Hülshoff
(1797–1848) Dichterin und Verfasserin
von Novellen

Ferdinand Graf von Zeppelin
(1838–1917) Luftschiffkonstrukteur
und Unternehmer

Den Herkunftsnamen zugrunde liegende Ortsnamen

A
Achenbach
Achleite
Adelsberg
Adelshaus
Adenau
Adorf
Ahaus(en)
Ahrweiler
Aich
Albach
Albeck
Albersdorf
Albertshof
Alding
Allendorf
Altdorf
Altenau
Altenbach
Altenberg
Altenburg
Altenhagen
Altenhof
Altenstädt
Althaus
Altheim
Althof(f)
Altkirch
Amelunxen
Andernach
Anhausen
Anhofen
Anklam
Ansbach
Appeldorn
Appenrodt
Arendsee
Arnsberg
Arnstein
Arpe
Asbeck
Aspach
Assenheim
Aßling
Attenhausen
Attenhofen
Auerbach
Auerswald
Aufhausen
Aufkirch
Aurach
Aurich

B
Babenhausen
Balingen
Bal(l)horn
Ballmer
Bamberg
Bandekow
Bandelow
Bardewiek
Barkhausen
Barnekow
Barnsdorf
Barsikow
Baruth
Basedow
Basler
Baumbach
Baumbeck
Baunack
Bayreuth
Bechingen
Beckingen
Beetz
Behringen
Beienrod
Beiersdorf
Beyersdorf
Beinroth
Belitz
Bellin
Belling
Bellinghaus
Below
Ben(n)dorf
Benkendorf
Bennewitz
Benn(ing)haus
Bennigsen
Benrath
Benthin
Bentzin
Benzingen
Berenbrock
Berendonk
Berghausen
Bergheim
Berhof(en)
Bergkirch(en)
Bergen
Berlin
Berlingen
Berlitt
Bermatingen
Bermbach
Berneburg
Berneck
Bernegg
Bernitt
Bernried
Bernsdorf
Berolzheim
Berwangen
Bessingen
Bettingen
Betzenhausen
Betzingen
Beuren
Bevern
Bias
Biberach
Bibrich
Biburg
Bi(e)berstein

Biederitz
Biedenkopf
Biel(e)feld(t)
Bieringen
Bierstedt(en)
Biesingen
Bilstein
Bindlach
Binningen
Binsfeld
Binswangen
Birkenfeld(e)
Birkheim
Bischhausen
Bismark
Bissingen
Blankenberg
Blankenburg
Blankenfeld
Blankenhagen
Blankenheim
Blankensee
Blankenstein
Blochwitz
Blomberg
Blumberg
Blumenthal
Boblingen
Böblingen
Bockel
Bockholt
Bodelschwing
Boden
Bodenstein
Bohnenburg
Böhringen
Bolanden
Bölkow
Bollingen
Boltenhagen
Bombach
Bombeck
Bon(n)dorf
Bonin
Bonitz
Bonnhof
Bonstetten
Bopfingen
Borken
Borkow
Borsdorf
Borstel
Bösingen
Büssing
Böttingen
Brambach
Brandenburg
Brandstädt
Braunsdorf
Bredenbeck
Breitenau
Breitenbach
Breitenborn
Breitenfeld(e)
Breitenloh
Breitenmos
Breitenstein
Breitscheid
Bremke
Breslau
Brieg
Briest
Brockhaus
Broich
Brombach
Bromberg
Bröse
Bruchhausen
Bruchsal
Brünst
Bubach
Buchau
Buchenberg
Buchheim
Buchholz
Buchhorn
Buchwitz
Buckow
Buddenbrock
Bü(h)ren
Bülau
Bülow
Burbach
Bürgel
Burghausen
Bütow
Buttstädt
Buttweil
Butzbach
Bützow
Buxtehude
Buxheim

C

Canitz
Canzow
Campen
Cappel
Chemnitz
Clausnitz
Clenze
Coblenz
Coburg
Coesfeld
Colditz
Colm
Commichau
Coppanz
Coswig
Crailsheim
Creußen
Crinitz
Cronenberg
Crosten
Cunnersdorf
Cursdorf

D

Däberitz
Daberkow
Dachsberg
Dahlem
Dahlen
Dahlhausen
Dahlheim

Dalwitz
Dambach
Dambeck
Damerow
Danzig
Deetz
Deiningen
Del(l)brück
Delitzsch
Delz
Denklingen
Denz(l)ingen
Derdingen
Dessau
Dettingen
Dewitz
Diebach
Dießkau
Dießen
Dietenhofen
Dietersdorf
Diet(l)ingen
Dingelstadt
Dinklage
Dischingen
Doberschütz
Dobritzsch
Döbritzsch
Dölitzsch
Döltsch
Dölz
Dönitz
Dörfel
Dörfling
Dorgelow
Dornau
Dornbach
Dornberg
Dörnberg
Drewer
Duderstadt
Düben
Dummersdorf
Düren
Dürkheim
Dürnau
Düsedau
Düttlingen

E

Ebbinghausen
Ebersbach
Ebersberg
Eberding
Eberfing
Eberstadt
Ebing(en)
Eckhorst
Eger
Eggesin
Egling(en)
Ehingen
Ehrenberg
Eibach
Eibenstein
Eichendorf
Eichenried
Eichenrod
Eichhorst
Eichstädt
Eichstedt
Eickhorst
Einöd
Eisenbach
Eisenberg
Eisenheim
Eis(l)ingen
Ellingen
Elmenhorst
Elsdorf
Elsoff
Elster
Engelberg
Eppstein
Erbach
Erfurt
Eringer
Erkenelz
Esbeck
Eschenbach
Essen
Essing(en)
Eßlingen
Etting
Eutin
Everkamp
Eversen

F

Fahrenbach
Falkenberg
Falkenhain
Falkenstein
Feldkirch(en)
Feuerbach
Fischbach
Fischbeck
Flatow
Forchheim
Forst
Frankenberg
Frankenfeld
Frankenstein
Frankenthal
Frauendorf
Fraureuth
Frauenstein
Freiberg
Freienfels
Freudenberg
Freudenthal
Frickenhausen
Frickenhof
Frickingen
Friedburg
Friedersdorf
Frieding(en)
Friedland
Frohburg
Frohnhausen
Fröse
Frotschau
Fürstenau
Fürstenberg
Furtwangen

G

Gablenz
Gallin
Gambach
Gangkofen
Gasteig
Garz
Gaudlitz
Geising(en)
Geisling(en)
Gellinghausen
Gelnhausen
Gelting
Gemmerich
Gemünd(en)
Genthin
Gerlingen
Germershausen
Gersdorf
Gerstenberg
Gevenich
Girnitz
Glauche
Gleisberg
Glienicke
Glinke
Glinde
Glüsing(en)
Göcking
Göckeritz
Gö(h)ren
Goldbach
Goldbeck
Göritz
Görlitz
Görnitz
Görzig
Golzow
Götting(en)
Grabau
Grabow
Grafenau
Grambow
Gränitz
Grasdorf
Gravenhorst
Grevenbroich
Griesbach
Griesheim
Gröba
Gröben
Grochwitz
Gröna
Gronau
Grumbach
Grüneberg
Grün(e)wald
Gschwend
Gülzow
Gundelfingen
Gundelsheim
Guntzenhausen
Guttenberg
Gutzkow

H

Haag(e)
Hachenberg
Hachenburg
Häcklingen
Hagenau
Hagenbach
Hagenbeck
Hagendorf
Haibach
Halle
Hambach
Hamburg
Hamborn
Hammerstein
Hanstedt
Harmsdorf
Hartenstein
Haseloff
Haslach
Hassel
Haßlach
Haßloch
Hasselbach
Hattenhofen
Haverbeck
Hech(l)ingen
Heidenheim
Heidesheim
Heimbach
Heimerdingen
Heinersdorf
Heinersreuth
Heining(en)
Heinsberg
Heising(en)
Helmsdorf
Henningen
Heppelsheim
Herford
Hergenroth
Herkenrath
Hermsdorf
Herweg
Herzfeld
Hesselbach
Heßlar
Heßler
Hesterberg
Hetzerath
Hetzeroth
Heuberger
Heuchlingen
Hindelang
Hirschberg
Hirschfeld
Ho(ch)dorf
Hohendorf
Ho(ch)feld
Hohenfeld
Hoffstedt(en)
Hoheneck
Hohenlohe
Hohenrode
Hohenroth
Hohenstein
Hohenwart
Hohnhorst
Hollenbach
Hollenbeck

Holtensen
Holthaus(en)
Holtrup
Holzhausen
Holzheim
Homberg
Homburg
Hommer(t)shausen
Homrighausen
Horb
Horneburg
Horstmar
Hüls
Hülshof
Hundheim
Hünfeld
Husby
Hutschenreuth
Hütte(n)

I

Ibach
Icker(n)
Iggenhausen
Ihlow
Ilfeld
Illingen
Immenrod
Immenhausen
Immenstedt(en)
Immensen
Ingelheim
Ingelstedt
Ingenried
Ingstetten
Inkofen
Inning(en)
Irlbach
Isenbügel
Isenbüttel
Isserstedt
Issing
Istrup
Ittling(en)
Itzling(en)
Ivenak

J

Jabel
Jannowitz
Jastor
Jatzke
Jauer
Jeggel
Jessen

K

Kaden
Kahnsdorf
Kahrstedt
Kalkreuth
Kallenbach
Kaltenborn
Kaltenbrunn
Kamberg
Kambs
Kanitz
Karft
Kargow
Karlsfeld
Karnap
Karow
Karsdorf
Karstädt
Kaufungen
Kayna
Kelheim
Kellinghausen
Kempen
Kempten
Kertzsch
Kerm(en)
Kessenich
Kessin
Kettwig
Kieselbach
Kirchheim
Kirdorf
Kissingen
Kitzingen
Klaffenbach
Kleeberg
Kleinen
Klemnow
Klepzig
Klessing
Klettwitz
Kleve
Kliding
Klingenberg
Klockow
Kloppenheim
Klotzsch(e)
Klüß
Kluß
Klüsserath
Knau
Knesebeck
Knöringen
Knobelsdorf
Koblenz
Köckritz
Köditz
Köfering
Kogel
Kohlhof
Koitzsch
Kolberg
Kolbing
Kölbing
Kolbitz
Kolditz
Kolkwitz
Kollwitz
Köln
Königsberg
Königsborn
Königsdorf
Königsfeld
Königshof
Könitz
Koppatz
Kosel
Koselitz
Kosma

Köthen
Kötteritzsch
Kraak
Krailing
Kränzlin
Krauschwitz
Kreischa
Kreut(h)
Krickow
Kriebitzsch
Krien(ke)
Kritzow
Kriwitz
Kronberg
Kröning
Krosogk
Krumbach
Krumbeck
Krumscheid
Kuhbier
Kuhlenkamp
Kürnberg
Küssow

L

Laage
Laar
Ladenthon
Lahr
Lamerdingen
Landau
Landwehr
Landsendorf
Langen
Langenau
Langenbach
Langenbeck
Langenberg
Langenbruch
Langendorf
Langenfeld
Langenhagen
Langenhorn
Langenscheid
Langenstein
Langscheid
Langwedel
Lankwitz
Lanzendorf
Lanzenried
Latendorf
Laubach
Lauben
Laudahn
Laudenbach
Laudon
Lauenhain
Lauske
Lauterbach
Leinach
Leip(p)e
Leipnitz
Leitzkau
Lembach
Lemnitz
Lemsel
Lengenfeld
Len(t)schow
Leppin
Leuben
Leubnitz
Leuteritz
Levitzow
Lichtenau
Lichtenberg
Lichteneck
Lichtenegg
Lichtenfeld
Lichtenhagen
Lichtenstein
Lichtenwald
Liebau
Liebenau
Lienen
Liepe
Lieske
Lietzow
Lilienthal
Limbach
Lind
Linda
Lindach
Lindau
Linden
Lindenau
Lindenfels
Lindenthal
Lindhorst
Lindlau
Lindloh
Lindow
Lindscheid
Lingelbach
Lingen(au)
Linsingen
Linz
Lischow
Löben
Löbnitz
Lohm(e)
Lohma
Löhme
Lohr
Loitz
Loitzsch
Lommatzsch
Lomnitz
Losau
Löschen
Lövenich
Lüchow
Luckenau
Luckow
Ludendorf
Lüdenscheid
Lüderitz
Lünow
Lunow
Lüssow
Lützow

M

Maasdorf
Mackenrodt
Mackensen

Mahlberg
Mahlsdorf
Mähring
Maibach
Maierhof
Malberg
Malchow
Malitz(sch)
Mallin
Malsch
Maltitz
Maltzan
Manebach
Mannewitz
Mannheim
Mannschatz
Mansfeld
Mantlach
Manzell
Marbach
Marenbach
Marzahn
Marl
Marlow
Marnitz
Massow
Matzing
Mauersberg
Medingen
Mehring(en)
Meierhofen
Meiling
Meiningen
Memmingen
Menz
Menzingen
Merklingen
Merkwitz
Merzdorf
Merzenich
Mettenheim
Metternich
Metzdorf
Meuro
Meuselwitz
Michelbach
Michelwitz
Mierau
Milbitz
Mildenberg
Millau
Millingen
Miltenberg
Miltitz
Minkwitz
Mirow
Mittelbach
Mittelstetten
Mittenwald(e)
Mochau
Mochow
Möglingen
Möhringen
Möllenbeck
Möllendorf
Moltzan
Moltzow
Monheim
Mo(o)sbach
Mo(o)sdorf
Mo(o)sham
Moosheim
Morsbach
Mörsch
Mosebach
Mosebeck
Mössingen
Mötzing(en)
Mühleck
Mühlhausen
Mühlheim
Mülfort
Mülverstedt
Münchhausen
Münchingen
Münsingen
Münzingen
Muschwitz
Mußbach
Müssingen

N

Nardt
Nassau
Naundorf
Naunhain
Naurath
Nauroth
Nausiß
Naußlitz
Nedlitz
Nehring(en)
Nelling(en)
Nentershausen
Nettelbeck
Nettelkamp
Nettlingen
Netzeband
Netzow
Neubrück
Neudeck
Neudorf
Neudörfel
Neuenbro(o)k
Neuendorf
Neuenhagen
Neuenkirchen
Neuerburg
Neufeld
Neufra
Neuhaus(en)
Neuhäuser
Neuhof
Neukirch(en)
Neumark
Neundorf
Neunkirchen
Neurath
Neuses
Neusiß
Neuss
Neustadt
Ney
Nidda
Niebel
Niebüll

Niederhausen
Niederkirchen
Niegripp
Nielebock
Niemberg
Niemegk
Niemtsch
Nienberg
Nienburg
Niendorf
Nienhagen
Nienhusen
Nienstedt
Nimtitz
Nisbill
Nittel
Nitz(ow)
Nohra
Nordheim
Nordholz
Nortorf
Nörvenich
Noßnitz
Nostitz
Nötting
Notzing(en)
Nübel
Nürnberg
Nütschow
Nußbach

O

Obendorf
Oberau
Oberhausen
Oberhof(en)
Oberndorf
Ochtersum
Oeynhausen
Offenbach
Offenheim
Offingen
Ohe
Ohlendorf
Oehringen
Oldendorf
Olk
Ollendorf
Olpe
Oelsa
Ölsen
Oppenheim
Opper(s)hausen
Orlamünde
Oerlinghausen
Oerzen
Oschatz
Oschingen
Osterby
Osterrode
Osterwald
Osterwi(e)ck
Ostheim
Ostrau
Östringen
Ottendorf
Otting
Öttingen
Oetzen
Ötzingen
Overath
Overbeck

P

Paarsch
Pabsdorf
Packebusch
Paditz
Pahlen
Pähnitz
Palingen
Pampow
Panitz
Pannewitz
Pannigkau
Panzing
Papenberg
Papenbrook
Papenbruch
Papenhorst
Paplitz
Pappenheim
Papproth
Paps(t)dorf
Parchau
Parchow
Parchun
Parey
Parkentin
Partschefeld
Parzing
Pasenow
Passentin
Passow
Pätz
Patzig
Pauscha
Pausin
Pautzsch
Peetzsch
Peez
Pehlitz
Peitz
Pennrich
Pentin
Penting
Penzberg
Penzin
Penzlin
Perach
Pernik
Pesch
Petersberg
Petersdorf
Petershagen
Peterwitz
Petzschow
Pettenhofen
Petting
Petzow
Pfaffenberg
Pfaffendorf
Pfaffenhof(en)
Pfaffing
Pfeffingen

Pfersdorf
Pfettrach
Pilmeroth
Pinneberg
Pinnow
Piskowitz
Plaaz
Plänitz
Planitz
Plankenfels
Plate
Plath(e)
Plau(e)
Pleetz
Pless(a)
Plessow
Plochingen
Plön
Plohn
Plotha
Plothen
Plötz
Plüschow
Poggenhagen
Pöhla(u)
Pöhlitz
Pohlitz
Pohnsdorf
Polenz
Poley
Pölitz
Polling
Polzow
Polzuhn
Ponickau
Pönitz
Ponitz
Poppendorf
Poppenhausen
Poppenreuth
Poppentin
Poppitz
Porschütz
Porstendorf
Pösneck
Posseck
Possendorf
Possenried
Pottiga
Pouch
Poxdorf
Pozern
Pramsdorf
Pratau
Pratsch
Pratschütz
Pratschwitz
Prausitz
Prebelow
Predel
Pred(d)öhl
Preetz
Pressel
Prettin
Pretzsch
Priborn
Prien
Prieros
Priesen
Prießnitz
Prillwitz
Pritzier
Pritzwalk
Privelack
Pronsfeld
Proschwitz
Prosigk
Prößdorf
Prüm
Prutzke
Puch
Puls(en)
Pünderich
Punkewitz
Purschwitz
Puschwitz
Pustohl
Putlitz
Püttelkow
Püttlach
Püttlingen
Putzkau

Q

Quarn(e)beck
Quast
Quastenberg
Queis
Quenstedt
Querfurt
Quering
Questin
Quirnbach
Quitzow
Quolsdorf
Quoos

R

Raasdorf
Rabenau
Rabenhorst
Rabenstein
Rachlau
Rackwitz
Raddatz
Radegast
Radewitz
Ragow
Rahnsdorf
Rainrod
Raitenbuch
Rambach
Ramberg
Rambow
Ramelow
Ramerding
Ramin
Rammingen
Ramsach
Ramsdorf
Ramslow
Ramstedt
Ramstein
Randegg
Randow

Rannstedt
Ransbach
Ranspach
Ran(t)zau
Ranzig
Ranzow
Rappi(e)n
Rasdorf
Raßdorf
Rathen
Rathenow
Rathstock
Ratingen
Rattey
Rattwitz
Ratzeburg
Ratzenhofen
Ratzing
Raubach
Rauenberg
Rauenstein
Rauental
Rauenzell
Raun
Rauschenbach
Rauschenberg
Rauschwitz
Raußlitz
Rautenberg
Ravensberg
Rebelow
Rech(au)
Rechberg
Rechenberg
Rechlin
Rechtenbach
Reckenroth
Reckershausen
Recklingen
Recklinghausen
Reckrot
Reckwitz
Reddi(n)ghausen
Redlin
Redlitz
Reesdorf
Reetz
Regensburg
Rehberg
Rehfeld
Rehhorst
Rehling(en)
Rehwinkel
Reichelsheim
Reichenau
Reichenbach
Reichenberg
Reicheneck
Reichenstein
Reichertshofen
Reichling
Reichstädt
Reifenstein
Reifferscheid
Reifland
Reil
Reimerath
Reimerdingen
Reindorf
Reinhardshagen
Reinfeld
Reinharz
Reinheim
Reinsdorf
Reinsfeld
Reinshagen
Reißing
Reitze
Reitzenhain
Reitzenstein
Rellingen
Remlingen
Remplin
Remseck
Rengershausen
Rensow
Renzow
Reppnitz
Ressen
Retschow
Rettenbach
Rettwitz
Retzau
Retzin
Retzow
Reuden
Reudnitz
Rexingen
Rheydt
Ribbeck
Rickling(en)
Rieden
Riedenberg
Riedenburg
Rieder(ich)
Riedheim
Riedlingen
Riegel
Riegenroth
Rieneck
Riepe
Riesdorf
Rietz
Riewend
Rimbach
Rimbeck
Rimberg
Ringelah
Ringelbach
Ringelsdorf
Ringham
Ringheim
Ringleben
Ringstedt
Rinklingen
Rippach
Rittersdorf
Ritzing
Ritzleben
Rivenich
Röbel
Röblingen
Rochlitz
Rochow
Rockow

Rodach
Rodenbach
Rodenbeck
Rodenberg
Rodenhausen
Rodenkirchen
Rodewitz
Rodigast
Roggenburg
Roggendorf
Roggentin
Roggow
Roha
Rohe
Röhlingen
Rohlsdorf
Rohnstedt
Rohr
Rohrbach
Rohrbeck
Rohrberg
Rohrdorf
Rohrlack
Röhrsdorf
Roitzsch
Rolika
Rollenhagen
Röllinghausen
Röllingsen
Römhild
Rommelshausen
Rommershausen
Rommersheim
Rommerskirchen
Romschütz
Rönne
Rönnebeck
Rönneburg
Ronneburg
Röppisch
Rosbach
Rosegg
Rosenau
Rosenberg
Rosendahl
Rosenfeld
Rosenhagen
Rosenheim
Rosenow
Rosenthal
Roßbach
Roßberg
Roßdorf
Rossendorf
Roßfeld
Rössing
Rossow
Roßwangen
Rostock
Rötenbach
Rotenberg
Rotenburg
Rotenkamp
Rotenkirchen
Roetgen
Rothenacker
Röthenbach
Rothenbach
Rothenberg
Rothenburg
Rothenfels
Rothenfurth
Rothenkirchen
Rothenstein
Rotschau
Röttenbach
Rottendorf
Röttgen
Röttingen
Rottluff
Rottweil
Rövenich
Röwitz
Rubenow
Rubitz
Rückersdorf
Rückershausen
Rudelsdorf
Rudersdorf
Rudow
Rüsdorf
Rüssingen
Ruhlsdorf
Runow
Rupbach
Ruppertshofen
Ruppertskirchen

S

Saalbach
Saalburg
Saalfeld
Saarburg
Saarow
Sachsendorf
Sachsenhausen
Sachsenroda
Sagast
Salchow
Sallneck
Sandau
Sandbach
Sandbeck
Sandberg
Sandhorst
Sandkrug
Sarnow
Sarow
Sasbach
Sassendorf
Sassenreuth
Sassenroth
Sasserath
Satow
Schachen
Schaffhausen
Schafflund
Schafstädt
Schafstedt
Schambach
Schänitz
Scharfenberg
Scharfenstein
Scharnhorst
Scharpzow

Schartau
Schaumburg
Scheidingen
Schellbach
Schelldorf
Schellenberg
Schenkenberg
Schenkendorf
Schenkenhorst
Schermbeck
Schernau
Schernikau
Scherzingen
Scheuring
Schilbach
Schildow
Schiltach
Schladitz
Schlagsdorf
Schlagwitz
Schlanstedt
Schlatt
Schlauroth
Schleerieth
Schleid(en)
Schleinitz
Schlemmin
Schletta(u)
Schleusingen
Schlieben
Schlierbach
Schlierscheid
Schlierstadt
Schlieven
Schlotheim
Schmachtenberg
Schmachtenhagen
Schmannewitz
Schmarsau
Schmarsow
Schmeckwitz
Schmerbach
Schmerfeld
Schmerwitz
Schmiechen
Schmiedeberg
Schmiedefeld
Schmölln
Schmölz
Schnackenburg
Schneidenbach
Schnellbach
Schnelldorf
Schneppenbach
Schnett
Schol(l)en
Schömberg
Schonach
Schönau
Schönbach
Schönberg
Schönborn
Schönbrunn
Schönburg
Schöndorf
Schondorf
Schönebeck
Schöneck
Schöneiche
Schönermark
Schönerstädt
Schönewalde
Schönefeld
Schönhagen
Schönhausen
Schönholz
Schöningen
Schoningen
Schönitz
Schönkamp
Schönlind
Schönstedt
Schönthal
Schönwald(e)
Schopfloch
Schöppingen
Schorndorf
Schortau
Schulenberg
Schulenburg
Schülp
Schulzendorf
Schüren
Schwabach
Schwabhausen
Schwalbach
Schwan(e)beck
Schwaneberg
Schwanefeld
Schwanheim
Schwarzach
Schwarzbach
Schwarzburg
Schwarzenau
Schwarzenbach
Schwarzenbeck
Schwarzenberg
Schwarzenborn
Schwarzenfeld
Schwarzenhof
Schwasdorf
Schwednitz
Schweighofen
Schweinitz
Schwenningen
Schwepnitz
Schwerin
Schwerstedt
Schwerte
Schwerz(au)
Schwesing
Schwichtenberg
Schwickershausen
Seebach
Seeberg
Seeburg
Seedorf
Seefeld
Seehausen
Seehof
Seewald
Seelbach
Seelitz
Sehlitz
Seidewitz

Seifersdorf
Selbach
Selbeck
Selbitz
Selchow
Selk(a)
Sellin
Selsingen
Selters
Seltz
Semlow
Serbitz
Serno(w)
Seßlach
Sevenich
Sevenig
Seydewitz
Seydlitz
Siebeneichen
Siebitz
Siegburg
Siegelbach
Sieglitz
Siegritz
Sielow
Sieverdingen
Sieversdorf
Sievershagen
Sievershausen
Siggelkow
Siglingen
Silbach
Silberg
Silz
Simbach
Simmern
Simmershausen
Sinning(en)
Sinzi(n)g
Sirzenich
Sitten
Sohland
Söhre(n)
Söhring
Solingen
Sohling
Solling
Söllingen
Sollstedt
Solms
Soltau
Sommerfeld
Sommersdorf
Sondershausen
Sondheim
Sonneberg
Sonneborn
Sonnenberg
Sonnenburg
Sonnfeld
Sontheim
Sophienhof
Sora
Sörmitz
Sornitz
Spangenberg
Spansberg
Sparneck
Spergau
Spiegelberg
Spielberg
Spitt(e)witz
Spöck
Sponheim
Spreewitz
Spremberg
Sprink
Staakow
Stäbelow
Stadelhofen
Staffelde
Staffelstein
Stahlberg
Stam(m)bach
Stammham
Stammheim
Stangenrod
Stanggaß
Stapel
Stapelfeld
Stapelmoor
Starbach
Starkenberg
Starkow
Starnberg
Starsiedel
Stauchitz
Staudach
Staufen
Staufenberg
Staupitz
Stavenow
Stechau
Stechow
Stedten
Steenfeld(e)
Steffenshagen
Stegelitz
Steglitz
Steimke
Stein(a)
Steinach
Steinau
Steinbach
Steinbeck
Steinberg
Steinborn
Steinbrink
Steinbrück(en)
Steinburg
Steindorf
Steineck
Steinfeld
Steinfurt(h)
Steinhagen
Steinhaus(en)
Steinheid
Steinheim
Steinhöfel
Steinhorst
Steinitz
Steinkirchen
Steinlah
Steinlohe
Steinrode

Steinsdorf
Steinsfeld
Steinwedel
Stelzen
Stelzenberg
Stelzendorf
Stemmen
Stendal
Stendorf
Stephanskirchen
Sternberg
Sterneck
Sternfeld(e)
Sternhagen
Stettberg
Stetten
Stettfeld
Steudnitz
Steudten
Stiebitz
Stiebritz
Stockhausen
Stockheim
Stöcken
Stockum
Stockheim
Stolberg
Stollberg
Stolpe
Stoltenberg
Stoltenhagen
Stolzenbach
Stolzenberg
Stolzenburg
Stolzenhagen
Stolzenhain
Storbeck
Storkau
Storkow
Stormsdorf
Storsingen
Stotzheim
Strasburg
Straß
Straßberg
Straßburg
Straßdorf
Straßenreuth
Straßfeld
Straßkirchen
Straubing
Strausberg
Straußfurt
Streetz
Strehlow
Streitberg
Streitfeld
Strelow
Stremlow
Strenz
Stresow
Striesa
Striesow
Stries(s)en
Strittmatt
Ströbeck
Stroischen
Strölla
Stromberg
Strußberg
Stubben
Stubbendorf
Suckow
Sülbeck
Sülldorf
Sülsdorf
Sulz(a)
Sulzach
Sulzbach
Sulzdorf
Sulzfeld
Sulzheim
Sundhausen
Sünzhausen
Süp(p)lingen
Süttorf
Suttorf
Suttorp
Suttrup
Syhra
Sydow
Syrau

T

Talfingen
Talheim
Tangstedt
Tanna
Tanne(n)berg
Tannhausen
Tarnow
Taschenberg
Taubenheim
Taucha
Tauche
Tauchlitz
Tauchnitz
Tauer
Taura
Tauschwitz
Tautendorf
Tautenhain
Tecklenburg
Teetz
Tegernau
Tegernbach
Telschow
Tempelhof
Templin
Tennstedt
Tengen
Teplitz
Terpitz(sch)
Teschendorf
Teschow
Tessin
Testorf
Teterow
Tettenborn
Tettenwang
Tettnang
Teuchern
Teutleben
Thaining
Thalbach

Thalberg
Thalhausen
Thalheim
Thanheim
Thannhausen
Thellheim
Theuma
Thiemendorf
Thierbach
Thierfeld
Thierling
Thierstein
Thießen
Thiessow
Thomsdorf
Thonhausen
Thoßfell
Thune
Thüngen
Thürheim
Thurau
Thurn(au)
Thurow
Thyrnau
Tiefenbach
Tiefenbrunn
Tiefensee
Tiefenthal
Tiengen
Tießau
Tietzow
Timmendorf
Timmerlah
Timmerloh
Tirpitz
Tischendorf
Tittling
Todtnau
Tönning
Töplitz
Torga(u)
Torgelow
Torna(u)
Tornitz
Tornow
Törpla
Trais(a)
Trampe
Traßdorf
Traunstein
Travenhorst
Trebbichau
Trebbin
Treben
Trebenow
Trebitz(sch)
Trebnitz
Trebus
Treis
Treppendorf
Treptow
Tressow
Trier
Trimberg
Tripkau
Tronitz
Trüben
Tschernitz
Türkheim
Tutzing

U

Überlingen
Ubigau
Uckerath
Uckersdorf
Ückritz
Udenhausen
Uf(f)hausen
Uhlenberg
Uhlenbrook
Uhlenhorst
Uhlsdorf
Uichteritz
Ullerdorf
Ullersdorf
Uelsen
Uelzen
Ummendorf
Unteregg
Urbach
Urbich
Uslar
Uttenhofen
Uetz
Ütz
Uetze

V

Varrel
Vehlefanz
Vehlgast
Vehlow
Velbert
Velgast
Veltheim
Venrath
Ventschau
Ventschow
Venzkow
Vielau
Vielitz
Vieritz
Vierow
Viersen
Vietow
Vietze(n)
Villingen
Vilseck
Vilsingen
Vilzing
Vlotho
Vogelsang
Vogelsberg
Vöhringen
Voigtsdorf
Völkershausen
Volkmarsdorf
Vollmersdorf
Vollstedt
Volmerdingen
Vorbach
Vorbeck
Voßberg
Voßfeld

Voßkuhl
Voßwinkel

W
Wachendorf
Wachenheim
Wachenroth
Wachtendonk
Wadewitz
Wahlsdorf
Wahlstedt
Wakendorf
Walbeck
Walburg
Waldbrunn
Walddorf
Waldeck
Waldenburg
Waldenstein
Waldhausen
Waldheim
Waldhof
Waldkirch(en)
Waldorf
Waldow
Waldstedt
Waldstein
Waldstetten
Wallau
Wallbach
Walldorf
Wallenstein
Wallersdorf
Wal(l)hausen
Wallroda
Wallroth
Wallwitz
Walsdorf
Walsheim
Walsleben
Waltersdorf
Waltershausen
Waltershofen
Walting
Wangen
Wangenheim
Warnitz
Warnow
Warnsdorf
Warsow
Wartenberg
Wattenbach
Wattenbeck
Wattenberg
Wedel
Weferlingen
Wegscheid(e)
Wehdel
Wehren
Weiden
Weidenbach
Weidenhahn
Weidhausen
Weiding(en)
Weifenbach
Weilheim
Weimar
Weinbach
Wein(s)heim
Weis(s)bach
Weißenbach
Weißenberg
Weißenborn
Weißenbrunn
Weißenburg
Weißeneck
Weißenfels
Weißenhof(f)
Weißenhorn
Weißenried
Weißensee
Weißenstadt
Weißenstein
Weißig
Weisweil
Weitendorf
Weitershausen
Weitingen
Wellendorf
Welling(en)
Welsow
Wendershausen
Wendhausen
Wendlingen
Wendorf
Weng(en)
Wengelsdorf
Wense
Wenze
Wenzlow
Werben
Werchau
Werchow
Werder
Wernau
Wernburg
Werneck
Wernitz
Wernsdorf
Wertheim
Wesenberg
Weßmar
Westenberg
Westendorf
Westenfeld
Westerberg
Westerende
Westerhausen
Westerheim
Westerholt
Westerloh
Westhausen
Westheim
Westhofen
Wetter
Wettin
Wettingen
Wettringen
Wettrup
Wewelsburg
Wickenrodt
Wickerode
Wickersdorf
Wieck
Wiederau

Wiednitz
Wiegleben
Wiesenbach
Wiesenburg
Wiesenthal
Wiesing
Wildenau
Wildenfels
Wildenhain
Wildenstein
Wildgrube
Wildschütz
Wilfingen
Wilhelmsdorf
Wilhelmsthal
Willershagen
Willershausen
Willing(en)
Willschütz
Wilmersdorf
Wilsen
Windeck
Winden
Windhausen
Windheim
Windorf
Winkelhaid
Winkelhausen
Winkelstedt
Winkhausen
Winn
Winne(n)
Winningen
Winsen
Winterbach
Winterberg
Winterborn
Winterfeld
Winterscheid
Wintersdorf
Winterstein
Wissing(en)
Wis(s)mar
Wittbeck
Wittchenstein
Wittelbach
Witten
Wittenberg
Wittenborn
Wittenburg
Wittendorf
Wittenhagen
Wittenhof(en)
Wittgendorf
Wittingen
Wittlingen
Wittorf
Wittstock
Witzenhausen
Witzleben
Wöhlsdorf
Wohlsdorf
Woland
Wolfeck
Wolfenhausen
Wolferode
Wolfersdorf
Wolferstedt
Wolfsbach
Wolfsberg
Wolfsburg
Wolfsdorf
Wolfseck
Wolfsegg
Wolfshagen
Wolfshain
Wölkau
Wolkersdorf
Wolkow
Wolkwitz
Wollbach
Wollin
Wollmatingen
Woltersdorf
Woltershagen
Wölzow
Wonneberg
Wonsheim
Worbis
Wörlitz
Worms
Wormstedt
Wörnitz
Wrist
Wuischke
Wulfersdorf
Wulfrath
Wulkow
Wümmingen
Wünschendorf
Wunsiedel
Würgau
Wurmlingen
Wurzbach
Würzberg
Wüstenfelde
Wüstenhain
Wüstenrod
Wustrow

Z

Zachow
Zangenberg
Zapel
Zarenthin
Zarnekow
Zarrentin
Zaschwitz
Zechlin
Zechendorf
Zedlig
Zehlendorf
Zehren
Zeiling
Zeitz
Zell(a)
Zepelin
Zep(p)ernick
Zerbst
Zernikow
Zernitz
Zettlitz
Ziegelheim
Ziegenhain
Zielow

Ziepel
Ziersow
Ziethen
Zietzlitz
Zilsdorf
Zimmern
Zipplingen
Zirchow
Zolichow
Zons

Zörbig
Zörnitz
Zootzen
Zschernitz(sch)
Zschiesewitz
Zschorlau
Zschorna(u)
Zschorno
Zschorta(u)
Zühlsdorf

Züllsdorf
Zülow
Zußdorf
Züs(s)ow
Zweinig
Zwergau
Zwesten
Zwethau
Zwingenberg
Zwönitz

Abkürzungsverzeichnis

Abltg.	Ableitung
Adj.	Adjektiv
afranz.	altfranzösisch
afries.	altfriesisch
ags.	angelsächsisch
ägypt.	ägyptisch
ahd.	althochdeutsch
alem.	alemannisch
and.	altniederdeutsch
anord.	altnordisch
apoln.	altpolnisch
apreuß.	altpreußisch
asä.	altsächsisch
aslaw.	altkirchenslawisch
asorb.	altsorbisch
atschech.	alttschechisch
bair.	bairisch
BN	Berufsname
bulg.	bulgarisch
christl.	christlich
demin.	deminutivisch
dt.	deutsch
einst.	einstämmig
els.	elsässisch
eosl.	elb- und ostseeslawisch
fnhd.	frühneuhochdeutsch
fränk.	fränkisch
franz.	französisch
fries.	friesisch
gen.	genitivisch
germ.	germanisch
GewN	Gewässername
got.	gotisch
griech.	griechisch
HausN	Hausname
hd.	hochdeutsch
hebr.	hebräisch
HeiligenN	Heiligenname
hess.	hessisch
HN	Herkunftsname
HofN	Hofname
hugen.	hugenottisch
ital.	italienisch
jüd.	jüdisch
kelt.	keltisch
KF	Kurz-, Koseform, kontrahierte Form
lad.	ladinisch
LandschaftsN	Landschafts- oder Gebietsname
langobard.	langobardisch
lat.	lateinisch
latin.	latinisiert
laus.	lausitzisch
lit.	litauisch
lett.	lettisch
md.	mitteldeutsch
mda.	mundartlich
metron.	metronymisch
mhd.	mittelhochdeutsch
mlat.	mittellateinisch
mnd.	mittelniederdeutsch
N	Norden
Nbf.	Nebenform
nl.	niederländisch
nd.	niederdeutsch
nhd.	neuhochdeutsch
nrhein.	niederrheinisch
nordd.	norddeutsch
nordwestd.	nordwestdeutsch
nso.	niedersorbisch
NW	Nordwesten
O	Osten
obd.	oberdeutsch
o.J.	ohne Jahr
ON	Ortsname
ÖN	Örtlichkeitsname
osä.	obersächsisch
oso.	obersorbisch
ostd.	ostdeutsch
österr.	österreichisch
ostfränk.	ostfränkisch
ostmd.	ostmitteldeutsch
ostpr.	ostpreußisch

ostslaw.	ostslawisch
patron.	patronymisch
PN	Personenname
polab.	polabisch
poln.	polnisch
rhein.	rheinisch
rheinfränk.	rheinfränkisch
RN	Rufname
roman.	romanisch
russ.	russisch
S	Süden
SatzN	Satzname
schles.	schlesisch
schwäb.	schwäbisch
schweiz.	schweizerisch
slaw.	slawisch
slowak.	slowakisch
sorb.	sorbisch
StammesN	Stammesname
StraßenN	Straßenname
südd.	süddeutsch
südostd.	südostdeutsch
südslaw.	südslawisch
südwestd.	südwestdeutsch
thür.	thüringisch
tirol.	tirolisch
tschech.	tschechisch
ÜN	Übername
ung.	ungarisch
urslaw.	urslawisch
vogtl.	vogtländisch
VölkerN	Völkername
Vor.	Vorhergehendes
weibl.	weiblich
westd.	westdeutsch
westfäl.	westfälisch
westmd.	westmitteldeutsch
westnd.	westniederdeutsch
westslaw.	westslawisch
WN	Wohnstättenname
württ.	württembergisch
→	Verweiszeichen auf das zutreffende oder vergleichbare Namenstichwort
>	wird zu
<	entstanden aus
+	erschlossene Form

Literatur

1. Namenbücher

Aufgeführt werden nur grundlegende, übergreifende und regionale Untersuchungen. Die Abhandlungen über einzelne Namen, einzelne Orte und kleinere Zeitabschnitte sind so zahlreich, daß sie hier nicht zusammengestellt werden können.

A. Bach, Deutsche Namenkunde. Band I 1 und 2: Die deutschen Personennamen. Heidelberg ²1952.

H. Bahlow, Deutsches Namenlexikon. Familien- und Vornamen nach Ursprung und Sinn erklärt. München 1967.

G. Bauer, Namenkunde des Deutschen (= Germanistische Lehrbuchsammlung. Bd. 21). Bern – Frankfurt am Main –New York 1985.

J. Beneš, O českých příjmeních (Über tschechische Familiennamen). Praha 1962.

D. Bering, Der Name als Stigma. Antisemitismus im deutschen Alltag 1812–1933. Stuttgart ²1988.

J. K. Brechenmacher, Etymologisches Wörterbuch der deutschen Familiennamen. Bd. 1–2. Limburg 1957–1963.

J. Bubak, Nazwiska ludności dawnego starostwa Nowotarskiego (Die Familiennamen der Bevölkerung der ehemaligen Starostei Nowy Targ). I Wrocław-Warszawa-Kraków 1970, II Wrocław-Warszawa-Kraków 1971.

F. Debrabandere, Wordenboek van de familienamen in Beglie en Noord-Frankrijk. o. O. 1993.

E. M. Dreifuß, Die Familiennamen der Juden unter besonderer Berücksichtigung der Verhältnisse in Baden zu Anfang des 19. Jahrhunderts. Ein Beitrag zur Geschichte der Emanzipation. Frankfurt am Main 1927.

Familiennamenbuch. Hrsg. v. H. Naumann. Leipzig ²1989.

Familiennamenbuch der Schweiz. Répertoire des noms de famille suisses. Repertorio dei nomi famiglia svizzeri. I Zürich ²1968, II, III Zürich ²1969, IV, V Zürich ²1970, VI Zürich ²1971.

K. Finsterwalder, Die Familiennamen in Tirol und Nachbargebieten und die Entwicklung der Personennamen im Mittelalter. Mit einem urkundlichen Nachschlagewerk für 4 100 Familien- und Hofnamen (= Schlern-Schriften 81). Innsbruck 1951.

W. Fleischer, Die deutschen Personennamen. Geschichte, Bildung und Bedeutung (= Wissenschaftliche Taschenbücher 20). Berlin 1964.

E. G. Förstemann, Altdeutsches Namenbuch. Bd. I: Personennamen. Bonn ²1900, Nachdruck München, Hildesheim 1966.

M. Gottschald, Deutsche Namenkunde. Unsere Familiennamen. 5., verbesserte Auflage mit einer Einführung in die Familienkunde von R. Schützeichel. Berlin 1982.

H. Grünert, Die altenburgischen Personennamen. Ein Beitrag zur mitteldeutschen Namenforschung (= Mitteldeutsche Forschungen. Bd. 12). Tübingen 1958.

A. Heintze, P. Cascorbi, Die deutschen Familiennamen geschichtlich, geographisch, sprachlich. Halle (S.) – Berlin ⁷1933.

V. Hellfritzsch, Familiennamen des sächsischen Vogtlandes. Auf der Grundlage des Materials der Kreise Plauen und Oelsnitz (= Deutsch-Slawische Forschungen zur Namenkunde und Siedlungsgeschichte. Nr. 37). Berlin 1992.

M. Hornung, Lexikon österreichischer Familiennamen. St. Pölten – Wien 1989.

H. Jachnow, Die slawischen Personennamen in Berlin bis zur tschechischen Einwanderung im 18. Jahrhundert. Eine onomastisch-demographische Untersuchung. Berlin 1970.

R. Kohlheim, Regensburger Beinamen des 12. bis 14. Jahrhunderts. Beinamen aus Berufs-, Amts- und Standesbezeichnungen (= Bayreuther Beiträge zur Dialektologie. Bd. 6). Hamburg 1990.

G. Koß, Namenforschung. Eine Einführung in die Onomastik (= Germanistische Arbeitshefte 34). Tübingen 1990.

K. Linnartz, Unsere Familiennamen. 2 Bde. Bonn 1958.

D. Moldanová, Naše příjmení (Unsere Familiennamen). Praha 1983.

E. Mucke / A. Muka, Abhandlungen und Beiträge zur sorbischen Namenkunde. Hrsg. v. E. Eichler. Leipzig 1984, S. 533–651.

E. Müller, Personennamen auf dem Eichsfeld. Heiligenstadt 1988.

Nederlands Repertorium van Familiennamen. Uitgegeven door de Naamkundecommissie van de Koninklijke Nederlandse Akademie van Wetenschappen onder Redactie van P. J. Meertens. I. Drente. Assen 1963. II. Friesland. Assen 1964. III. Groningen. Assen 1964. IV. Utrecht. Assen 1967. V. Zeeland. Assen 1967. VI. Overijsel met Urk en de Noordoostpolder. Assen 1968. VII. Amsterdam. Assen 1970. VIII. Gelderland. Assen 1971. IX. 's-Gravenhage. Assen/Amsterdam 1976. X. Rotterdam. Assen/Amsterdam 1976. XI. Noordbrabant. Assen/Amsterdam 1977.

I. Neumann, Obersächsische Familiennamen I. Die bäuerlichen Familiennamen des Landkreises Oschatz (= Deutsch-Slawische Forschungen zur Namenkunde und Siedlungsgeschichte. Nr. 25). Berlin 1970.

I. Neumann, Obersächsische Familiennamen II. Die Familiennamen der Stadtbewohner in den Kreisen Oschatz, Riesa und Großenhain (= Deutsch-Slawische Forschungen zur Namenkunde und Siedlungsgeschichte. Nr. 33). Berlin 1981.

J. Neumann, Tschechische Familiennamen in Wien. Eine namenkundliche Dokumentation. Wien [3]1977.

E. Nied, Familiennamenbuch für Freiburg, Karlsruhe und Mannheim. Freiburg i. B. 1924.

E. Nied, Fränkische Familiennamen urkundlich gesammelt und sprachlich gedeutet. Heidelberg 1933.

E. Nied, Südwestdeutsche Familiennamen, urkundlich gesammelt, kulturgeschichtlich beleuchtet und sprachlich gedeutet mit Tausenden von sippengeschichtlichen Nachweisungen. Freiburg i. B. 1938.

P. Oettli, Familiennamen der Schweiz. Frauenfeld 1932.

S. Rospond, Słownik nazwisk śląskich (Wörterbuch der schlesischen Familiennamen). I. Wrocław-Warszawa-Kraków 1967; II. Wrocław-Warszawa-Kraków 1973.

K. Rymut, Nazwiska Polaków (Die Familiennamen der Polen). Wrocław-Warszawa-Kraków 1991.

W. Schlaug, Die altsächsischen Personennamen vor dem Jahre 1000 (= Lunder germanistische Forschungen. Bd. 34). Lund 1962.

W. Schlaug, Studien zu den altsächsischen Personennamen des 11. und 12. Jahrhunderts (= Lunder germanistische Forschungen. Bd. 30). Lund 1955.

G. Schlimpert, Slawische Personennamen in mittelalterlichen Quellen zur deutschen Geschichte (= Deutsch-Slawische Forschungen zur Namenkunde und Siedlungsgeschichte. Nr. 32). Berlin 1978.

E. Schwarz, Sudetendeutsche Familiennamen aus vorhussitischer Zeit (= Ostmitteleuropa in Vergangenheit und Gegenwart. Bd. 3). Köln – Graz 1957.

E. Schwarz, Sudetendeutsche Familiennamen des 15. und 16. Jahrhunderts (= Handbuch der Sudetendeutschen Kulturgeschichte. 6). München 1973.

W. Seibicke, Die Personennamen im Deutschen (= Sammlung Göschen 2218). Berlin – New York 1982.

Słownik staropolskich nazw osobowych (Wörterbuch der altpolnischen Personennamen). Red. W. Taszycki. Bd. I–VII. Wrocław 1965–1987.

A. Socin, Mittelhochdeutsches Namenbuch. Nach oberrheinischen Quellen des 12. und 13. Jahrhunderts. Basel 1903. Neudruck Hildesheim 1966.

J. Svoboda, Staročeská osobní jména a naše příjmení (Die alttschechischen Personennamen und unsere Familiennamen). Praha 1964.

K. Surläuly, Zur Geschichte der deutschen Personennamen nach Badener Quellen des 13., 14. und 15. Jahrhunderts. Aarau 1928.

R. Trautmann, Die altpreußischen Familiennamen. Göttingen ²1974.

B. O. Unbegaun, Russian Surnames (Russische Familiennamen). Oxford 1972.

P. Wenners, Die Probsteier Familiennamen vom 14. bis 19. Jahrhundert. Mit einem Überblick über die Vornamen im gleichen Zeitraum (= Kieler Beiträge zur deutschen Sprachgeschichte. Bd. 11). Neumünster 1988.

W. Wenzel, Studien zu sorbischen Personennamen. I. Systematische Darstellung. Bautzen 1987. II/1. Historisch-etymologisches Wörterbuch. A.–L. Bautzen 1991. II/2. Historisch-etymologisches Wörterbuch. M–Z. Rückläufiges Wörterbuch. Suffixverzeichnis. Bautzen 1992.

R. Zoder, Familiennamen in Ostfalen. Bd. 1–2. Hildesheim 1968.

L. Zunz, Namen der Juden. Eine geschichtliche Untersuchung. Leipzig 1837.

2. Wörterbücher

Zusammengestellt wurden nur Wörterbücher für das gesamte Sprachgebiet und für größere Landschaften.

J. C. Adelung, Grammatisch-kritisches Wörterbuch der hochdeutschen Mundart, mit beständiger Vergleichung der übrigen Mundarten, besonders aber der oberdeutschen. Bd. I–IV. Leipzig 1793–1801.

G. Bergmann, V. Hellfritzsch, Kleines vogtländisches Wörterbuch. Leipzig 1990.

J. F. Danneil, Wörterbuch der altmärkisch-plattdeutschen Mundart. Salzwedel 1859.

Duden. Das große Wörterbuch der deutschen Sprache in 6 Bänden. Mannheim/Wien/Zürich 1976.

A. Götze, Frühneuhochdeutsches Glossar (= Kleine Texte für Vorlesungen und Übungen. 101). Berlin ⁶1960.

H. Frischbier, Preußisches Wörterbuch. Ost- und westpreußische Provinzialismen in alphabetischer Folge. Bd. 1–2. Berlin 1882–1883.

J. und W. Grimm, Deutsches Wörterbuch. Bd. 1–16. Leipzig 1854–1960.

J. Heinzerling, H. Reuter, Siegerländisches Wörterbuch. Siegen 1932–1938.

K. Hentrich, Wörterbuch der nordwestthüringischen Mundart des Eichsfeldes. Göttingen 1912.

L. Hertel, Thüringer Sprachschatz. Sammlung mundartlicher Ausdrücke aus Thüringen nebst Einleitung, Sprachkarte und Sprachproben. Weimar 1895.

L. Jutz, Vorarlbergisches Wörterbuch mit

Einschluß des Fürstentums Liechtenstein. Wien 1960–1965.

F. Kluge, Etymologisches Wörterbuch der deutschen Sprache. 17. Auflage unter Mithilfe v. A. Schirmer bearb. v. W. Mitzka. Berlin 1957.

E. Kück, Lüneburger Wörterbuch. Wortschatz der Lüneburger Heide und ihrer Randgebiete. Bd. 1–3. Neumünster 1942–1967.

M. Lexer, Mittelhochdeutsches Handwörterbuch. Bd. I–III. Leipzig 1872–1878.

M. Lexer, Mittelhochdeutsches Taschenwörterbuch. Leipzig ^{34}1974.

M. Lexer, Kärntnisches Wörterbuch. Leipzig 1862.

F. Lorenz. Pomoranisches Wörterbuch [A–P]. Berlin 1958.

A. Lübben, Mittelniederdeutsches Handwörterbuch (nach dem Tode des Verfassers vollendet von C. Walther). Nachdruck Darmstadt 1990.

O. Mensing, Schleswig-holsteinisches Wörterbuch (Volksausgabe). Bd. I–V. Neumünster 1927–1935.

J. Müller, Rheinisches Wörterbuch. Bd. 1ff. Bonn u. Berlin 1928ff.

K. Müller-Fraureuth, Wörterbuch der obersächsischen und erzgebirgischen Mundarten. Bd. I–II. Dresden 1911–1914.

E. Ochs, Badisches Wörterbuch. Bd. 1ff. Lahr (Baden) 1926ff.

H. Paul, Deutsches Wörterbuch. Bearb. A. Schirmer. Halle/S. ^{7}1960.

J. Schatz, Wörterbuch der Tiroler Mundarten. Innsbruck 1955ff.

K. Schiller, A. Lübben, Mittelniederdeutsches Wörterbuch. Bd. I–VI. Bremen 1878–1881.

J. A. Schmeller, Bayerisches Wörterbuch. Bd. 1–4. Stuttgart 1827–1837 (Neudruck 1961).

R. Schützeichel, Althochdeutsches Wörterbuch. Tübingen ^{2}1974.

F. Stroh, L. E. Schmitt, Taunuswörterbuch (= Wörterbücher des Landes Hessen. 1.). Gießen 1989.

H. Teut, Hadeler Wörterbuch. Der plattdeutsche Wortschatz des Landes Hadeln (Niederelbe). Bd. 1–4. Neumünster 1959.

A. F. C. Vilmar, Idiotikon von Kurhessen. Marburg, Leipzig 1868.

Bayerisch-Österreichisches Wörterbuch. 1. Österreich. Wörterbuch der bairischen Mundarten in Österreich. Wien 1963ff.

Etymologisches Wörterbuch des Deutschen. 3 Bde. Berlin 1989.

Oberhessisches Wörterbuch. Bearb. v. W. Crecelius. Bd. 1–2. Darmstadt 1897–1899.

Pfälzisches Wörterbuch. Begr. v. E. Christmann, bearb. v. J. Krämer. Wiesbaden 1965ff.

Rheinisches Wörterbuch. Bearb. u. hrsg. v. J. Müller. Bd. 1–9. Bd. 1 Bonn 1928, Bd. 2ff. Berlin 1931ff.

Schwäbisches Wörterbuch. Bearb. v. H. Fischer (Bd. 2–6 unter Mitwirkung v. W. Pfleiderer). Bd. 1–6. Tübingen 1904–1936.

Südhessisches Wörterbuch. Begr. v. F. Maurer, bearb. v. R. Mulch. Marburg 1965ff.

Wörterbuch der elsässischen Mundarten. Bearb. v. E. Martin u. E. Lienhard. Bd. 1–2. Straßburg 1899–1907.

Wörterbuch der ostfriesischen Sprache. Etymologisch bearb. v. J. ten Doornkaat Koolman. Bd. 1–3. Norden 1879–1884.

Wörterbuch der westfälischen Mundart von Friedrich Woeste. Neubearb. u. hrsg. v. E. Norrenberg. Norden 1930.

R. Wossidlo, H. Teuchert. Mecklenburgisches Wörterbuch. Neumünster 1942ff.